HANNAH ARENDT

For Love of the World

(2ND EDITION)

愛這個世界
漢娜鄂蘭傳

伊莉莎白・揚・布魯爾｜著　江先聲｜譯

Elisabeth
Young-Bruehl

目錄

導讀

當眾星火看見彼此，每一朵火焰便更為明亮

——揚．布魯爾的《漢娜鄂蘭傳》導讀

國立政治大學政治學系副教授
葉浩

即使是在最黑暗的時代，人們還是有期望光明的權利，而光明與其說是來自於理論與觀念，不如說是來自於凡夫俗子所發出的熒熒微光。

當眾星火看見彼此，每一朵火焰便更爲明亮，因爲它們看見對方，並期待相互輝映。

——漢娜．鄂蘭，《黑暗時代群像》

一、前言：一位意外的傳記作家

這是一本描繪猶太裔美籍政治思想家漢娜．鄂蘭（Hannah Arendt, 1906-1975）個人生平與思想的傳記，但背後卻藏著一個關於三代人的故事，以及一個與傳記做為一種文類密不可分的「哲學」

理念：一個說來容易，但實踐起來卻花了本書作者伊莉莎白．揚．布魯爾（Elisabeth Young-Bruehl, 1946-2011，以下簡稱揚布魯爾）三十多年的理念，且期間經歷過多次的自我迷失、放逐，才達成和解，讓鄂蘭真正住進了自己的生命當中，成為獨自思考與判斷時的一位良伴。

揚布魯爾是鄂蘭任教於紐約的社會研究新學院（New School for Social Research，以下簡稱「新學院」）研究所的門生。一九一九年創立的新學院是一所反對學術界的傳統分工與保守文化，致力於「新學」之傳播，並以參與社會改造為職志的學術機構。三〇年代初期，當納粹政權開始在歐洲大陸從事系統性的迫害猶太人行動之後，新學院設置了一個名為「流亡大學」（University in Exile）的研究部門，收容大量從歐洲流亡美國的知識分子，包括政治哲人施特勞斯（Leo Strauss）、人類學家李維史陀（Claude Lévi-Strauss）以及哲學家約納斯（Hans Jonas）等知名學者。二戰結束後，雖然這些流亡學者紛紛轉赴其他學校任教或回國，但該校仍然維持相當濃厚的「歐陸哲學」色彩，而且深受法蘭克福學派（Frankfurt School）的左翼批判思想之影響。

思想前衛且企圖介入公共事務的學校，總能吸引自詡為社會改革力量的學者和學生。在那個風起雲湧的「反文化」（Counterculture）六〇年代，更是如此。不計其數的女權主義者、反越戰人士、反資本主義及其物質文化的進步青年，民權運動或其精神領袖金恩博士（Martin Luther King, Jr.）的支持者，齊聚於新學院的教室和校園。事實上，鄂蘭在轉任這所學校之前已是常客，不少學生就算沒聽過她的演講，也聽過她的事蹟。

揚布魯爾也是當中的學生之一。她其實早鄂蘭約莫兩年來到新學院，而且是以一個輟學生的身分入學就讀。此前，她曾經就讀過莎拉．勞倫斯學院（Sarah Lawrence College）。那是一所標榜效仿牛津／劍橋大學書院制度（師生同住一間宿舍，教學方式包括一對一的導師課）的私立文理學院。無法忍受這種貴族學校傳統的揚布魯爾毅然選擇退學，過了一段反主流文化的嬉皮生活。然而，她最後仍選擇回到校園完成學業，在六八學運爆發之前來到了社會研究新學院。一九六七年，鄂蘭正式轉任新學院的研究所，揚布魯爾也同時進入了博士班，並如願成了前者的導生。接著，她以鄂蘭在海德堡大學的指導教授卡爾．雅斯培（Karl Jaspers, 1883-1969）為主題，在鄂蘭的指導之下撰寫博士論文，最後於一九七四年取得學位。

隔年十二月四日，鄂蘭溘逝，留下許多未完成的草稿。親友於是請託揚布魯爾替這一位充滿傳奇與爭議的老師立傳，並闡釋其思想發展軌跡。受託當時，她年僅二十九歲，且才剛進入鄂蘭本人兩度客座的衛斯理安大學（Wesleyan University）的哲學系任教。七年後，一本厚重的《漢娜鄂蘭傳》（*Hannah Arendt: For Love of the World*）問世。迄今，這不僅是鄂蘭的研究者所不可或缺的文獻，也是傳記文學的一本經典之作，更替作者奠定了「傳記作家」的身分。

成為一位傳記作家或許是個歷史偶然，但是，揚布魯爾對傳記書寫的重要性之體會，卻早在研究雅斯培時就萌芽。正如她在《面對傳記的制約》（*Subject to Biography*, 1998）一書的說法，雅斯培比起任何二十世紀的哲學家都更意識到傳記做為一種文類，之於即將來臨的全球時代的關鍵角色。

暫且不論其細節，對他而言，哲學首要是一種思考方式，一種具體生命脈絡中的對話，而非關於抽象真理的追求或教條的確立。再者，根據雅斯培的理解，如此進行過反思與對話的哲學家，其思想結晶乃關於人類生活的一種詮釋，且揭示著我們所能與不能企及的界限。換言之，哲人是人類面對集體處境的指路人。而唯有關於他們在具體生活脈絡當中之呈現，亦即傳記之書寫，人們才得以參與他們的思考，讓我們在找尋時代出路的時候，能有他們的陪伴。

研究雅斯培出身的揚布魯爾，在接獲為恩師立傳的請託時，肯定會想起上述關於（哲人）傳記的重要性。事實上，鄂蘭同樣也在意此一文類的書寫。她生平第一本著作就是關於范哈根（Rahel Varnhagen, 1771-1833）、一位猶太沙龍女主人的個人傳記。如果說，古希臘前城邦時期的政治，羅馬建城立基的經驗，以及耶穌所展現的寬恕，是鄂蘭從人類歷史灰燼當中取回的三顆珍珠，正如她在《政治的承諾》（*The Promise of Politics*）當中所論證的，那麼，出版於一九六八年的《黑暗時代群像》（*Men in Dark Times*），則意圖捕捉書中哲人身上與作品所映射出來的光芒；即使不能當我們腳下的明燈，也足以讓陪人沿著洞穴岩壁探尋出口。

是故，傳記書寫乃鄂蘭對雅斯培哲學思想的繼承與實踐。本書也必須理解為這想法的一脈相承。然而，揚布魯爾絕對是師生三代人當中對傳記做為一種文類反思最多的一位、甚至為此所苦的人。本傳記的成功讓她接獲了另一個同樣意外、但更為嚴峻的請託：替精神分析醫學之父西格蒙德．佛洛伊德（Sigmund Freud, 1856-1939）女兒，也是同行的安娜．佛洛伊德（Anna Freud, 1895-1982）作傳。

二、當鄂蘭思想碰上精神分析

揚布魯爾自述，這本鄂蘭傳記的書寫過程加深了她對精神分析的興趣。出版後隔年，她更毅然前往康乃狄克州紐海文市（New Haven）的西新英格蘭精神分析學院（Western New England Institute for Psychoanalysis）註冊入學，正式接受臨床精神分析訓練，然後因緣際會之下接獲替安娜．佛洛伊德立傳的請託。經歷初期的百般掙扎，揚布魯爾最後答應了，也因此一邊教書，一邊受訓，同時又日夜埋首於這位同為精神分析學者的佛洛伊德後人之滿坑滿谷的手稿與文獻當中，然後完成了《安娜佛洛伊德傳記》（*Anna Freud: A Biography*, 1988）。

出版之後，她不僅再也撕不下黏在身上的「傳記作家」標籤，也因此將一切所學轉移到分析自己的人生。事實上，雖然她曾轉往費城的學校繼續受訓，但精神分析訓練一直持續到一九九九年她取得正式執照，並開始執業。期間她也出版過幾本心理分析相關的著作，包括榮獲一九九六年美國出版協會的最佳心理學書籍的《偏見的剖析》（*The Anatomy of Prejudices*）。是故，揚布魯爾既是一位大學哲學教授，也是臨床精神分析醫師。

讀者手上的這本書是根據英文二版的翻譯，增添了一篇長序；如果裡頭帶有精神分析的色彩，那是再自然不過。此外，雅斯培的身教與言教之於鄂蘭的重要性也更加凸顯。雅斯培不僅僅是一位著名的存在主義（existentialism）哲人，也是一位精神醫學家，並鑽研過佛洛伊德的精神分析理論，並在這領域做出貢獻。據此，研究雅斯培的作者撰寫《安娜佛洛伊德傳記》的契機或許有巧合，但走上精神分析這一條路絕非偶然。

另一方面，雅斯培也在神學領域鑽研頗深，且信奉耶穌基督，因此他的存在主義迥異於高舉無神論大旗、吶喊虛無的沙特（Jean-Paul Sartre, 1905-1980）及其追隨者，其人格與氣質也是如此。在這本傳記出版之前，人們總是忽略鄂蘭當年接受他指導的博士論文，正是以聖奧思定（Saint Augustine, 354-430）關於「愛」（amor）的神學思想為主題。該論文基本上將聖奧思定古斯丁所說的「愛」理解為一種「慾求渴望」（appetitus），其展現方式，雖能依據渴望對象的不同種類，進一步區分為對必朽事物的「貪戀」（cupiditas），以及對永生事物的「慈愛」（caritas），但終究是一種肇因於內在匱乏的渴求。

揚布魯爾特別提及，鄂蘭原本想以「愛這個世界」（Amor Mundi）做為《人的條件》（*The Human Condition*）書名，後因故作罷。本傳記以「對世界的愛」（For Love of the World）做為副標，除了強調這想法才是鄂蘭心靈的真正寫照之外，也有替恩師彌補遺憾之意。對人類所共同創造出來、共同分享的世界之「愛」並不源於匱乏，也不企圖占有，且於公、於私，皆必須如此。

眾所周知，鄂蘭就讀馬堡（Marburg）大學時曾與海德格（Martin Heidegger, 1889-1976）發生過一場師生戀，之後也跟他人結過兩次婚。本書當然對此也不能省略，但著墨的重點卻是關於愛情與友誼之間，兩者能否以平等為基礎。根據揚布魯爾的理解，鄂蘭本人不僅駁斥意圖據為己有的愛，更反對以互補殘缺的方式做為人與人關係的凝聚。相反，她倡議雙方各自健全為基礎的平等、自由互動，無論是在兩人世界或政治領域。是故，友誼或說「兄弟之愛」（philia）才是長久愛情與永久和平的基礎。

然而，這並非後來投靠希特勒政權的海德格或鄂蘭的第一任丈夫君特．斯坦（Günther Stern, 1902-1992）所能夠或願意建立的關係。幸運的是，鄂蘭之後認識了布呂歇（Heinrich Blücher, 1899-1970）並結為連理。他同樣是一位詩人哲學家，天賦極高，但沒有海德格和斯坦的人格缺陷。在本書的描繪之下，他們倆的夫妻關係幾乎是布呂歇底下這一句話的註解：「友誼表示沒有情慾的愛，情慾給克服了」——建立在兩個各自整全的人格之上的友誼，才是真正的愛情。也唯有這樣，愛情才不至淪為一種不對等關係，更不會以為兩個殘缺的合作，才是愛情的凝聚基礎。

作者的字裡行間也透露，真正的愛是出自於一種對現存世界的理解，從而與自身的各種遭遇達成的最後和解。此一現存世界，指的當然是那個人與人所共同打造出來，藉此彼此互動的那個包括物質與文化的「世界」。至於「和解」，則首先是自己與自己能共處一室、不感寂寞或焦躁難耐，再來是與其他人的和平相處，最後才是——即使不隸屬哪個國族，也能安身並立命於整個世界當中。

換言之，愛世界在公領域的最終極表現，是成為一個「世界公民」。這正是雅斯培對於鄂蘭本人的理解。在他寫於一九五七年的〈哲學回憶錄〉（Philosophical Memoirs）當中，他如此寫道：

她自一九三三年以來就是一個流亡在外的人，在地球上流浪，她的精神沒有因爲無盡的艱難而崩潰，她全面體會到從母國被割裂開來而面對種種原始恐懼的那種存在景況，她被剝奪一切權利，墮進無國身分的非人景況。她的內在獨立性讓她成了一個世界公民。

一九九五年，揚布魯爾應邀出席新學院舉辦的「漢娜鄂蘭的思想遺產」（The Legacy of Hannah Arendt）研討會，並以〈漢娜鄂蘭堪做楷模的獨立性〉（The Exemplary Independence of Hannah Arendt）為題發表論文。該文開宗明義地說，雅斯培生前曾試圖闡釋鄂蘭的「獨立心靈」（independent-mindedness）是如何磨練出來的，但卻點到為止，因此這一篇文章接續了鄂蘭老師的未竟之業。那點到為止的描繪，正是上面的「內在獨立性」（inner dependence）概念。

事實上，該文也是作者自本書出版以來，關於鄂蘭最完整的一篇專論。不過，雖然其內容大多進入了本書二版前言，但性格分析與理論意涵卻刻意被排除在外，因為她相信：「傳記不是提出理論的適當地方；一本理論化的傳記只會顯露我其實未能真正認識與尊重故事主角，以及不顧及她的感受之失敗。」

三、鄂蘭的獨立性，及其內在與外在條件

也許，一本成功的傳記應該給人一個作者不在場的閱讀經驗，如同電影導演不會現身於鏡頭裡面。但這說法並不適用於本書。因為，作者有一套清楚的「傳記哲學」，詳細闡釋於前文提及的《面對傳記的制約》，書中內容不僅來自於她對於親身書寫經驗的反思，也承襲自雅斯培的哲學理念與實踐。該書收錄了〈漢娜鄂蘭堪做楷模的獨立性〉一文，而上節的最後一句引言，也出自其導論。另一方面，做為一篇導讀的本文，扼要說明揚布魯爾關於鄂蘭的性格分析或許也不為過；更何況，唯有如此才能解釋，她怎麼將鄂蘭的思想轉化為一組精神分析概念。

首先必須指出的是，本書二版前言再次提及雅斯培對於性格的看重，以及他如何藉此讓鄂蘭一改原先在《極權主義的起源》（*The Origins of Totalitarianism*）當中，嚴格將馬克思（Karl Marx）與列寧（Vladimir Lenin）和史達林（Joseph Stalin）切割，並且高舉前者為正義追求者的書寫立場。對此，雅斯培在一九五一年寫給鄂蘭的信中直指：馬克思的革命熱誠根本不是出自於對公義的追求，而是來自人性的幽暗面，不僅人格特質欠缺包容，與列寧一脈相承，根本就是一位「仇恨化身的假先知」，或充其量不過是一個「被命運驅使的人，就像馬丁路德（Martin Luther），他的重要性不在他的思想，而在於乘載這些思想的人格。」

不意外地，〈漢娜鄂蘭堪做楷模的獨立性〉前言指出，該文關注「做為思想載體的性格」（character as the carrier of ideas）。作者比古希臘哲人赫拉克利特（Heraclitus）還往前走了一步：她不但認為性格即命運，更主張性格造就了鄂蘭在思想上的獨立性。

事實上，致力於延續雅斯培與鄂蘭對於性格之看重的揚布魯爾，曾於一九九一年出版過一本性格學專書《創作型性格》（*Creative Characters*），將創作者性格分為「自戀型」（narcissistic）、「迷戀型」（obsessional）以及「歇斯底里型」（hysterical）三種。根據她的理解，迷戀型性格的創作者習慣從單一的獨特視角來看待世界。例如，凡事從性別角度思考的安娜・佛洛伊德，以及神祕主義色彩濃厚的獨特思想家西蒙娜・韋伊（Simone Weil, 1909-43），其思緒似乎永遠離不開那一位從世界退隱的上帝。歇斯底里型的創作者則以雙重甚至多重人格為特徵，永遠受困於內在的互相拉扯，英國詩人葉慈（William Yeats, 1865-1939）和劇作家王爾德（Oscar Wilde, 1854-1900）是為代表。至於自戀型創作性格，佛洛伊德則是一位典型人物。

揚布魯爾對鄂蘭的「獨立性」之理解，首先在於後者不過度鑲嵌於特定的社會關係網絡當中，加上她政治光譜上的不左不右，因此，既不能以特定的意識形態來理解她，也無法從其隸屬的族群或文化來斷定其立場。換言之，她總能秉持超然立場，不帶偏見地試著從多重角度來思考事情，而非採取單一的角度、固定的有色眼鏡，來看待政治事件。另一方面，鄂蘭懂得向另一個獨立心靈學習。這當然也意味著她本人能洞察他人的心思，能理解其觀點與意見。再者，她也總能以對人的基本信任來與人互動，包括相信對方具備理性對話的能力，且人格上值得以禮相待。

更抽象點地說，鄂蘭的獨立性體現了「理性溝通」的理想。其首要特徵是開誠布公與人交談，且在盡可能清楚表述己見的同時，願意靜心傾聽，並不厭其煩地再三確認這過程是否存在著自己因偏見而產生的誤會——當然，必要時也不斷釐清對方的偏見與誤會。另一方面，一個真正願意溝通的人，既不會無限上綱自己的信念，也不會當特定意識型態的鐵桿支持者。反之，不願溝通的人，其實是假定了自己想法乃絕對正確，無需再與人確認者；遇見意見不同的人，他們會據此斷定對方若非冥頑不靈，就是無知到不可能理解的程度，所以連溝通與對話都可以省略，或直接訴諸武力。

善於溝通的人等同樂於自我揭露，讓他人明白自己的想法，同時也享受與人言語交鋒之過程者。當然，也唯有精力充沛，自信充足，甚至具有某程度表演欲者才擅長此道。本傳記中的鄂蘭正是如此。她具有旺盛的生命力，而且深具公領域之中吸引他人目光的魅力。關於生命力，揚布魯爾強調，雖然這是一種天生特質，但也要熱愛生命才能展現。而這種熱愛包括了對萬物變遷的洞察能力，亦即一種敏銳的現實感，不僅能感受自然與人為事物（文化）的細節，也能從中獲得喜悅。

這種喜悅的外顯特徵，將是正面積極的生命態度，並能散發一種出於自重自愛、但絕不自怨自艾的魅力，或以精神分析的術語來說，也就是一種「自戀」。尤須指出的是，「自戀」乃中性詞，可以健康或病態的方式展現。作者強調，鄂蘭體現的是一種樂於與人交談、與人同在、與人交往的健康型自戀。在適當的條件底下，她對世界細節的敏銳將轉化為一種好奇，而充沛的生命力則成為一種強烈的求知慾。

另一方面，雅斯培則提供了必要的外在條件。根據作者的分析，幼年喪父經驗的確增添了鄂蘭恃才傲物、言語浮誇之傾向，但並非留下情感缺口等待填補。她渴望的是理解以及平等關係中的坦白，包括適時的逆耳忠言。這位老師正是鄂蘭夸夸而談時，能挫其銳氣並拉回現實的一位良友。當然，也因為她能接受雅斯培對馬克思的評價，才能在耶路撒冷大審當中意識到了人稱「納粹劊子手」的納粹高官艾希曼（Adolf Eichmann, 1906-62）之人格缺陷，亦即缺乏思考。道德淪喪的飄搖年代，獨立性格乃人們唯一的依靠。如果作者無誤，鄂蘭這洞見是源自雅斯培的提醒。

四、入世，才能培養獨立的人格與思想

以上，是揚布魯爾採取精神分析方式，對鄂蘭的獨立性之闡釋。然而進一步閱讀〈漢娜鄂蘭堪做楷模的獨立性〉將發現，不僅「愛世界」概念的內涵層次逐漸在敘述當中舒展開來，另一個更具野心的書寫意圖也隨之浮現：替鄂蘭《心智生命》（*The Life of the Mind*）一書關於「判斷」的未完成部分，提出一種理解的指向。換言之，本書作者不僅將精神分析應用於鄂蘭之上，也試圖從鄂蘭的思想當中提煉出一套精神分析概念。

下面進一步解釋。首先，作者以鄂蘭做為健康自戀的楷模，是因為後者從底下三個面向揭露她「對世界的愛」：（一）對自然界與人文領域真正的好奇，以及探索與知識累積過程中的恆心與毅力；（二）即使遭遇（感情的）背叛也不因此憤世嫉俗，不再信任人性；（三）不斷試圖與人溝通

當中所體現的，那種對於異己、以及面對思想與行動上各種可能性的開放態度。關於人與生俱來的生命力，揮霍來追求「理想的自我」（ego ideal）或許是最好的珍惜方式。看在作者的眼裡，這剛好是一個自戀者分別在哲學、社會以及政治層次上的健康展現。

據此，揚布魯爾進而主張：具有真正獨立性的人，絕不排斥政治——即使其性格並不適合當政治人物，正如鄂蘭本人。此處所謂的「政治」，遠超過人們對於「權謀鬥爭」或「壓迫與服從」的想像，也不必然涉及「管理眾人之事」那種菁英由上而下觀看的視角。相反地，那是一種歷史上可回溯至古希臘城邦的政治實踐，亦即，平等與自由的公民，藉由討論與爭辯來決定共同生活規範亦即未來的群體生活；歷經羅馬共和的轉化之後，則增添了一個「法治」（rule of law）原則——據此國家不但必須依法治國，且統治基礎和法律權威乃來自人民的授權。作者強調，這才是鄂蘭心所嚮往的政治，也是培養多數公民具備獨立人格與心智的條件。當然，即使條件闕如，但獨立性並非不可能，只是個人必須付出相當高的（政治）代價。

相對於願意張開心靈與雙手擁抱世界，且致力於追求「自我的理想形象」（ego ideal）的這種健康類型，自戀者也能不願意將生命揮霍於人們共享的世界當中，既不思起新創造，更別說替人文領域開疆闢土。反之，一個人可能只關心自己個人的享受，從不顧及他人的感受，甚至當別人根本不存在。這是與世界疏離的一種方式。在納粹時代便有許多這種人存在。他們可能熱愛古典音樂，一邊播放貝多芬的交響樂，一邊將猶太人運送到集中營。他們也可能白天聽從命令處死無辜的人，晚上回家去當慈祥的父親或爺爺。當然，並不是說所有這樣的人都不可能對人文世界做出任何貢獻，畢竟，歷史上不乏這類的天才藝術家。更精確地說，他們並非是活在世界上而不會有「家」的感覺，只是不會以「世界」為家。

基於對鄂蘭「世界異化」（world alienation）概念的如此理解，揚布魯爾進一步以精神分析語彙提出了三種分類。第一種是肇因於疾病、其貌不揚或某種「創傷」（trauma）經驗，才從世界撤退回到自己的內在，策略性地忽略身體的殘缺或醜陋，甚至以理論來築起自己與外在的一道城牆。這樣的理論或能稱得上一種哲學，但，其內容必然充滿對世界的敵視、厭惡或漠視，本質上不過是一種逃避，更成就不了一個獨立的心靈。事實上，這種自戀者的目光和心思意念，全被綁在「自己」的苦難之上，而非廣大的世界；終日若非讚美內在的城堡，就是專心欣賞那一道把自己和世界分隔的城牆。

第二種世界異化者也同樣把目光專注在一件事情之上：世界的醜陋面。他們看不到美的一面，只能感受到世界的不公不義，因此終日憤恨不平。這種人的特徵是反叛。當他們高舉社會正義的旗幟呼喊改革時，不是為了讓世界變得更公義，而是奪權；真正在意的是自己，不是別人的苦難。症狀嚴重者最後將會為了反叛而反叛，從不與人和好，也不願與世界和解。當然，被自己和世界之醜陋所占滿的心靈，也不可能具有獨立性。

另一種發病者則總是認為世界虧欠了他們。過度的自我膨脹是其病因；以揚布魯爾借自尼采

（Friedrich Nietzsche, 1844-1900）的話來說，則是把自己「膨脹到跟宇宙一樣大」。嚴格說，他們不是不愛世界，只是所愛的自己遠大過於整個世界。這一種病患欠缺生命力。飯來張口，茶來伸手，不來則咒罵這個比他還小的世界。當然，也就不可能具備必須投入時間才能累積的智性魅力。獨立性的兩個必要條件，也就闕如。

一言以蔽之：唯有入世，才能培養一個人的獨立人格與思想！內心受過創傷，過度迷戀於世界的醜陋，或本身欠缺生命力的人，具有一個共通點，就是不願意與人溝通。他們或因故自卑，或天生自大，也可能自卑而自大，但成為一個自戀者之後，即再也不願或無能走出自己的內在城堡，來觀看外面的大千世界，更缺乏從反面來觀看自己的勇氣，因此終身受困於偏見，更加與世隔絕。

看在揚布魯爾眼裡，病態的自戀不僅失去了「世界」，也無能「思考」，也就是不具備「與人對話」的能力，無論那個人是自己或他人；當然，也連帶地失去了「判斷」的能力，因為那必須以認識現實做為前提，而這意味著與世界的連結。鄂蘭個人的生命故事，於是在作者的筆下昇華成一個關於人格與思想獨立性的理念型（ideal-type），「世界異化」也轉為一個自戀心理的類型學。

五、傳記做為一種哲學書寫

正如鄂蘭對康德（Immanuel Kant, 1724-1804）美學的挪用，將後者關於藝術品味的判斷轉化成一個關於政治判斷的理論，讓原本形容美感已達致客觀性的「開闊心胸」（enlarged mentality）概念，轉為倡議透過內在對話及走入公領域和他人對話，來跨越自身界線的理想，採取精神分析方式來闡釋鄂蘭政治思想的揚布魯爾，最後也讓這分析進而回饋精神分析理論，藉此提出了一個新穎的精神分析概念工具。不僅如此，作者也對雅斯培的哲學理念進行了創造性轉化，一方面替他的溝通理論對話理論增添了一種「傳記式」類型，另一方面則藉此結合了精神分析，提出一個真正屬於她自己的傳記哲學。

對揚布魯爾來說，此一漫長的理論探索過程，是值得分享的心路歷程。無論如何，據其自述，本書出版所引起的讚賞以及批評，開啟了她自我反思她本人與鄂蘭的多重關係，以及傳記做為一種哲學書寫的文類。

關於作者本人與鄂蘭的關係，首先，前者逐漸意識到自己成為鄂蘭的門生這件事，除了滿足求知慾之外，也有「名門幻想」（family romance）的情結作祟。這並非她的出身背景不好。事實上，她母親的家族乃當年乘坐「五月花號」（Mayflower）到北美的英國清教徒後代，且家學淵源，擁有豐厚的私人藏書。父親的家族更不乏畢業於威廉瑪麗學院（College of William & Mary）神學院的校友——該校於一六九三年根據英國皇家憲章創立，是北美年齡僅次於哈佛的古老大學，成立之初致力於培養新大陸的英國國教牧師。據此，雖然雙親並非從事教職或神職，說是出自書香世家也不為過，但她所謂的名門幻想其實源自對原生家庭所代表的傳統與保守價值之反叛。

同理，大學輟學，以及決定進入深具左派與歐陸色彩的新學院就讀哲學，也是青春叛逆期的價值選擇。以作者本人的說法，亦即「自我放逐」。隨後再從哲學轉向精神分析也是如此，難以融入主流是其人格特質。

根據揚布魯爾的自我心理分析，她擁有與鄂蘭一模一樣的性格。雖然際遇並不相同，思想深度上也有難以跨越的級距，但展現在生命態度與政治判斷的獨立性最多只有程度之別。

因此，當她隨後意識到，若以作者與故事主角的心理距離來區分，傳記的種類基本上可分成（一）前者略微掌握後者家庭與文化背景即可達成「心靈契合」，以及（二）作者在缺乏真正的同情理解之下，就把主角塞進特定模型當中的「生搬硬套」。本書絕對屬於第一種，至於多數的傳記則是後者，雖然它們的作者盡可能地營造出一種屬於前者的假象。此外，她也強調另一種「跨性格」傳記書寫的可能性，她的《安娜佛洛伊德傳記》就是證據；雖然書寫過程相當痛苦（因為無法接受主角將同性戀理解為一種性別異常），但某程度的「同情理解」（empathy）並非本質上無從克服。

然而，作者與鄂蘭的契合程度，也造成了一種存在焦慮。首先，雖然《漢娜鄂蘭傳》替揚布魯爾贏得美譽，但「傳記作家」也成了身上撕不下來的標籤，從而讓人忽視她的「哲學家」身分。此外，亦有學界的人批評這本傳記「不夠哲學」，因為它無法回答鄂蘭所留下來的哲學問題。另一方面，高度的心靈契合也一度讓她徹底失語，幾乎無法不藉由鄂蘭之口來發聲，因此陷入精神危機。《安娜佛洛伊德傳記》的成功則更加強化了那個標籤的黏著程度；甚至，在進入九〇年代文學理論開始流行後現代主義（post-modernism）之後，不但進入另一個人內心的可能性備受質疑，人的生命歷程能否轉化為一個連貫的故事也被否定，連帶她唯一被人認定的身分也是。

試圖確立自己的獨特聲音、存在價值乃至存在的本身，於是成了作者多年的心靈寫照。刻意某程度遠離鄂蘭的她，致力於發展自己的思想與理論，才寫就了《創作型性格》一書，但出版後卻石沉大海，甚至（根據揚布魯爾的苦心搜索）不曾在書評媒體上掀起過一波漣漪。

眾裏尋己千百度，直到從雅斯培的鏡子再次望見鄂蘭，建立了屬於自己的一套傳記哲學，作者才能和自己和解。進一步解釋，作者在《面對傳記的制約》導言提及，人類關於終極幸福的幻想大抵有三。第一種是找到能與自己合併成圓形的另一個缺陷。第二種是想同時成為兩種性別兼具，或根本就是同時當兩個人的幻想。第三種則是唯有傳記作家才有機會達成的第三種幸福：作者在書寫傳記主角的過程當中，一方面體會了「另一個人住進了自己生命當中」的奇妙感受（第二種幻想的另一種滿足方式），包括那一個人的各種奇妙感受與（性）幻想，一方面則得以滿足「此人活著就為了等我（幫她立傳）」的幻想，從而宛如感受到被書寫的對方因為有自己替她作傳而感到十分幸福（類似第一種幻想的滿足）。

其傳記哲學的意涵在於，首先，各自殘缺的兩人想藉由互補來成就一個圓，結果大抵是雙方試圖將對方裁剪成自己想要的形狀，然後以血淋淋喊痛的畫面收場。傳記作者同理不該按照自己想要的形狀替主角剪影。再者，傳記作者與故事主角畢竟是兩個人，因此，唯有傾聽與對話才能「同情理解」彼此，從而達成「擴大心胸」；反之則會淪為與第一種幻想相同的結果，不但讓傳記主角淪為暴力的施加對象，作者本身也不可能從中獲得真正的成長。最後，更重要的是，傳記亦可成為讀者與主角的溝通場域——讓讀者與主角進行對話，並藉此思索自己的問題。

六、結語：期待相互輝映的星火

至此，我們才真正理解，為何作者會說「傳記不是提出理論的適當地方」。揚布魯爾終於明白了一件事：既然「思考」首先是一種「內在對話」，亦即反覆的自問自答，那麼作者長期的自我對話對象，既是鄂蘭，也是自己；藉此說出的話乃是不折不扣的思考，而非失語。嚴格來說，關於這一切的理解與體會，是她二十年來反思自己的傳記書寫經驗之結果；此外，即使做為一場與鄂蘭的「對話結果」，也絲毫不減這是出自於作者本人的思考，她個人所提出的「傳記哲學」之事實。

另一方面，這無疑也是雅斯培「傳記做為一種哲學書寫」的實踐。哲人傳記如他所說，不但能讓人在偉大思想者的面前謙虛，也比起嚴苛的邏輯推論更能讓人感動，並真正學會如何在具體的人生與歷史脈絡當中思考。這才是我們時代所需的哲學。其書寫方式既不該以小說才能有的連貫性來進行，也不能代替傳記的故事主角或讀者來回答任何的「哲學問題」。據此，《漢娜鄂蘭傳》的真正意義並不在於針對特定問題提供一個終極答案，而是引發讀者真正的哲學思考，讓他所關切的哲學問題得以在與鄂蘭不曾間斷的對話當中逐漸浮現，直到做出最後的判斷，亦即內在對話暫停的那一刻。能啟發人進行哲思的著作，當然也是一種真正的哲學貢獻。

如此一來，回歸雅斯培哲學思想的揚布魯爾，再度認同了她所書寫的《漢娜鄂蘭傳》，其最高目的也就是讓鄂蘭成為讀者內在對話的對象，如同揚布魯爾長期以來所享有的特權；而原本內在兩相衝突的自我——他人眼中的傳記作家，以及做為哲學家的自我定位——也終於達成了最後的和解！

進一步解釋，鄂蘭在《人的條件》書中第五章論及「行動」（action）時，援引了丹麥女作家狄尼森（Isak Dinesen, 1885-1963）底下的話來做為開頭：「所有悲傷都可以忍受，如果你把它們放進故事裡，或是訴說一個關於它們的故事。」略為接觸過鄂蘭著作的讀者，想必知道「敘事」（narrative）是她思想體系的核心概念之一。這句引言對她來說，正好替該書試圖論證的「奇蹟」之可能做註解——亦即，如果人們可以把過往的不幸歷史放進一個大的故事當中，那麼不僅能從中獲得心靈解脫，也將能恢復新開創造的能力，不再受困於以前的因果鎖鍊。

這是鄂蘭所謂的「原諒」（forgiveness）。對本書作者而言，則將此延伸成一種與自己或世界達成的「和解」（reconciliation），同時也是「對世界的愛」的一種具體表現。基於這樣的解讀，前文出自於《面對傳記的制約》當中的作者人生自述乃是一種必要。一方面，真正與自己達成和解才算愛世界，才堪稱具有思想獨立性之表徵，也才能符合她自己宣稱的，與鄂蘭如出一徹的人格特質——也就是健康的自戀。

另一方面，此舉亦是鄂蘭「說故事」哲學的實踐，讓人看到那不僅止於一種可能，而是你我亦可實現的具體證據。正如揚布魯爾也在《面對傳記的制約》的導論當中揭示，一位作者從傳記書寫當中所能獲得的自我成長，其實也標誌著讀者隨傳記成長的可能性。的確，相較於鄂蘭擁有布呂歇做為伴侶，根據本傳記的描繪，他們家客廳根本如同希臘城邦的公共廣場，夫妻倆在此友愛地進行哲學對話，從不停歇；而揚布魯爾只能仰賴閱讀以及內在對話，來恢復及保有自己的獨立性。似乎沒有比作者本人從傳記中獲得與世界和解之真實經驗還更硬的道理了。

無論如何，本書作者走出了死蔭的幽谷，生命再度成為一個飽滿的圓，不僅不再「受制於傳記的制約」（subject to biography），還是真正的主體（subject），並同時尊重傳記主角及讀者兩者為主體，期待他們彼此之間的對話及互相輝映；以鄂蘭的話來說，則是「當眾星火看見彼此，每一朵火焰便更為明亮」。

鄂蘭這一句話出自她在一九五八年的演講。當年，雅斯培出版了《原子彈與人類未來》（*The Atom Bomb and the Future of Mankind*）一書，獲得了德國圖書業界的和平獎。獲邀出席頒獎典禮並發表演說的鄂蘭，以〈雅斯培：一闕頌辭〉（Karl Jaspers: A Laudatio）為題做了這場演講，其講稿後來收錄於《黑暗時代群像》一書。揚布魯爾強調，雅斯培獲獎的書深受鄂蘭的《極權主義的起源》影響，而鄂蘭同年出版的《人的條件》則多處受惠於前者關於現代科學的看法。

另一方面，收錄在這篇講稿後面的是〈世界公民：雅斯培〉（Karl Jaspers: Citizen of the World）

一文，前文提及雅斯培亦稱鄂蘭為「世界公民」，其實那是前者對這一篇文章的回應，象徵對彼此的一種相互理解，也標誌著友誼的默契。曾經因二戰失聯、戰後才恢復聯繫並通信的這一對師生，就是讓彼此的思想火焰更加熾烈的典範。

做為他們彼此互相欣賞對方的世界公民身分，其實也是各自的人格與思想「獨立性」之表徵。然而，多數的鄂蘭學者似乎至今仍忽略這一點。她不以意識形態思考，所以在政治光譜上不左不右；她認同美國建國時的民主共和體制及其擁抱的普世價值，但不因此對美國社會歌功頌德；在強烈反對不平等與各種壓迫的同時，她並不支持任何以特定血緣、性別或其他外在表徵為基礎，企圖藉此分化人類的身分認同；最後，她也反對任意無限上綱自己認為的道德或正義、在公領域當中毫不妥協的社會運動。是故，揚布魯爾在二版前言當中一一反駁了不同世代學者對她的誤解以及誤用——他們閱讀鄂蘭時總是以偏概全，因此能把她塞入意識形態光譜上的特定位置，收編成自己的戰友；至於誰罹患了歇斯底里、誰總是迷戀世界的哪個面向、誰又是哪一種不健康的自戀者，筆者相信本文的讀者可以自行分類。

或許，當揚布魯爾在二版前言當中提及，鄂蘭曾對雅斯培說「你的哲學讓我準備好走上政治之路」，她其實也想對鄂蘭說：你的哲學讓我準備好走上精神分析之路——在傳記做為一種哲學書寫的實踐之下，鄂蘭與揚布魯爾，當然也是互見彼此的星火！

第二版前言

二〇〇三年秋天，我在新英格蘭（New England）一所大學向教職員和學生講了一個我最愛的有關漢娜·鄂蘭（Hannah Arendt）的故事。話說一九六九年，就在鄂蘭在紐約的社會研究新學院（New School for Social Research）開始講課後不久，一群抗議越戰的學生（包括了我）求教於她，探討應否跟本地一個工會聯手策劃一次反戰示威。鄂蘭專注地聆聽我們的正反論點，然後帶著濃重的德文口音簡單答道：「喔，那你們就可以用他們的油印機了。」當我講完了這個故事，教職員等年紀較大的聽眾（我的同時代人）對這位偉大政治理論家的腳踏實地作風不禁笑了起來，在座的學生看來神情熱切卻一頭霧水。其中一位「新來者」（鄂蘭總是這樣叫她的學生）在演講後向我道謝，表示獲益良多。「閱讀鄂蘭的著作真是很棒的一回事，」她說。然後她很認真問道：「什麼是油印機？」

我的《愛這個世界：漢娜鄂蘭傳》（*Hannah Arendt: For Love of the World*）於一九八二年問世——那是在鄂蘭一九七五年逝世後七年。從當時到今天，一群新世代的讀者成長了起來。這新一代人如今組織反戰示威，用的是手機和電郵。他們在今天這個世界學習政治思考和行動，跟鄂蘭在世時的世界截然不同，儘管這兩個世界一脈相承。如果我今天才寫這部傳記，我會在新的社會環境裡嘗試兼容這些「新來者」，因為對他們來說，跟鄂蘭政治取向密不可分的二十世紀中期事件，已然是古代史；蘇聯解體後那個世界，才是他們能夠了解和想像的。

我有時考慮把這部傳記重新修訂一次，讓它更切合今天的世界，更適合年輕讀者。[1] 可是最後我還是決定讓它保留原貌，因為它代表了鄂蘭一生所經歷的世界，也代表了她生命終結的一刻，她和她所在的世界該怎樣被看待，怎樣接受論斷。我在原書〈前言〉說：「後世可以對這段人生作出判斷；傳記作家要判斷的，只在於應否把這個人生故事敘述出來。」對鄂蘭一生的論斷，在她過世後就開始了，我也要談談其中一些議論。對於那些像鄂蘭一樣關愛這個世界、卻又太年輕而沒有機會親身受教於鄂蘭的讀者，我希望能為他們引路。今天這些讀者，跟當年受業鄂蘭門下的我年齡相若；當時我有幸進入社會研究新學院修讀博士學位，主修哲學，在鄂蘭指導下撰寫論文，研究的就是鄂蘭的老師卡爾．雅斯培（Karl Jaspers）。

就像她的其他學生，也像她在美國和歐洲數以萬計的讀者，面對隨越戰爆發的事件以及世界各地的反應，還有越戰誘發或激發的政治運動，我信賴鄂蘭深思熟慮的評論。我總是這樣想，這部傳記做為了解鄂蘭的入門磚，它的對象是那些沒有機會親自接受鄂蘭教誨、而只能把她視為歷史人物的讀者。這篇〈前言〉要讓讀者明白，在鄂蘭逝世後的三十年裡，她怎樣成為了一位歷史人物。[2]

§

首先我們看看鄂蘭身後出版的著作。這些遺著，我在撰寫這部傳記期間大都已從她的遺稿中先睹為快。自她的未完成著作《心智生命》（*The Life of the Mind*）在一九七八年出版後，其他大量遺著相繼問世。這些著作分三大類：書信、從未出版或未集結的文章（包括德文和英文的），以及二〇〇三年在德國出版的《思想日記》（*Denktagebuch*）。儘管《思想日記》長達一千五百頁，定價高達一百二十歐元，初版仍然銷售一空。我在撰寫傳記時，大部分其他文章都看到了，只是沒有讀到這些日記。

最終將會有五冊文集集結出版，編纂者都是博學深思的傑洛姆·柯恩（Jerome Kohn），他是鄂蘭的最後一位研究助理，現在是鄂蘭文獻整理人，也是我的朋友。《論理解》（*Essays in Understanding*）文集一九九四年問世。《責任與判斷》（*Responsibility and Judgment*）文集二〇〇三年由邵肯出版社（Shocken Books）印行（鄂蘭曾在這家出版社當編輯，把法蘭茲·卡夫卡〔Franz Kafka〕介紹給美國讀者），其中有一篇論道德哲學的長文，是柯恩從粗略的講課稿中精心編集而成。第三冊文集擬定名為《政治哲學問題》（*The Problems of Political Philosophy*），並擬包含論馬克思（Karl Marx）的一篇像書一樣長的論文以及其他重要講稿。策劃中的還包括鄂蘭論猶太人問題的文集，以及《思想日記》短文的結集。

預計幾年內一部書信集也將問世，將可以看到鄂蘭書信的全貌（儘管目前也可從社會研究新學院的美國國會圖書館鄂蘭文獻電子版閱覽）。在已出版的書信中，鄂蘭與父執輩良師益友雅斯培的通信（德文與英文版分別在一九八五和一九九二年出版）已然成為二十世紀書信文學的經典。歐美未來的歷史學家，可以透過這些書信中深刻而具先見之明的省思，審視第二次世界大戰後美國共和政體的危機，以及德國在納粹戰敗後的政治重建和「重新掌握過去」的努力。[3]

二〇〇〇年出版的《四壁之內》（*Within Four Walls*），是鄂蘭和丈夫海因里希．布呂歇（Heinrich Blücher）三十五年婚姻中互通的書信。她這位出生柏林，來自勞工階級而自學有成的丈夫，深具知識分子魅力。他倆通信中的摯愛對話貫串畢生，堪稱典範，把他們的親密關係、遷徙漂泊與文化適應，以至發憤圖強、傷痛失落，還有對新世界的驚歎表現得淋漓盡致。[4]儘管布呂歇是教師而非作家，他在哲學上追求的目標可從這些書信中窺得梗概，尤其是他對蘇格拉底（Socrates）堅定不移的敬仰（這位哲人同樣是教師而非作家）；同時，他也十分嚮往雅斯培的「普世哲學」（cosmopolitan philosophy）願景：那是以世界各地哲學家的共同對話為基礎，在文化史上可追溯到公元前八百至五百年的「軸心時代」（the Axial Age）。但這些書信中最躍然可見的，是鄂蘭和布呂歇在家庭中和對話中為對方提供了心靈安頓的「四堵牆」：處身其中，他們可以仰賴彼此的忠誠，坦然面對彼此的長處和短處，分享共同的願望。

鄂蘭和瑪麗．麥卡錫（Mary McCarthy）的友誼可見於《朋友之間》（*Between Friends*）書信集，其中包含風趣輕鬆、時而尖刻而又談興十足的政治與文化對話，是鄂蘭最具美國色彩的書信，對於研習美國二十世紀文化的學生來說是珍貴資料。其他和鄂蘭有書信往來的，還包括知名度不高但重要性不容忽視的小說家賀曼・布羅赫（Hermann Broch），以及錫安主義（Zionism，又稱猶太復國主義）的領袖柯特・布魯曼菲德（Kurt Blumenfeld）；這些書信短期內恐怕不會譯成英文，在德國學術圈子外的讀者也大抵不多。[5]

鄂蘭和雅斯培的書信，大部分她和布呂歇的書信（除了少數後來才發現的戰前書信），以及鄂蘭寫給麥卡錫的信，我在撰寫傳記時都看過了。她跟布羅赫和布魯曼菲德之間的書信還沒有結集，不過我已讀過了馬爾巴赫（Marbach）德國文獻資料館所藏鄂蘭遺稿的所有書信。現在這些書信相繼出版，未來的傳記作家可以對鄂蘭建立的友誼有更全面的描述，但我相信對她的人生故事不會增添任何重要的事實。

現在我讀過了鄂蘭和麥卡錫雙方的書信，對於這段友誼的建立過程和本質，都有了更清晰的認識。鄂蘭人生旅程中總有一位親密的女性朋友。她青少年時期在柯尼斯堡（Königsberg）結識的安妮・孟德爾頌・韋伊（Anne Mendelsohn Weil）就扮演了這個角色。移居美國後，神學家保羅・田立克（Paul Tillich）的情婦希德・法蘭柯（Hilde Frankel）成了她的閨中密友。鄂蘭後來重返歐洲後，又跟韋伊重建友誼。法蘭柯一九五〇年因癌症病逝後，鄂蘭轉而與麥卡錫結為好友，她是第一位讓鄂蘭感到親切的美國女性。雖然麥卡錫比鄂蘭年輕六歲，她卻具備鄂蘭在朋友身上期盼的特質

（鄂蘭從自己丈夫身上就找到很多這類特質），其中包括：觀察與評論世界的熱情（包含身邊的社會世界和更大的政治世界）；情感豐富，有一顆熱切的心，卻不流於感情用事；睿智而不尚空言，不沉溺於自己的聰明，也不會對別人的意見毫無質疑而認同；此外還有深摯的忠誠，並理解對於那些無法從傳統家庭、社群或宗教尋求慰藉的人，友誼怎樣讓他們的內心安頓下來。

鄂蘭也能透過麥卡錫與男性建立複雜互動（還可以向麥卡錫訴說感受）；她年輕時不乏這種互動，但當她維繫著與布呂歇的三十五年婚姻、並同時埋首寫作時，這種互動卻不是唾手可得，也不是理所當然的。另一方面，鄂蘭不但是麥卡錫的閨密，還肯定可以當她的姊姊，甚至扮演母親的角色（一位猶太媽媽）。她不用離開自己的書桌，就能進入麥卡錫的生活。鄂蘭自己沒有投入的生活方式，可以在麥卡錫身上體驗到，像是寫作小說、活在鎂光燈下、活躍於文學圈和參與政治運動；麥卡錫還可以為她帶來活力，跟她一起參與文學活動，帶給她文學洞見。與麥卡錫互通書信，鄂蘭可以無拘無束地宣泄情緒，事實上她有時也感到沮喪和氣餒。她還可以滿足其他需要：她要活出女性的身分，活出朋友的身分；她不能滿足於只是一個知名人物，只不過在朋輩圈子裡心智勝人一籌。此外，麥卡錫喜愛遊歷，又是個作家，對歐洲有充分認識；她能體會到儘管鄂蘭在政治上鍾情美國，但文化和觀感上卻是歐洲國際主義者。隨著布呂歇於一九七〇年過世，而雅斯培亦已不在人世，麥卡錫是能了解鄂蘭的悲傷，為她提供心靈安頓的「四堵牆」。

在一九二五到一九七五年間，鄂蘭跟哲學家馬丁・海德格（Martin Heidegger）這位前任情人和老師也有書信往返。這些分別在一九九九年和二〇〇四年結集刊行德文版和英文版的書信，跟其他已出版的書信截然不同。[6]一九七六年海德格過世後，這些書信便封存在馬爾巴赫的文獻資料館，當時離鄂蘭過世才幾個月。所以當我寫到了他們這段關係，特別是鄂蘭年輕時跟海德格的戀情，我只能訪問寥寥幾個得知內情的朋友，以及推斷兩人的關係在戰後怎樣發展。因此，我的傳記低估了戰後海德格在鄂蘭思想發展上扮演的角色；他們後來一再重聚：先是一九五〇年，然後是一九六〇年代後期到他們離世——這個時期鄂蘭正在寫作《心智生命》。當然，我的傳記也沒有談及他們辭世後對二人關係的持續爭論，而已出版的書信對於解決這些爭議也沒有什麼幫助。不管怎樣，做為歷史人物，鄂蘭跟海德格是無法分割的。

跟其他書信集不一樣，已出版的海德格書信是不完整的。雖然大部分海德格所寫的信都包含在內，但鄂蘭所寫的信相對較少。兩人的關係是一九二五至一九二七年間在馬堡（Marburg）開始的，當時海德格正在撰寫他的不朽傑作《存有與時間》（*Sein und Zeit*）；鄂蘭當時所寫的信沒留下來，因此我們無法從她本人的話了解她的初期反應。兩人在一九五〇年重聚，海德格當時仍然因為納粹黨員身分以及曾任弗萊堡大學（Freiburg University）校長的親希特勒爭議行為而被禁止教學；他寫了很多信給鄂蘭，但鄂蘭寫給他的信保留下來的很少。直到一九六七年之後，才能真正看到雙方的通信。書信彙編者烏蘇拉．魯茲（Ursula Ludz）下了徹底而細心的工夫，註釋附加的資料足有一本書那麼厚，很多是鄂蘭在她的著作以及寫給雅斯培和布呂歇的信中提到了海德格，而海德格在公開文字中則從來對鄂蘭隻字不提。

還有另一件事，讓與海德格的通信跟其他已出版的書信不一樣，那就是書信集出版前傳出了醜聞。醜聞是由麻省理工學院（MIT）教授伊絲貝塔．愛婷爵（Elzbieta Ettinger）刻意製造的。她獲准閱讀鄂蘭和海德格的通信，並可在她撰寫的一部簡短兩人合傳中引錄鄂蘭的信。[7] 當她寫的傳記《女哲學家與她的情人》（*Hannah Arendt/ Martin Heidegger*）在一九九五年出版時，鄂蘭和海德格一九二〇年代的戀情已是眾所周知的事實，因為我在這部傳記裡已經提到了。我的敘述，就如我指出的，根據的是對鄂蘭朋友的訪問，以及鄂蘭書信中的零星敘述。特別值得注意的是，她也向丈夫提到了；對方在一九三六年初的幾個月開始跟她來往時就清楚知道這件事，當時鄂蘭剖明心跡，希望能夠「像對待自己一樣的對待你」（一九三六年八月八日），也就是自己這一方毫無保留，也不害怕對方作出判斷。鄂蘭也把戀情告訴了雅斯培（海德格投身納粹前跟雅斯培是朋友），而雅斯培的反應一如往常，表示包容而不妄加論斷。

愛婷爵雖然參考了鄂蘭和海德格的通信，但她的敘述卻是出於想像。在她的構想下，一個幼稚、無助的猶太裔女學生，和一個深具魅力而冷酷無情的已婚天主教男教授共同合演一場激情大戲，狂暴、悍然背叛、自甘奴役兼而有之。她筆下的鄂蘭永遠無法擺脫情網，不惜受虐、受鄙視而「死忠」於痴戀的伊人。她在丈夫面前隱瞞這段青葱歲月的戀情長達十五年（該書頁四十二），把海德格所有缺憾歸咎於他的妻子，作出可恥的不智判斷並甘心為海德格辯護（「竭力為海德格一度投身納粹文過飾非」，頁七十八），又聽任海德格利用她做為「親善大使」（「鄂蘭欣然接受任務」，頁七十四）。書中充斥著數以百計「看來」、「可以想像」和「她肯定覺得」等揣測字眼，顯示這位傳記作家陷入了自己設下的陷阱，還把描述對象一起拖進陷阱。良好的傳記寫作裡有如跟對象對話的筆法，則都付之闕如。[8]

毫不稀奇地，這種想像式筆法（曾是鄂蘭朋友的文學評論家阿爾弗雷德．卡辛〔Alfred Kazin〕在書衣上稱讚它「極具價值」）令眾多對鄂蘭懷有敵意的人很是雀躍；讓情況雪上加霜的是，在《艾希曼耶路撒冷大審紀實》（*Eichmann in Jerusalem*）一書出版後，更引起了二十世紀最廣泛、最複雜的一番爭議。視鄂蘭具有明智判斷力而引為楷模的人十分苦惱，又無法作出有效回應，因為可用來判定想像式敘述是否真實的那些書信還未公開，很難斷然否定愛婷爵那些抽離上下文、經扭曲而駁雜不堪的引文是可惡的謠言。鄂蘭和海德格的遺稿管理人最終體會到，將兩人的書信公開，才是明智的決定。

還有第三個因素，令海德格的書信與眾不同。那就是海德格並不像雅斯培、布呂歇、麥卡錫、布羅赫和布魯曼菲德等人，在世俗事務上跟鄂蘭有共同的深刻興趣。鄂蘭這方面的興趣，部分是出於與海德格相戀後的反應：她要將年輕時脫離世俗現實的態度糾正過來，那是在開始跟雅斯培學習之後產生的興趣。她後來對這位老師讚嘆：「你的哲學讓我準備好走上政治之路。」（一九四九年三月十一日）跟其他與鄂蘭互通書信的人不同，海德格並不是肯承擔責任的人，也不是願意或樂於作判斷的人。他在二十世紀當時德國的知識分子中堪稱偉大的哲學家（雅斯培則是偉大的政治哲學家），卻不是個好楷模。

從鄂蘭寫給雅斯培和布呂歇的信中明顯可見，海德格欠缺誠實且有雙重性格，這令她深受打擊而痛苦不堪。雖然鄂蘭沒有像寫作《黑暗時代群像》（*Men in Dark Times*）那樣對海德格的人格詳加論述，但在她公開和非公開的文字中，海德格的人格反覆成為討論主題。鄂蘭始終沒有完全解開海德格的謎題，她過世前在《心智生命》中再次談到了他：她引申、論述了她在海德格八十歲賀壽時談到的，閱讀他著作的心得（收錄在兩人的通信集）。[9]

很多評論者對鄂蘭和海德格的關係爭論不休，兩人的身後名聲也隨之變化，基本上有兩方立場。其中一方認為，首先得認定海德格曾加入納粹黨，而從來沒有對此公開懺悔；鄂蘭則成了他的辯護者，因為戰後她與海德格恢復交往，並致力推動把海德格的著作譯成英文。另一方則認為，首先得認定海德格是偉大的哲學家，他在判斷與行動上的缺失，應該看作有如古希臘哲人柏拉圖（Plato）前往敘拉古（Syracuse）充當暴君狄奧尼西奧斯（Dionysus）的導師，而鄂蘭在著述中流露對海德格哲學的尊崇和感念是可以理解的；根本問題在於，哲學家能否向投身政治行動的人提供有價值的指引，抑或哲學家的活動始終（或應該）屬於沉思冥想的世界，而不是現實行動的世界。

戰後，鄂蘭本人對海德格的評價一直在變化。一九五〇年之前，也就是寫作《極權主義的起源》（The Origins of Totalitarianism）那段日子，她滿懷怨憤地將他視為欠缺修養的典型歐洲莽夫，受到誘惑而投入「暴民」陣營，最終卻在其中無立足之地，因為暴民對他這種富創意的人毫無興趣。後來，當她和海德格恢復交往，她嘗試從心理角度為海德格辯解，認為他具備分裂人格，既有真誠的一面，也有虛假或怯懦的一面，需要別人奉承——那些人最糟的就是諂媚者，最好的也不過是次等知識分子。鄂蘭和雅斯培爭辯不休的是，海德格能否克服這種內在分裂；鄂蘭願意耐心等待，雅斯培卻寧可與海德格結束友誼（這個決定在他一篇自傳式文章中記錄下來，該文德文版近日已出版，他和海德格的通信亦已出版）。[10]

最後，在一九六〇年代，鄂蘭因為全面讀過海德格的著作，也透過雙方的通信，而對海德格有不一樣的理解。這時候她強調的是，海德格一九三〇年代末所撰《尼采》（*Nietzsche*）一書的第二冊，儘管沒有公然表示要脫離納粹黨，卻提出了「不行使意志的意志」哲學觀。她由此下結論，認為海德格當時已不再幼稚地期望自己能對納粹領袖造成影響，放棄了行使自己的意志，也不再期望世間有意志的人集合起來有所行動，而返回「思考的安頓之所」。鄂蘭在《心智生命》總括指出，海德格由於這種「轉向」，當時就對自己的意志有另一番敘述：「在海德格的理解中，謀求支配或駕馭別人的意志是一種原罪，當他嘗試反省自己過往短暫投身納粹運動時，就發現了自己的這種罪。」（第二冊，頁一七三）

鄂蘭對海德格觀感的演變歷程並不廣為人知，這是因為在她眾多著作中《心智生命》的讀者最少，理解的人也最少，政治理論家或歷史學家都不熱中看待，尤其是歐美哲學家對鄂蘭晚年的哲學著作還未給予充分的重視。然而有關鄂蘭與海德格兩人關係的爭議，對鄂蘭做為歷史人物的形象有顯著影響：即使她在受尊崇的情形下，她對海德格的判斷仍成為籠罩她的一道陰影。

與此相比，另一項纏擾著她的爭議，對她在思想界的評價影響更大，那就是《艾希曼耶路撒冷大審紀實》一書為她人生最後十年帶來的衝擊。爭議各方在一九六〇年代的立場，我在這部傳記裡有詳細討論，至今仍然各持己見，但我不會再加以評論。參與爭論的人換了一批，可是立場還是一如既往的僵化和刻板化。對反猶思潮的恐懼，不管是舊的還新的，一直持續湧現，加上僵固的應對辦法，導致爭議不斷。很不幸地，這種僵化現象使得《艾希曼耶路撒冷大審紀實》最切中要害的一點，也就是鄂蘭在終極反思中觸及的有關這次審判對國際法造成的挑戰，沒怎麼引起注意；儘管因這項挑戰而成立了一個國際法庭，對於為罪惡國家充當行凶者角色而干犯「違反人道罪」的罪犯進行審判。鄂蘭指出：「〔在耶路撒冷的〕法庭面對的，是一項在法典裡找不到的罪行，以及一個在任何法庭都未曾見過的罪犯，至少在歐洲國際軍事法庭『紐倫堡大審』（Nuremberg Trials）前是不曾出現的。」[11]

鄂蘭這兩方面的判斷引起的爭議，令人質疑她的判斷力是否有問題，這是《心智生命》一書未完成的第三部分的主題。但要理解鄂蘭作出判斷的方式和她對判斷的想法，我們必須追溯歷史，探討她移居美國後在寫作生涯上的判斷怎樣引起爭議。鄂蘭總免不了引發強烈反應和猛烈批評，我認為一方面這是由於她的思考和判斷方式，一方面也由於她所說的話往往會因爭議而變得難以解讀。

§

在《極權主義的起源》中，鄂蘭首先用了嚴厲的警告，將她最基礎的想法表達出來。她聲稱政治只會在特定歷史條件下出現，因為在她看來，政治就是公民在一個「世界」中的說話和行動方式，而這個世界是在不同形式政府的容許之下、由法律保障的一種公共空間。她因此聲稱，政治是可以被徹底消滅的。進一步來說，某種形式的政府，可能造成始料不及而又看似矛盾的可怕後果：它可以令政治完全消失（這點她有切身體會，因為她曾是「無國之民」，也是所謂「十二年帝國」即納粹德國的倖存者）。極權主義是一種全新的政府形式，跟以往的專制政體不一樣，它不光是政治的萎縮，而是將政治徹底消除：它透過特定方法，首先泯滅某一群體的人性，最終擴及所有群體，使全人類的人性消失於無形。這就是極權主義的「根本的邪惡」。[12]

鄂蘭的這種深刻洞見對她那個世代的評論者造成了震撼，但它的效果是片面的，最終更是有害的。她辯稱，納粹德國和史達林（Joseph Stalin）領導下的蘇聯，儘管意識形態源流和演進過程截然不同，根本上卻都是同樣形式的政府，都是極權主義的政體。這種分析被牽扯到冷戰的對立中，既引來左翼政治陣營的詰難，又被右翼陣營濫用。

右翼陣營採納鄂蘭的分析卻將它扭曲，因為把反共產主義等同於反極權主義，就可大收宣傳之效，不但能對抗蘇聯，更能對抗馬克思主義，把它等同於對抗納粹德國和它的種族主義意識形態，並自認立足於道德正義之上。在該書一九五一年出版後不久鄂蘭便察覺到，美國反共產主義的主流分子正好就是前共產主義者：他們思維僵化，在立場改變後依然故我。這些人基本上都是意識形態至上，儘管立場轉向，卻踏著同樣步伐，宗旨絲毫不變，也就是為了結果可以不擇手段。只要能讓民主戰勝極權主義，任何有利於民主的手段都是可取的，包括極權手段，譬如對目標攻擊城市採用大規模毀滅性武器，不惜殺害平民。可以毫不誇張地說，自一九五〇年代以來，這種禁絕獨立思考的思維方式，是對美國國民政治的最大禍害：它推波助瀾，使得具道德色彩的「愛國」民主聖戰成了眾所認可的規範，民眾看不出它其實偏離了美國憲法傳統。

至於左翼陣營，共產主義者和社會主義者大肆抨擊鄂蘭，認為她漠視了他們所主張的：法西斯政權跟馬克思主義革命是對立的，史達林統治下的蘇聯也是一種出賣馬克思主義的行為。然而這些左翼批評者卻沒看清楚，鄂蘭的著眼點在極權主義的「元素」，以及令這些元素結合起來而可能造成的「反政治」過程。在左翼的觀點下，鄂蘭似乎無法體認到，蘇維埃革命分子是秉持社會公義的理想主義者。

鄂蘭在撰寫《極權主義的起源》時，對馬克思懷著很大敬意，她也把列寧（Vladimir Lenin）和史達林清楚區別開來。但跟她的左翼批評者不同，鄂蘭在一九五〇年代初期撰寫《人的條件》（*The Human Condition*）和《論革命》（*On Revolution*）的過程中，不斷深入探索馬克思主義。這個批判過程的結果，可見於她在《人的條件》中把馬克思描繪成勞動力的理論家，而不是行為或行動的理論家，也可見於她在《論革命》中持續嚴厲抨擊某些馬克思主義者把「社會問題」提升到政治行動之上，或是把法國大革命的原則置於美國革命的原則之上。但她思想演進過程最突出的地方，還是見於她和雅斯培的通信，對方激發了她對馬克思的重新思考。

這些通信始於一九五一年，當時鄂蘭對雅斯培論佛洛伊德（Sigmund Freud）的一篇文章表示讚賞。雅斯培回應說：「你正面地談到了馬克思對公義的熱誠，這就把他跟康德（Immanuel Kant）連繫起來了。……在我看來馬克思的熱誠根本是不純粹的，在出發點上就是不公義的，它的生命力來自消極的一面，欠缺了人的影蹤；他是個戴著以西結（Ezekiel，又譯厄則克耳）的面具、仇恨化身的假先知。」[13] 鄂蘭回信為馬克思辯護，認為他並不是學者或哲學家，而是「造反者和革命家」，但這個人卻能真正理解她所說的「商品經濟造成的人性及天性的泯滅」（酷似海德格的術語）。雅斯培堅持自己的看法，談到馬克思「人格上欠缺包容，實在可怕。從他到列寧可謂一脈相承。……他大抵是個被命運驅使的人，就像馬丁路德（Martin Luther），他的重要性不在於他的思想，而在於承載這些思想的人格。」此後鄂蘭埋首閱讀，最終同意了雅斯培的觀點：「我愈是讀馬克思的著作，就愈察覺你是對的。他對自由和公義都不在意。」她不光認同了對馬克思思想的批判——特別是她在《論革命》中提到「馬克思執迷於社會問題，不願意認真看待國家和政府問題」，她更體認到人格做為思想載體的重要一面。

在寫完《極權主義的起源》後的幾年內，當鄂蘭正在撰寫論馬克思的一篇長文（擬收錄於《政治哲學問題》文集）時，她成了馬克思主義的堅定批判者，對前共產主義者和麥卡錫主義者（McCarthyites）等美國右翼陣營的批判則減輕了。世界政治舞台上需要去對抗的，已不再是針對個別群體（如猶太人）的納粹式意識形態，而是鼓吹社會革命的馬克思主義觀點。她的轉向反映了個人感受的轉變：在陷入多年恐懼之後，她瞥見了希望。對於做為她思想載體的個人人格，她並沒有置之不理。反之，在轉變的過程中，她更能體會並更真切地理解人格問題。她知道她的著作是在深刻恐懼和更深刻的忿怒中寫成，這對她造成了妨害，令她無法在這個世界上安然自處。在恐懼中，她將世界看成是懸吊於自由和極權主義之間，使她無法安身立命。她的著作就像一種防範性報復：聲援在歐洲被屠殺的猶太人（她所屬的族裔），她不甘心遭到整整兩個世代的、來自左右兩大意識形態陣營的歐洲知識分子出賣（那些人之中包括了海德格）。

雅斯培一九四八年寫信給鄂蘭，談及她所寫有關集中營的文章，信中提到那些不受意識形態影響而思想獨立的同時代人，如何反覆從她的著作體會到一種感受：「對，因為你活在恐懼中——不是因你自己而起，而是因全人類而起的恐懼，你具備敏銳的覺察力。你體認到不願意接受（有關集中營）事實的人所面對的危險；這些人將事實擱置一旁，不嘗試理解它，不相信這些事存在於真實世界。你推導出終極的邏輯後果。你揭示的真相令人不寒而慄。不錯，你應該提醒大家，只有透過這方面的認知，才能防止『歷史重演』。」（頁一〇五）

戰後鄂蘭的思想進一步成熟。隨著世局轉變，她益發清楚她人格中包含的訴求，分別反映了左右兩大陣營的部分觀點。她兼具深刻的保守主義和激進主義；她對這個世界以及世上所有的自然和文化成果，有一種亟欲保護的衝動，同時她又熱愛新主意、新突破——這些訴求看似都相互矛盾。對一些觀點獨立的人來說，只管維護傳統和一味追求創新，都是極端主義者。鄂蘭某次提到：「人類對轉變的渴望以及對安穩的需求，總是互相牽制，保持平衡；我們今天的詞彙，劃分激進和保守兩個陣營，正好顯示出這種平衡已經不保。」[14] 不管從人格還是政治角度來看，冷戰期間典型可見的對鄂蘭和她著作的曲解，正反映了這種失衡狀態。

《極權主義的起源》出版後，鄂蘭對極權主義的勾畫被捲入了冷戰論爭，使讀者難以根據這部著作而判定在德國的納粹和史達林的蘇聯以外，還有沒有其他極權主義的變種。鄂蘭在一九六六年版的〈前言〉討論過毛澤東統治下的中國，認為對這個政權難以驟下判斷，因為它處於「瞬息萬變的狀態」，儘管它清楚顯現了很多極權主義元素，卻沒有一種解釋所有歷史的意識形態，也沒有形成全球性政治組織的企圖心，而這些才是把極權政權跟一黨專政或專制政權區別開來的關鍵因素。她提出結論：「全面統治，是唯一一種政治力量不可能共存其中的政府形式。因此，我們完全有理由嚴格地使用『極權』這個詞。」（p.xxvii）

對當代讀者來說，由於不再受冷戰思維支配，鄂蘭透過探索納粹和蘇聯極權主義的元素，而對政治發展作出判斷的做法，成為了一種典範。特別是新的、後冷戰時代對世界秩序的威脅正在滋長，鄂蘭揭示的極權主義元素已在很多國家和地區以一種新的形式隱現；當下許多讀者更把這種情勢視為挑戰。這方面的挑戰，是《極權主義的起源》預訂於二〇〇四年出版的新版本，以及先前各版本的前言，都認為亟需面對的。

為了顯示《極權主義的起源》與現今世界情勢直接相關，讓我簡略複述一次鄂蘭所揭示的極權政府必備元素。她指出，第一項元素是一種全面的意識形態，它解釋所有歷史，把政權和其政策合理化；它又指稱某一民族具優越性，並設定某一個必須消滅的內敵（通常是提出一種陰謀論）。鄂蘭提到納粹有關自然的一種意識形態，以及史達林主義有關歷史的一種意識形態。在目前的世界局勢下，這些經典類型以不純粹的形式顯現，兩者都成為了當下最具影響力的兩種意識形態的一部分——都可稱為道德的意識形態。其中一種見於美國的政治辭令，可稱為「至高無上的民主」（sovereign democracy）意識形態。這是一種「基要主義派」（fundamentalist）的民主：民主被視為具道德涵義的「善」，要傳播於全世界，必要時可訴諸武力。批評這種意識形態的人被標籤為不愛國的內敵。還有另一種可稱為「道德純粹主義」的意識形態，見於激進伊斯蘭分子，它不光是對傳統伊斯蘭教的曲解，也是極右瓦哈比派（Wahhabist）對伊斯蘭的曲解。我們眼前所見的不是某些評論家所說的「文化衝突」，而是兩種極端道德純粹主義的意識形態衝突。

鄂蘭指出，極權主義的第二項元素是全面的恐懼，經制度化後顯現於納粹集中營和蘇聯的勞改營。全面的恐懼最終遍及全民，無人倖免；而在此之前，政權先透過一場狂熱政治「運動」令傳統階級結構和政治取向解體，這場運動最終勢必使得大批民眾被根除及驅逐。她還指出，自一九四五年以來原子和其他核子武器的出現，使世界處於一種全新的全面恐懼之下，這在很多形式下呈現，包括大大小小的「大規模毀滅性武器」掌控在國家、群體，甚至是個人手上。不管以什麼形式出現，全面恐懼都導致平民生活空間和戰場的界線消失於無形，武力無處不在。城市成為戰場，與城市做為政治空間背道而馳，這種現象蔓延至世界各地。

第三，極權主義的另一種元素就是自然的人際關係被摧毀——主要是家庭關係，採取的手段就是透過法律對婚姻作出限制（譬如特定「優越族群」不得與「劣等族群」通婚），以及推行特殊警政措施，迫使民眾暗中監視家庭成員，向當局告密。在極權政權下，當公共空間被摧毀的同時（也就是政治被摧毀），讓親密關係和家庭生活得以開展的私人空間也逃不過被摧毀的命運。我們正面對一種可怕而危險的、充滿反諷意味的處境：目前無處不在的道德純粹主義（基要主義），聲稱來自偉大的宗教傳統，以保護家庭為職志，卻採取極權手段摧毀政治程序和保護傘，使得親密關係和家庭生活無法存活。在美國，政治和宗教的區分，向來是民主政治存續的關鍵，如今卻比任何歷史時期都更加受到侵蝕。

以官僚體制運作的政府，是鄂蘭指出的第四項極權主義元素。她從十九世紀的帝制追溯其歷史，探討它在德國和蘇聯怎樣演化為「無人掌政的政府」，並在過程中摧毀個人的判斷力和責任承擔。目前見到的新極權主義，則在全球化過程中，透過已開發世界的政治與企業官僚體系的合流，而形成新的帝國主義。鄂蘭揭示的其他極權元素，還包括祕密警察取代國家軍隊的主控力量，以及法治體系遭到侵蝕，特別是保護隱私和政治空間的法制（包括言論自由、新聞自由、集會權等）。

極權政府還宣稱具備絕對最高統治權，並把「歐陸式帝國主義」（continental imperialism，如納粹德國和蘇聯）合理化，與此配合的是根據意識形態界定的一種廣義民族（如泛德意志民族和泛斯拉夫民族）。我們將會發現，這三種政府元素並不需要民族國家形式的政府體系，它們可以匯合成一種國際網絡——譬如恐怖主義組織，它的目的就類似賓拉登（Osama bin Laden）提到的蓋達組織（Al Qaeda）的目標：「創造一個屬於全世界十億穆斯林的帝國，由單一領袖統治……團結所有穆斯林，建立一個遵循穆斯林最高領袖哈里發（Caliph）法規的政府。」也就是說，它的內敵是所有非政教合一的穆斯林政府，外敵則是所有非穆斯林。[15]「世界伊斯蘭陣線」（World Islamic Front）雖然具備了所需的意識形態，而且自始以來就是國際性的，卻不是像納粹或蘇聯那樣產生自一個經演化、帝國主義化的民族國家。它的武力並不是來自一個控制了國家軍隊的祕密警察組織，而是來自一個恐怖分子網絡，以及宗教的殉道感召。弄清楚這些區別，才能夠思考「反恐戰爭」（重點在「戰爭」）是否正確的有效反應。我們要顧慮的是，這樣一場戰爭可能會導致非極權政府採用極權手段。

§

鄂蘭在完成《極權主義的起源》之後，再回頭發掘這部巨著所隱含的問題，她的理論著作繼而指向她對極權主義分析所揭示的更深層趨勢。在《人的條件》、《過去與未來之間》（*Between Past and Future*）、《論革命》和《論暴力》（*On Violence*）等書中，以及在一些論文中（收錄於《責任與判斷》，這是《心智生命》未完成的〈判斷〉部分遺稿），她的焦點不再為極權主義本身，而是轉移到更深層的力量和意念；在她的理解下，這些先決條件使得相關元素聚合起來，形成極權統治。

一九五〇年代初，鄂蘭在美國經歷了韓戰和麥卡錫主義時代，讓她能夠把造成歐洲極權主義和相關事實的歷史因素區別開來，並認清極權主義元素不一定導致極權主義，這對她的後期著作有關鍵意義。在美國這個她所選擇的新國度，她也曾目睹一些極權主義元素在一九五〇年代出現，但由於欠缺兩個主要構成因素，因而始終沒有形成極權主義。麥卡錫主義並未出現任何「運動」，沒有一群接一群、一個接一個階層的支持者造成不斷膨脹的支持力量，從而掀動浪潮造成自我的毀棄，以及瘋狂的盲從趨勢和反國家的狂熱。儘管出現了針對個別族群的意識形態（反共產主義），並由一個魅力型領袖所鼓吹，卻沒有人提出一種具統合力量的願景，類似希特勒所散播的反猶主義和背後的猶太裔跨國陰謀論。麥卡錫的選區裡有很多猶太裔，他的主張不是反猶太的，他的支持者也並不全部來自美國某一階級。「我所看到的是，」鄂蘭一九五四年寫給雅斯培的信總結說：「……社會深處孕育出來的極權主義元素，來自社會群體本身，卻沒有任何『運動』或清晰的意識形態。」（頁二四九）

由於她源自歐洲的恐懼感，鄂蘭對麥卡錫主義反應過度，也低估了美國政治的反彈力——這在歐洲人眼中看似反覆無常而隨民意搖擺變幻；事實上，在美國只有知識分子才會偏執於左或右的意識形態。她在一九五五年向雅斯培提到，整個麥卡錫主義現象看似在民意晃動的瞬間消失於無形：「國內的氣氛回復原狀，幾乎沒變。……這個國家的政治傳統再次走出陰霾；謝天謝地，我們看錯了。」（頁二六四）

隨著她對美國傳統的認同再次加強，鄂蘭開始在著作中熱情地談論美國歷史和政治理論。在更深層次上，自《極權主義的起源》出版後開始，在她身上發生的治癒過程也持續下去，她感受到了世界上一種輕快而充滿青春氣息的熱鬧與歡樂，她的焦慮、恐懼和憤怒都在消滅。雅斯培期待她來訪，期盼她把「那個寬廣的世界」帶給他夫婦倆；他清楚地感受到鄂蘭這種新的心境，而且早在幾年前就看見端倪。[16]「對，」她回答：「這次我真想把那個寬廣的世界帶給你。我太晚才開始——事實上近年才開始——能像現在這樣真的愛這個世界。出於感激，我想把我那部有關政治理論的書〔《人的條件》〕稱為『愛這個世界』（Amor Mundi）。」（頁二六五）

正是鄂蘭人格的這種特質——她對世界的愛——解釋了她為什麼鍾情於「協議制度」（council system）；她認為這是跟極權主義對立的政治形式。她把這種制度認定為真實政治生活的最佳形式，可以容納行動和理性論述。她研究美國的城鎮地方議會、行政區、志願社團，以及一八七一年的巴黎公社（Parisian Commune）和民間社團，還有俄羅斯的非政黨工人議會，也就是先後在一九〇五年和一九一七年出現的「蘇維埃」（soviet），以及德國一九一八至一九一九年革命時期的議會制度（Rätesystem）、匈牙利一九五六年革命湧現的議會。鄂蘭在《論革命》裡提到：「這是人民的志願性組織，不僅不屬於革命政黨，而且是這些政黨和政黨領袖始料未及的。」

鄂蘭開始察覺，美國政治最大的危機，就是欠缺思考或拒絕思考，特別是對能夠保障議會運作的美國革命根源和憲法傳統欠缺歷史記憶。她在《論革命》指出，美國人的政治生活充斥著對某種革命的恐懼——這種革命像法國大革命和俄國革命，並非以建立憲政為目的。「對革命的恐懼是戰後美國外交政策的隱含主題，它竭力維持現狀，結果就是美國把它的國力和聲譽用於或濫用於支持一些過時或腐敗的政權，而那些政權早就成為他們本國國民所憎恨和鄙視的對象。」

由於欠缺歷史性政治傳統意識，美國兩大黨的政策制訂者只聚焦於社會經濟目標，忽視政治程序，重視自由企業精神多於自由本身。她覺得，原以進步著稱的民主黨推動中央集權，對地方的自主政治行動造成戕害，共和黨則鼓吹資本主義而不顧後果。她認為美國人多半沒有體會到，除非有資源甚豐的先天條件，加上階級結構相對鬆散，否則自由企業精神和資本主義只會帶來痛苦和普遍的貧困。美國人並未顧慮到，即使在最理想的情形下，資本主義還是會造成痛苦和大幅貧困——就像目前在美國和世界很多地方發生的情況。「經濟成長總有一天會成為詛咒而非正面成就；而在任何情況下，它都不會帶來自由，它也不能自證是理所當然的。」

鄂蘭在一九六〇年代的讀者很少注意到她對資本主義的批判，不過當今全球化的批評者和環保人士都清楚聽見其中的訊息。六〇年代的讀者專注於鄂蘭對「社會問題」和政治的劃分，有人接納它，也有人否定它。贊成這種分析的人聚焦於她所敘述的議會制度史，著眼於鄂蘭對它寄予的厚望，並把其應用在他們熱切投入的草根民主或直接民主上。否定這種分析的人，則從馬克思主義觀點提出質疑，不認同鄂蘭所稱的、過於側重社會問題導致自法國大革命以來革命總是毫無建樹。在這些左翼批評者眼中，對社會和政治的這種區分，令鄂蘭成為反革命分子。他們也認為，側重社會問題，不一定會如鄂蘭所述，成為社會烏托邦的「悲憫式狂熱」，而讓權力落入狂熱分子手中。

事實上，六〇年代的馬克思主義批評者是在重複他們上一代人對鄂蘭的批評，只是重點不同。他們爭辯的，並不是蘇聯在哪些方面體現了極權主義，或馬克思主義革命是否包含極權主義成分。他們論辯的核心在於怎樣處理社會問題，並視之為「道德」問題而追問：暴力如果能帶來社會公義，那它在道德上是否站得住腳。在這些批評者看來，鄂蘭對社會問題和政治行動的區分，使得社會不公義的受害者陷入苦等，等待政治給他們帶來溫飽，而不是給予他們在中產階級面前撥亂反正的機會。這種批評甚至對採納鄂蘭政治路線的人也很有說服力，他們迫切希望草根組織能夠介入社會問題。

對鄂蘭思想的扭曲，也籠罩在相關的道德和政治問題上；鄂蘭在這方面的反思，可連繫到《艾希曼耶路撒冷大審紀實》引發的爭議，以及越戰期間她對美國抗命傳統的思考。在考慮道德和政治的關係時，她提到從社會和國家方面來看那些善良或邪惡的人。她假設道德關乎良心，而良心是個人問題。在歐洲傳統裡，良心的典範是蘇格拉底：他的衡量標準就是所做的每件事是否令自己安心。然而當具備良心的人一起行動時，道德就變得政治化了。在這種情況下，鄂蘭認為道德發生了轉化：「當你置身市集時，良心的命運跟哲學家所謂真理的命運沒什麼兩樣：它變成一種意見，跟其他的意見沒有分別。意見站不站得住腳，不在於良心，而在於多少人秉持同一意見，當『眾人一致同意X就是邪惡……X乃邪惡的信念就變得可信了』。」[17]

鄂蘭辯稱，一九六〇年代後期的公民不服從是美國志願結社傳統（即議會傳統）的延續，她表示讚許，並希望結社權有一天能透過修憲獲得承認。但她也清楚察覺到，當時一些志願性組織，包括遊說組織、壓力團體和特殊利益組織等，都跟政治行動背道而馳。因此她用來評價志願性組織的標準，是政治而非道德的。這些組織可能變得危險，

> 那就是當結社之初的締約基礎不再存在，當彼此承諾「信守誓約」（*pacta sunt servanda*）的道德指令失效時。今天可能發生的是，這些組織和他們的別國同道人，用政治性或其他的意識形態取向來取代實際行動目標。當一個組織再也不能或不願「讓不同理念的力量匯聚到同一管道」（如托克維爾〔Alexis de Tocqueville〕所說的），就失去了它的行動天賦。目前公民不服從主要見於學生運動，而該運動正日益受到意識形態污染（例如毛澤東思想、古巴卡斯楚思想、史達林主義、馬克思主義暨列寧主義），意識形態實際上造成這些組織分裂和解體。[18]

對那些把組織行動視為道德取向工具的人來說，鄂蘭似乎是在說沒有所謂理由上的對與錯，只有組織行動或政治實踐方式上的對與錯。鄂蘭的想法被這樣扭曲後，看起來就是無關乎道德的。鄂蘭的立場和想法遭扭曲的背後原因，在於她對道德意識形態或道德熱忱的抗拒。她堅決不用釐訂標準的道德判斷來預設立場。任何人被這樣的立場規範，就無法獲得直接或具體的經驗，無法對經驗作出自由的反思。獨立思考是流動的，是一種最基本意義上的自由。對欠缺獨立性的人來說，一切都是預設的，但這些人並未體會到他們的思想為何變得抽象，因為他們在實際經驗發生前已經有一種預期，形成他們的印象，他們再用預先打造的語言描述這個印象。在六〇年代批評鄂蘭、又被鄂蘭批評的那些「道德家」，最常見的預設概念就是把暴力合理化，錯誤地把暴力等同於權力；當群眾加入政治行動並將他們的共同努力制度化時，就會出現這種情況。鄂蘭感覺到，這些預設概念令年輕人變得封閉，儘管他們的道德熱誠在當前這個世界性的歷史時刻締造了新的現實，但他們視而不見。鄂蘭向雅斯培提到一位到芝加哥拜訪她的德國四七年作家群組（Gruppe 47）成員：「他那麼年輕，就已經完全無法學習任何事物。他所看到的每一樣東西，都只是進一步加強他的偏見。他再也不能吸納任何具體事實。」（一九六六年五月二十一日）

鄂蘭在人生歷程最後五年所寫的政治分析裡一再強調，處於政治光譜左端或右端的人如何遠離了現實，而能行使良好政治判斷能力的人有多麼罕見。譬如一九七一年寫的〈政治中的謊言〉（Lying in Politics）一文，就表達了她對當時披露的五角大廈文件的反思。她一如既往地從慣見的主題發掘新的角度，並指出雖然指揮越戰的美國政府官員持續從情報部門收到足以對情勢作準確評估的所有資訊，但他們卻置之不理。她指出，「事實與決策的不相關，情報人員與內政及軍事部門的不相關，也許就是五角大廈文件所披露的最重大，也肯定是最隱密的祕密。」她如此總結：「你有時會有這樣的印象，在東南亞為所欲為的不是『決策者』，而是一台電腦；處理問題的人不是在判斷，而是在計算。」（當然，問題還有變得更糟的一刻：當意識形態的迷信左右了情報蒐集，那麼連作出判斷的事實基礎也會被侵蝕。今日的問題則進一步惡化：目前的「反恐戰爭」促使美國政府採取「先發制人戰爭」的策略。）

當鄂蘭在寫作《心智生命》有關思考、意志和判斷的部分時，她也在撰寫政治世界現狀的評論，並把這個狀況界定為美國和蘇聯的對立，以及冷戰巨靈下湧現的解放運動和革命。她的政治觀察點最常落在所謂的「共和危機」，那是一九六〇年代末和七〇年代初她在美國目睹的一連串混亂事件；她覺得這個她所選擇的新國度正在忽視、甚至摧毀她的共和政體根基，儘管有些年輕人給共和國傳統注入了新的生命力。在鄂蘭過世後的頭十年，這些政治論述及其中對美國的深切關注，是她最具影響力的著作。

儘管從當年到今日，鄂蘭晚年的政治著作一直都受到高度注目，但這掩蓋了一項事實：這些著作的根基在於《心智生命》中所包含的反思；其中的哲學主題，就在指出那些不會、不能或拒絕作出判斷的人怎樣遠離了現實。在她最後的手稿裡，鄂蘭探討的是道德哲學，而不是政治理論。而她對道德哲學的獨特理解，塑造了她對判斷的想法。這種理解在她過世後多年仍鮮少有人能體會，儘管二〇〇三年出版的《責任與判斷》論文集對這方面的體會提供了基礎。

源自古希臘人道德觀（*ethike*）以及猶太和基督教法律的西方道德哲學，一直都在處理客觀（objective）和主觀（subjective）的劃分：客觀是對道德慣例、倫理規範和法律的探討，主觀則是對性格的探討（英文裡「性格」"character"一詞也源自希臘文，本義是指筆尖壓在泥板上的痕跡）。道德哲學傳統上問的是：何謂「善」？能夠理解和實踐「善」的人，其性格如何？有些道德哲學家把目光投放到自然界，由此尋找能引導人向善的規範；有些哲學家則望向超越經驗世界的範疇或神的領域，由此尋索道德律的根源。有些哲學家認為，只要具備信心、理性思考或一顆善感的心，就能直接體認道德律或道德規範；另一些哲學家則強調道德教育及性格培養的必要。繼承了幾世紀以來這些論辯的康德，大膽地把目光從自然或神移開，而投放到引導全人類的原則，也就是普遍理性的原則。根據康德所說的「定言令式」（categorical imperatives），要判定所做的事是否正確，人們只需看看有關這個行動的規箴，能否成為適用於全人類的法則即可。

但對鄂蘭來說，康德的想法還不夠徹底，它未能反映道德哲學的真正核心。她認為這個核心最清楚見於蘇格拉底，而這位哲人的思考方式能為當下這個大毀滅時代的倖存者提供指引。鄂蘭辯稱在這個時代，整個道德哲學傳統已然瓦解——包括所有規範和法律，甚至是康德的令式。「我們——起碼是我們這些老一代的人——目睹了一九三〇至四〇年代公共以至私人生活上所有既有道德標準的瓦解；不光是一般所說的希特勒的德國，也見於史達林的俄國。」[19]

鄂蘭道德哲學思考真正的激進之處在於，在凝視傳統的瓦解時，她沒有像當時大部分目擊者和後繼者主張道德重建，重訂道德的「法律與秩序」，抑或回歸宗教，回歸新的基要主義。她沒有問「何謂善？」，她只是堅持，一個身處危機之中仍能真正思考的人，不會去找尋法則或法律，而是會說（像自蘇格拉底以降所有能思考的人）：[20]我必須忠於自己。我不能做任何令自己不安心的事、不願意回想的事。「道德關乎個人自身。對與錯的標準、該怎麼做的答案，最終並不在於我和周遭人共有的習慣和習俗，也不在於來自神和人的命令，而在於我捫心自問後所作的決定。」（頁九十七）道德在於自始至終忠於自己、面對自己。

人類能跟自己講話，能進行內心對話，當受到世間事物或自己所做的事刺激時，他們會對這種經驗提出疑問，向自己講述這事件，「做為一種故事，對它作一番處理，以便其後向他人表述」及存留於記憶。沒有這種能力的人就會犯錯，「所謂的犯錯就是放棄這種能力」。（頁九十四）

這種徹底的主張，對於理解道德品格（moral character）所隱含的意義可謂振聾發聵。一個犯錯的人放棄了思考能力（即內心對話和回憶過去的能力），就會摧毀自己的道德品格。「對人類來說，思考過去就是往縱深進發，觸及根源，穩固自我，這樣就不會隨波逐流，受制於身邊的事物——無論是世界觀、歷史或純粹的誘惑。」（頁九十五）一個不能這樣穩住自己的人，是沒有道德品格的；對鄂蘭來說，一九三〇到五〇年代的海德格就是這樣。又或者，她在表述中使用的是「道德人格（moral personality）」，而不是「道德品格」：「在思考過程中……我明白地把自己構想成一個人，並讓這樣一個人持續下去，也就是說我能一再或重新這樣構想自己。如果這就是我們通常所說的〔道德〕人格，那麼它跟任何天賦或智力無關，而幾乎純粹是用心思考自然產生的後果。」（頁九十五）

阿道夫・艾希曼（Adolf Eichmann）在耶路撒冷大審中顯示了他沒有獨立的意志力或思考能力，儘管他能機械式的念出道德格言。這正好顯示沒有思考的道德格言是怎樣毫無用處。他讓獨裁領袖的意志吞噬了自己的意志。在法庭作證時，當他表明自己只是無悔地服從獨裁領袖的意志，他無異在說（從鄂蘭的角度而言）自己不是一個人，不具備道德人格：他放棄了責任，對此毫不在意，也不覺得自己有任何罪咎。鄂蘭對艾希曼所作的判斷確認了這一點：「在給予寬宥時，所寬宥的不是罪惡，而是那個人；在無根的邪惡中，並不存在任何人是可供寬宥的。」（頁九十六）

鄂蘭的道德哲學並不涉及對「善」的追求，抑或如何界定「善」的規則和法律。這種哲學並不聚焦於意志的兩難處境——即有或沒有做某事的意志（像海德格的景況），或是意志的割裂（像聖奧思定〔St. Augustine〕在靜候神的治癒恩典時所面對的情況）。為了達到她的哲學目標，她也探討了意志，那就是探究思考和判斷怎樣引導意志——具體來說就是：在思考引導下的判斷，怎樣為我們活在世上提供指引。對鄂蘭來說，判斷並不是依循法則或尋求法則的心智活動，這正是康德在《判斷力批判》（*Critique of Judgment*）分析美學判斷時的理解。她認為，康德對美學判斷的分析可以挪用於道德範疇，但前提是接納一個絕不尋常的立場，承認這個範疇沒有法則；它唯一的準則，就是忠於自己，忠於自己的內心對話式思維。由此清晰可見，道德判斷像美學判斷一樣不受法則引導，而是由事例主導。康德曾欣喜地表示：「事例，是判斷的輕騎。」

鄂蘭一輩子十分幸運，她的朋友（和通信者）都是堪作楷模的判斷者，都是蘇格拉底的繼承者。她樂於在公眾場合稱讚他們，譬如她說雅斯培就像建造方舟避過洪水的挪亞（諾厄），免受納粹洪流淹沒。她說雅斯培從來不讓自己跟個人內心或朋友斷絕關係——包括像她這樣的猶太朋友：「你的人生和你的哲學，為我們提供人類該怎樣對話的楷模。」[21] 雅斯培的哲學、中心思想和判定人格的標準，就在於溝通。而他又是開放而謙卑的人，能夠不斷成長，讓自己的人格受蘇格拉底薰陶。當鄂蘭在戰後跟雅斯培恢復交往，她發覺他有時變得僵化，傾向於道德說教，但總能夠在戰亂洪流後面對世界。她對布呂歇讚歎道：「讀一下雅斯培的著作，你就會發覺這個人多了不起；才不過九個月，他就學懂了怎樣理解眼前的新現實。」（一九四六年七月十日）

鄂蘭在她大部分生涯裡寧可不從事哲學著作，因為在她看來，埋首哲學寫作的人往往自困於尋求法則的臆想和形上學（metaphysics）思維，卻忽略了對話式、溝通性的思維，而這才是她要實踐、並希望能在充滿危機的時代廣泛實踐的。哲學家往往急於向政治世界開出道德律令的處方籤，希望能夠治癒這世界令人恐懼的變幻無常，海德格就曾有這方面短暫的、可議的經歷。然而鄂蘭卻總是希望促進某些政治組織或態度，從而容許或鼓勵大家透過道德事例學習如何實踐道德，這樣大家就能獲得保障，能從事獨立思考或與朋友親切對話。「我這樣做能否讓自己安心？」——當大家能夠面對這根本的道德問題，就會給政治世界帶來保護。

§

無論是鄂蘭後期的政治評論，還是稍早對極權主義和人的生存條件的論述，她都未能預見（事實上也沒有人預見）：美國的內部危機以及美國和蘇聯間支配一切而又變幻不定的敵對狀態，其實是蘇聯瓦解和東歐解放的前奏。在一九八九年之後，鄂蘭的著作在世界上所面對的待遇，跟她在世時或過世後頭十年（也就是我這部傳記最初問世的那個時候）變得很不一樣。

自一九八九年之後，研讀鄂蘭政治著作的人（尤其是二戰後出生的世代）不是透過它來分析先前那個歷經極權主義崛起以至被蹂躪的世界，而是把書中的分析視為歷經極權主義後的世界可能獲得的指引；在這個新世界中，民主傳統喜獲新的機會，可望重獲新生，或在前蘇聯地區和其他經歷漫長冷戰的地區生根茁壯。這種轉變可見於一個動人時刻：波蘭團結工聯領袖亞當．米奇尼克（Adam Michnik）決定把出獄後獲頒的獎項用於一項計畫，就是把鄂蘭的著作翻譯為波蘭文，幫助波蘭人在經歷華沙公約之後的那個世界裡重新尋找生活方向。

鄂蘭的著作在全世界廣獲接納，不限於歐洲和美國。在九〇年代，追問「現在怎麼辦？」的一種焦慮而又充滿期待的想法，促使專門研討鄂蘭著作的數十個會議在世界各地登場，包括美國學術界和政策制訂者的會議、歐洲各地的會議（包括在貝爾格勒舉行的一個會議，參加者包括前南斯拉夫各國的學者和政治活動家），以及在以色列、日本、巴西和阿根廷等地的會議。中東阿拉伯國家的流亡政治活動家閱讀鄂蘭的著作；隨著中國從八九年天安門事件後那個近乎極權主義的時代慢慢走出來，鄂蘭的著作也被翻譯為中文。有紀錄片展現鄂蘭的一生；她和海德格的戀情也成為百老匯小規模音樂劇的主題。一整個學術研究領域成長了起來，產量甚豐，每年都有專著和論文集問世，與此配合的還有整部的書目和規模龐大的網站。有些著作是一般研究，有些則有特別主題——例如《鄂蘭的女性主義解讀》（*Feminist Interpretations of Hannah Arendt*）或《鄂蘭與教育》（*Hannah Arendt and Education*）。目前有兩個鄂蘭研究中心，一個在德國（德國還有另一個「極權主義鄂蘭研究中心」〔Hannah Arendt Institut für Totalitarismusforschung〕），另一個則在紐約市籌辦中。《鄂蘭通訊》（*Hannah Arendt Newsletter*）定期報導這個領域的學術會議和學術成果。《劍橋漢娜鄂蘭指南》（*The Cambridge Companion to Hannah Arendt*）以及羅德里奇（Routledge）出版社準備出版的《二十世紀主要政治哲學家》（*The Major Twentieth-Century Political Philosophers*）系列鄂蘭專冊，在在表明了她享有的盛譽——沒有一個二十世紀的政治思想家像她這樣廣受注目。

為了紀念《極權主義的起源》出版五十周年，二〇〇一年紐約的社會研究新學院籌劃舉行了一場學術會議——那是鄂蘭最後執教的地方。[22] 結果會議在「九一一」世界貿易中心襲擊事件後一個月召開。參加者莫不處於深度震驚狀態，包括來自美國各地的代表、歐盟大部分國家的代表和拉丁美洲的代表，當他們討論鄂蘭這部巨著時，面對的是一個他們知道已然深刻改變的世界。自此時開始清楚可見的是，鄂蘭政治理論中我們最迫切需要的，就是有關暴力的論述，以及她將暴力與一種正當的群眾力量所做的區分——那是群眾一起行動並建立組織，用以維繫他們的持續行動。在當前的世界，暴力經常發生，遍及世界各地，並被視為是一種政治程序，而不是政治行動者別無他法才採取的最後行動。將暴力與權力混淆的普遍謬誤，也正好凸顯了美國的一種偏差：把國家至高無上的地位提升到意識形態上的承擔，違背了美國憲法精神。

鄂蘭遺著的編輯柯恩最近正確指出：

〔對鄂蘭來說〕也許美國在政治上的最大創新……就是在共和國的全體國民之間，堅定地廢絕國家至高無上的立場，以及認定在人類事務的範疇裡，這種至高無上的立場和專制獨裁是等同的。這樣一個共和國由於沒有至高無上的觀念，所以不是歐洲那種意義上的民族國家；它的權力眞的來自民眾，來自愈來愈多元的民眾，以及他們所抱持的觀念。這個共和國不光是各州的聯盟組織，也是民眾做爲地位平等的國民的共同聯盟（confederation）——從詞源來說包含協約（*foedus*）和信任（*fides*）的意思。在托馬斯．霍布斯（Thomas Hobbes）看來，個人的脆弱無力可以透過把權力交託「利維坦」（Leviathan）這個絕對威權而被克服，鄂蘭則認爲克服的力量應該來自人民的「合眾」之力，而「合眾」是由共同承諾維繫的，這大大加強了潛在的力量。「主權」（至高無上權）一詞在美國憲法中不見蹤影，而且這個詞語實際上跟憲法第六條所隱含的「主權」概念相違背——那種概念在美國憲法以外的其他文獻都無法找到。只要涉及如何給這個世界帶來穩定，憲法第六條都清楚表明，「所有根據合眾國的權力已締結或將締結的條約，就是全國的最高法律。」[23]

目前又再度像越戰期間一樣，執政者遠離現實並缺乏判斷，以致宣揚甚至推行一種國家主權意識形態，而忽略多邊合作和聯盟。這種情況在他們推動伊拉克戰爭和「反恐戰爭」的過程中每天可見。

鄂蘭在《極權主義的起源》以至《心智生命》等著作中所提出的、充滿爭議的政治理解，將會怎樣、以及在什麼程度上啟發當代的政治思想家和行動者，還須持續關注。面對美國成為唯一的超級強權，加上國際恐怖主義抬頭帶來的挑戰，遣詞用字謹慎的鄂蘭會說這是「前所未有（unprecedented）」的。比起一九七五年顯然更為環環相扣的當代政治世界，已然進入一個黑暗可怕的時期。鄂蘭一九六八年在《黑暗時代群像》的前言描述了這種黑暗：「如果公共領域的功能在於將眾人之事攤在陽光下，亦即提供一個可見的空間，讓一言一行都無所遁形，好壞立判，那麼當黑暗掩至，亮光不再，一切都被『信任落差』與『看不見的操控』所蒙蔽，被隱瞞真相的言論一股腦掃到地毯下面，被教條、道德等等在維持舊真理的藉口之下，將所有的事實都貶成一文不值的細枝末節……。」在這樣一個黑暗時期，鄂蘭認為（我在這部傳記初版的前言所引述的），「人們還是有期望光明的權利」，它來自「在他們的起居作息中」，透過他們的人生和著作而燃點亮光的男男女女。鄂蘭在世時就曾發出這種亮光；如今仍然散發著這種亮光的，還有她的著作，以及自她過世以來將她的故事和她的深刻思考帶給「新來者」的那些人。鄂蘭對她口中的這些「新來者」寄予厚望，期待著「新的開始」。

前言

很多在第二次世界大戰前後來到美國的難民，都曾流徙在許多國家之間，沒有一國能稱得上家。當他們講述自己怎樣遭到迫害和放逐，談到個人的損失和政治災難時，聽在美國人耳裡就像是一個脫軌的世界，前所未聞，幾乎無法理解。每一個故事講述者，都是戲劇大師布萊希特（Bertolt Brecht）口中的「厄運的訊息傳遞者」（*Bote des Unglücks*）。

能碰上好機遇而有所作為的那些藝術家和知識分子，很快就能貢獻所長，且往往十分傑出，在美國以至世界文化圈扮演的角色有目共睹：他們貢獻良多的範疇，包括數學和物理學、音樂和繪畫、社會學和精神分析學。但當這些難民開始在新家園安頓下來，修補他們飽歷艱困的人生時，從他們口中聽到的個別訊息，只能讓我們稍稍窺見他們那個仍有待向當世和後世講述的、浩瀚無邊的故事。

戰後十五年內，大部分有關納粹德國的歷史和分析，都是由戰前就嶄露頭角、在戰時淪為難民的社會科學家撰寫。但有一本書——《極權主義的起源》，來自於這樣一位受過哲學訓練的女作家：她在紐約一個狹小移民圈子外鮮為人知，以前也從未寫過有關歷史或政治理論的成書著作。評論家對鄂蘭這本書大表讚賞：「它是一部傑作」、「她堪比馬克思」。在往後的二十四年，她的很多論文和專著，從《人的條件》到《心智生命》，都讓她贏得了國際聲譽以及同代理論家中的顯赫地位。

身為一位始終充滿爭議的思想家，鄂蘭她孤獨自持，與學術派系、政黨和意識形態保持距離，卻能接觸到不斷擴大的讀者群。從學有專精以至一般的讀者，都期待從她這邊獲得罕有的洞見；他們感覺到的，跟鄂蘭一九三八年在《黑暗時代群像》前言所說的一樣：「即使是在最黑暗的時代，人們還是有期望光明的權利，而光明與其說是來自於理論與觀念，不如說是來自凡夫俗子所發出的熒熒微光，在他們的起居作息中；這微光雖然搖曳不定，但卻照亮周遭，並在他們的有生之年流瀉在大地之上。」[1]

來自個人著作的亮光直接照進這個世界，在作者過世後仍持續不滅。它是明亮還是微弱，是短暫還是長久，都得視世局和世道為何。後人自會判斷。來自於個人人生——言辭、舉止和友誼——的亮光只能存留於記憶中。如果它要照進世界，就必須寄託於一種新的形式，記錄或流傳下來。那個故事，得從很多記憶的零碎片段中構築起。

我講述的鄂蘭故事，參考資料來自書面文獻，以及認識她且仍在世的人們。她所處那個歐洲世代的歷史，以及我們這個黑暗的時代，遠不止是她個人故事的背景；她的故事折射著那個時代，她的著作也是為了理解那段歷史。從本質上來說，傳記聚焦在個人的一生。但它在背後假設了，個人的一生儘管只是更大歷史的一小部分，卻是要交付後世的。後世可以對這段人生作出判斷；傳記作家要判斷的，只在於是否該將這個人生故事說出來。

§

當鄂蘭的地位獲得公認時，她已經四十五歲，也是她逃離納粹德國的第十八年。摻雜著驚奇與煩惱的她，向亦師亦友的雅斯培問道：「我一星期前不是寫信告訴你嗎？我成為了『封面女郎』，在所有報攤上看到自己的模樣。」[2]從她在一九五一年一期《星期六文學評論》（*Saturday Review of Literature*）的封面看到《極權主義的起源》的作者靦腆地微笑，到她首次答應接受美國電視台採訪——條件是攝影機只能拍攝她背面——鄂蘭一直試著避免成為公眾認知的面孔。她的詩人朋友奧登（W.H. Auden）用詩句表達了她背後的理由：「公眾空間的私人面孔／較諸私人空間的公眾面孔／更顯聰明，更見美好」。

對「思考空間」的個人節制與積極保護，對一位讚揚政治行動和公共領域的哲學家來說似乎有些奇怪。但鄂蘭卻不覺得有什麼矛盾：「在理論和理解方面，比起勢必全心投入事件的行動者或參與者，外人和旁觀者對之前和此刻在他們身邊發生的事，能更清晰深刻的洞悉出其中的意義，這沒有什麼不尋常。……沒有成為所謂的政治動物，卻能夠理解政治並作出反思，這也是很有可能的。」[3]事實固然如此，而做為「政治動物」所花的時間，也能給予外人可供參考的記憶，幫助他們觀察目前的行動者。鄂蘭知道她的性情和志向不適合參與政治行動和政治生活，但她也並非總是一個旁觀者：在她的著作為她帶來廣泛讀者前，她曾活躍於猶太人的政治。她曾為德國錫安主義組織（German Zionist Organization）工作；曾在協助年輕難民為返回巴勒斯坦作準備的錫安組織「青年遷徙」（Youth Aliyah）的巴黎分部擔任執行祕書；曾為紐約的德語猶太裔報紙《建構》（*Aufbau*）撰寫政治專欄；還曾加入猶大·馬格內斯（Judah Magnes）鼓吹在巴勒斯坦建立雙民族國家的運動。當她問自己「什麼是政治」這個理論問題時，她的答案正好反映了，她對猶太人政治可以如何、以及應該如何的多年探索。

然而，要不是她遇上並嫁給了一位非常政治化的人物——海因里希·布呂歇，鄂蘭對政治行動的關切絕不會如此之深。《極權主義的起源》一書，就是獻給這位來自柏林的前斯巴達克主義者（Spartacist）暨前共產主義者；他自學有成，並為鄂蘭知識分子路上的同道人。在鄂蘭還是學生時，德國錫安主義領袖布魯曼菲德引導她走向他本人畢生關注的政治議題——猶太人問題。他也認為，布呂歇在鄂蘭構思她在美國出版的首部著作時，扮演了不可或缺的角色。當他收到那冊《極權主義的起源》時即寫信給鄂蘭，難掩欣喜之情，因為他回憶起這本書構思期間，他們三人在紐約的對話。他也承認布呂歇讓他受益匪淺：「當我在記憶中漫步之際，談到『〔《極權主義的起源》〕獻書對象所未出版的那些政治哲學著作』時，我還是能夠從中獲益良多。」[4]

像鄂蘭再三認定的，思考的內部對話並沒有對公眾披露的迫切性，但確實有一種跟特定他人分享交流的衝動。對鄂蘭來說，克服思考的孤獨的那種衝動，首先就是以她的丈夫為對象。身邊有幸擁有這樣一位對話夥伴的人，就能將思考的內部對話向外攤開，並將原初的想法翻轉過來；當夥伴不在身邊時，也可以讓對話繼續下去，讓對話在「我和自己」之間進行。鄂蘭的節制和她對隱私的謹慎保護，將她的不平凡婚姻自公眾目光中隱沒。這兩個意志堅定而心智堅強的人，三十五年來統馭著他們的對話天地。其中既論及權術鬥爭，也有政策辯論，但始終保持和諧。偶爾也有短暫向公眾露面的時刻：譬如鄂蘭的《過去與未來之間》，就是「經歷二十五年後，為海因里希而寫」。就像他們的朋友藍道．賈雷爾（Randall Jarrell）所說的，他們倆是「二元君主制」。

§

正如漢斯．約納斯（Hans Jonas）在她的葬禮上所說，鄂蘭是「友誼方面的天才」。以她自己的話來說，讓她感動的就是「對友誼之愛」（*Eros der Freundschaft*），她更把友誼視作人生重心。鄂蘭把她的書獻給朋友，用文字描繪他們的肖像，為他們樹碑立傳，撰寫慶生的詩作和書信，並引錄他們的話語，再三述說他們的故事。她善於運用友誼的語言。但這種運用自如的能力是經過多年磨練的；在這些歲月裡，她面對戰爭、流亡、要學習的新語言和陌生的習俗，一切變幻無常；唯一不變的元素，就是她的母語和友誼。她年輕時交友不講什麼原則，她溫婉的母親經常調侃她說：「告訴我吧小漢娜，現在結交了誰、又疏遠誰了？」她一輩子性情捉摸不定，很容易感到尷尬，不耐煩，做出的判斷也很嚴苛。像雅斯培所說的，她也會表現得「固執而彷彿滿身是刺」（*widerborstig*）。她就像那些滿腦子是世界歷史而滿心熱情的人，對那些只想著自己的人不屑一顧。但她本性上有一點是基本的：她忠誠對待那些與她建立深厚關係的人，慷慨就是她的顯著特徵——多數時候也是深藏不露的特徵，因為她相信左手也不知道右手在做什麼，一如她相信認知能力無法得知思考在做什麼。她在朋友間付出和接受的，主要是語言文字，但她送出去的，也有一包包的食物、派對、學費獎助、生日鮮花、晚餐、捐款，還有受惠者可能期望的每一樣情感——除了憐憫，那是她懼怕而鄙視的。

多種多樣的朋友，圍繞在「二元君主制」的二人身邊。這些人的故事對鄂蘭的故事有著重要意義，一如他們的支持和對話對鄂蘭的著作來說十分重要。他們有些是朋友彼此相識，也有些彼此沒往來。有些被賦予尊貴的稱號如「詩人」（*Dichter*）；有些（像雅斯培）被稱為「親愛而最可敬的」（*Lieber Verehrtester*），慢慢又變為「親愛的朋友」（*Lieber Freund*），隨著歲月改變。在巴黎，當他們最尊敬的知識界朋友暨文學評論家華特・班雅明（Walter Benjamin）在一九四〇年自殺身亡時，他們哀傷不已。戰時在紐約，他們的主要辯論夥伴是布魯曼菲德，儘管他不是最優秀的思想家，但他的良好判斷力贏得鄂蘭的最高讚譽：「你總是說得對。」雖然鄂蘭也常跟神學家田立克談話，有一次甚至直接從對話回到書桌一揮而就，寫成出色的論文〈有組織的罪咎〉（Organized Guilt），但他們在智性上的彼此認同是有限度的，他們都尊重這種界限：「我們約定彼此不讀對方的著作。」[5]小說家布羅赫在一九四六年進入他們的生活圈子，當時鄂蘭寫信給前去巴勒斯坦的布魯曼菲德說，這是「自你離去後所發生最美好的事」。[6]

鄂蘭最初遇上雅斯培時還是個學生，戰後她透過通信重新建立並深化了這段關係；她一九四九年首次重返歐洲就前去探望他。她前往雅斯培和太太葛楚（Gertrud）在瑞士巴塞爾的家；談起當時的情景，她跟一位朋友說那就是「一個人回到家裡一樣」。哲學家海德格在鄂蘭念大學時是她的老師，也成為她的朋友，但海德格從來沒有加入「二元君主制」的圈子；鄂蘭在一九二四年十八歲時遇上他之後，在一首詩中提到他是饗宴中的一個陌生人，[7]他也一直保持這種身分。

海德格、班雅明和布羅赫都是「詩人思想家」，鄂蘭仰慕的是他們對語言的愛。他們都以自己獨特的方式「從十九世紀漂流到二十世紀，就像漂浮到異地的海岸」（她這樣描述班雅明）。[8]布魯曼菲德和雅斯培是較年長的父執輩人物，他們的人道精神和對世界的關切，一直是鄂蘭的支持力量。

戰後，鄂蘭和布呂歇讓美國朋友加入他們的「朋輩圈子」。因為文學與政治（而非哲學）的相近興趣而進入交誼圈的，包括藍道．賈雷爾、阿爾弗雷德．卡辛、德懷特．麥克唐納（Dwight Macdonald）、菲利普．拉夫（Philip Rahv）、羅伯特．洛威爾（Robert Lowell）、哈洛德．羅森堡（Harold Rosenberg）和瑪麗．麥卡錫。大部分這些朋友隨著歲月而親疏有變，但與麥卡錫的友誼卻不斷加深。鄂蘭在一九六九年把《論暴力》一書獻給她。

對鄂蘭和布呂歇來說，這些美國知識界朋友實在令人驚奇。「他們的討論並未帶著狂熱，他們的論辯是很多人都能聽懂的。」鄂蘭在一九四六年告訴雅斯培：「這裡的每一個知識分子都從原則上肯定，自己做為知識分子是處於對立批判的地位……他們不把成功當作神一般膜拜。」[9] 她在希特勒得勢當權期間，對精英主義、機會主義的知識分子產生了恐懼，那個時候，「純粹的個人問題不在於你的敵人在做什麼，而在於你的朋友在做什麼。」[10] 她這些美國朋友給她的「心智生命」重新帶來自由的希望。在一個歐洲人面前稱讚一位朋友「非常美國」（*sehr amerikanisch*），是令她最快樂的事情之一。

雖然美國朋友帶來自由的空氣，但他們卻缺乏能滋潤鄂蘭人生和著作的深厚歐洲文化根柢。她的美國公民分身對她來說是珍貴的，使她脫離無國籍狀態，並讓她在這個共和國扮演一種角色，而這種政制形式是她最欣賞的。但從個人層面來說，她最為感恩的是她在這個國家能享有「成為公民的自由，卻不用付出融入的代價」。[11] 她堅定地擁抱她的歐洲背景，尤其是德文的使用，她從來沒有真的把母語換成英文。她用德文化的英文解釋說：「我們日常語言所用的詞句有著特殊重量，在語言用法上引導我們，使我們不會濫用不假思索的陳腔濫調，因為這些詞句有多樣化的聯想，自然又獨特地來自偉大的詩篇寶庫——那是語言……受恩賜潤澤的根源。」[12]

除了「朋輩圈子」（裡面全是歐洲人和男性）及美國朋友，鄂蘭和布呂歇還有類似「部族」的根源更深的夥伴。他們包括布呂歇早年在德國共產黨內布蘭德勒（Brandler）陣營結交的朋友、鄂蘭大學時代的朋友、夫婦倆在巴黎結交的朋友，以及他們初來美國結識的說德文的朋友。這些用德文溝通的流亡者，能夠聽得懂來自歌德（Johann Wolfgang von Goethe）和海涅（Heinrich Heine）等德國文豪的詞句；他們一起慶祝生日，一起在鄂蘭家的跨年夜派對中迎接新年，關心彼此的孩子和工作。有些「族友」一起在紐約州的卡茲奇山（Catskills）避暑，有些共享逾越節家宴。他們都受過良好教育，但不是思考的夥伴（除了兩位漢斯——漢斯．約納斯和漢斯．摩根索〔Hans Morgenthau〕）。這些族友是忠誠的好夥伴。

族友提供的安穩至為關鍵。鄂蘭說：「老朋友畢竟好過新朋友，他們變得像我們口語裡的慣用語。」[13]這些「慣用語」來自深厚的根源，鄂蘭向奧登公開表示悼念時，開頭的話就清楚可見小心劃分的界線：「我和奧登在彼此人生很晚的時候才遇上。在那個年歲，那種年輕時來得輕易而了然於心的親密友誼關係已不可獲致，因為沒有足夠的人生能剩下或預期能剩下，可供互相分享。因此我們是好朋友，卻不是親密朋友。」[14]

兩位最早期、最親密的朋友，早於這群「族友」存在，他們並不住在紐約。來自柏林的布呂歇青少年時期的朋友羅勃．基爾伯特（Robert Gilbert）是作曲家兼詩人，他戰時短暫在美國停留，然後移居瑞士。來自柯尼斯堡的鄂蘭青少年時期的朋友安妮．韋伊，後來成為法國公民。鄂蘭的第一部著作《蕾兒．范哈根：一位猶太女人的一生》（*Rahel Varnhagen: The Life of a Jewess*），就是獻給「自一九二一年就認識的安妮」。布呂歇本身沒有著作可獻給朋友，但在他過世後，鄂蘭送給「親愛的羅勃」文字獻禮，為他的詩集寫了一篇跋文。

鄂蘭感到特別親切的各種朋友或歷史人物，像羅莎・盧森堡（Rosa Luxemberg）和范哈根，都有一個共通點：都是某種形式上的局外人。用鄂蘭個人的詞彙來說，「真正的人」（*wirkliche Menschen*）都是「被社會遺棄的人」。她的朋友不是被拋棄的人，卻都是局外人，有時是自己選擇如此，有時是命運使然。在最寬廣的意義上，他們是未被同化的。她有一次直截了當地說：「不受社會規範制約，是智性成就的必要條件。」[15]她其實還可以補充，這也是人類尊嚴的必要條件。在社會規範盛行的處境下，她要迅速跑開，就像她用一些慣用語表達的：「此地不是為我媽媽的女兒而設」，「我對公關事務有過敏症」，「這裡除了喧鬧以外一無所有」。鄂蘭保持她的獨立性，她也期望朋友像她一樣。沒有什麼朋友令她失望，有些還比她更勝一籌。像雅斯培的觀點，鄂蘭就認為非常獨特，雖然對曾是精神分析師的雅斯培來說，這不過是很簡單的觀點：「你說只有被社會遺棄的才是真正的人，但我認為，精神病患也是真正的人。」[16]

她總是表示欣賞的那種出現在朋友身上的特立獨行思考和生活方式，在她臨近人生終點時變得益發重要。「現在彼此在對話的，是已經變老的人：你只是老了一點，我卻是很老了。」雅斯培在一九六六年跟她說：「他們總是那麼漂亮，但也許他們走進了一個更深的層次，不像以往那麼熱情洋溢。……〔在他們身上〕既有對世界的驚喜，也有對邪惡的恐懼；他們在思考中追求極致，也尋求安寧。」[17]說的不錯，鄂蘭在六十歲生日時看著這封信思前想後，在信上寫道：「……這是老年的起點，我真的十分滿足。我有點像我的童年——我終於感到我在成長。這表示，如今我終於從心所欲……」[18]就像雅斯培一般，老年的鄂蘭需要傑出的哲學家做為思想上的良伴。這些伴侶本就在身邊，因為鄂蘭年輕時住在康德的老家柯尼斯堡，早就跟他們結為朋友。這些友誼的故事，是鄂蘭進行隱密內心思考時的親密朋友。這個故事講述的，也就是鄂蘭在友誼上的天賦給她帶來了永恆的友誼，一位具天賦的人由此獲得了畢生恩澤。

§

除了在訪問中寥寥數語的個人自述，鄂蘭刻意避開自傳式表述。她對於傳記做為歷史文獻的一種，是否適合用於沒有在政治世界中扮演任何角色（像政治家、將領或革命家）的那些人身上，有她堅定的看法。她聲稱，「有些人的主要興趣在於個人的人生故事，像藝術家、作家，以及因獨特天賦迫使他們與世界保持距離的那些男男女女；這些人在世的意義，主要在於他們的作品——他們給世界帶來的創作，而不是他們在世界上扮演的角色，傳記對他們來說不怎麼合適。」[19]不管怎樣，如果說這種區別是關於作家、他們的作品和世界，這也同樣告訴我們鄂蘭本身是如何嚴格劃分私人和公眾世界、行動和工作。往往正是一位傑出人物與世界的距離，最能揭示歷史的幕後世界和時代風氣。鄂蘭很喜歡引用一句「中國諺語」（其實是出自英文的一句所謂的中國式咒語）：「活在一個有趣的時代是一種詛咒。」而在我們這個有趣得有點過了頭的時代，藝術家和作家的中心主題，往往就是怎樣竭力保持與世界的距離，也就是從心所欲。

「那些以往嚴格來說屬於私人事務、別人不該多管的閒事，我們今天卻急於在公眾面前記錄、展示和討論。」鄂蘭在評論現代作家伊薩．迪內森（Isak Dinesen）的傳記時說：「這種做法其實不那麼正當，儘管我們出於好奇心不願意認同。」[20] 她用傳記筆法寫到她所熟悉的人物時，也謹遵這項告誡，她不使用親密的筆觸。在《黑暗時代群像》中，她所用的筆法是巧妙地把勾勒陰影的方式反轉過來：她把朋友在這個時代的黑暗中所投放的光芒勾勒出來，繪出一幅幅沒有「血肉之軀的實體」的肖像，彷彿她下了這樣一道命令：「你要活得像靈氣。」不過，雖然她避免嘮嘮叨叨的「寫實主義」，她卻沒有虛構出教條式的理想化人物，或《希臘羅馬英豪列傳》（*Lives of the Noble Greeks and Romans*）作者蒲魯塔克（Plutarch）那種道德說教的「生平」；她寫的是政治世界典範人物的故事。

傳記裡如果充斥著地點、人物和時代的小說式描述，對像鄂蘭這樣的人物來說是不合適的。呈現在讀者眼前的，必須是她概括性論述的歷史根基、引導出她思想的具體經驗、滋養她的友誼和愛，還有（如果可能的話）她的思維方式和思考風格。「思考的空間」跟「思考的自我」一樣不可捉摸；可是從她的著作，甚至同樣的（或更多的）從她的書信和言談裡，還是可以捕捉那種思考模式的一些情態。

在鄂蘭內心有兩種對立思潮交匯而互相激盪，使得她的思想豐富而激昂。比方說，她在一九四七年寫給布魯曼菲德的一封信裡說：「我實在非常快樂，因為一個人不能違抗自然的活力。在我看來上帝創造的世界是美好的。」她當時產生了這樣的感覺，儘管她正在掙扎，因為她正在寫的一本書談到極權主義怎樣給世界帶來「殘暴」，怎樣「製造」死亡。就在談到「快樂」後不久，她又顯現出自己的另一面：「有一種憂鬱，我只能透過理解來掌握它，就是把那些事思考一遍。」[21] 鄂蘭掙扎著堅持一份「對世界的愛」。由於她的這份愛，為她立傳，寫的就得是「哲學性傳記」，儘管這個術語聽起來令人不安，近似一項矛盾，因為思想是看不見的，且哲學是沒有時間性的。

當鄂蘭講故事——抑或迪內森所說的「命運的軼事」——時，是故事把群眾帶到她面前；她的故事並未把她帶到群眾面前。撇開自我節制、自我隱蔽和對自我認知的程度不論，鄂蘭沒有用自傳筆法寫作，是因為她喜歡有伴，需要有伴。在她晚年時，一位編輯建議她寫回憶錄，她反問說：「如果我把自己的故事寫下來，誰會過來聽我講故事？」她透過一種「天方夜譚」式的幻想，使自己免於孤獨，事實上她自小就這樣。

但跟她的朋友奧登不一樣，鄂蘭沒有請求跟她通信的人把信銷毀，也沒有竭力將私人生活從她的稿子中移除。她把有關自己的資料放進公共領域，放進圖書館檔案，給後世有意回顧的人參考。她願意在過世後坦然面對公眾。對於這樣一位謹而慎之把精神生活反映在著作以流傳後世的人物，為她立傳的人要尊重一種隱含的要求：揭示這個人物的「命運軼事」對世界和世間事務或公眾事務有什麼啟迪，並顯示它在黑暗時代投射什麼光芒。為了回應這種要求，人物的生命歷程應該從結尾的觀點來觀察；不是因為過程可以解釋結尾，或結尾可以解釋過程，而是要把其中的變與不變，跟當事人「把判斷的權利留給他人」的那一刻連繫起來觀察。

鄂蘭遺留下來的文件，最早的私人記錄是這樣開頭的：「約翰娜（Johanna）．鄂蘭在一九〇六年十月十四日一個星期日晚上九時一刻誕生。出生過程歷經二十二小時，順利正常。初生的嬰孩重三千六百九十五公克。」[22]透過這些句子，瑪莎．柯恩．鄂蘭（Martha Cohn Arendt）記錄了她女兒的故事。這一輯出色的記錄題為《我們的孩子》（*Unser Kind*），是鄂蘭童年的主要書面資料。

鄂蘭留下的資料夾裡，有一冊《我們的孩子》，還有逃亡與安頓過程中的紀念品，包括她母親的德國護照，以及鄂蘭的出生證明書、法國的身分證、美國護照和簽證，鄂蘭夫婦倆與前妻前夫的離婚文件以及他倆的結婚證書；還有一個小本子，鄂蘭母親在裡面記錄了她那一代和她父母那一代鄂蘭家族和柯恩家族各人的名字和生卒日期。這些文件為這部傳記提供了一個時序框架和家族故事的系譜（見〈附錄一〉）。

一九二三到一九二六年間鄂蘭所寫二十一首詩的手稿，她在流亡期間一直帶在身邊，最後也放進這個資料夾。後來她又給這些詩稿打了字，加進一九四〇和五〇年代初在紐約所寫的詩裡。在詩稿旁，她放了唯一一篇自傳式文章〈陰影〉（Die Schatten）的稿子，那是她十九歲時的作品，當時剛念完大學一年級。這都是出自她筆下的最個人、最私人化的寫作，我在這部傳記中廣泛引用並譯成英文。那些詩作我在內文沒有加上註釋，因為原來的德文版收錄在〈附錄二〉。

跟她往昔歐洲歲月有關的其他物品，則放在其他資料夾。其中一個資料夾放著同一款的幾份海報，內容是宣布鄂蘭在海德堡大學（University of Heidelberg）完成了哲學和人文教育的博士學位。另一個資料夾放著她的博士論文印刷本，題目是《聖奧思定的愛的概念》（*Der Liebesbegriff bei Augustin*），一九二九年由斯普林格（Springer）出版社出版，她一九三三年逃離德國時帶在身邊，暫居法國的幾年也一直帶著，最後到美國時已變得殘破髒污，卻是她在德國短暫而出色的學術生涯的一個標記。

這些資料夾都放在一個文件櫃的抽屜裡，如今藏於美國國會圖書館，把複雜人生的諸多面向井井有條地分門別類，計有：手稿、文章片段、評論、電台和電視廣播、出版商、芝加哥、社會研究新學院、財務、復職檔案，還有幾個抽屜的私人信件。在鄂蘭把這些資料移交檔案館前，文件櫃裡還有其他一些檔案。她捐出兩批資料給美國國會圖書館，包括一些手稿和講課筆記，以及與《艾希曼耶路撒冷大審紀實》相關的資料。她向馬爾巴赫的德國文獻資料館則捐出了跟幾個朋友之間的通信，包括布魯曼菲德、雅斯培、海德格等，之後透過鄂蘭遺產基金的捐贈讓這項館藏得以齊備。布呂歇的手稿和講課筆記則捐給巴德學院（Bard College）——他在那裡講學近二十年。這些文件綜合起來，成為記述鄂蘭在美國種種經歷的依據，包括政治理論家的生涯、她在美國建立的友誼，以及她與流亡人士的親密關係。我全都參考過了，除了與海德格的通信；那些信件並未開放給學者參閱。

鄂蘭把這個文件櫃放在她的臥室，那是一個樸素的、沒有裝飾的房間。鄂蘭和布呂歇生前最後居住的公寓位於紐約市河濱道（Riverside Drive），裡面的工作空間和對話空間是最受重視的，任何不屬於這兩個空間的物件，都被放到可不予理會的地方。餐廳和藏書室是同一個房間；用餐時，他們那些老朋友就從四面都是書架的牆壁朝鄂蘭和布呂歇望去，書架上的書有柏拉圖、亞里斯多德（Aristotle）、歌德、里爾克（Rainer Maria Rilke）等。他們的大部分藏書，如今都在巴德學院圖書館的一個特別收藏室；圖書館在一個山坡下方，上方的叢林就是他們的安葬處。

客廳和鄂蘭的書房也是同一個房間。在面向河濱道和哈德遜河（Hudson River）的那扇大窗前放了一張書桌，另外有一張較小的桌子放打字機。附近書架放了鄂蘭的著作：《蕾兒．范哈根：一位猶太女人的一生》、《極權主義的起源》、《人的條件》、《過去與未來之間》、《論革命》、《艾希曼耶路撒冷大審紀實》、《黑暗時代群像》、《論暴力》、《共和危機》（*Crises of the Republic*），大部分不是美國版，而是英國、德國和法國版本，也有些荷蘭文、瑞典文、西班牙文、葡萄牙文和日文的版本。除了這些書，還有一個放滿發黃剪報和論文抽印本的紙皮箱，即本書後面所附〈鄂蘭著作年表〉的基本依據。

在寬敞的客廳中間有沙發和椅子，還有一張附輪子可從牆角推過來的酒吧桌，另外有一張咖啡桌，上面擺滿了香菸、火柴、菸灰缸、餅乾瓶和一碟碟各式堅果和薄荷點心，這是聊天的地方。可是當客人來訪時，窗戶讓他們能穿透房間看見鄂蘭的書桌。在這張桌子上，鄂蘭的工作彷彿老是在進行中，甚至當她坐在房間中央與訪客聊天時也是如此。陪伴她的一群永久讀者也在書桌上：那裡有她母親、她丈夫和海德格的照片。鄂蘭心臟病突發過世的那一刻就在客廳，與訪客們一起，當時那些讀者也看著她的著作：捲進打字機的紙張，正在打的是〈判斷〉的第一頁，那是鄂蘭絕筆之作《心智生命》的第三也是最後的部分，紙張是空白的——除了標題和兩則卷首語。

鄂蘭的朋友暨遺稿處理人瑪麗．麥卡錫是現有兩冊《心智生命》的編輯，該書於一九七八年出版。〈判斷〉的草稿和註釋現藏於美國國會圖書館，馬爾巴赫的德國文獻資料館則藏有她的一些「思想小冊」，裡面寫滿了鄂蘭沉思的意念和引文，有希臘文、拉丁文、英文、法文和德文的，這些是她在美國寫書時的筆記。

當六十九歲的鄂蘭在一九七五年過世時，她沒有子女，丈夫也已先她而去。在葬禮上，人群中有很多她的美國朋友和大部分在流亡生涯中互相扶持的老朋友，但那一群思想上的夥伴卻都已不在——除了海德格；家族中的人很少。她的表親恩斯特．傅爾斯特（Ernst Fuerst）夫婦倆從以色列前來，他倆的一個女兒從德國前來，還有鄂蘭的同母異父姊姊伊娃．比爾華德（Eva Beerwald）從英國前來。鄂蘭父母的家族一度人數眾多，她的姨嬸叔舅等原有九人，同輩堂表親原有十二人，如今只剩下五個堂表親及一位結了婚的阿姨；他們散居世界各大洲，包括英國、德國、以色列和印度等地。

透過訪談和通信，大多數這些在鄂蘭過世時還能參與悼念的人，都從他們的記憶中為這部傳記提供了資料。只有寥寥數人能為我提供鄂蘭父親在一九一三年過世前的第一手資料；大部分鄂蘭童年和青少年時期的第一手資料，都是一九二〇年代初期或其後的，包括鄂蘭自己提供的資料。她成年後的資料就很多。不過，由於都來自記憶，因此有很多不同版本，一如資料提供者有那麼多。假如同一個故事的版本差別不大，我會組合為單一的故事，把歧異的地方砍掉。在這些情況下，我會採用歷史學家（和偵探）慣用的標準：資料的內部一致性和可信度，與書面記錄、其他故事和文件的一致性，從資料提供者的觀察點和認知面而判定的可靠性。如果同一個故事存在著不能調和的版本，我就會把所有版本羅列出來（雖然這種狀況不多）。若對我訪談時提出的問題出現了互相衝突或互補的答案，我也會採取這種兼容原則（傳記行文中出現在引號內的資料，如果沒有註釋，就是來自訪談的）。

我在選擇和敘述這些故事時，無意認定這就是終極版本，或是經過終極審定的。對鄂蘭留下的眾多書面資料，加上資料提供者給我的種種資訊，我只選取那些我需要的，也就是撰寫哲學性傳記所需要的。我沒有加進預言式批評。約納斯在一項悼念活動中對他朋友所說的話十分正確：「把她稱為『偉大的思想家』，並不表示她的同時代人可以假定或預言她的思想能經得起時間的考驗。」[23]我指出有人對鄂蘭所做的一切提出了怎樣的批評，但在討論她的著作時，我的基本任務只是提供一種背景。我嘗試指出她怎樣產生了相關的關注、提出相關的題材，怎樣構想或重新構想著作，而從一部著作到另一部著作的思路歷程又是如何。由於她的主要著作都在美國撰寫，也因為她在美國有很大的影響力，我是從美國人的視點來呈現她所做的事，以及她面對的批評。

透過口述、書信、文件、回憶錄和鄂蘭的著作所傳達的故事，各自以不同的語文出現，需要進一步翻譯。翻譯過程中難免有不少訊息流失。當年我是鄂蘭在新學院指導的博士生，她說了一番話，為翻譯中的這種遺憾提供了一點安慰。當時要翻譯的語言包括德文（那對鄂蘭來說是哲學和詩的源頭）、法文（那是鄂蘭流亡生涯首個落腳點的語文）、帶德文腔的英文（那是鄂蘭取得第二個國籍時所用的語文），還有拉丁文和希臘文（那是鄂蘭的政治先行者的語文）；這些語文全都要譯成美式英文。我曾翻譯了亞里斯多德一句意義隱祕的話，鄂蘭把我所譯的跟她手頭的標準拉丁文譯本兩相比對，不以為然。後來她翻查了德文翻譯後，對拉丁文譯本又有點懷疑了。最後她安坐下來，對我的翻譯提出了定論，如同對她的思考方法作出了表述：「嗯，瞧你呀，這樣翻不能說十分正確，不過也許亞里斯多德也不會認為是錯，而是會覺得它滿有趣的。」

致謝

鄂蘭有幸不缺友誼。我在撰寫這部傳記時，也有幸受益於她的友誼。她的遺稿處理人麥卡錫欣然接受我的訪問，讓我閱讀她從鄂蘭處收到的書信，容許我引用屬於鄂蘭遺產的已出版著作和未出版資料。肩負重任搜尋和整理鄂蘭遺稿的洛特・柯勒（Lotte Kohler）則任勞任怨，至為慷慨，除了提供資料，還閱讀我的手稿，給我精神上的支持。

還有鄂蘭在生的家族成員，包括以色列台拉維夫的傅爾斯特（Fuerst）夫婦恩斯特和凱瑟（Kaethe）、英國劍橋的曼弗雷德・布勞德（Manfred Braude）和倫敦的伊娃・比爾華德，他們為我提供了故事、照片和熱情接待。鄂蘭在印度加爾各答的表親尼歐塔・戈許（Niouta Ghosh）透過信件回覆了我的問題。鄂蘭的第一任丈夫君特・安德斯（Günther Anders）在維也納跟我碰面，其後又經常透過航空郵件為我提供幫助。

如今大部分住在紐約或附近、當年與鄂蘭夫婦在流亡生涯中相扶持的一群朋友，在傳記寫作過程中引導我，指正我的錯誤，在德文翻譯上幫助我——簡言之，全程都在教導我。我曾跟這群朋友的大部分人單獨會面，我也參加了他們紀念鄂蘭逝世周年的每次聚會。我虧欠他們許多；不光是在寫作這部傳記上他們提供的幫助，還有讓我親身體會到的對鄂蘭的忠誠。他們包括了：巴倫（Baron）夫婦珍妮特（Jeanette）和薩羅（Salo）、夏洛特・貝拉特（Charlotte Beradt）、阿爾柯普雷（Alcopley）、羅絲・費特爾森（Rose Feitelson）、胡伯（Huber）夫婦敏克（Minka）和彼得（Peter，一九八一年過世）、約納斯夫婦艾莉歐諾蕾（Eleonore）和漢斯、柯倫博特（Klenbort）夫婦夏洛特（Charlotte）和查藍（Chanan）以及他們的子女丹尼爾（Daniel）和艾琳（Irene）、柯里斯特勒（Kristeller）夫婦艾爾瑟（Else）和保羅奧斯卡（Paul Oskar）、邁爾（Maier）夫婦愛麗絲（Alice）和約瑟（Joseph）、漢斯・摩根索（一九八〇年過世）和他的女兒蘇珊納（Susanna）、皮克（Pick）夫婦普莉西拉（Priscilla）和羅勃（Robert）、理查・普蘭特（Richard Plant）、英格理德・帥布（Ingrid Scheib）、瓊安・斯坦鮑格（Joan Stambaugh）和海倫・吳爾夫（Helene Wolff）。最初極力主張我寫這部傳記的是鄂蘭相交五十年的朋友安妮・韋伊，她後來也一直鼓勵我。遺憾的是，布呂歇最要好的朋友羅勃・基爾伯特，在我有機會跟他交談前就已過世。他的前妻——住在蘇黎士的艾爾克（Elke）和女兒瑪麗安・芬尼根（Marianne Finnegan）都樂於幫助我。很多跟鄂蘭相識的人——往往是上述朋友的朋友——接受了我的訪問，包括：喬治・阿格瑞（George Agree）、理查・伯恩斯坦（Richard Bernstein）、里安・博特斯坦（Leon Botstein）、伊瑪・布蘭得斯（Irma Brandeis）、羅傑・艾哈海（Roger Errera，住在巴黎）、卡爾・法蘭肯斯坦（Carl Frankenstein，住在耶路撒冷）、納胡姆・葛德曼（Nahum Goldmann，住在巴黎）、妮娜・古爾芬凱（Nina Gourfinkel，住在巴黎）和凱瑟・希爾許（Kaethe Hirsch，住在巴黎）、羅文菲德（Lowenfeld）夫婦耶拉（Yela）和亨利（Henry）、伊娃．米凱利斯斯坦（Eva Michaelis-Stern，住在耶路撒冷）、亨利．派徹特（Henry Paechter，一九八〇年過世）、伊爾瑟．史勒徹特（Ilse Schlechter）、伊莉莎白．斯坦布勒（Elizabeth Stambler）、漢娜．史特勞斯（Hannah Strauss）和恩斯特．沃爾拉斯（Ernst Vollrath，住在科隆）。鄂蘭的很多美國朋友已經過世，包括：羅莎莉．柯里（Rosalie Colie）、葛倫．格雷（J. Glenn Gray）、藍道．賈雷爾、羅勃．洛威爾、菲利普．拉夫、哈洛德．羅森堡。但很多在世的朋友給我許多幫助，我特別要感謝德懷特．麥克唐納和威廉．尚恩（William Shawn）。

我在馬爾巴赫的德國文獻資料館讀了鄂蘭跟雅斯培和布魯曼菲德的通信。資料館的路德維希．葛雷夫（Ludwig Greve）和他的同事給我提供了至為理想的條件，葛雷夫更是我的良伴。瑞士巴塞爾的漢斯．薩納（Hans Saner）容許我引錄他所管理的雅斯培遺稿，我也要謝謝他把雅斯培的著作編輯整理成精良的版本。我已提過了，我沒有機會閱讀鄂蘭和海德格的通信。

我在華府的美國國會圖書館參閱了鄂蘭遺留的文件，但我對那些文件所附加的註釋，大部分編寫於一九七六至一九七七年，當時文件正由洛特．柯勒、傑洛姆．柯恩和羅倫斯．梅伊（Lawrence May）處理中，準備存入圖書館。因此，在註釋中識別這些文件時，我用的是文件作者或收件人、文件標題和日期等，而不是國會圖書館的收藏箱號碼。我感謝圖書館手稿閱覽室職員提供的服務。我也感謝其他圖書館的職員給我的幫助，這包括：衛斯理大學（Wesleyan University）的歐林圖書館（Olin

Library）、巴德學院圖書館、紐約公共圖書館的猶太文物室、紐約的里歐・貝克學會（Leo Baeck Institute）、大英博物館、巴黎的當代猶太文獻中心（Le Centre de documentation juive contemporaine）和以色列世界聯合會（Alliance israélite universelle）、耶路撒冷的錫安主義中央檔案館（Central Zionist Archive）和以色列猶太大屠殺紀念館（Yad Vashem）。鄂蘭早期新聞性著作的刊印細節，是由派維・柯姆納（Paivi Kemner）和海恩斯・柯姆納（Heinz Kemner）在德國多家圖書館查尋所得。

鄂蘭的學生之中，有些給了我很大的額外支持，包括麥可・丹納尼（Michael Denneny）、梅爾芬・希爾（Melvyn Hill）和他的太太安妮（Anne）、傑洛姆・柯恩和羅倫斯・梅伊。柯恩是我的朋友，他細心並大力幫忙，閱讀了我的初稿；有關鄂蘭著作的部分，他的批評尤其起了很大作用。

我在衛斯理大學文學院的同事和學生、諸位學院祕書，和替我打字的瑪麗・珍・艾里柯（Mary Jane Arico）一直以來都很有耐心，很誠懇地對待我。這本書的寫作沒有從任何資助機構獲得撥款，但衛斯理大學對原稿的整理提供了幫助。

耶魯大學（Yale University）出版社的莫琳・麥葛洛根（Maureen MacGrogan）在編輯文稿時難能可貴地同時展現了其哲學觸覺和文學技巧。在她主持的逐頁討論中，我總是獲益良多的受教者。安妮・麥金農（Anne Mackinnon）在編輯後期的細心審閱，對於最後定稿的面貌至為關鍵。

我希望本書所要獻給的那些人，能感到欣慰——這也反映了他們對我無微不至的照顧，他們是：霍普（Hope）、羅伯特（Robert）、兩位羅伊斯（Loise）、恩尼（Ernie）、較年長的伊莉莎白

（Elizabeth），以及我摯愛的家庭的其他成員。

康乃狄克州徹斯特市（Chester）

一九八一年七月

第一部

1906～1933

移居美國後，鄂蘭很少談到自己的童年。遠在她最後一批親戚告別柯尼斯堡老家之前，鄂蘭就曾多次把自己的人生歷程劃分爲「當年」和「今日」；這個原屬東普魯士（East Prussia）的城市後來毀於戰火，重建後成爲蘇聯境內的加里寧格勒（Kaliningrad）。每一次她對人生階段的再劃分，最早的那個「當年」——也就是她的童年，就變得愈是神祕。她十八歲在馬堡大學念神學時，用她的老師海德格的詩化語言，把前後兩個階段重新表述爲「已然」和「未然」。當她完成學業及博士論文後，她又劃分出「脫離現實的當年理性」和「講求實踐的今日理性」。到了一九三三年，這種劃分被賦予了政治內涵：她從猶太裔德國人變成無國籍人士——流亡的猶太難民。

當第二次世界大戰成爲人生的重大分界線，鄂蘭談到了童年時的那個「當年」，就用「母語」做爲其代表。語言代表了一種延續性。就像她在一九四六年接受訪談時說的：「畢竟，變得瘋狂的並不是德文這種語文。」[1] 德文就是鄂蘭的「家」，直到她生命最後一刻，這是政治上的事實。另一個重大分界線早在她童年時就出現——她父親死於梅毒。對此鄂蘭總是拒絕回憶，或只願意間接去回憶這件事，方法就是記誦小時候學的德文詩。童年的這次創傷並不是個單一的時間點：父親保羅臨終前的痛苦掙扎持續了五年，從鄂蘭兩歲到七歲。他的死亡慢慢地，將一個快樂、豐盛的童年帶到了終點。

鄂蘭很少在別人面前談到父親的死，也只有很少人知道她曾寫詩——即使她的第一任丈夫也一無所知。詩是她最私人的一面。鄂蘭把「內省」拒諸門外，對精神分析也毀多於譽，她卻透過詩作了解自己。在青少年時期的作品中，她猜想自己到底能不能克服早年那種可怕而怪異的失落感：

我眼中的手，
我的手，怪怪的，那麼近
卻依然是他者。
它是否超乎我的存在，
是否有更高一層意義？[2]

但鄂蘭的天賦不在寫詩。詩作對父親的亡故也於事無補，無法彌補信任感的喪失。雖然海德格把她帶到一個精采求學歷程的起點，也令她愛上傳統德國浪漫詩作，卻不能讓她重獲信任感。她在雅斯培指導下在海德堡寫成博士論文，明確展現了其哲學天賦。可是論文中最令人印象深刻的，卻是一種「社群感」願景，也就是聖奧思定所說的「對世人的愛（neighborly love）」。後來鄂蘭到了巴黎終於遇上這種愛：來自同樣淪落天涯的「流亡族」，和她的第二任丈夫布呂歇。但這顆愛的種子早在她甫成年之際便已在德國埋下：在布魯曼菲德的陪伴和雅斯培的支持下，她慢慢從哲學轉向政治。她一次罕見地公開談論自己的心智和感情發展，透露了當年所尋覓的是什麼。她在一九六四年一次訪問中談到雅斯培：「你知道嗎，每當雅斯培開口說話，事情就變得清晰。他開放而令人信任，說話強而有力，我從沒在其他人身上見過。……如果我可以這麼說——我在沒有父親的處境下成長——我就是讓自己接受〔他的理性〕引導，你該知道，我沒有要他爲我的什麼負責，不過若說有什麼人令我變得重視理性，那就是他。」[3]

無論是對鄂蘭還是雅斯培，當戰後鄂蘭重訪歐洲時，他們的交流達到了最好、最深刻、最具互信的境地。兩人當時對哲學有了新的共同體會。雅斯培在一九四六年的一封信寫道：「哲學必須變得具體實在，不能一刻脫離它的根源。」[4] 對他們來說，這種共同體會始於一九三三年，當時希特勒在德國掌權；他們同時體會到，「對世人的愛」必須變得具體實在。

第一章　我們的孩子（一九〇六～一九二四）

柯尼斯堡，這個普雷格爾河（Pregel River）河畔的大城是地區中心，設有政府辦事處和一所大學，所處位置適宜發展海外貿易，或跟遠遠近近語言習俗各異的國家交流。這樣一個城市是求知的好地方，不必出遊就能洞察人類和世界的知識。

康德，《實用人類學》（*Anthropology Treated Pragmatically*）

柯尼斯堡居民

漢娜．鄂蘭自祖父母那一代，不管是父親的鄂蘭家族還是母親的柯恩家族，都是在柯尼斯堡這個東普魯士的首都安家落戶。該城在十三世紀由德意志騎士團建立，那是十字軍東征時代的軍事暨宗教組織。柯尼斯堡一度是騎士團團長駐地，在十六世紀又成為普魯士公爵的居地，公國的城堡俯瞰著城中央的一個大湖。這個生氣勃勃而氣氛平和的省城，在第一次世界大戰期間差點被摧毀，但當俄國軍隊被擊退後卻安然無恙。然而它在第二次世界大戰就難逃厄運了——猶太人和德國人相繼從城裡消失。

二十世紀初，柯尼斯堡的猶太裔人口將近五千人，大部分是俄國人。從敖德薩（Odessa）到柯尼斯堡的鐵路，是從俄羅斯南部到波羅的海的最短通道。當數以千計的猶太裔俄國人因為反猶法令和集體屠殺而逃亡時，就取道這段鐵路。逃亡者大部分前去英國和美國，也有很多在柯尼斯堡和德國東部等其他猶太人群聚的城市定居下來。

鄂蘭的外祖父雅各・柯恩（Jacob Cohn）一八三八年在今立陶宛境內誕生，一八五二年移居柯尼斯堡，此時正值沙皇尼古拉一世（Nicholas I）到兒子亞歷山大二世（Alexander II）統治交替的期間。一八五一年，尼古拉一世不理西歐猶太人反對，把猶太裔劃分成兩個族群：富有或具備技術的被視為「有用族群」，其餘的是「無用族群」。由於後者須徵兵入伍，因此在克里米亞戰爭（Crimean War）期間許多人逃亡國外。雅各的父親原是貿易商，他隨著逃亡潮出走，在柯尼斯堡成立了一家進口茶葉的小企業。當時柯尼斯堡已為歐洲最重要的茶葉交易中心，讓俄國的茶葉擠進由英國雄霸的世界茶葉市場。雅各接手經營家族企業，把它易名為J. N.柯恩公司，成為柯尼斯堡最大的企業。

雅各和第一任妻子育有三個孩子，和同樣從俄國出走的第二任妻子芬妮・斯皮埃洛（Fanny Spiero）又育有四個孩子。雅各在一九〇六年過世時，他的妻子、七個孩子和他們的子女繼承了家族企業和大筆遺產。直到第一次世界大戰通貨膨脹來臨前，雅各的十二個孫子都過著安逸的生活。他們是漢娜鄂蘭的表親。鄂蘭一直記得，童年時總是滿懷興奮前去柯恩公司的倉庫，在那裡不但能感受母親祖輩的俄國氣息，還可以享用公司的新增貨品：杏仁軟糖（marzipan）。

柯恩和眾多俄國家庭移居的柯尼斯堡，在十八世紀是柏林以外最大的德國猶太裔啟蒙運動中心。很多猶太人在柯尼斯堡的阿爾伯提納（Albertina）大學肄業，念醫科的最多，也有不少是因為大學裡最有名的教授康德而慕名前來。不過，對在柯尼斯堡受過良好教育的猶太人來說，知識界最重要的一股力量是摩西．孟德爾頌（Moses Mendelssohn）和他的追隨者，部分成員在孟德爾頌資助下，在柯尼斯堡創辦了《採集者》（*Ha-Me'assef*）文學期刊，刊載非猶太文學的希伯來文翻譯。他們投身一波在東歐猶太人社群發軔的「啟蒙」（*Haskalah*）運動。孟德爾頌等改革者推動這波隨移民潮往西傳播的運動，但他們著重的不在希伯來文，而在於用德文向猶太人介紹德國文化。對非傳統的德國猶太裔來說，儘管這不是政治解放運動，孟德爾頌卻成為了社會文化運動的主要闡釋人；對鄂蘭的祖父馬克斯（Max）來說，他就是這樣一個人物。當馬克斯母親的家族從俄國移居柯尼斯堡時，孟德爾頌仍然在世。

孟德爾頌在一七八六年過世，在此之前，普魯士君主和他的顧問曾考慮授予普魯士猶太人公民身分，但這種構想後來被否決，令期望獲得公民權的猶太人十分氣餒。可是對於那些受過良好教育、已經德國化、居住在城市的猶太人來說，他們相對優越的社會地位沒怎麼受到影響。孟德爾頌一代人之後的很多柯尼斯堡居民，包括著名時政評論家大衛．傅里德蘭德（David Friedlander），都改信了基督教。鄂蘭在《極權主義的起源》提到，傅里德蘭德等人鄙視猶太教，但像孟德爾頌這樣正直而信念堅定的人，不可能走上這條路。她認為，孟德爾頌固然也知道，「個人如果要獲得超乎尋常的尊崇，對自己民族的鄙視也就同樣要超乎尋常。既然〔孟德爾頌〕跟他下一代的猶太人不一樣，他沒有這種鄙視心態，他就不認為自己是與眾不同的人。」[1] 傅里德蘭德和鄂蘭同是柯尼斯堡居民，可是鄂蘭絕不願意成為他的同路人，她不要做「一個與眾不同的猶太人」。

隨著拿破崙攻入柏林，傅里德蘭德那代人風行一時的一種社交組織開始由盛轉衰，那就是蕾兒·范哈根等猶太裔女性在家中舉行的沙龍聚會。鄂蘭後來所寫的傳記《一位猶太女人的一生》，主人公就是范哈根。在拿破崙的統治下，普魯士猶太裔獲得了很多公民權利，一如在法國以及拿破崙所創建萊茵聯邦的西部德意志邦國。可是隨著這些權利大幅擴展，富有和受過良好教育的猶太人跟其他猶太人相比，便不再顯得地位優越，他們要設法令自己「與眾不同」。

普魯士的猶太人一度期望一八一五年的維也納會議（Congress of Vienna）能賦予他們完整的政治權利，最終卻發現自己倒退到拿破崙變革前的處境。很多富裕和受過良好教育的猶太人，追隨傅里德蘭德等人改信了基督教，接納了當時流行的保守觀念，包括「基督教暨德意志」邦國或「日耳曼條頓暨德意志」邦國等觀念。由於信仰的轉變，非傳統和正統猶太人之間的緊張關係，與孟德爾頌推動文化改革的時代相比更形惡化。很多沒改信基督教的猶太人改而依附亞伯拉罕·蓋格（Abraham Geiger）等人倡議的改良派猶太教，或是塞卡里亞·法蘭柯（Zechariah Frankel）主張的歷史性猶太教（在美國稱為保守猶太教）。

正統和非正統猶太人之間的深層割裂，在猶太人政治解放和東歐移民潮期間持續不變，到鄂蘭童年時代仍絲毫不改。鄂蘭的祖父母和外祖父母都是改良派猶太人，是柯尼斯堡改良派猶太教祭司赫曼・沃格斯坦（Hermann Vogelstein）的仰慕者，這位祭司是自由派德國猶太裔最具影響力的領袖，曾出版好幾本猶太人歷史書，包括猶太人在羅馬的標準史書。沃格斯坦和他的家族成員成為文化和政治的典範人物：他的兒子和女兒都是「卡馬拉登」（Camaraden）猶太青年運動的領袖，鄂蘭學校裡很多年輕朋友都是該運動的成員；他的妹妹茱莉・沃格斯坦布勞恩（Julie Vogelstein-Braun）把她的繼子歐圖・布勞恩（Otto Braun）的著作編輯成書（這位年輕作家在第一次世界大戰遇害，他的生母莉莉〔Lily〕是女性問題知名社會主義評論家）。赫曼和她的妹妹在二戰前移居紐約，成立了一個慈善組織，對移民提供財務協助。鄂蘭在紐約跟他們重聚，當時鄂蘭已推動錫安主義許多年，但赫曼兄妹並未期望猶太復國運動能夠成功。

在鄂蘭求學期間，柯尼斯堡也有錫安主義者，在大學圈子裡更是如此。一九〇四年大學裡成立了一個猶太學生組織，吸引很多猶太學生參加。鄂蘭的祖父一度是柯尼斯堡猶太人領袖，並曾是「猶太教信徒德國公民中央組織」成員，像他這些老一輩的人，對錫安主義並不樂觀其成。與鄂蘭亦師亦友的布魯曼菲德，後來的德國錫安主義組織會長，當他還是學生時代的錫安主義者時，就曾跟馬克斯・鄂蘭碰面，兩人因為「猶太人問題」爭論得面紅耳赤。馬克斯對任何質疑他德國傾向的論點都聽不進去。儘管這種分歧無法消弭，兩人卻成為了好朋友，布魯曼菲德經常是鄂蘭家中的座上客，他後來在回憶錄說，每次到訪他總是樂不可支，興奮異常，總愛坐在地板上跟當時還是嬰孩的小鄂蘭玩遊戲。[2]

鄂蘭的父親保羅是馬克斯與第一任妻子約翰娜所生的唯一一個兒子。保羅和妹妹亨莉厄特（Henriette）跟父親的第二任妻子柯拉拉（Klara）關係不佳；亨莉厄特後來移居柏林，成為社會工作者，嫁給一個法國人。柯拉拉是一個不好相處的人，在家族裡名聲欠佳，固執而吝嗇。鄂蘭跟她的祖母一樣原取名約翰娜，她後來對猶太富豪和慈善家有頗多尖刻批評，正好反映了家族中人對柯拉拉的不滿。鄂蘭的外祖母芬妮．斯皮埃洛卻是簡樸文靜的女性，她說的德文有濃重俄文口音，也愛穿俄國農民傳統服裝。在鄂蘭母親瑪莎的柯恩家族裡，女性成員都慷慨而感情豐富。當鄂蘭的母親和外祖母雙雙成為寡婦後，她們互相安慰，一起到卡爾斯巴德（Karlsbad）溫泉休養。她們的同情心和親切感在柯恩家族是慣見的，家族裡女性遠比男性多，而且很多都因為丈夫或孩子早亡而飽受打擊。

鄂蘭的父母比她的祖父母受過更多教育，遊歷較廣，政治上顯然較左傾。他倆青少年時代就成為社會主義者，那時德國的社會主義黨仍是非法組織，這樣的獨特立場把他們跟當時大多支持德國民主黨（German Democratic Party）的同時代人區別開來。在阿爾伯堤納大學取得工程學學位的保羅是一個業餘學者。他的藏書有很多希臘文和拉丁文經典，後來成為鄂蘭愛讀的典籍。瑪莎跟她同時代同階層的大部分婦女一樣，在家受教育，然後到外國學習；她曾在巴黎求學三年，學法文和音樂。鄂蘭的父母都沒有宗教信仰，但他們讓鄂蘭跟祖父母到猶太會堂，並跟那裡的祭司沃格斯坦和他的家庭建立起良好關係，因為他們倆都自認是社會民主主義者。

鄂蘭跟沃格斯坦早年建立的關係主要在於個人感情，她對他很有好感。瑪莎愛跟朋友說，鄂蘭曾表示長大後要嫁給沃格斯坦。瑪莎告訴鄂蘭，如果她嫁給這位祭司就不能吃豬肉了。從來不會給難倒的鄂蘭這樣回答：「嗯，那我就嫁給一個可以吃豬肉的祭司。」當鄂蘭還是小學生時，沃格斯坦每星期有幾次跟她談論宗教。這些討論從鄂蘭七歲時開始，是她唯一受過的正式宗教訓練。不過後來她也在巴黎非正式的學習過希伯來文。當時所有幼稚園學生都必須參加基督教的主日學校，鄂蘭在學校裡學習，加上家中基督教女傭的影響，讓她曾在沃格斯坦面前說自己禱告的對象是耶穌基督，令他大吃一驚。

不過，這位祭司並沒有被這個調皮的小孩嚇倒。當鄂蘭向他表明不再信神了，他的回應也不過是：「誰叫你信神呢？」鄂蘭後來也明白這一點：沃格斯坦能體會到，個人對宗教的質疑和掙扎並不是猶太身分認同的核心，這反映了二十世紀初德國猶太裔意識的轉移。布魯曼菲德在他的回憶錄談到這種轉移時，引述了他的出版商朋友薩爾曼．邵肯（Salman Schocken）一九一四年所說的：「在猶太人大解放時代，人家問的是『你信奉什麼？』；今天問的卻是『你是誰？』」[3]就如布魯曼菲德所認定而鄂蘭也認同的，這個新問題的答案就是：不管你信什麼不信什麼，你生下來就是猶太人。

在鄂蘭童年時代，柯尼斯堡已同化的猶太人不大感受到反猶主義。從事商業和專業工作的猶太家庭住在胡芬（Hufen）地區，鄰近寬廣的動物園（Tiergarten），過著舒適的中產階級生活。至於工人階級的猶太人，俄國移民的後代仍把他們稱為「東方猶太人」（*Ostjuden*），他們多住在普雷格爾河南面，靠近最古老的正統猶太會堂；那是一幢宏偉的紅磚建築，有一個拜占庭式穹頂。中產階級和低下階層猶太人很少混到一起，也只有極少數低下階層猶太子女能進入高級中學；在這些學校每一年級通常只有三、四個猶太人。猶太人任職地方政府或省政府的情形也不常見，但在較大的社區裡，還是有當教師或從事藝術工作的猶太人，當醫生和律師的就更多了。猶太人不能在大學當教授，不過可以擔任義務職位，也可以講授猶太相關課程。鄂蘭父母的猶太朋友，跟祖父母輩的朋友不一樣：他們不是商人而是專業人士，包括醫生、律師、教育家和音樂家。鄂蘭的母親跟一群開辦幼稚園和小學的女性相熟，其中斯坦因（Stein）太太和斯茲尼克（Sitzznik）太太所辦的學校，鄂蘭就曾在裡面就讀。這些女性朋友都受過教師訓練，卻不曾接受大學教育——當地的阿爾伯堤尼大學要到一九〇六年才開始收女學生。自范哈根那個時代之後，要到了瑪莎那一代人，才首次見到較多女性文學家、藝術家和音樂家；而在柯尼斯堡，一些文學圈子、沙龍和政治組織裡的女性有顯著地位。在瑪莎的朋輩之間，大家都認為女孩所受的教養和教育，應該讓她們也能追求以往僅限於男孩的生涯目標。

像鄂蘭家族這些世俗化的中產階級猶太人與主流社會同化，卻沒有刻意迴避子女在學校或遊玩時偶爾碰上的不友善評語，這反倒能藉機讓孩子體會他們的猶太身分。鄂蘭念小學時有一天從學校回家，質問媽媽她同學所說的是否事實：她的先祖是否殺害了主耶穌？鄂蘭成年後對這種情況作出反思，一九六四年在一次電視訪問中，她把這類事情放進當時的背景，低調地談論它們造成的傷害，但強調她從中學習到的東西。

我來自一個老式的柯尼斯堡家庭。家裡從不提到「猶太」一詞。我第一次遇上它的經驗，儘管實在是不值得一提：我們在街上玩耍時聽到一些孩子的反猶言論。那讓我茅塞頓開。……做爲小孩（如今是年長的小孩），我知道，我看來像個猶太人。……也就是說看起來跟其他人有點不一樣。我卻不會因此覺得比不上別人，我只是察覺到自己就是這樣。我的母親和家人，跟一般常見到的人不太一樣，即使是跟其他猶太小孩比較……我也覺得自己有點不一樣，但對小孩子來說很難判斷不同的地方在哪裡。……我的母親並不很理論化……所謂「猶太問題」對她來說不足掛齒。不過她當然是一位猶太女人。她絕不會讓我取一個基督教的聖名，不會讓我受浸禮。如果她有理由相信我否認自己的猶太身分，她準會給我打一記屁股。但這從來不是討論的話題。根本不可能是個話題。……你知道嗎，所有猶太小孩都有反猶太的遭遇。很多小孩的心靈因此受到毒害。對我來說不同的地方在於，我的母親總是堅持我不能屈服：我必須捍衛自己！當我的老師說了反猶太的話——通常那不是直接針對我，而是指其他同學，特別是所謂

「東方猶太人」的女孩；據母親的教導，我應該馬上站起來，離開教室回家去，其他一切就依校規處理。我的母親會爲我寫信給校方，她曾寫過不少這類的信，我在事件中的一切關係就此結束。有一段時間不用去上學，對我來說當然是好事。可是如果反猶太的話出自其他小孩之口，我就不容許回家把事情說出來。這算不上一回事。其他小孩所說的這些話我只能自己應付。因此，這些事情對我並不構成什麼問題。這裡面有些行爲規範，或說是家裡的規矩吧，讓我的尊嚴受到保護，百分百受到保護。[4]

鄂蘭回頭看五十五年前的事，覺得童年時在柯尼斯堡的反猶遭遇不是什麼問題。她覺得自己受到了保護，而且，像她後來跟老師雅斯培所說的，在母親這樣的教導下成長，沒有形成什麼偏見。她記憶中顯而易見的，是她一輩子嘗試維持的一種態度，也是她嘗試鼓勵其他猶太人接納的態度：「你必須捍衛自己！」

陽光童年蒙上陰影

瑪莎對鄂蘭的這番教誨，背後有更大的目的。她要引導女兒走向「正常發展」。[5]這不是猶太人的理想，而是來自德國：追求教養（*Bildung*）的德國人必讀的歌德全集。這位德國的萬人師表，教導大家有意識地建立、塑造自己的身、心、靈。德國人如果期望孩子成為有教養的精英，家裡就得先做好歌德式教學準備，包括自我修養、感情的正面宣洩、克己和對他人負責，這是歌德式教誨的焦點，其中的精義可見於每個小孩都懂的這番對答：

> 你的責任是什麼？——處理當前的需求。

瑪莎細心記錄了女兒的成長。在夫婦二人為鄂蘭編寫的《我們的孩子》中，自女兒出生的一刻起，寫滿了包羅萬象的筆記：她的身體發育、日常所做的事和所吃的東西、疾病與治療，還有心智成長、性格形成的蛛絲馬跡。令父母滿心歡喜的是，這位「小女孩」按著「正常發展」的理想步伐成長。她健康、機靈、愉快，是「一個真正的陽光孩子」。

鄂蘭在一九〇六年十月誕生，當時瑪莎和保羅夫婦住在漢諾威（Hannover）市郊的林登（Linden）。保羅任職電氣工程公司，有能力負擔一幢舒適的木支架結構房子，並雇了信奉基督教的保母艾達（Ada）。夫婦倆在鄂蘭初生的頭兩年夏天還外出旅遊，《我們的孩子》中提到一家子在哈茨山（Harz Mountains）度假區勞特貝格（Lauterberg）留宿，又前往柯尼斯堡探望鄂蘭的祖父母和外祖父母，並與柏林的朋友保持聯繫——柏林是他們婚後第一年居住的地方。親戚朋友也來漢諾威探望他們。在保羅患病的徵兆浮現前，家裡活力充沛、熱鬧非常且過著優雅生活：瑪莎彈鋼琴，家中所有人——包括「那親愛的小寶貝」一起唱歌、講故事或聽故事。除了德國北部最嚴寒的天候來臨外，一家人會到附近的公園或漢諾威的中央公園散步，呼吸新鮮空氣，世代以來的德國人都認為這是健康的先決條件。

瑪莎有能力也有辦法透過緊密照顧讓女兒的體格良好成長。她從第一天開始就細心記錄女兒的成就和偶爾的失敗：「二十四小時後我給小寶寶餵母乳……可是她不懂得怎麼吸吮，我要給她一點點茴香花草茶。到了第四天她終於懂得吸吮了。……最初兩星期她體重下降；第一星期結束時重七磅四盎司，後來她的發育與標準進度表相符。」瑪莎的筆記在其他方面一樣詳細：餵食時刻表、輕微病痛和用藥的困難、體格特徵等等。夫婦倆帶著驚奇觀察他們的孩子：「她性情安靜卻很機靈。我們相信早在第四周就察覺她對聲音有知覺；而到了第七周，除了對光線有反應，還有視覺感知。我們在第六周第一次看見她微笑，還發現具備一般內心意識。第一次牙牙學語在第七周……。」

瑪莎的筆記是一位發現者的筆記，一位媽媽和她的第一個孩子；總是盡心保護，有時又有點焦慮。她對孩子的保護，用今天的標準來看似乎有點過度，但在當時是最進步的做法。她用厚毯子裹住嬰兒，身體和雙腿裹在裡面，但讓雙臂活動自如。這種毯子相較於德國母親在十九世紀末還使用的那種像繃帶般把腿和臂都裹緊的嬰兒裹布，可說是一大改進。瑪莎也不讓嬰兒坐著，直到她能絕對安全坐起來為止：「我嘗試限制她（不讓她坐著）卻一直不大成功。這種情況下她看來很不舒服。」但這種限制，相對於更早時候讓孩子束縛在床上的做法，可算相當溫和。

瑪莎細心而技術性的觀察，反映了自一八八〇年代以來德國對兒童成長的科學觀察的進展。在一八八一年出版《兒童的心靈》（*Soul of the Child*）一書的威廉・派爾（Wilhelm Preyer），他以自己的孩子為例發展出一套觀察方法，並在萊比錫設立實驗室來觀察他人的孩子。在二十世紀初有好幾份專門研究兒童心理的期刊問世。不久之後，報紙和婦女雜誌也出現了科學觀察的通俗報導。其中影響力最大的一項研究，就是心理學家夫婦柯拉拉（Clara）和威廉・斯坦（William Stern）觀察他們自己的三個孩子。他們的長子君特在一九二九年與鄂蘭相遇並結為夫婦，這兩人就是依據同一理念，分別透過專業培養和業餘教養培育成人的。

在瑪莎思想進步的中產階級朋友之間，新的兒童教養法是經常討論的話題。她那一代的婦女紛紛創辦幼稚園和小學，鼓勵女孩走上以往只屬於男孩的教育之路，爭取女性投票權，悄悄發動一波家中革命，嘗試推翻上一代解釋正常兒童體格發展的社會和宗教信念。以往被忽略的事如今變得重要。新世紀來臨之際為母親而設的指南和手冊，紛紛強調斷奶和如廁訓練的重要。瑪莎對這兩件事都仔細做了筆記。

§

《我們的孩子》很多早期筆記主要是關於體格成長，但也稍微提及心靈和心智成長。當瑪莎看見了孩子的一些心智早熟跡象就會滿心欣喜，審慎地猜測女兒可能具備「一些真正的才華」。不過她最關切的是正常的社交能力、對人的友善表現。她沒有在智力方面給女兒壓力，卻嘗試鼓勵她與人交往，並在性情波動時控制自己。令她放心的是，她發覺「基本上很容易引導」孩子遠離不當行為。瑪莎所關切的社交能力，是她本身即有的良好天賦，這是所有認識她的人莫不承認和欣賞的。她發現當她開始寫到孩子的心智成長，社交能力就可見端倪了。六個月大時：「小寶寶不喜歡孤獨。」一歲時：「相當友善，能跟任何人相處，只有少數例外；喜歡熱熱鬧鬧。」兩歲時：「她大部分時間都活躍開心，不喜歡自己做自己的事。有一種隨時顯露的脾氣，但很容易受友善的態度引導，是一個需要愛的小寶寶。」

鄂蘭一歲時就表現出對音樂的極大愛好：「她顯然有很不錯的耳朵；她愛坐在鋼琴旁聆聽，用不大響亮的高音跟著唱。」她的部分樂趣確實來自音樂，但對她來說聽音樂其實是跟母親維持關係的重要一環。然而瑪莎對音樂的熱情遠大於女兒的音樂才能。一年後，當她提到「她仍然有強而響亮的嗓音，但不幸現在唱起來卻走音了」，難掩失望之情。這種情況沒有改善。鄂蘭四歲時，已是「長得結結實實的高大女孩，在別人眼中是個女學生」，這時瑪莎不得不認輸了。「她常唱歌，充滿熱情，卻完全走音。她懂得很多調子，人家口哨吹出的調子她總認得出來。她也有節奏感，卻無法把音唱得準。」瑪莎很謹慎，不會在音樂上給女兒壓力，但她的失望之情十分明顯。

瑪莎提到女兒欠缺音樂才能的同時，也欣喜地察覺她心智上的早熟。談到六歲的鄂蘭，她說：

「她在學習上輕而易舉，看來有天賦，數學的表現特別出色。音樂上的任何理論她都能輕易理解，只是耳朵從來無法辨認音準。」自始以來，鄂蘭對文學和數字的喜愛就給母親留下深刻的印象。鄂蘭後來形容母親「並不很理論性」，然而這位母親卻教養出一個十分理論性的孩子。

鄂蘭一歲多就開始說話了。瑪莎細心記錄了女兒發展中的詞彙，還有女兒自創一種「私人語言」時的喜悅，但也有她面對「r」字母發音的長時間掙扎；而最顯著的，是她如何急切學習語言：「嘗試模仿每種語音。」一歲半時：「她開口說話還是相當試探性的，老是重重複複，沒有意義。大部分時間自言自語，發音很流利，對一切都聽得明白。」

鄂蘭三歲時，「發展突飛猛進」；她「什麼都說得出來……儘管跟她不親近的人並不一定能夠理解。現在她很少再說私人語言了，除非察覺沒有人在觀察她，又或在跟洋娃娃說話，即使在這些情形下她也把各種詞語混到一起。她跟洋娃娃說話就像跟自己說話一樣，通常說的都是威嚇性語句：你等著瞧！你得當心，要不就倒霉！又或是：你乾嗎？你濕嗎？要打屁股了！她總是發不出『k、l、r』的音。極端活躍，總是十分急切；即使對陌生人也很友善。」

當鄂蘭父親的病情迫使他放棄工作時，一家人搬到柯尼斯堡，住在寧靜而綠樹成蔭的動物園路（Tiergartenstrasse）。一九一〇年秋天之後，他的病情使他無法邀請小朋友到家裡來。幸而鄂蘭已開始上幼稚園，能跟其他小孩保持聯繫，而且瑪莎提到，媽媽「給她很多有啟發性的主意，讓她自己在家裡玩耍」。她把幼稚園裡所做的事帶回家裡，可是做法很特別：「她總是要當教師」。

從瑪莎的觀察清楚可見，鄂蘭開始上學之後，愈來愈急切模仿成人的角色。在念幼稚園的第一年，瑪莎對四歲女兒的進展做了詳細記錄，把她的才能羅列出來，成為鄂蘭心智發展的準確預測：「她看來沒有任何藝術才能，也沒有任何好手藝，可是有心智早熟的跡象，也許還有些真正的才華。譬如她對地點和記憶有一種意識，也有精確的觀察能力。她尤其對書本和文字有濃厚興趣。她已經開始閱讀了……未經教導而能夠辨認所有字母和數字，只是透過對街道或其他事物好奇提問而已。」但筆記最後說的是：「她的行為和所問的問題，仍然完完全全像個孩子。」到了下學年結尾，鄂蘭對待患病的父親「像一個小母親」，模仿她的幼稚園女教師。她上學時對洋娃娃完全失去興趣，注意力集中在圖畫書和故事。「她的成長受家中瀰漫的憂傷情緒驅動——家裡沒有孩子來訪。……她極度活躍，對哀傷的故事很容易感動，但她愛一切歡樂的事情。」

父親保羅年輕時就罹患梅毒。當時德國細菌學家保羅．埃爾利希（Paul Ehrlich）尚未開發出砷化合物治療梅毒，治療方法是以人工誘發瘧疾。他接受治療後就以為已經痊癒了。當瑪莎一九〇二年跟他結婚時，也知道他的疾病跟治療狀況。他們甘冒風險生下了孩子，當時病徵沒有重現。但鄂蘭出生兩年半之後，保羅便得向柯尼斯堡大學診所求醫，病情持續惡化。一九一一年春天病情進入第三期初段，身體損傷開始出現，運動失調令他無法行動，麻痺性痴呆也逐漸浮現。一九一一年夏天，他住進了柯尼斯堡精神病院。

保羅在家族中被認為是性情嚴苛的人，不易相處。他具備了學者性格，在蠟得整齊的八字鬍和夾鼻眼鏡後面是一副嚴肅的神情。在瑪莎眼中他是感情堅強的人，具備她在《我們的孩子》中所說的「人生掌控力」。相對於瑪莎的熱情和在別人面前湧現的暖意，他的感覺沒那麼敏銳，自制力卻較強。不難理解，在丈夫的病徵重現後，每當女兒的健康出現問題，瑪莎都特別焦慮而倍加注意。另一方面，保羅對年幼的女兒有點不耐煩。他在《我們的孩子》的一則簡短筆記說：「她白天醒著不睡，要人時刻注意，真令人煩心。」但他也有溫馨的觀察，譬如以顫動而看似舉棋不定的筆跡寫道：「她的微笑在我們看來十分可愛。愉快的歌聲引起歡樂反應，深情的歌曲讓她落淚。」他的典型描述風格是這樣的：「她很好奇，喜歡挺起上身，總愛抬起頭來。對聲音和大聲的嗓音等很容易有懼怕反應。」他寫的筆記風格比較正式，乾淨俐落，沒有瑪莎那麼感情外露，但也不乏溫柔。

鄂蘭後來跟朋友談到父親時，總是把他描述為溫文爾雅的學者型人物。但看在她這個孩子的眼中，父親的表現顯然令人混淆而害怕。即使跟他一起在柯尼斯堡的動物園散步也有困難，因為他的平衡感受病情影響，往往會無預警跌倒。瑪莎在《我們的孩子》談到這個五歲女兒對父親很有耐性，能幫他的時候就幫他，也會透過紙牌遊戲逗他開心。但在那些日子裡，瑪莎顯然受自己的悲傷所擾，沒有寫到女兒對當時處境的反應。

對當時情況的書面描述，不是記錄在《我們的孩子》中，而是記載在鄂蘭青少年時期的詩裡。父親的垂死掙扎在「陽光孩子」身上投下的陰影，比瑪莎所見的還要深。

鄂蘭摯愛的祖父馬克斯是個出色的故事講述者。他習慣星期天早上在他家附近的公園跟鄂蘭邊散步邊講故事。鄂蘭到祖父家度過了很多周末，也到祖父母的猶太會堂參加安息日崇拜。祖父朗誦兒童詩，講童話故事。「星期天早上，」瑪莎回憶說：「祖父帶她和小邁爾（Meyerchen，家中寵狗）去好好散了趟步，穿過保壘斜堤區（Glacis，她把它念作 Glasis），即使祖父過世很久了，這仍然是她記憶中的美事。」鄂蘭長大成人後談到她的父親，往往就說他是散步和講故事的伴侶。在父親患病期間，祖父就像她的父親，而講故事這回事就成為她記憶中的一種媒介，讓她藉以把令人困惑的父親描述為她所期待的父親。

鄂蘭成年之後在公眾面前演講和辯論，都表現出了演員一般的吸引力和風采，就像她的朋友麥卡錫所說的，是「一個了不起的舞台演藝者」。[6]她慢慢地學懂了怎樣控制怯場心態，儘管無法完全克服它，辦法就是讓故事（她要講的話）扮演主導角色。她一輩子都對故事講述者懷有仰慕尊敬之情，對於他們能謙恭放下身段、讓完美的故事自己說話這點尤為敬重。在丹麥短篇小說家伊薩·迪內森過世一年後，鄂蘭向朋友憶述迪內森紐約之行的一件軼事：迪內森原本要朗讀自己的作品，但卻沒有那麼做。「她來了，年紀很大很大了，很虛弱，穿得很漂亮。她被帶到一張文藝復興式椅子坐下，給送上一些酒，然後，一張紙都沒拿起，就開始講故事了（來自《遠離非洲》（*Out of Africa*）一書），一字一句幾乎都跟原書一樣。在座的聽眾全是很年輕的小夥子，驚歎不已。……她像不知來自何時何地的幽靈，比書中的白紙黑字更令人信服。她真是個了不起的女人。」[7]這位了不起的女人透過所講的故事，給鄂蘭《人的條件》一書有關行動的一章提供了一則卷首語；它說明了當鄂蘭在走出早年陰影、放下早年自我意識後，在她心目中故事代表了什麼，亦即表明了鄂蘭後來所寫的著作代表了什麼：「所有哀傷是可以承擔得來的，只要你把它放進一個故事，講一個有關它的故事。」

艱困哀傷歲月

一九一一年夏天，在瑪莎被迫把丈夫送進柯尼斯堡的精神病院前，《我們的孩子》的一則筆記談到女兒的身心發展，講的是一個快樂的故事：「一切順利正常，她總是開心而機靈。」過了三年半，瑪莎才在書中有新的紀錄。一九一四年一月所寫的這段長長的回憶，開頭相當突兀：

> 我們走過了艱困哀傷的歲月。孩子看到並經歷了因疾病而發生在父親身上的整個可怕轉變歷程，她很體貼、很耐心地對待他，一九一一年整個夏天都跟他玩紙牌遊戲，不容許我對他說半句重話，卻有時寧願父親已然不在。沒有人教導她，但她日日夜夜爲父親禱告。

家人經常帶鄂蘭去看父親，直到他病情惡化到認不出女兒是誰。瑪莎嘗試盡可能維持家中正常。她開始教女兒彈鋼琴，鼓勵她去探望親戚——包括鄂蘭最喜歡的保羅的同父異母妹妹傅莉妲（Frieda），在夏天帶她去海邊遊玩，也對她在幼稚園的進展表示讚賞。鄂蘭五歲時就能毫無困難地讀書寫字，令老師很是驚歎。她在家裡的生活很充實，在幼稚園很開心，一九一三年八月上小學之後就更開心了。「她到茲特尼克學校（Szitnick School）上學，很喜歡那裡的老師，尤其是女教師燕德（Jander），對她有點迷戀。她學習進度理想，比同年齡的孩子早了一年。她也參加了必須參加的主日學校，充滿熱忱地學習。」

可是儘管瑪莎一直在記錄鄂蘭正常成長，她卻對女兒的表現有點迷惘。她寫的日記不只記載了自身的困惑，也同樣表達了女兒的困惑。當鄂蘭的祖父馬克斯在一九一三年三月逝世，以及父親保羅在同年十月過世，瑪莎記錄了當時鄂蘭的表現，並充滿困惑：

> 她摯愛的祖父生病去世。同時鄂蘭因爲腮腺炎臥病在床。很奇怪地，祖父的死沒怎麼令她傷心。她對於葬禮、眾多參加者和漂亮的鮮花很感興趣。她看著窗外送殯的行列，看到那麼多人跟隨著祖父而感到自豪。接下來幾個禮拜她不太談到祖父——這位她摯愛的玩伴，我不曉得她到底有沒有想念他。直到有一天她跟我說，我們不應該想太多那些令人憂傷的事，爲其憂傷是於事無補的。這是她典型的對生命的熱誠，她總是快樂而滿足，盡可能讓不開心的事遠離自

己。現在她也曾再次想起祖父，很親切溫馨地提到他；可是她想念他嗎？我相信沒有。

稍後在一九一四年的這一則筆記中，瑪莎談到鄂蘭對父親保羅過世的反應：

在〔一九一三年〕十月保羅過世了。她領會到對我來說那是哀傷的事。她自己卻沒感到傷心。她安慰我說：「記住，媽媽，這發生在很多女人身上。」她參加了葬禮，〔告訴我〕她「因爲美麗的歌聲」而哭了。她也許因爲很多參加葬禮的人對她表示關懷而感到滿足。撇開這一切不說，她是一個內心善良而充滿陽光的快樂孩子。

瑪莎關切的是，這個七歲的女兒對痛失兩位至親沒有表現得更傷心；保羅過世後瑪莎去巴黎住了十個星期，鄂蘭看來也沒太惦記她，這也令瑪莎關切：「鄂蘭跟祖母和外祖母在一起，沒怎麼惦記著我。」後來在一九一四年春天，瑪莎再次踏上長途旅程，到卡爾斯巴德溫泉休養，並到維也納和倫敦旅行，期間鄂蘭跟父親的繼母柯拉拉同住而想念起母親來，瑪莎這才鬆了一口氣：「當我回到家裡時，她很高興。」瑪莎看來期望早熟的女兒對生離死別有一種成人的理解，她把鄂蘭嘗試安慰和同情別人的舉動視為麻木不仁。她覺得在自己極度哀傷的日子裡，女兒那種歡愉、充滿陽光的性情難以理解；然後不到一年，當那種歡愉消失無蹤時，她又盼望女兒重展歡顏。

§

第一次世界大戰爆發時，瑪莎和鄂蘭正在波羅的海海岸諾庫倫市（Neukuhren）的柯恩家族住宅。她們在「近乎恐慌的情形下」返回柯尼斯堡。一九一四年八月的最後幾天，是「知道俄國人迫近柯尼斯堡而滿心憂慮的可怕日子」。八月二十三日，因為擔憂逐步進逼的俄軍會攻占柯尼斯堡，她們逃到柏林，瑪莎的妹妹瑪格麗特·傅爾斯特（Margarethe Fuerst）和三個孩子住在那裡。他們乘火車離開柯尼斯堡，當時在東面對抗第一支俄軍的德國軍隊被調到東南面靠近坦能堡（Tannenberg）處對抗第二支俄軍。制止了俄軍前進的那場激烈戰役在九月爆發。離開柯林斯堡的火車在混亂中擠滿了士兵和逃難的東普魯士人。當時東部地區已被俄軍攻陷並劫掠，當地農民和鄉紳權貴帶著僅剩的財產擠上火車。鄉村被燒毀以及農場被劫掠的消息，加上「哥薩克兵來了」的驚叫聲不絕於耳。瑪莎母女和數以千計的柯尼斯堡居民離開了家園，不知何時能夠重返。

那年秋天，鄂蘭到柏林市郊夏洛特堡（Charlottenburg）一所女子學校上學，表現良好，儘管這裡上的課比她在柯尼斯堡的程度稍高。「這裡的親戚和陌生人很寵她，她給寵壞了。可是，對自己的家和柯尼斯堡，她仍然非常想念。」

在逃離十個星期之後母女二人重回柯尼斯堡，當地情況平靜，雖然東西兩戰線戰事未息，但生活已回復正常。不過，她們的個人煩惱並未消失。明顯感到驚恐而擔憂的瑪莎，在日記透露：

我們在十一月開始給她戴上牙齒矯正器，因爲她下顎不正常，牙齒彎曲。這個可憐的孩子飽受煎熬。一九一五年三月她病倒了，剛巧是我們出發去柏林旅行前兩天，她發高燒而且咳得厲害。她第二次出麻疹，同時患上百日咳（但後者是溫和型，沒有嘔吐），而且兩隻耳朵都有中耳炎。菲斯綽德醫師（Dr. Fischoder）再次給她治病，而替她治療耳疾的波魯敏斯基醫師（Dr. Boluminsky）在麻醉之下刺破她雙耳的鼓膜。這是可怕的日子，充滿恐懼和憂慮。病倒十個星期後，她迅速復元。在〔一九一五年〕暑假期間她去游泳，十分開心，雖然她在學校裡開始變得不安，面對各種恐懼。每當學校有測驗時，她就彷彿「膝蓋要垮掉」，她寫作沒有達到應有水準，口述表現也比前幾年差得多。我認爲這是因爲長期患病和折磨人的牙齒矯正器所害。由於患病期間給寵壞了，她現在很難應付，很不聽話，十分粗魯。我常覺得管不住她，十分痛苦，不管我太寬容還是太嚴苛都不對；我決定少管爲妙，看開一些。我希望進一步朝這方向走。她上學的焦慮與日俱增，令人擔憂。她有一種異乎尋常的心理敏感度，碰上任何她不得不應付的人時幾乎都深感挫折。我發現我年輕時的成長問題在她身上重現，因此憂慮不已。面對其他人，她會重蹈我以淚洗面的覆轍。但我猜想沒有人能擺脫自己的命運。只盼她能更像她父親一些！她父家的人在感情上十分堅定，比我們這樣的人更能好好地掌握人生。

瑪莎回想令她困惑的這一切：女兒曾經力抗哀傷，表現出父家人的堅定樂觀，活得像父親，表現出「陽光孩子」的一面，成為能站穩腳跟、融入主流、表現突出的家族繼承者。但瑪莎又想到眼前自己的形象：上一代人是為了財富與地位而掙扎的俄羅斯移民，而自己是他們的一個多愁善感的孩子。她感到悵然若失；歌德式的「教養」理想，看來是可望而不可及了。

鄂蘭的疾病再延續了一年，直到一九一六年：「漢娜就是個發燒的孩子。」發燒、嚴重頭痛、偶發性流鼻血和喉嚨感染接踵而來，經常得看醫生，再加上一年兩次接受新開發的華賽爾曼氏（Wasserman）先天性梅毒測試。瑪莎還很可能在這一連串嚇人的醫療護理之上再增加沒必要的負擔：為了「脊椎輕微彎曲」而讓女兒參加體操班和接受按摩治療。然而在一九一六年秋天，這一切治療都停止了：「讓她恢復元氣」。

在這些驚慌和患病的歲月裡，鄂蘭的學業仍追趕得上，顯示了她的毅力。瑪莎在一九一六和一九一七年明顯欣喜地提到，儘管鄂蘭經常缺課，她仍然是學校裡表現最好的學生之一。「在〔一九一七年〕復活節假期，她因為白喉而病倒了，注射了一劑免疫馬血清，發燒和呼吸道的壞死組織迅速減少了。她被學校隔離了十個星期。母女兩人再次回到自己掌控的生活，度過了一段美好愉快的日子。她按照學校的課程表從書本裡學習拉丁文，學得很好，返校後取得了最好的測驗成績。」可是，儘管瑪莎因為十一歲女兒的心智成長令人滿意而鬆了一口氣，她仍然無法抑制不祥的預感。她在一九一七年留下這樣的紀錄：「情況艱困，開始變得神祕莫測。」這一則日記跟一九一六年二月《我們的孩子》裡那種就事論事的觀察在口氣上頗不相同：「她現在成長得很快，可是很瘦很瘦，儘管胃口很好，樣子卻可憐兮兮的。」但瑪莎把女兒剛步入青春期的那一刻描述為「神祕莫測」（原文是*undurchsichtig*，字面意義是「看不透」，暗喻「無法理解」），卻只是一種猜測，因為那則日記在提到這一點之後就收筆了。

§

瑪莎的最後一篇日記寫於一次大戰中期。距離戰爭之初她們逃往柏林前的一系列喪親之痛，以及回到柯尼斯堡之後病痛頻生，已足足過了三年；在這三年來的日記裡，對疾病或死亡的恐懼以及離家的擔憂，是持續不變的主題。這些日記跟鄂蘭成年後所講的一個故事可以互為註腳：鄂蘭四歲時，在父親發病後第一個夏天，她被送到祖父母那裡住幾個星期。當瑪莎準備把她留在波羅的海靠近柯蘭茲市（Cranz）的鄂蘭家族夏季住宅時，鄂蘭用典型的堅定語氣和一針見血的口吻宣稱：「讓孩子和媽媽分開是不對的。」她要跟媽媽在一起，留在家裡——這個願望總是一再落空。

有許多次，瑪莎注意到鄂蘭總是在出行或假期之前或期間病倒，唯一的例外是她們一起到附近海邊度假，「她最愛這種旅行」。鄂蘭知道很多人離家後就不再回來，客死異鄉。她父親在醫院過世，舅舅拉斐爾（Rafael）在東面戰線因痢疾病逝，就在鄂蘭跟他在海邊度過一周假期之後——「鄂蘭不久前才見過他，他卻這麼死了，令她印象非常深刻」。瑪莎並沒有把女兒的病痛跟離家的恐懼連繫起來，但她知道這些病痛不是來自於「外來因素」：「一九一五年五旬期，她參加學校一次遠足，回家後發了燒。不管那是因為她玩強盜與公主遊戲時玩得太盡興，還是因為患病體弱而無法應付老遠前去猶迪頓（Juditten）的遠足，她的發燒都不能用外在因素解釋。……幾天後就退燒了，但我從來沒有因為她的任何其他疾病而那麼害怕。」

在逃離柯尼斯堡到了柏林後，鄂蘭在疼愛她的親戚身邊仍然因想家而十分苦惱。四個月後的第二次柏林之旅是預先計畫好的，結果她還是「發高燒並咳得厲害」，接著的一連串疾病延續十個星期之久。她出遊前必患病的情況，其實在逃離柯尼斯堡的可怕經歷之前就出現了。鄂蘭六歲時：「……當我們正準備前去巴伐利亞的阿爾卑斯山時，她就出現喉嚨感染症狀並有壞死組織，衛生局診斷為白喉……我們的行程取消了。……沒有注射免疫血清，醫生起初懷疑不是白喉。」這次因病隔離之後，鄂蘭愉快而順利地返回學校上課；而一九一七年另一次因白喉的再次隔離也可說是因禍得福：鄂蘭可以跟媽媽留在家，在安樂的環境下學習拉丁文。

瑪莎曾因鄂蘭在父親和祖父去世後仍表現樂觀而感到困惑並印象深刻，她卻沒有把這個「陽光孩子」的任何陰暗面跟家人亡故和避走柏林後的混亂日子聯想在一起。在此同時，她為了解釋女兒在學校的恐懼，又把一切歸咎於經常缺課，還有折磨人的牙齒矯正器。她所記錄的幾個故事，明顯揭示出女兒多麼困惑，又怎樣尋求理解：「媽媽，你認識你媽媽的爸爸嗎？」——「認識。」——「你認識爸爸的爸爸嗎？」——「不認識。」——「你爸爸認識他嗎？」——「我相信他認識。」——「你剛剛說了。我們如果現在誕下一個小孩，他也會不認識他的爸爸。」這番對話發生在一九一四年保羅過世後三個月，以下所記的事則記於不久之後：「談到戴徹蘭德（Deutschlander）家裡的一次流產事件，她說：『為什麼上帝要送來這麼糟的一個小寶寶？』」

瑪莎因為女兒在父親過世時沒有哀悼而感到困惑。她期待的是成人的哀悼，她看見的卻是兒童的哀悼，表現在行動上就會是一種抗議。這種現象其實相當普遍。如果父母親其中一人亡故，孩子會對仍然在生的父親或母親表示抗議：可能更親密或更倚賴，也可能表現為負面情感。鄂蘭要與母親更親近，因此她說「我們」現在誕下的孩子也不會認識他的爸爸，而她又得獨自跟母親在一起；她最享受的時刻，就是瑪莎所說的「我們回到了自己掌控的生活」。另一方面，瑪莎觀察到在保羅過世一年後，這個陽光孩子變得難以應付，不聽話而且粗魯。由於父親患病，孩子得有很大的耐心和自立能力，鄂蘭於是擔當起「小母親」的角色。她懷有恨意，偶而還會想到不如讓父親早日離世，但這些都給抑制下來，她甚至會在母親說重話時表示不滿。她心中的恨意只有在父親過世後才釋放出來，而發洩對象就是她的媽媽。

她既期望跟母親建立親密關係，卻又心懷敵意，兩者相互交戰。令情況雪上加霜的是，瑪莎不光內心沉痛哀傷，還在馬克斯和保羅相繼去世後長時間離家遠行。當鄂蘭扮演的「小母親」把注意力轉而用於安慰自己的母親時，她那些安慰的話卻不是瑪莎期待的，反而被看成麻木不仁。對哀痛的母親來說，女兒不是稱職的安慰者或伴侶，不管是在保羅的葬禮，還是在次年春天當瑪莎獨自離家遠赴溫泉區休養。當她休養完畢回到家，發現鄂蘭在想念她，才鬆了一口氣：女兒的反應終於符合期待，趨於正常了。

過了好幾年，鄂蘭才回復堅強的家族性格，「更像她的父親」。隨著她漸漸長大，她也真的成為了母親的伴侶，這種身分獲得了接納。但她在青少年時期甚至剛成年的歲月，卻是早熟與孩子氣集於一身。她是母親的朋友，但也大大出乎母親一些朋友的意外：有時當她母親安坐下來，她會蜷曲著身體靠在母親大腿上聽她講故事。在她身上看到的，一方面是溫馨而善感的女性化表現，來自母親的培養；一方面是她的自信，來自她本人智性上的天賦，以及期盼獨立的強烈欲望。鄂蘭認為母親期待的所謂正常成長和正常的女性表現，其實是一種束縛，她上大學後更是對此不以為然。但她沒有因成長而脫離與母親的親密關係，直到她與布呂歇成為夫婦；當時要由這種母女關係脫身，也令她十分難堪，畢竟丈夫和母親活在不同的世界，性情完全不一樣。鄂蘭年輕時一直是個盡責的女兒，忠於母親，也尊重母親對父親的愛。瑪莎為紀念保羅而做的一切，鄂蘭從來沒有缺席，甚至婚後依然如此。譬如一九二七年是瑪莎與保羅結婚二十五周年，當時二十一歲的鄂蘭是海德堡的博士生，她跟母親一起慶祝，在父母註冊結婚的柯尼斯堡民事法院隔壁的餐廳享用了一頓豐盛午餐。這是別人看得見的行為表現；可是在鄂蘭內心，她因失落而起的恨意沒有消失。她在自傳式小品文〈陰影〉中就將這種恨意表露無遺，提到沒有父親、無助而被出賣的那些年輕歲月。[8]

進入青少年時期後，鄂蘭在學校交朋友，開始從隔絕中走出來。她的痛苦心情和神祕表現減少了，就像她媽媽提到的，她「跟朋友有很多約會，偏愛閱讀、戲劇，潘趣木偶戲（Punch and

Judy）一類樸拙風格的喜劇是她的最愛」。但她「過度的心理敏感度」卻沒有消失。失落和被出賣的深刻感受在記憶中存留下來，久久沒有淡忘。父親在家中垂死臥病在床的兩年，鄂蘭目睹「父親受疾病折磨而完全變了一個樣」，她最清晰的記憶就是父親晚上躺在床上聽母親彈鋼琴，讓注意力從病痛轉移開。成年後的鄂蘭偶爾會對親密朋友提到這個情景。有時她是在潛意識裡觸及：譬如有一次，當她快要走到人生盡頭時，一位學生問她，尼采人生最後十年據信因梅毒折磨而垂死之際，日子是怎麼過的；鄂蘭回答，他聽妹妹彈鋼琴而獲得撫慰。

狂飆時期

瑪莎和鄂蘭在動物園路的房子裡熬過了一次大戰的日子。當時鄂蘭的祖母和外祖母都已經成為寡婦，她們都在波羅的海海濱保留了夏季的房子，一如以往在夏天度假時使用。柯尼斯堡是一個駐軍城市，但自一九一四年俄軍被擊退後就再也沒有戰事。雅各·柯恩留給子孫的財產，讓他們在戰時冬天免受飢寒之苦；雖然像大部分德國人一樣，他們也面臨食物短缺。到了戰爭最後那兩年，瑪莎的收入漸漸減少，柯恩家族的生意也開始式微。瑪莎開始為女兒的前途擔心。

為了彌補收入並讓自己有個伴，瑪莎決定把其中一個房間出租，房客是猶太裔學生凱瑟·費雪（Kaethe Fischer）。凱瑟比當時十二歲的鄂蘭大五歲，聰明而敢作敢為。兩個女孩常有激烈衝突，但總會溫婉的和解。家中多了這位較年長而十分聰明的女孩，加上學業帶來新的刺激（包括開始上希臘文的課），這些都有助鄂蘭從自我沉溺和神祕表現中走出來。瑪莎的注意力也從家中的煩惱轉移到德國的混亂政局。在戰爭最後兩年和一九一八至一九一九年的革命期間，她的家成為了社會民主黨人聚會的地點。

柯尼斯堡最突出的政治人物之一是卡爾．史密特（Karl Schmidt）。他有兩個出色的孩子：藝術家凱瑟．柯爾維茲（Käthe Kollwitz）和報紙編輯康拉德．史密特（Konrad Schmidt），後者所編的是柏林的社會民主黨官方媒體《前進報》（*Vorwärts*），但它的觀點其實相當保守。康拉德跟被左傾分子貶為「學院派社會主義者」的那群人是同道人。這群人覺得，唯一可以接受的社會民主黨領袖就只有愛德華．伯恩斯坦（Eduard Bernstein），也就是羅莎．盧森堡領導的革命派斯巴達克主義者的主要批判者。伯恩斯坦的改良派經常在《社會主義者月刊》（*Sozialistische Monatshefte*）宣示立場，瑪莎和保羅婚後頭四年住在柏林時，也曾支持這份刊物；在他們移居漢諾威再搬回柯尼斯堡之後，都還繼續閱讀它。這份刊物一度由其中一位合夥人約瑟．布洛克（Joseph Bloch）擔任編輯，他是柯尼斯堡一位知名猶太教法典塔木德研究者的兒子；這份刊物也是瑪莎所屬的一個柯尼斯堡討論小組的關注焦點。[9]

雖然瑪莎的政論圈子跟盧森堡的斯巴達克主義者對立，但一九一九年第一個禮拜，當這群革命分子的起義行動引發大罷工時，她卻表示支持。鄂蘭還記得當時媽媽這個盧森堡的熱切仰慕者，帶著她前去參加柯尼斯堡政論圈子的聚會，首次振奮地談到柏林起義行動的消息。當她們在街道上走過，瑪莎向女兒高喊：「你留心聽著，這是歷史性的一刻！」

但這個歷史時刻卻悲劇性地十分短暫。一月十五日，盧森堡和卡爾・李卜克內西（Karl Liebknecht）被半軍事組織自由軍團（Freikorps）殺害。由斯巴達克主義者和幾個分裂出來的小派別合併組成的共產黨，竭力嘗試延續斯巴達克主義者掀起的革命勢頭，卻宣告失敗。由總統艾伯特（Friedrich Ebert）領導的政府不但要面對愈來愈兩極化的政治情勢，還要應付開始持續通膨的不穩定經濟處境。

在革命失敗後的一年，瑪莎決定再婚。費雪搬出了租處，瑪莎準備把家當搬到第二任丈夫馬丁・比爾華德（Martin Beerwald）的家，那兒距離原來的家兩個街區，位於布索德路（Busoldtstrasse）。她希望由此獲得財務上的安穩，同時讓十四歲的女兒有伴。四十七歲的比爾華德，妻子海倫・羅文泰（Helene Lowenthal）在一九一六年死於糖尿病（那是在發現胰島素之前五年），留下兩個有待撫養成人的女兒。當瑪莎帶著鄂蘭住進他們家裡時，大女兒克拉拉（Clara）二十歲，小女兒伊娃十九歲。

比爾華德是個沉默而冷漠的商人，在前妻兄弟的五金行擔任合夥人，屬中等富裕階層。他在柯尼斯堡出生成長，父親是來自俄國的放款人。在前妻亡故後直至戰爭後期，比爾華德都還有充裕的財力維持原本住宅，並雇用一個管家照顧兩個女兒。他幸而選對了人：這位女管家戰前受雇於鄉間一個貴族家庭，戰時能從前雇主那裡為比爾華德一家穩定取得牛奶、奶油和雞蛋。除了這些得來不易的物資之外，就是其他一般食物，如白菜、胡蘿蔔、蕪菁、更多的蕪菁——這對過慣安逸生活的德國中產階級來說是一種打擊。家中兩個女孩的姑姑就因無法適應這種匱乏的戰時生活而發了瘋，住進精神病院，令已深陷哀愁的一家人更添愁雲慘霧。瑪莎為這家人那種舒適卻情感空虛的生活帶來了莫大溫馨，還帶來一大群阿姨舅舅和表親給他們作伴。

瑪莎認識比爾華德一家已有好幾年，因為他們一家曾跟瑪莎守寡的母親合住在一棟可供兩個家庭居住的房子。當她看見家中兩個女孩時也深表同情，因為她們顯然需要關愛。兩個女孩瘦得可憐；不是因為糧食短缺，而是因為一位醫師的古怪營養理論禁止她們食用奶油、雞蛋和新鮮麵包。鄂蘭在一九一五年夏天首次碰上兩個女孩，當時三人一起參加一項學校活動，慶祝德軍進駐柯尼斯堡，但她們沒有成為朋友。鄂蘭比她們小五歲，性情也完全不一樣。

當比爾華德父女與瑪莎母女在一九二〇年二月成為一家人時，幾個女孩間的性情差異看來十分明顯。對馬丁來說，繼女鄂蘭神祕莫測；跟他自己兩個安靜沉默而樸實的女兒相比，鄂蘭任性、聰明得令人吃驚，也過分獨立。他不能為鄂蘭提供心智上的引導，也不能給原與守寡母親相依為命的鄂蘭帶來父親的威嚴。比爾華德不曉得怎樣跟鄂蘭相處，於是他保持冷漠，把照顧的責任全交給瑪莎。可是對鄂蘭的重大脫軌行為，他也不能置之不理。在住進環境全然不同的新家後第一年，鄂蘭所做的一件事就令父母擔憂不已。

鄂蘭結識了比她大五歲的柯尼斯堡青年恩斯特・葛魯馬克（Ernst Grumach），對方滿腔熱情的跟她談到他的女朋友安妮・孟德爾頌；她是跟摩西・孟德爾頌同樣赫赫有名的孫子菲利克斯（Felix）的後人。鄂蘭決定跟安妮見面，前往她居住的位於柯尼斯堡西部的城鎮斯托爾普（Stolp）。但比爾華德一家拒絕讓她前去，因為孟德爾頌家族名聲不佳：安妮的父親是個英俊的醫師，被一個女病人控告誘姦；他否認控訴，並指稱這是反猶主義作祟，但法庭裁定罪名成立，判處入獄兩年。他的行醫執照沒被吊銷（如果罪證充分的話肯定無法倖免），不過他的刑罰和醜聞迫使他出獄後移居他城，在那裡重新執業。比爾華德一家對孟德爾頌家族的疑慮後來在兩家人碰面後宣告消除。但在鄂蘭提出要去斯托爾普的時候，孟德爾頌仍在獄中，一家對他的疑慮仍未消解。

但鄂蘭是不會讓願望被阻攔的。一天晚上，當家裡的人都上床睡覺後，鄂蘭從臥室的窗子逃出屋外，獨自乘坐有軌電車前去斯托爾普，及時抵達當地，向安妮的窗子投擲一顆小卵石把她喚醒。家人發覺鄂蘭不在時嚇瘋了，等了一天她才終於現身。鄂蘭這次的冒險赴約沒有贏得熱情接待，但她跟安妮漫長而親密的友誼由此展開，一直維繫到鄂蘭五十五年後過世為止。

這次事件引起軒然大波，但即使是比爾華德家中的日常生活，在鄂蘭來到之後也變得不再平靜。譬如有一天當他們正等待客人來訪，一盤為這次派對準備的三明治放在廚房桌子上，鄂蘭擅自拿來就吃。伊娃發現她偷吃時大發雷霆。兩人爭吵起來，其中一人在盛怒中抓住身邊一個時鐘的鐘擺做武器，時鐘從牆上猛然砸地，發出巨響。瑪莎跑過來調解，整件事就在三人的大哭中告終。這位新的小妹在社交方面也很任性。她拒絕跟家人一起慶祝生日或節日，她還坦言，不認為因為家庭關係而要參加這種活動。雖然說起來好像很講原則，但其實她內心有妒忌的因素：瑪莎以往專注在她身上的關懷，如今得分散到新家庭的眾多成員身上。

大女兒克拉拉需要很多關愛。她是一個很聰穎的女孩，後來進入柯尼斯堡的高級中學，也考進多所大學研習數學、化學和語文。眾人為了她好，都勸導她改念藥學，不要攻讀化學博士學位，認為這比較實用，也更適合女性。她在準備成為藥劑師的同時，因為具備音樂才華，而繼續跟知名柏林鋼琴家阿圖爾．史納貝爾（Artur Schnabel）的一位學生學習鋼琴，並經常在私人音樂聚會上表演。但克拉拉外表欠缺吸引力，活得很不愉快。瑪莎嘗試理解她的鬱悶，在她經歷一連串失戀和不成功的心理治療期間給予同情關切，但克拉拉在三十歲時服毒自殺。鄂蘭念中學期間跟克拉拉關係疏離，後來念大學時兩人卻成為密友。瑪莎和鄂蘭多年來一直把克拉拉從自殺邊緣挽救過來，可是最終她還是結束了自己的生命。

跟克拉拉相比，伊娃沒那麼聰明，也較少音樂才華，但她拉小提琴還是拉得不錯，可以跟姊姊和拉大提琴的父親一起在晚間音樂聚會中表演。伊娃沒有上高級中學，但她受訓成為牙科技師，後來在各省城市經營自己的牙科實驗室。一九三三年之後她在柯尼斯堡開設牙科實驗室，重新建立起她年輕時跟瑪莎的親密關係。瑪莎對她十分體貼，對她的所作所為很是包容。瑪莎還跟她說，如果她未婚生子，會幫她在比爾華德家中把孩子撫養成人，出乎伊娃意料之外。不過伊娃沒有子女，也沒有結婚；她的男朋友卡爾・阿倫（Karl Aron）是鄂蘭的隔代表親，在一九三八年的反猶集體屠殺中遇害。伊娃後來移居英國，目前仍住在倫敦。

瑪莎能幫助馬丁和他的女兒，馬丁也能在經歷戰爭後期陰鬱而財務不穩的日子後，給瑪莎母女一個安穩的家。他的五金行在戰後業務還算不錯，在一九二二和一九二三年德國通膨最惡劣的時期也沒有倒閉。鄂蘭在通膨飆漲期間的記憶不是陷入貧困，而是給貧困的人提供幫助，還有母親的無限慷慨。她經常回憶某天半夜，家人被大力敲門的聲音喚醒，一個因失控的通膨而淪為乞丐的男人向他們乞取咖啡，卻獲施捨他多天來首次吃到的完整一頓飯。即使在一九二〇年代後期五金行破產，他們再沒什麼可以施捨，但他們的房子仍然是一個避難所。

比爾華德沒有能力像鄂蘭家族或柯恩家族可以擁有一幢夏季避暑的房子，但還是能帶家人到郊外遠足。五金行的役用馬，在一周工作日裡用來拖運一車一車的鐵製品，但到了星期天，牠在馬車夫驅策下為家庭拖動出遊的四輪馬車。鄂蘭對這些家庭活動並不抗拒，還經常帶朋友一起參加。一家人在布索德路上的房子，以往多年來只是因為比爾華德父女那些沉默無言的音樂演奏活動而略顯生氣，如今卻經常擠滿客人，談天說地。比爾華德本人從來沒有直接參與政治，政治觀點相當保守，是舉止像威廉大帝的家長式人物，他身上還可以看到鐵血宰相俾斯麥般的八字鬚和燕尾服；如今，他周圍卻都是瑪莎那些社會民主黨朋友，還有繼女鄂蘭那些聰穎機靈的年輕夥伴——他們是進步的一代人用新時代技巧養育出來的子女。

鄂蘭在一群才華橫溢的年輕男女中是引人矚目的焦點。這群青年來自猶太裔專業人士的家庭，大部分是男性。他們一般比鄂蘭大三、四歲，很多都前往德國西部的大學念書，把當地教師的故事帶回來。當海德格在一九二二年成為馬堡大學教授第一次講課時，葛魯馬克就是課堂上的聽講者之一，他向鄂蘭描述了當時的印象；而鄂蘭以往在柏林停留時，就曾聽說海德格是如何傑出。這群青年的另一成員維克多·葛拉傑夫（Victor Grajev）跟葛魯馬克一起前去馬堡，前往海德堡的則有保羅·雅各比（Paul Jacobi）。經常到比爾華德家作客的葛里格·塞高爾（Gregor Segall）是要好的朋友，後來在馬丁陷入財務困境時伸出援手，他移居巴勒斯坦之後鄂蘭仍與其保持聯繫。鄂蘭的密友安妮先是前去馬堡，再去了漢堡，並在那裡追隨恩斯特·卡西勒（Ernst Cassirer）取得博士學位。

這些年輕人都對鄂蘭的心智能力表示讚歎。安妮回憶說，鄂蘭「無所不讀」；事實上她所讀的包括哲學、詩（特別是歌德的）、很多很多的浪漫派小說，還有學校當局認為不適合年輕人閱讀的現代小說，像湯瑪斯曼（Thomas Mann）的作品，而且所讀的著作德文和法文兼而有之。瑪莎在女兒身上發現的極強記憶力，成為鄂蘭學業成功和智性滿足的主要因素。鄂蘭十二歲時就開始把一些詩存入記憶，宛如心中的一座小圖書館。當時瑪莎驚歎不已：「她什麼都能記在心裡。」瑪莎也欣喜地發現，鄂蘭具有「超越其他同學的企圖心，這是她以前一直欠缺的」。她在實現這個企圖心的路上，也沒有碰上什麼問題。可是學校裡的日常生活，包括一周六天的緊密課程，十分形式化而且要求嚴苛，卻跟她的天性格格不入。

鄂蘭念初級中學時，雖然家境轉趨安穩，也有自己的朋友圈子，她在性情上仍然遇上困擾。跟一般青少年相比，她更常碰上這個成長階段中歌德所說的典型衝擊：「青少年在內心激情的圍困下，必須傾聽自己的心聲，找出自己的出路。」鄂蘭探索出路的做法，令同學十分驚訝：當大夥兒在課間休息和吃午飯時碰面交談，鄂蘭卻在校園踏著大步，雙手緊握靠在背後，辮子蹦蹦跳跳，迷失在孤獨的思考中。

在家裡，她不斷展現她的獨立和任性。她向母親表明要學小提琴，儘管她之前硬是要學鋼琴時，已讓所有人覺得她實在沒有音樂才華。醉翁之意不在酒，她堅持學小提琴，只是因為喜歡小提琴老師胡莉希（Hulisch）太太，她是當地一個四重奏樂團的成員，也是瑪莎的朋友。瑪莎拿她沒辦法，只好讓她開始上提琴課。可是對提琴老師的好感，也無法挽救她欠缺音樂感的耳朵。音樂仍是屬於兩個姊姊的專長；伊娃成為了胡莉希太太的學生，尤其令鄂蘭惱怒不堪。

瑪莎很少阻撓女兒的願望。當鄂蘭因追求願望而陷入困境時，她總得站在背後支持，扮演調解者角色，修補受損的關係，耐心規勸以弭平爭端。她對鄂蘭在學業上的剛愎想法也盡量包容。當鄂蘭宣稱沒有人應該在早上八點上希臘文課閱讀荷馬（Homer）時，瑪莎幫她跟學校談妥一項協議：鄂蘭可以自修而不用上課，並參加一項特別為她而設的嚴格考試，結果十分成功。這種安排讓鄂蘭能維持一種養成已久並終身不改的習慣：她早上起床節奏很慢，還要喝一杯又一杯的咖啡才能投入社交狀態。這也讓她得以順從自己的偏好，參加小組學習而不必受困於一大群人的大課堂。當時十五歲的鄂蘭可以在家裡自己的房間內，跟學校裡的朋友和表親恩斯特．傅爾斯特一起閱讀和翻譯希臘文著作，這樣的希臘研習小組當時在大學裡十分普遍，這是特別為鄂蘭打造的中學版本。

瑪莎嘗試令女兒的求學之路有更多彈性，但鄂蘭一次在初中碰上的困阻，卻令瑪莎扮演的角色遇上挫折。某次學校裡一個不顧別人感受的男教師說了令鄂蘭感到冒犯的話。鄂蘭後來自己談到這件事，但從來不提說話的內容，她只是強調，她號召同學杯葛這個老師的課而被趕出學校。這次瑪莎的介入起不了作用。她與女兒站在同一陣線跟校長對抗，可是在普魯士社會裡遇上這種違反紀律的事，家長的反應通常不是這樣的。結果她們與校方無法達成折衷方案。

鄂蘭被趕出學校之後，瑪莎安排她到柏林大學參與幾個學期的研習。他們在柏林的朋友，還有社會民主黨同道人像雷文（Levin）家族的人，一起幫忙照顧鄂蘭。可是鄂蘭只待在學生宿舍自修，或是旁聽她自己選擇的一些課程。除了希臘文和拉丁文課程，她也上神學課；那是基督教神學，講授課程的是羅馬諾．瓜爾迪尼（Romano Guardini），他是當時開始在德國流行的基督教存在主義（Existentialism）「學派」的其中一位最出色、最具影響力的人物。

當鄂蘭這個叛逆成性的學生向原就讀中學申請以校外學子身分參加期末考試時，校方還是願意通融。瑪莎繼續為女兒安排獨立的求學途徑：她的朋友阿多夫．樸斯泰曼（Adolf Postelmann）在一所全男生的高中當校長，瑪莎請他充當鄂蘭的考試導師。樸斯泰曼在學校裡有一群忠誠的追隨者，包括鄂蘭的很多朋友和曼弗雷德．布勞德（這個年輕人後來娶了鄂蘭唯一的堂親——她的堂妹艾爾瑟）。樸斯泰曼除了在校內擔任行政工作，還開辦博物學課程，向學生介紹一些他深感興趣的活動，像遠足、賞鳥、岩石學和天文學。對鄂蘭來說，他是柯尼斯堡裡唯一能滿足她的求知欲的人，他也具備敏銳觸覺，能夠引導鄂蘭接觸那些她並不能馬上掌握的學問，像愛因斯坦的物理學。

還有傅莉妲，也就是父親保羅的同父異母妹妹、艾爾瑟（Else）的母親，雖然她不是鄂蘭的正式老師，但她對鄂蘭造成的影響很大。她讀過很多德文、法文和英文的文學作品，也曾接受過小學教師師資訓練，那時女性還未容許入讀當地的阿爾伯堤納大學。她向鄂蘭提供可讀的書。她的丈夫恩斯特．阿倫（Ernst Aron）是律師，而阿倫家族祖先是普魯士公國君主的御用珠寶師，受雇於柯尼斯堡的王室。在傅莉妲去世後，這位姑丈繼續在財務上支持鄂蘭在大學進修。鄂蘭畢生對他和傅莉妲表示感激；鄂蘭曾對一位朋友說，在眾多阿姨姑姑裡，她真正喜愛的只有傅莉妲。

在樸斯泰曼的幫助和阿倫的支持下，鄂蘭在柏林待了兩個學期，經過了六個月密集的全天學習，準備應付期末考試，這是進入大學的通行證。她在一九二四年春天通過了考試，比她原來班裡的同學早了一年。這次考試令她十分焦慮。她有一次向密友安妮承認，這是她一輩子最可怕的經驗之一，但她還是相當自信地面對這項挑戰。要她在公眾面前露面，或要她面對個人或知性的考驗，始終是她害怕的事，但她總能夠憑著蠻幹應付過來。以這次考試來說，她的幹勁在考試過後仍然持續下去：她拿到了頒予中學畢業生的那些金色小獎章，上面有普魯士公爵阿爾布雷希特一世（Duke Albert I of Prussia）的肖像；她把獎章別在襟上，自豪地到原來就讀的中學探訪往日的同學和教師，她毫不含糊地表明，她被趕出學校，卻反而比班裡的同學先走了一步。

在學校就讀的最後一年，以及她自修準備應考的日子，鄂蘭也在其他方面超越了班上的同學。當時她的密友安妮已經跟家人一起移居阿倫斯坦（Allenstein），安妮的男朋友葛魯馬克成了鄂蘭的男朋友。鄂蘭發現了，原來生病也有它的妙用：她在學校念書的最後一年，就經常在葛魯馬克等她下課時假裝頭痛而提早放學。她經常缺課，再加上特別的學習安排，早就令校方起了疑心，而跟一個比她大五歲的青年投入這種緊密關係，也惹來不贊同的目光。瑪莎雖然也關切，卻決定不加干預。她知道早熟的女兒從年紀較大的朋友那裡能夠獲益，女兒所期待的來去自由也有利於她的成長。一度「瘦小而可憐兮兮」的鄂蘭如今健康極佳，而當她自己有交際的意願時（也是母親期待她與人交往時），她就能表現得樂於交際、友善而輕鬆。就像瑪莎預期的，當葛魯馬克到馬堡大學念書，而鄂蘭到柏林自修後，他倆的友情就被其他很多新的友情取代了。

在比爾華德家裡，鄂蘭現在有她自己的房間了，那個臥室有沙發和椅子，她可以在裡面接待客人和希臘研習小組的成員。雖然經常有伴，但她也花很多時間獨自在沙發上閱讀。在瓜爾迪尼的課堂上，她首次接觸到丹麥哲學家暨神學家索倫．齊克果（Søren Kierkegaard），對他的著作十分著迷，因此決定正式上大學時主修神學。在當時，她就已經對任何教條式的神學作出批判；不是因為她並非基督教徒，而是因為教條化不合齊克果的立場。鄂蘭十六歲時就讀了康德的《純粹理性批判》（*Critique of Pure Reason*）和《純理性範圍內的宗教》（*Religion Within the Limits of Reason*

Alone），不久之後就自行探索由海德格和雅斯培掀起的批判新思潮。雅斯培的《世界觀的心理學》（*Psychology of World Views*）於一九一九年出版，三年後鄂蘭也熱切地讀了這本書。

鄂蘭自修的日子，也是她轉變的時刻。她開始從童年那些「艱困哀傷歲月」的陰影中走出來。可是她仍然滿心疑慮、害羞，對自己新近顯現的社交能耐和自己的心智能力缺乏自信。儘管她和閨中密友安妮已經有過長時間熱切而親密的交談，但某次在隔幾個月沒見之後，她打電話給對方時，竟害羞地說：「我是鄂蘭。記得我嗎？」令對方驚訝不已。當時她甚至在稱呼對方時用了比較正式的「您」（德文*Sie*），儘管她們在一起時總是用「你」（*Du*）。這就是瑪莎在《我們的孩子》最後一則筆記裡所說的「艱困而神祕莫測」的女兒。這樣一個孩子，在孤獨自問自答中轉往詩的世界，開始把慰藉和回憶寄託在詩裡，後來在她的哲學思考中有著十分突出的表現。

§

鄂蘭十七歲開始寫詩。在她的詩裡，過去的牽引力成為反覆出現的主題。浪漫主義的意象和齊克果式的「憂懼」（angst），將這個主題包覆起來。詩中有一種深沉但模糊的憂鬱；在其中一首詩的標題裡，她把它稱為「困倦」（*Müdigkeit*）：

夜幕低垂——
從鳥鳴聲中
我召來了
一抹哀愁。

灰色的牆
頹然倒下。
我的雙手
再次找到自己。

我曾愛過的
我握不住。
在我身邊的
我離不開。
當黑暗上升

一切下沉。

沒有什麼能壓倒我——

這是人生必經之路。

這些詩往往十分抽象，最顯著的特徵就是模稜兩可。譬如在這首詩中，「沒有什麼能壓倒我」（*Nichts mich bezwingt*）這一句也可以理解為「虛無壓倒了我」。這些都是反映心境的詩，不管表現的是堅忍或絕望，抑或兩者兼而有之；其中所說的「黑暗上升」，一語道破了那種心境：在黑暗中找不到安慰（*Trost*）。

那一刻會來到，

當久已遺忘的

舊日創傷，

挾著傷害而來。

那一天會來到，

當生命或哀愁

都談不上
什麼平衡。

那些時刻過去，
那些日子逝去。
留下的成就，只有——
不過是活著罷了。

其中一首詩，令人想起了齊克果那種「隱蔽的上帝」：

沒有語言劃破黑暗——
沒有上帝舉起他的手——
不管我望向哪裡
大地都在上升。
沒有形體在解散，
沒有陰影在浮動。

而我仍能聽見它：
太遲了，太遲了。

即使詩中反映的是鄂蘭的另一個世界——充滿浪漫主義花俏語言的情詩，結尾還是失落和傷痛。且看她的〈民謠風〉：

當我們重遇
白色丁香將盛放。
我要用枕頭把你裹住，
你將別無所求。

當我們重展歡顏，
那輕盈無甜味的葡萄酒
和那芳香的椴樹
見證我們同在一起。

當樹葉落下
我們就要分開。
流浪是什麼意思？
我們得承受它的苦楚。

〈民謠風〉可能是寫給葛魯馬克的，他上大學之後，暑假才回到柯尼斯堡。快樂之後緊接著哀愁，或快樂中浮現著哀愁，這樣的反覆節律出現在鄂蘭的許多詩作中。

鄂蘭有一種最個人、最不依慣例的想法，讓她由此捕捉到一種獨特感覺；她後來認定，這種感覺就是體現在范哈根身上的精神。由於志同道合，她所寫的范哈根傳就有如她的自傳。在鄂蘭筆下，做為傳記主人公的這位女性，既不迴避無法挽救而又痛苦的命運，也同時受世俗功利或美好前途所引誘。范哈根學會了活在當下，同時擁抱過去與未來，兼容最黑暗與最光明的經驗；她體會到，模稜兩可會指向一條永遠行得通的出路，因此對處於兩極的事物不必太認真看待。范哈根的命運就是她的猶太身分，她學會了要活在這種身分底下，就是甘願成為「自覺的被遺棄者（conscious pariah）」。鄂蘭後來對自己的猶太身分也很在意，但當她開始寫詩，那種「自覺的被遺棄者」心態已在她內心世界顯露端倪，只不過它被賦予另一個名字——反諷。

我的雙腳漂浮在莊嚴的光榮上。
而我，我也在
跳著舞。
掙脫了包袱——
進入黑暗，進入虛無。
滿載昔日時光的房間，
跨越過的空間
還有失卻的孤獨，
開始跳舞，在跳舞。

而我，我也在
跳著舞。
那種帶著反諷的鹵莽
我並未遺忘。
我知道那是空寂，
我知道那是包袱。

但在帶著反諷意味的光榮中
我還是跳著舞，跳著舞。

詩中說到那種精神上的包袱或重力（*Schwere*），鄂蘭覺得她已將它擱下來，卻沒有遺忘；她又說到帶著反諷的魯莽或衝動，已被帶著反諷意味的光榮取代。詩中都沒有表明這指的是什麼。它可能是一種寓言，暗指她跟葛魯馬克在衝動中建立的關係。她把這種關係隱密地埋藏起來，即使是她的閨密安妮和她的表親傅爾斯特夫婦，都相信這不是戀愛；可是她的堂妹艾爾瑟是葛魯馬克的朋友，她認為根據葛魯馬克所言，可以肯定兩人在相戀。一首題為〈告別〉的詩，是一九二三至一九二四年間冬天所寫的最後一首詩，看來是追憶一段初戀，但它指涉的對象卻是「漂浮的日子」而不是任何人物。

此刻讓我，啊，漂浮的日子，給你遞上我的手。
你無法從我逃脫，你不能逃進
虛空或無時間可言的世界。

可是那灼熱的風標誌著更怪誕的事

圍著我靠攏過來：我不想
遁入虛空，進入無人經歷過的光陰。

啊，你知道我給自己掛上笑容，
你知道有多少事我悄悄隱藏著
就爲了躺在青草地上，讓自己屬於你。

可是此刻那從未被消聲的血，
把我召喚到我從未掌舵過的船。
啊，我知道，我知道生命包含著死亡。
因此讓我，漂浮的日子，給你遞上我的手。
你不會失去我。我留下這印記
給你——這頁文字和火焰。

面對「無人經歷過的光陰」這個過去，以及「從未掌舵過的船」這個不確定的未來，鄂蘭覺得自己懸吊在兩者之間，在漂浮著。詩中所寫的不是人和事，而是時間：過去的時間、逝去的時刻、漂浮的日子、加上了標誌的未來。時間在詩中說話：太遲了，太遲了；自己還具體出現在時間中：「躺在青草地上，讓自己屬於你」（這裡的「你」是指「日子」）。她能認同的時間——向它遞出自己的手的時間，是超脫塵世的，漂浮於塵世之上。她甚至認定，以這種時間為歸宿而跟自己近似的精神，竟然是柏林的地下鐵路：因為它漠然地漂浮而穿越車站：

從黑暗而來，
蜷曲著進入光明，
迅速而魯莽，
狹窄而支配在
人的力量之下，
專注地交織出
命中注定的路徑；
漠然地漂浮著
超脫於匆促。
快速，狹窄，支配在
人力之下

卻又不曾理會這種力量，
而流入黑暗。
懂得一山還有一山高，
飛呀，牠扭動軀體——
一頭黃色動物。

這些詩反映出追求普遍真理之路上的嚴峻掙扎。它們不是好詩，也沒有突出的風格。在掙扎著尋求普遍而肯定的真理之際，過去和未來都遭到質問，這是人生必經之路。像齊克果，鄂蘭在人生很早階段就覺得時間中的存在——人生路上的存在——就是一齣戲劇。她轉而追求反諷和模稜兩可，並以此做為出路。然而「出路」表示進入另一世界，那就是思考的世界。當她寫作那些最早的詩，以空間和時間的意象來表達感受時，就表現出漂浮的感覺。不久之後她發現了哲學概念，那「反諷的光榮」於是變換了形式。事實上她可以跟自己說（就像齊克果曾跟自己說的）：「經過訓練之後，我就能夠在思想中翩翩起舞。」[10]

第二章　陰影（一九二四～一九二九）

如果迴避憂愁，歡樂又如何降臨我們身上？
在最沒料到的地方，痛苦發揮治癒潛能。

海德格，《詩人思者》（*The Thinker as Poet*）

激情思考

在鄂蘭一九二四到一九二九年就讀大學期間，是風雨飄搖的威瑪共和（Weimar Republic）最穩定的一段日子。一九二四年夏天政府推行經濟穩定計畫，嚴重的通貨膨脹終於結束；而財政窘困的法國換了政府，也讓德國人減少了被報復者敲詐的感覺。可是在此同時道斯計畫（Dawes Plan）的條款曝光。按照計畫，協約國貸款支援德國經濟復甦，並推出賠款方案確保德國貨幣不再貶值；同時德國的金融業和鐵路業接受協約國監察，德國的工業也將透過特別安排用以協助支付賠款。道斯計畫被稱為是「第二次凡爾賽和約」，右翼政黨尤其負面看待；而經濟雖然復甦，但政治的兩極化過程卻沒有停止，最終對共和帶來災難性後果。

貨幣回復穩定以及道斯計畫獲得接納，是國內局勢趨於平靜的最重要因素；在國際舞台上起了關鍵作用的，則是一九二六年簽訂的《羅加諾公約》（Treaty of Locarno）。公約包括德國與法國和比利時對西部邊界糾紛的仲裁協定，以及與波蘭和捷克的類似協定。雖然後者沒有排除（即使法律字面上也沒有）德國因東部邊界問題再發動戰爭，但在西方國家眼中，《羅加諾公約》為英國首相張伯倫（Neville Chamberlain）樂觀聲稱的「和平歲月」揭開了序幕。而在德國，這項公約跟道斯計畫一樣不受歡迎。

在這相對穩定的日子裡，德國的總統和內閣部長面對著複雜的社會和經濟情勢。一九二七年，工業生產和對外貿易總額都超越了戰前任何時期的水平。可是國家財政依然赤字。貿易出口量落後於進口量，賠款和資本投資很大程度上倚賴外債，而工資在一九二四到一九二九年間上漲了百分之二十，失業率居高不下。大企業紛紛合併，迫使很多小企業破產；到了一九二五年，全國的逾半勞動力受雇於國內百分之二的企業。鄂蘭繼父比爾華德的遭遇，就是企業合併造成不良後果的一個例子。比爾華德前妻兄弟在柯林斯堡經營的公司賣給了一家較大的企業，年近六十的比爾華德頓時失業，只好加入那家較大的企業當旅行業務員，可是花在鐵路上的旅費跟收入一樣多。他的兩個女兒都打工賺錢：伊娃當牙科技師、克拉拉當藥劑師，成為不斷擴大的婦女就業大軍一員，竭盡所能補貼家庭收入。鄂蘭跟很多人一樣省吃儉用上大學，還要倚賴姑丈阿倫資助。

一九二〇年代中期，大學生人數是戰前的兩倍，而大學和技術學院（Technische Hochschule）的數目幾乎不變，只有三十所。戰後大學生急增，到了通膨飆漲的一九二三年，大學生多達十二萬五千人；通膨穩定下來後人數回復到八萬九千。有三分之一的學生因為通膨而斷送了生涯。[1]

這些年間，大學的人口結構有顯著變化：大部分學生來自財務易受打擊的中產家庭而非富有家庭（來自勞工階級的大學生則從來不超過百分之三或四）；這些中產階級學生很多都得一邊念書一邊工作或做暑期工，才僅能餬口，尤其是二十歲出頭的年輕人。到了一九二〇年代後期，學生的財務狀況變得稍為寬裕，校內校外的生活也有改善，但像鄂蘭等很多人還是得倚賴獎學金。

至於大學本身，勉強熬過一九二二和一九二三年的通膨後，要仰賴緊急基金援助，譬如特別為此設立的德國緊急助學協會（Notgemeinschaft der deutschen Wissenschaft）；後來鄂蘭念研究院時也是接受這種資助。這種因應通膨的緊急支援，對提升共和國在大學的支持度沒什麼幫助——事實上支持度從來就不高。然而在大學裡造成更大分歧的，是威瑪共和文化部長提出的大學改革：包括任命社會主義者當教授、試圖設立非傳統科系的講座教授、對教授的層級結構推行民主化改革，以及提升勞工階級的入學機會；這些全都被大學主流勢力視為對學術自主的威脅，傳統上掌握大權的正教授（*Ordinarien*）堅決反對。

籠罩大學的保守風氣，可從鄂蘭進入馬堡大學那年發生的一樁事件窺見：海德堡大學年輕助理教授岡貝爾（E. J. Gumbel）發表了有關「黑色國家防衛軍」（Black Reichswehr）的論著，指出這是德國非法重建軍隊的第一步，使得教職員中的國族主義者勃然大怒；岡貝爾這位和平主義者還在公開演說時聲稱德國在一次大戰時犧牲人命絕不光彩，保守勢力於是決意除掉他。儘管鄂蘭未來的老師雅斯培等人大力反對，教職員組織還是投票決議撤銷岡貝爾的教學資格。「問題在於學術自由，」雅斯培後來寫道：「一旦教師的觀點得受審查，學術自由也就被連根拔起。」[2]

對鄂蘭來說，無論是像雅斯培以身作則把理性思維應用於政治，還是關切當時的一般政治議題，她都提不起興趣。對於當時的不問世事且極端幼稚，鄂蘭後來也深感尷尬。可是一九二四年秋天在馬堡時，她發現自己身處在一場革命當中；儘管這是非政治的革命，卻非常有趣，對她的人格和心智發展造成了決定性影響。這場革命把一個哲學的古老王朝推翻了；儘管領導這場革命的年輕領袖還未出版過一部主要著作，很多學生卻已久仰他的大名。鄂蘭談到了這位三十五歲的領袖馬丁．海德格，將他形容為「思想領域的隱形帝王」，又說他開拓的「那個領域雖然完全屬於這個世界，可是那麼隱蔽，我們從來不很確定它是否真的存在」。她的敬畏之情和詭祕感覺，在一九六九年的回憶敘述中表達得很含蓄，但她在一九二四年的表現卻不那麼有節制。[3]

在一九二〇年代，主導德國學院哲學的哲學家或學派，都設法把當時的哲學思潮穩固下來，也就是把種種駁雜而誇誇其談的主義，用一種包羅萬有的主義或一個架構宏大而真確性受公認的整體（*Ganzes*）來取代。哲學上的異見者不會受到正式審查和排擠，卻很難在學術界立足，這是雅斯培很遺憾地發現的現象。當他回憶一九一三年在強烈反對下終於獲得教席，他寫道：「在專業哲學家圈子裡，我被視為化外之民。」當雅斯培一九二〇年代不再發表心理學研究，準備撰寫他的突破性巨著《哲學》（*Philosophy*），就「被認為已經完蛋了。能吸引很多學生也被認為是怪事，被指稱是由於某種個人特質在發揮作用，就是被指為『青年誘惑者』。」[4]本行是精神分析的雅斯培從外界進入哲學，海德格則是哲學本行出身，但兩人都要克服強大的傳統阻力。

當時哲學界有兩大主要派別。第一個派別是各種所謂的科學主義，像唯物主義（materialism）、經驗主義（empiricism）、心理主義（psychologism）和實證主義（positivism）；另一個派別則包括各種新康德主義（neo-Kantianism）或形式主義（formalism），特別是巴登（Baden）學派和馬堡學派的新康德主義。圍繞在這眾多學派的人都渴望能找到一種絕對價值，回到系統性、真確無疑的認知，也就是尋求形上學的復興。[5]他們緬懷黑格爾（G. W. F. Hegel），期待出現一種新的哲學系統，能夠超越當時各主要學派的片面性。這種欠缺創意但充滿企圖心的訴求在一九二〇年代成為主流；同時也有抱持另類看法的人蠢蠢欲動，認為學院派一味緬懷哀悼形上學統合性的喪失，裝腔作勢而令人窒息。鄂蘭二十年後回顧她念大學期間風靡一時的哲學流派，言簡意賅地評論：「當時的哲學要不是衍生產物，就是哲學家在一般層面上對哲學的反叛——對哲學的身分角色的反叛或懷疑。」[6]鄂蘭既不認同埋首衍生理論的形上學家，也瞧不起那些放棄哲學而沉溺於曖昧朦朧想法的非理性主義者，於是她成為反叛者，對哲學的傳統身分角色抱持懷疑態度。

鄂蘭在柏林時就踏上了這條反叛之路；當時她的老師是瓜爾迪尼，心目中的英雄是齊克果。神學成為她的主修科目。就像當時大部分的德國學生，她打算到不同大學進修，挑選合適的課程和老師，直到找到恰當的組合以撰寫論文。結果她發現在馬堡就找到了所需的一切：既有「最現代、最有趣」的哲學趨勢——胡塞爾（Edmund Husserl）的現象學（phenomenology），還有完美的老師——胡塞爾的入室弟子海德格。海德格把胡塞爾的現象學引導到全新方向，大有突破各種藩籬的氣勢；他本人的性格同樣充滿企圖心，極富冒險精神。多年後當鄂蘭變得和這位老師一樣鼎鼎大名時，她將在馬堡與哲學的邂逅稱為她的「初戀」；[7]她的初戀對象是哲學，也是被視為是哲學化身的海德格。

§

生於一八八九年的海德格，父親弗里德里希（Friedrich）是德國巴登地區小城梅斯基希（Messkirch）首席教堂執事，母親名叫約翰娜（Johanna）。他跟鄂蘭一樣心智早熟，在康斯坦茨（Konstanz）和弗萊堡念高級中學時就開始對哲學產生興趣，特別喜愛亞里斯多德的哲學。十八歲時他就讀了法蘭茲．布倫塔諾（Franz Brentano）的論文〈亞里斯多德對存有（Being）一詞多重意義的詮釋〉。在弗萊堡大學接受過數學和邏輯訓練後，他轉而研讀胡塞爾一九〇〇到一九〇一年間撰寫的《邏輯研究》（*Logical Investigations*），因為他知道胡塞爾曾受布倫塔諾思想的影響，希望藉此進一步探索「存有」的意義，這是傳統哲學存有學（ontology）的課題。在弗萊堡念了四個學期的神學之後，海德格像鄂蘭一樣決定全力投身哲學研究。

海德格對胡塞爾的興趣，是在弗萊堡的研討班上，被新康德學派學者海因里希·李克特（Heinrich Rickert）所激發的。李克特批評胡塞爾的現象學，指稱它不能將對意識內容的分析跟世界或歷史事件連繫起來；海德格後來也提出同樣的批評，但原因跟李克特不一樣。李克特嘗試建立一種以堅實科學原則為根據的「文化科學」（*Kulturwissenschaft*），並有意撰寫一部文化通史。他這些想法具有頗大影響力，不過，即使是他的追隨者也對他嘗試尋求一個固定不移的「普遍價值」體系不予苟同，認為他仍然侷限於黑格爾的整體觀。

海德格一邊掙扎著要讀懂胡塞爾的《邏輯研究》，一邊撰寫他在弗萊堡大學的博士論文《心理主義中的判斷理論》（*Die Lehre vom Urteil im Psychologismus*），結果他通過了考試，李克特是其中一位評審人。海德格繼而謀求取得教學資格，為此撰寫一篇論文，題為《鄧斯·司各脫的範疇和意義理論》（*Die Kategorien und Bedeutungslehre des Duns Scotus*），於一九一六年發表，同年胡塞爾獲任命為李克特的繼任人。海德格成為胡塞爾的助理，直接向這位大師學習他的現象學方法，既透過主持研討課實踐此種方法，也開始對它產生疑問。面對瀰漫著抽象思維的大學校園，在看盡了教室裡演繹的龐大思想體系後，胡塞爾發出號召，要掀起一場靜默革命：「回到事物本身！」他聲稱，所有有關事物本源、歷史命運，甚或有關世間事物真相的不確定的猜想，都可以擱下來或「放進括弧」，轉而以嚴格科學方法研究意識中覺察的事物。胡塞爾希望透過這種研究，獲得具一致性而全面的觀點，而不是糾纏於康德已清楚勾勒出來的那些無法解決的形上學難題。

海德格繼續留在弗萊堡，直到一九二三年獲任為馬堡大學副教授。讓他贏得馬堡大學哲學系青睞的，是他嘗試概括他思考已久的亞里斯多德哲學詮釋的一篇論文。他和家人移居馬堡，同行的有他在一九一七年所娶的妻子艾爾弗利德（Elfride Petri），還有兩個年幼的兒子喬治（Jörg）和赫曼（Hermann）。

海德格能獲得這個職位，關鍵的推薦人是自一八九二年就在馬堡當正教授的保羅．納托爾普（Paul Natorp）；海德格進入馬堡後，也獲他邀請參加每周的哲學討論。海德格從納托爾普身上領悟到，回歸古希臘哲學是發人深省且受益無窮的，回歸柏拉圖尤其令人嚮往。納托爾普屬康德主義者，柏拉圖是他口中的「康德以前的康德主義者」。海德格回歸古希臘哲學，卻沒有建構出康德主義的希臘哲人，也沒有聚焦於納托爾普的實踐考量。但他體會到，自古希臘以來的存有學歷史，必須重新加以批判詮釋，好讓古希臘的存有學可以清晰理解並挪為今用。在他一九二七年的成名作《存有與時間》中，第一部分就談到這個問題：他先把「現象」勾勒出來，即所謂的「事物本身」（things themselves）；他認為，只要把存有學歷史中的哲學式蔽障除掉，「事物本身」就會顯現出來。對海德格來說，康德的《純粹理性批判》，就處於這段漫長歷史的終點；其中的蔽障，就是「對『存有』的遺忘」。他因此從這裡出發，重新回憶被遺忘的內容，也就是對「存有」的立足點進行經驗以外的「先驗」（transcendental）探索。當他在一九二〇年代構思這個哲學探索計畫時，他準備了一系列康德哲學的闡釋，這成為《存有與時間》第二部分的核心。他在一九二五到一九二六年間在課堂提出這些闡釋，然後在一九二九年集結成書，名為《康德與形上學問題》（*Kant and the Problem of Metaphysics*）。海德格沒有像納托爾普那樣，在康德哲學裡尋找科學的邏輯基礎，或尋找康德以前的康德主義者。相反地，他要尋找科學的形上學基礎；為了達到這個目的，他首先要分析的，就是能夠從事科學思考的那個存有者，再由此重新提出「存有」的問題；那個存有者就是「人」，海德格用一個特別的術語來表示──「此有」（*Dasein*）。

納托爾普在一九二四年過世，鄂蘭也在這年來到馬堡。海德格當時已有其他一些朋友，像神學家魯多夫．布特曼（Rudolf Bultmann）和哲學家尼可拉．哈特曼（Nicolai Hartmann）。布特曼和海德格有時會參加對方的課程，彼此也有很多共同的學生，包括鄂蘭。哈特曼參加一個希臘研討小組，海德格和其他一些馬堡學者在聚會中一起閱讀討論古希臘文獻，就像鄂蘭在柯尼斯堡舉行的希臘研習班，不過這裡的參與者是專業學者。

在一九二三至一九二四年的冬季學期，海德格的哲學探索計畫踏出了一大步，這方面的構想後來成為《存有與時間》的第一部分。這些構想在一系列講課和研討班中逐漸成形，鄂蘭都曾參與其中。海德格對亞里斯多德「真理」（*alētheia*）概念的詮釋提出了初步概括，將這個概念表述為「去除蔽障」（*Un-verborgenheit*），並引導學生逐句細讀柏拉圖的《辯士篇》（*The Sophist*）。來自《辯士篇》的一段引文，出現在《存有與時間》第一頁：「顯然當你使用『存有』一詞時，早就意識到它的意思。可是儘管我們向來以為了解它的意義，現在倒是迷惑起來了。」

過去近十五年來，海德格身邊的人都對「存有」一詞的意義感到迷惑，他在課堂和著作中都竭力想把這種意義清晰表達出來。學生們對他這方面的努力既著迷又困惑。他們往往在課後一起討論，看看有沒有人能聽得懂海德格在課堂上說些什麼。但海德格的努力激發了他們。四十五年後，鄂蘭在一九六九年海德格八十大壽時回憶當年課堂上的情景，描述了那些最好的學生以怎樣的態度跟海德格一起走上探索之路：

他們來到弗萊堡，來到這位在當地任教的無薪講師那裡，正如稍後又因爲這位馬堡年輕教授慕名前去。令他們起了仰慕之心的傳聞這樣說：有人眞正掌握了胡塞爾宣稱的「事物本身」，有人認識到這些事物不是學術課題，而是會思考的人所關切的問題，且不僅是昨天和今天的問題，而是亙古以來就存在的問題。傳聞中這個人，正因爲他知道傳統被斷絕了，所以他重新發現了過去。……

有關海德格的傳聞說來十分簡單：思考重獲新生，被認爲已死去的昔日文化寶藏被喚醒，重新發出聲音；結果我們所聽到的事物很不一樣，跟原先預料的老生常談截然不同。眼前有這樣一位良師，我們也許可以學習怎樣思考了。……

爲了學習思考，大家都在追蹤有關海德格的傳聞，結果體會到，思考是純粹的活動，它不是被知識的渴求或認知的衝動驅使。它可能成爲一種激情；個人的所有其他能力或天賦，不會被它統馭或壓制，而是會因它變得井然有序，貫通一氣。我們太過習慣於理智與激情、或靈性與生命的老式對立，因此面對所謂的激情思考，一想到思考竟然與生命的躁動合而爲一，就未免有點吃驚。[8]

「激情思考」正是鄂蘭準備伸手擁抱的。她對祖父母生活其中的猶太傳統感到焦躁不安，對母親的政治信念欠缺認同，在高級中學裡有諸多不滿。她的朋友全都比她大幾歲，都已開始追求學問，其中幾人像葛魯馬克和葛拉傑夫都在追隨海德格。她住在柯尼斯堡的最後一年為應付期末考試作準備，雖然很努力學習，但在智性和感情上都無法滿足。她的不滿情緒在一首詩中表達出來：

那些時刻過去，
那些日子逝去。
留下的成就，只有——
不過是活著罷了。

當鄂蘭遇上海德格，一切都變了。海德格是從傳奇故事中走出來的人物，天賦異稟，堪稱天才，並具詩人氣質；既不與學院派思想家為伍，也冷漠對待諂媚的學生；英俊不凡，卻穿著簡樸的農民服裝；不光自己熱愛滑雪，也樂於指導別人。鄂蘭憶述在他身上看到思考與生命的躁動合而為一，當時的反應豈止是「有點吃驚」而已。

§

從她祝賀海德格八十大壽的公開講詞中憶述的馬堡研討班景況來看，沒有人會想到海德格不光是鄂蘭的老師，還是她的戀人。海德格對戀情保持緘默，深藏心底。對於一九二三到一九二八年的這段日子，即撰寫《存有與時間》和《康德與形上學問題》的時候，他只公開提到那是他「思緒最活躍，最沉著，最多姿多采的時期」。[9]在這段時期結束二十年之後，他向鄂蘭坦承，她是他當時的靈感來源，也是他激情思考的動力。但海德格這番表白只限於兩人之間的溝通；他們都同意小心保守這個祕密，就像保守一九二五年的戀情那般。儘管他們將往來的情書都保留下來，卻不會向別人公開。[10]不過，鄂蘭在她那些未出版的文件裡，留下了她在馬堡那年寫給海德格的一篇文章。

一九二五年夏天，鄂蘭在柯尼斯堡家中寫了一篇自傳式文章〈陰影〉寄給海德格。這篇文章就像她次年所寫的詩，是她對事件的最後聲明。鄂蘭嘗試迴避她的初戀，用文字來控制它。她嘗試透過講故事把它安放在過去。「所有的哀傷都是可以承擔得來的，只要你將它放進一個故事，或講一個有關它的故事。」這種解脫之道並不成功。鄂蘭最終得講別人的一個故事，她得寫作《蕾兒・范哈根：一位猶太女人的一生》，然後才能讓自己從海德格的魔力中脫身。

非比尋常，有如魔幻

鄂蘭的這篇自傳文章，用了有如戴上防護罩的第三人稱單數，裡頭充斥著抽象語言和海德格式術語；在令人訝異地超脫的同時，又充滿苦惱。就像她愛讀的浪漫小說，這篇自傳「措詞用字都是泛指的意義，沒有真實事件，所呈現的只有一種心境」（就像她多年後談到弗里德里希・席列格〔Friedrich Schlegel〕的《盧琴德》〔*Lucinde*〕）。[11]同一時期的另一首詩〈迷失於自我沉思〉（In sich versunken）也捕捉了同樣的心境：

當我認定我的手——
在我身邊卻陌不相識——
於是我立足一無所有之地，
無所依附：無一物，
無此處此刻。

於是我覺得我該鄙視這個世界。
時間要是流逝，就隨它去，
只是不要再留下記號。

我眼中的手，
我的手，怪怪的，那麼近
卻依然是他者。
它是否超乎我的存在，
是否有更高一層意義？

這首詩和自傳文章都以同一問題作結：她退隱到老遠，以困惑、鄙夷的眼光回望，質疑自己能否超越這種景況。在〈陰影〉中，鄂蘭以一種沉重而誇張的口吻估量這種可能性：

也許她的青春會從這種魔咒自行解脱，然後她的靈魂——在不一樣的天空下——就能夠獲得表達的自由和自我的釋放，克服疾病和反常狀況，學懂忍耐、簡樸，達成有機體的成長。但更可能的是，她繼續沉迷於漫無目的的探索，在不正當又不受約束的好奇心驅使下虛耗生命，直到一直渴望、一直期待的結局來臨，在驚訝中，她所做的這些既無需要又註定無用的一切戛然而止。[12]

鄂蘭沒有告訴我們什麼事件帶來了這種絕望心境。但她對這種她稱之為「疏離」或「異化」（*Fremdheit*）的景況，提供了兩種解釋。第一種解釋近在眼前，就是將時間劃分開來的事件，其實這首詩也觸及了：「在她的青春全面綻放之前，她就碰上了非比尋常，有如魔幻的事。她習慣了把她的生命劃分為『這裡和今天』以及『當年和那裡』。」鄂蘭和海德格的關係，突如其來而又令人震驚地把她的青春歲月和天真心態劃上句點。第二，鄂蘭把她的怪異性情（*Absonderlichkeit*）歸結到一種維持已久、已成習慣的性格特徵：「她將即使是最理所當然、最平常的事，都看成別有乾坤。即使是生活中最簡單、最普通的事，都對她有深刻影響。她從來不會在思想或感覺上認定發生在她身上的事是平常的，儘管任何人都會認為那是毫不特別，理所當然，不值一提。」

她後來表示，她在成長期間並未察覺這第二種習慣，因為她一直以來都太過「沉默寡言而且專注於自我」。在她年輕時，自我沉溺就妨礙了她的理解力。她「透過經驗和警覺心能懂得很多，可是發生在她身上的一切都沉澱到靈魂底處，停留在那裡宛如被封存。她的緊張情緒和隱密個性只容許她在鬱悶的痛楚或夢幻迷醉的孤獨景況中處理事情」。鄂蘭不會忘記她曾經驗或觀察的事，但事情「從視野中下沉；有些完全消失，有些模糊呈現，沒有秩序和規律」。

鄂蘭認為，這種慣性的迷惑「可能就是來自於一個無助、被出賣的年輕人」。它「透過這種『對自己的壓抑』，堵住了通往自己的通道，遮蔽了望向自己的視線」。透過這種試探性而複雜的方式，鄂蘭承認自己受到傷害。雖然她沒有說出來，可能她在想著父親的早逝和喪父後的不愉快日子；她回首以往，感慨自己受到的傷害埋得多深，就像她母親在那些「艱困哀傷歲月」裡一樣。她聲稱，由於這些壓抑和迷惑，她年紀稍長後變得「更極端、孤立和盲目」。

跟母親的看法一樣，鄂蘭也認為她童年早期是快樂的，覺得自己是個「陽光孩子」。她也談到她青少初時「羞澀而樸拙，還不用面對那些令她感到不自在的事，像令人心軟的感覺、社交應對，或是表達內心的最深層感受」。然後「現實的一面在她的夢想中浮現；那是既令人困擾又令人開心的夢想，不管是甜是苦，總是注滿了『生命的喜樂』」。可是她指出，這段時間終究走到終點，她將年輕時的夢想砸得粉碎，「自己身上出現一種暴虐、毀滅性的專橫行為」。以往總伴隨著她的敏銳觸覺和脆弱心靈，現在變得「近乎怪誕」。「對現實的恐懼壓垮了毫無自衛能力的個體，在這種無意識、無端而來的空洞恐懼之下，一切看來盡是虛無，這種情況代表了瘋狂、鬱結、災難和毀滅」。她把這種恐懼，用海德格的語言稱為「對整個此有的憂懼」（*Angst vor dem Dasein überhaupt*），在那種「暴虐、毀滅性的專橫行為」出現之前她就曾體會過了，就像她曾體會過很多沉溺到靈魂底處的事，但她現在覺得自己成為了「它的階下囚」。她的恐懼成了一頭「野獸」，令她癱瘓、無法保護自己，只能坐以待斃，「幾乎理所當然地期待著某種暴戾來臨」。她覺得那種

「絕望的誘惑」太強了，任何藝術、文學或文化活動，抑或品味的培養，都不能平衡或改善它；那是生而為人的一種絕望的誘惑。

實際上所發生的是，她讓自己重新感覺到兒時對生命之愛，感受到那個「她覺得自在的色彩繽紛奇幻的天地」。她讓自己感受內心的渴望和欲望，「可是恐懼向她圍攏過來，折磨著她」。她總是往極端探索的傾向以及她的疏離態度，曾幫助她熬過最壞的處境，「如今卻變得不一樣了，除非她試著以溫順而虔誠的態度緊緊依附著它，否則每樣事物都會分解潰散，一切都會蒼白無華，像浮動的陰影隱藏著一種怪異感覺」。

在這黑暗的一刻，她轉而估量未來的可能性，質問她究竟能否擺脫「這個魔咒」。渴望和恐懼自青年時期之初就一直伴隨著她，恐懼以前也曾壓倒過她，但她現在被囚禁在恐懼中，直接的起因就是她那「非比尋常，有如魔幻」的遭遇。她鬱悶地察覺到，她的戀情和被喚醒的性愛感覺，可能遭其他人誤解，別人會認為她變得「更難看更平庸，甚至令人討厭，流於放縱」。因此她帶著抗拒情緒宣稱自己有權「冷漠面對這種判斷和論辯」。可是她不確定海德格這個非比尋常而具魔力的人物，也就是她寫作並獻上〈陰影〉一文的這個對象，是否了解她的態度。

§

鄂蘭遇上海德格時剛滿十八歲，對他的反應就有如〈陰影〉所說，是「對單獨一人不變的痴戀」。海德格比她年長十七歲，在天主教教養下成長，已婚，而且是兩個孩子的父親。雖然他贏得了這個傑出猶太女生熱切的愛慕，但他人生中的一切以及他遵循的習俗，都不容許他完全接受這份愛。他曾在書信和詩中表達自己的愛意，也聽任戀情發展，卻不容許他的人生道路因而改變。到了一九二五年夏天，鄂蘭體認到不管他們之間的連繫多深，海德格始終是一個陌生人。在一首詩中，她邀請他參加一場盛宴，卻問道：

你爲什麼向我伸出你的手，
那麼羞怯，彷彿這是祕密？
你是否來自遙遠的國度，
對我們的酒一無所知？

她的寫作筆調雖然仍是憂鬱，卻遠比〈陰影〉平靜。這首可愛的〈夏日之歌〉呈現了一種預感中不大有希望的可能性：「獲得表達的自由和自我的釋放，克服疾病和反常狀況，學懂忍耐、簡樸，達成有機的成長。」她仍然因為不正當、不可能的愛而陷入兩難，這絕不可能「令祭司縮手」，但她決意讓由此而來的喜悅延續下去。

儘管夏天一切成熟而繁茂
我會前去，讓我的手滑動，
讓我痛苦的四肢伸張，往下
迎向那黑暗沉重的土地。

田野彎腰耳語，
深處林中的小徑，
寂然無聲：
就讓我們相戀，儘管飽受煎熬；

讓我們的付出與收穫
縱或不令祭司縮手；
在清晰而高貴的靜默中
喜悅不會捨我們逝去。

夏日川流滿溢，

困倦威嚇著要毀了我們。
我們就捨掉生命，
只要我們相愛，只要我們活著。

在馬堡待了一年後，鄂蘭前去弗萊堡，花了一個學期在海德格的老師胡塞爾門下學習。如今有了更多時間，也隔了一段距離，她可以對「對單獨一人不變的痴戀」以更堅定的意志力作出反思。雖然確定自己仍然深陷哀傷，她卻不容許自己被壓垮，或錯失「有機的成長」。這一刻她寫了她最好的其中一首詩：

黃昏向我圍攏過來
柔軟得像絲絨，沉重得像哀傷。
我不再知道愛的感覺如何
不再知道田野散發著熱力，
一切都要漂走——
就爲了給我平靜。

我想起了他想起了愛——
彷彿那在遙遠的地方；
而「前來與付出」不屬於這裡：
我幾乎不曉得約束我的界限在哪裡。

黃昏向我圍攏過來
柔軟得像絲絨，沉重得像哀傷。
面向新的喜悅和哀愁
沒有什麼起而造反。

而向我召喚的那一段距離，
所有的往日如此清晰而深刻，
對我再也不能誘騙。
我知道有一條又大又怪異的河，
還有一朵沒有人命名的花。
如今還有什麼能摧毀我呢？

黃昏向我圍攏過來，
柔軟得像絲絨，沉重得像哀傷。

在這首詩中，鄂蘭要觸及的天地超越塵世，在德國浪漫派詩人筆下，那裡有無以為名的「藍色花朵」和浩瀚未知的大海。在這種情景下，鄂蘭寫了幾首詩給她的守護女神——暗夜。

那撫慰人心的，輕倚我心上。
你這靜默的，給我解除苦痛。
把你的影子，蓋在任何太亮的東西上——
就讓我精疲力竭，請把眩光蔽住。

給我留下你的寂靜，你那令人冷靜的鬆弛，
讓我用你的黑暗裹住一切邪惡。
當在光明中呈現的新視野帶來痛苦
給我力量讓我繼續前行。

在一首沒那麼格式化而更動人的詩中，她向朋友訴說衷情，希望他們不要誤以為，她因為「對單獨一人不變的痴戀」而耗盡感情能量，以致對他們冷淡以待，並希望不用明言，他們就能知道她在背後要說的故事。

不要為那輕柔的哀傷哭泣，
當那無家者的模樣
依然羞怯地向你示愛。
體會到那最純粹的故事
仍然隱藏著一切。

感受那最輕柔的動作
來自感激和忠貞。
那你就會知道：一如既往，
愛將重生，付予戀人。

像閨密安妮等知道鄂蘭對海德格的愛意的那些朋友，很是同情她的遭遇，也嘗試理解海德格以責任為重的決定，特別是對妻子和家庭的負責。但是最能深刻理解她的「朋友」，卻是鄂蘭透過安妮的介紹而認識的范哈根。鄂蘭多年後談到，她在所寫的《蕾兒．范哈根》傳記完稿時，將傳記主人公稱為「我最親密的朋友，儘管她過世已經約有一百年了」。[13]

§

安妮在翻閱多冊的范哈根書信集時，很興奮地談到這位猶太女子。這些書信集在偶然的機會下落入安妮之手：一位奧爾什丁的書商在通膨年代陷於破產，把全部庫存以幾分錢一冊的賤價出售。安妮買下所有范哈根的著作。當時鄂蘭對安妮這次的收穫興趣缺缺。可是當她快要完成大學學業，正準備撰寫有關德國浪漫主義的一部專著時，鄂蘭自己接觸到范哈根的資料，在她身上發現了一種「富有創造性的、不依循傳統的才智，加上她對人的興趣以及天生的熱情」。[14] 安妮就將她的范哈根藏書轉交給鄂蘭。

在范哈根的書信和日記中，鄂蘭發現這個人多愁善感且心靈脆弱，跟她十分相似。她同情范哈根對非猶太人芬肯斯坦伯爵（Count von Finckenstein）的愛，而她的愛最終更慢慢地、痛苦地遭到對方的拒絕。芬肯斯坦為了家庭的安全及所謂的個人狀況而離開范哈根的社交圈。當范哈根面對這次失落時，她就變成了像鄂蘭覺得的、一個「具體的人」。戀情結束後，范哈根不再是白紙一張，不再徒具命運的輪廓：「她體認到，她經歷了人生，所謂一般的人生。……經驗取代了不實的存在；她如今曉得：人生就是這樣。」[15] 鄂蘭在范哈根身上體會到，對這樣一個人來說，普遍真理從經驗的灰燼中浮現，即使最平庸的東西也有突出的一面。

在〈陰影〉中，鄂蘭把對自身經驗的領悟，以她獨特的概括而堅定的口吻表達出來：「所有的好事總有個壞的結局；所有的壞事總有個好的下場。很難說哪種情況最令人難以接受。事實上確切來說這該是最難受的：如果你的思緒被無限恐懼所籠罩，節制力被摧毀，並感到惴惴不安，你就會驚訝地有所領悟。你從痛苦中學會了；透過全面的覺察和批判意識，你在每一分每一秒都懂得了，即使遭遇最壞的痛苦也要心存感謝；事實上，這樣的苦難蘊含著一切的真諦和獎賞。」鄂蘭總結，人生就是這樣，充滿了古希臘哲學家所說的、能帶來智慧的苦難。她和范哈根都獲得十分相似的結論：「我在做什麼？什麼都沒做。就讓生命如雨一般落在我身上。」[16]

鄂蘭從這段無法實現的戀情中獲得了具普遍意義的結論，體驗到苦難蘊含著一切的真諦和獎賞。她覺得自己對世界的那種「羞怯的溫柔」已被摧毀，她已被褫奪了安穩感。她就像寫給朋友的詩所說，是個「無家者」。這正是她在范哈根的日記中察覺到的：當范哈根對芬肯斯坦的愛以失敗告終時，她起先嘗試從世界尋求安穩的努力便被摧毀。但她卻從失敗中另有收穫：她年輕時面對世界的方式原是鄂蘭所說的內省，現在被一種新的理解取代了。

鄂蘭所描述的范哈根早期的內省方式，跟她在〈陰影〉中對自己年輕時自我沉溺的描述十分相近：「她堵住了通向自己的通道，遮蔽了望向自己的視線」。在范哈根傳記中，描述更為繁複，言辭沒那麼花俏，但本質是一樣的：

> 如果思考從自己身上反彈，在靈魂中找到了它的孤獨對象——也就是說，如果它變成了內省——顯然它產生的（只要它一直維持理性思考），就是看似無窮的力量。正因爲它與世界隔絕，它不再對世界感興趣，它在感興趣的一個對象前建起一座堡壘：這個對象就是內心的自我。由於內省造成的隔絕，思考變得無限，因爲它不再被任何外界事物干擾；因爲不再有任何行動的要求，而要求行動的後果必然帶來侷限，即使對最自由的心靈也是如此。……世間現實再不能提供任何新的內容，期望早已期望了一切事情。你甚至可以透過遁入自我而逃避命運的打擊，只要你在逃跑之前，把每種不幸一般化地認定爲無可避免地隨著糟糕的外在世界而來，這樣在每一刻受到打擊時，就沒有理由感到震驚了。[17]

當范哈根失去了芬肯斯坦，她就喪失了逃避震驚的能力，她在內心自我面前建立的堡壘被摧毀了。但她慢慢放棄了內省的應對方式。鄂蘭寫到范哈根，就像在評論〈陰影〉的絕望結局。面對這個結局，她迅速地終結了生命中「既不需要又註定無用的一切」，她「沒有向瘋狂或死亡屈服，她也不能且不願完全復元，因為她不要自己忘記」。范哈根沒有忘記，她收割了「絕望的豐盛收穫」，向前邁進，接受了不愉快的遭遇，變得更堅強，但對世界更開放，準備好了「把真相說出來」。「她知道她的個別經驗可以概括，而不致被歪曲。」[18]

鄂蘭自童年以來就善於概括表述。但以往概括的內容，都是脫離現實世界的、禁閉的、防堵外界衝擊的。她讓經驗「沉澱到靈魂底處」，不讓它對自己造成傷害。她在七歲時曾跟母親說：「我們不應該想太多那些令人憂傷的事」。就像范哈根，她開始學習在概括的同時不歪曲事實，也就是對於她無法處理的經驗以兩種方式面對：「鬱悶的痛楚」或「夢幻迷醉的孤獨景況」。然而學習說出真相，或克服內省的主觀傾向，卻不是容易的事。范哈根有她的導師，那就是歌德；從歌德那裡她學習到「詩的概括力量」。范哈根需要詩人的指導，因為在她經歷失落之後，她不能把個人故事背後的故事說出來。別人被她的人格和具獨創性的智性思維所吸引，可是「范哈根看來不希望別人只是拜倒於她的這些奇特天賦之下，反倒希望有人問她面對著怎樣的景況」。[19]沒有人這樣問，她也沒說什麼。「一切勢必重複，因為沒有理解。」范哈根真的重複了不可能的愛戀，再次墮入無法實現的愛；然後她才學懂了，怎樣在歌德的人格與處事態度的指導下，把她的故事說出來。

鄂蘭在范哈根傳記中提到故事主人公學懂了詩「可以把它描述的個別事物轉化為概括的概念，因為詩不光用語言傳達特定內容，更將語言還原成它原本的實質」。語言的作用在於保存：「語言所包含的內容，就是要把它存留下來；為生命短暫的人類，把一切存留得更久。」[20]但這番話完全是海德格思維，它概括了海德格對詩人和詩的正面觀點，這是鄂蘭此後從沒放棄的觀點。她沒有直接遇上一個歌德，「給她提供她能說的一種語言」。她繼續在說海德格的語言，後來還用這種語言寫了一本書，就是她的博士論文《聖奧思定的愛的概念》，然後她才終於找到了自己的語言。她像范哈根一樣，重複了過往的經驗，再次墮入愛河，而且重複了兩次，接著才能用自己的語言撰寫范哈根的傳記。

對世人的愛

在馬堡那一年，鄂蘭因為與海德格的隱密戀情而陷入孤立和疏離處境。但她也交上了新的朋友，並與來自柯尼斯堡的一群人保持友誼關係。在海德格的研討班裡，有一個叫漢斯・約納斯（Hans Jonas）的猶太學生，他們在課後一起探索海德格的講課內容，由此建立的友誼一直維繫到鄂蘭過世。

約納斯在杜塞道夫（Düsseldorf）附近的門興格拉德巴赫（Mönchengladbach）通過了期末考試後，前往弗萊堡追隨胡塞爾研習哲學。他修讀胡爾塞的課時，被分派到一個初級研討班，負責人就是當時擔任無薪講師的胡塞爾助理海德格。他在一九二一年十八歲時，認定海德格的研討班比胡塞爾的研討班更具哲學活力。雖然他能聽懂的不多，但他意識到在海德格的研討班裡，有一種神祕、具深度而開放的新思考模式。海德格激發了約納斯的好奇心，一如他啟迪了其他程度較高的學生，像卡爾・洛維特（Karl Löwith）；儘管海德格在研討班上討論的是艱深難懂的論文，說起話來緩慢又不時停頓（因為他在戰爭中肺部曾經受傷），讓學生要掌握他的意義難上加難。

約納斯在高級中學時曾念過希伯來文，而且是錫安主義者，他想把哲學研究跟猶太研究結合起來，希望能前往巴勒斯坦當個教師。然而，弗萊堡不是實現這個夢想的恰當地方，因此他前往柏林上大學，同時也到一八七二年成立的猶太研究學院（Hochschule für die Wissenschaft des Judentums）念書。他追隨愛德華·斯普蘭格（Eduard Spranger）和恩斯特·邁爾（Ernst Mayer）繼續研習哲學，又追隨馮·威拉莫維茲（Ulrich von Wilamowitz-Moellendorff）和維納·雅格（Werner Jaeger）研習古典文學。

某天約納斯在上完斯普蘭格的研討班後，在街上碰上一位名為君特·斯坦（Günther Stern）的學生，對方請他留步討論，令他受寵若驚，因為他好幾年以來就對這位年輕人「別具天賦的氣質」留下深刻印象。他們在弗萊堡一起上胡塞爾的課，但約納斯一直以來未能克服羞怯而主動向對方示好。這次斯坦向他招手，一段友誼由此展開，兩人成為親密朋友。幾年之後，斯坦希望一直在追求他妹妹伊娃的約納斯能締結良緣，成為他們家庭的一分子。但事實是，這段友誼的另一個方向也因婚姻而更進一步：斯坦後來跟約納斯的朋友鄂蘭結為夫婦。

在柏林的日子之後，約納斯回到弗萊堡度過了一個學期，然後又在一九二四年春天跟隨海德格前往馬堡。當年秋天，他在海德格的研討班上遇見鄂蘭。他和鄂蘭的共通之處，不光是彼此都是猶太裔，兩人也一樣都瞧不起那很多圍繞在海德格身邊的奉承者。鄂蘭跟大部分學生保持距離，只跟約納斯和來自柯尼斯堡的年輕人友好，也只跟海德格有緊密關係。至於斯坦，當他在胡塞爾指導下完成博士學位，並於一九二五年春天來到馬堡參加研討班、把握機會聽海德格講課時，他和鄂蘭就遇上了，但當時鄂蘭無意擴大社交圈子。

鄂蘭與朋輩的疏遠以及她跟海德格的關係，令她不受海德格的崇拜者歡迎，尤其那眾多的女性崇拜者。一個年輕女生更是對鄂蘭有著雙重妒忌，因為她對海德格和葛魯馬克都有好感，但這兩位男士卻寧可跟鄂蘭來往。海德格的妻子對鄂蘭也沒有好感，她很惱恨海德格跟迷戀他的女學生建立關係；而她也不喜歡猶太裔學生，不管是男的還是女的。當海德格對鄂蘭另眼看待時，他的妻子滿心疑慮。

鄂蘭跟一般的海德格奉承者保持距離，並試著避免引起閒言閒語，以免增加海德格妻子的敵意。她獨自居住在大學附近一個頂樓房間，在那裡接待海德格、約納斯和柯林斯堡的朋友。她在海德格指導下鑽研學問，智性大有進展，她的非凡能力在所有認識她的人眼中愈發明顯。就像約納斯所指出的，才智出眾的人在馬堡並不罕見，但在鄂蘭身上，她的同學發現了「一種強烈意志、一種內在方向，還有追求卓越的本能、抓住要領的本事、追求深度的觸覺，讓她綻放著魔力」。[21] 鄂蘭幫助葛魯馬克撰寫論文，讓他取得古典文獻學博士學位，尤其令對方印象深刻而感激不已。不過她的朋友仍然因為她的羞怯和天真表現而驚歎。他們前去探訪時，可能經歷一晚精采的哲學討論，同時也可能碰上令人歎為觀止的一幕：看著鄂蘭招呼她的老鼠小室友，讓牠從洞裡跑出來吃她給的食物。她告訴約納斯，這隻老鼠像她一樣孤獨。

在課堂外，馬堡那群學生不在鄂蘭注意力範圍之內，除非他們冒犯了她。反猶主義在這裡沒有激烈表現，但馬堡也有相當大規模的反動派運動，反猶言論在大學兄弟會成員和國家社會主義黨青年團團員之間也頗常見。年輕的右翼主義分子有時會由於海德格妻子的關係闖進海德格追隨者的圈子。斯坦回憶，一九二五年春天在海德格的托德瑙堡（Todtnauberg）鄉村小屋慶祝喬遷之喜，並遇見海德格的妻子。當晚大家圍著篝火吃喝唱歌、情緒高漲，海德格妻子對斯坦格外印象深刻，問他要不要加入國家社會主義黨在馬堡的青年團，當斯坦回答說他是猶太裔時，她旋即轉身離去。鄂蘭很小心避免這種情況。

鄂蘭時時保持警惕，並對猶太朋友為保護她所付出的努力很是欣賞。約納斯還記得鄂蘭如何感激他一次在學生餐廳吃晚飯時拔刀相助。當時一個穿制服的大學兄弟會男子受鄂蘭吸引，跑過來詢問可否同桌一起用餐，約納斯在看到鄂蘭恐懼的眼神後便婉拒對方了。但鄂蘭也頗能自行處理她與非猶太裔的關係。譬如她有意修讀魯多夫．布特曼的《新約聖經》研討班，首先要參加面試獲得這位神學家許可，她明確告訴對方（當時的用詞如此明確，日後她和約納斯每次提到此事時都能一字一句完整引述出來），「不能有任何反猶言論」。布特曼是平和溫婉的人，他向鄂蘭保證，萬一有任何反猶言論在研討班出現，「我們兩人會一起應付」。

§

為了與海德格疏遠，鄂蘭離開馬堡，追隨胡塞爾研習一個學期，此後就再也沒回去。她不能在海德格指導下撰寫博士論文；即使撇開這種安排在個人層面上的困難，如果他們的關係給發現了，對雙方都會造成傷害。因此海德格建議她前去海德堡大學，因為他的朋友雅斯培在那裡當哲學系系主任。

在鄂蘭追隨海德格、開始走上大學研習之路時，海德格正開始撰寫他的不朽傑作《存有與時間》。當她前去海德堡，雅斯培也正開始收集整理筆記和講稿，著手撰寫他的巨著——於一九三一年出版的三冊《哲學》。鄂蘭經常祈求命運女神庇護，對方也兩次善待了她：她有幸追隨的兩位老師，都是哲學思想在兩次大戰之間趨於成熟的當代最偉大德國哲學家，她更有幸能在課堂和社交聚會的討論中參與塑造兩位大師的最傑出作品。

在上過了「人生就是這樣」的一課之後，鄂蘭在海德堡再度接受挑戰，學習「哲學又是怎樣的一回事」：透過另一個非比尋常的事例，了解理性可以怎樣貫串「個人的能力與才華而有條不紊地展現出來」。在雅斯培身上，鄂蘭瞥見了人生境界堪與歌德比肩的人。

接近四十歲時，雅斯培決定擱下他在心理學和神經精神醫學的輝煌事業，並期望「攀上哲學所能達到的高度」。[22]他在〈哲學回憶錄〉中，談到他一九一九年那部令人刮目相看的《世界觀的心理學》其實未符理想，於是他決定「不惜重新起步」；那幾年裡他讀了「幾部偉大、具獨創觀點的哲學著作」，便決定撰寫《哲學》一書。但雅斯培這種追根究柢、挑戰自我的態度，其實貫串了他的一生。年輕時的雅斯培，是海德堡精神病醫院的實習醫師和研究助理。若干精神病理學的研究，再加上一九一〇年代的大部頭著作《普通精神病理學》全面而系統性地探討並批判了相關專業理論、方法和爭議課題，讓雅斯培在業界建立起聲望。但那無法令他滿意，他開始思考範圍更廣的課題：他一九一三到一九二二年的講課，既包括對歷史人物諸如尼采、奧古斯特．斯特林堡（August Strindberg）和梵谷（Vincent Van Gogh）等的實證心理學個案研究，也包括了社會心理學、宗教心理學和倫理心理學。《世界觀的心理學》一書是從這些講課中的一系列演繹整理而成。這部著作讓雅斯培更貼近哲學；他回憶說，這成為他「未來思想的基礎」。雅斯培最終走入哲學範疇，是他不斷擴展和深入探索自我生涯的結果。他的人生對鄂蘭來說，就是「有機的成長」的典範。

在鄂蘭追隨他學習期間，雅斯培的講課就如他自己所說，是「一種演繹方式」。對他來說，所謂學習並不是將完成的學說呈現出來，而是一種溝通模式，而「溝通」正是雅斯培所要探索的核心概念。在鄂蘭參加的研討班中，雅斯培提出了「哲學本質的問題，以及哲學開展的方向與範圍」。他探討了像弗里德里希．謝林（Friedrich Schelling）等個別思想家，但研討班聚焦在思考模式和思考過程的種類。雅斯培正慢慢建構一種有關哲學開展方向與範圍的類型論，所根據的不是個別哲學學說的內容，而是建構這些學說的思考過程。

在雅斯培早期的著作裡，胡塞爾的「描述心理學」和威廉・狄爾泰（Wilhelm Dilthey）的「理解心理學」，都在方法上占有核心地位。可是隨著他走向哲學，他與社會學家馬克斯・韋伯（Max Weber）對話所學到的方法，便成為他的主要思考模式。韋伯建構出一種名為「理念型」（ideal types）的模型，用來說明特定形式人類行為、文化現象或社會單位的特徵。雅斯培在《世界觀的心理學》中廣泛使用這種模式來區分基本類型的世界觀，以及每一種人類行為的後果。可是他並不滿足於只有世界觀的類型論，因為這種理論無法說明是什麼因素驅使人類採納某一種特定世界觀，什麼因素驅動人類思考、行動和抉擇。而且雅斯培要找出的，是「現實中的」驅動因素，而不是「沉思之下的」因素。韋伯的方法繼續為雅斯培提供一個分析框架，他用這個框架來區分哲學思考的方向和範圍，以及哲學思考過程的種類，可是他對世界觀或理論系統內容的興趣已不再。他走出的新方向可以用很多不同方式概括，不過最具典範意義的說法是：「當哲學思考滲入了個人人生特定一刻而起了作用，它就是真實的。」對鄂蘭來說，這種具體取向很有啟發意義，而雅斯培身體力行把哲學思考活了出來，對她來說也是一個典範。她回憶說：「可以說，我意識到他在實踐中的理性。」[23]

雅斯培對個人思考和行動的關切，最終在《哲學》一書中，透過一個有關哲學思考方向與範圍的三部曲框架結合起來，該書也因此分為三冊：第一冊談的是哲學思考怎樣跟世界和世界間事物聯繫起來；第二冊談到哲學思考與人類景況或人類「存在景況」的聯繫；第三冊談到哲學思考怎樣試圖超越世界和人類。三者分別相當於三種類型：「哲學性世界取向」、「存在闡釋」、以及「形上學」。但這些不是靜態或固定的類型，而是類似齊克果所說的「人生歷程的階段」。

在韋伯過世後，雅斯培才建構出他的「存在哲學」，也就是有關人類如何實現（或無法實現）人生的可能性。但在《哲學》的每一頁裡，仍然可以看到韋伯這位良師益友的身影，而且所見的不光是他在精神上的影響力，還有他做為一個人的楷模。雅斯培回憶：「當韋伯在一九二〇年過世時，我覺得世界好像改變了。對我來說，曾為世界的存在提供理由，使世界活絡起來的這位偉人已不再跟我們在一起。他是權威，卻從不說教，從不卸去你本身的責任，而是給你鼓勵，讓你能贏得他那種嚴格而清晰的人性化思維的認許。如今看來一起消失的，除了為理性討論所提供的這種難以形容、完全可信賴的指引，還有別具深度而足以對當下處境帶來洞見的權威，以及對行動、認知和事件的判斷力。」當雅斯培本人在一九六九年過世時，鄂蘭也有同樣感覺，她也要在沒有他相伴的情況下，撰寫她自己的哲學巨著《心智生命》。但從她成為雅斯培的學生、以至他過世前不久跟他討論《心智生命》一書的計畫，長時間以來他都一直在提供「理性討論的可信賴的指引」。

對雅斯培來說，韋伯是無可取代的朋友和導師。但在韋伯過世的同一年，他遇上了海德格，並期望對方也能像韋伯一樣激發他思考。他們在一九二〇年胡塞爾慶祝生日時彼此認識，雅斯培馬上感覺到海德格氣質出眾，大有別於聚會上瀰漫著的「某種小資產階級的、思想狹隘的氣味」。[24] 他倆的友誼後來才正式啟動，當時海德格到海德堡訪問，然後給《世界觀的心理學》寫了書評，認定雅斯培為哲學帶來了新的開端，同時又批評他走得還不夠遠。雅斯培受到激發而決定「攀上哲學所能達到的高度」。書評固然推動有功，但更重要的是他與海德格的對話。他倆在一九二〇年代初除了通信以外也有碰面交談，在一九二六年之後又共同為鄂蘭的教育負上責任。但鄂蘭同時認識兩人時，他倆的友誼已開始出現問題，那是在《存有與時間》於一九二七年出版之後。雅斯培認為這部著作的筆調和風格都令人敬而遠之：「透過我們所做的事，隱藏著的疏離便暴露出來了。」不過要等到一九三三年，彼此的疏離才到了不可挽救的地步；當時海德格墮入國家社會主義者的宣傳圈套，他的反猶傾向也開始浮現，兩人終於分道揚鑣。

雅斯培與海德格早期的友誼，以及他能碰上鄂蘭這樣的學生，對他能走上哲學之路至關重要。當他正在閱讀傑出哲學家的著作並構思《哲學》一書，還沒有著作可以發表，因此跟海德堡最著名的新康德主義者李克特發生摩擦；曾是海德格老師的李克特嘗試說服同僚，雅斯培之所以沒有著作發表，是因為他一九一九年出版《世界觀的心理學》一書後，已經江郎才盡。他並聲稱，雅斯培掛著的哲學系系主任之名，只是他的無能表現的遮羞布。當《哲學》一書終於在一九三一年問世，李克特啞口無言。在雅斯培正為這項出版大計畫努力的期間，能在精神上獲得海德格和學生的支持，令他滿心感激；他特別感謝妻子葛楚和妻舅恩斯特．邁爾，兩人是他求知路上最緊密的合作夥伴。

妻子和妻舅來自普倫茨勞（Prenzlau）一個虔誠、傳統的猶太經商家庭。據鄂蘭向一位朋友的解釋，他們家由於遺傳的精神病，有很大的麻煩。[25] 其中一個姊妹因為「糾纏不去而令人困惑的精神病」住進了精神病院，幾年前另一個姊妹又因白喉過世。葛楚曾因最親密的朋友二十歲英年早逝而深受打擊，她第一任男朋友詩人華特．凱勒（Walter Cale）自殺身亡更重重打擊了她。雅斯培後來回憶，「對於沒半點質疑而繼續活下去的葛楚來說，這是無法調解的命運打擊」。可是，她卻能拿出勇氣跟雅斯培結為夫婦；當時雅斯培是精神病診所裡寂寂無名的助理，而且罹患支氣管擴張疾病，預後情況並不看好，被認為只能再活幾年。鄂蘭講述這個故事時感歎：「這真是件不簡單的事。」

妻子和妻舅密切參與雅斯培《哲學》一書的撰寫。他們談論書的內容，恩斯特閱讀所有草稿並提供意見，還一起討論如何修改。但雅斯培也樂於參與海德堡一群教授的聚會，他們星期天晚上齊聚韋伯遺孀瑪麗安娜（Marianne）的家。這種聚會類似啟蒙運動（Enlightenment）時期的沙龍，是韋伯在生時建立的傳統，他過世後由瑪麗安娜延續下去。參加者包括韋伯的弟弟社會學家阿爾弗雷德（Alfred）和他的同事艾彌爾．雷德勒（Emil Lederer）、考古學家路德維希．庫堤烏斯（Ludwig Curtius）、精神病學家維克多．馮．韋札克（Viktor von Weizacker）、印度研究學者海因里希．齊默（Heinrich Zimmer）、德國研究學者弗里德里希．甘多夫（Friedrich Gundolf）以及神學家馬丁．狄貝流斯（Martin Dibelius）等。雅斯培向鄂蘭推薦這些學者的講座。狄貝流斯講授的《新約聖經》講座以及他對希臘文和拉丁文的認識，對鄂蘭尤其重要，那時她已開始撰寫博士論文探討聖奧思定的愛的概念。

§

雅斯培從家庭和朋友處獲得了支持，他的社交圈也為鄂蘭提供了知識分子的社群感，這跟鄂蘭在地區小城馬堡那一年只管投入「對單獨一人不變的痴戀」不可同日而語。鄂蘭在這裡也有同齡夥伴，這些年輕人慕名來到海德堡，是因為此地的國際精神和自由氣息，它因為能包容種種創新和實驗而聞名全國。像鄂蘭的朋友約納斯，就來到海德堡撰寫他的首部著作——《聖奧思定與使徒保羅（聖徒保祿）的自由問題》（*Augustine and the Pauline Problem of Freedom*）。鄂蘭遇上的三位朋友都同時接受哲學和心理學訓練，包括：卡爾．法蘭肯斯坦，他後來成為希伯來大學（Hebrew University）心理學教授；艾里希．諾伊曼（Erich Neumann），他後來成為榮格（Carl Jung）學派精神分析師且著述甚豐，其中最有名的也許就是《潛意識的發現》（*The Discovery of the Unconscious*）；還有爾溫．羅文森（Erwin Loewenson），他是散文家和表現主義（Expressionist）作家。三人都受鄂蘭吸引，但只有羅文森對鄂蘭的追求談得上成功，而他比其他幾位夥伴大了幾乎二十歲。

鄂蘭和羅文森在一九二七年有一段短暫戀情，後來變成友誼，一直維繫到羅文森一九六三年過世。一九二七到一九二八年間，那時羅文森住在柏林而鄂蘭在海德堡，他們之間互通的書信，就跟後來羅文森在巴勒斯坦而鄂蘭在紐約的通信一樣，都是在對方追求知識的路上給予鼓勵支持。[26] 在早期書信裡，鄂蘭談到了她的博士論文題目，對方便提出問題，還提供建議閱讀書目和引文；他們也談到彼此認定的友誼最重要的元素——忠誠。羅文森的獨立精神和怪異思考方式，加上傑出的文學造詣（他甚至寫信也用上複雜的、文字遊戲般、如詩的寫作風格），令鄂蘭感到特別興奮；事實上鄂蘭在海德格的薰陶下，對大師風格的德國散文早已起了嚮往之心。但羅文森對她的吸引力，始終沒有她對羅文森的吸引力那麼大。在朋輩之中，羅文森是那群來自柏林的表現主義者的驅動力，但他的能力和才華並不包括理性思考。他熱切地寫下一頁頁的手稿，卻很少能把著作完成，而且經常情緒不穩。雖然和他交往給鄂蘭帶來啟迪，但對於在馬堡經歷了感情風暴的鄂蘭來說，情緒不穩卻不是她想面對的。

§

當鄂蘭在一九二七年遇上本諾・馮・威塞（Benno von Wiese）時，她所進入的新社交圈，可以毫不誇張地說，是截然不同的。馮・威塞只比鄂蘭大三歲，已完成了他有關詩人席列格的首部著作並由斯普林格出版社出版，收錄於雅斯培編纂的一套叢書裡。他的成功明顯可見。他跟另一些傑出的朋友，像後來成為拉丁語系學者的雨果・弗里德里希（Hugo Friedrich），都曾追隨甘多夫研習文學史，當時甘多夫是德國最有名、最受尊崇的文學教授。

甘多夫是文學評論家和詩人，曾是詩人史提芬・喬治（Stefan George）為首的那個擁有巨大影響力的文學圈的知名成員。他在很多專著和文章中對歌德推崇備至，曾滿腔熱情撰寫了一部凱撒大帝（Julius Caesar）傳記，筆下還有莎士比亞的重要研究和翻譯，又寫了一本書談到莎士比亞在德國引發的反應。跟這個文學圈子的其他成員一樣，他對英雄、貴族以及古代所謂的「全人」（*Gesamtmensch*）典範有狂熱的崇拜；因為相比之下，這些人物令威瑪共和在文化上的粗野本質顯露無遺。當有些批評家回顧令威瑪共和走向結局的連串事件時，甘多夫往往被指為「共和國葬送者」；[27]他在世時，儘管他的精英主義令一些更具民主精神的人感到難堪，但他始終是個卓越的知識分子。一九三一年甘多夫過世後不久，雅斯培在一個研討班上正面肯定這位朋友，提到他跟甘多夫經常爭辯，劍拔弩張據理力爭，但雙方一直維持緊密關係：「當我曾真心肯定過他，又怎能再對他說否定的話。」[28]這位文學評論家最好的著作——特別是最後所寫的《莎士比亞》——是在喬治跟他斷絕關係、而他也離開這個文學圈子後寫成的；雅斯培不諱言（大部分甘多夫的仰慕者也都會同意），那個圈子的人其實「不能給人任何精神滋養」。在甘多夫將要離世前，鄂蘭曾聽他講課，他更像具海德格精神的那種有修養而認真的人，跟喬治圈子裡那些精神貧瘠、彼此褻玩而樂此不疲的人相比，實在很不一樣。

有馮．威塞等人作伴，同時又聽甘多夫的課，鄂蘭不但加強了與德國浪漫主義的接觸，對十八世紀末、十九世紀初德國浪漫主義者愛聚首其中的那些猶太人沙龍也更感興趣，認識也更深。她考慮在完成博士論文後，撰寫有關德國浪漫主義的長篇研究。由於這個寫作計畫，她閱讀了大量相關著作，最終使她的興趣聚焦於范哈根在柏林舉行的沙龍。她這方面的興趣不是學術性的。她的表親傅爾斯特夫婦回憶說，鄂蘭在身邊那些有教養、具貴族氣質的非猶太人之中，變成了范哈根的現代版。當時鄂蘭跟馮．威塞出雙入對，對方身材高而修長，髮色淺淡，具學者風範，鄂蘭則具備一種不入流俗的魅力——光看她抽的菸斗是金屬柄的現代款式就可見一斑；他倆看起來，就像未嫁前的范哈根和她的第二任戀人——那位似曾相識的唐．拉菲爾．杜爾吉訶（Don Raphael d'Urquijo）。

跟馬堡不同，海德堡自十九世紀初就出現了沙龍，核心人物一度是韋伯夫婦。就像范哈根時代的柏林沙龍，韋伯這個圈子有很多傑出女性，部分是猶太裔。其中像雅斯培的妻子葛楚，對丈夫和他的志業熱心襄助，在海德堡被譽為「小火焰」（das Flämmchen）。[29]同樣名為葛楚的另一位女性也是賢內助，全心支持社會學家丈夫喬治．齊美爾（Georg Simmel）；當時傳統的大學學術掌權者對社會學懷有敵意，她陪伴著飽受排斥的丈夫度過艱困日子，在丈夫於一九一八年過世後仍然不改初衷。其他對海德堡的精神生活和政治醒覺有重大貢獻的女性，還包括韋伯的妻子瑪麗安娜，以及韋伯的學生艾德格．賈佛（Edgar Jaffe）的妻子艾爾瑟．馮．利奇托芬（Else von Richthofen）。當韋伯過世後，麗安娜重新在家中舉行沙龍，猶太和非猶太的男男女女都蜂擁前來。

馮．威塞習慣了大學社交圈。他出身大學的上流社會家庭，繼承了父親的穿袍貴族（*noblesse de robe*）身分，而父親李歐樸德（Leopold）也是知名社會哲學家。他深受包括雅斯培等學術界領導人物的青睞，他們期望他跟鄂蘭的情侶關係能維持下去。但兩年後雙方終於分手：馮．威塞決定娶一個更注重家庭生活的妻子、投入更具世俗氣息的戀愛，因此放棄了當時仍相當天真、超凡脫俗而具有海德格思維的這位《聖奧思定的愛的概念》的作者。結果他娶了伊爾瑟・馮・葛佛（Ilse von Gavel）。鄂蘭移居柏林，在那裡跟君特・斯坦重新建立友情。[30]

§

雖然鄂蘭在海德堡期間先後產生戀情的兩個男人屬於不同世代，以及不同的社會和宗教圈子，他們對文學和德國文化卻有共同愛好，也同是唯美主義者。可是做為德國文化代表的海德格，始終是鄂蘭最深有所感的。一直到她在海德堡完成博士論文、一九二九年移居柏林之前，只要海德格寫信給她，提議她前去一聚，鄂蘭都會丟開她手頭上的事情、朋友和任務，去跟他見面。但到了一九三〇年代初，海德格被國家社會主義吸引，他和鄂蘭就勢必斷絕來往了。納粹的民族主義，與德國文化美好的一面完全背道而馳，海德格卻似乎視若無睹。他是那麼懼怕現代化，那麼全面投入工業化之前的田園生活價值觀，鄂蘭後來將他稱作「最後的德國浪漫主義者」[31]；然而正是這方面的傾向，令他在納粹喚起的所謂原始德國精神中找到了認同的對象。他在一九三五年把德文稱為「最具力量並最具靈氣的語言」，德文也就成為他那種出世的、政治上天真的文化保守主義的中心支柱。[32]鄂蘭因為夠理解海德格效忠納粹的背後原因，後來甚至能看透其中的可笑之處，因此她對他的忠誠一直沒有改變，即便到後來隨著海德格加入納粹黨而必須跟他斷絕關係，期間有十七年她跟海德格都毫無來往，但當戰後他們重逢時，她仍然在很大程度上因他的那種詩人氣質而原諒他。戰後他們在弗萊堡重聚，鄂蘭向一位朋友說明了是什麼樣的維繫力，能讓她的忠誠不因他的愚昧而斷絕：「我在〔弗萊堡〕有任務在身，在旅館裡跟海德格見面。一如既往，我透過他接觸到別具一種美態的德國語言，實在饒富詩意。這就是所謂的『你有能力，就能做到』。」[33]

當希特勒在德國掌權後，鄂蘭和雅斯培就得直接面對納粹的問題。他們有過很多激烈討論，談到雅斯培的德國民族主義到底代表了什麼意義。雅斯培曾向韋伯學習，並把他理解為「最後一位真正的德國民族主義者」，他認為這種民族主義並不涉及「帝國的權力意志」，因為它要實現的，是「一種道德的精神性存在；它能包容權力，將權力納入它的規範之下」。[34]雅斯培並不像韋伯抱持著一種「普魯士人的偉大感」，或一種「軍人精神」；在韋伯過世後，他也體會到政治上的民族主義和軍人意識對德國來說非常危險。雅斯培的德國民族主義始終是關乎「語言、家園和身分背景」，屬於他自幼就感到跟自己有關的「偉大精神傳統」。鄂蘭能夠理解雅斯培的看法，但她毫不猶豫地告訴對方，他未能看見國家社會主義的威脅，因為他太過天真地信賴國民的政治成熟程度。

鄂蘭拒絕接受韋伯式語言所表述的「德國基本精神」，令雅斯培的信念面臨挑戰。[35]鄂蘭提出的批評來自她從布魯曼菲德所受的教誨。這位對鄂蘭來說亦師亦友的人物，對德國文化的鍾愛非比尋常，卻沒有擁抱民族主義；鄂蘭在海德堡認識的人，最尊敬的除了海德格和雅斯培，就只有布魯曼菲德了。這三人之中，兩位德國哲學家喚醒並培育了鄂蘭早熟的哲學智慧，並把她帶往他們所踏出的哲學革新之路。布魯曼菲德則喚醒並培育了鄂蘭的猶太身分認同，並把她引領到錫安主義者重新建構的猶太意識。

§

布魯曼菲德生於一八八四年，比雅斯培年輕一歲，比海德格年長五歲。就如他在回憶錄《猶太問題體驗》（*Erlebte Judenfrage*）所說，他來自一個具德國文化背景的猶太家庭，父親曾在東普魯士當法官，母親則跟鄂蘭的母親瑪莎一樣是很有才華的業餘音樂家。布魯曼菲德起初也追隨父親的生涯志業，但他在柯尼斯堡的阿爾伯堤納大學念書時，對錫安主義的興趣蓋過了原來的志願。他協助成立一個錫安主義者學生俱樂部，並開始發揮他的雄辯才華，向反對錫安主義的柯尼斯堡猶太社區協會會員展開遊說。鄂蘭的祖父馬克斯屬於早一代已跟主流社會同化的猶太人，他回應布魯曼菲德的辯論時，用的就是當時流行的民族主義格言：「當我的德國精神遭到攻擊時，我就準備大開殺戒。」馬克斯後來拋棄了這種敵意，但他始終對錫安主義不表同情。布魯曼菲德對鄂蘭的遊說就成功得多。

布魯曼菲德一九〇九年放棄攻讀法律，成為德國錫安主義組織的執行祕書和主要發言人。他周遊全國發表演說，激情和雄辯力廣獲認同。當鄂蘭的朋友約納斯在一九二六年邀請他在海德堡的錫安主義者學生俱樂部演說時，他已成為德國最具影響力的錫安主義鼓吹者。但鄂蘭當晚會去聽他的演說，是由於不想讓為人羞怯的約納斯尷尬，而不是出於對錫安主義的興趣。

約納斯先是給布魯曼菲德寫了邀請函，再打電話到柏林為這次演說作初步安排。約納斯在電話裡總是無法好好說話，加上要打長途電話，對方又是他尊敬的人，讓他幾乎無法說出完整句子，布魯曼菲德被迫要求在作最後安排時請另一人在電話中溝通。約納斯只能拜託鄂蘭肩負這項任務，於是鄂蘭便以助手的身分出席演講。

這次演說沒有令鄂蘭改信錫安主義，卻讓她成為布魯曼菲德的崇拜者。她和約納斯在演說後邀請布魯曼菲德共進晚餐；他們盡情吃喝的同時，鄂蘭面對布魯曼菲德的表現，既像調情又像一個聽話的小女生。飯後他們一起在海德堡的街道上閒逛，走到城區對面山坡上那迷人的哲學家大道（Philosopher's Way）。鄂蘭和布魯曼菲德手挽手唱著歌，吟誦著詩句，開懷大笑，約納斯成了陪跑者。

鄂蘭對布魯曼菲德的仰慕一直維持不變，是由於他輕鬆自如的博學表現，而且充滿活力，還別具幽默感，富反諷精神而不流於油腔滑調。鄂蘭離開海德堡後，他就成為了鄂蘭「政治上的導師」，但他始終是鄂蘭能以嬉戲心情面對的人；布魯曼菲德自認與詩人海涅精神相通，鄂蘭就和他一同，你來我往的引用海涅的詩句。在流亡歲月裡兩人雖然身處異地，但鄂蘭仍珍而重之保留著她和對方愉快相處的回憶。「你還記得嗎？」他們在柏林分手二十年後，她這樣問他：「一九三三年我們曾在曼帕酒廠（Mampe）的小酒吧互相道別，一起吟誦希臘文詩句呢。」[36]

布魯曼菲德大半生探索的「猶太人問題」，在二十世紀初的第一個十年裡，也是東歐知識分子辯論的問題。一九一二年，一篇題為〈德國猶太裔的認知問題〉（German-Jewish Parnassus）的文章刊登於流傳甚廣的《文藝雙周刊》（*Der Kunstwart*），並引起了大量激烈討論。文章作者莫里茲．哥德斯坦（Moritz Goldstein）毫不忌諱地把有關德國猶太裔知識分子的兩種態度和盤托出，而提出了所謂的「猶太人問題」。[37]在一個非猶太人社會，猶太知識分子面對一種不討好的任務，要保留他們所屬族裔的文化遺產，然而他們這方面的權利和能力卻不被本身族裔認可。進一步來說，這些猶太人和其他猶太人在嘗試做一種不可能的事：保留猶太人身分，卻不承認自己的猶太特質。哥德斯坦又辯稱，即使拒絕嘗試這樣做的猶太人，也面對另一種兩難處境：即使承認自己的猶太特質，也承認德國人的反猶傾向，他們卻沒有獲得應有的回報——屬於他們的一種猶太語言和猶太文化，因為他們還是在說德文，生活在德國文化環境中，仍要被一些期望他們拋棄猶太特質的猶太人所孤立。

對布魯曼菲德來說，錫安主義是回應這個猶太人問題的唯一答案，可是他認為錫安主義也有它本身的問題。他認為錫安主義的想法來自一種啟示（*Offenbarung*），而不是一種系統學說。布魯曼菲德也公開承認他如何透過覺醒而獲得這種啟示。[38]他年輕時，家中的天主教女僕告訴他，她每周都要向神父告解，對於她為「弒神者」服務而認罪懺悔；以及他念書時，竟然跟一個德國朋友一起欺壓一個「東方猶太人」，這兩件事都令他感到震驚和羞恥。這些經驗讓他看清了所謂「客觀的猶太人問題」。不管他們的宗教、文化或政治信念如何，猶太人在非猶太人眼中，首要的身分就是猶太人。布魯曼菲德認為，每一個猶太人的目標，就是應該正面面對這樣的事實，「揭開面罩，毫不羞怯地面對非猶太裔的德國人」。當鄂蘭後來談到和寫到猶太人必須拒絕自貶身分時，她一方面是秉承母親的態度，一方面也是因為布魯曼菲德徹底的錫安主義在她腦海中泛起迴響。鄂蘭在《極權主義的起源》表示：「在第一次世界大戰後十年（甚至在它的前十年）裡的猶太復國主義的力量來源並非是政治洞察力（並且也不產生政治信念），而是它對心理反應和社會事實的批判分析。它的影響主要在其煽動力遠遠超出了猶太復國主義運動的小圈子。」[39]

布魯曼菲德承認，這種錫安主義是有問題的，因此將它稱為「後同化」（postassimilatory）時期的錫安主義。這有兩方面意義。第一，這種錫安主義的對象是跟大部分「東方猶太人」不一樣的猶太人，他們都經歷過解放和同化，因此在現有的宗教或社會群體中，他們並不具備對抗反猶主義的基礎。它的對象是那些跟猶太文化斷絕了接觸的猶太人；他們要延續的文化認同，就是他們自小在其中成長的這個國家的民族文化。布魯曼菲德期望錫安主義能成為真正的民族運動，他聲稱移居巴勒斯坦應該是每個錫安主義者的人生目標，這表示首先要建立一個猶太社群，因為沒有一個現成社群可以移植到巴勒斯坦。他一直質疑，該怎樣能建立這個社群：它要包容成員的非猶太文化背景。這樣一個社群，就像鄂蘭談到她後來選擇移居的美國：「身為公民，卻不用付出融入的代價」。[40]

布魯曼菲德對同化或融入的批判，是為了提醒猶太人他們生活在非猶太社會中要面對的壓力，也警告他們在未來的猶太社會中不要重新注入有欠包容的態度。他要將不平等從猶太人的生活中消除，他認為如果要達到這個目的，必須做的一步就是嚴厲批判「慈善事業式錫安主義」。以慈善態度對待「東方猶太人」、受迫害的猶太人或反猶主義受害者，並不是鍛造民族意識的正確做法。這種慈善行為只是把兩種猶太人的差異固定下來：一種是成功躋身「新貴」的猶太人，另一種是不能或不會擺脫「被遺棄者」景況的猶太人。

布魯曼菲德所分析的猶太人對反猶主義在心理和社會層面上的反應，鄂蘭能夠毫無困難地認同其中的主要觀點。她特別對布魯曼菲德意識到的危險傾向深有所感：也就是說，如果無法包容主張同化的觀點，那麼在日後的猶太社群中，現有德國猶太裔所面對的種種偏見，恐怕就會重新出現。可是移居巴勒斯坦從來不是鄂蘭的人生目標。在一九三三年之前，她面對的問題是：在不考慮移居的選項之下，可以怎樣回應甚至解答「猶太人問題」。她的范哈根傳記就是回應這個問題的途徑之一；但在踏上這條路之前，她先以另一方式看待這個回題：她思考聖奧思定所提出的「對世人的愛」，亦即他對「社會生活」的關切。

§

鄂蘭的博士論文，主題是聖奧思定著作中的愛的概念——又或是其中多種愛的概念。[41] 論文的三個部分，分別聚焦於其中一種愛的概念：欲望層次的愛、人與上帝（造物主）之間的愛，以及對世人的愛。三者之中，對世人的愛被視為最根本，其餘兩種愛都以它為依歸。論文的結構是辯證式的（dialectical）：「你要愛人如己」這條誡命，既超越其他兩種愛的概念，也將它們統合起來。

鄂蘭的取向，用她自己的話來說，是「系統性」的，但這並不表示她要用聖奧思定本人聞所未聞的一種一致性規範來解釋他的概念，或硬把看似不同甚至矛盾的想法調和起來。這種取向反映了雅斯培在「系統」和「系統化程序」之間所作的區別：我們可以從事系統化哲學思考，結果不一定產生一個系統；我們可以在思考過程中發現某些秩序，卻不一定要認定有一種最終的、全面的秩序，毫無遺漏地把所有想法或表述包羅其中。當雅斯培在一九五〇年代中撰寫他自己的聖奧思定研究著作時，他強調聖奧思定思想中的強大張力。「要在聖奧思定的思想裡找出矛盾真的易如反掌。我們卻應該把這認定為他偉大的一面。沒有哲學是不包含矛盾的，也沒有思想家能識破矛盾。」[42]雅斯培甚至聲稱，聖奧思定的思想之所以那麼豐碩，其中的矛盾是必需的：「這是因為，在教會思維方式下進行思考，他遇上多到不能再多的矛盾，甚至與理性對立的矛盾，然而他卻能夠在教會容許的條件下，無需建立一個系統，而十分成功地達成他的目標。」雅斯培對系統與系統化的劃分，在鄂蘭的論文中有跡可尋；而鄂蘭對這種劃分的應用，也可在雅斯培日後的研究中找到蛛絲馬跡。學術界對這種取向的批判，在鄂蘭撰寫論文與雅斯培撰寫專著的三十年間並沒什麼轉變：鄂蘭和雅斯培都面對批評者同樣的責難；然而必須認清的是，他倆眼中的聖奧思定是思想家而非神職人員。

鄂蘭相當清楚她自己所做的是什麼，因為她堅持聖奧思定「不是神學家」，她又告訴雅斯培，這是她從沒改變的想法：即使當她還是布特曼的學生，抑或當她聽到新教神學家在辯論聖奧思定的信仰或談到這種信仰與現代世界的關係，她的想法始終如一。[43]當時一些主要學術期刊曾刊出對鄂蘭博士論文的評論，包括《哲學年鑑》（*Philosophisches Jahrbuch*）、《康德研究》（*Kantstudien*）、《古典評論》（*Gnomon*）和《德國文學評論報》（*Deutsche Literaturzeitung*）等，評價都不大正面。這些批評者認為鄂蘭犯了雙重錯誤：既忽略了聖奧思定是神學家，又忽略了現代神學學者對聖奧思定的闡釋。如果雅斯培和海德格的哲學在當時更廣為人知，這部由一位二十三歲的猶太女學生所寫的有關一位基督教教會主要人物的論文，在海德堡和神學界所引起的騷動或許要小一點，或起碼有點不一樣，因為鄂蘭這部著作談的是存在主義哲學，而不是提出神學見解。不管怎樣，鄂蘭出版生涯的這個起點，跟四十年後的終點一樣：都對學術界起了刺激作用。[44]

鄂蘭把多樣性而往往矛盾的思考軌跡揉合起來，此即雅斯培所說的「系統化」方法。對奧思定的三種愛的概念，也放在存在主義概念下檢視，這些概念對雅斯培所構想的三種哲學思考角度有關鍵意義。聖奧思定的三種愛的概念，在鄂蘭的分析之下分別相當於：指向世間的愛（欲望）、存在主義的愛（對世人的愛）、超越的愛（對上帝之愛）。她採用的概念，在雅斯培的三種角度之下各有不同體現。第一種體現分別相當於：欲望、限制、知識；第二種體現相當於：溝通、自我實現、思考；第三種體現相當於：組織、救贖、信心。可是鄂蘭把雅斯培的分析結合起來的方式，以及她所用的語言，其實更多是來自海德格的教誨。

鄂蘭從海德格所受的影響並非顯然可見，也跟海德格在其著作中對愛的闡述沒有任何關係。愛的概念只在《存有與時間》裡提到一次，而且只在註腳中。即使是鄂蘭經常跟愛聯繫起來的概念，例如「忠誠」，在海德格的著作中也只是偶一提到罷了，譬如他曾寫道：「堅毅是存在對『自我』的忠誠。」[45]可是雖然海德格對愛的哲學性探討未能在鄂蘭身上產生影響，鄂蘭卻可能因為海德格對愛欠缺關切而受到影響。雅斯培曾指出鄂蘭在十分個人化的層次上體會到這一點：海德格的哲學「沒有愛可言，因此在風格上也談不上能被人所愛。」[46]多年後當她的批判經歷了時間的洗禮和考驗，鄂蘭指出了海德格早期著作的一個重大弱點：「他所謂『自我』的最基本特質就是絕對的自我中心主義，徹底與所有其他人隔絕開來。」[47]海德格的這種態度在二十年前可能曾對鄂蘭本身的人生造成困擾。

鄂蘭從海德格思想蒙受的教益，是在最深、最一般的層次，在於海德格對存有與時間所提出的根本問題，也就是人類的存在是時間中的存在。博士論文的三個部分把愛呈現為時間性的存在現象。欲望的愛關乎預期，是指向未來的；對上帝的愛指向終極的過去——創世的一刻；對世人的愛則在於當下那一刻，隱含了其他兩種形式的時間性存在，以及那兩種存在所預設的心智能力——希望和記憶。而這三種形式的時間：「已然」的過去、「未然」的未來，以及「既非已然亦非未然」的現在，對鄂蘭的論文來說是根本的概念，一如對海德格在一九二七年出版的《存有與時間》是根本概念。而《存有與時間》裡的「時間」觀，在很大程度上師承自聖奧思定《懺悔錄》（*Confessions*），一如它的「存在」觀師承自古希臘的存有學。鄂蘭對這種師承關係十分清楚；她不光帶著海德格式的那種衝動追溯這些概念的源頭，她更發展出一種批判態度。[48]

海德格的觀點更偏重於死亡這種未來經驗，而鄂蘭的想法雖然立基於海德格的時間觀，但她同樣重視自出生以來的過去經驗，「出生」（natality）後來成為她的一個哲學概念。她開始意識到，每個人的人格塑造基本上都受到一些「出生」條件限制，包括出生景況、鄰里關係、身分認同。在撰寫博士論文期間，鄂蘭透過生活而非閱讀體會到：她生下來就是一個猶太人。

第三章　一位猶太女人的一生（一九二九～一九三三）

真正的現實發生在不知不覺間，首先來說它就是孤單而分散的。……我們身邊的年輕人，三十年後能有一番作爲的，很可能目前正悄悄等候機會，在別人的視線之外，透過不受約束的精神修養，建立起自己在世間的存在。

雅斯培，《現代時期的人類》（*Man in the Modern Age*）（一九三一年）

哲學捍衛者

一九二一年一月，鄂蘭在柏林參加一個化裝舞會，這個接受贊助的舞會為一群馬克思主義者募款，用以維持一份小規模政治雜誌的營運。舞會在民族學博物館舉行，賓客都穿上民族服裝。鄂蘭打扮成阿拉伯後宮仕女，當晚與她聯袂出席舞會的是年輕猶太裔哲學家君特・斯坦；他自一九二五年以博士後學生身分參加海德格的研討班之後，就沒有和鄂蘭再見過面。

一個月之後，斯坦和鄂蘭開始同居；先是在柏林，然後搬到市郊靠近波茨坦（Potsdam）的一個小鎮。當年夏天鄂蘭向德國緊急助學協會申請獎學金，用於她的德國浪漫主義研究。雅斯培、海德格和狄貝流斯為她的申請寫了有力的推薦信，結果在一九二九年她剛把博士論文修訂完畢、交給斯普林格出版社出版時，申請就獲得了批准。

她和斯坦合力修訂論文，試著消除那些最複雜的扭曲語句，也就是過度的海德格寫作風格。雅斯培以博士指導教授的身分寫信鼓勵，婉轉但堅定地勸告他們在最後階段要格外細心：「校對是非常非常吃力的，必須做得徹徹底底。」[1] 他知道鄂蘭這個學生欠缺耐性：一直以來她都很難耐心而仔細地把一本書好好完成，因為她的注意力早已轉移到其他事情上。

他們對這本書當然沒有什麼財務上的寄望。鄂蘭的獎學金雖然榮譽十足，每月的微薄金額卻不足以讓兩人負擔起一個普通的舒適住所。鄂蘭和斯坦後來住進柏林的哈倫湖（Berlin-Halensee）地區一個套房，白天要把房子騰出來讓樓下的舞蹈學校用作練舞室。他們這兩位房客和那些不很熟練的舞蹈學員，還要避開房間裡一堆儘管空心卻很笨重的大型雕塑，那是女房東熱中於包浩斯（Bauhaus）藝術風格的兒子——魯多夫．貝靈（Rudolf Belling）存放在這裡的。跟那些雕塑相比，房間不那麼空也不那麼大；住在裡面，不舒服不在話下，有時還頗尷尬。某天早上雅斯培沒有預先告知就來探望他們，但鄂蘭和斯坦正忙著騰空臥室讓舞蹈班使用，兩人只好請雅斯培到附近一家餐廳碰面。

一九二八年，威瑪共和相對穩定的經濟開始走向一個危險的結局。失業率增加，一九二九年紐約股市崩盤後，經濟更是陷入危機。《凡爾賽和約》以及令人痛恨的賠款，再次廣泛被指涉為敵國對德國的「奴役」。陸續湧進柏林這個德國文化聖地的藝術家和知識分子，大部分陷於失業，被迫做散工餬口，或期待從政府獲得津貼，或從朋友處獲得接濟。斯坦在柏林看不到就業前景，便決定爭取大學的教學資格，這是取得大學教職的第一步。他著手撰寫一篇準備在法蘭克福發表的學術演講稿，希望繼而獲邀呈交審定資格的論文，這是獲取「無薪講師」或「編制外講師」的必經程序。

一九二九年九月，在斯坦踏上尋求教職之路前，他和鄂蘭在波茨坦東部城鎮諾華威斯（Nowawes）一個非宗教婚禮上結為夫婦，出席者只有雙方父母和凱瑟．雷維納（Kaethe Levine），還有羅文菲德夫婦耶拉和亨利這兩位朋友擔任見證人。鄂蘭和斯坦都認為，以夫婦身分住在法蘭克福比較安心。柏林知識分子的道德觀並不看重婚姻關係——很多人因此把這個首都視為罪惡淵藪；鄂蘭的一連串戀情以及她和斯坦的未婚同居，對當地知識分子來說不是什麼不尋常的事。但首都以外的地方大學社群就比較保守了。鄂蘭和斯坦決定成婚也有這方面的考量。此外還有很多其他因素把兩人連繫在一起：他們都來自中產階級並經同化的猶太家庭，他們受過類似的哲學訓練並有共同認知立場，他們都投身於海德格和雅斯培掀起的哲學革命，他們都被視為是傑出而前途美好的學生。一路走來，他們在求知的路上志趣相投，曾一起修改鄂蘭的博士論文，都曾寫過書評評論卡爾．曼海姆（Karl Mannheim）的《意識形態與烏托邦》（*Ideology and Utopia*），也曾合撰一篇文章談論詩人里爾克的《杜英諾悲歌》（*Duino Elegies*）。

當鄂蘭後來那些不認識斯坦的朋友問起這位第一任丈夫吸引她的是什麼，她強調的卻是共同志趣以外的兩個因素。鄂蘭總是說，斯坦是個好心而溫柔的男人，還會用一個故事證明他的這兩種性格特質：他們在柏林相遇後不久，小時候困擾鄂蘭的喉嚨感染復發，引發輕微咽峽炎；斯坦當時帶著一籃檸檬，加上他的幽默感，幫助鄂蘭挺過病痛。鄂蘭又指出，她的母親瑪莎很喜歡斯坦，跟他相處很開心，也欣賞他的音樂才華。對瑪莎來說，女兒能嫁給一個來自良好家庭而前途光明的年輕人，實現了大家追求的「正常發展」。而且鄂蘭和瑪莎都對斯坦父母的成就十分讚賞。斯坦的父母威廉和柯拉拉在兒童心理學方面的開創性研究，在德國廣受推崇。他們一九一四年出版的《童年早期心理學》（*Psychology of Early Childhood*），是心理研究發展史的里程碑，因為所用的方法廣泛參考了柯拉拉六年來多方面觀察三個年幼子女所寫的日記，並提出了重要理論，說明遺傳和環境兩方面的因素都對兒童的發展有重大影響。他們的觀察方法和理論，後來被年輕瑞士心理學家皮亞傑（Jean Piaget）悉數繼承。鄂蘭對斯坦的父母從來沒有親切感，也沒讀過他們的著作，卻對兩人懷著敬意，還很欣賞柯拉拉的慷慨。多年之後（也許為了凸顯其中的教訓而特別誇張），鄂蘭聲稱她對柯拉拉的欣賞之情，是她決定嫁給斯坦的重要因素；她藉此警告一位朋友的女兒，不要因為男朋友的母親有多好而受了影響，勸告她應該根據兩個戀人本身的優點長處作出判斷。

斯坦在法蘭克福碰上的困難，讓鄂蘭能近距離觀察他的性格有多剛強。他表現不錯，但學術生涯的夢想卻遇上了挫折。為了給自己的奮鬥目標爭取支持，他首先發表的學術演講，對象是幾位知名學者，包括法蘭克福學派的兩位成員狄奧多．阿多諾（Theodor Adorno）和馬克斯．霍克海默（Max Horkheimer），還有他們的朋友——心理學家馬克斯．韋特海默（Max Wertheimer），再加上法蘭克福前途最被看好的兩位年輕教授——神學家田立克和社會學家卡爾．曼海姆。斯坦給這些學者留下良好印象；他們不光鼓勵他撰寫用以審定資格的論文，更建議以音樂哲學做為題目。他們的鼓勵確實起了激勵作用，但他們的建議卻帶來非常不幸的後果。

本來斯坦從事這個題目的研究有很好的條件；他不但具備音樂理論知識，也能演奏鋼琴和小提琴，而且這個課題自叔本華（Arthur Schopenhauer）和尼采後，就很少引起哲學家注意。可是這項建議卻沒考慮到一個關鍵因素：阿多諾新近的著作以馬克思主義觀點談到音樂社會學。當斯坦一年後呈交論文初稿時，阿多諾自然以專家身分參與評審；一如所料，由於斯坦的音樂理論沒有採用馬克思主義觀點，因而不能令阿多諾滿意。鄂蘭從自己的認知角度看法蘭克福學派馬克思主義，向來不以為然，這次事件只是日後連串衝突的開端，自始至終鄂蘭都難以產生認同感。鄂蘭對他人的看法，不管正面還是負面，都是很強烈的，即使觀點不一定很一致：她最初認識阿多諾時就曾向斯坦表示：「這個傢伙休想到我們家裡來！」她顯然說出了心底話。

一九二九年，法蘭克福大學教職員委員會也沒有考慮阿多諾本身的教學資格申請。他們同時沒考慮到政治情勢正在改變，猶太裔學者獲大學聘任的可能性愈來愈小。法蘭克福學派的成員大部分是猶太裔，他們也能意識到情況愈來愈悲觀，但他們沒有比其他人更具先見之明，沒預見到他們快要踏上流亡生涯。田立克在一九三一年跟斯坦討論他未能成功的音樂哲學研究計畫，建議他研究其他課題，譬如謝林的哲學，還建議他等一年再提出另一個研究課題，因為相信到時國家社會主義熱潮將會冷卻。這當然是對情勢的誤判：最後斯坦被迫另覓謀生之路。

§

正當斯坦虛耗兩年光陰在這些沒有結果又令人氣餒的事情上時，鄂蘭展開了她的德國浪漫主義研究，並首次從事新聞時事寫作。《法蘭克福報》（*Frankfurter Zeitung*）是德國其中一份最具文化內涵的報紙，它刊出了鄂蘭的一篇短文：〈聖奧思定和基督新教〉。[2] 文章是為了紀念聖奧思定逝世一千五百年，鄂蘭費了很大工夫談論聖奧思定在現代新教發展中扮演的一個小角色。「在義大利、法國和德國，天主教的報紙宣揚這個紀念的日子，又舉行各種紀念集會，神職人員和學者紛紛談論聖奧思定的貢獻、角色和影響。但在新教人士之間，他卻在很大程度上被遺忘了。」其實新教神學家早就察覺到，近年德國一些頂尖學者，包括阿多夫・馮・哈納克（Adolf von Harnack）、恩斯特・特洛徹（Ernst Troeltsch）、卡爾・賀爾（Karl Holl）和賴因荷德・西伯格（Reinhold Seeberg）等，都對聖奧思定有所論述，因此對鄂蘭的這番評語感到訝異。不過這篇在報紙上發表的文章，對象不是神學家，而是一般新教徒，目的是要凸顯馬丁路德從聖奧思定獲得的啟悟：「馬丁路德認為信徒的心直接面向上帝，這個想法與聖奧思定貫通一氣。」鄂蘭要喚起大家注意的聖奧思定遺教，就是這種無關宗教組織的個人良心覺醒。

對鄂蘭來說，這篇文章是她的哲學思想和她的浪漫主義研究之間的橋樑。她認為，聖奧思定的《懺悔錄》「透過敬虔主義（Pietism）的迂迴表述」，可說是現代自傳式小說的始祖。「經過普遍的世俗化運動後，在上帝面前的宗教省思喪失了它一度被賦予的權威意涵，變成了個人人生省思。在德國，這種情況最初很有代表性地出現在卡爾．莫里茲（Karl Philipp Moritz）的《安東．萊瑟》（*Anton Reiser*）。莫里茲雖然受敬虔主義薰陶，卻將『虔誠』精神從虔敬的宗教式人生態度中移除。神的恩典這個概念隨之消失，取而代之的是個人自發的自我轉化。個人人生故事最後呈現的，就是歌德筆下的『自行轉化的生命印記』。」范哈根是歌德仰慕者，她以發自內心的熱情擁抱這方面的發展，從她所寫的表述心跡自傳式文字可見一斑。當鄂蘭在撰寫范哈根的傳記時，她在博士論文中未揭示出來的聖奧思定人格的另一面——那內心自白的、人性化的、個人化的一面，就體現在追隨歌德的浪漫主義者身上，他們是聖奧思定內心覺醒的繼承者。「自發的自我轉化」，就是鄂蘭的范哈根傳記的主題，不過她還得解答另一個問題：這對一個猶太人來說意義何在？

在海德堡和法蘭克福時，鄂蘭的哲學思考天地從聖奧思定轉移到十九世紀初柏林的浪漫主義者。一九三〇年斯坦在海德堡致力爭取大學任教資格，鄂蘭則埋首於自己的研究計畫，也跟以往在這裡結交的很多朋友重新建立起友誼。她經常到雅斯培的家，有時也在星期天下午到韋伯遺孀瑪麗安娜的家。斯坦和鄂蘭又一起參加在李歐樸德．福特萬格勒（Leopold Furtwängler）母親家中舉行的晚間音樂聚會，一次在那裡聽到鄂蘭繼姊克拉拉的鋼琴演奏而格外高興，福特萬格勒對這次演奏也十分讚賞。

在完成音樂哲學論文的初稿後，斯坦和鄂蘭便移居法蘭克福並參與大學裡的文化生活；當地的大學正發展成德國最富活力、最進步的教育中心。他們參加曼海姆的研討班，又去聽田立克講課——他是肯定沒有忽略聖奧思定的新教神學家。鄂蘭在研討班和講課中活躍地參與討論，在複雜且有時艱澀的提問和評語中表現出令人讚歎的思辯能力，很快便傳為佳話。鄂蘭很榮幸被當地學生選為年度學生嘉年華會的諷刺對象；這是希特勒掌權前法蘭克福的最後一次嘉年華。一位後來在紐約市立學院（City College of New York）講授德國文學而跟鄂蘭成為朋友的年輕學生理查．普蘭特（Richard Plant）寫了一篇諷刺文，模仿阿多諾、田立克和鄂蘭的行事為人和哲學術語，大肆諷刺一番。斯坦後來回憶，在法蘭克福的這段日子「朝氣蓬勃」；他們樂於和這些新結識的、政治上更醒覺的、學有專精的朋友交往。他們現在也有一個舒適住所了：那是在美茵河（River Main）河畔的一幢教堂執事小屋。

斯坦尋求教學資格的努力看來無法成功，夫婦倆便回到柏林。斯坦決定投身新聞界，他首先將他在法蘭克福時談到「布萊希特做為哲學家」的一次電台廣播轉謄為文字稿，給布萊希特本人過目。這位戲劇大師很欣賞這篇文章，打電話給他的朋友賀伯特．耶靈（Herbert Jhering），向《柏林交易所郵報》（*Berliner Börsen-Courier*）這位深具影響力的評論家推薦斯坦。不過在此同時，他卻對斯坦能不能稱得上是一個哲學家表示懷疑。斯坦為自己這種身分辯護，但布萊希特仍然相信他只不過是海德格的追隨者；他的假設也相當合理，因為任何人如果自願閱讀海德格的哲學著作，必然不是出於一時的興趣而已。不過耶靈沒有因此卻步，還是雇用了斯坦做為文化版記者。斯坦很快便在報紙上寫個不亦樂乎，從神祕小說到有關黑格爾的最新學術會議無所不談，占了文化版很大篇幅，令耶靈擔心起來。耶靈告訴他，為免令人覺得文化版是一人獨角戲，他們必須用另一種方式處理。斯坦直截了當的用了另一種方式：他取了一個筆名，名叫君特・安德斯；後來他在漫長的新聞和文學寫作生涯中，就一直使用這個筆名。

§

當時在法蘭克福最能引起知識分子興味的挑戰，就是曼海姆一九二九年出版的《意識形態與烏托邦》一書。接下來幾年，這部著作引起廣泛批評和辯論，有不同觀點談到它怎樣偏離了正統馬克思主義的各種解讀，也有人談到知識社會學這門新興學問。鄂蘭和斯坦回到柏林後不久，主要社會主義刊物《社會學刊》（*Die Gesellschaft*）就問鄂蘭要不要給曼海姆這本書寫篇書評。學刊編輯魯多夫・希佛定（Rudolf Hilferding）跟鄂蘭母親瑪莎在柏林的社會民主黨黨友交好，他希望鄂蘭寫一篇批判性書評，因為他認為曼海姆的著作對社會主義構成了威脅。鄂蘭同意撰寫書評，但她著眼於書中另一種威脅：她為哲學的自主性辯護。

曼海姆希望啟迪知識分子作出批判性反思，體會到他們的思想其實立基於經濟和社會處境。他辯稱，一種思想概念如果表述為意識形態，便有助於某一社會經濟群體維繫他們在歷史上掌握的權勢。而嘗試帶來變革的群體，為了在未來掌握權勢，則期望得益於表述為烏托邦的思想概念。他進一步辯稱，不論是指向過去的意識形態，還是指向未來的烏托邦，都漠視了實際的、當下的處境：前者對變革訴求視而不見，後者則將本來的願景當作現實。在兩種情況下，思想都是為行動服務，因此不是自主的。

很難想像還有另一種想法，會對鄂蘭的哲學思考帶來更大挑戰。曼海姆所劃分的所謂指向過去和指向未來的模式，是鄂蘭博士論文的核心思維，但彼此目的截然不同。聖奧思定望向人類的終極未來和終極過去，是為了超越人類存在景況的侷限；他既不尋求維持現狀，也不尋求改變世界。對他來說，行動在乎個人，聽命於個人的思想或信念。

鄂蘭對曼海姆的批評，聚焦於他所謂的思想為行動服務，這是對哲學自主性的挑戰。她提出一個邏輯問題：如果思想立基於社會經濟處境，又怎能說它漠視這種處境？她辯稱，如果思想能漠視實際處境，它的根源必定是在其他地方；由此可以推論，思想並不是受行動役使。她又舉了一個例子支持這種論證，指出聖奧思定所謂「對世人的愛」是一個超越經驗的概念，既不立基於實際處境，也不受世間行動驅使。鄂蘭認為，「對世人的愛」是行為的指引；而聖奧思定所說的「神的國度」，既不是曼海姆所謂的意識形態，也不是烏托邦。

在鄂蘭看來，曼海姆的社會學理論，跟她心目中最重要的哲學思想，即雅斯培和海德格的哲學背道而馳。海德格尋覓終極的「存有」，即一切存在物的根基，也是人類在特殊命運之下探究的「存有」，而雅斯培則探索人類對存在意義提出質疑時的「臨界處境」（limit-situations）；他們的尋覓探索，前提都認定了哲學思考不受日常經驗條件限制。鄂蘭認為曼海姆的理論對日常經驗的一般條件有啟迪意義，可是如果進一步聲稱非一般的思想活動是立基於一般條件，那就說不通了。鄂蘭從她的批評推導出終極的質疑：曼海姆本身的思想根源在哪？如果它的根源在實際處境，那它就不過是意識形態或烏托邦而已。而且從另一方面來說，社會學正好證明了，思想本身能夠引導或塑造人的行動：就像韋伯的《新教倫理與資本主義精神》（*The Protestant Ethic and the Spirit of Capitalism*）所說的那樣。

在這篇有著嚴謹且細緻論證的書評，以及在她與斯坦合撰的討論里爾克《杜英諾悲歌》的論文中，鄂蘭攀上了她所秉持的信念的最高點：認定思想超脫現實世界，而愛是超越經驗的原則。她對曼海姆著作的批判，以及對里爾克詩作的哲學闡釋，都出自同一立場。在她眼中，里爾克就是現代、世俗版本的聖奧思定，他的《悲歌》則是「宗教文獻的終極形式」。對里爾克來說，一如對聖奧思定來說，人類不能安於世間現實，一定要掙扎超脫世間的短暫性和人類必須面臨死亡的命運。里爾克心目中沒有所謂神的救贖恩典，他在詩中描述的愛侶都是透過愛尋求超越，不會在奮鬥中停下來。人類永遠不能達到里爾克所說的「天使」境地；但透過奮鬥，他們可以從令人讚歎的世間之美騰飛，從美與人類自身的個別性超脫出來，變得更自由：

……這不正是時候，在愛戀中，
從愛的對象把自己釋放出來，而震顫著、抵受著：
就像箭抵受著弦，在蓄勢待發中，變成——
超越自身之物？[3]

鄂蘭從來沒有喪失對聖奧思定或里爾克的尊崇；里爾克是跟她同時代的詩人，也是德國浪漫主義發出最後迴響的詩人。然而，鄂蘭後來還是對愛做為生存的一種原則產生了質疑，一如她後來也對哲學的自主性產生了質疑。

有如自傳的傳記

到了一九三〇年，在移居柏林前，鄂蘭已決定將注意力集中在范哈根身上，而不是全面研究德國浪漫主義。在柏林，她再次與布魯曼菲德和他的錫安主義同道人緊密接觸，並視布魯曼菲德為精神領袖，視他的同道人為戰友。這群朋友對她走向新的目標十分重要，因為前進的步伐緩慢而艱辛。鄂蘭的研究不僅用上了范哈根已出版的書信（全都經過范哈根的丈夫挑選和審訂），也用上了普魯士國家圖書館中未出版的材料。范哈根帶著衝動的筆跡和不依常規的字詞拼法，令她的書信和筆記難以閱讀，可是鄂蘭付出的努力取得了收穫：她發現了幾封有趣的信，可以為傳記帶來新觀點。她把其中一項新發現發表在《一九三二德意志年鑑》（*Deutscher Almanach für Das Jahr 1932*），同時又在這部通俗手冊中發表了另一篇短文，談及范哈根時代柏林的沙龍。當年的年鑑以歌德的生平和著作為主題，鄂蘭的文章描繪了柏林歌德仰慕者的圈子，還有范哈根等熱切仰慕者的心態。

鄂蘭的《蕾兒．范哈根》無疑是一部傳記，卻肯定是不易歸類的一種傳記。它不大像副標題所說的，是描述「一位猶太女人的一生」，反倒像是某個人某種思想的人生經歷。范哈根的這種思想，直截了當而簡單地說，就是：「我是一個彆扭的人，同時是一個猶太女人。」鄂蘭追溯范哈根這種想法的產生歷程，從她最初的孤獨思考出發——最初范哈根無法掌握身為猶太人的意義；到了最後，范哈根身處被排擠的猶太人中間，自覺地了解並接受真相。

如果范哈根是二十世紀而非十八世紀的人物，她的傳記可能就會是她怎樣成為一位錫安主義者的故事。事實上，這部傳記卻是一個二十世紀的女人記載一個十八世紀的女人尋覓友情的故事。鄂蘭首先在一九三三年刊於科隆《新聞報》（*Zeitung*）的一篇文章，然後又在《猶太圓桌論壇》（*Jüdische Rundschau*）的另一篇文章，清楚地指出了這兩個女人身處的不同景況：她宣稱，隨著希特勒掌握大權，德國猶太人的一個歷史篇章宣告完結——也就是他們融入主流的歷史。這段歷史從范哈根那一代人開始，他們透過改信基督教並與異族通婚，試圖擺脫猶太身分。它的終結發生在鄂蘭那個時代：種族主義如今成了德國的國家政策，將猶太人的所有出路堵住了。

鄂蘭這部傳記用了複雜而晦澀的敘述方式；讀者要了解書中所引錄大量范哈根書信的來龍去脈，只能憑藉寥寥可數的時間和背景資料。鄂蘭喜愛引錄原文的寫作風格，可見於她所有著作，在范哈根傳記裡這種習慣更是貫串在每一頁。多年後她談到華特·班雅明的寫作方式時，就跟她的傳記筆法如出一轍：「主要的工夫就是將文字片段從原文背景抽離，經重組讓它們彼此互相說明，可說是在自由浮動的狀態下，自行證明它們隱含的道理。」[4] 鄂蘭的范哈根傳記的引文，不僅彼此證明了其中隱含的道理，更表明了鄂蘭的傳記寫作方式整體上所根據的道理：用范哈根自己的說話方式來講她的故事。整部傳記在自由浮動狀態下，不受時間、地點的描述妨礙；只有傳記中的評註對理解設定了指引，說明那些引文所包含的思想是怎樣形成的。英國小說家西比勒·貝德福德（Sybille Bedford）一九五八年所寫的書評，準確地概括了鄂蘭這部傳記的特色，並指出它是「不惜一切採取抽象筆法的一本書——節奏緩慢、紛亂、靜態、怪異地帶著壓抑感；閱讀起來就像坐在溫室中，沒有手錶可以知道時間。它引導讀者感受傳記主人公的心境，體會到她是個痴痴等待、心煩意亂的女人；讀者幾乎像是透過真實接觸，察覺到傳記主人公的強烈女性特質和沮喪心情。」[5]

這部傳記從故事的結局說起，引錄了據說是范哈根的臨終遺言：「我這輩子看來最大的恥辱，也就是我這一生最可憐最不幸的事，就是生下來是個猶太人；可是到了這一刻，我卻絕不想對這種身分置之不理。」[6]書中的故事，實際起點卻像是對啟蒙運動所謂「理性」的描述，認定它「能給世間事物和世間現實帶來解放，創造一個純意念領域，由此構成的世界是任何具理性的人能領悟的，不用借助知識或經驗。」[7]在經驗任何世間事物之前，范哈根透過這種理性跟她的猶太身分保持距離；當這種理性聚焦於自我，就成為了內省。當一個人為了避免個人身分的恥辱被揭露，而將外在世界、行動和愛都拒於門外，內省就會成為這個人整個人生的一切。當一個人還沒有學懂怎樣把個人快樂的渴求轉化為對真理的熱愛，內省可以讓他不致陷入絕望。

對於范哈根的內省，以及范哈根社交圈和圈內主要人物對這種內省的讚賞，兩者鄂蘭都給了嚴厲批判。「內省要弄兩種技倆：把實際處境去掉，把它化解為心境；在此同時，它給所有主觀事物賦予客觀感覺，令它受注目，令自己對它產生極大興趣。在內省中，私人與公眾的界限變得模糊，私人的事暴露在公眾眼前，公眾的事卻只能透過私人領域才能夠經驗或表達，最終溝通就變成像在說閒話。」[8]《蕾兒．范哈根》傳記中這個內省的、自我告白的人物，就是當時德國文化界口中的蕾兒，跟尚沙克．盧梭（Jean-Jacques Rousseau）是法國人口中的尚沙克一模一樣：是對大眾有吸引力的人物，所吸引的人來自不同階級、具不同教育背景和宗教信仰。可是這個叫蕾兒的人物活在一個保護罩裡，只能從一般描述了解她；她沒有任何內在特質，不能顯示真實的自我。

前面說過，鄂蘭對內省的批判，也可以用於她自己的自傳式文章〈陰影〉：這種批判也成為鄂蘭了解和判斷他人的標竿。她後來發現，內省的保護罩也可以用在跟范哈根不同的人身上：有些人熱切支持猶太人訴求，而且在表示支持時那些訴求其實已贏得了普遍尊重（這是在范哈根的時代無法想像的），這些人同樣可以透過內省保護自己。譬如鄂蘭在一九六七年寫的一封信中，嚴厲批評一個以膚淺方式支持以色列的女小說家：「她那種黨派觀點是天真幼稚的，她說話就像個沒經過深思熟慮的猶太人，她對自己所做的反思幾乎是過度的，她卻從來沒有從猶太人的角度檢視自己。」[9] 鄂蘭對內省的批判是政治性批判；她很重視私人領域和公共領域的區別，並著重指出內省可能會對政治上的了解造成排斥。對鄂蘭來說，內省也是她自己年輕時的錯誤；一九三一年在柏林時，她知道得盡快將這個錯誤糾正過來。

可是令范哈根從孤獨景況中走出來的不是政治處境，而是有希望嫁給一個異族人的不尋常運氣。能夠嫁給芬肯斯坦公爵，表示她有機會成為具特定特徵的人，也就異族社會所界定的個人。芬肯斯坦「代表了一切；可是很不幸的，他本身卻什麼也不是，是個一無是處的人。」[10] 他能為范哈根提供一個世界，可是他在范哈根柏林沙龍的世界裡卻完全格格不入。在芬肯斯坦逃回他習以為常的那個家庭的懷抱後，范哈根的思考方式提升到了一個新階段。她仍然作出概括性思考，卻是以經驗做為概括的基礎。面對其他人，范哈根擺出一副嚴肅、困苦、冷漠的模樣，希望她的仰慕者了解她的不愉快，而不是只管對她的性格表示驚歎；可是事與願違，面對這樣一位「漂泊無家者」，他們都跑掉了。范哈根自己最終也跑掉了；她去了巴黎，從簡單的事物中尋求快樂，也跑進了另一次短暫戀情中，由此開始學到了怎樣在人生中作出必要的區別。

當范哈根回到柏林，透過另一次危機，她又達到了人生的另一階段。透過芬肯斯坦，她嘗試擺脫與生俱來且令她面目無光的一種身分，為此她要借助一種不尋常的條件，也就是偉大的愛情以及與貴族成婚；這次她嘗試擺脫原來的人生，卻是透過對一個「美麗對象」的愛，如夢似幻地跟現實隔絕。[11]她愛上了西班牙駐柏林公使館一位英俊不凡的祕書——唐．杜爾吉訶；對這位外國人來說，范哈根的猶太人身分並不是他首先且主要看到的。然而杜爾吉訶面對她的強烈感情不知所措，面對她的沙龍朋友時也困惑不堪，只好跟她分手。於是對范哈根來說，「從外面察看自己的人生，覺得不過是一場遊戲……她可以描述它如何一無所有……她的人生因而成為了一個故事。」[12]范哈根曾費很大力氣自我表白，也曾像說閒話般談到自己；如今卻以另一種方式來講自己的故事，清楚知道聽眾是誰，也跟其他人融為一體，因為她從心靈導師歌德那裡領悟到了文學的概括力量。在此同時，她也學會了從歷史角度講故事，她對歷史、對自己的歷史產生了興趣。「范哈根透過約翰．費希特（Johann Gottlieb Fichte）的《告德意志國民書》（*Address to the German Nation*）融入了這個歷史背景。」[13]如今她的收穫，包括了與他人融為一體，以及講故事的能力和歷史的覺醒，由此可見她的概括力量成果豐碩。而鄂蘭這位傳記作者，也在另一種方式之下追求這些成就。鄂蘭所追求的同樣包括了與人融為一體、歷史覺醒以及文學的概括，後者體現在她的范哈根傳記，這是寄託著感情的故事講述方式。可是鄂蘭並不追求融入主流，也不追求國族主義。透過費希特、謝林和其他德國浪漫主義者——包括范哈根，鄂蘭朝著融入的反方向進發：她向錫安主義靠攏。

§

鄂蘭描述范哈根的思想歷程，談到她從欠缺經驗的概括思維開始接觸事實真相，故事卻在這裡停了下來，然後重新起步。鄂蘭講的這個成長故事有它的另一面——有關黑夜的一面。鄂蘭知道范哈根沒有成長的典範。在黑夜裡，范哈根漂浮在海上，船沒有舵，她獨自一人。鄂蘭切斷了故事，在中間插入一章談論范哈根的夢想人生，並指出夢想怎樣令典範無法建立：「絕望在黑夜中溜了進來。……往前走，融入，學習歷史，這一切在黑夜裡是可笑而毫無希望的遊戲。當這樣一道鴻溝裂開，只有模稜兩可指向一條永遠行得通的出路，對處於兩極的事物不必太認真看待，而在極端變得模糊莫辨的微光中，聽任它自然發展，從而產生新的力量。」[14] 鄂蘭在自己那個時代走的就是這條路：既不融入主流，也不追隨錫安主義，而是模稜兩可。

談到范哈根夢想的那一章，標題就是〈日與夜〉，沒有時間次序。雖然書中其他各章在時間次序上也是反覆不定，但每一章總是關於一個特定時期，而各章的標題附有日期幫助理解。可是〈日與夜〉沒有日期，敘述的夢境出現在范哈根十五年來的人生中，自她遇上了芬肯斯坦伯爵，到她與奧古斯特・范哈根（August Varnhagen）成婚而「停止了夢想」，反映了她人生隱蔽的一面。這怪異的一章出現在整部傳記中間，它的主題就是「模稜兩可指向唯一出路」，引出下文所有變奏。

鄂蘭在政治範疇裡擁抱模稜兩可，范哈根的世界裡卻沒有這個範疇。不過鄂蘭採取模稜兩可的態度，也是出於感情上的認同；這是超脫時間的，這方面她跟范哈根十分接近。鄂蘭的夢想表現在她年輕時的詩裡，充滿了模糊的預期和抽象的絕望。可是范哈根經常吐露她的夢想內容，表明她的猶太身分無法抹滅，鄂蘭則把大部分的私事藏在心底。據〈陰影〉的描述，她的童年夢想不管是甜是苦，「總是注滿了生命的喜樂」，後來卻遇上挫折，因為失去了父親，後來又失去了年紀幾乎大得像父親的一個戀人。她的生命被陰影籠罩著，揮之不去。她告訴朋友，她在海德堡時曾做過一個恍如真實的夢，夢見一位知名教授辭世，即使每天讓她從朦朧睡意清醒過來的多杯咖啡，也不能幫助她確認那只是夢境。那天早上她還跟別人談到這個噩耗令她多麼哀傷，聽者對死訊震驚不已，打電話到那位教授家中；教授的妻子深感愕然，確認她的丈夫正在書房裡安靜地閱讀。結果鄂蘭陷入她很怕面對的一種處境：她尷尬得無地自容。死亡、失蹤、無家，一直是她夢境的主題；一九三三年之後她在現實世界的經驗變得愈來愈可怕，這些主題也變得更強烈。她在一九五一年寫的一首詩說，她只能默默接受夢境帶給她的這種狀況：「睡夢中層層夢境色彩不同，害怕世界如懸崖般虛空。」

有關范哈根夢境的一章，就是一心一意聚焦於傳記主人公身為猶太人的痛苦。范哈根記錄的夢境，像她的人生一樣內容豐富，涉及多方面的事，許多元素很容易被傳記作者忽略：像她的家庭、她的童年、她不怎麼漂亮的外表，還有她如何受到年輕男人吸引。至於鄂蘭，她對內省的抗拒可以從她的政治思維來理解，這也是可取的思考方向；可是她對內省的抗拒其實也可以說明，她要跟自己的某些經驗或個人特質保持距離：她自己的家庭記憶、她自己的痛苦童年，以及她因此而變得羞怯、情緒化、不耐煩和無法溝通。即使是她的政治結論——所謂模稜兩可是唯一出路——其實也是對「非自我」的覺醒；從這個角度來說它有危險後果，因為在這個意義上，模稜兩可和它的實際做法，就是拒絕與有目標方向的人為伍。模稜兩可因而會導致個人的無根，而拒絕與他人為伍又可能導致無所行動。因為鄂蘭秉持這樣的態度，她在范哈根傳記裡就面對一些緊張關係。

這部傳記裡有幾道裂縫，最深的一道裂縫就在白天的現實世界與夜晚的夢境之間。另一道裂縫則是在范哈根三次的婚姻期望與她實際愛上的三個男人之間。儘管那三個出現在她生命中的男人各有其獨特的身分，她卻不是要透過對他們的愛、進入那些身分所代表的世界（異族的世界），而是要真的愛上他們。這三個男人是弗里德里希・贊茲（Friedrich Gentz）、貴族出身的軍人亞歷山大・馮・德・馬維茲（Alexander von der Marwitz），以及猶太詩人海涅。贊茲讓范哈根見識了政治世界，但他為了在這個世界立足而拋棄了她，因為他的生涯不容許他有一個猶太情婦。馬維茲讓范哈根認識了時代的現實，可是他卻以貴族和歷史保守主義者的鄙夷目光看待這些現實。他們都不是空洞無物的人物，但他們都無法領悟范哈根心裡的絕望：她的絕望源自於無法參與政治，沒有榮譽也沒有功績。只有海涅這位她老年時的朋友，能夠領悟她的被遺棄者處境：「只有被販運的奴隸能夠彼此了解。」[15]

鄂蘭寫作范哈根傳記期間感覺愈來愈深的是，范哈根時代沙龍的概念在當前的知識分子圈裡被濫用和扭曲。可是這段往事，這個由贊茲、馬維茲和海涅攜手演出的政治故事，只不過構成了傳記的背景；我們在前面看到的故事，是范哈根因她的猶太身分而掙扎，而她的婚姻期望又將掙扎過程劃分成幾個階段。然而在傳記最後兩章形勢倒轉過來：范哈根經過一番奮戰，並在模稜兩可心態支撐下回歸她的猶太身分，這番努力的政治意義給放到了前景。因此可以說，傳記前十一章和最後兩章之間也有一道裂縫。

在一九三三年逃離柏林前，鄂蘭已經完成了前面十一章。她在一九三八年夏天撰寫最後兩章。雅斯培在一九五二年首次讀到了整部傳記，注意到最後兩章跟前面各章調性不一樣，就問鄂蘭為何這樣處理。

> 我在一九三八年夏天萬分困擾之下寫作這本書最後的部分，因爲除非我把它完成，不然布呂歇和班雅明都不會放過我。下筆的角度完全就是錫安主義者對融入主流的批判，這是我當時擁抱的觀點，且在此之前一直沒有改變。……我年輕時非常天眞，覺得所謂「猶太問題」十分乏味。布魯曼菲德在這個問題上打開了我的眼界。[16]

布魯曼菲德確實在這方面打開了她的眼界，可是布呂歇和班雅明在政治上的國際主義則拓展了她的視野，讓她能從更寬廣的角度看待猶太問題。在傳記最後兩章，她清楚地指出了融入主流的立場最終充滿反諷意味：「在一個整體上敵視猶太人的社會裡（猶太人在任何國家中都面對這種處境，而且直到二十世紀都是如此），融入主流也必然包括融入反猶觀點。」[17]范哈根就拒絕這樣做，堅決抗拒反猶觀點。她身處的世界就是她原本有意融入的那個世界，其中的反猶思想日趨強烈，范哈根也就越發坦白地表明她接納自己的猶太身分。在鄂蘭筆下，范哈根覺察到反猶意識不是德國或歐洲歷史的一種偏差：「猶太人的命運不是出於偶然，不是異常狀態……恰好相反，它正好反映了社會的狀況，勾勒出現實社會結構中存在著醜陋的鴻溝。」[18]這方面的覺醒，成為鄂蘭《極權主義的起源》一書有關反猶主義一章的中心思想：她辯稱，反猶主義並非在所有時代都必然出現，而它出現在現代也不是出於偶然：歐洲民族國家和歐洲猶太人社群，兩者的興衰是同步的。

走向政治

在一九三一到一九三二年間，鄂蘭的思想變得越來越關注政治和歷史。她花很多時間跟布魯曼菲德和他的錫安主義者戰友在一起，也曾跟政治學院（Hochschule für Politik）的幾位猶太裔教授見面；這所學校是德國最獨立、最富創意的研究中心之一，也是少數接受不具備高級中學學位學生的高等學府之一。在該校講授社會學並經常投稿《社會學刊》的艾伯特．薩羅門（Albert Salomon）成為了鄂蘭的朋友；後來他在美國社會研究新學院任教，又為鄂蘭寫推薦信。在該校負責報紙檔案管理的西格蒙德·諾伊曼（Sigmund Neumann）後來寫了幾部有關納粹的著作，鄂蘭十分欣賞。諾伊曼移居美國任教於衛斯理大學，一九六一年曾安排鄂蘭在該校擔任客座教授。

鄂蘭獲邀為《社會學刊》撰寫另一篇書評，也獲邀為《社會科學暨社會政策檔案》（*Archiv für Sozialwissenschaft und Sozialpolitik*）撰寫書評，這是韋伯在維納·桑巴特（Werner Sombart）和艾德格·傑佛（Edgar Jaffe）兩位社會學家協助下創辦的學術期刊。發表於後者的書評是雅斯培推薦鄂蘭寫的，它與鄂蘭對德國浪漫主義的研究有密切關係。她評論的是漢斯·韋伊（Hans Weil）的《德國教育原則的起源》（*The Origins of the German Educational Principle*），書中勾勒出十八世紀後期討論的兩個教育概念——「朝著一個典範（*Bild*）發展」，以及「朝著天賦潛能發展」——可分別連繫到古希臘羅馬思想和德國的敬虔主義。[19] 韋伊聚焦於這個概念怎樣被約翰·赫德（Johann Gottfried Herder）和亞歷山大·馮·洪堡德（Alexander von Humboldt）揉合起來，並指出這個成果在范哈根的時代被「教育界精英」所採納。

在她的書評及一篇題為〈啟蒙運動與猶太人問題〉的論文中，鄂蘭陳述了范哈根傳記所隱含相關概念的歷史，而赫德是其中的主角。赫德的哲學概念可以跟范哈根以個人化方式表達的概念連繫起來。在啟蒙運動中，「理性真理」被抬升到「歷史真理」之上；這種想法出現在戈特霍爾德·萊辛（Gotthold Lessing）的著作中，為摩西·孟德爾頌採納，然後被范哈根時代的猶太人像傅里德蘭德等用來否定猶太教這種歷史性宗教；可是赫德卻強調歷史對個人和民族的重要性。赫德辯稱，猶太人應該拋棄兩種錯誤論調：第一，認為猶太人的歷史隨著耶路撒冷聖殿被毀而終結；第二，猶太教應該做為一種「理性的宗教」，有待跟人類的共通理性融合起來；赫德並認為，基於這種想法，德國人可以接納猶太人做為德國這個國家的一個民族。赫德所鼓吹的公民解放，跟啟蒙運動的一種主張不謀而合：兩者都認為如果沒有政治上的保證，光是奠基在尊重他人的普世價值觀和包容氣度，並不足以保障個人和民族的多元傳統。對於個人的差異以及不同民族在歷史中發展出來的差異，赫德都表示尊重；這一點並不是韋伊在討論赫德的教育原則時所著重的，但鄂蘭卻認為這是關鍵。赫德確認歷史是一個過程，是多元化的展現，而教育也是一個過程。教育的努力目標，應該是一種和諧的典型或典範（往往是古代的偉大典範），應該能導致個人的發展，導致每個人在具備自主能力的同時，也覺察到每個人在「一連串的個人」或一個傳統中的地位。

赫德在他的著述中把對猶太傳統的尊重和個人的尊重融合起來，這對鄂蘭來說很有吸引力，也跟鄂蘭思想中正形成的、對融入主流的批判吻合。可是這同時令鄂蘭體會到，國家社會主義可能成功轉為群眾運動，她為此日益感到焦慮。後來在鄂蘭眼中，赫德成為她所譴責的一種趨勢的催生者，那就是把歷史引入政治；這種趨勢在黑格爾身上達到巔峰。鄂蘭察覺到——在她的書評中也提到——赫德的個別民族「有機」發展的概念，可能會被錯誤解讀成對自主性的否定；即使人類不致被視為「命運之輪上的螞蟻」，也會被看作「社會發展之輪上的螞蟻」。一旦歷史成為人類找尋真理的依據，那就開通了一條道路，讓黑格爾之流的思想家把每一個人都看作是「歷史之書」的一章，而書的作者就是無所不包的命運。

而在赫德的思想中，也有鄂蘭未曾放棄過的，那就是他的教育原則。鄂蘭後來把一個有教養的人定義為「不管過去還是現在，都懂得從眾人、各種事物和各種思想中，挑選自己該與什麼為伍的人。」[20]在赫德的概念中，「理性」（*Verstehen*）有別於「思考」（*Denken*）和「感覺」（*Gefühl*），是「通往世界和現實的一種全新可能性」，而且理性包含一種思維上的「距離」，是理性判斷所必需的；後來鄂蘭從這種理性概念領悟到，人生在世並不需要「絕對真理」，也不需要即使是絕對真理信奉者都害怕的各種主義，像歷史主義、相對主義和主觀主義等。當她瞥見了這個觀點，她對萊辛在啟蒙運動中的看法又變得不一樣了。以前她曾認為，萊辛所謂的包容建立在一種信念上：認定不同的意見其實出自同一源頭，而這個源頭將在歷史的終點顯現出來。鄂蘭以往認為這種所謂的包容是對「歷史真理」的否定；可是當她體會到十九世紀的歷史思維在她這個時代所擔當的重大政治角色之後，她對啟蒙運動便有了全新看法。她認為萊辛其實有深刻的洞見。一九五九年她在接受「萊辛獎」的演說中，闡述了這個觀點：

> 因爲萊辛是徹頭徹尾的一個政治人物，他堅持眞理只有經過人類在論述中把它人性化，才能眞實的存在。……任何在這個〔論述〕範圍外的眞理，不管它給人類帶來好處還是壞處，都是名副其實的非人化的。但這不是說，這種所謂的眞理會使一些人跟另一些人對立而彼此隔絕開

來，恰好相反：它可能令所有人突然之間統一在同一種看法之下，因而在原有的很多看法之中有一種看法脫穎而出，定於一尊，彷彿生存在世的不是各式各樣具備無窮可能性的人，而是只有一種唯一合乎典範的人。一旦出現這樣的情況，只能由各式各樣的人以及他們的人際空間所構成的眞實世界就會從此消失。因爲這個緣故，有關眞理與人類的關係最深刻的一番話，就是萊辛以下的一句；看來它概括了萊辛所有著作的智慧，是他的最後結論：

> 讓每個人說出他所認定的真理，
> 然後讓真理在上帝面前自行彰顯。[21]

鄂蘭能在這曲折的路上走完一圈，從原初認為萊辛是歷史真理的毀謗者，轉而從萊辛身上發現他對人類多元性的和歷史多樣性的肯定，揭示出這種政治性思維，由此可見她已遠遠離開了原來的立場，與她在書評和〈啟蒙運動與猶太人問題〉一文的觀點截然不同。她不再像以前那樣，只因為學習了寥寥可數的歷史真理，便成為思想史的鼓吹者。她不再熱中於尋覓思想家或歷史影響的類型，抑或追溯思想的譜系，而是轉為發展出一種非正式的思考方法——它的名稱也一樣的非正式：「採珠」。[22]那些「珍珠」深藏於有如波浪翻滾的歷史表層的下面；她要採集的是奇異瑰麗的珍珠。

§

雖然鄂蘭先前所寫的書評和論文，是屬於她後來否定的、脫離現實世界的所謂思想史，她卻確實受到了當代知識界風氣急遽轉變的影響。雅斯培在一九三一年末提到，鄂蘭對那些受過大學教育的作家不再存有幻想：「我相信一種反學術的情緒在你身上變得愈來愈強烈，這是可以理解的。」[23] 鄂蘭開始閱讀馬克思和托洛斯基（Leon Trotsky），把注意力集中在身邊的時事上。在她為《社會學刊》所寫的第三篇書評中，她首次面對當代的一個政治問題：她這次的書評討論的是愛麗絲·呂勒葛斯泰（Alice Rühle-Gerstel）的《當代婦女問題》（*Das Frauenproblem der Gegenwart*）。[24]

鄂蘭在書評的開頭提到，當時女性勞工的待遇，跟婦女平權運動的成就不相稱。「即使有所謂法律上的平等，但女性不光要接受在同等職位上低於男性的薪酬，而且她們所負擔的任務，也跟她們在社會上的新地位互不協調。這些任務部分是立基於社會現實，部分立基於生理因素：婦女除了本身的職業，還要照顧家庭和孩子。因此婦女所謂自力更生的自由，隱含的條件就是：要麼為了家庭接受奴役，要麼就讓家庭解體。」呂勒葛斯泰是阿德勒（Alfred Adler）學派的心理學家，她從這個兩難處境出發，建構出一種所謂婦女「過度補償」的理論，指出婦女要藉著這種補償而應付強加在她們身上的社會和生理侷限。婦女同時成為了家庭主婦、公主、女魔頭；她們時而要表現出同情心、孩子氣，時而要表現得機靈或焦慮。鄂蘭認為，這種類型論是書中最具啟發性的部分（很可能當她把范哈根描述為「公主」，利用丈夫讓自己獲得這個尊貴地位時，她是回憶起了這種類型論）。

可是，書中的政治看法才是鄂蘭關注的重點。呂勒葛斯泰認為，婦女在家中是丈夫的無產雇員，在職場裡又幾乎總是雇員而非雇主，因此她們應該認定自己是無產階級。阿德勒學派的精神分析學，重點是個人透過怎樣的手段克服他們的自卑感並獲得力量；這個學派對德國的勞工運動有顯著貢獻。鄂蘭雖然覺察到這種學說在這方面的貢獻，卻對呂勒葛斯泰的分析不盡同意。她認為該分析過度著重在個人和雇員／雇主關係，然而對婦女處境造成決定性影響的基本結構元素卻在於家庭，不論是無產階級還是中產階級都一樣——這才是問題關鍵所在。鄂蘭也注意到婦女處境中隱含的兩種可能性——接受家庭的奴役，或是讓家庭解體——但她沒有對書中這個焦點作進一步批評，也沒有提出另一條出路或另一種可能性。

鄂蘭對當時婦女運動的批評，觀點更為清晰，對她未來的著述也更具意義。「婦女沒有在政治上走上前線，前線仍然只有男性；而且，婦女運動的所有戰線其實都是同一戰線，就是婦女的戰線。很典型地，婦女運動從來沒有團結起來達成具體的目標（除了在慈善方面）。試圖成立婦女政黨以失敗告終，正好顯示了婦女運動存在的問題：跟青年運動的問題一樣，婦女運動只是為婦女而推行，一如青年運動只是為青年而推行。兩者都一樣的抽象。」在這番批評中可以察覺到兩方面的迴響：一方面是曼海姆所論及的意識形態如何令人們對變革訴求視而不見，另一方面是鄂蘭對布魯曼菲德錫安主義的批評。一個運動如果不進入政治戰場，如果不能將它的意識形態轉化為足以反映實際變革的目標，那它就始終是抽象的。「職業女性是一項經濟事實，婦女運動的意識形態在一旁擦身而過。」除非婦女運動有意識地走上政治戰線，尋求達成具體目標，否則就是沒有成效的；它以往所有的成果，譬如贏得投票權，都來自於政治行動。鄂蘭無法苟同的，是把婦女問題跟更大範圍的政治問題切割開來，一如她後來不同意把猶太人問題跟國內和國際政治問題切割開來。對於後來支持巴勒斯坦先鋒運動（猶太拓荒者）和基布茲運動（集體公社）的青年運動領袖，鄂蘭在一九四五年批評他們說：「先鋒運動分子完全滿足於僅能實現他們自己理想的小圈子；他們對猶太或巴勒斯坦政治興趣缺缺，事實上經常對它感到厭煩，他們沒有意識到自己民族的命運。」[25]

鄂蘭對婦女運動的負面看法，跟羅莎·盧森堡如出一轍。盧森堡的朋友柯拉拉·澤特金（Clara Zetkin）很愛引述恩格斯（Friedrich Engels）在《家庭、私有制和國家的起源》（*The Origins of the Family, Private Property and the State*）中一句可能令呂勒葛斯泰感到高興的話：「他是家庭中的中產階級，女性代表了無產階級。」澤特金就是婦女權利的熱切倡議者。盧森堡嘗試說服這位朋友，婦女所受的壓迫就像猶太人所受的壓迫一般，只有隨著真正的社會主義來臨，才會正式告終。鄂蘭並不鼓吹社會主義或任何其他理想，她只認為婦女問題應該是更大的政治抗爭的一部分。她在這一點上從來沒有改變主意，總主張婦女要追求具體政治目標，譬如平等就業機會的立法，這種目標要跟其他政治團體的目標協調合作。在她對婦女運動的批評中醞釀的一種區別，就是後來所劃分的社會問題和政治問題的區別；她認為後者才應該是行動的焦點。

日與夜

正當鄂蘭對婦女問題進行反思，她也正在自己的人生中經歷婦女問題。到了一九三二年她和斯坦仍然有很多認知上的共同興趣。可是錫安主義對融入主流的批判，正在改變鄂蘭對日常生活和政治行動的態度，跟她日常生活處境的改變一樣迅速，這對她的婚姻造成了影響。

鄂蘭變得焦躁不安。她的閨密安妮．韋伊記得一次在街上碰到她，首次聽她談到移民；她說，她身邊掀起的反猶浪潮，使得繼續留在德國的前景變得愈來愈黯淡。韋伊感到驚訝並回應道，她沒有感受到對猶太人的敵意有任何急遽增加。鄂蘭投以訝異的眼光，激動地說「您瘋了！」，接著就揚長而去。可是跟韋伊看法相同的人很多。只有極少數人跟鄂蘭一樣，認為當希特勒在一九二九年獲得財閥阿爾弗雷德．胡根貝格（Alfred Hugenberg）的支持時，就已朝著掌權之路邁進。在一九三〇年的大選，德國全國各地民眾已將希特勒吹捧為救世主。鄂蘭的母親提到，柯尼斯堡居民相信，在波蘭危機之後恐將接著發生侵略行動，希特勒遂被他們稱為「德國邊疆總督」。納粹黨在大選中贏得了國會一百零七個議席，只比執政的社會民主黨少三十六席。[26]

隨著鄂蘭日益認同錫安主義的批判思維，她對於那些未能理解政治情勢日趨黑暗的知識分子，也越發無法容忍。儘管李歐・史特勞斯（Leo Strauss）在《斯賓諾莎的宗教批判》（*Die Religionkritik Spinozas*）一書所表現的另一種批判精神受到鄂蘭的讚賞，他卻因為欠缺這方面的政治覺察力而遭到鄂蘭斷然否定。史特勞斯是猶太研究學院的教授，他在普魯士國立圖書館碰上鄂蘭，試圖追求她。當鄂蘭批評他的保守政治觀並拒絕他的追求，他就懷恨在心。他的恨意維持了數十年，後來在一九六〇年代他和鄂蘭同時任教於芝加哥大學，恨意益發強烈。史特勞斯一直無法釋懷的是，鄂蘭狠狠批判了他的國家社會主義，指出他的立場充滿了諷刺：他所贊同的那種國家社會主義黨政見，是不可能會接納他這樣一個猶太人的。

對於納粹黨的坐大，斯坦的反應沒有安妮那麼天真，也遠遠沒有史特勞斯那種學究氣味，但顯然還是沒有錫安主義者那麼警覺。他開始撰寫一部大型小說。他根據納粹黨在通訊刊物和雜誌上的言論，撰寫一輯名為〈納粹謊言學派〉（Nazi School of Lying）的諷刺文學作品（就像多年後，他根據美國的新聞報導，撰寫另一輯名為〈往訪可愛的越南！〉〔Visit Lovely Vietnam!〕的諷刺之作）。斯坦寫作小說期間的所結交的朋友，主要是藝術家、記者和共產黨黨內和周邊的知識分子。在此同時，鄂蘭的朋友則是錫安主義者，其中很多人，包括布魯曼菲德、《猶太圓桌論壇》的編輯羅勃・韋特希（Robert Weltsch）、西格弗里德・摩西（Siegfried Moses）、喬治・藍道爾（Georg Landauer）和出版商薩爾曼・邵肯（他後來在紐約經營的邵肯出版社雇用了鄂蘭）等，都是德意志錫安主義者協會（Zionistischen Vereinigung für Deutschland）的會員。透過這些朋友，鄂蘭認識了其他贊同錫安主義的人。其中的華特馬爾・居里安（Waldemar Gurian）是早年改信天主教的俄國猶太人，他從後來成為納粹理論家的知名學者卡爾・斯密特（Carl Schmidt）那裡接受法學訓練。當納粹的影響力在柏林變得強大，居里安就聽從錫安主義者的勸告，將他傑出的治學能力用於研究猶太歷史。在移民美國之前和之後，他都一直十分出色地撰寫反猶主義的歷史；他在美國聖母大學（University of Notre Dame）任教，並在那裡創辦了《政治評論》（*Review of Politics*）雜誌。

當時錫安主義者和共產主義者彼此不大尊重，儘管不少人同時擁抱這兩種主義，因為兩者都抗拒虛偽或自欺欺人的生活方式，也否定中產階級或融入主流的行為。錫安主義者往往把共產主義者看作「融入主流的紅色分子」，而傾向國際觀的共產主義者則認為錫安主義信徒是法西斯分子。這些意識形能的差異沒有明顯地把鄂蘭和斯坦隔絕開來，因為他們對於各自投奔的陣營都並不是毫無保留的認同。可是他們的社交圈卻是互不溝通的。斯坦有幾次出席鄂蘭經常參與的錫安主義者小組討論，有一次在討論會中發表演說，談到阿爾弗雷德・德布林（Alfred Döblin）的小說《柏林亞歷山大廣場》（*Berlin Alexanderplatz*）。可是當鄂蘭在布魯曼菲德贊助下開始到德國各地的城市講論錫安主義和德國反猶主義歷史時，斯坦就沒有參與。鄂蘭的錫安主義者同事和大學朋友都很欣賞她的認知能力，甚至給她送上一個跟錫安主義不大協調的美譽——智慧女神（Pallas Athene）。斯坦沒有這樣的聲譽，他早年表現出來的哲學潛質也沒有開花結果。

除了聲譽和社交圈的差異，同樣重要的還有個人層面上的分歧。斯坦從來不曉得鄂蘭對她所關切的問題和運動，實際投入程度有多深。她經常對錫安主義提出批評，甚至嘗試勸告朋友凱瑟（就是後來恩斯特．傅爾斯特的妻子）不要加入錫安主義青年運動，主要理由就是她在《社會學刊》的書評中提及的觀點：她認為所謂的「藍白運動」（Blau Weiss）純粹就是一項為青年而推動的青年運動，而沒有在政治上著力。鄂蘭卻不會跟斯坦討論她對錫安主義的忠誠度有多高。在和斯坦一起修訂她有關聖奧思定的博士論文時，她也沒有表明是否真的認同「超越之愛」的原則，而當他們一起評論里爾克現版本的同一原則時，她也仍然沒有表明這方面的心聲。同樣地，斯坦跟布萊希特和他的共產主義朋友經常辯論當代的無神論和虛無主義（nihilism），他回到家裡會跟鄂蘭談到辯論的內容，然後等她提出意見，可是總沒得到回應。鄂蘭在詩作中表現的另一面人生，也是斯坦無法得知的。雖然他們對詩有共同愛好，鄂蘭也欣賞斯坦在寫詩上的努力，甚至會背誦或朗誦他的詩，斯坦卻從來不知道，在鄂蘭的筆記本之中，有一本寫滿了她的詩作和寫詩靈感。

斯坦肯定不是像范哈根傳記裡鄂蘭筆下那個娶了范哈根的「路邊乞丐……無名、無歷史、無面目可言」的奧古斯特。[27]可是，斯坦像奧古斯特一樣，無法知悉妻子內心深處的思想和經驗。他是她白天的伴侶，卻不是她午夜夢迴的伴侶。奧古斯特是范哈根「唯一可以信賴的朋友……能夠在現在以至將來、以諒解之心伴隨著她的人」，體現出一種延續不斷並懷著欣賞之心的接納。鄂蘭對斯坦的愛和需要，也就只侷限於這種方式。她描述范哈根如何跟奧古斯特保持距離，也正可以用來表述這種需要的限度：

奧古斯特愈是了解她，范哈根就愈是被迫對他有所隱藏。一個人要被了解，只能透過特定的人格、特定的輪廓、特定的外貌。任何令輪廓變得模糊的事物都必須加以壓制，否則一般的了解便無法實現。而范哈根卻不想這樣做。她不是要對他隱藏任何具體的事，卻不能跟他談到黑夜裡那些無法捉摸的隱祕，還有白天令人迷惑的微光，以及每天重新克服憂鬱的痛苦掙扎。……范哈根像依附白天一樣的依附奧古斯特，只是爲了一再返回那不斷重臨、徘徊不去、糾纏不休的夜裡的夢。[28]

鄂蘭向海德格顯示了她的憂鬱和詩情，她以喪父孩子的身分進入了雅斯培的生活。她懷著感激之心從斯坦處承受的，只是「一般的了解」——也就是對她白天自我的慷慨接納。可是當她白天的自我對他來說產生問題時，兩人便分手了。

當他們在社交圈、興趣和成就上的分歧，開始跟家庭生活的不協調糾纏起來，夫妻之間欠缺的精神上的包容就顯露無遺。在布魯曼菲德陪伴下，鄂蘭最能表現她的生命之愛和冒險精神，還有她的率性本質和浪漫情懷。有一次這就造成了家庭生活的不和：布魯曼菲德送給鄂蘭一盒古巴雪茄，斯坦卻認為抽雪茄是男性化的行為，而且氣味令人厭惡。儘管斯坦反對，鄂蘭在家裡和公開場合還是抽起雪茄來，表現出她不守常規的一面，她由此體現的獨立精神獲得布魯曼菲德認同，也令她感到高興，斯坦卻難以像奧古斯特懷著愛意接納范哈根一般接受這種做法。布魯曼菲德在鄂蘭眼中別具男性氣質，滿懷自信而對女性有真切喜愛，他因此沒有刻板化地認定女性的行為應該如何；而他經常對別人鼓勵有加，也表現出令人敬愛的父性。與他為伍，鄂蘭能以她的方式盡情地展現女性特質。

正當夫妻關係變得緊繃，家中又發生了不幸的事。一九三二年四月，鄂蘭和斯坦正在漢堡探望斯坦的父母，這時鄂蘭接到母親瑪莎傳來的電報，得悉繼姊克拉拉在經歷她最壞的其中一次憂鬱症打擊並接受精神病治療後，回到柯尼斯堡家中服毒自殺。鄂蘭馬上趕回柯尼斯堡。克拉拉的死給瑪莎帶來很大衝擊，多年來她一直嘗試幫助這個繼女：她的一位男朋友在手術中身亡，另一位男朋友拋棄她，她又愛上診斷出她罹精神分裂症的精神科醫師，在這一連串事件中瑪莎都竭力安慰她。

瑪莎總是很深地介入女兒的生活。鄂蘭跟斯坦住在柏林時，她經常前去探望女兒。她對錫安主義產生興趣；雖然她沒有鼓吹這種主張，但她也認同鄂蘭的想法，相信猶太人出走也許是有必要的。當她察覺到女兒是如何擔心惡化中的政治情勢和婚姻狀況時，她憂傷地接納了女兒的決定：夫妻倆將不會生兒育女。可是透過微妙的暗示，她希望女兒的婚姻能維持下去：某次她們一起探訪一位朋友，瑪莎跟朋友的年幼女孩玩耍，脫口而出對女兒說：「小漢娜，為什麼你不也生一個這樣的寶寶？」由於本身的侷限，瑪莎不能了解鄂蘭的憂鬱有多深，這種憂鬱原是出於個人問題，可是隨著希特勒得勢，也被蒙上了可怕的政治陰影。

一位錫安主義者的反抗

一九三三年二月二十七日，國會大廈遭到縱火，讓當局有了藉口逮捕被指為縱火元凶的共產黨人，事發幾天後斯坦從柏林逃到了巴黎。斯坦決定出走，是因為害怕新近重整過的納粹祕密警察，會利用從布萊希特處沒收的地址簿，做為他們在柏林掃蕩左翼分子的線索。雖然鄂蘭夫婦幾個月來也曾考慮出走，但鄂蘭此刻決定留在柏林；她多年後表示，她覺得「再也不能只做一個旁觀者」。[29]鄂蘭和斯坦對這次危機的不同反應，並不在於誰更有勇氣，而是像兩人的一位共同朋友所說的，「是性格上的問題」，鄂蘭「目空一切，準備好要對抗了」。

在斯坦離開後，鄂蘭跟錫安主義者來往更加密切；一九三三年春天反猶措施開始推行後，他們的活動就變得更迫切了。鄂蘭把她在歐匹茲路（Opitzstrasse）的公寓用作逃亡中繼站，提供逃避希特勒政權的人們使用，其中大部分是共產主義者。協助這些逃亡的政治人物，能滿足她覺得要有所作為的意志：她要投入行動奮起抵抗，表明她抗拒的是這個政權，以及據她所知以各種方式與政權合作的人。當然至為關鍵的是，她要維持在歐匹茲路寓所的正常生活，不要引起注意。鄂蘭和斯坦是在一九三二年夏天住進這個「終於屬於他們自己的公寓」；[30]再沒有雕刻家和舞蹈學員進進出出。鄂蘭在這裡接待親戚朋友：母親瑪莎好幾次從柯尼斯堡來同住了好一段時間；來訪的還有初次前來首都的艾爾瑟．阿倫，也就是鄂蘭父親保羅的同父異母妹妹傅莉妲的十六歲女兒。這些親友的來來去去，也給深夜或清早悄悄來到這裡的陌生逃亡者提供了掩護。鄂蘭在帶艾爾瑟參觀柏林的博物館，參覽市內的文化寶藏前，就先向她說明了什麼時候以及該用什麼方式接聽電話。當瑪莎的社會民主黨朋友來訪時，他們也帶來有用資訊，告知該將逃亡者送到哪裡，因為各個陷入險境的左翼團體在德國邊境各處設立了一系列逃亡站。

一九三三年春天，鄂蘭正緊密參與這個逃生網絡計畫，但偶爾也能在政治施壓者面前開開玩笑，紓解一下情緒。閨密安妮和她的妹妹凱瑟琳，還有她倆的母親，曾讓一個共產主義者「罪犯」匿藏在鄂蘭的公寓裡；原本一切安穩，可是有個鄰居從浴室的窗子往眾人聚集聊天的天井處張望，發現了藏身在此的這個人。警察前來訊問公寓管理員——還好，這位管理員的另一種身分是共產主義者。他是個機靈的人，而且膽大包天，喚起警察的男子漢同情心，為三位落難的女士和她們的男性到訪者全都解了圍，他只是說道：「算了吧，老兄，就在這事情上做個紳士吧！」

這種嬉笑處境寥寥可數，難得一見。鄂蘭回憶，「很多時候當局成功抓人，令人毛骨悚然，卻完全比不上緊接在後的事那麼恐怖。」[31]有良心、有思想的人還來不及理解正在發生的這些事，就察覺到再也沒有什麼合不合法的了。當年一月希特勒成為總理，鄂蘭感覺到不久之後就不得不出走了，雅斯培為此和她激烈爭論。雅斯培不能理解地問道：為什麼「你身為猶太人卻要把自己跟德國人切割。」[32]鄂蘭嘗試當面或透過書信向他解釋，到底德國對她來說代表了什麼：「對我來說，德國代表了母語、哲學和詩。對此我必然堅定不移。」[33]可是其他一切都讓她感到疏離，包括雅斯培所說的「德國本質」。「沉浸於往昔輝煌的德國，」鄂蘭寫道：「就是你的過去，可是我的過去卻是一言難盡。一般來說，我（對德國）的詮釋，不管是出於錫安主義者、主張融入者，或是反猶主義者觀點，都只會讓當下的實際問題被掩蓋。」[34]雅斯培仍然滿懷希望，相信在他調解之下鄂蘭能回歸她的德國本質，相信透過討論能令她「回心轉意」。他為她擔憂：「人不能單憑否定態度、滿腹疑團和模稜兩可而活下去。」[35]他認為，鄂蘭對每一個陣營的批判——甚至包括對錫安主義的批判——令她無法找到立足點，沒有基礎可以建立正面信念；對他來說，模稜兩可不是出路。在四月的國會大廈縱火案之後，當鄂蘭最後一次前去海德堡探望他，雅斯培甚至不再嘗試令鄂蘭回心轉意。就當他們還在討論的時候，剝奪猶太人出任公務員和大學教職的法案宣布開始實施。

在鄂蘭眼中，她參與柏林的營救行動，是對自己的勇氣和機智的考驗；而從這個時候開始，她對於那些能看清當時形勢、而不管自己對共產主義看法如何都參與營救的人，總是懷著親愛之情。比方說，法國社會學家雷蒙·阿宏（Raymond Aron）在柏林的法國協會（Maison Française）工作時曾協助逃往法國的流亡者，鄂蘭因而對他敬重有加，雖然在政治理論上跟他有很深的分歧。

可是，儘管勇敢參與營救計畫是鄂蘭展開政治行動的第一步，後來更由此發展出她的政治理論最具原創性和最傑出的一面，她卻很少重提這段往事。她謙卑地察覺到，很多沒有比她更傾向共產主義的人卻比她冒更大的險；不過，不管是自謙還是對他人犧牲的誠實肯定，都不能解釋她的緘默。

哥舒姆．舒勒姆（Gershom Scholem）在談及鄂蘭一九六三年的爭議性著作《艾希曼耶路撒冷大審紀實》的一封公開信中，把鄂蘭稱為「來自德國左翼的知識分子」的一員。鄂蘭反駁道：「我不是『來自德國左翼的知識分子』的一員。你不可能有什麼認識，因為我們年輕時互不相識。對於並非來自左翼這件事，我沒有特別感到自豪，也不想加以強調——尤其在美國經歷麥卡錫時代之後。我很晚才了解到馬克思的重要性，因為我年輕時對歷史和哲學都沒有興趣。如果我能說是『來自什麼地方』，那就來自德國哲學傳統。」[36] 鄂蘭年輕時並無政治意識。可是她母親是社會民主黨支持者，他的丈夫是左翼人士，據閨密安妮的回憶，鄂蘭在柏林時就開始閱讀馬克思、列寧和托洛斯基，她也在一九三三年春天協助共產主義者。可是鄂蘭在當時及後來要強調的是，她後來達成政治覺醒，產生了對抗意識，不是由於她是左翼分子，而是因為她是猶太人。她這個立場有政治和個人的原因。

§

鄂蘭這種做為一位猶太人的行動方式，是錫安主義者造成的。一九三三年春天，布魯曼菲德和他在德國錫安主義者組織中的一個戰友，請鄂蘭幫忙做一件不合法的事。[37] 他們請她到普魯士國立圖書館蒐集資料，用以揭示反猶行動在非政府組織、私人社交圈、商業協會和專業公會的影響範圍有多大。鄂蘭要搜羅的反猶言論，一般不大可能在德國國內以至國際媒體中出現。錫安主義者把這些材料稱為「恐怖文宣」，將會把它用為佐證，支持錫安主義者在一九三三年夏天於布拉格舉辦的第十八屆錫安主義大會（Zionist Congress）準備發表的聲明。錫安主義者要向德國猶太人和所有願意聆聽的人傳達的訊息，在這次會議的決議中概括表述了出來：「在錫安主義的歷史中，錫安主義者對一般猶太人問題所作分析的極端準確性，從來沒有以這樣可悲而令人信服的方式表現出來。有人以為僅憑公民解放或刻意融入主流就能解決猶太人問題，這種幻想因發生在德國的這些事件而徹底破滅；一切否定猶太民族同為一體、具備共同命運的嘗試，最終也趨於幻滅。」[38]

布魯曼菲德找鄂蘭幫忙，因為她跟錫安主義者沒有正式關係；他知道，如果一個身分確定為錫安主義者的人在執行這項任務期間被捕，整個錫安主義組織將會陷入險境。多年後鄂蘭在一次訪問中說，她當時「實在非常高興。首先這件事在她看來十分明智，其次她感覺到藉此她真的能做點事」。在幾個禮拜裡，她真的做了點事：她搜羅到「很棒的一大堆」資料。可是在她前去準備跟母親瑪莎一起吃午飯的路上，她就被逮捕了，被帶到亞歷山大廣場的警務辦事處。警察也把瑪莎帶來問話，還前去鄂蘭的公寓搜查。警方又把鄂蘭和瑪莎隔離偵訊，以防她們串供。可是他們無法從瑪莎那裡獲得任何訊息：他們問她知不知道女兒在普魯士國立圖館做些什麼，她堅定地回答：「不，我不知道她在做什麼，但不管她做的是什麼，她都是做得對的，換了是我也會做同樣的事。」跟瑪莎這番簡練言詞一樣，警方也無法從鄂蘭公寓裡發現的筆記本和手稿中找出任何有用資料。他們把那些哲學手稿還給鄂蘭，但在其中一部筆記本裡面的複雜密碼，害他們花了好幾天時間解讀——那些都是希臘文的引文。

逮捕鄂蘭的是一位「頗具魅力的傢伙」，才新近被拔擢到警察的政治審查部門，不大清楚自己的任務是什麼。「他有點兒不安。可是你期待他做什麼呢？他總是說：『通常有人被帶到我面前，我只要從檔案裡看看是什麼一回事，就曉得怎麼做了。可是我該對你做些什麼呢？』」他做了些頗不尋常的事。在前往警察總部途中，鄂蘭抱怨她口袋裡只剩幾根香菸了，而她要是沒有香菸就回答不了什麼問題。他很禮貌地把車停下來，給她買了幾包香菸，還很樂於幫忙建議，她可以偷偷把香菸帶進小囚房。第二天訊問期間，鄂蘭抱怨咖啡品質不佳，也獲提供另一杯品質較好的。

儘管這次遇上友善對待，鄂蘭卻向對方說了一連串謊話。「很自然的，我不能把那個組織暴露出來。我會告訴他令人難以置信的故事，而他總會說：『我把你送進來，也會把你送出去。不要雇用律師！猶太人現在沒有什麼錢了，把錢省下來吧。』在此同時，那個錫安主義組織為我雇了一位律師，很自然的是透過一些合夥人。可是我把律師打發掉了。因為逮捕我的這個人一臉誠實開放的模樣，我信賴他，我認為由我面對他有更好的脫身機會，而找來的律師卻一定很害怕。」

鄂蘭遇上的這個警察果然沒有食言，八天後就將她釋放了。可是她清楚知道，她不大可能再次遇上這麼友善的另一個人，於是她準備盡快離開德國。閨密安妮回憶，鄂蘭只花了一晚舒口氣與朋友聚首，利用一位逃亡猶太商人留下的酒窖藏酒慶祝獲釋，這是他們「這輩子醉得最厲害的一次」。布魯曼菲德情緒高漲之下擁抱著瑪莎，以慣見的熱情宣稱：「好的，我願和妳生一個像鄂蘭這樣的孩子。」

鄂蘭和母親在沒有旅行證件的情況下離開德國，取道厄爾士山脈（Erzgebirge Mountains）的茂密森林——這被逃亡的猶太人和左翼人士稱為「綠色前線」。她們準備逃往布拉格，那兒在當時成為了納粹德國逃亡者的「首都」。以布拉格為基地的左翼流亡者建立了一個網絡的邊境站，一方面讓逃離德國的人接出來，一方面把通訊刊物、資訊和信件送進德國。鄂蘭母女去了卡爾斯巴德的邊境站，那一度是網絡中最重要的一站，也是德國國內最廣為人知的一站。她們在晚上越過了捷克邊境，避開了巡邏隊。她們的逃亡十分簡單：一個同情流亡者的德國家庭在邊境擁有一幢房子，前門在德國境內，後門在捷克境內；白天接待前來的「客人」，給他們提供晚餐，然後在黑夜的遮掩下把客人從後門送走。

在布拉格短暫停留後，鄂蘭母女轉往日內瓦。瑪莎有一位女性朋友在那裡為國際聯盟（League of Nations）工作，名叫瑪莎．蒙特（Martha Mundt），是瑪莎在柏林時認識最久的社會主義朋友。蒙特在她任職的國際聯盟總部下屬機構國際勞工組織（Bureau International du Travail）給鄂蘭提供一個臨時職位。鄂蘭擔任記錄祕書的工作十分成功：她所寫的會議記錄包含著清晰而有力的演說，演說者也不管是否準確，只是對自己的表現很是讚歎。鄂蘭新發現的這方面才華，也在當地的猶太服務局總部短暫發揮了作用，在這裡還添加了新的元素——演說用的是德國猶太人的意第緒文（Yiddish）。可是鄂蘭不想留在日內瓦，因為那裡所交往的都是社會民主黨勞工組織人士或猶太服務局的領導階層。她想前往巴黎，跟在那裡聚集的許多猶太流亡者會合。

在離開德國前的幾個月，鄂蘭對於自己該做些什麼，想法產生了戲劇性轉變。她在一九六四年接受記者君特・高斯（Günter Gaus）訪問時指出，一九三三年二月的國會大廈縱火案和事後展開的非法逮捕，對她來說是個轉捩點。「你也知道，那些人全被送進了祕密警察的囚房或集中營。這對我來說是如此震驚，自此之後我覺得自己要負些責任。也就是說，我再也不能只做一個旁觀者。」她沒有提到自己為共產主義者所做的事，卻提到為錫安主義者所做的事令她十分滿足。「嗯，我認為，起碼我做了點事！起碼我不是置身事外，沒有人能因此責怪我。」為錫安主義有所行動而並非置身事外的這種滿足感，進一步引導她考慮該怎樣擁抱這種新發現的責任感。

你也知道，我一直主要埋首於學術研究。由於這種背景，一九三三年的事給我留下永久的印象——既有負面的也有正面的。我先說負面的，再說正面的吧。現在很多人認爲，猶太人在一九三三年經歷的震懾，是隨著希特勒得勢而來的後果。對我和我那一代人來說，這是一個奇怪的誤解。那當然十分恐怖，但那是政治性的，不是個人的事。納粹是我們的敵人，你該知道，不用等到希特勒掌權才看得出這一點！在一九三三年之前起碼四年，任何不是有點瘋了的人都看得出來。很多德國人同情納粹，對我們來說也是相當顯而易見的。因此，我們對一九三三年的事完全不感到驚訝。……可是隨著他們踏進我們的家，一般的政治現實便變成了我們個人的命運。而你當然知道，有人就跟當局合作。這表示你的朋友也合作了。這個問題——也就是所謂個人的問題——並不在於我們的敵人會做什麼，而是我們的朋友會做什麼。這一波合作浪潮是頗爲自動自發的，起碼不是在所謂的恐怖統治下給逼出來的，令你覺得被空洞的空間包圍著，遭到孤立。我處身於知識分子圈，但我也認識很多不屬這圈子的人，我獲得的結論是，跟當局合作可說是知識分子的常規，但其他人卻不是這樣。這一點我永遠不會忘記。我離開德國是基於一個被遠遠誇大了的決心：「永遠不再這樣！」我永遠不要再跟所謂的「思想史」有任何關係。我實在不想再跟這種社會有任何關係。

鄂蘭的結論是，知識分子的專業訓練及他們所處的社會環境，使得他們傾向跟納粹合作。鄂蘭跟雅斯培提到的、那個她永遠不會離棄的德國，也就是代表了母語、哲學和詩的那個德國，也跟她的個人問題糾纏不清，使得問題更為尖銳。她在海德堡時代的文學伴侶馮．威塞來到她的歐匹茲路公寓向她宣稱：「這是個偉大的時代。」海德格在一九三三年春天成為弗萊堡大學校長，取代了因不肯頒行所謂「猶太告示」而被撤職的社會民主黨前任校長；海德格在就職演說中誇讚「這偉大、尊貴的民族覺醒」。他還前去探望雅斯培，而粗暴地終結了雅斯培對哲學家善良道德本性的天真信仰——因為海德格侮辱了他的猶太裔妻子。[39]

鄂蘭最後一次涉足思想史，是在一九三二年為科隆《新聞報》所寫的一篇文章，題為〈亞當．繆勒（Adam Mueller）的文藝復興？〉。鄂蘭在文中批判國家社會主義知識分子不惜一切，在德國文學史中找尋他們的先行者。[40]她指出，與范哈根有交往的繆勒，跟納粹黨人給他描繪的不忠實歷史圖像並不符合。鄂蘭指出繆勒是天主教徒，懷著期待救贖的願景；他既不是自由主義、工業化和啟蒙運動的反對者，也不是把社會視為有機體的鼓吹者。她在文章中對馮．威塞和海德格這類人暗地裡提出了警告，因為她知道他們可能成為繆勒的當代化身，會被掀動國族崇拜的納粹黨用於任何他們渴望達成的目的。這篇文章是她在這個對批評充耳不聞的知識分子社會中，向公眾發出訊息的最後一次嘗試。

當鄂蘭遇上了猶太人、也甘於與當局合作，她的個人問題就更變得令人驚歎地複雜了。她告訴雅斯培多年來她在記憶裡怨憤不已的一件事，那就是阿多諾「在一九三三年試圖與當局合作而失敗告終的事件，在法蘭克福學生報紙《七彩神仙魚》（*Discus*）被揭發。阿多諾以一封難以形容地、令人歎息的信回應之，令德國人相當欣賞。這件事的真正醜惡之處在於，阿多諾儘管〔根據法律定義〕是半個猶太人，卻刻意不對朋友表明。他希望用母親的義大利姓氏〔阿多諾〕掩人耳目。」

當時阿多諾刻意隱瞞了父親相當明顯的猶太姓氏威森格倫德（Wiesengrund）。[41]

鄂蘭後來修正了對知識分子的評價。可是在當時來說，她的評價促成了她的決定：它引出了她從一九三三年的印象而來的正面後果，把她的個人問題轉化為清晰的政治立場。「我獲得了結論，當時我總是用一個句子向自己表明，這個句子清晰地對我彰顯了：『當你因為自己的猶太人身分受到攻擊，你必須以猶太人身分捍衛自己。』不是以德國人身分，不是以世界公民身分，也不是以人權捍衛者身分。」[42] 這提供了政治上的原因，說明為什麼鄂蘭總是強調她在柏林的反抗行動是一個猶太人的反抗。

當我體會到這一點，我清晰地要自己與〔猶太人的〕理想建立關係。這是頭一遭。而當然，我要跟錫安主義者建立關係。他們是唯一已作好準備的一群。我是說，跟主張融入主流的人建立關係根本就說不通。事實上，我跟主張融入的人們從來沒有什麼關係。我投入關注猶太人問題，在我離開德國時，我的范哈根傳記已經完成，而當然，在這部傳記裡猶太人問題扮演了相當大的角色。這部著作向我表明，我期望能夠了解問題在哪裡。可是，我在這部著作裡討論的猶太人問題不是我自己的問題。我自己的問題是政治問題。純粹是政治的！我要做實際的工作——純粹與猶太人有關的工作。我要邁向的，就是我在法國時給自己指示的方向。

第二部

1933～1951

在這十八年裡，鄂蘭是「無國之民」。自一九三三年逃離納粹德國至一九五一年獲得美國公民身分的這段日子，她沒有政治權利，卻是她在政治上最活躍的一段時期。在巴黎，她為幫助猶太難民移居巴勒斯坦、提供反法西斯主義者法律援助的組織工作。她摒棄了大學圈子那種非政治的求知心態。她投入了一個同輩圈子，圈子裡的人說的是德文，眼界卻是國際性的，裡面有藝術家和工人、猶太人和非猶太人、政治活躍分子和被社會遺棄的人。跟他們在一起——包括她的第二任丈夫布呂歇——鄂蘭可以討論在預料即將來臨的世界危機中，該怎樣建構起一種猶太人政治。當危機眞的來臨、第二次世界大戰爆發，這群人就四散各處：有人被暫時關在法國的拘留營，有人逃到未被占領的國家，所有人情急之際拚命找尋出國簽證、新家園和安身之所。

鄂蘭和布呂歇還算幸運。他們取得了緊急美國簽證，從法國南部前往西班牙，再到葡萄牙里斯本搭船前往紐約。在紐約，鄂蘭致力設立公眾論壇，嘗試為猶太政治運動確立理論基礎和實際焦點。她在紐約的德文報紙《建構》倡議建立一支猶太人軍隊對抗希特勒。她期待中的軍隊和猶太政治運動都沒有實現。在納粹推行「最終解決方案」決意滅絕猶太人的恐怖時刻，鄂蘭仍持續談論猶太人在巴勒斯坦的家園，可是沒有政治團體採納她的意見。

戰後，當她為猶太文化重建組織（Jewish Cultural Reconstruction Inc.）工作，以及其後在邵肯出版社當編輯時，鄂蘭開始撰寫《極權主義的起源》，還寫了不下數十篇短文和書評，卻沒有參與政治活動。不過，當年夏天以色列立國後，鄂蘭加入了猶大．馬格內斯領導的組織，尋求猶太人和阿拉伯人在新國家內的和解。在這次短暫而令人氣餒的努力之後，鄂蘭就不再涉足政治；她終於相信，自己的性情和才能都不適合參與政治。

鄂蘭肯定不是她自己所說的「政治動物」。但她還是參與了一些公眾事務，在無國籍期間又成了公眾人物；她由此領悟的道理，也爲她的政治理論奠定了基礎。《極權主義的起源》同時包含了鄂蘭的政治理論和巴黎朋輩圈子的故事。這本書也是在布呂歇幫忙下寫成，本書並獻給這位第二任丈夫；因此，它就像布魯曼菲德指出的，包含了「獻書對象自己沒寫下來的政治哲學」。

在鄂蘭一生中，沒有其他歲月比這段無國籍的日子更爲艱困。在這些日子裡，她經歷了新的婚姻和母親的辭世，她對不在身邊或已失去的朋友一直維繫著忠誠，她也飽歷了失望和希望的循環，不過《極權主義的起源》講的當然不是她的個人故事。這本書顯然是以尋求理解的強烈意志寫成，寫作過程需要極大韌性；這樣一個過程就像尼采所說的，不是要了你的命，就是令你變得更強。鄂蘭在少女時代純粹以個人感覺將人生劃分「當年」和「今日」，到了一九五〇年，當她給自己首部主要著作撰寫序言時，結尾提出了嚴厲而強烈的政治性申斥：「想逃避嚴酷的現在、懷舊地躲進仍然原封不動的過去，或者在遺忘中預先奔進一個更好的未來的一切努力，終將流於徒勞。」

第四章　無國之民（一九三三～一九四一）

一人之事就是眾人之事。

喬治．克里蒙梭（Georges Clemenceau）評德雷福斯事件（Dreyfus Affair）

她的民族

鄂蘭安排母親安全返回柯尼斯堡後，一九三三年秋天前往巴黎跟斯坦重聚。他們一起生活，有共同的朋友和活動，可是婚姻沒有恢復過來。為了有人作伴，也為了解決食物短缺和住所難覓等實際問題，他們決定仍然住在一起。當他們不曉得這場「歷史大戲」接下來每天還會耍弄什麼惡作劇時，這種伴侶關係是重要的。在某些朋友面前──例如一九三四年爆發史塔維斯基（Stavisky）醜聞後前去探望兩人的約納斯──他們仍然以夫妻身分出現；鄂蘭在公眾活動中的姓名仍然冠上夫姓。直到斯坦一九三六年離開巴黎前往紐約，他們才宣告離婚；可是在鄂蘭一九三七年的離婚協議書顯示，自一九三三年起他們已沒有夫妻間的性生活。

當鄂蘭投身錫安主義的理想和議題時，斯坦正在撰寫一部大型小說《莫魯西國的地下墓穴》（*Molussiche Katakombie*），算得上是有價值的史詩式作品。已交給柏林一家出版社的部分手稿，在一九三三年初被祕密警察搜獲。手稿先是被沒收，不久後又還給替斯坦送稿到出版社的布萊希特。祕密警察憑著書封判斷它的內容：那是一幅地圖，呈現一個魔幻之島，是法西斯主義者的烏托邦，也就是小說故事發生的地點。小說是諷刺之作，那個烏托邦就是嘲諷對象；但沒有讀過小說半頁的人，卻不大看得出來。從布萊希特處取回小說稿後，斯坦把它交給鄂蘭的閨密安妮保管。安妮用沾滿油脂的乾酪裏布將它包起來，跟一堆燻豬肉一起掛在閣樓。鄂蘭離開柏林時，把這包假燻豬肉帶到了布拉格，再帶到日內瓦，最後到了巴黎交還斯坦。斯坦繼續撰寫小說，一邊寫一邊吸進每頁手稿散發出的燻豬肉濃香，彷彿是另一份早餐。除此之外，生活在法西斯陰影下的斯坦沒有什麼好過的時刻。妹妹伊娃和他分隔幾年後前去巴黎探望他，看見他當時的模樣深感震驚：他在飽受敵視的環境下過著沮喪的生活，沒有支援也不獲賞識，變得十分憔悴。

不用工作時，鄂蘭和斯坦會去巴黎拉丁區的咖啡館跟朋友和相識聊天，起碼能獲得一些道德上的支持。某天下午，在蘇弗洛路（Rue Sufflot）一家咖啡館，在一座供奉異國英雄的神廟的陰影下，斯坦介紹鄂蘭認識了阿諾·茨威格（Arnold Zweig）和布萊希特。他們也探訪了在柏林就碰過面卻認識不深的文學評論家班雅明。班雅明是斯坦的遠房同輩親戚，比大部分其他流亡知識分子更安於巴黎的生活。他年輕時經常跟從事東方古董文物進口的父親前來巴黎，能說能寫漂亮的法文。

被譽為「十九世紀之都」的巴黎很符合他的品味，也有充裕空間讓他每天遊賞玩樂。可是，鄂蘭在一篇文章談到這位朋友時表示，班雅明還是鬱鬱不得志，「因為他在法國沒有受到該有的『尊重』。」[1]但法國人和流亡知識分子難得聚首一堂的公眾論壇，班雅明還是滿懷感激的參與，譬如一九三四年他在法西斯主義研究中心（Institut pour l'Etude du Fascisme）時就發表了一次演講，當時鄂蘭也在座。

鄂蘭和斯坦的朋友大部分是德國難民；他們也有少數法國朋友，這些人在精神上都認同他們在一九三三年之前認識的那個德國。一九三一到一九三三年間在柏林的法國文化中心（Institut Français）任教的雷蒙．阿宏，一九三四年在巴黎高等師範學校（École Normale Supérieure）的社會資訊中心取得祕書職位，鄂蘭有時會去探望他。經阿宏介紹，鄂蘭和斯坦有機會參加亞歷山大．柯耶夫（Alexandre Kojève）在社會科學高等學院（École des Hautes Études en Sciences Sociales）的研討班。柯耶夫後來出版的《黑格爾導論》（*Introduction à la lecture de Hegel*）就是以研討班的內容為基礎；這部由柯耶夫學生的筆記整理而成的著作，鄂蘭認為是黑格爾研究的基本讀物。鄂蘭多年後跟一位朋友說：「柯耶夫真的相信，哲學已經隨著黑格爾終結，而他本人也實踐了〔這個信念〕。他沒寫過一本書，即使那部有關黑格爾的書也不是他寫的。……他沒有成為哲學教授。……簡單來說，他做了大部分人不會做的事。」[2]鄂蘭當時就像雅斯培所理解的，內心「一種反學術的情緒變得愈來愈強烈」，因此對她來說柯耶夫特別令人讚歎。

尚保羅・沙特（Jean-Paul Sartre）和亞歷山大・夸黑（Alexandre Koyré）也參加了柯耶夫的研討班；鄂蘭和斯坦始終跟沙特處不來，但夸黑後來卻成了鄂蘭的好朋友。夸黑介紹鄂蘭和斯坦認識他在《哲學研究學刊》（*Recherches philosophiques*）的同事尚・華爾（Jean Wahl），斯坦因此在這份期刊發表了一些書評，還有他一九三〇年在法蘭克福發表的演說〈後驗的一種詮釋〉（*Une interprétation de l'a posteriori*）的法文翻譯。華爾是最早對雅斯培的研究認真感興趣的法國學者之一；其他這方面的同道人，像柯耶夫和沙特，好些年以前便看過海德格的著作，並已廣泛採納其中的思想。

如果在她人生的其他階段，這些朋友對鄂蘭來說應該是非常有趣的人物，特別是如果她能抽出時間改善她的法文：她的法文能力足以用於閱讀，卻不足以進行日常對話或哲學討論。可是她的注意力集中在猶太問題，而不在大學學術圈——儘管她碰上了像柯耶夫這樣令人耳目一新、不守常規而像被遺棄的人。

鄂蘭在沒有身分證明文件的情況下，在巴黎找到了第一份工作，雇主是總部設在香榭麗舍大道（Champs-Élysées）的農業暨工藝組織（Agriculture et Artisanat）。這個組織由法國參議員賈斯汀・哥達（Justin Godat）領導，他是法國與巴勒斯坦關係發展局的局長——協助巴勒斯坦發展的最重要機構之一。鄂蘭受雇的組織，專門為年輕流亡人士提供農業技術和工藝訓練，讓他們未來在巴勒斯坦能有一技之長；學員在青年旅館獲提供膳食，晚上學習猶太歷史、錫安主義和希伯來文。鄂蘭在裡面擔任祕書。

她獲得這個職位，是毛遂自薦加上運氣的結果。她向德國猶太人救濟國家委員會（Comité National de Secours aux Juifs Allemands）自我推薦，又自稱掌握了一整套祕書技術，其實她連這些技術都沒怎麼聽說過，更遑論掌握。其他行事作風沒那麼大膽的人，能獲得的職位就沒那麼有趣了。鄂蘭的閨密安妮在巴黎與韋伊結為夫婦。這裡沒有納粹式的法律禁止夫婦同時受雇，但安妮最初幾個月能找到的工作，就只是售賣紙板火柴和當德文私人教師，令她十分沮喪。私人教師工資微薄，跟法國學生助教差不多。安妮要找一份更好的工作，這時鄂蘭伸出援手，請布魯曼菲德給她寫推薦信。鄂蘭在她位於聖沙克路（Rue Sainte-Jacques）的房子裡寫信給布魯曼菲德，這是她在巴黎短暫住宿的眾多小旅館房間的第一間，她描述安妮的需要時口氣可大了：這封推薦信的適用求職對象，就像「美國大型保險公司。……如果這裡找工作不是難得要命，我也不會提出這種荒誕要求，在這裡遇上了每個機會都得不管死活撲上去。」[3] 安妮最終在社會科學高等學院找到祕書工作，還有另一份待遇比以前好得多的私人教師工作：她幫助一位年事已高的公爵夫人完成在索邦學院（Sorbonne）接受卡西勒指導所寫的博士論文。這位學生急著取得學位，因為就像她跟告訴安妮的，她相信索邦學院就快要變成「共產黨的天下」。

數以百計的德國難民流落巴黎街頭，輾轉在不同旅館遷進遷出，找尋任何可做的工作。很多人掉進了現代難民再清楚不過的一種惡性綜合症：沒有恰當的身分證明文件就找不到工作，而沒有工作就無法獲得身分證明文件。繼德國難民湧至後又出現東歐難民潮，情況愈來愈危急。「把法國還給法國人」和「外國佬滾蛋」等口號充斥報紙版面，在街頭示威中響個不停，因為有超過五十萬法國人跟難民一樣，陷入絕望的失業困境。

鄂蘭在農業暨工藝組織的職位，收入足夠自己使用，還可以幫助斯坦。她還幫幾個流浪的猶太人找到工作。一個是從巴勒斯坦來到巴黎的波蘭人查藍·柯倫博特（Chanan Klenbort），後來他和鄂蘭一直維持著友誼關係。一九三四年冬天，查藍在旅館房間為巴黎一家工廠製作靴子鞋底自力更生，他同時以阿雅堤（Ayalti）的筆名寫短篇小說；後來他被農業暨工藝組織聘為意第緒文和希伯來文教師。

在農業暨工藝中心碰上鄂蘭後，柯倫博特對她深表讚歎：首先，是因為鄂蘭請他到香榭麗舍大道一家咖啡館喝咖啡，以他的標準來說十分豪氣，然後，在談話中他發現鄂蘭心胸非常開放。鄂蘭問他是否反對錫安主義，因為協助移居巴勒斯坦的組織如果聘用反對錫安主義的人，是很不尋常的事；可是當他表明自己確實是錫安主義反對者（他後來放棄了這種立場）時，鄂蘭還是把職位給了他。公事處理完後，他們談到自己的家族。鄂蘭提到了她那位來自拉脫維亞的外祖父雅各，藉此表明他們有共同的歷史背景。他們又談到意第緒文，鄂蘭跟其他受過良好教育、已融入主流的德國猶太人不一樣，並未鄙視這種語文。一個下午下來，柯倫博特兩度受聘：一次的雇主是農業暨工藝組織，一次是鄂蘭雇用他當希伯來文私人教師。她告訴柯倫博特：「我要認識我的民族。」

§

認識她的民族，是一個複雜的任務。她任職於農業暨工藝組織的過程中很快體會到，猶太人每多受一年迫害，民族內部關係就愈複雜。她形容在巴黎碰到的處境：「法國的猶太人絕對相信，所有從萊茵河以外前來的猶太人都應該叫做波蘭佬——相當於德國人所說的東方猶太人。可是真的從東歐來的猶太人，卻不同意法國同胞的看法，反過來把我們〔德國猶太人〕稱為「傑可」（Jaecke）。這些傑可痛恨者的兒女——他們的第二代——因為在法國出生而同化了，觀點就跟法國社會上層階級一樣。因此在同一個家庭裡，你可能被父親稱為傑可，而被兒子稱為波蘭佬。」[4] 鄂蘭把她從布魯曼菲德那裡領悟到的錫安主義者對同化的批評，設法挪用到當前的新處境；但她要稍為調整一下，因為她遇上的很多人，經過了兩三次不同的同化過程。有些曾是德國愛國者，然後變成捷克或奧地利愛國者，最後變成法國人。她記得有一個德國人，在巴黎站穩腳步後就成立了一個流亡人士協會，「會裡的德國猶太人彼此聲稱他們都是法國人。他首次演說時說了：『我們在德國是很好的德國人，因此在法國也會成為很好的法國人。』在場群眾熱烈喝采，沒有人發笑」。[5] 鄂蘭地向這些主張同化的人極力指出——有時會用上一位東方猶太人朋友所說的「學者式語氣」——他們不是法國人而「只是猶太人」；可是認同這種說法的，只有對同化的批判已有認識的人，大部分就是錫安主義者。鄂蘭比較成功的一次，是加入抗議行列反對法國一個委員會的政策；負責把「波蘭佬」安置到各種工作職位的這個委員會，面對抗議終於放棄了原定政策，不再要求德國難民向前雇主索取推薦信，這樣他們便不必有求於以前的德國雇主了。

很多人雖然不會根據國家來源給猶太人掛上貶義標籤，但他們對本國猶太人的做法也很可議。鄂蘭在結束農業暨工藝組織的工作、尚未開始在另一個猶太人機構「青年遷徙」展開新工作的那幾個月裡，曾受雇於一位對德國猶太人沒有敵意的猶太裔法國女貴族——傑曼．德．羅斯齊爾德（Germaine de Rothschild）男爵夫人。她的任務是監管男爵夫人捐給猶太慈善機構的善款，對可能接受捐款的組織進行調查，並追蹤善款捐到指定機構後的用途。男爵夫人最喜愛的捐款對象是一家孤兒院，鄂蘭要安排她前去訪問——抑或前去巡視。她喜歡滿身珠光寶氣，穿上羅氏家族專屬紅色的絲質衣服，同時她的豪華大轎車要堆滿玩具和糖果，背後的浪漫理論是讓孩子覺得自己是獲選為經歷奇蹟的幸運兒。[6]後來安妮回憶，男爵夫人和擔任她祕書的鄂蘭，「只要碰上跟孩子有關的事就會失去理智」。

鄂蘭喜歡這位男爵夫人，對方也喜歡她。但鄂蘭對這個顯赫家族的其他成員態度就不怎麼友善了。家族中人是巴黎猶太教協會（Consistoire de Paris）背後的主導力量；而這個機構基本上是上層階級巴黎猶太人的主要宗教團體。猶太教協會負責管理很多本地猶太人和移民猶太人的慈善機構，包括一些猶太教教堂、超過四十所學校、宗教法庭、符合教規食品販售店，還有一所神學院。它在一九三〇年代先後由羅斯齊爾德家族的艾德蒙（Edmond）和他的兒子羅勃（Robert）掌管，對當地猶太人的社會和文化生活有重大貢獻。它也是法國政府討論本地猶太人問題和難民問題時最常諮詢的機構。可是協會的領導階層一直以來都遊說會員及巴黎所有其他猶太人，勸他們不要參加或公開支持政治團體。

羅勃在一九三四年五月二十七日向協會的會員大會發表演說時，清楚表明了這方面的政策。他聲稱，移民擁入對本地猶太人社群帶來了幾項重大危機。[7]首先，移民以及他們的古老服飾、習俗和行為舉止，會令反猶主義和法國人的仇外情緒惡化。其次，移民會墨守不幸的政治習慣，涉足法國政治，尤其是左翼政治。雖然根據它本身的原則，猶太教協會應該迴避法國的政治鬥爭，它的會員卻跟發動一九三四年二月六日襲擊下議院暴亂的右翼團體維持某種關係，試圖藉著向右翼人士表明猶太人對國家的忠誠，令他們減輕反猶言論。基於同一原因，猶太教協會也支持一個猶太人愛國組織——法國以色列人愛國聯盟（Union Patriotique des Français Israélites）。

羅勃的演說在許多移民之間引起反彈，因為他們深信政治活動和抗議是必需的。猶太教協會所主張的由猶太知名人士主導的那種低調、幕後的外交手腕，聽起來就像他們昔日在母國早就被證明為無效的策略。猶太教協會反對所有鄂蘭支持的行動：除了杯葛德國貨運動，還有國際對抗反猶主義聯盟（Ligue Internationale contre l'Antisémitisme）試圖揭示德國反猶法律和行動的計畫，以及一九三六年支持大衛・法蘭克福特（David Frankfurter）的示威（這位年輕猶太人刺殺了納粹黨瑞士分部一個首領）。猶太教協會甚至婉拒邀請，不派代表參加世界猶太人大會（World Jewish Congress）。

對鄂蘭來說，儘管羅斯齊爾德家族人格品質不差且心存善意，卻是她所稱的「新貴」（parvenu）。在她看來，猶太人要不是新貴就是被遺棄者（pariah）。她在當時的討論和日後的著作都很清楚表明：只有被遺棄者能發展出真正的政治意識，只有他們才能確認自己的猶太身分，從而透過政治，在不貶損猶太身分的情況下為猶太人尋求安居之所。她將這種認識用理論表達出來，根據的是她對十八世紀猶太啟蒙運動的研究，還有她在巴黎時的諸多個人經驗作佐證。她對許多跟她一起工作的猶太人感到驚訝，因為他們都不能從政治角度思考，不能體會到在當前的歐洲危機或世界危機中猶太人必須團結：「我還記得巴黎一個主要慈善組織的負責人，每次他接過一張德國猶太裔知識分子的名片，上面很自然地會有「博士」頭銜，他看了總是高聲驚歎：『博士先生，博士先生，乞丐先生，乞丐先生！』」[8]在這位慈善家看來，德國猶太人不是猶太同胞而只是乞丐；這種做法從德國猶太裔博士的角度來看，就是透過傷害他人而從惡意中獲得快樂。

把政治上覺醒的被遺棄者跟社會上雄心勃勃的新貴區別開來，是鄂蘭從布魯曼菲德處領悟到的概念。但這概念可以追溯到法國的猶太裔政論家本納・拉薩爾（Bernard Lazare）。這位德雷福斯支持者，對當時猶太社群領袖的怨憤立基在清晰道德立場。他在德雷福斯事件上甘冒極大風險，獨自站在受害人一方；對於他口中那些「像帶孩子般牽著猶太群眾的鼻子走」[9]的猶太領袖，甚或錫安主義領袖，他都不惜跟他們斷絕關係。被遺棄的對抗者跟政治立場飄忽的新貴，兩者的差異在鄂蘭的思想中持續發展，鄂蘭也一直保持著尖銳看法，但最終這成為了一個更大問題之下的次主題。一種新的關切開始在鄂蘭的著作浮現；當時在猶太人身上逐步實現的威脅，比一九三〇年代任何人想像的都來得恐怖。戰後，鄂蘭區分了「社會範疇」（新貴的領域）和「政治範疇」（被遺棄者的領域），並只把真正的革命性民族重生希望寄託在後者身上。但其實在戰前，身處法國這個有突出政治表現的國家——這個發生法國大革命和德雷福斯事件的國家——鄂蘭對錫安主義者的批判已變得更強烈，她跟革命式政治也走得更近。

身為新貴的羅斯齊爾德家族以及他們在猶太教協會中扮演的角色，在一九三六年成為了鄂蘭的一個論題；跟她共同討論的是一群馬克思主義者，他們秉持馬克思思想中理論與行動合一的「實踐」（*praxis*）概念。在布魯曼菲德之後，這些人成為了鄂蘭的政治導師。他們包括班雅明——有時也包括他在法蘭克福社會研究中心（Institut für Sozialforschung）的同事——還有律師艾里希・柯恩本迪特（Erich Cohn-Bendit）、精神分析師傅里茲・法蘭柯（Fritz Fränkel）、畫家卡爾・海頓萊希（Karl Heidenreich）、這群柏林人之中唯一的「東方猶太人」柯倫博特，以及布呂歇。這些討論會通常在班雅明位於當巴勒路（Rue Dombasle）十號的寓所舉行，鄂蘭的朋友和布呂歇的朋友同聚一堂；他們也是未來三十五年間，圍繞在鄂蘭和布呂歇身邊的第一批「朋輩圈子」成員。

布呂歇

一九三六年初春，鄂蘭遇上布呂歇；身為共產主義者的布呂歇，於一九三四年從柏林經布拉格逃到巴黎。他匆匆離開德國，沒有身分證明文件。在巴黎接濟他的女性朋友洛特・辛沛爾（Lotte Sempell）說，他「身分那麼不合法，不曉得能住哪裡」。他跟朋友短暫棲身在不同的旅館和公寓，外出時舉止就像自己的階級敵人：他穿上西裝，戴上帽子，拄著手杖，化名「海因里希・拉森」（Heinrich Larsen），喬裝為中產階級遊客。辛沛爾是德國西發利亞（Westphalia）地區富有工業家的女兒，經常給布呂歇提供住宿和金錢。她則從布呂歇處獲得了不一樣的政治教育；在以往的教育薰陶下，她曾寫了一篇有關俾斯麥的還算不錯的博士論文。她幫助布呂歇和他的馬克思主義朋友，是她對抗希特勒的一種方式。她甚至考慮加入共產黨，可是布呂歇騙她說，這個政黨不接納流亡中的新黨員；這編造的假話可能使她免受了比她後來所遇到的還更壞的命運，免於更多的流亡生涯。

自從布呂歇透露他在一個公開演說碰上鄂蘭後，辛沛爾就相信布呂歇對新發現的這個人並不只是有一時半刻的興趣。可是過了好一段時間，布呂歇和鄂蘭才再次見面。鄂蘭聊天時並不寡言，但她在布呂歇面前的反應卻是抑制而沉默，儘管她後來愛向朋友浪漫化地誇張說，對方追求她只花了一個晚上。在斯坦前去美國後不久，柯倫博特在一九三六年六月某天晚上擔當起鄂蘭監護人的角色。他受邀到鄂蘭家吃晚飯，遇上了鄂蘭以法文稱呼「先生」的那位喬裝中產階級的男士。吃過晚飯，接著是甜點和咖啡，還有更多的咖啡；每次他站起來告辭，鄂蘭都勸他留下來。最後到了凌晨兩點，柯倫博特準備跟鄂蘭和那另一位朋友辭別，他卻跟那位「先生」一起給送了出來。那年仲夏，柯倫博特從巴黎前往西班牙，為幾份巴黎和波蘭的意第緒文報紙報導當地的內戰，這時布呂歇仍在追求鄂蘭；但當他在夏末回到巴黎再度受邀前去吃晚飯，鄂蘭和布呂歇就一起以主人身分接待他了。

即使對她最親密的朋友安妮，鄂蘭透露新戀情時也是小心翼翼的。某天下午安妮來訪，跟正準備晚餐的鄂蘭談起了那些食譜。她發現鄂蘭這次做晚餐考慮的份量超過了一個人的食量，鄂蘭羞怯地跟她說，「做兩人的份量比較容易」，她由此自行推敲出結論。

安妮滿心歡喜推敲出的結論相當準確，跟後來一個旅館職員滿腹疑團的結論頗不一樣。那次鄂蘭到巴黎盧森堡公園（Jardin du Luxembourg）附近塞萬多尼路（Rue Servandoni）一家旅館為她自己和她所稱的「丈夫」預訂一個房間，她很小心地解釋需要一間有兩張床的房間。職員的困惑表情促使她作出複雜而尷尬的一番解釋：包括不同的起居時刻以及分床而睡的衛生好處等，職員的反應是粗魯中帶著禮貌的法式回應的絕妙例子：「啊，當然，這位女士，我明白的。但我還是有所不明。」

從最初開始，他們家中事務的安排，都圍繞著把兩人連繫起來的最重要而又最持久的一種活動——兩人的對話。明白其中連繫的人就會明白各種安排。布呂歇在柏林的朋友彼得．胡伯深知他喜好女色；當布呂歇告訴胡伯他終於找到合適伴侶時，是這樣說的：「我們各自做自己的事，然後我們一起討論。」安妮回憶，鄂蘭和布呂歇早期的關係是一種「激情」，而對他們兩人來說，認知上的爭辯是激情的重要部分。

§

當鄂蘭的母親瑪莎帶她前去參與柯尼斯堡支持斯巴達克主義者的示威時，她才十一歲。而一九三六年她在巴黎街道上觀看示威，看著支持者力挺由猶太社會主義者萊昂．布魯姆（Léon Blum）領導的人民陣線（Front Populaire）時，她已經三十歲。這些年間她發展起來的政治覺醒，大部分來自布魯曼菲德，包括跟他本人交往以及從他身上看到的、對猶太問題的關切。在布呂歇成為她的導師後，她在以往閱讀馬克思、列寧和托洛斯基的初步了解之上，又加上了一種「革命性實踐」的感知。布呂歇不是大學學者而是無產階級，不是理論家而是行動者，不是猶太人而是把思考當作宗教的人，他給鄂蘭開拓了一個新世界。兩人相識十年後，一次雅斯培稱讚她不偏不倚的國際性政治眼光，鄂蘭回應時概括了布呂歇在認知上對她的意義：「我從丈夫的政治思考和歷史觀察中有所領悟，我不可能不由此獲得啟悟，因為我在歷史和政治上面對的是猶太人問題。」[10]

在那十年間，從一九三六到一九四六年，鄂蘭繼續關切猶太人問題，但她在二戰後從布呂歇處領悟的道理，對於她在政治上的哲學思考具有核心意義，也啟發了她日後的著作，包括《極權主義的起源》、《人的條件》、《過去與未來之間》、《論革命》、《論暴力》和《共和危機》。他們彼此學習。布呂歇熱切閱讀羅莎・盧森堡、托洛斯基和布哈林（Nikolai Bukharin）；他原是共產主義信徒，卻慢慢放棄了共產主義，變成了教條式馬克思主義的有力批判者。

當鄂蘭在柯尼斯堡首次接觸革命式政治，二十歲的布呂歇正在柏林街頭為斯巴達克主義奮戰。他向鄂蘭講述他的政治經歷，既具批判性又具建設性地塑造了鄂蘭的願景，讓她了解到對抗和革命的意義，建立起她的合眾主義理論。布呂歇的故事不易重新建構：他不大願意敘述這些往事，特別是他進入美國時沒有在移民文件上承認自己曾是共產主義者，他所講的內容也有加油添醋的成分。在他身上總是令人驚訝地兼具謹慎和誇張的表現。他們夫婦倆的深交朋友，如果自布呂歇年輕時就認識他，就會明白他這種敘事風格背後的原因：為了在混亂的世界中發掘意義。忠於他的人不會對他起疑心，貶低他的人則指稱他是渲染狂。事實上，他寫作的天賦不遜於說話的天賦，有能力成為一位傑出小說家。

他完整的姓名是海因里希・弗里德里希・恩尼斯特・布呂歇（Heinrich Friedrich Ernest Blücher），一八九九年一月二十九日於柏林西南部出生。[11] 他的父親同樣有著長而滿載重大歷史意涵的姓名——奧古斯特・查爾斯・海因里希・布呂歇（August Charles Heinrich Blücher），卻不幸在家中獨子出生前幾個月在一次工廠意外中喪生。母親柯拉拉・艾蜜莉・維爾克（Klara Emilie Wilke）當洗衣女工，獨力把兒子撫養成人。布呂歇在國民學校念書，做兼職送貨員補貼家計，直到他有機會到教師訓練學校進修。一九一七年，他的學業因為第一次世界大戰而中斷，後來又因為毒氣傷害住進軍醫院一段時間，也使他一度參與的軍官訓練計畫半途而廢。

一九一八年十月各國達成停戰協議，十九歲的布呂歇回到柏林，加入了一個軍人議會；這個組織和工人議會攜手參與了一九一八年十一月九日的起義，之後德意志共和國宣告成立。德軍在貢比涅森林（Forêt de Compiègne）戰役投降，軍隊在十二月初回到德國。不久之後，十二月十六日，由工人議會和軍人議會聯合組成的全國議會在柏林召開會議，通過了一系列令人震驚的決議，要把戰敗的德軍重整成為人民軍隊。在隨後鬧哄哄的日子裡，這些想法基本上被拋諸腦後。聖誕節前夕，帝國軍隊和一支叛變的海軍部隊開戰，在斯巴達克主義者召集而來的數千個柏林人支援下海軍部隊告捷。聖誕節當天，斯巴達克主義者和另一大群民眾占領了社會主義報紙《前進》的辦公室，利用這個媒體號召「所有權力掌握在工人和軍人手中！」斯巴達克主義者領袖卡爾・李卜克內西和羅莎・盧森堡同意，把他們的政黨跟其他曾拒絕承認新的社會主義政府的小政黨合併，同時參與合併的還有工廠工人代表革命團。經過這番合併，一九一八年的最後一個禮拜產生了一個新政黨——德意志共產黨（KPD）。曾是斯巴達克主義者的布呂歇加入了新政黨。

共產黨在寒冬過了一半的時候成立。[12] 協約國繼續封鎖德國的海港，糧食日趨短缺。不過共產黨每天在柏林號召舉行抗議，試圖營造左翼團結之勢，盧森堡認為這是任何大規模民眾運動的先決條件。不過儘管她抱持這種戰略，一月五日情勢發生了新的變化：一群自命為革命委員會的左翼領袖發動大罷工。柏林大部分工廠和服務設施停擺；約二十萬名示威者擠滿了街道，占據了火車站和報館。紅旗到處飄揚，斯巴達克主義者自十一月以來蒐集的槍械派上用場，「斯巴達克周」起義行動隨之爆發。可是這個禮拜結束時，政府的各路軍隊和稱為「自由軍團」的志願軍，在社會主義政府的陸軍部長指揮下，用重型炮火殘酷地將斯巴達克主義者從多個主要據點轟走，繼而在柏林占得上風。李卜克內西和盧森堡在一月十五日被俘並殺害。鄂蘭後來在有關盧森堡的一篇文章提到，盧森堡之死「在德國成了兩個時期的分水嶺，也成了左派的不歸路」。當一月十九日的大選結束，社會民主黨在國會奪得大多數議席，革命黨人被迫撤退重組，可是就如鄂蘭所說，這個政黨失去了傑出的領袖之後，也就無法遏止「在道德上墮落、在政治上內鬥」。[13]

布呂歇先後參加了斯巴達克主義者和共產黨在一九一九年春天連串最終失敗的戰鬥和罷工。一九一九年夏天，黨內活動陷入停滯，他短暫回到教師訓練學院繼續受訓，卻始終沒有完成訓練。自一九一八年以至通膨最厲害的一九二二和一九二三年，他偶爾為共產主義和非共產主義報紙擔任記者，也盡量抽時間充實自己的教育。

布呂歇在青少年時期養成了熱切的求知欲，重點不在學業上，而在求知本身。他一有錢就買書，一有機會不用工作就閱讀。他在青少年時期就展開政治活動，卻採取很不尋常的途徑：他不是猶太人，卻加入了一個錫安主義青年組織——「藍白組織」的分支。十五歲時，他發現了德文詩的世界，並讀了莎士比亞作品的德文翻譯。戰爭期間他開始讀布萊希特口中的「經典」——馬克思和恩格斯的著作；然後在托洛斯基的著作裡，他發現了日後成為他政治理論核心的概念。當短暫革命帶來的混亂告一段落，他偶爾會參加柏林多個學術機構題材廣泛的講課。在柏林大學他旁聽了漢斯・德布呂克（Hans Delbrück）的軍事史，這位學者是有名的《普魯士年鑑》（*Preussische Jahrbücher*）的編輯，也是威瑪共和其中一個最敢言的、帶著批判觀點的支持者。布呂歇後來跟布魯曼菲德分享由此獲得的知識。當他們一九四一年在紐約相遇時，兩人都迫不及待，期望德布呂克那有名的格言再度實現：「德國不可能同時在兩條戰線戰勝。」

政治學院在一九二〇年甫成立，布呂歇便前去聽政治理論的課；這所出類拔萃的學府是德國當時唯一接受不具備高級中學學位學生的大學。他有時又去柏林美術學院（Berlin Academy of Fine Arts）聽藝術史的課；藝術是他後來過著較平靜生活時最大的愛好之一。

布呂歇以這種隨性、零碎的方式接受正規教育，另外加上廣泛的閱讀，卻無助於他在共產黨立足。他有出色的演說技巧，李卜克內西和盧森堡過世後最終出現的領導階層卻不信任他。李奧・攸格歇斯（Leo Jogiches）成為新的黨主席，卻在一九一九年春天被殺害。律師保羅・李維（Paul Levi）繼任成為領袖，但這位盧森堡追隨者也在一九二一年初被迫下台。其後的繼任人海因里希・布蘭德勒（Heinrich Brandler）和華特・斯托克（Walter Stocker）都繼承盧森堡的策略，但跟李維相比，他們更無法控制黨內由俄國撐腰的日趨強大且激進的左翼反對派，也不能遏阻該黨受俄羅斯勢力主導。在一九二一年的「三月行動」中，德國共產黨遭受嚴重挫敗；在一九二三年的「德國十月」流產革命中再受重創，當時是由布蘭德勒領導。

布蘭德勒是布呂歇最親密的朋友。他在「三月行動」之後坐了幾個月牢，然後在莫斯科待了一年。回到德國後，他在一九二三年成為黨的領袖，不情願地準備在秋天發動另一次革命，這次行動由俄國在背後支持，期望能成為俄國十月革命的翻版。當時德國正受到多方衝擊，包括通膨不斷惡化，法國占領魯爾（Ruhr）地區，勞資對立愈演愈烈，罷工頻生；在此同時，由威廉・庫諾（Wilhelm Cuno）領導的政府下台，古斯塔夫・施特雷澤曼（Gustav Stresemann）上台執政。蘇聯方面和以柏林為基地的德國左翼反對派，期待在這連串混亂中發動革命。蘇聯的組織者和顧問在一九二三年初來到德國，一些德國共產黨黨員則去蘇聯接受軍事訓練。在這段時期沒見過布呂歇的一些朋友，以為他可能到莫斯科受訓去了，也有人相信他沒去；但大家都同意，當年布呂歇在德國共產黨的任務，就是在國內撰寫和分發一系列有關武器裝備和游擊戰術的小冊子。

「德國十月」沒有成為俄國十月革命的翻版。漢堡的一次起義被擊潰，德意志共產黨被禁；同時被禁的還有試圖在慕尼黑發動抗爭的一群國家社會主義者——也就是納粹黨。布蘭德勒受到莫斯科方面嚴厲批評（他是和托洛斯基一起隕落的政治明星），他和他的追隨者最終被排除到德意志共產黨領導層外，由魯斯・費雪（Ruth Fisher）領導的左翼反對派掌權；德國共產黨遭到俄式赤化。在這個轉變時刻，鄂蘭提出了尖銳的評語：「水溝蓋一開，羅莎・盧森堡所講的那種『另類動物物種』也就冒了出來。」[14]

德國共產黨衰落的例子，從布呂歇口中複述出來，給鄂蘭提供了一個永遠用得上的清晰圖像，那就是任何革命都有一種不可或缺的元素：自然組織起來的、立足於本地的議會（Räte）；它不是由既有政黨組織控制（這個例子中的社會民主黨），也不是由外國勢力操控（這個例子中的俄國政黨組織）。這一波德國革命早期起關鍵作用的議會，隨著革命的持續發展給拋棄了。到了一九二三年秋天，盧森堡有關革命性變革的理論已被完全拋諸腦後，理論原先強調的是：「革命行動的組織方法，可以從革命本身學習到，也必須由此學習，就像必須在水中學習游泳一樣。」一九二三年德國共產黨的本國和俄國領袖，卻試圖「製造」一次革命。這樣一來，他們就跟追隨者愈來愈脫節。他們的權力不是往下扎根，不是從下而來。鄂蘭在她做為政治理論家的整個生涯裡，對任何遺棄在地根基、拋棄此一權力真正來源的領袖，都嚴厲批判。在巴黎和在美國早期，她聚焦於猶太運動領袖的領導作風，認為這些領袖沒有察覺到猶太人必須團結一致；後來，她把這方面的批評延伸到戰後的歐洲和以色列，最後更延伸到她歸化的美國。

布蘭德勒給布呂歇和鄂蘭提供了革命領袖誤入歧途的一個典型例子。布蘭德勒一八八一年生於奧匈帝國，是一個泥水匠的兒子，是屬於無產階級的一個誠實、簡單的人，後來成為經驗豐富的工會組織者，但還沒有足夠歷練，不足以在攸格歇斯遭害和李維被迫下台後挑起全國領袖的擔子。他變得跟民眾和工人脫節，成為共產國際組織（Comintern）的傀儡。在莫斯科流亡近四年之後回到德國，他試圖扭轉他和黨人陷入的俄式赤化處境，可是他於一九二八年成立的黨內反對陣營，毫無影響力。

布呂歇加入了布蘭德勒的反對陣營，先是在德國，然後在巴黎——很多布蘭德勒陣營的成員一九三三年後都去了巴黎。可是他和布蘭德勒的友誼卻在變壞。布蘭德勒一九二八年從莫斯科回國後，發現他的老朋友不一樣了。布呂歇跟他談到自己這五年來在求知路上的進展以及所交的朋友，他的反應竟然是難以置信的「你瘋了！」

從布蘭德勒的觀點來看，布呂歇做錯的就是結交太多知識分子和藝術家一類的「空氣人」（*Luftmenschen*），都談不上是無產階級的後繼人。布呂歇這個朋友圈的一個核心人物是羅勃・溫特菲德（Robert Winterfeld），他的父親尚・溫特菲德（Jean Winterfeld）頗為富有，由馬戲團表演領班變成輕歌劇作家兼揮指家。羅勃在別人面前自稱姓氏是基爾伯特（Gilbert）。他在一次共產黨集會中聽了布呂歇的演說後十分敬佩，集會後特地去找布呂歇，說他是個天生政治家；羅勃本以為這是大表恭維，豈料布呂歇覺得被冒犯，回應說：「我是個哲學家！」誤會冰釋後，布呂歇這位哲學家就跟基爾伯特這位歌曲作家、製片人暨文化人迅速成為朋友，二人的友誼一直維繫到布呂歇一九七〇年辭世。透過這份友誼以及隨之而來的慷慨資助，布呂歇可以自由自在地探索柏林所有那些有趣得令人發瘋的事物。

布呂歇和基爾伯特一起加入了一個文藝圈，其中的核心人物是詩人阿爾諾・賀爾茲（Arno Holz），他是自然主義（Naturalism）的創始人；這種文藝思潮主張把「原始生活」原始地表現出來。但賀爾茲在一九二〇年代卻已退出這個流派，成為了表現主義（Expressionism）的重要人物，又用華特・惠特曼（Walt Whitman）風格詩體勾勒出一幅巨型的政治世界大觀圖。在千差萬別的表現主義畫家中，艾米爾・諾德（Emile Norde）和漢斯・霍夫曼（Hans Hofmann）對布呂歇和基爾伯特深表仰慕的一個畫家發揮了最大影響：這位名叫卡爾・海頓萊希的年輕畫家，在跟隨霍夫曼學習多年後，成為了日後納粹所謂「頹廢藝術」的其中一位最獨特的創作者。他只有極少畫作能避過納粹對藝術家的打壓而保存下來，但他的幾幅畫後來在紐約一次回顧展展出，鄂蘭和布呂歇為這次畫展的目錄寫了一篇前言，讚賞這位朋友難能可貴的堅毅和對藝術的忠誠。他們誇讚海頓萊希的特質，是布呂歇從柏林眾多藝術家朋友之中首先在他身上發現的，鄂蘭則在自己的著作中採納了這種特質並取得豐碩成果：「他能夠把強烈的內在精神保存下來……正是這種精神啟發了最好的德文詩作。……他了解並懂得怎樣實踐胡安・葛利斯（Juan Gris）那句名言：『如果我沒有掌握抽象，又怎樣控制那具象的？如果我沒有掌握那具象的，又怎樣控制抽象？』」[15]

在柏林藝壇，海頓萊希最有名的是他為文化界名人繪畫的那些幽暗中沉思的肖像，但他也為全球電影股份公司（Universum Film A.G.，簡稱UFA）效力。這家給布呂歇和基爾伯特不斷帶來無限驚喜的電影公司，是一戰著名將軍艾里希・魯登道夫（Erich Ludendorff）在一九一七年整合多家電影公司而成立的，最初是宣傳機關，戰後由社會主義政府接管，然後從政府獨立出來。在一九二〇年代它是柏林的好萊塢。可是在一九二〇年代末面對美國好萊塢電影進口德國的競爭時深受打擊，最後被支持希特勒的財閥胡根貝格買下來用作其他宣傳用途。當這家電影公司仍處於那不受約束、敢於實驗的時期，海頓萊希就像柏林很多最具才華的藝術家一樣，為圍繞著這家公司的電影製作活動繪畫布景。

布呂歇一直以來是忠實電影迷，為多份小型報紙撰寫影評。柏林好萊塢和美國好萊塢的電影他都愛看，記憶中儲存著各式各樣的電影資訊；他對電影歌曲和流行歌曲的熱愛，對鄂蘭來說有點格格不入。可是基爾伯特透過詩作和歌曲捕捉他與布呂歇早期建立友誼的那些時光，卻是鄂蘭對德國抒情藝術的廣泛回憶的一部分。當基爾伯特的一部詩集戰後一年在美國出版，鄂蘭寫道：「這些詩作清晰地提醒我們，柏林並不屬於德意志國，儘管那個國家確實征服並摧毀了柏林。因為這些詩作重新捕捉了當地的方言——這種語言別具幽默感，充滿了奇特、婉轉而迂迴的表達方式，還包含著形成這種風格的心態，也就是極端懷疑、敏銳的心智，加上簡單的善意，以及對濫情的極度恐懼。」[16]不過，相較於布呂歇對基爾伯特很多詩作近乎庸俗的表現很是喜愛，鄂蘭就比較慎重了：「他……敢於碰觸庸俗的界線，在溝渠邊繞過——安然避開了它，就像一位真正的詩人才能做到的。這種奇妙的漫不經意態度在德國詩的傳統裡有著傑出先例。基爾伯特繼承了海涅的漫不經意，還有那意料之外的令人信服的內在美善，也繼承了德特勒夫．馮．李利恩克龍（Detlev von Liliencron）的端莊，以及阿爾諾．賀爾茲的政治熱情和勇氣。」

鄂蘭很小心地把基爾伯特和其他詩人恰當地相提並論，不過她也承認基爾伯特從他父親那裡獲益良多：他父親既是綜藝表演和騎術表演的樂師，又是馬戲團表演領班，後來又憑著流行歌曲和輕歌劇名利雙收，基爾伯特由此獲得「韻語寫作的神奇功力以及不凡的音樂感」。而不管是他父親的〈寶貝，你是我眼中閃亮的光〉（Puppchen, du bist mein Augenstern），還是他本人的工人階級藍調，它們的流行程度就是成功的標誌：柏林到處都可以聽到有人哼著或用口哨吹著他們的歌。在基爾伯特的作品中，鄂蘭特別欣賞的一首歌，她稱為「一九二〇年代的輓歌，失業者的街頭小調」，開頭的歌詞是這樣的：

我身無分文口袋空空，
救濟金號碼倒有一個。
衣服有一個個破洞，
陽光穿過老天作弄。

基爾伯特的抒情情懷，鄂蘭認為是「無法摧毀的，只要我們童年時培養的驚歎之心尚在」。真正的詩人不僅具備這種驚歎之情，還能夠為它歡呼慶祝，而「無需盛大隆重的場面」。基爾伯特就能以布萊希特那種漫不經心的態度做到這點：

當那另一個人在他的房子，
在那兒他是半個男子，
半個耗子，
我驚奇站著不知過了多少時候
握著那個門把手。

鄂蘭所說的漫不經心（*Gleichgültigkeit*），也可說是漠不關心或不在乎，這在她自己早期的詩裡也經常出現，而且那是她寫詩的題材，不是風格！在基爾伯特和布呂歇身上，她看到這種特質完全體現出來。一個她很愛講的故事也捕捉了這種特質，由此可見它不是冷淡沒興趣或消極不理會，而是絕對跟自由有關。故事說，布呂歇病得很厲害，一位醫生判斷病情很快導致死亡。布呂歇把這個消息告訴基爾伯特，這位朋友默然半刻後說：「嗯，如果你快死了，我們何不先去義大利玩一下？」於是他們啟程搭便車前去。

布呂歇跟鄂蘭談到他的政治活動以及他一度走進表現主義者圈子，這從他們開始交往以來，就是他們各自工作後一起聊天的話題之一。而有關布呂歇個人生活的故事，後來才慢慢開始談到。對於家族的背景他總是守口如瓶，然而他會很肯定地說出一件其實不那麼肯定的事：他總愛說父親就是葛布哈德・勒貝雷希特・馮・布呂歇（Gebhard Leberecht von Blücher）的後代；這位普魯士將軍是拿破崙的傑出軍事對手，他在滑鐵盧戰役不久前封爵，並在這次戰役後退休。布呂歇慣於迴避有關他祖先的問題；他的回應反映了他一度跟某些表現主義者一樣是野獸派（Fauves）崇拜者：「我是野馬生的！」

布呂歇的母親住在華里茲（Wallitz）市郊，偶爾會到柏林探望他，有時獲邀到基爾伯特的家留宿。她不常來，布呂歇通常讓母親跟他的朋友保持距離，有些朋友認為他對待母親有點冷酷無情，不過他們也承認布呂歇處境困難。母親溺愛他，希望成為他生活的一部分；她為人苛求，性情不可預測，也許精神有點不平衡。布呂歇某次對一位朋友說，他害怕生兒育女，因為害怕他們會遺傳精神病。在逃離德國後，他就再也沒見過母親，只在戰後得悉她一九四三年在華里茲過世。[17]

鄂蘭後來慢慢得知布呂歇的人際關係，很多時候是因為她在巴黎碰上布呂歇在柏林結識的朋友。其中一位最初受邀到他們旅館房間的，是昔日的布蘭德勒陣營成員，也是海頓萊希其中一位最親密的朋友胡伯。但過了一段日子後鄂蘭才曉得，布呂歇和胡伯是怎樣相識的。在辛沛爾成為布呂歇的朋友好幾個月後，發現他的妻子是娜塔莎・耶弗瑞金（Natasha Jefroikyn），而耶弗瑞金則是胡伯妻子的姊妹。這個訊息後來傳到鄂蘭那裡。不過，無論是辛沛爾還是鄂蘭，也是直到一九三七年才知道耶弗瑞金是布呂歇的第二任妻子。

辛沛爾身為非猶太裔德國公民，可以自由進出德國，因此她可以為流亡的朋友向留在德國的友人傳達消息。當布呂歇和鄂蘭決定辦理布呂歇的離婚協議時，就請辛沛爾蒐集跟耶弗瑞金離婚所需的文件。辛沛爾到布呂歇母親家裡拿他的出生證明書和結婚證書，發現那裡有一張結婚照，他認得出布呂歇就在其中。布呂歇母親解釋，照片中的年輕妻子是李瑟洛特．歐斯特華德（Lieselotte Ostwald）。辛沛爾回到巴黎後，布呂歇向她和鄂蘭作了簡單解釋：他年少無知時娶了歐斯特華德，不久之後就跟她離婚。而他跟耶弗瑞金結婚，情況則不太一樣。耶弗瑞金和她的姊妹在立陶宛出生，一九二〇年移居柏林，兩姊妹都是透過婚姻獲得德國公民身分。在一九三二年成婚後，布呂歇和耶弗瑞金只是斷斷續續一起居住，而到了一九三五年秋天，據布呂歇的離婚協議書說，他們的夫妻關係就結束了。

耶弗瑞金有一位名叫以色列（Israel）的兄弟，定居巴黎並成為法國公民。他是成功的旅行社經營者，在一九三〇年代初曾擔任法國猶太社團聯盟（Fédération des sociétés juives de France）頗受尊崇的會長，這個機構的任務是協調多方面的移民援助組織的活動，包括巴黎超過五十個移民互助會及不同來源地移民的援助團體（*Landsmannschaften*）。當耶弗瑞金姊妹在一九三三年後來到巴黎，他們這位兄弟認識了兩姊妹的「雅利安」（Aryan）人種丈夫，也給他們所有人很多幫忙；他對布呂歇尤其印象深刻，雖然對方在巴黎的生活如何他知道得很少。事實上，他知道得實在太少，有一次還讓鄂蘭相當尷尬：他因為鄂蘭在「青年遷徙」組織工作而碰上了她，有天在鄂蘭面前說他多麼仰慕他姊妹那位才智出眾的丈夫；他完全不知道，那位才智出眾的人當時正和鄂蘭同居。

布呂歇在柏林多姿多采的生活，也可以從傅里茲．法蘭柯身上看到，他是受阿德勒影響的佛洛伊德學派精神分析師，參加在班雅明家舉行的討論會。在柏林時，布呂歇曾短暫做過法蘭柯的助手，有一個故事來自當時的經驗，鄂蘭和後來布呂歇在美國大學教書時的學生，都從這個故事中受到教誨。這個故事主要關於一個女人誕下兒子不久後就一直躺在床上，拒絕起來走動或說話（她接受治療時兒子已經七歲）。法蘭柯採用精神分析學派的「談話療法」沒有什麼效果。他只好採取終極手段：他帶著助手布呂歇、一罐煤油和一捆破布前去，把浸泡了煤油的破布放在那個女人的床上，然後點火把它燒著。那個女人立刻從床上跳起來，尖叫著跑到房子另一邊。布呂歇由此獲知，恐懼症可用作一種手段來克服自卑感，或取得凌駕他人的力量。據阿德勒的理論，當心理上的補償作用無法奏效，而又無法做到度過補償，那麼這種手段便可派上用場。

布呂歇對法蘭柯的震驚手法十分讚歎，他自己也發展出很多沒那麼極端的類似技巧。他對這種出其不意的治療手法有很獨到的體會，連鄂蘭也曾領教過。他們同居後不久的一天早上，布呂歇向鄂蘭開出的處方，跟她慣於從母親那裡獲得的熱切關懷恰好相反。自青少年時期以來，鄂蘭每天起床後都處於憂鬱情緒中，那是夜裡惡夢的後遺症。她只能慢慢讓情緒恢復，加上多杯咖啡的幫助，才能回到一個沒那麼晦暗煩躁的狀態。那天早上布呂歇的耐性耗盡了，他就不管鄂蘭有什麼情緒，自己回到床上後就呼呼大睡。跟斯坦不一樣，也跟范哈根和奧古斯特的情況不一樣，布呂歇慢慢體會到妻子內心的「陰影」。但他沒有給鄂蘭壓力，沒有關心地問她什麼，他只是讓鄂蘭感受到，他抱持著一個柏林人那種「簡單的善意，以及對濫情的極度恐懼」。

不過，布呂歇面對自己艱困的家庭處境以及自己正規教育的匱乏，所開的處方卻不是誘發恐懼症，而是令人敬畏的補償。他的自學方式雖然十分隨意，範圍卻既深且廣。鄂蘭的閨密安妮回憶：「你跟他在一起不到五分鐘就一定能學到些什麼。」而他和他的很多朋友，包括基爾伯特、海頓萊希和法蘭柯等，彼此都十分忠誠，合起來就像一個家庭，或像布呂歇所說的，是一個「部族」。鄂蘭對自己的丈夫從來沒有做過個人化描寫，但對布呂歇的為人以及他身為自己的伴侶，鄂蘭對他的感覺，肯定跟她描寫盧森堡的伴侶攸格歇斯時字裡行間流露的感覺如出一轍。她從盧森堡和攸格歇斯那很多的故事中抽出來的每個細節，都可在布呂歇的生活和鄂蘭對他的態度中找到對應的事物或特質。

> 他是個十足的男人，這一點對她來說相當重要。……他確實是個行動與熱情兼具的人，能做事又能吃苦。拿他跟列寧相比，兩人確有幾分相似，只不過他不愛出名，寧願在幕後操縱，至於喜歡搞陰謀與冒險，更是爲他增添了幾分性感的魅力。說他像列寧，確屬不虛，甚至他拙於寫東西都與列寧「如出一轍」——沒有「寫過隻字片語」。……羅莎．盧森堡的政治理念部分是得自攸格歇斯，我們無從知道；婚姻生活中，配偶間要說不談論想法並不容易。但是，至少是環境使然，攸格歇斯做不到的，列寧做到了，更何況他是猶太人又是波蘭人，兩個人的地位顯然大有懸殊。總之，會拿這一點槓上他的，羅莎．盧森堡大概也是最後一人了。〔波蘭革命

分子」成員之間就不會在這方面互別苗頭。尤金．李文（Eugene Levine），一個年紀小幾歲的俄國猶太人，說過一句尤格歇斯可能會有同感的話：「我們都是在休長假的死人。」正是這種調調，他跟別人和不來；無論是列寧、托洛斯基或羅莎．盧森堡本人，多半都不會同意這種想法。[18]

布呂歇曾開玩笑地在他德國身分表格的職業欄填上「幕後操縱人」，又用這個名稱做為他在共產黨中的代號；他愛陰謀，愛冒險，無疑增添了幾分性感的魅力。在他離開柏林後，變得沒有「隻字片語」的寫作能力；另一方面，他具備公開演說的才華，卻沒有機會在黨內或公眾論壇發揮所長，鬱鬱不得志，使他成為被忽視的革命分子。他無法成為政治人物，更主要是環境使然，而非格局不高；他可說是沒有行動場所的行動者。他可能不會認為自己是「在休長假的死人」，但當他在巴黎和最初在紐約時，肯定是在休假中卻不想休假的人，只是他和其他一些漫不經心的人一樣知道，他們並不是活在一個死亡具備個人重大意義的時代。鄂蘭喜愛被遺棄者，也不會用世俗成功的標準來論斷他人，她絕少把布呂歇的「失敗」歸咎於他本人。她也會懷著感激之心寬容接納對方的想法，因為「婚姻生活中，配偶間要說不談論想法並不容易」。

布呂歇性情火爆，愛堅持己見。在辯論當中，他就像一個朋友所說的，「像戰場上一尊火炮在開火」。可是他也具備深沉的平靜，那是來自他的遺世獨立：他對物質上的擁有幾乎毫無興趣，他也不受那種令人內心煩厭的責任感所束縛，又不囿於固定的態度。「他經常在他的美國學生面前宣稱：「悲觀者是懦夫，樂觀者是愚人。」這種超脫態度並不代表欠缺評量標準或批判精神；恰好相反，他的批判態度十分強烈，令某些人覺得他難以忍受，而少數能忍受他的人，對他的反應就像鄂蘭的美國朋友羅莎莉．柯里所描述的：「他總是愛批判而態度嚴厲，對事情的不足之處又講得那麼決絕，聽他說話就像浸泡在某種理想主義中。真有趣。」[19]

很多布呂歇在柏林結交的朋友，都進入了他和鄂蘭的共同生活。他們各自的社交圈融合起來，一個像「部族」的朋友圈開始形成。這個圈子裡沒有國族區別、文化隔閡、意識形態衝突或階級對立，反襯出周圍的歐洲世界，就像鄂蘭所說的，顯得帶著「斯特林堡筆下那種家庭糾紛的卑污怪異氣氛」。[20]這個「部族」是瀰漫著國際主義和被遺棄者意識的一個小島；就像范哈根引述歌德所說的：「只有被販運的奴隸能彼此了解。」

儘管因鄂蘭出現而失去了與布呂歇發展的機會，辛沛爾卻友善對待他們兩人。鄂蘭成了辛沛爾的哲學導師，也是他在盧森堡公園散步的夥伴。一九三八年一個意第緒文劇團在巴黎演出，柯倫博特給鄂蘭、布呂歇和辛沛爾擔任口譯。辛沛爾和柯倫博特當晚後來共度良宵，一對看似不可能的搭配締結了良緣：一個德國中產階級新教徒和一個波蘭小鎮猶太人終成眷屬，並生了兩個小孩。辛沛爾給鄂蘭和布呂歇介紹了凱瑟．希爾許這位朋友，後來她也成了辛沛爾本身最好的朋友。凱瑟的父親恩斯特．希爾許（Ernst Hirsch）是柏林知名新聞通訊社的所有人。辛沛爾是在巴黎的比布里昂

（Biblion）圖書館借閱德文書時，遇上了騎單車送書的凱瑟。巴特（Barth）夫婦勒內（Renée）和華特（Walter）也加入了這個圈子——這是中產階級德國猶太女人跟無產階級新教徒結為夫婦的例子。勒內的母親敏娜（Minna）是醫生，她給這個「部族」朋友圈提供醫藥意見，也讓這個圈子跟她的主流社會病人建立起有用的聯繫。

透過俄國出生的散文家暨小說家妮娜．古爾芬凱，鄂蘭認識了一群一九二〇年代初期從俄國出走的政治流亡者；古爾芬凱當時是社會工作者，也是錫安主義雜誌《尋得樂土》（*La Terre Retrouvée*）撰稿人。這群俄國流亡者中，鄂蘭最仰慕的是文學評論家拉徹爾．貝斯帕洛夫（Rachel Bespaloff），她後來移民美國，任教於史密斯學院（Smith College），她在那裡寫成的一部著作，被鄂蘭譽為歷來對荷馬的《伊利亞德》（*Iliad*）最有趣的評論。[21]書中把荷馬這部希臘史詩跟托爾斯泰（Leo Tolstoy）的《戰爭與和平》（*War and Peace*）比較，喚起了這個俄國流亡人士圈子中的基督教存在主義氣氛，其中的哲學核心人物是尼可拉．貝德耶夫（Nicolas Berdyaev）和列夫．舍斯托夫（Lev Shestov）。鄂蘭跟這些俄國人一樣對齊克果有崇高的敬仰，她也很欣賞貝德耶夫最初在一九三七年出版的《俄國共產主義的起源》（*The Origin of Russian Communism*），可是她並不經常參與這個圈子的活動。有一次她受邀到哲學家加布里埃爾．馬賽爾（Gabriel Marcel）的家參加社交聚會，當時貝德耶夫也在座。不過，後來鄂蘭跟朋友談到當晚的情況，記憶中最突出的不是大家的對談，而是馬賽爾家浴缸的妙用：裡面放滿了馬鈴薯，任何訪客如果家裡缺錢或缺食物，可以隨便拿去享用。

鄂蘭和布呂歇的德國流亡朋友偶爾會碰上跟鄂蘭一起工作的人，先是在農業暨工藝組織，然後是在「青年遷徙」組織；這兩個團體的共同目標，都是為年輕移民返回巴勒斯坦的生活作好準備。鄂蘭在「青年遷徙」位於杜漢斯路（Rue Durance）的辦公室遇上了茱麗葉·斯坦（Juliette Stern），她是法國製糖業富商的妻子。茱麗葉一九三五年初去過巴勒斯坦，回到巴黎後成為堅定的錫安主義者。一九三五年六月二十五日她在《尋得樂土》雜誌發表文章說：「我覺得自己跟這個群體有遙遠的一絲關係，但相信連繫早已斷絕。」茱麗葉在一個世俗化、已同化的上層階級中成長，後來卻找到了「她的民族」，令鄂蘭很是讚歎。茱麗葉不大有一般法國人對非法國猶太人的疑慮，她很樂於跟鄂蘭介紹的朋友交往，像柯倫博特夫婦和韋伊夫婦等。

在巴勒斯坦，茱麗葉認識了有德國猶太裔血統的美國人亨莉厄妲·索德（Henrietta Szold），當時七十三歲已有很多成就的索德，正接受在一九三三年召開的第十八屆錫安主義大會任命，負責成立「青年遷徙」組織。索德最大的成就，就是她的婦女組織哈大沙（Hadassah）在巴勒斯坦主辦的醫療服務和訓練中心。雖然年事已高，但索德覺得不應拒絕領導一個拯救兒童的計畫。「青年遷徙」的組織工作進行得十分緩慢，最初構想這個計畫的柏林猶太教祭司的妻子蕾查·傅萊爾（Recha Freier）得不斷催促猶太社群的領導人。[22] 到了一九三五年，索德終於準備好透過美國的哈大沙組織為「青年遷徙」尋求財務支持。這個美國婦女組織迅速回應，在地方和全國籌辦募款活動。在巴黎募款的，是支持巴勒斯坦學生組織（Cercle Pro-Palestinien Kadimah）的巴黎分支，組織的督導人就是鄂蘭的朋友茱麗葉。募得的整筆款項足以聘用鄂蘭擔任「青年遷徙」巴黎辦事處祕書長，薪水足夠鄂蘭養活自己和不能在法國合法就業的布呂歇。

§

來自歐洲各地的難民湧入「青年遷徙」各辦事處，期望能將孩子送到巴勒斯坦。鄂蘭也希望前往巴勒斯坦，親眼看看自己民族的避難所。一九三五年機會來了：她被委派陪伴一組青年受訓者前往當地。她和這群青年在暮春時從巴黎里昂車站搭火車前往馬賽，然後搭船到海法（Haifa）。這艘船不但把鄂蘭送到巴勒斯坦，也帶她第一次看到了希臘神廟。航程中有兩天停留在西西里島，鄂蘭帶著她的青年夥伴前去敘拉古，讓他們在訓練中學習猶太歷史，也上了希臘文化導論課。敘拉古的歷史遺跡一直鮮明地保留在鄂蘭的記憶中，她後來好幾次重訪當地，有一次還跟布呂歇一起去。

鄂蘭把受訓者送到他們的新家——「青年遷徙」實驗村。然後她短暫探訪了她的表親傅爾斯特夫婦恩斯特和凱瑟，他們幾個月前才從柯尼斯堡移居巴勒斯坦，在耶路撒冷住了下來。鄂蘭在耶路撒冷遊覽過後，經過艱鉅的陸路旅程前往古城佩特拉（Petra），當時該城屬於英國託管的外約旦（Trans-Jordan）。在這裡鄂蘭首次看到了羅馬神廟：那是一座美麗的建築，正面呈玫瑰紅色，矗立在狹長的乾河床的石灰岩岩壁之間，後面的佩特拉平原上是古城廢墟，這裡曾是希臘、埃及和阿拉伯商人的共同通道。

鄂蘭跟「青年遷徙」的組織者處理公事，期間跟布魯曼菲德的一些戰友重聚，例如索德的同事喬治．藍道爾，他曾是德國錫安主義組織成員，此外還有漢斯．李維（Hans Levi）。公事完畢後，鄂蘭迫切想看的卻不是所謂「錫安之地」，而是在這片土地上，許多古代民族怎樣前來定居、建立城市，許多現代民族又怎樣成為這裡的居民。她當時以至後來，對古羅馬和古希臘的認識都多於對古代希伯來人的認識。鄂蘭成為錫安主義者，不是基於宗教或文化原因，而是基於實際政治原因，因為她知道她的民族需要一個居住的地方。她熱心看待巴勒斯坦給猶太移民提供的社會和政治機會，卻反對她後來所說的「巴勒斯坦中心的錫安主義」。

鄂蘭回到巴黎，向支持「青年遷徙」的巴黎社團談到此行見聞，稱讚她訪問的新社區——那些實驗村和基布茲（kibbutzim）集體社區。在這些社區裡，她看到了她欣賞和支持的「政治實驗」。可是面對在巴黎的朋友，她就表達了個人風格的保留態度。多年後，在一封回憶巴勒斯坦之行的信裡，她以同樣的個人風格表達了不安感：「我仍清楚記得我對集體社區的初步反應。當時我想：這是一種新的貴族制。我當時就知道……不能住在這樣的地方。『由你的鄰居來管治你』——這當然就是它最後的結果。不過，如果你誠實相信平等的話，以色列是令人十分讚歎的。」[23]她初次到訪巴勒斯坦的這種在政治上讚賞、但個人層面有所保留的矛盾心理，此後一直維持不變；但同樣不變的，是她在同一封信所說的感受：「我知道任何發生在以色列的真正災難，對我的影響會深於幾乎所有其他事情。」

法西斯主義的教訓

一九三六年，鄂蘭遇上了布呂歇，他們社交圈的討論活動也開始了。同一年，就像布呂歇的記者朋友海因斯·樸爾（Heinz Pol）所說，也是「關乎歐洲命運的一年」。[24]隨著希特勒的軍隊在沒有遇到反抗的情況下占領了萊茵河地區，《羅加諾公約》宣告作廢。不久後西班牙內戰爆發。布魯姆領導的法國人民陣線政府，與英國、德國、義大利和蘇聯簽署了互不干預協議。可是德國和義大利違反協議協助佛朗哥（Francisco Franco）陣營；蘇聯則協助或嘗試控制西班牙共和政府。法國和英國沒有跟任何一邊結盟，安於不參與對抗的局面，這種情況未來三年都維持不變，直到第二次世界大戰爆發。

在一九三六年短暫的罷工後，在人民陣線政府成立期間，有法西斯組織在法國成立。雖然左翼取得短暫勝利，法國卻從內部出現潰敗。很多在希特勒得勢前反德且主戰的右翼人士，現在轉投肯定不是反德也不主戰的法西斯團體。法西斯團體有很多種；雖然大部分是小規模，但合起來便會成為強大力量。由拉·羅克（Colonel de la Rocque）上校領導的火十字團（Croix de Feu），不光包括很多配戴英勇十字勳章（Croix de Guerre）的人，還有很多年輕貴族和富有中產階級成員。人民陣線政府一九三六年六月取締法西斯聯盟後，火十字團變成了法國社會黨（Parti Social Français），領袖沙克・多希歐（Jacques Doriot）由前共產黨員變成自封的法西斯式「元首」，追隨者要發誓向他個人效忠。這些法西斯黨派共同主張法國應該避免和德國開戰，並且都憎恨英國，極度抗拒蘇聯，另一方面則樂於跟德國在巴黎的代理人和商業代表合作。鄂蘭在《極權主義的起源》描述他們的立場就是「為了和平，不惜付出被外國控制的代價」。[25]

政治光譜的另一端是共產黨。它自一九三三年以來也經歷了轉變。在鄂蘭看來，「極左陣營忘了傳統的和平主義，傾向於老式的國族宣傳」。在共產黨和法西斯這左右兩大陣營之間，是傳統法國多黨制之下眾多搖擺不定的黨派。這些黨派在碎片化；到了一九三八年的慕尼黑危機，即使是這些碎片內部也在分化。鄂蘭指出：「每一個黨，都包含一個主和與主戰的派別。」鄂蘭和布呂歇因為魏瑪共和國令人失望的經驗，對那種政黨制度並不信任，這種觀感現在也輕易轉移到法國來。

在防衛心態下，鄂蘭把她對當前政治的注意力集中在法國右翼，因為在這個陣營裡反猶主義盛行，對「青年遷徙」一類組織構成威脅。布呂歇則望向左翼，他碰上的一連串事件終於令他再也不能接受共產主義，但當時他還在嘗試找尋立足點。俄國操控各國的政黨組織，曾令德國共產黨遭逢浩劫，如今又在西班牙和法國身上重演。俄國政府簽署了互不干預協定，答應拒絕協助佛朗哥的對手，然後又對西班牙共和政府造成破壞。不久之後，俄國國內又發動「莫斯科審判」（Moscow Trials），對一些黨內元老和紅軍將領進行作秀式公審。朋友從西班牙帶回令人醒悟的報告，以及報紙對莫斯科公審的報導，開始動搖布呂歇對共產主義的信心。他慢慢地、不情願地追隨鄂蘭的步伐，加了「前共產主義者」的行列。鄂蘭在一九五三年一篇文章中如此描述這些人的轉變：

共產主義在他們人生中曾扮演著決定性角色。他們的主要責任就是投入共產主義活動；他們能在一段時間內引人注目，就是政治活動的結果。他們有一系列共同特徵：他們都很早就脫黨；他們也陸續接收到充分資訊，能意識到（即使不是清晰地知道）革命怎樣逐步發展成全面性的極權運動，他們有自己的標準作出判斷。從我們今天的觀點來看，那些標準並不充分；可是在他們當時所見卻是充分的。他們看到的重點是：跨黨派的民主被廢除，各國共產黨的獨立性遭泯滅，然後就是對莫斯科命令的絕對遵從。莫斯科審判在很多方面來看是這整部歷史的轉捩點，它爲這個程序劃下了句點。[26]

按照鄂蘭的理解，前共產主義者和戰後的前共產黨人完全不同，因為他們「既不為一個失落的信仰尋找替代品……也不把他們所有力量和才華用於對抗共產主義」。

當布呂歇成為前共產主義者後，並沒有改投民主社會主義，他認為這條路行不通；因為當盧森堡被德國社會民主黨政府的陸軍部長派人殺死後，他就知道前景將會怎樣。他和鄂蘭對德國社會主義者的批評，也可以用於法國社會主義者和共產主義者。鄂蘭在《極權主義的起源》曾概括談到。

「社會主義者仍然默默認同『一國與多國並存』的原始概念，認為所有國家都是人類大家庭的一分子，可是他們從來沒有找到一種方式，讓這個概念在我們這個主權國家的世界能行得通。他們的國際主義，最終只是每個人的共同信念而已。他們對國家主權的漠不關心，變成了對外國政治頗為不切實際的漠視態度。」[27]法國社會主義者聚焦於法國國內的階級鬥爭，加上對自身思維的政治後果視而不見，因而無法處理國際事務和國際問題——例如猶太人問題。這種情況在一九三六到一九三七年間法國工會運動取得空前成功時尤其顯著：社會改革成為當前要務，成就非凡，包括更理想的工作時間、有薪假、加強社會服務等等，可是在此同時，法國迅速變壞的國際地位卻無人理會。左翼的政策實際上也是政治上無所作為，儘管它是反希特勒的，卻仍然秉持和平主義。

當布呂歇看著法國共產黨變臉（最後當一九三九年簽訂《德蘇互不侵犯條約》時，他們甚至掉頭轉向），鄂蘭卻一直以厭惡目光盯住其中一個最重要的法西斯團體——法國行動黨（Action Française）。這個天主教團體在德雷福斯事件發生期間與圍繞著反動官員的一群人沆瀣一氣，並創辦了《法國行動》雜誌，同樣關注這個政黨的班雅明就是該雜誌訂戶。法國行動黨的成員敵視共濟會會員、新教徒和所有外國人——尤其是猶太人。這個政黨給鄂蘭提供了一個實例，顯示自德雷福斯事件以來反猶主義是怎樣在法國發展起來，可以跟德國反猶主義的歷史作對照。她開始用一部筆記本專門記錄相關的言論、新聞和統計數字，並用來準備演講內容。她好幾次向婦女國際錫安主義組織（WIZO）的流亡德國分部用德文談到反猶歷史。到了一九三七年，據《尋得樂土》雜誌一篇簡短報導，她已有充分信心用法文向同一組織演說。在德國分部的女主管陪同下，鄂蘭圍繞著德國和法國的反猶主義，「跟這個團體的法國成員進行了熱烈討論」。[28]鄂蘭後來用這些演說和討論的資料，撰寫了她在美國發表的第一篇長文：〈從德雷福斯事件到今日法國〉（From the Dreyfus Affair to France Today）。

一九三六到一九三七年間，專門負責在法國各地散發反猶主義文宣的一批組織湧現，取代了之前主要由法國行動黨扮演的這個角色；其中包括國家宣傳組織（Propagande Nationale）、法國反猶集會（Rassemblement Anti-Juif de France）、文獻暨宣傳中心（Centre de Documentation et de Propagande）和大陸反猶運動（Mouvement Anti-Juif Continental），總部都設在巴黎，雖然大部分資助其實來自於德國愛爾福特（Erfurt）的對抗猶太人世界中心（World Center for the Struggle against Jewry）。惡名昭彰的偽造文獻〈錫安長老會紀要〉（The Protocols of the Elders of Zion）在巴黎街頭販售，書店裡充斥納粹文獻譯本。讀者眾多的巴黎周刊如《格蘭戈爾》（*Gringoire*）和《憨第德》（*Candide*）開始在支持法西斯的文章中滲入很多反猶內容，看起來就像最明目張膽的反猶雜誌——愛爾福特反猶中心在法國的主要喉舌《我無處不在》（*Je Suis Partout*）。前去「青年遷徙」訓練中心和青年之家的兒童飽受反猶訊息騷擾，這種騷擾他們很多人在原來國家中就領教過了。鄂蘭做為「青年遷徙」巴黎分部主管，竭力保護兒童不致造成心理創傷。據左翼猶太周刊《星期六》（*Samedi*）的一篇報導，鄂蘭在婦女國際錫安主義組織社工的一個會議上，向負責保護兒童以免他們陷於犯罪和絕望的社工，講論了「猶太兒童的心理」。

猶太兒童必然跟非猶太兒童不一樣，因爲他們面對外在壓力，令他們的生活環境變得黑暗。在某些國家，猶太父母遇上的困難也對兒童造成影響。慢慢地，父母承受的壓力轉移到子女身上。猶太兒童跟非猶太兒童比較，較少能見到典型的快樂表現；他們往往有較敏銳的智力，但在性情上比較容易受騙；在他們身上往往可以找到我們耳熟能詳的猶太情結。我們應該盡可能給兒童提供親切友善而愉快的氣氛。[29]

這是「青年遷徙」其中一項最重要的工作——給移民兒童提供「親切友善而愉快的氣氛」，並防止他們受到法國反猶主義影響，也不要讓父母所受的影響傳到他們身上。恩斯特．帕裴納克（Ernst Papenak）在他的回憶錄《脫離火海》（*Out of the Fire*）裡提到他為了保護兒童而設立的宿舍。「青年遷徙」組織沒有提供宿舍，不過組織的工作人員盡量讓兒童在參加計畫時感到舒服，並幫助他們適應每天從訓練中心回到父母狹小的旅館房間或閣樓所面對的艱難轉變。一直以來讓兒童進入巴勒斯坦的簽證都供不應求。隨著戰爭逼近，控制巴勒斯坦移民數量的英國政府更是加倍謹慎：很多「青年遷徙」的申請懸而未決，得在可怕的處境下多等幾個月才能知道是否夢想成真。

隨著反猶氣氛愈來愈熾熱，移民社區的恐懼不斷升高。年輕猶太醫科生大衛．法蘭克福特在瑞士達佛斯（Davos）刺殺了一個納粹黨領袖，消息馬上引起巴黎猶太人的熱烈反應。一九三六年二月刺殺行動發生後，猶太移民在巴黎舉行了多次大型示威，猶太社區裡也有一小群人發起運動抗議法蘭克福特遭起訴一事。但包括猶太教協會等很多團體都呼籲巴黎的猶太人不要示威，以免遭到報復。

鄂蘭熱情地參與了國際對抗反猶主義聯盟領導的行動，要為法蘭克福特一九三六年十二月的審訊提供法律援助。聯盟的律師希望，法蘭克福特的辯護可以立基於另一案件的原則，即法國律師亨利·托瑞（Henri Torrès）在一九二七年十月為沙洛姆·施華茲巴德（Shalom Schwarzbard）辯護時提出的原則。施華茲巴德是意第緒文詩人，他射殺了一九一九年冬天命令哥薩克騎兵屠殺五萬烏克蘭猶太人的政府領袖西蒙·彼得留拉（Simon Petyura），然後向法國警方自首，堅持要在公開審訊中讓彼得留拉的罪行公諸於世。在一九二七年，猶太代表團委員會（Comité des Délégations Juives）提供了由托瑞領導的法律辯護團隊，他們花了超過一年蒐集資料，以便施華茲巴德和托瑞能完整並準確地為彼得留拉的受害人發聲。在處理法蘭克福特案時，鄂蘭訪問了施華茲巴德，又請柯倫博特翻譯了施華茲巴德一九三四年出版的意第緒文自傳的一部分。

可是一九二七和一九三六年是兩個很不一樣的時代。法蘭克福特沒有像施華茲巴德那樣無罪獲釋，而是被判十八年監禁，審訊也未能有效地成為國際聯手對抗納粹的象徵。當國際對抗反猶主義聯盟嘗試提交一份訴書並讓律師莫羅賈菲利（Moro-Giafferi）出庭時，瑞士的法庭拒絕了，認為外國人不可以參與辯護，雖然它沒有異議而容許曾為華特・拉特瑙（Walter Rathenau）的凶手辯護的德國律師協助被訴一方。審判結束後兩個瑞士人寫了《法蘭克福特事件》（*L'Affaire Frankfurter*）一書，原希望引起關注爭取重審，可是在一九三七年的這時點，這本書並未被看作是提出控訴的宣言。[30]

§

一九三七到一九三八年間，巴黎近一萬五千名難民的景況變得愈來愈灰暗。人民陣線政府下台，支持它的組織猶太人民陣線也失勢，而所有試圖團結巴黎猶太人的努力歸於失敗，令大部分猶太難民最終作出結論，認為政治行動既不合法也徒勞無功。當希特勒在一九三八年三月十五日併吞奧地利，新一波難民湧入巴黎，可是巴黎的猶太社群卻不大願意抗議併吞事件。由於害怕報復，他們的政策就是在政治上無所作為。猶太人一再學到的教訓是：抗議只會引起法國人新一波的反猶主義。眼前形勢異常嚴峻，因為奧地利危機預示法國人極不願意發生的戰爭已迫在眉睫。最大的移民組織法國猶太社團聯盟決定透過世界猶太人大會向國際聯盟抗議奧地利被併吞，卻沒有在巴黎發表公開聲明。只有一些年輕人，大部分是猶太移民子女，撰文刊登在反納粹雜誌《星期六》（它是人民陣線《星期五》〔*Vendredi*〕雜誌的後繼猶太版本），譴責法國政府的懦弱。

雖然大部分巴黎猶太人在三月保持緘默，還是報紙不少報導指斥猶太「戰爭鼓吹者」向法國政府施壓。這樣的指責已經夠令人傷心了，更壞的是政府在四月和五月頒布了針對外國人的法令，包括限制特定職業裡的猶太人數目，禁止猶太人開設商店，並遣返未登記的猶太難民，把沒有合格工作簽證的猶太人驅逐出境。約二萬名猶太人都受到至少其中一項法令的影響。數以百計的猶太人被監禁，因為他們付不起返國費用或不可能被遣返；很多人寧可自殺而不願被驅逐出境。猶太人希望六月在法國艾維昂（Evian）舉行的國際難民會議可以達成移民重新安頓方案，但與會的二十三國沒提供多少簽證，卻提出很多藉口。英國拒絕修改巴勒斯坦移民配額。所有猶太人行動看來全屬徒勞。呼籲民主國家有所行動，或起碼對希特勒壓迫下的受害者提供協助，基本上都沒有人聽得進去。

十一月時，政府又頒布了另一系列針對外國人的法令，受影響的是沒有合法簽證而非法進入法國的難民。法令頒布時，德國主要城市的猶太社群正被攻擊，起因是報復德國駐巴黎大使館三等祕書恩斯特・馮・拉特（Ernst von Rath）十一月九日被德國出生的波蘭猶太青年赫曼・葛林茲潘（Hermann Grynzpan）所殺害。在所謂的「水晶之夜」（*Kristallnacht*，又稱「碎玻璃之夜」），納粹官員約瑟夫・戈培爾（Joseph Goebbels）大舉出動衝鋒隊（*Sturmabteilung*）和親衛隊（*Schutzstaffel*）焚燒猶太會堂，砸破德國猶太人家裡的窗，進去搶掠、襲擊，逮捕了數以千計的猶太人。巴黎的猶太人深感震驚和恐懼。猶太人領袖迅速向法國人保證葛林茲潘跟巴黎移民社群沒有關係，並呼籲猶太社群保持平靜，不要抗議「水晶之夜」或法國政府的沉默。再一次地，《星期六》周刊是唯一公開抗議的，嚴厲批評法國姑息反猶主義，又抨擊巴黎猶太領袖拒絕抗議，並指他們無法體會到法國政府的姑息政策對猶太人不利。這份周刊還憤怒地促請猶太人覺醒，認定希特勒已經「向猶太人宣戰」——包括所有猶太人。

這正是鄂蘭的立場。她還迫切地要協助葛林茲潘的辯護，就像協助法蘭克福特一樣。曾替施華茲巴德和法克福特辯護的兩位律師托瑞和莫羅賈菲利，都同意為葛林茲潘辯護，可是葛林茲潘本身問題很多。當法國警方扣留他問話時，有謠言傳出他是精神病患，而且跟受害人的夥伴有同性戀關係。鄂蘭從這個案件中抽身，也沒有繼續在國際對抗反猶主義聯盟的工作。但由此學懂的法律程序和慣例，讓她有了基礎可以分析在另一次審判中的複雜法律問題，那是超過二十年後在耶路撒冷舉行的艾希曼大審——這次葛林茲潘的父親以證人身分出庭。在她對艾希曼大審的報告中，鄂蘭推論，如果艾希曼被一個猶太人刺殺，而以施華茲巴德案的模式展開一次審訊尋求刺殺者無罪開釋，究竟會發生怎樣的事。

在這種令人沮喪與恐懼的氣氛下，很多猶太教祭司呼籲民眾回歸傳統猶太價值觀；較為世俗化的猶太人則有人建議「回到猶太人聚居的小社區」，由此重建使東歐猶太人小村鎮的生活別具獨特性的社區價值觀。這方面的建議有很多不同形式。沒有人想真的重新設立猶太人小村鎮，或回到以往的村鎮（目前在納粹的威脅下），但大部分人都同意，必須有獨特的猶太人方式去面對正降臨猶太社區的一個個危機，而這種猶太人方式要跟異族人的民主自由主義不一樣，因為如果一樣的話就只是投降罷了。「回到猶太小社區」的倡議者，要把猶太人跟他們的敵人分開，也跟反覆無常、不可靠的盟友分開，而尋求一處隔絕的地方（譬如巴勒斯坦）去建立一個不會被同化的傳統，或更具說服力地肯定猶太身分。猶太人做為「被挑選的民族」，不是原來所謂「神的選民」的宗教上意義，而是做為一種心理防衛機制。距離班雅明位於當巴勒路上的寓所才幾幢房子，是歷史學家艾利亞·徹利考爾（Elias Tcherikower）的家；他和妻子在公寓裡舉行了一次討論會，辯論「回到猶太小社區」的建議。徹利考爾和布呂歇前妻的兄弟以色列將反思這個問題的文章編成文集，名為《在交叉路上》（*On the Crossroad*）。

對於一九三七和一九三八年猶太人希望幻滅後提出的「回到猶太小社區」建議，鄂蘭提出十分嚴厲的批判。她從這個呼聲中聽到一九三三年在德國發出的迴響。當時「那個口號喃喃的傳遍德國：回歸！回歸猶太特質和自我認知」。她編了一系列演講筆記，比較了一九三三年德國的處境跟一九三八年猶太難民的處境。[31]她承認猶太人經歷了一九三三年經濟、政治和意識形態的劇變，發現自身的文化和精神生活就是他們的一座堡壘。然而她認為，一九三八年情勢的崩壞，卻只產生了「冷漠」和「回歸蠻荒」：「這就是所謂『回到猶太小社區』的意義」。[32]如果不是整個世界都已經被納粹的反猶主義感染，「尋求自我認知」和「回到小社區」的呼召也許還合情合理，但當前的處境卻是：即使在沒有猶太人問題的西班牙，內戰還是在反猶的旗幟下掀動起來。鄂蘭認為，回到小社區，也就是「從歐洲文化社區撤出」，在猶太人的敵人愈來愈強、影響愈來愈大的當前處境下，是個錯誤反應。這種反應出於一種錯覺，以為民族歷史或傳統可以在真空環境下重新建構起來；它缺乏政治洞見，沒體會到猶太特質的重建只能發生在政治環境之下，只能產生自跟毀滅勢力的對抗之中。錫安主義不能只是一種孤立的運動，必須跟抵抗攜手並進。鄂蘭對猶太人退縮態度的批評，跟她對社會主義者忽視外國事務的批評本質上一致：政治上的無所作為無異承認失敗，也標誌著覺察上的缺失，也就是沒體會到面臨摧毀的不光是個別國家或民族，而是整個歐洲。

雖然鄂蘭提到政治行動和抗爭，但不管是她還是錫安主義者，抑或《星期六》的激進撰稿人或猶太社群，都不會也不能發動有效的反抗勢力，更無法公然號召戰爭。可是巴黎的移民社群顯然預期戰爭快要發生。一九三九年一月，《尋得樂土》雜誌作出一項極度語焉不詳的宣布：「我們獲……婦女國際錫安主義組織告知，該組織在倫敦的中央委員會與青年遷徙組織中央委員會達成協議，即日起十四至十七歲年輕猶太人在法國的移民工作，將由婦女國際錫安主義組織承擔辦理。」這項改變是基於什麼原因，並無任何說明。但可以清楚看到，青年遷徙組織的管理者考慮到他們所在地處境的惡化，決定把總部搬到倫敦，期望那是移居巴勒斯坦的較安全出發點。他們跟英國的兒童暨青年遷徙委員會合作，鄂蘭前夫斯坦的妹妹伊娃當時正是那個委員會的副主席。鄂蘭失去了她協助移民的工作，連在反猶浪潮中自立的個人條件也失去了。巴黎的難民只能等待。即使像雅班明那樣說話多所保留而有節制，他在一九三八年給阿多諾的信也說：「生活在這裡，不是總能夠免於壓抑的焦慮感。」[33]

踏上移民之路

一九三八年聖誕節期間，鄂蘭在猶太人代辦處找到了工作，幫助先後來自奧地利和捷克的難民。她和布呂歇搬到國民公會路（Rue de la Convention）一間公寓，因為他們期待鄂蘭的母親瑪莎前來團聚。辛沛爾在「水晶之夜」後不久去過柯尼斯堡，幫助瑪莎安排前往巴黎的行程。辛沛爾住在一家基督徒開辦的旅館，因為非猶太人不能住在猶太人家裡。她告訴鄂蘭和布呂歇，鄂蘭繼父馬丁晚上陪她走到旅館，把她送到旅館門前，那裡掛著「此處禁止猶太人」的標誌。大家都遵守反猶法規，可是辛沛爾印象深刻的是，柯尼斯堡居民在「水晶之夜」的恐怖事件發生之後非常震驚，彷彿暴力和毀滅力量令他們腦海裡閃現了不祥預感。而後一位街車車長挽著瑪莎的手幫助她上車，已足以讓辛沛爾和瑪莎感動不已。

告別丈夫離開柯尼斯堡，對瑪莎來說是個艱難的決定。她的婚姻已很好的達成了目的：為兩個繼女伊娃和克拉拉，以及自己的女兒鄂蘭提供一個家。隨著克拉拉過世，鄂蘭避居巴黎，伊娃一九三八年移居英國，這個目的已不復存在。鄂蘭父親保羅同父異母妹妹的丈夫阿倫，原是瑪莎與前夫家族及柯尼斯堡最深的感情聯繫，可是他已遭納粹殺害。而在「水晶之夜」後，瑪莎察覺到德國猶太人被砸破的已不光是玻璃窗；她跟現任丈夫馬丁的感情聯繫，已不足以讓她留下。

伊娃曾嘗試申請讓父親馬丁到英國團聚，卻無法取得簽證。六十九歲的馬丁，政治覺察力沒有瑪莎那麼強，也比較樂觀，不大願意前往巴黎。而且他覺得自己有責任照顧仍在柯尼斯堡的一個姊妹。此外，他跟繼女鄂蘭沒有深刻感情；他又不會說法文，也不能想像在巴黎的生活是什麼模樣。馬丁不願意離開家園投入前途未卜的生活，在這方面他肯定不是例外。瑪莎的妹妹瑪格麗特留在柏林，沒有到巴勒斯坦跟兒子團聚，期望萬事大吉，卻以自己的生命為此付出了代價：她最後死在集中營。馬丁就比較幸運了：風平浪靜地跟他的姊妹在柯尼斯堡又住了三年後，他在當地猶太會堂街（Synagogenstrasse）的老人院中風病逝。

瑪莎將近五年沒見過女兒了，也從來沒見過布呂歇。當「水晶之夜」令她相信鄂蘭不會回到德國，而自己的性命也危在旦夕時，她唯一想到的就是去巴黎跟女兒團聚，並把她小心保存的鄂蘭家族具紀念價值的物件帶到鄂蘭和布呂歇樸素的新家。她一九三九年四月前往巴黎時，隨身帶了些金幣，把它們偽裝成為鈕扣。這些「鈕扣」後來賣給富有的巴黎朋友，像茱麗葉．斯坦的兄弟，由此獲得的一筆錢足以支付鄂蘭在國民公會路上那間公寓許多個月的租金。可是瑪莎身邊帶著的另一樣物件——她弟弟拉斐爾在一戰中殉職而獲頒的鐵十字勳章——卻成為了負累。他們的公寓經常遭法國警方搜查。為了要設法把這個象徵德國軍國主義的勳章安全地從家裡移走，經過一番討論，最後鄂蘭用一件舊外套把勳章裹住，丟進街角的一個垃圾桶；瑪莎很快學懂了，在這個避難的國家，反德情緒跟反猶主義一樣熾烈。

瑪莎在巴黎也交了一些朋友，但她的精神都集中在女兒身上，尤其是當她對大家預期將要發生的戰爭日益感到憂慮。鄂蘭覺得母親過度介入她的生活。隨著瑪莎和布呂歇逐漸發現他們之間的很多差異，家裡的緊張關係開始浮現。他們從性情、社會背景以至政治信念都互不協調。在瑪莎看來，布呂歇是個粗魯而有點懶惰的人，布呂歇則覺得瑪莎有中產階級習性而且感情用事，也無法讓鄂蘭獨立自主。

瑪莎來到巴黎四個月之後，戰爭就宣告爆發；不過這只是「假戰爭」，法國人叫做「滑稽的戰爭」（*drôle de guerre*），德國叫「坐著的戰爭」（*Sitzkrieg*）。雖然沒有實際的戰事，但德國的難民覺得法國馬上就喪失了基本道德承諾：法國政府決定對有可疑政治背景的德國籍男人和來自德國的難民展開拘留。布呂歇和其他數以百計的難民要向一個服務營報到，為法國軍方提供勞動支援。布呂歇跟胡伯和柯恩本迪特一起被派到靠近奧爾良（Orléans）的維馬拉（Villemalard）服務營。

§

當法國政府開始下令難民向服務營報到時，只有詩能帶來安慰。班雅明之前一個春天曾到丹麥探訪他的朋友布萊希特，回來時帶了布萊希特一首未發表的詩。鄂蘭把這首詩默記在心，布呂歇則將他們那份詩稿帶到維馬拉，把它當作具魔力的神聖護身符：營裡能讀懂的人就是潛在的朋友。鄂蘭記得，布萊希特這首〈老子流放途中《道德經》誕生傳說〉（Legende von der Entstehung des Buches Taoteking auf dem Weg des Laotse in die Emigration），「詩竟不脛而走」；「口耳相傳——成了撫慰、安忍與堅持的泉源——正是巴黎當時所需要的智慧」。[34]據詩人敘述，智者老子在流放途中遇上一個邊疆官吏。面對這位樸拙的人，老子透過他的書僮傳達了他以靜為本的智慧：

你當領悟：堅者之不能久。
終將克服最堅硬的石頭。
……柔弱的水，它一直的流，

布呂歇在維馬拉待了近兩個月。他和營友被分派到村裡的穀倉棲身：每個穀倉擠進二三十人，只能以腐爛的稻草充作家具，抵受著幾乎沒停過的冷雨。其中一個看得懂布萊希特那首詩的倉友亨利・派徹特來自柏林，曾參與一九一八到一九一九年間的共產黨起義。他記得當時布呂歇的思想一直對他們那群人發揮影響。在營中極不合理的對待下，布呂歇平靜地把時間用於閱讀康德的《純粹理性批判》，並跟「志同道合」的人聊天。

布呂歇也自告奮勇，嘗試讓奧古斯特・泰海默（August Thalheimer）平靜下來。泰海默是布蘭德勒的得力助手，也是德國共產黨黨內反對派的共同發起人；他被派到距離維馬拉十哩的服務營。[35]布呂歇和派徹特申請通行證去探望他。他們向看守員提出的藉口是個頗不可信的故事：他們（兩人都不是猶太裔）想去正統猶太家庭參加安息日禮拜。他們走了十哩的路，發現泰海默陷入了嚴重憂鬱：他曾信賴的反對派最終都令人失望，他自己的共產黨黨內反對派更肯定令他失望；他也發覺營友都是難以用同情心看待的人。布呂歇和他的朋友親眼目睹泰海默這位正統猶太人兼政治活動者的營友是怎樣怪誕：他們看到一個身材魁梧的德意志國防軍前軍官，在安息日禮拜式進行期間大搖大擺走來走去，還用祭壇燭臺點燃他的香菸。

鄂蘭可以寫信給布呂歇，也好幾次前去探望他及他的朋友胡伯和柯恩本迪特。當布呂歇開始受膀胱結石困擾，鄂蘭嘗試請求營方把他釋放。可是這需要有人在幕後牽線，只有像辛沛爾那樣有朋友位居要職才做得到。辛沛爾當年十一月產下她第一個孩子丹尼爾、離開位於朗布葉（Rambouillet）的醫院後，就著手安排布呂歇的釋放，找到了一個警察廳長當擔保人。在她談判期間，一個為法軍徵兵的軍官向布呂歇提出了唯一可正式從服務營獲釋的辦法：在法國外籍兵團服役五年，但不保證他能獲得法國公民權。布呂歇叫嚷著拒絕了；他還反過來建議這位吃驚的軍官，法國應該將這些被扣留的人徵召進入正規軍。這樣的念頭來自一個德國人，當然很難被接受；在法國軍隊中對抗希特勒的德國人，只有已歸化的法國公民，像鄂蘭閨密安妮的丈夫艾利克（Eric）。

布呂歇回到巴黎後，就向巴黎一個民事法庭呈交了一年前申請到的前任離婚證書，並獲准與鄂蘭結為夫婦。他們的婚禮一九四〇年一月十六日舉行，在布呂歇慶祝四十一歲生日前的兩個禮拜。這是很好的時刻，因為在「假戰爭」結束、真的炸彈開始在法國北部掉下後，巴黎的官方機構就無暇在這樣的混亂時期給難民簽發結婚證書了。而沒有正式結婚證書的夫婦就得面對一個兩難處境：

最多人希望取得的美國「緊急簽證」，只發給單身人士或正式結婚的夫婦。

一九四〇年五月五日，所有報紙都刊出了巴黎防務長官的告示：所有德國、薩爾蘭（Saarland）地區或但澤自由市（Danzig）的十七至五十五歲男人，以及未婚或沒有孩子的女人，得向服務營或拘留營報到。[36]男人得在五月十四日到水牛體育場（Stadion Buffalo）報到，女人得在五月十五日到玻璃屋頂的大型體育場冬季賽車場（Vélodrome d'Hiver）報到。這項可怕的命令不厭其煩地將要求一一列出：前去報到的「來自敵國的外國人」要帶備足夠兩天的食物以及自己的飲食器具，還有「重量不超過三十公斤」的行李袋或手提箱。在這樣的裝備下，難民準備成為鄂蘭諷刺地指稱的「當代歷史創製的新人類」，他們「被敵人送進集中營，被盟友送進拘留營」。[37]

鄂蘭把年逾五十五歲的母親留在國民公會路的公寓，然後就和柯倫博特去到一個地鐵站；在日子較和平的時候，巴黎市民會從這個車站搭地鐵到冬季賽車場看體育比賽、參加音樂會或人民陣線的「文化革命」博覽會。鄂蘭、傅里茲．法蘭柯的情婦法蘭瑟．諾伊曼（Franze Neumann）和另外兩個女人，被分派到體育場石階看台某個地點；一大群女人被分為四人一組，防止發生群眾抗議行動。

這群「來自敵國的外國人」在冬季賽車場度過的那一個禮拜平靜無事，卻令人焦躁不堪。天氣很暖和，她們也獲得良好對待——膳食簡單但充足，也獲得填充了稻草的袋子做床。她們無事可做，只是乾等。每當有飛機在玻璃屋頂上飛過，大家就害怕是德軍轟炸，炸出另一個落花流水的

「水晶之夜」。而她們一直害怕著當局會對拘留者做些什麼。柯倫博特的朋友凱瑟・希爾許被分配到鄂蘭隔壁那組，她當時寫了日記：「這個禮拜結束時，集體焦躁感升高了。我們聽不到外界的消息，但據信我們不會被移交給德國。每個人都說：『我必須記住，如果站在我們面前的不是法國看守員而是德國的親衛隊，情況會怎樣。』最後有事發生了：我們被送往另一個地方。我們出發了，脫離了我們的敵人隨時伸過來的魔爪。」[38] 五月二十三日，這群女人被巴士載送橫過巴黎，沿著塞納河（Seine），經過羅浮宮，抵達里昂車站。對於在巴黎住了多年而預期不能再回來的人來說，這是令人內心絞痛的旅程，悲傷而可怕，很多人哭起來了。

她們的目的地是居爾（Gurs）；這個拘留營自一九三九年四月起，就用來拘留西班牙難民以及國際縱隊（International Brigade）成員。來自巴黎和市郊的二千三百六十四位女人成為新加入的營友，此外還有來自法國其他地方的人們。到了六月二十九日，這裡一共拘留了六千三百五十六人，包括部分兒童。[39]

居爾的生活是枯燥的，四周是一望無際的平原，只有西面可以瞥見庇里牛斯山（Pyrenees）的影子。居爾不是勞動營，但營中婦女會做些雜務，防止她們陷入絕望。填充了稻草的床褥早上得搖平；公共廁所的錫罐每天晚上要清空；用來烹煮營中「特色菜餚」鹹鱈魚乾（*morue sèche*）的鍋子要洗乾淨，剩下的水就用來洗澡，因為連綿的春雨使得營裡成了泥海。鄂蘭堅持營友要把外表維持在最佳狀態，因為只要讓周遭環境的一丁點醜陋沾染到自己身上，士氣就會受到打擊。凱瑟回憶，最壞的陷阱就是「隨處一坐下，想著自己是怎麼可憐」。

鄂蘭沒有坐下來感到自己是怎麼可憐。可是當她對世界局勢作出沉思，她確實墮進了人生的最低點。一九五二年八月她回應布魯曼菲德一封表示喪氣的信，如此告訴他：「一般來說事情還算不錯。如果世界歷史不是那麼糟糕，活著是挺快樂的。不過世事就是這樣。起碼，這就是我在居爾時的想法。在那裡我認真地向自己提出了那個問題，然後有點開玩笑地回答了自己。」[40] 她提出的問題就是應不應該自殺。

鄂蘭是認真地提出這個問題，但她不會同情營裡那些未能完全認真地提出這個問題的人——一但遇上別人以無情的玩笑回應，這些人就把問題給收回了。談到流亡者對自殺的態度，鄂蘭寫道：

我有機會在居爾營待了一段時間，在那裡只聽過一次談到自殺，而那是一次集體行動建議，顯然是做為一種抗議，令法國人難堪。當有人提到，我們被送到營裡不管怎的就是「讓你來死」，大家的情緒就突然變成強烈的生存勇氣。一般認為，如果一個人仍然將整場災難看成自己或個人的厄運，因而以自己或個人的方式結束性命，這個人就是反常地無社會意識，也對一般事情無動於衷。可是同樣的這些人，當他們回到自己個人生活而面對看似個人的問題時，他們又會變得荒唐地樂觀，跟絕望僅只一線之差。[41]

在夏天，接近三分之二的被拘留者離開了居爾：有些在六月德軍占領巴黎期間取得了釋放文件，有些是因為已歸化的丈夫或親戚提交了恰當的身分證明文件，其餘的是夏天稍後向納粹的「昆特委員會」（Kundt Kommission）登記，同意被送返德國；不過這個委員會只接受「雅利安」人種的被拘留者，而這種身分也不一定能讓他們回國後免受迫害。

鄂蘭在一九六二年一封寫給《中游》（*Midstream*）雜誌的信描述了她的釋放過程。

我們抵達拘留營後幾個星期……法國就戰敗了，所有通訊斷絕。在接下來的混亂中，我們成功取得釋放文件，可以離開拘留營。當時沒有法國地下抗戰組織（法國的抵抗運動很晚才啓動，那是當德國決定徵集法國人去德國做勞役時，很多年輕人因而躲起來，然後組成游擊隊）。我們都無法「描述」留在營裡的人會怎樣。唯一能做的就是告訴他們，我們期待什麼會發生：拘留營會移交給戰勝的德國人（當時全部七千人中約有二百人要離開）。最後果然這樣。但由於拘留營位於後來的維琪法國（Vichy-France）境內，移交德國比預期晚了許多年。延後移交對被拘留者也沒什麼好處。經過幾天混亂，一切秩序恢復過來，逃走幾乎是不可能的。我們正確地預測將回復正常。這是唯一的機會，但這表示我們走的時候只能帶一支牙刷，因爲沒有交通工具。[42]

那些沒有離開的人，到了秋天便看到將近六千名來自巴登和薩爾法茲（Saarpfalz）的猶太人被送入營中；他們是在維琪政府合作下，由阿道夫・艾希曼安排偷渡進法國。到了一九四二和一九四三年，大部分挺過了營內慘況而仍存活的被拘留者，都被德國送到集中營屠殺。

跟大部分離開拘留營的婦女相比，鄂蘭非常幸運。她找到了藏身之所，那是辛沛爾和她的朋友勒內・巴特租用的靠近蒙托邦（Montauban）的一幢房子，可以走路或搭便車到達。鄂蘭旅途上最壞的狀況也不過是幾天的風濕病發作，而後她平安抵達目的地。很多決定留下的婦女，是因為不想離開丈夫能肯定找到她們的那個營地——居爾起碼是一個地址。那些決定離開又沒有棲身之所的，只能到處流浪。亞瑟・柯斯勒（Arthur Koestler）從他的日記勾勒出他為那個時代所寫的回憶錄《渣滓》（*The Scum of the Earth*），其中就描述了那些流浪者，也就是大部分逃離拘留營的人。他在一九四〇年七月六日的日記寫道：「看見之前拘留在居爾營裡的幾個德國流亡婦女現在獲得釋放，不曉得該往哪裡，該做什麼。我在一個咖啡館跟其中一人聊天，她說正在向所有法國境內未被占領地區的拘留營發出電報，嘗試找她的丈夫，祈求他不在被占領區。數以百計像這樣的婦女住在卡斯泰爾諾（Castelnau）、納華朗（Navarrenx）、敘鎮（Sus）、傑隆斯（Geronce）和周邊其他鄉村。當地人把們叫做『居爾人』。農民把房子借給她們居住，或讓她們在田裡工作代替房租。她們看來營養不良、精疲力竭，但還算整潔。所有人都戴頭巾迎合潮流，將繽紛的彩色手帕裹在頭上。」[43]

整個南方地區陷入一片混亂。「當局同時發布了兩項法令。第一項是當地省長發的，釘在納華朗、敘鎮、敘斯米烏（Susmiou）和卡斯泰爾諾的鎮公所外：所有先前在居爾營被拘留的外國人，須在二十四小時內離開下庇里牛斯省，否則將被重新拘留。第二項來自法國政府：外國人不得遷離實際住所或離家出遊。」蒙托邦成為了全國逃離拘留營的人的聚集點，因為當地鎮長是社會主義者，為了表明對維琪政府的反對，而收留這些曾被拘留的人。由於普遍的恐慌以及動員解除，蒙托邦很多住宅空置，鎮長把它們提供給難民使用。沒有人用的床墊都搬到這裡來，難民在這裡的房子睡覺，情況跟營裡差不多。

鄂蘭經常從她的住處走到蒙托邦。她住的兩房臥室，由於共用的有辛沛爾和她的初生男嬰，柯恩本迪特夫婦的兒子加百利（Gabriel），以及巴特和她的初生女嬰，因此家務有適當的分工。鄂蘭尋求布呂歇的消息，一直沒有音訊。可是有一天幸運之神眷顧，兩人竟然遇上了。在鎮裡的幹道上他們開心地相互擁抱；當時身邊是一堆堆物資，主要是床墊，還有來來往往的人群不停地尋找食物、香菸和報紙。布呂歇的內耳嚴重感染，得到蒙托邦醫治，此外一切還好。他的拘留營在德軍抵達巴黎時得疏散撤離。最初法國的看守員打算讓被拘留者列隊遷往南方，但當德軍以這個縱隊為猛烈砲轟目標時，看守員明智地決定釋放營內的人，讓他們逃走。這些人加入南下的法國避難人群，或走路、或開車、或騎單車，到未被占領的地區。

鄂蘭和布呂歇在蒙托邦外暫住一會後，在鎮裡一家攝影工作室樓上租了一個小公寓。柯倫博特家裡的人變得更多了，他們會來探望鄂蘭和布呂歇，其他從營裡逃出來的朋友也會來訪。先前跟布呂歇一起被拘留的胡伯又來蒙托邦跟他重聚。柯恩本迪特來探望妻子，柯倫博特的兒子則從巴黎被送到南方（鄂蘭沒有機會在這裡遇上柯恩本迪特的第二個兒子丹尼爾，他一九四五年才出生，多年後鄂蘭才在美國和他相遇）。傅里茲・法蘭柯前往墨西哥途中經過蒙托邦。此外來訪的還有鄂蘭的閨密安妮和她的妹妹凱瑟琳；凱瑟琳因為已歸化成為公民，因此從居爾獲釋。兩姊妹在靠近蘇亞克（Souillac）處找到一個相對安全的住所，那是一所被棄置的養鴿房。安妮的丈夫艾利克當時是身在德國的法軍戰俘。

鄂蘭和布呂歇經常保持警覺，緊盯著維琪政府日益嚴厲的反猶政策的每項變化，但他們也能在相對平靜的環境下閱讀和寫作，並享受當地乾爽的夏日好天氣。布呂歇繼續康德的研究，鄂蘭閱讀的著作則來自頗不尋常的作者組合：馬塞爾・普魯斯特（Marcel Proust）、卡爾・馮・克勞塞維茨（Carl Von Clausewitz）和喬治・西默農（Georges Simenon）。這三人差異之大令人發噱，但都跟鄂蘭從法國到美國一段時間裡的研究計畫和關注課題有關。她正放遠眼光，思考戰爭對歐洲的意義：隨著勝利與和平而來的新歐洲將會帶來什麼。她閱讀普魯斯特，是由於一直以來對反猶歷史的興趣；十年後她在《極權主義的起源》有關反猶主義的部分，對普魯斯特當時的社會文化環境勾勒出一幅傑出的人文圖像。她觀察第一次世界大戰前後的歐洲，給柯倫博特寫了一篇很長的備忘錄，關於戰後的少數族群條約。這份備忘錄經大幅增訂後，也收進了《極權主義的起源》。

一九四〇年夏末對難民來說，是「戰爭最黑暗的時期：法國淪陷，英國受困，希特勒與史達林的條約尚未撕毀，歐洲這兩大警察國家的合作正弄得人心惶惶」，[44]因此，閱讀西默農並非無關宏旨。西默農對法國警察的結構和處事方式的洞見十分有用。鄂蘭的一些朋友認為她太愛從陰謀論設想，也太愛把官僚的無能看作是背後的共謀。可是，有些朋友聽了她的勸告，而沒有遵從一九四〇年十月法國警方要求所有猶太人到就近警局登記的命令，這時就會感激西默農激發鄂蘭對警方的不信任了。他們不去登記，雖然會在無國籍的身分上再添上另一條不合法處，可是他們卻不會像很多遵守命令的難民，在登記表上提供地址後就被逮捕。

列寧也讀過克勞塞維茨的《戰爭論》（*On War*），鄂蘭在一篇談論羅莎．盧森堡的文章時因此提到：「列寧受克勞塞維茨的影響，開始思考戰爭導致歐洲民族國家體系瓦解的可能性，以取代馬克思所預言的資本主義經濟的崩潰。」[45]鄂蘭閱讀克勞塞維茨，也考慮同樣的可能性，並有所期待。她開始從理論角度分析民族國家，她的批評成為《極權主義的起源》其中一個主要論點。她這部理論著作將是什麼模樣，她在法國時還沒有清晰概念，但她已接下了在自己身上的任務，就是寫作一部有關反猶主義和帝國主義的全面著作，是對她當時稱之為「極端帝國主義」的歷史探索：一個在主權國家中掌權的民族對少數民族施以極端形式的壓迫。她開始猜測，如果希特勒戰敗，戰爭會否提供一個機會，讓一個非主權國家的聯盟得以誕生，也就是一個歐洲聯邦，就像她和布呂歇希望前去的那個聯邦國家——美利堅合眾國。

§

當政府在十月頒布猶太人須向地區警局登記的法令，鄂蘭和布呂歇就開始尋求前赴美國的簽證。瑪莎從巴黎前去蒙托邦，三人也去了被譽為法國「簽證之都」的馬賽好幾次。最後，鄂蘭和布呂歇取得了美國的緊急簽證，鄂蘭的前夫斯坦在美國也有為此出力。鄂蘭在「青年遷徙」的職位讓她獲得特殊考量，而布呂歇則以丈夫身分獲得陪同前往的簽證，但瑪莎的申請沒有同時批准。當時的情況很嚇人：向美國國務院提出申請的共有一千一百三十七人，但只有二百三十八人在一九四〇年八月至十二月之間獲得簽證。[46]在法國處理難民簽證申請的緊急援救委員會簡直瘋了。即使難得的簽證終於到手，維琪政府也很少簽發出國許可證，而西班牙和葡萄牙對於已安排從里斯本啟航的難民是否簽發過境許可，也難以預料。

鄂蘭和布呂歇很幸運取得了簽證，可是若不夠機智的話也是枉然。他們騎單車非法進入馬賽去拿簽證。一切順利，直到他們在旅館房間接到一個訊息：布呂歇要到旅館櫃檯報到。她們知道警察的腳步近了。布呂歇從房間下樓，裝作一無所知，留下了鑰匙，在任何人能制止他之前走出了旅館。鄂蘭稍後跟在他後頭。當她確定布呂歇安全藏身一家咖啡館，她就回到旅館結帳，然後吃早餐。當旅館職員問她丈夫去了哪裡，她就演了一場大戲，先是大嚷著丈夫已被抓到警局，然後指責那個職員：「你要為他的遭遇負責。」然後她前去接走布呂歇，隨即離開馬賽。

在這次驚險逃生之後，他們被迫留下瑪莎而準備啟程。很幸運地，他們遇上了鄂蘭來自巴黎的俄國朋友古爾芬凱；她在協助分發瑞士的賑濟食物包和美國聯合分配委員會（American Joint Distribution Committee）的救濟金給蒙托邦附近的難民。她答應照顧鄂蘭，直到對方的出國許可證獲批准。一九四一年一月，維琪政府短暫放寬出國許可政策，鄂蘭和布呂歇馬上搭火車前往里斯本，在那裡等了三個月，終於登上了前往紐約的船，船票由希伯來移民援助協會（Hebrew Immigrant Aid Society）提供。五月瑪莎也拿到了赴美簽證，她及時趕到里斯本，所坐的船只比女兒和女婿的遲了幾個禮拜。他們的逃亡可說每一步都是運氣。一九四一年六月，美國國務院再次收緊入境政策。美國讀者能看到的對難民困境的描述寥寥可數，其中《國家》（*The Nation*）雜誌一九四〇年八月十七日的一篇文章責備反法西斯政府無所行動，文章很切題地定為〈法國的惡夢〉。可是，對於那些沒能像鄂蘭、布呂歇和瑪莎般幸運的人，卻沒有什麼對應措施，得以幫助他們逃出生天。

情況的嚴峻，對隔了一個大西洋的美國人來說不那麼明顯，對仍身陷歐洲的人也不一定顯而易見。鄂蘭經常提起的，有希佛定的故事——他在柏林當《社會學刊》的編輯時鄂蘭就與他相識——還有布萊特帥德（Rudolf Breitscheid）博士的遭遇。兩人都曾是德國社會民主黨領袖，後來都取得了得來不易的美國簽證，卻拿不到法國的出國許可證，被關在馬賽諾曼第飯店（Hotel Normandie）的拘留營。一九四〇年八月，朋友嘗試說服他們要在德國要求把他們遣返前，用假名申請出國許可證，或在沒證件的情況下越過庇里牛斯山逃走。根據德法停火協議惡名昭彰的第十九段，在德國要求下，法國得交出境內的所有德國人。希佛定和布萊特帥德卻信任維琪政府，不相信法國會把他們引渡回德國。可是六個月後，他們就被送到占領區與非占領區之間的邊境，交給了德國，然後被處決。每當鄂蘭要具體說明信心錯置和拒絕行動可能要付出的代價時，她就會提到這個故事，以及其他留在居爾的被拘留者的故事。

這些都是叫人警惕的故事。但對鄂蘭和布呂歇來說個人感受最深的，卻是班雅明置身於「法國的惡夢」的最後一年。經過法國詩人暨外交家聖約翰・裴爾斯（St.-John Perse）交涉，班雅明在一九四〇年春天免除拘留。他從巴黎經露德（Lourdes）前往馬賽，在那裡探望布呂歇，同時得知當時已從德國搬到紐約的社會研究中心有同事替他取得了美國緊急簽證。他接著設法取得了西班牙的過境許可證，卻沒有法國的出境許可證。他決定跟一小群人非法離開法國，取道越過庇里牛斯山的一條逃生路線前去蒲港（Port-Bou），那是馬賽的難民熟知的一個地點。可是當那群人到達西班牙海關關卡，卻發現過境許可證不能用：剛巧這天邊境關閉了。「難民原本要在次日循原路返回法國。……就在當天夜裡，班雅明結束了自己的生命，也正因為此一自殺事件的影響，邊界官員同意放行，其他人乃得以前往葡萄牙。數星期後，簽證禁令解除。班雅明如果早到一天，可以毫不費力地通過邊境；若晚一天，人在馬賽就會知道無法從西班牙過境。但卻偏偏選中了那一天，災難於是降臨。」[47]

班雅明遇上的西班牙邊境守衛並不友善，跟布萊希特那首詩中獲老子傳授智慧的那位邊疆官吏不一樣。班雅明遇見的守衛沒有請求他在流放路上把他的《道德經》寫下來。不過在戰爭的第一年班雅明有時間撰寫幾篇評論，其中一篇所論述的，就是布萊希特這首詩和它懷抱著希望的訊息：

……柔弱的水，它一直的流，
終將克服最堅硬的石頭。
你當領悟：堅者之不能久。

這是老子流放途中發出的訊息。可是，就像班雅明在他那篇漂亮的評論指出，老子把這些充滿智慧的話，先是說了出來，然後寫了下來，只是因為友誼的呼召。[48]

布萊希特在詩中敘述，年邁的老子和他的年輕書僮在流放途中被一位邊疆官吏攔下，問他們有沒有什麼話要說。他們什麼都沒有。書僮卻主動指出他的主人「是一位老師」；這一點，據詩中所述，是值得向對方報告的。當官吏問到這位年邁智者教的是什麼，書僮就向他說出了柔弱的水能克服堅硬石頭的道理。當智者和書僮繼續上路，官吏反覆忖度訊息的意義，然後他趕上去，懇求智者告訴他更多。他說，他只是個官吏，但他有興趣認識「克服之道」。他給兩位旅人提供晚餐和紙筆。智者對這位樸拙的人起了尊敬之心，就像班雅明所說的，認定他具備發問的才智，他有資格提出問題，他是朋友。「敢於發問的人，值得給他答案。」智者說。書僮從實際景況補充：「這裡滿冷的呢，能夠送暖也是滿好的。」智者於是決定為這位官吏幹一番大事，卻表現得若無其事的樣子；他對待「最大的事，宛如那不過是最小的事」。班雅明從智者的表現，看到了友誼的真正面貌：深邃的眼神、謹而慎之的尊敬、某種若無其事的態度又不把大事看成一回事，還有某種的距離。「友誼並不會消除人與人之間的距離，而是鮮明地把距離凸顯出來；智者給官吏幹完這番大事後，他倆之間就再沒有什麼事了。」智者只是把《道德經》的八十一章格言寫了出來，吩咐書僮交給官吏；布萊希特說，這是官吏應得的答謝，因為他提出了要求。

班雅明這篇談論友誼本質的文章，是回應布萊希特那首詩。他自己最後的遺言也像《道德經》般，是一輯格言。他的〈歷史哲學散論〉（Theses on the Philosophy of History）是回應另一位朋友的著作而寫——那是哥舒姆．舒勒姆的《猶太神祕主義的主要趨勢》（*Major Trends of Jewish Mysticism*）。

在一九三九到一九四〇年的冬天，布呂歇和班雅明花了很多時間討論這本舒勒姆從巴勒斯坦寄給班雅明的書。他們從這部著作中看到的主要故事，是十七世紀由自稱救世主的薩巴泰．澤維（Sabbatai Zevi）所掀起的運動。鄂蘭後來將這次運動稱為「最後一波偉大的猶太政治活動」，它由以救世主自居的神祕傳統衍生而來；鄂蘭認為它「看來是獨特的，因為專門著眼於現實和行動。……〔在眾多神祕主義中〕只有猶太神祕主義能帶來偉大的政治運動，轉化為真正屬於民眾的活動。」[49]鄂蘭可以由此瞥見一個歷史先例，表明猶太歷史與歐洲歷史在未來得以調解，這是反駁「回到猶太小社區」的有力論證。她也看到另一項超越性原則，跟聖奧思定那種超脫俗世的愛不一樣，有另一種「對世人的愛」可望在現世實現。

班雅明也從舒勒姆的著作中有所領悟。他提出一種近乎神祕主義的時間觀，也就是「此刻（*Jetztzeit*）充塞著所有時間」，他希望這種觀念能衍生一種現實的、以行動為依歸的過去與未來意識。〈歷史哲學散論〉反對歷史主義（historicism），不同意可以將一個所謂的過去劃分或建構出來，甚至把它重新經驗一遍，彷彿它跟其後發生的一切可以完全割裂開來。這部著作也同時反對歷史唯物論（historical materialism），反對它那種「人類在歷史中的進步歷程的概念……走過的是無質地可言的空泛時間」。班雅明一方面揭櫫歷史主義所建構的假象，指出它只是試圖以歷史上勝利民族的價值觀來引導全人類；另一方面又破除歷史唯物論建構的對未來的虛假希望，指出它就像是猶太教所禁絕的預言。他同意禁絕預言，但他的理由是立基在他閱讀舒勒姆的著作時對猶太救世主概念的理解：「可是這並不表示，對猶太人來說，未來就成為了無質地可言的空泛時間。因為每一秒的時間，都可能是救世主打開大門降世的一刻。」[50]

班雅明最後一次跟鄂蘭和布呂歇碰面是在馬賽，他將一些手稿交給他們保管，其中包括〈歷史哲學散論〉，希望這部著作的手稿能送到紐約的社會研究中心。鄂蘭和布呂歇有幸成為這位朋友的訊息傳遞者。

當他們在里斯本等待乘船赴美時，鄂蘭和布呂歇相互高聲朗讀〈歷史哲學散論〉，也念給聚集在他們身邊的難民聽。他們討論、辯析他從這一刻到另一刻期盼救世主的意義。可是要等到兩年後，鄂蘭才用文字回應了班雅明這份友誼的最後禮物。一九四二年秋天，鄂蘭和布呂歇開始讀到來自歐洲報紙的新聞，再次被推向一九四〇年夏天和秋天他們曾經歷並曾克服的絕望景況。他們得悉德國設立了集體屠殺中心，用毒氣屠殺猶太人，而居爾營的所有人都被送到了奧斯威辛（Auschwitz）集中營被集體殺害。一直在精神上支撐著他們的對歐洲的希望、對「真正民眾行動」的期望，隨著這些報導趨於幻滅。鄂蘭寫了一首詩悼念過世的朋友，是道別也是跟朋友打招呼，標題很簡單——〈W. B.〉〔華特．班雅明姓名的縮寫〕：

黃昏將再臨。
黑夜將從繁星降下。
我們會把伸出的手臂擱在
近處，遠方。
黑暗中輕輕響起
短小的古老曲調。聽著，

讓我們彼此斷絕，
讓我們最終潰散。

聲音在遠方，愁緒在身旁。
就是那些聲音和這些死人，
我們遣作信差
在我們前頭，哄我們入睡。

第五章　忠誠是真實的象徵（一九四一～一九四八）

如果我不爲自己而活，誰爲我而活？如果我只爲自己而活，我又是誰？

希列（Hillel Ha-Zaken）

適應環境，肩負責任

一九四一年五月，鄂蘭和布呂歇抵達紐約市。除了身上帶著的二十五元，他們每月可從美國錫安主義協會（Zionist Organization of America）獲得七十五元津貼；他們在西九十五街三百十七號租了兩個帶點家具的小房間，準備迎接瑪莎到來。當摩辛約號輪船（S.S. Mouzinho）六月二十一日在紐約港靠岸，他們發現圍繞在瑪莎身旁的是一群來自巴黎一帶的難民兒童，鄂蘭擔任羅斯齊爾德男爵夫人祕書時曾探訪他們。瑪莎就像那些兒童一樣，在法國南部躲藏一年之後，變得消瘦、憔悴、精疲力竭；也跟那些兒童一樣，舒了一口氣卻仍然感到恐懼。

瑪莎的柯尼斯堡鄰居茱莉・布朗佛格斯坦（Julie Braun-Vogelstein）給鄂蘭一家送來食物包和衣

服。田立克仍然像在法蘭克福時一樣友善，經他指點，鄂蘭透過一個叫「難民互助會」（Self-Help for Refugees）的組織，申請在一個美國家庭寄住兩個月。為了生活和工作必須學點英文，家裡最可能去學習的就是鄂蘭了。

瑪莎跟女兒和女婿一起在紐約的第一個禮拜，充分休息過後幽默感又回來了。她挖苦地提到女兒在柯尼斯堡念書時的堅決拒絕態度：不，當時脾氣捉摸不定的鄂蘭說，我不要跟英文老師學習。可是曾學過希臘文、拉丁文和法文的鄂蘭，是個滿身本領的語言學習者。到了七月中，當她出發到麻薩諸塞州的美國家庭暫住時，她已經可以用英文寫明信片了：「我平安到達，一點都不害怕了，只是十分高興……送上愛和吻，請來信。」[1]

許多信件在紐約和麻州溫徹斯特（Winchester）之間往返，全都是用德文寫的，思考討論美國的新鮮事和語言。布呂歇由於性情或教育背景，沒有像鄂蘭一樣容易投入學習。直到歐洲的局勢令他相信不可能再回去了，他才接納新世界做為永久的家，並認為學習新語言是必需的。在政治上他對這個避難處十分感激，可是在社會方面卻感到困惑。他焦慮、孤獨，容易因岳母的影響變得煩躁。岳母則認為，他不願意學習英文，再一次證明了他懶惰，且不適合肩負原來應該肩負的一家之主角色。鄂蘭很了解丈夫的獨立個性和反中產階級精神；當年她能從非政治的青蔥歲月和對母親的倚賴中脫身而出，就曾得益於布呂歇這種精神表現。但她偶爾也勸勉布呂歇學英文：「嗯，抱歉，這位先生，您是否可以學點英文呢？」[2]

鄂蘭告訴布呂歇，她在溫徹斯特發現的，「更多是在於這個國家而不在語言」。[3] 她寫了詳細的長篇報告，分享美國生活方式的經驗。接待她的女主人吉杜斯（Giduz）太太是素食者、熱中的反吸菸者，又是賞鳥和健行愛好者。她比有「健行鳥」（*Wandervogel*）之稱的普魯士人更像普魯士人，更像健行鳥；一想到這裡，鄂蘭就擔心自己是不是誤闖國家社會主義者的家了。不過她發現，溺愛她的這兩位「家長」不是德國擁護者；他們是單純的和平愛好者，對於任何主張美國跟英國聯手對抗希特勒的建議，他們都無動於衷。

雖然吉杜斯夫婦遷就鄂蘭的需要，譬如吉杜斯先生要跑到花園吸菸，鄂蘭卻可以在自己房間吸菸。可是一個月之後，家中的日常情況就不那麼令人愜意了。本身沒有孩子的杜吉斯太太，像要監管保護鄂蘭似的，把這位客人看成孩子那般。那個「小鎮」各方面的社會生活都令人很不自在，包括當地人對黑人的態度，以及他們身為第三代移民以施恩似的態度對待「新」美國人。可是，儘管他們的和平主義對鄂蘭來說荒謬無理，因為她這個猶太難民正掙扎著面對報紙上有關希特勒在歐洲節節勝利的新聞，但鄂蘭還是欣賞他們政治上的主動。在這個家庭裡，鄂蘭首次體驗到她日後十分讚歎的美國民主精神：她看到吉杜斯太太坐下來，怒氣沖沖寫了一封信給她選區的國會議員，抗議當局拘留日本出生的美國公民。鄂蘭在溫徹斯特察覺到，她在不喜歡美國社會生活的同時，卻可以欣賞美國的政治生活。她在這裡形成的一種看法此後一直沒有改變：「這個國家的根本矛盾在於，政治上的自由與社會上的奴役同時並存。」[4]

鄂蘭在這個美國家庭裡盡量忍耐。「我表現得像一個堅定不搖的錫兵玩偶，」她告訴布呂歇。郵差送來布呂歇的信，帶給她唯一的喘息空間。只有他能了解是什麼問題令她感到在麻州那幾個禮拜「那麼孤獨、惱怒而焦慮」。[5]

抵達紐約後幾天，鄂蘭就把放著班雅明手稿的手提箱送到西一百一十七街的社會研究中心辦公室；這個研究機構在班雅明的朋友阿多諾和他的同事努力下，從法蘭克福搬到了紐約。接待她的是研究中心的祕書愛麗絲．邁爾，她後來成了鄂蘭的朋友。暱稱「泰迪」（Teddy）的阿多諾，接獲邁爾通知特地前來，驚訝地發現班雅明的手稿給保存了下來。這些著作——特別是〈歷史哲學散論〉——對法蘭克福學派日後的理論發展扮演了重要角色；可是阿多諾最初對手稿的處理方式，令鄂蘭極度不安。

鄂蘭還在溫徹斯特時就收到一封信，告訴她其中一份手稿遺失了。鄂蘭不相信這是事實，懷疑稿子「給壓下來了」。[6]她覺得自己原來推想的沒錯：社會研究中心的人沒打算做他們道義上該做的事——出版班雅明的手稿。她幾乎瘋了，卻不曉得該怎麼做。她想把她複製的手稿副本交給薩爾曼．邵肯，希望透過耶路撒冷的邵肯出版社，以「尊而重之」的方式把這些著作出版。可是她不能貿然這樣做，首先還是要確定社會研究中心的人會怎麼處理手稿，但「他們就是不說」。最後鄂蘭決定暫時把事情擱下，等待巴勒斯坦可以重新接收海外郵件；到時候她可以聯絡舒勒姆，相信他能對阿多諾或邵肯發揮一點影響力。鄂蘭滿懷憤怨地說：「你也許沒法〔給研究中心的人〕講一堂課，說明該怎樣忠誠對待過世的朋友。」[7]

鄂蘭始終不想把班雅明的手稿交給阿多諾，但班雅明交代這麼做。雖然她感激阿多諾設法為班雅明取得了美國緊急簽證，她卻也清楚記得，班雅明原就擔心不能在道德和財務上倚賴社會研究中心的人支援。班雅明一九三八年把一篇有關波特萊爾（Charles Baudelaire）的文章投稿給阿多諾之後，感到十分憂慮。稿件退還給他，要求他大幅修改。班雅明勉為其難照著做了，當文章在一九三九年的一期《社會研究學刊》（*Zeitschrift für Sozialforschung*）刊出，又經過阿多諾進一步刪改。鄂蘭在一九三九年一篇文章提到班雅明，指出他「在處理人際關係上的確很靦腆，而且是從小就如此，但只有對他所倚賴的人才會這樣」。雅班明害怕阿多諾，這令鄂蘭十分氣憤。她知道她帶去紐約的手稿，其中一份班雅明曾出於害怕而修改過，只是為了「息事寧人」，而令鄂蘭一想起就惱怒的是，即使這般屈就也不足以討好法蘭克福學派的人，因為他們認為班雅明是蹩腳的馬克思主義者，是辯證法功力不足的思想家。[8]

一年後巴勒斯坦郵政服務恢復了，鄂蘭寫信給舒勒姆。由於她沒有提及先前曾為班雅明付出的努力，因此舒勒姆只向她解釋，他曾嘗試勸告阿多諾做某些事也未能如願，於是整件事回到起點：「也許你能夠在這位好人心底裡燃起一點火光，」舒勒姆提議。[9] 雖然班雅明的一些文稿後來以油印方式流傳，他的文章到了一九四五年才開始在社會研究中心的期刊刊載，一九五五年才集結成書。出於對過世朋友的忠誠，鄂蘭在一九六八年為班雅明編了英文版文集《啟迪》

（*Illuminations*），並寫了導言。她一九七五年過世時還在為他編第二本文集《反思》（*Reflections*）。舒勒姆和阿多諾在一九六六年編印了兩冊班雅明書信集。可是鄂蘭在班雅明過世前的夏天小心為他記錄保存下來的筆記，卻沒有收錄在這兩冊書信中，因為自從鄂蘭的《艾希曼耶路撒冷大審紀實》出版後，舒勒姆很是不屑而跟鄂蘭斷絕了來往。[10]

在班雅明的著作問世後，出現了很多你爭我奪的局面。法蘭克福學派的後繼者聲稱他是學派中人，儘管他不大稱得上是馬克思主義者；他的錫安主義朋友像舒勒姆等人又聲稱他屬於猶太文學傳統，儘管他像鄂蘭一樣是被遺棄族群中的被遺棄者。他深知（就像鄂蘭也一再領悟到），意識形態會妨礙純粹的思想認同——就像布萊希特詩中敘述的老子與邊疆官吏之間的真切認同。

§

鄂蘭完成了麻州漫長的英文學習回到紐約後，她在自己生涯上比她為亡友付出的努力獲得更大的成功。她探訪了她很多柏林和巴黎朋友都認識的薩羅・巴倫，跟這位猶太歷史學家在他的哥倫比亞大學（Columbia University）辦公室裡討論維琪法國的局勢，鄂蘭認為，法國的反猶主義自德雷福斯事件到貝當（Philippe Pétain）執政下的維琪政府，一直沒有間斷。巴倫建議她寫一篇文章闡述這種看法。在巴倫的鼓勵下，鄂蘭寫了她的第一封英文信，向猶太事務研究中心（Institute of Jewish Affairs）的執行祕書狄奧多・赫茲爾・蓋斯特（Theodor Herzl Gaster）提出這個論題並說明自己的學經歷：「隨函附上我的履歷表，可以從中看到我的一般和具體相關經歷。」[11]她提到自己對德國浪漫主義的研究，她的范哈根傳記，以及她在巴黎寫的反猶主義研究，然後提出她的諮詢人包括田立克、艾伯特・薩羅門、布魯曼菲德、納胡姆・葛德曼和馬丁・羅森布呂特（Martin Rosenblüth）。而後在蓋斯特支持下，她開始寫作〈德雷福斯事件及其後果〉（Dreyfus und die Folgen）一文。經蓋斯特翻譯後，巴倫將它刊登在他主編的期刊《猶太社會研究》（*Jewish Social Studies*）。鄂蘭十分高興，因為不到一年，她就像巴倫所說的，手上握有了「通往學術界的名片」。

可是，學術界不是她想取得「居留權」的地方。她只想透過實際政治行動邁向未來，邁向她期待戰後誕生的新世界。她在「青年遷徙」的工作結束後那艱困的三年裡，一直懷抱著這個願景。還在寫作那篇德雷福斯的論文時，她就開始找尋一份不大需要英文的工作，因為她的英文能力還不大可靠。德文社群提供了錯綜複雜的可能性，可是她很小心避免某些群體。[12]她首先要避開的是「流亡中的烏爾斯坦（Ullstein）」，就是跟柏林烏爾斯坦出版社有關的一群政論家。另外她厭惡那些自認代表「德國另一面」的人，他們希望獲得德國的敵人認同而授予重責大任，鄂蘭認為他們是機會主義者、政治上的新貴。艾彌爾・路德維希（Emil Ludwig）、李歐樸德・施華茲齊德（Leopold Schwarzchild）和佛爾斯特（F. W. Foerster）等人，就是鄂蘭眼中典型的「溫斯塔特分子」，指的是「德國另一面」主要政論家羅勃・溫斯塔特（Robert Vansittart）男爵的追隨者，也就是一九四一年出版的《黑色紀錄》（*Black Record*）的作者；該書指稱好戰的德國人造就了納粹黨，因此要集體為納粹罪行負責。她同樣抗拒的是在柏林認識的李歐．史特勞斯，這位政治學者堅決聲稱，即使在戰爭結束後，所有猶太人也不應該再跟德國有任何關係。鄂蘭則認為這是「只管自己個人榮辱的……一種態度」，儘管它「可能令少數學者滿意，卻肯定不能滿足廣大的公眾」。鄂蘭反對任何形式的集體罪責觀念，也反對任何未來歐洲願景中對德國一概而論的想法。較符合她理想的，是難民所提出的未來歐洲聯邦的構想，譬如對社會民主黨持批判態度的眾多流亡左翼小黨派中，一個名叫「新開端」（*New Beginnen*）的社會主義社團就提出了這種構想。布呂歇跟這個社團有很多聯繫。可是鄂蘭覺得，儘管「新開端」的成員對歐洲的未來有合理期待，他們卻不關心歐洲猶太人的命運。雖然鄂蘭對以色列猶太建國會（Jewish Agency for Israel）裡面的錫安主義領導人有所不滿，她卻希望跟美國的錫安主義社群共同努力，包括了移民和本土的猶太族群。一九四一年十一月這方面的機會來了，而且她不用再肩負那些在巴黎曾從事的已令她厭煩的社會工作：她獲聘為德文報紙《建構》的專欄作家。

《建構》最初是德國人猶太人俱樂部（German Jewish Club）的新聞快報式服務機構，一九二四年在紐約創辦，為移民提供一個聚會場所。隨著歐洲猶太人的處境變得嚴峻，俱樂部成員關心的焦點從德國文化轉移到猶太移民。他們加強了對逃亡美國猶太人的援助，新聞快報也隨之擴大篇幅，一九三七年起改由專業編輯負責。兩年後，《建構》由曾在柏林《時代》（*Tempo*）日報任職編輯的曼弗雷德．喬治（Manfred George）主理，成為一份出色的周刊，讀者涵蓋世界各地說德文的難民，為德國猶太裔知識分子提供一個表達政見的園地。

除了贊助《建構》周刊，自戰爭開始後易名「新世界俱樂部」（New World Club）的德國猶太人俱樂部還贊助時事討論會和講座。鄂蘭開始接觸這份周刊是在一九四一年九月，當時她去聽布魯曼菲德演講，談及她隨後一年十分關注的一個問題：猶太人是否該有軍隊？鄂蘭對這個問題的複雜歷史展開研究，並把這個課題納入她對猶太政治前景的探索。

喬治邀請鄂蘭針對這個問題投稿《建構》，因為他看了鄂蘭一封「公開信」後，知道她是很能激發思考的新聞寫作人。鄂蘭那封信的對象是朱勒・羅曼（Jules Romaine），這位法國文藝界名人在《建構》中被指稱像很多其他歐洲知識分子一樣，希望透過談判讓步，而避免對希特勒的戰爭。羅曼因此激烈地回應，列出自己先前的反法西斯言行，並提醒《建構》的讀者他曾為法國猶太難民提供很多援助，他在結語中還加上了自抬身價的一句：「我希望法國猶太人沒有忘記。」[13]

面對羅曼的急躁反應，鄂蘭大肆諷刺了一番。她語帶嘲諷責備說，所有「被遺棄而不獲關愛」的猶太人，都應該對這位朋友在感情上受到的傷害感到遺憾。但她很小心不讓嘲弄的焦點給模糊了。她指出，當抗爭的人不承認彼此地位平等，對抗共同敵人的抗爭所必需的政治團結就被摧毀了。期望別人感恩，由於將提供保護的抗爭者跟受保護的抗爭者區別開來，就會妨礙大家認知所有抗爭者在反法西斯行動上彼此平等。羅曼的表現，就像鄂蘭因巴黎的經驗而變得不信任的那些慈善家，又像她因威瑪共和的經驗而變得不信任的那些知識分子。

政治抗爭裡平等與團結的必要，也是鄂蘭在《建構》首篇專欄文章〈猶太軍隊：猶太政治的開端〉的主題。可是她在文中強調，在反希特勒抗爭中肩負同等責任的人，各自的需要並不一樣。由於有兩百年的同化歷史以及缺乏民族意識，加上習慣了倚賴「名人」領導，猶太人需要一支軍隊，為了防衛、也為了身分認同。鄂蘭希望政治抗爭能成為猶太人政治生活的開端。

喬治就像讚賞鄂蘭的公開信一樣讚賞她的專欄文章，認為兩者都顯示了「一個人的力量和韌力」。鄂蘭很快成為編制內的專欄作家。她兩周一次的專欄，對支持猶太軍隊的論點反覆申辯，並號召《建構》讀者投入行動。在標題像是徵召海報的〈就是你了〉（This Means You）專欄中，鄂蘭反覆聲稱猶太軍隊可以成為猶太人的一種手段，表明他們明白希特勒已經向猶太人宣戰，提供機會讓他們以參戰者的身分回應。

§

鄂蘭、布呂歇和瑪莎奮力支撐自己的生活，還要幫助朋友。從報紙的撰稿工作以及翌年在布魯克林學院（Brooklyn College）找到的兼職教書工作，鄂蘭獲得足夠的收入維持住宿和膳食開支。租用的兩個公寓房間，一個是他們夫妻倆住的，一個在另一層樓是瑪莎住的，都沒有自己的廚房，所有公寓房客共用一個廚房。他們吃得很簡單，每個星期六就等待布朗佛格斯坦送來蛋糕。布呂歇後來很喜歡跟學生談到布萊希特那句格言「先找吃的，再講倫理」，他解釋，在去除了馬克思主義的反諷意味後，這表示：「先把蛋糕找來，然後才是切蛋糕的理論。」

一九四一年，已經六十七歲的瑪莎，負責大部分做飯和清潔的家務。她往往十分孤單。偶爾她可以從一家蕾絲工廠找到一些在家做的散工，有一次還加入工廠工人要求提高工資的罷工，獲得極大滿足感。在這個新家園裡她這輩子首次成為勞工，最終獲得了在市場裡實踐社會主義的機會。但那次不是典型的罷工行動，她大部分時間就獨自待在家裡。她的健康在流亡美國期間大致良好，但在一九三五年輕微中風，造成面部一側局部麻痺，隨著她愈來愈瘦弱，面容的扭曲也愈來愈明顯。她原來在性情上活潑而合群，戰爭期間卻變得抑鬱而憂慮。

布呂歇初到美國的第一年，整年都不能調適過來。學習英文尤其痛苦難堪。他嘗試找一位導師卻未能成功，於是他改而利用筆記本記下他最感興趣的語言現象——成語。他一頁一頁記下的語句，即使對母語是英文的人也無助找尋工作，像"tickled to death"（高興死了）、"hit the jackpot"（鴻運當頭）、"make a mess of it"（弄得一塌糊塗）和"nifty chick"（時髦小女生）等。[14]當他終於找到一份工作，卻是累死人的那種：天剛亮就要出門，晚上一身灰塵回家，在新澤西一家工廠用鏟子搬運化學製品。他工資是拿到了，卻談不上「鴻運當頭」，他討厭這份工作。早上鄂蘭和瑪莎要催迫他出門上班，晚上回家後還要替精疲力竭躺在扶手椅上的他脫去靴子。

布呂歇的第二份工作是一大解放，也跟他感到自在的活動範疇靠近得多。他獲聘為國民士氣委員會（Committee for National Morale）的研究助理。這個組織的任務是鼓勵美國人從軍參戰。幫助他獲得這份工作的亨利．派徹特，計劃撰寫一本名為《軸心大戰略》（*The Axis Grand Strategy*）的書，目的是提醒美國人投入行動。書還在寫，珍珠港就被轟炸了。為了趕上時效，這本書迅速付印，法羅與萊因哈特（Farrar & Rinehart）出版社把書出版後反應欠佳。而當布呂歇還在為這本書做研究時，國民士氣委員會的任務改變了：新任務是把從歐洲傳到美國的殘暴故事向公眾揭示。他們要克服民眾的另一種惰性：很多人對第一次世界大戰那些毫無根據的恐怖故事記憶猶新而疑慮未釋，因此對於當前的集體屠殺故事也不願置信。

「我們這位先生整天長時間工作，眼睛幾乎沒法張開。」鄂蘭寫信告訴柯倫博特夫婦，他們這兩位朋友舉家先到烏拉圭避難，等著移民美國。「但那是很棒的辦公室，他和很好的人一起工作。」她又在一封信中告訴柯倫博特夫婦：「直到昨天，我要花半天時間當他的祕書；不幸這種榮譽快要結束了，因為要做的事少了。……過去幾個禮拜就忙得很離譜。我們那位先生很少在晚上十點前回家。我半天在〔《建構》的〕辦公室工作，另外半天繼續瘋了似的工作，為的就是不讓我的任何人脈或機會給弄丟了。要賺個半分錢也很難：每個人都拚命工作，因為戰爭在進行中，移民尤其拚盡全力；個人真的沒有什麼能夠感到自豪。」[15]

隨著戰爭轉趨激烈，要跟仍在歐洲的朋友通訊就愈來愈困難了，也幾乎無法幫助任何人逃亡。「很久沒有從艾里希〔柯恩本迪特〕那裡聽到任何消息了。我們在這裡徹底的沮喪，因為簽發的簽證很少很少，除非聽證的結果很好——他們真的只會接納在本國有近親的人。……我好久沒有韋伊夫婦的消息了。天曉得他們怎麼了。還有，也沒有收到茱麗葉〔斯坦〕的信。」[16] 在整個紐約市，當移民在街上碰面時，新聞網絡的站牌就隨即形成。德國猶太難民的世界是一個很封閉很驚恐的圈子。對非猶太人的疑慮十分普遍；鄂蘭指出，反猶主義被假定為所有美國人的共識。

倡議猶太軍隊

對反猶主義的恐懼，令很多在紐約的難民不大願意支持猶太軍隊的計畫。美國猶太人害怕被視為不愛國。自一九三九年戰爭爆發以來，以巴勒斯坦為基地的以色列猶太建國會和英國就祕密談判建立猶太軍隊一事。可是英國擔心一支包含巴勒斯坦猶太人的軍隊，最終會把矛頭指向巴勒斯坦的阿拉伯人或英軍，因此擱下談判並尋求一種妥協做法：在英國皇家燧發槍兵團（Royal Fusiliers）的肯特郡（Kent）軍團中，設置兩營實力對等的部隊，一隊是猶太人而另一隊是阿拉伯人。當談判最後在一九四一年十月破裂，支持建立猶太軍隊的美國人也不大願意批評英國的決定或是美國對這項決定的默許。

在一九四一到一九四二年的整個冬天裡，鄂蘭利用在《建構》的專欄，鼓動群眾抗議英國和美國反對猶太軍隊的背後現實政治考量。不管是基於即時或長遠的原因，鄂蘭都希望猶太人「以歐洲民族的身分」加入對抗希特勒的戰爭。從即時效果來說，她希望猶太人能親自作戰，而不是倚賴其他軍隊或只是對作戰受害人給予慈善援助，從而作出政治表態。從長遠目標來說，她希望猶太人日後在任何和平談判中加入同盟國的行列：「沒有在戰爭中參與的人，也不能在和平中參與。」[17]她還認為與歐洲人共同行動，會為猶太人帶來「民族解放的重大機遇」，因為在對抗希特勒戰爭中同心協力，會使傳統上分隔歐洲民族的敵意消失於無形。她表達了最初在巴黎形成的一個願望：未來的歐洲聯邦會保證猶太人獲得一個家園。在此同時她提出論點支持歐洲的團結，並抨擊一種普遍的錫安主義者立場，也就是她在巴黎抨擊的「回到猶太人小社區」論調：她提醒錫安主義者不要把注意力完全聚焦在巴勒斯坦，忽略了分散到世界各地而永遠不會回到巴勒斯坦的猶太人。鄂蘭擔心所謂猶太人政治情況的獨特性或猶太民族的獨特性，會導致猶太人跟其他歐洲人疏離，尤其是當獨特性觀念被賦予了民族主義色彩或披上德國人的民族「有機整體觀」。

她呼籲猶太人以歐洲民族身分參戰。可是她使用「民族」一詞，指的是政治上而非種族上的意義：她號召的對象是這個民族的群眾，而不是猶太人領袖。她呼籲猶太人著眼於他們本身的政治傳統，仰慕《聖經》中的摩西（梅瑟）或大衛（達味）而不是倚賴其他民族的英雄譬如華盛頓或拿破崙，但她也小心迴避任何形式的領袖崇拜。[18]雖然鄂蘭常提到民族覺醒，但她並不是十九世紀意義上的民族主義者；她從來不會將民族等同於國家，也永遠不會把領袖視為民族光榮的體現。

鄂蘭認為，兩種現代的錯誤觀念，妨礙了猶太民族採取行動讓古老猶太傳統的反叛與解放精神得以復興。第一就是認為猶太人的生存不是倚賴政治行動而是慈善活動。「兩百年來領導我們的是富豪和慈善家；他們控制著我們，在世人面前代表我們。」[19] 一支猶太軍隊，一支由人民組成的軍隊，可以在世人面前做為新的猶太身分意識的代表，可以擺脫鄂蘭稱之為慈善式或乞丐式習慣的枷鎖。第二個錯誤觀念就是在世俗化、同化的猶太人之間，團結被賦予了負面意義，深恐它引致反猶主義的反彈。她抨擊的那個概念認為，一旦反猶主義從世上消失，世俗化的猶太人就喪失了猶太身分。她一九四二年八月談到這個問題時，引用俄國猶太人的例子做為佐證：他們請求蘇聯政府把他們武裝起來，並呼籲世界各地的猶太人給予他們支援，讓他們參與對抗希特勒的戰爭。她辯稱，過去二十五年來俄國的反猶主義在減弱而不是加強，因為俄國人致力從政治上解決多元民族問題。透過這個論點，她也在抨擊那些接納反猶主義做為永恆延續概念的人。持這種觀點的人背景廣泛：從狄奧多・赫茲爾以至沙特都相信，民族是一群因共同敵人而結合的群體。

從一九四一年秋末到一九四二年，鄂蘭在《建構》撰文支持猶太軍隊，她十分讚賞美國對這個概念的廣泛支持。只有一九三〇年代杯葛德國貨的運動，能讓她對猶太民眾對抗希特勒的可能性產生同樣的熱情和希望。她以往形成的信念認為，錫安主義者並未從他們的經驗獲得充分準備投入政治行動或抗議，可是她仍然期盼，號召成立軍隊能把猶太群眾自然產生的對抗希特勒心態引導到同一管道，而形成在杯葛德國貨運動失敗後從未再出現的焦點。「猶太人歷史裡其中一項不幸的現實在於，只有他們的敵人能了解到猶太問題是政治問題，他們的朋友卻幾乎從不這麼想。」[20] 在鄂蘭看來，支持無國籍及巴勒斯坦猶太人建軍委員會（Committee for a Jewish Army of Stateless and

Palestinian Jews）這個游說民眾支持建軍的組織，在一個非猶太裔英國軍人的榮譽會長領導下，就是了解到必須消除猶太人政治冷漠的一群朋友。

和鄂蘭在《建構》緊密合作的除了喬治，還有撰寫一個固定專欄〈看守人〉的約瑟・邁爾。他們三人都對支持猶太人建軍委員會沒多少認識，雖然鄂蘭和邁爾曾參加過該組織職員的幾次會議。他們沒有察覺，這個委員會是由三個極端修正主義黨派的巴勒斯坦猶太人創立的。

§

這個委員會的基地在紐約，主持人是班・赫徹特（Ben Hecht）。赫徹特為紐約左翼自由派報紙《*PM*》寫專欄，文章中經常指責紐約的猶太人對希特勒持續屠殺歐洲猶太人錯誤地保持著所謂愛國式緘默。他的敢言使他受到修正主義黨派地下分支「國家軍事組織」（Irgun Zvai Leumi）領導人賞識，在一九四一年四月請他主持支持建軍委員會。也有人試圖挑動赫徹特的同情心，譬如又名彼得・貝爾格森（Peter Bergson）的希列・庫克（Hillel Kook），是耶路撒冷一位猶太教祭司的兒子、巴勒斯坦主祭司的姪兒，他就曾在赫徹特面前講過很多巴勒斯坦猶太人遭出賣和羞辱的故事。他說服了赫徹特，令他相信柴姆・韋茲曼（Chaim Weizmann）和以色列猶太建國會的做法沒有成效，而庫克的革命導師弗拉基米爾・雅博丁斯基（Vladimir Jabotinsky）才是代表巴勒斯坦猶太人真正的聲音。然而赫徹特雖然支持猶太軍隊的概念，卻不會讓自己跟修正主義者那種他不齒的「染上毒癖的巴勒斯坦民族主義」扯上關係。他一九五四年出版的自傳《世紀之子》（*A Child of the Century*）成為暢銷書，書中表明了他跟形形色色不同的委員會合作，目標總是堅定不移：就是賦予「猶太人」這個簡單名稱更多一點令人讚歎的特質。很多不同背景的支持者都能感受到他這方面的努力。

赫徹特在紐約和好萊塢募款，貝爾格森則向美國政府爭取支持。國會眾議院提出了要求成立猶太軍隊的決議案；國務卿柯德爾・赫爾（Cordell Hull）表示支持；當時在海軍服務的艾德萊・斯蒂芬森（Adlai Stevenson）向海軍部長提出這個計畫；戰爭部次長也委派軍事專家研究這項計畫。美國政府對計畫的支持度一度飆升，之後卻開始下滑，因為當時美國錫安主義協會的領袖猶太教祭司史蒂芬・韋斯（Stephen Wise）和國會議員索爾・布盧姆（Sol Bloom）想把猶太軍隊的計畫掌控在自己組織手中，因此推動一項反宣傳計畫。其他各項募款和招募義工的計畫相當成功，卻造成很多負面宣傳效果。許多知名的美國猶太人擔心，如果支持一項違背英國政策的計畫，或批評美國羅斯福（Franklin Roosevelt）總統和國務院沒有積極尋求修訂巴勒斯坦移民配額，抑或譴責德國屠殺歐洲猶太人，都會被視為不愛國。

錫安主義者協會領袖反對建軍委員會的立場十分複雜。該協會在一九四〇年的匹茲堡（Pittsburgh）會議中達成一項立場，就是反對英國限制巴勒斯坦移民，並批評韋茲曼的政策；在此同時它的民族主義色彩變得更濃烈，也更為支持大衛・本古里安（David Ben-Gurion）。在一九四一年夏天他們受到廣泛批評，被指透過黨派宣傳把美國引向戰爭。在一九四一年十二月七日，日本偷襲珍珠港之後，這項指責變得過時，可是另一項指責又接踵而來。世界錫安主義組織（World Zionist Organization）一九三九年成立的錫安主義事務緊急委員會（Emergency Committee for Zionist Affairs）跟美國錫安主義協會一起要求推行猶太人動員計畫，隨著這些組織更激烈反對英國在巴勒斯坦的政策，它們也面對批評，被指稱傷害了同盟國的戰爭努力。當錫安主義領袖更積極向外界發聲，他們就要更謹慎，尤其得小心強調他們的成員不包括那些「不打算接納錫安主義運動權柄或政策的個人或團體」（這是錫安事務美國緊急委員會一九四二年三月的宣言所表明的）。[21]這方面的宣示，是為了令赫徹特等人領導的變節組織收聲，並把決策權保留在錫安主義領袖手中。

§

當鄂蘭和邁爾得知建軍委員會屬修正主義陣線後，便自行另組一個團體——青年猶太組織（Die jungjüdische Gruppe）。[22]一九四二年三月十一日，該組織的首次會議在新世界俱樂部的四十四街總部舉行。《建構》宣布舉行這次會議時，對該組織的立場和目的說明得很清楚。宣傳對象是「覺得對猶太民族的未來負有責任的人；那些相信過去的意識形態已經破產，而非常關切猶太政治能否發展出一種新的理論基礎的人；那些知道為自由而奮戰並不能由「名人」或世界革命分子領導，而只能由自己民族的自由戰士領導的人；以及那些真的準備為了自己認定為公義事的事而負上責任的人」。

這個組織號召的行動是建立猶太人軍隊，但理論上的討論就比較複雜。鄂蘭對「猶太政治新的理論基礎」踏出的第一步，就是準備在首次會議發表的一篇論文。在這篇題為〈政治基本理論問題〉的論文中，她提出了日後成為《極權主義的起源》、《過去與未來之間》、《人的條件》等多部著作的基礎的大部分問題；這些問題不僅適用於猶太人政治，也可用於一般政治。

鄂蘭和邁爾主持了第一次和其後的會議，但布魯曼菲德也是活躍的參與者和講者；扮演同樣角色的還有漢斯．佐爾基（Hans Zolki），這位律師後來為鄂蘭和布呂歇辦理戰後恢復身分的案件。鄂蘭在會議中的開場白，批判了過去提供虛假政治性世界觀的意識形態，也批判了預設某些歷史進程知識的未來願景；她指稱這些想法「都跟〔黑格爾所說的〕『世界精神』（*Weltgeist*）有密謀關係」。看來班雅明的〈歷史哲學散論〉在她內心產生了迴響，鄂蘭抗拒歷史唯物論、歷史主義、自由主義、社會主義，甚至錫安主義，只要其中有任何內容嘗試對未來作出預言。她堅持，自由和公義是政治原則，任何為自由和公義奮戰的人，不應對自己在歷史上的地位有任何錯覺，也不應該對人類有任何浮誇想法。在後來一次會議上，她以另一種方式強調這點，認為猶太人自視為「被挑選的民族」也會把他們引向失敗主義，又或引向一種危險想法，認為不管遇上什麼災難都能倖存。

隨著這個組織在一九四二年春天持續展開討論，它的主張也愈來愈清晰。雖然組織成員自認為是錫安主義者，但他們對錫安主義抱持很強的批判態度。對他們來說，巴勒斯坦是「猶太政治一個亮點」，卻不是猶太人唯一的救贖希望。鄂蘭和布魯曼菲德在這點上就有過爭論。但鄂蘭對問題的另一主要構想卻是兩人的共同看法，他們都認為「所有受壓迫的人都面臨雙重壓迫：壓迫力量同時來自敵人和自己的特權階級」。布魯曼菲德樂觀地認為錫安主義者有能力避開內部階級鬥爭，他也比鄂蘭更為相信美國猶太聯合救濟委員會（American Jewish Joint Distribution Committee）等組織有實際需要。但對於慈善家新貴的不信任，卻一直是他們的共同態度。

青年猶太組織繼續召開會議到一九四二年六月。可是他們對成立猶太軍隊的討論在一個愈來愈複雜的背景下進行。猶太巴勒斯坦恐怖分子在當地襲擊英國人和阿拉伯人，他們的領袖聲稱猶太人擁有約旦河以東的一片土地，但一九二二年的英國白皮書承諾把這片土地交給阿拉伯人。當支持猶太人建軍委員會被揭破跟這些恐怖分子屬於同一陣線，鄂蘭在《建構》中譴責該委員會，在一九四二年三月六日一篇文章中，她大膽地把修正主義者稱為「猶太法西斯」，並指稱他們欲成立軍隊，只是他們為了私利、控制這個錫安主義組織的更大規模計畫的一部分。這種評價太過極端，但在一九四二年春天逐漸明朗，美國錫安主義組織在圍繞著猶太建軍的較大問題上正在失勢。五月一個國際會議在比爾特莫飯店（Biltmore Hotel）召開，顯示錫安主義者之間的共識在轉移。

猶太教祭司韋斯召開這次會議，目的是提出一個迫切要求，尋求「世界各地猶太人的自由，以及根據勝利和平會議（巴黎和會）的構想最終在巴勒斯坦成立一個自由的猶太共和國」。[23] 韋茲曼儘管已因為英國拒絕認可猶太建軍而醒悟過來，但仍然認為猶太人在對抗希特勒的過程中要跟英國合作，不要違背英國的政策而要求建立一個猶太國家。可是大部分參加比爾特莫會議的代表都認同本古里安的熱切期盼：「一個猶太人的巴勒斯坦將會興起。它成為我們的苦難的永久補償，令我們的民族特質獲得公正對待。散居世界各地的每一個猶太人值得為它自豪，它也將獲得世界上每一個人的尊敬。」比爾特莫會議的宣言認同了這個期望，並支持本古里安的要求，促請英國把移民巴勒斯坦的控制權移交以色列猶太建國會。這個會議是美國錫安主義歷史的轉捩點。本古里安的猶太國家願景是美國錫安主義重大復興的催化劑。

鄂蘭跟邁爾一起加了比爾特莫會議，準備為《建構》撰寫報導。對鄂蘭來說，這個會議也是她與錫安主義的關係的轉捩點。她和邁爾都因為會議的高壓氣氛以及他們進入會場時所受的對待而大為震驚。他們被保安人員推擠，要他們出示身分證明文件。但令他們更焦躁不安的是辯論的結果。鄂蘭不是韋茲曼的支持者；她反對他嘗試與英國維持現狀的立場，尤其是對他輕蔑地提到「所謂的猶太軍隊」而感到冒犯。但她也同樣不願意接納本古里安要求在巴勒斯坦建立猶太國家的立場。

鄂蘭對比爾特莫會議上的兩種立場都不贊同。稍後浮現的另外兩種立場也沒有較令她滿意。美國支持猶太教協會（American Council for Judaism）一群改革派祭司完全否定建立猶太國家的號召，也否定所有「政治上的錫安主義」。鄂蘭認為這些所謂的「抗議祭司」只是在開倒車。[24]另一方面，她也不支持猶大．馬格內斯的立場：這位希伯來大學學者主張在阿拉伯聯盟成立一個雙民族的巴勒斯坦國，並把這種立場正式化，在一九四三年初成立了一個政黨。

§

在比爾特莫會議後，鄂蘭一邊繼續在《建構》鼓吹建立猶太軍隊，一邊嘗試表述自己的被遺棄者立場。她察覺到現有的團體都不會採納她的立場，但她覺得要讓自己的立場進入當前的討論，期待獲得一些思想不受領袖控制的人們認同。她相信美國的錫安主義者別具優勢，因為他們住在「具民主政治傳統的一片土地上」，他們從這個傳統可能領略到跟赫茲爾不一樣的想法，了解到反猶主義是「政治而非現象」，並可能了解她那個猶太革命民族運動的願景。她向美國革命的後人發出呼召。

鄂蘭對美國革命傳統的欣賞，以及她期望這種傳統能對美國錫安主義者的行動帶來影響，這樣的心態在她住在紐約的第一年裡一直在加強。她和很多難民很感激能受雇於布魯克林學院、哥倫比亞大學和社會研究新學院等向他們開放的計畫。他們賺到一點錢，也能參與一個教學論壇。對於自一九三三年起被摒諸大學門外的那些人來說，這彷彿是個奇蹟。鄂蘭一九四二年夏季學期在布魯克林學院向她的首批美國學生講授歐洲現代史課程，她記錄了當時的感激心情，並記錄在這個共和國中日常政治生活的驚奇。[25]一天她在課堂上講述德雷福斯事件，並根據報紙的報導，補記了一項註解：「幾天前，在紐約州一個較小社區裡發生了一件不平凡的小事，強烈地使我想起了德雷福斯事件。一所中學的高年級學生選舉學生代表，以絕大多數高票選出了他們當中唯一的一個日本人——

日本裔的美國人。這個日裔學生是個笨拙的人；沒有人注意他，他完全沒有能力擔當學生會會長，而他當選的唯一原因就是他的日裔背景。他的性格跟他扮演的角色毫無關係（鄂蘭認為，德雷福斯的性格也跟他扮演的角色沒有關係）。他感到很是尷尬。可是學生們就是想表明，沒有人應該因為屬於一個特殊群體而蒙受痛苦。他們根據公義原則行事。」當鄂蘭向美國錫安主義者發出呼召時，她根據的也是公義概念。

在一九四二年十一月二十日的《建構》專欄文章中，鄂蘭表明她的立場，希望能吸引反對比爾特莫宣言的錫安主義者。這是一系列題為〈錫安主義危機〉的詳細分析的第三部分。她號召錫安主義異議人士接納她的概念，首先認定巴勒斯坦不應該是英國殖民地，不是一個殖民帝國的一部分，就像一九一七年的貝爾福宣言（Balfour Declaration）所勾勒的構想。然後她請大家致力把巴勒斯坦建立成為戰後大英國協的成員，而不是一個獨立國家。她認為甘地在印度的做法提供了一個值得參考的例子。第二，她倡議建立一個戰後的歐洲聯邦，因為她認為這是讓巴勒斯坦獲得完全保證成為「猶太人定居地」的唯一辦法。最後，她呼籲在未來的聯盟中立法把反猶主義列為對社會所干犯的可懲處罪行。

這篇文章是鄂蘭在《就是你了》專欄最後一次執筆。在本古里安主張的那種錫安主義愈來愈受歡迎的氣氛下，鄂蘭的建議發揮不了作用。她的專欄在《建構》的下一期被另一個名為《錫安主義者論壇》的專欄取代，反映了當時的思潮大勢。

時代的重擔：最終解決方案出爐

驚恐的讀者從《建構》的每一期獲悉，這個時代變得愈來愈黑暗。十二月十八日的一期有一篇報導敘述了居爾拘留營展開流放行動的一天，列出了一長串流放者名字。正當包括鄂蘭的錫安主義者在奮力為戰後解決猶太問題尋求解決方案時，終於有新聞傳到美國，顯示猶太問題的一種殘酷得令人無法想像的「最終解決方案」在歐洲出爐。

《猶太人邊界》（*Jewish Frontier*）的編輯哈伊姆．葛林伯格（Hayim Greenberg）從世界猶太人大會獲得一些令人震驚的報告，他在該雜誌一九四二年十一月號刊出了報告的摘要，並在雜誌一月號迫切地以〈基督教世界必須採取行動〉為題談論這些報告。赫徹特利用同樣的報告，透過一九四三年二月號的《讀者文摘》（*Reader's Digest*）雜誌嘗試接觸更廣大的讀者。可是「基督教世界」不大願意相信這些報告，更遑論採取行動，而全國的新聞界也相當沉默。

赫徹特和布萊希特的合作夥伴作曲家柯特．懷爾（Kurt Weill），加上製片人比利．羅斯（Billy Rose）和導演莫斯．赫特（Moss Hart）以及一組演員和音樂家在麥迪遜廣場花園（Madison Square Garden）三月的開幕禮上準備了一場名為〈我們永不死亡〉（We Shall Never Die）的慶典。過去一年來跟赫徹特的獨立行動對著幹的猶太教祭司韋斯同樣在麥迪遜廣場花園籌辦了另一項名為〈馬上制止希特勒〉（Stop Hitler Now）的公眾集會，呼籲美國錫安主義領導者採取行動。在這兩項分別屬於官方與非官方的公眾活動舉行前的一個月，鄂蘭發表了幾次演講，促請對錫安主義危機提出解決方案。這些演講顯示，她自己對圍繞著歐洲集體屠殺報告的一片沉默十分憤慨，可是她也不願意支持錫安主義領袖的宣傳抑或赫徹特那種感性呼籲。她在紐約哈大沙組織的一個會議上說：「這是很多人知道的一項被反覆強調的事實：自從戰爭爆發以來甚或在戰前，一種陰謀式的沉默把發生在猶太人身上的苦難和損失掩蓋了。」[26]她沒有直指她認為參與陰謀的是誰，但她對錫安主義領袖的批評比以往更嚴厲。她說，以色列猶太建國會奉行一種姑息政策，「像所有其他國家的政治家，只不過沒那麼成功」。她採用了很多其後在《耶路撒冷大審紀實》提出的論點，把自己的看法和盤托出：

姑息政策始於一九三四年以色列猶太建國協會跟德國政府達成的轉移協議。繼之而來的是其他各國猶太人決定不會對他們本國政府與德國的關係施加影響，並決定在幫助德國猶太人的同時，不會談到是什麼事情導致他們需要援助。遠在姑息時期最終無可避免以全面戰爭作結之前，美國和波蘭猶太群眾的抵制運動已經逐漸消退。團結的最誠實表現，在幻想破滅和矇騙之下終結。如果我們的政客像其他國家的政客一樣，在姑息希特勒一事上沒有成功，那他們有另一種了不起而值得報導的成功，就是對義憤填膺、出於本能亟欲反抗的猶太人所施行的姑息。

鄂蘭抨擊錫安主義領袖。可是跟浮誇地訴諸感情而無理論可言的赫徹特不一樣，她沒有作出人身攻擊。她相信，「假如明天我們有全新的一個團隊推動我們的政治，天曉得事情是否會是同一個老樣子。」她反對的是錫安主義者繼續倚賴過時的政治概念和信念。

再一次地，而且是在困難得多的處境下，在充滿著哀傷、恐懼和憤怒的氣氛中，鄂蘭嘗試對錫安主義者的假設和政治取向從理論上作出批評。在一九四三年夏天和初秋她寫了一篇論文，題為〈猶太與阿拉伯問題能解決嗎？〉。《建構》在十二月分兩期刊登了文章，加上了一小段謹慎的編者按語：「儘管我們並不在所有細節上同意鄂蘭女士的看法，但由於猶太人目前的悲慘困難處境，有必要給所有意見提供發表園地，只要這些意見是誠實且立基於正當的理性思考。」[27]

喬治這段按語，顯示了鄂蘭的分析和建議跟一般看法水火不容。鄂蘭坦白地反對在比爾特莫會議之後那一年裡熱烈討論的兩項建議。第一項建議就是比爾特莫宣言本身：成立一個猶太人共和國，一個獨立自主的國家，人口中占大多數的巴勒斯坦阿拉伯人，被賦予少數民族地位。鄂蘭語帶諷刺地表示，這種民族主義解決辦法「將是民族國家歷史上的新猷」。而與此相關、更傾向於極端民族主義的修正主義解決方案，主張把阿拉伯人口移往別處，鄂蘭更是斷然譴責，因為這樣會涉及「法西斯主義式組織」。鄂蘭批評的第二項建議，是馬格內斯在比爾特莫會議之後隨即提出的。他主張成立雙民族國家，而猶太人會被賦予少數民族地位；這個國家又會納入一個阿拉伯國家聯邦，並與一個他稱為英美聯盟的身分含糊的政治實體有某種關係，而這個聯盟是扮演受保護國的保護者角色。

鄂蘭反對這兩項建議，是基於同一原因：兩者都把國家身分跟被賦予多數族群地位的民族等同起來。鄂蘭希望見到的是一個巴勒斯坦政治實體，其中沒有多數和少數族群的區別；因為這種區別所涉及的少數族群權利，在一九一八年針對中歐和東歐國家所訂立的少數族群條約也曾嘗試納入，結果很不成功，鄂蘭不希望見到它以新的化身重現。

鄂蘭對馬格內斯的方案還有另一個反對理由。她認為一個阿拉伯聯邦將「不外乎是一個掩飾下的帝國」。對英國帝國主義鼓吹者來說，這個聯邦會成為英國發揮影響力的管道，實現無名有實的殖民主義。而對掌權的阿拉伯家族集團來說，這也無異是一個阿拉伯帝國。「在兩種情形下，聯邦一詞看起來都是虛假的。」她再次從她對美國革命政治傳統的理解尋求支持：

> 一個眞正的聯邦是由不同而清晰區別的民族及其他政治元素所構成。民族衝突在這樣一個聯邦裡能獲得解決，正是因爲那個無法解決的多數與少數問題不復存在。
>
> 美國是這樣一個聯邦的第一次實現。在這個聯盟裡沒有一個州對另一個州有任何超乎其上的地位，所有各州一起管治這個國家。在另一種方式之下，蘇聯也解決了它的民族問題，也是透過廢棄俄羅斯帝國，並成立一個各民族平等的聯盟，不管成員的大小而一律平等。有別於大英帝國的大英國協，也可以被視爲另一個潛在的聯邦。[28]

鄂蘭建議巴勒斯坦成為大英國協的一部分，先決條件是大英帝國成功轉型為大英國協。她認為英國朝野對國協概念的支持，加以英國賦予印度自治領的地位，預示這種轉型是可行方向。

§

鄂蘭的獨特立場，使得她跟錫安主義者的任何可能行動完全斷絕了關係，她也完全無法發揮影響力。布呂歇的處境就比較令人滿意。他透過與國民士氣委員會的關係而取得兩個教席。他成為馬里蘭州李特奇營（Camp Ritchie）美軍訓練計畫的非軍職顧問，在這職位上給德國戰俘主持德國歷史研討班。然後他又獲邀參與普林斯頓大學（Princeton University）教務長克里斯純．高斯（Christian Gauss）監督下的另一個軍方訓練計畫，向說德文的美國軍官講授有關法國和德國軍隊的組織與結構。在這些崗位上布呂歇展現了他的演說和教學才能，讓他次年在紐約市找到了更好的工作：他獲聘為美國國家廣播公司（NBC）廣播電臺德文新聞播報員。播報工作沒那麼有趣，也要撰稿——這對他來說向來是苦差——可是他期望從這些工作發展出一些概念，用於將在他和鄂蘭人生占據中心地位的一項計畫。當鄂蘭在《建構》的工作快要結束而正找尋另一份工作時，布呂歇和鄂蘭就對他們一直以來想寫的一本書提出了初步大綱。

《極權主義的起源》一書是鄂蘭和布呂歇在人生最絕望的一段日子裡構想的著作。一九四三年最初幾個月從歐洲傳來的新聞令人難以置信。很多年之後，鄂蘭回想這段時間，以及當時希特勒的猶太問題「最終解決方案」相關報導在她內心引起的反應：

最初我們不相信。儘管我的丈夫總是說我們不應該把任何事排除〔在納粹的作爲之外〕。可是我們還是不相信，因爲這在軍事上沒有必要，根本毫無需要。我的丈夫曾有一段時期是軍事歷史家，他對這些事情有點認識。他說：「不要聽信任何這些童話故事，他們不會這樣做。」半年之後，事實獲得證明，我們最後相信了。在此之前，你會跟自己說——畢竟，我們都有敵人。這是相當自然的。一個民族又怎會沒有敵人？但這是不一樣的。這實在就像那個萬丈深淵裂開了。因爲我們總是懷抱著希望，相信所有其他事情有一天會從政治上獲得改正，所有事情會重回正軌。但這卻不會。本來就不應該讓它發生。我不是說受害人的數目，而是施害的方式，這是死屍製造工場——我不用說得更詳細。本來就不應該讓它發生。而對於所發生的事，我們沒有人能夠讓自己調適過來。至於發生在我們自己身上的事，我只能說世事有時就是艱難的；我們十分貧困，我們受迫害，要逃亡，有時要使詐脫身——世事就是如此。可是我們年輕，有時候甚至還有點樂趣。可是那卻不能這樣說。不，那不是這樣。那是完全不一樣的。在個人層面上，任何其他事我們都處理得來。[29]

他們的生活繼續下去。他們去工作，掙扎著。可是即使他們到河濱公園（Riverside Park）散步，去找點樂趣，享受那和平的環境時，他們腦海中歐洲所發生的事，本來不應該發生的事，總是揮之不去。鄂蘭在公園寫詩。這首無題詩寫於一九四三年：

從過去那潭靜水中冒起——
這許多的記憶。
迷霧中的身影牽引那束縛著我的渴望之環
那圍繞著、誘惑著我的，走向他們的目標。

死人，你想要什麼？你在冥府沒有家，沒有棲身之所嗎？
這是最後深沉境界中的和平？
地水火風是你的僕人，彷彿一個神祇，
有力地，支配著你。而召喚著

叫你從靜水、沼澤、荒野、池塘起來，
把你集合起來，整合了起來。
微光中你在發亮，以霧遮蓋了活人的天地，

嘲笑那正在轉暗的「不再」。

我們去玩，擁抱著，笑著，握著
往日的夢。
我們也對街道、對城市生厭了，還有那迅速
變動著的孤獨。

那些划著的小船，載著相愛的愛侶，像珠寶
在林地中的池塘上，
我們可以悄悄混進去，隱藏、被包覆在
那迷霧般的雲，它將不久

披在大地上，在河岸、在灌木叢、在樹上，
等待正來臨的風暴。
等待著——從霧中，從雲中樓閣，從傻念頭與夢——
那旋轉著、升起來的風暴。

鄂蘭和布呂歇一起走著，互相扶持。他們經常在公園漫步，獨自思考和談論周遭世界發生的事。鄂蘭在〈哈德遜河畔公園〉（Park on the Hudson）一詩中描寫了另一次漫步的情景。這首詩是田園詩風格，但在最後一行，我們預見了將出現在《極權主義的起源》的語句——「我們這個時代的重擔」。這是他們在漫步中考慮著要寫的書，而這個語句後來用為這本書英國版的書名：

漁夫靜靜在河裡捕魚。
　一根樹枝孤獨高掛。
駕駛人盲目在路上駕駛，
　不安地，要去安靜下來。
小孩在玩耍，母親在呼喚。
　永恆近在咫尺。
一對愛侶走過
　背負著時代的重擔。

對鄂蘭所說的民族，也就是對猶太人來說，歐洲的家園在一九四四年就永久失去了，這就是第一首詩所說的「不再」。而歐洲未來會出現什麼，那個「未然」，卻是無法想像的。巴勒斯坦未來會出現什麼，也無法知曉。在錫安主義者社群裡沒有立足點，鄂蘭就不能為她的民族有任何實際行動。面對這方面的欠缺，她很感激能有一個機會跟政治上沒有歸屬的團體謀劃未來。她找到了在美國的第一個全職職位：在猶太關係諮議會（Conference on Jewish Relations）擔任研究總監。

這個機構後來改稱猶太社會研究諮議會（Conference on Jewish Social Studies），在一九三三年四月由美國最受尊崇的兩個猶太學者薩羅．巴倫和莫理斯．拉菲爾．柯恩（Morris Raphael Cohen）倡議建立。一九三六年正式成立的大會由愛因斯坦（Albert Einstein）擔任主席，演講者除了巴倫和柯恩，還包括哈羅德．賴斯基（Harold Laski）和亨利．摩根索（Henry Morgenthau, Sr.），他們發起了一項募款行動，募得款項讓該會能夠在一九三九年贊助出版《猶太社會研究》（*Jewish Social Studies*）。這份期刊是該會原來目標的重要一環：為「猶太人在現代世界裡的地位」提供資料，以抗衡納粹的惡意反猶宣傳。

在一九四〇年代初，出版商邵肯詢問巴倫，這個諮議會能否以顧問身分跟希伯來大學合作。該大學在蒐集意見，希望了解有什麼辦法可以挽救那些經歷最初幾年戰爭而倖存的歐洲猶太人藏書。做為回應，諮議會成員成立了歐洲猶太文化重建委員會（Commission on European Jewish Cultural Reconstruction），而鄂蘭在一九四四年負責督導的就是這個委員會的工作。跟她一起工作的有委員會首任監督約書亞．斯塔爾（Joshua Starr），以及負責編列一份書目的一組職員。這份書目名為「軸心陣營占領國猶太文物初步清單」，在一九四六到一九四八年分四次刊登在《猶太社會研究》。委員會的任務是確定怎樣能把代表猶太文化遺產的書籍從歐洲各地拯救回來，並送到一個新家。

為了編列這份書目，鄂蘭和他的同事訪問了曾任職於歐洲各地圖書館、學校和博物館的猶太難民。他們其中一份主要文件，是法蘭克福市立圖書館所編的私人收藏手稿目錄；提供這份目錄的圖書館員，因納粹在一九三三年頒令禁止猶太人任職公務員而中斷生涯，把這份目錄帶走了。其他難民也透過筆記和記憶提供了資料，但這些資料仍然得跟納粹把文獻充公和轉移其他地點的相關資訊聯繫起來。

在一九四〇年，阿爾弗雷德．羅森堡（Alfred Rosenberg）和一個名為黨衛隊特遣部隊（Einsatzgruppe Reichsführer）的納粹專責小組到被占領歐洲各國的猶太文化機構徹底搜索，然後在法蘭克福建立一個有關猶太人和猶太問題的檔案館。羅森堡的行動比之前另一項類似行動更進一步：那是以慕尼黑為基地的猶太問題研究中心（Institut zur Erforschung der Judenfrage）在著名歷史學家華特．弗蘭克（Walter Frank）督導下進行的活動，跟德國各大學的研究中心有所聯繫。可是在羅森堡這個文獻檔案館的建立過程中，只有部分文獻送到了法蘭克福。最有價值的文獻則送到柏林，由艾希曼監督下的一個特殊祕密警察部門接收。

鄂蘭在準備初步書目時研究了這種複雜情況，後來把研究結果用於《極權主義的起源》，用以說明極權統治的其中一種主要手段，就是公務部門和專門機構的操控。「沒有一個舊有的機構被廢除，因此一九四四年的處境是這樣的：在大學歷史系背後以威嚇姿勢站著的，是具更大實權的慕尼黑研究中心，後面高高在上的是羅森堡在法蘭克福的機構，而隱藏在這三個機構背後並受它們保護的，是真正的權力中心——黨衛隊國家安全部（Reichssicherheitshauptamt），是祕密警察的一個特殊部門。」[30]為準備這份書目所做的研究，因此給鄂蘭提供了有關極權政府像洋蔥一樣的層層疊疊結構的一項最初洞見。這份書目也向委員會提供了談判基礎，讓它能展開挽救倖存歐洲猶太文物的工作。

猶太文化重建組織在一九四八年成立後，鄂蘭成為執行總監，並一直在這個職位上到一九五二年。她在一九四九到一九五〇年間在歐洲停留了六個月，在她領導下的行動最終搜羅到一百五十萬冊希伯來文獻和猶太文獻、數以千計禮儀和藝術器物，以及超過一千卷猶太教法律。根據一九四五年的同盟國協議，戰時散失的文物如果來源國是可知的話，就要歸還原本國家，屬於個人的文物也要物歸原主。除此以外無法歸還的就分配給以色列、歐洲和其他西半球國家的猶太機構。

對鄂蘭來說，在猶太文化重建組織的工作，在戰爭後期最可怕的歲月裡給她帶來了一些安慰。可是為猶太文物找到一個家，並不能減輕她自己面對的無家感。她渴望重得的是那個失落的歐洲。她其中一首最簡單、最哀傷的詩寫於一九四六年，取材自里爾克的著名詩句：「有家的他是幸運的」：

悲傷像心裡閃現的微光，
黑暗是夜間展開搜索的亮光。
我們只要點燃小小的、哀傷的火焰
就能找尋回家的路，像影子，穿越那又長又寬的夜。
那樹林、那城市、那街道、那樹木都發亮。
有家的他是幸運的；他在夢裡仍看到它。

安慰

鄂蘭對保存猶太文化的貢獻還有另一面。她在一九四四到一九四六年間為歐洲猶太文化重建委員會做研究，一九四九到一九五〇年間為猶太文化重建組織展開在歐洲的工作。在這兩段日子中間那幾年，她接受了邵肯出版社新近設立的紐約總部的資深編輯職位，接替因心臟病突發致殘的前任資深編輯馬克斯．史特勞斯（Max Strauss）。她這個崗位是一個交流中心：來往的有作者和編輯、說德文的朋友以及後來的美國朋友。鄂蘭在戰後新世界的第一年裡，藉此認識了她那個流亡者圈子以外的更大天地。

邵肯和鄂蘭在柏林時就透過布魯曼菲德而相識，來到紐約以後重新建立起友誼。在雇用鄂蘭做編輯之前，邵肯也曾在幾項計畫上諮詢她的意見。鄂蘭也向他推薦班雅明尚未出版的手稿，還有法國錫安主義者本納・拉薩爾一輯著作；鄂蘭有關被遺棄者和新貴的說法，就是取自拉薩爾。拉薩爾的一部著作在一九四九年出版，題為《約伯的糞堆》（*Job's Dungheap*），由鄂蘭擔任編輯並寫了引言。邵肯始終沒有出版班雅明的著作，但舒勒姆獻給班雅明的《猶太神祕主義的主要趨勢》一書，鄂蘭有機會在邵肯編輯出版了第二版。她在邵肯最花時間、最艱鉅的一項任務，就是編輯卡夫卡《日記》的德文版。卡夫卡的朋友馬克斯・布洛德（Max Brod）把他的日記整理好準備出版，可是他的工夫很馬虎，幾乎每一頁都要翻看原稿查證。雖然這項任務十分吃力，鄂蘭卻甘於奉獻心力；多年來她一直對卡夫卡很感興趣，她在《黨派評論》（*Partisan Review*）所寫的第一篇文章就是〈卡夫卡：重新評價〉（一九四四年秋季號）。

鄂蘭對於在邵肯出版社工作有所保留，因為她以往提出的一些計畫，跟邵肯都有很多爭議。可是她對邵肯的尊重，還是多於那些為邵肯工作的較年輕的人。「老一輩有錢的人，」她告訴布魯曼菲德：「仍然對文化事物感到有一種責任，這是年輕一代的有錢人所欠缺的。」[31] 邵肯為人也是不好相處。「你必須知道，」鄂蘭警告一個潛在客戶：「雖然他是個出版商，但他其實不愛出版。」[32] 可是鄂蘭對於這位她口中的「猶太俾斯麥」，還是抱著一種帶有調侃意味的尊重，也學懂了怎樣在他面前應對進退。[33] 鄂蘭從一位朋友處獲得了很多有關出版商和出版業的有用忠告，他就是萬神殿圖書公司（Pantheon Books）的柯特．吳爾夫（Kurt Wolff），他這家圖書公司是流亡人士創辦的最重要出版社。吳爾夫和他的妻子海倫成為了鄂蘭和布呂歇「部落式」朋友圈子的成員，對鄂蘭提出的出版建議總是樂於聽從。

由於邵肯與作者打交道的特殊方式，鄂蘭因而在很刺激的情況下結識了一些人。詩人艾略特（T.S. Eliot）到出版社跟邵肯和他的兒子洽商，鄂蘭因而碰上了他。她被邀請以祕書身分參加會議。看著艾略特受到的對待像一個前來推銷的業務員，她只能驚慌無助地坐著默不作聲。邵肯父子沒有把握機會讓艾略特成為出版社的作家，只是支吾以對，然後很突兀地結束了會議，只是說「我們會想一下」，並說要趕赴另一個約會而表示歉意。艾略特倒是一派尊嚴，站起來反客為主送邵肯到門外，當父子倆一臉茫然走出去時還給他們鞠躬行禮。艾略特轉過頭來跟尷尬不已的鄂蘭說：「不錯，現在你和我可以好好談一下了。」他們真的好好地談了起來，鄂蘭後來整篇整部的讀了艾略特的詩、劇作和散文，這向來是她對文學界新相識表示讚賞的方式。

不愛出版的出版人邵肯，也沒有把握機會出版藍道．賈雷爾翻譯的德文詩。賈雷爾一九四六年時住在紐約，替代平日擔任《國家》雜誌書評編輯的瑪格麗特．馬歇爾（Margaret Marshall）。此前一年，馬歇爾在《國家》雜誌討論了鄂蘭〈有關「德國問題」的取向〉（Approaches to "The German Problem"）一文（刊於《黨派評論》一九四五年冬季號），把它譽為「我曾讀過的對德國和歐洲問題的最佳評論之一」。鄂蘭受邀投稿《國家》雜誌，評論萊莎．馬利丹（Raissa Maritain）

的《恩典中的歷程》（*Adventure in Grace*）。

這篇書評的筆法是鄂蘭後來的典型寫法：只稍為提到一下要評的那本書，其餘則是長長的一般討論。以〈基督教與革命〉為題的這篇書評，是對法國新天主教思潮的綜覽，涵蓋範圍自法國行動黨的反民主「半吊子式法西斯主義」，以至民主的、反中產階級的政論家像夏爾・貝璣（Charles Péguy）和喬治・貝那諾斯（Georges Bernanos），還有英國的切斯特頓（G. K. Chesterton）。[34] 這項綜覽確立了一個背景框架，其中可窺見新聖奧思定主義者沙克・馬利丹（Jacques Maritain）是一個例外，鄂蘭談到這位既非新聞工作者也非政論家的不同之處：「那些哲學家的情況就稍有不同，稍為尷尬。……馬利丹要尋找的是一種確定的認知，可以把他從世界上各種複雜混亂景況中引導出來——在這個世界裡如果有人嘴邊掛著「真理」一詞，就不曉得他在說什麼了。」鄂蘭仰慕馬利丹，在田立克的牽線下曾跟他有一面之緣：她曾傳給他一篇在《建構》所寫的書評，談的是馬利丹的《救贖這個時代》（*Ransoming the Time*），也傳給他〈從德雷福斯事件到今日法國〉一文；但鄂蘭對於他尋求所謂真理感到尷尬，因為在她看來，這是非哲學性的。「關乎真理的哲學一直以來或許始終是「博學的無知」——因為十分博學而十分無知。」這最後一句話，我們可以想像，說不定賈雷爾會把它剪下來放到錢包裡；當遇見世間上那很多不學無術卻自認無所不知的人時，便可以用來保護自己。

讀過賈雷爾的詩和評論或聽過他談話的任何人，都會對他的博學為之驚歎。可是在賈雷爾眼中，這只不過是無知的茫茫大海中的一艘小木筏。當他遇見鄂蘭，對方集歐洲教育的精髓於一身，這是他自己沒有的，他的木筏看來就更小了，而鄂蘭則像片可以停靠的岸。鄂蘭讀他的詩，他信賴她讀後的看法：「其他人談到我的詩時，總沒有你說的那麼令我高興，」他告訴鄂蘭。[35]

他在《國家》雜誌工作而鄂蘭任職邵肯出版社時，兩人會在商務午餐碰面。鄂蘭在一九四六年給《國家》雜誌寫了五篇短文，其中她首次熱情地談到法國的存在主義，還有就是書評，包括賀曼・布羅赫的《維吉爾之死》（*The Death of Virgil*）和羅勃・基爾伯特的《我的韻你的韻》（*Meine Reime Deine Reime*）。賈雷爾採用了這些文章，並且做了鄂蘭所說的「英文化」工夫。另一方面，鄂蘭則改正了賈雷爾的德文詩英譯，有時把詩粗略改寫成散文讓賈雷爾由此再作翻譯，又引導賈雷爾閱讀她最愛的幾個詩人，包括歌德、里爾克、海涅和賀德林（Friedrich Hölderlin）。她嘗試遊說那位「猶太俾斯麥」出版賈雷爾的海涅詩英譯，卻未能成功。

鄂蘭對賈雷爾的翻譯十分讚賞。她鼓勵對方改善他的德文——她後來也同樣地勸告詩人朋友奧登，並獲得同樣結果。「哎呀！」賈雷爾抱怨：「我的德文一點兒都沒變好：如果我翻譯，又怎麼有時間學德文？如果不翻譯，德文就會忘掉。」鄂蘭是個較佳的學生。賈雷爾離開紐約後，不時去探望鄂蘭和布呂歇，向鄂蘭介紹現代英文詩人，包括奧登、愛蜜莉・狄瑾蓀（Emily Dickinson）和葉慈（W. B. Yeats），他們都成為了鄂蘭最愛的英文詩人。他又在鄂蘭面前把詩朗讀出來，讓鄂蘭當時還不很有決斷力的耳朵聽一下英文的節奏和韻律，而他們兩人都樂此不疲，追蹤著自從他們首次見面以來鄂蘭的英文有多大進步；他們初相識時，鄂蘭還因為對方的姓名聽起來像兩個姓氏（「藍道」和「賈雷爾」）而感到迷惑。

鄂蘭和賈雷爾之間發展出一種彼此都珍惜的緊密關係，這是來自共同品味和良好判斷力的緊密關係。當鄂蘭讀完了賈雷爾的〈詩人的隱晦〉（The Obscurity of the Poet），就寫信告訴他，她「在一整個世界的敵對者之中產生了令人狂喜的同感」。他回答說：「我見到你時就總有這種感覺。有人談到另一人說『當那人仍活著我在這個世界上就不會孤獨』，我相信我對你的感覺就是這樣。」賈雷爾並不孤獨，不過他經常由一個地方搬到另一個地方，停下來時只是「駐地作家」的暫時身分。「我實在掛念你。這個春天你肯定要來伊利諾州，可以嗎？把載著神聖契約的櫃子帶來，也許帶到伊利諾州開羅市一家圖書館。」

可是鄂蘭沒有離開紐約。事實上，她幾乎沒離開她的書桌——不管是出版社的書桌還是西九十五街公寓房間裡擠到一角的小書桌。她不停寫作：午飯時間、晚飯後、深夜時分，所寫的文章她希望整合到《極權主義的起源》裡，還有數十篇書評。在她的書評和編輯工作中，她肩負了另一項文化重建任務：向美國知識界介紹當代歐洲文學和哲學。當時即使像《黨派評論》這樣的圈子裡的可敬成員，也可能在派對上問她說，「法蘭西斯」（Francis，應該是Franz）卡夫卡是誰；鄂蘭致力對這個他們所未知的歐洲世界作清晰簡單的介紹。德文極度需要文化上的大使；面對當時對所有德國事物都不信任的美國人，這位大使要把德國文化寶藏呈現在他們眼前。鄂蘭質疑德國還有沒有能力再產生偉大作家，因為十九和二十世紀初在文學上展現最大創新力量的德國猶太族群已被消滅；不過，她仍然希望美國人樂於接受殘存的德國遺產。在為《極權主義的起源》所做的初步研究中，她向讀者展示了不大為人所知的猶太人的成就，包括范哈根、海涅和拉薩爾等人。她給這些被遺棄者的後人留下文化史上的一席之地。面對她和雅斯培所說的「德國的終結」，這樣做總算能帶來一些安慰。

§

鄂蘭與詩人邂逅的豐收年份是一九四六年。在戰爭期間詩給她帶來安慰，戰後從戰爭創傷中緩慢復元過來的歲月裡，帶來安慰的則是詩人。她開始在邵肯出版社工作前就遇上了詩人暨小說家布羅赫，彼此一見如故。隨後他們經常見面，鄂蘭在一九四六年寫信給布魯曼菲德時說，這份新的友誼是「自從你離去後最美好的事」。[36]

那次幸運的邂逅，是由安瑪麗・邁爾葛拉夫（Anne-Marie Meier-Gräfe）安排，鄂蘭曾在紐約碰上過布羅赫的這位情婦。邁爾葛拉夫是德國一位著名藝術史學家的遺孀，她的朋友通常叫她布斯奇（Buschi），她跟布呂歇一樣是柏林人。她和布羅赫在維也納相識，她的公寓刻意布置得一片昏暗，喚起戰前維也納的感覺。公寓裡放滿的紀念品，代表的那個世界是鄂蘭從不認識的，就只透過史蒂芬・茨威格（Stefan Zweig）的自傳《昨日世界》（*The World of Yesterday*）曾稍稍瞥見。但鄂蘭在這個公寓裡碰上的人，卻跟茨威格或他「同時代的名人」不一樣；那些名人是茨威格在他的文學聲譽攀至高峰的「安穩黃金時代」裡熱中地記錄下來的。一九三三年的事件，令素來不理政治的茨威格驚惶失措；就像鄂蘭在一九四三年所寫的茨威格自傳的書評所說，「自己安樂置身其中」的那個世界被摧毀了。[37]這些希特勒橫行的歲月，「夷平了……那些把生命奉獻在藝術盲目崇拜之上的少數自鳴清高人士的『專屬用地』；摧毀了……那比萬里長城更有效地把凡夫俗子區隔開來的藩籬」。鄂蘭在威瑪共和時期就已鄙視的文藝界精英世界，布羅赫也早在希特勒得勢前已經感到厭惡不堪，他把那個時期的維也納稱為「倫理真空的都會」。

鄂蘭這段友誼的開端，是她給布羅赫《維吉爾之死》所寫的書評。賈雷爾把鄂蘭那篇句子冗長的德文風格的英文稿，「翻譯」為同樣句子長但漂亮的英文。賈雷爾又鼓勵鄂蘭對布羅赫的作品寫一篇更長的評論，交給他老師約翰·柯勞·藍森（John Crowe Ransom）所主編的《凱尼恩評論》（*Kenyon Review*）刊登。鄂蘭不負所託，在布羅赫的《夢遊者》（*The Sleepwalkers*）於一九四八年重出英文版後完成了任務。她較早的那篇書評彰顯了與布羅赫的友誼以及對他的尊敬，認為他的寫作天地是在「過去與未來之間」：

> 普魯斯特是對十九世紀世界最後、也是最美麗的告別。當告別和悲傷的愁緒令我們難以抵受，我們就會一再回到他那些以「此情不再」的調子譜成的作品。另一方面，卡夫卡只在某程度上

是我們的同時代人。他就像從遙遠的未來的一個視點寫作，彷彿只能在一個「未然……」的世界裡才感到自在。布羅赫的作品……的一些元素，就像普魯斯特和卡夫卡之間那些失落的聯繫，介乎一個我們無法尋回的過去，以及一個我們還未能抓住的未來之間。……這本書……嘗試跨越「不再」與「未然」之間那個虛空的鴻溝。這道鴻溝十分實在，因爲自那決定未來命運的一九一四年之後，這道鴻溝一年比一年變得更深更可怖，直到在歐洲心臟建立起的死亡工廠決然切斷了儘管已破損而仍然把我們跟那存在逾二千年的歷史實體連結的繫帶；也因爲，我們已經活在一個「虛空」之中，沒有對世界和人類的既定傳統看法，能夠洞燭我們面對的現實——儘管我們內心還是珍視那個傳統。因此，我們必須對竭力抓住這個主題的偉大詩篇，致以深切謝意。[38]

鄂蘭尊敬布羅赫，可是她從來不覺得能夠了解他。令她驚歎的是，在阿爾弗雷德．克諾夫（Alfred Knopf）出版社同意和他簽約出版他的小說《誘惑者》（*Der Versucher*）之後，他把已經完稿的小說重新修訂了一遍，「經過『提煉』的文字，簡練而精純，華美生動至一字不易」[39]。要不是他因為缺錢而答應出版這部小說，才不會對小說作出修改，因為他認為小說本來就是完全多餘的。鄂蘭能夠了解他內心的衝突，但她仍然感到困擾的是，布羅赫本性上的根本特質——他無私地幫助他人的倫理承擔——令他把文學擱在一旁，視之為無用之物，屬於一種對這個世界過度主觀而不充分的回應。布羅赫過世後，鄂蘭在為他的文集所寫的引言中，如實記錄了布羅赫如何放棄了文學，以及如何尋求一種系統哲學，盼能給人類提供一種「腳踏實地的絕對」理念，引導人類過著獨立、無私的生活。她沒有質疑或批評布羅赫的轉向，只是指出他嘗試建構的系統在基礎上是如何艱困，特別是這位藝術家把行動等同於做點事或做點東西。她知道不可能公開質疑布羅赫的倫理承擔，即使他和文學為此要付出如此大的代價。在私下談話中，鄂蘭總是說命運之神在布羅赫盡力幫助朋友的歲月裡，只一次善待了他：他跌倒而送醫治療，因此不能到處奔波為移民施以援手，給他們提供忠告以至送餐。

鄂蘭自己沒有倚賴布羅赫的援助和體貼照顧，但她了解對有需要的人來說，這種倚賴代表了什麼。她寫信向布魯曼菲德講述了布羅赫的為人後，羞怯地承認她倚賴的是一個類似的人：「我總是倚賴，而且僅是倚賴那位先生的洞察力、善意和絕對獨立於所有人和事的作風（我真的不應該這樣談到自己的丈夫，『這輩子只此一次』）。」[40]她從布羅赫身上認出了布呂歇所擁有的那些令她受益無窮的特質。

布羅赫除了特立獨行，同樣令鄂蘭驚歎的是他對女性的喜愛。他是徹頭徹尾吸引異性的男人：富魅力、謙遜、舉止優雅，還有發自內心的禮貌表現。鄂蘭對於布羅赫擄獲那麼多女性的心毫不驚訝，但令她困惑的是，布羅赫很樂於面對無可避免而引起的尷尬糾葛。她經常跟她和布羅赫的共同朋友羅勃．皮克討論此事，這位克諾夫出版社的編輯助理跟鄂蘭不一樣，對於布羅赫這種冒險行為見怪不怪，甚至在很罕見很勉為其難的情況下，扮演這位登徒浪子的僕人角色。當布羅赫嘗試把鄂蘭列為他身邊的女性追隨者之一時，鄂蘭的反應令皮克大吃一驚，較諸他對布羅赫的不智行為更為驚訝。鄂蘭一方面覺得布羅赫難以抗拒，一方面她的婉拒方式像布羅赫一樣的瀟灑：「賀曼，讓我成為例外吧。」

在鄂蘭說出這句瀟灑的婉拒話語前，早就是布羅赫的一個例外。布羅赫每次晚上跟鄂蘭見過面之後，都會在皮克面前搖著頭喃喃抱怨：「絕不應該讓任何一個人知道那麼多！」每次見面，鄂蘭在威嚇著他，布呂歇充滿激情的政治辯論嚇怕了他。「布呂歇總是大叫大嚷。」跟布羅赫同樣是文質彬彬的維也納人的皮克，對這位狂野的柏林人有這樣的評語。不過，布羅赫跟鄂蘭和布呂歇都建立起一段緊密友誼。

布羅赫在一九五一年過世後，鄂蘭幫忙處理他數量可觀而相當混亂的遺稿。她花了一段時間跟邁爾葛拉夫一起在布羅赫位於新港市（New Haven）的工作室整理他的遺稿，其後捐給了耶魯大學。可以出版的著作後來送到瑞士，由萊茵出版社（Rheinverlag）編成全集出版。鄂蘭為兩冊的文集撰寫引言，很花時間跟心力。她把寫成的稿子傳給布魯曼菲德過目，並警告說：「你可能跟自己下評語說，我的引言是隔著一段距離而寫的。這是友誼上的道義。我所勾劃或嘗試勾劃的他的思想，對我來說有點格格不入。這一點他也知道，但他信賴我的忠誠，這是不簡單的一回事，尤其對一位詩人來說。我竭盡我的理解力與良心來做這件事。但我克制著沒說出我的真正想法。」[41]她的真正想法就是，文學上的損失沒有帶來哲學上的得益；但跟友誼相比，表達這種想法倒是不那麼重要了。在布羅赫過世後，鄂蘭給他致上的敬意，就是施以像他一樣慷慨的援手。

§

除了投稿於賈雷爾參與編輯的《國家》雜誌，鄂蘭在一九四〇年中期也投稿到《黨派評論》、《社評》（*Commentary*）、《燈臺學刊》（*Menorah Journal*）和《猶太人邊界》等多份雜誌；透過這些雜誌的主編，鄂蘭在紐約的朋友圈擴大了。她在邵肯出版社的同事，包括厄文．豪（Irving Howe）、內森．葛拉塞（Nathan Glazer）和馬丁．葛林堡（Martin Greenberg），也介紹朋友給她。她終於遇上了一直想見的人，像阿爾弗雷德．卡辛。卡辛和鄂蘭的名字在一九四四年被輕蔑地相提並論，當時他們都被指涉為同樣的明顯例子，體現了「在哀傷喪氣時代出現的自我苛責趨勢」。[42] 鄂蘭惹來這方面的批評，是因為她在寫茨威格自傳的書評時，質疑猶太精英主義和政治短視。在戰時和戰後初期，鄂蘭通常可以遇上政治信念跟她相近的美國猶太知識分子，能以認同態度閱讀她的文章。在一九四八年之後氣氛開始轉變；在猶太民族主義時代，她不大能夠贏得友誼和忠誠對待。

戰後，鄂蘭開始參加社交聚會和討論會，參與者的是鬆散組合起來的同道人，包括紐約的文化人和主要是左翼的猶太人。她對於這個新組成的圈子感到興奮，也有點不知所措。「有時我給壓垮了，」她對布魯曼菲德說：「因為遇上那麼多人，他們的名字和臉孔在一片混亂中漂浮在我身邊。」[43]她跟這些新朋友很快取得政治上的協調，她在歐洲朋友面前對這群人大加稱讚，說他們沒有狂熱態度，不把成功奉作神明，而所用的文學語言是很多不同信念和不同背景的讀者都能接受的。可是儘管她對這些新朋友讚譽有加，在戰後那些感情激動的歲月裡很容易產生誤會。其中的一次誤會，就讓鄂蘭和瑪麗·麥卡錫的友誼遲了好些年才建立起來。

她們兩人結識於一九四四年。鄂蘭一如既往，會閱讀新結識朋友所寫的任何東西。在相識後翌年，她很欣賞對方一九四二年出版的《與她為伴的人》（*The Company She Keeps*）。可是這方面的欣賞之情，卻無法制止她因誤會麥卡錫一句話而大發雷霆。一九四五年春天她們參加《黨派評論》編輯菲利普·拉夫舉行的一個社交聚會，那是在羅斯福總統突然過世後不久。麥卡錫跟她們的一群共同朋友談到法國人對德軍占領巴黎的態度。她說為希特勒感到遺憾，因為他竟然期望獲得他的受害人愛戴。鄂蘭聽了火冒三丈：「你怎麼能跟我說這樣的話——什麼希特勒的受害人，我曾被關在集中營啊。」麥卡錫道歉並嘗試解釋，但鄂蘭充耳不聞。「我溜走了，」麥卡錫回憶說。可是鄂蘭繼續向拉夫抱怨：「你怎麼能讓這樣的對話在你家中出現——你還是個猶太人嗎？」

兩人的和解在幾年後出現，當時她們跟一小群人和德懷特·麥克唐納討論他所主編的雜誌《政治》（*Politics*）的未來去向。一次開會後的回家路上，鄂蘭和麥卡錫站在空蕩蕩的地鐵月台，鄂蘭主動聊了起來，在討論中她們往往成為意見不同的少數兩人：「我們的想法那麼相近。」麥卡錫終於有機會對那句被誤會的話作出解釋，而鄂蘭也承認她根本從未被關在集中營——那只是拘留營。

不久後，鄂蘭讓她們之間新達成的理解穩固下來，她看了麥卡錫《綠洲》（*The Oasis*）[44]一書而給對方送上讚美之詞，說「它是真正的瑰寶」。這時麥卡錫正需要這樣的讚賞。這本書引起很多批評，《黨派評論》一個圈內人認出書中一個人物是影射自己而考慮控告作者誹謗。就在這一刻，麥卡錫和她的丈夫鮑登．布洛德華特（Bowden Broadwater）獲邀，擠進鄂蘭和布呂歇在九十五街那個小小的公寓共進晚餐。

麥卡錫後來成為了鄂蘭和布呂歇最親密的朋友之一。她在鄂蘭的美國朋友之中屬於少數的例外，這是說，當鄂蘭面對的朋友不是從青年時代就認識，或不能令她聯想起青年時代那種氛圍（就是德國文化的氛圍，空氣中宛如飄盪著歌德的詞句），鄂蘭就會感到羞怯，只有少數例外。麥卡錫有一種特質是超越文化差異的。麥卡錫在一九五九年申請古根漢基金會（Guggenhiem Foundation）的撥款時，鄂蘭寫信支持，提到了這種特質。她首先提到了顯然可以在麥卡錫身上看到的「諷刺才華」，接下去再解釋這種才華根本上來自於什麼特質：「把她跟其他諷刺作者區別開來的，就是在提出所發現的問題時，那個觀點和驚異之情，就像童話故事〈國王的新衣〉中那個發現國王沒穿衣服的小孩。……她的出發點總是從字面上相信每個人所說的話，然後準備迎接那最美好、最奇妙的衣服。國王出場了，卻一絲不掛。期待與事實之間的內在張力……給她的小說帶來一種罕有的戲劇性特質。」[45]鄂蘭和麥卡錫的「內在張力」是相似的，她們對他人和世界有很高的期望，而她們這種沒有獲得應有報酬的仰慕，也同樣經常引起誤解。有些人在人生早期從來沒有期待一個國王，到了年紀較大而期望不那麼高時，再培養一種能力去維持那種內在張力，就罕能在諷刺和反諷中找到那種天真感覺。麥卡錫就像賈雷爾，令鄂蘭驚歎地看到一個睜大眼睛驚奇不已、卻又很能融入塵俗的小孩。鄂蘭和這種人不僅是有點兒屬於同類而已，而是能感覺到（像她跟賈雷爾所說的）「在一整個世界的敵對者之中產生令人狂喜的同感」。

§

別人身上最能吸引鄂蘭的特質，就是特定的一種天真——與廣泛經驗並存的天真，給保存下來的天真。她在一九四〇年代末和五〇年代初所寫和所收到的信件中——譬如華特馬爾．居里安在一九五四年過世時她他所勾畫的肖像，刊於他所編輯的《政治評論》（*Review of Politics*）雜誌——就隨處可見那些自覺天真的人對她如何吸引。她在這篇悼文中談到居里安的特質，也可以描述所有出現在她自己身上的天真：「打破這些所謂文明社會的障礙，對他來說反而是一種喜悅；因為，在他的眼中，那都只是人與人靈魂之間的高牆。他之所以喜悅，有賴於天真與勇敢；一個通達世事的人，能天真才能真正服人，而為了保持這種天真的活潑與完整，又需要莫大的勇氣。」[46] 所謂勇敢地保存下來的天真，是鄂蘭稱為自覺的被遺棄者精神的一種非政治性表述。

在賈雷爾身上，天真與經驗的結合是令人讚歎的。他具備鄂蘭所說的「對事物品質和相關性的可靠意識……對一切藝術和人事的無誤判斷」，還有他那種天真，來自於一個「不斷驚覺〔世界〕

原來就是如此」的人。[47] 當鄂蘭遇上賈雷爾，她首次在一個美國人身上發現她過往只在難民那裡看到的現象。賈雷爾對自己的語言有一種天真的愛，從來沒有變淡；但他與英文的關係，卻由於他愛上了德文而變得複雜：

我相信——
我眞的相信，我確實相信——
我最喜歡的國家就是日耳曼。

賈雷爾說的，是他愛那個說德文的國家，這使得他成為鄂蘭的同胞；因為在鄂蘭內心，不是把自己看作德國人，而是一個說德文的人。保留她與母語的聯繫，也是鄂蘭保存天真的一面。而她所喜愛的天真表現，也總像說這種語言的人的天真。對居里安來說，「沒有任何詩或文學——也許除了他晚年愛讀的里爾克作品——能比得上他對俄國作家的愛和親切感」。對班雅明來說，就像對海德格來說，母語是唯一他能夠進行詩意思維的語言。可是賈雷爾肯定是這些滿懷天真的人之中，第一個能透過愛另一種語言而保存天真的人；這就好比一種不求報答的愛，像吟遊詩人堅定不移地深愛著他永遠追求不到的淑女。有一次鄂蘭把賀德林詩作的一些「極度簡單的翻譯」傳給賈雷爾，他就滿懷渴望地感激說：「只盼我能夠知道〔德文〕實際上是怎樣的。」

從他的書信中，很明顯賈雷爾十分驚歎鄂蘭能夠從所觀察的事物確認其中的戲劇性元素，一如鄂蘭對他這方面的能力同樣驚歎。所有跟他們一樣天真的人也都有這種感覺，而且各以自身的方式將這種感覺表達出來。麥卡錫直到一九五〇年代中期才開始和鄂蘭互相通信，但她後來曾這樣描述鄂蘭在一九四〇年代的一次公開演說：「我被提醒薩哈．貝納（Sarah Bernhardt）該會是怎樣的，或普魯斯特的拉貝瑪（La Berma）這位傑出女伶是怎樣的。……鄂蘭的戲劇性表現，就在於當她受到一個意念、一種感情或一種預感所吸引時，就會展現一種自然流露的力量，透過她的身體表現出來，就像個演員一樣。而這種力量會被抓緊、被塑造，往往表現在似是吃驚、睜大的眼睛，「啊！」（在一幅畫、一棟建築或某種醜惡的行為面前），這像觸電似的把她跟我們其他人區別開來。」[48]

《極權主義的起源》

鄂蘭在一九四五到一九四六年間開始寫作的《極權主義的起源》，其間所包含的感情力量，來自她在醜惡的行為面前，能夠一直抵受住一個深刻而沉痛的「啊！」——經歷了四年緊密的努力，翻過密密麻麻的五百頁文字，她和布呂歇將這本書視為對歐洲十九世紀的正面攻擊，這個中產階級世紀匯聚起來的多種元素，經過結晶似的程序在德國形成了極權主義。當鄂蘭開始寫作這本書時，跟歐洲朋友斷絕接觸，無法通信，更可能從此永訣；而在一九四九年首次重訪歐洲之前，她剛寫完這本書。在這些歲月裡，她覺得歐洲的命運懸而未決。鄂蘭初到美國的日子都獻給了猶太人的革命。在戰爭結束時，她把注意力轉往更一般的話題：對於被這樣一場戰爭動搖了的世界，政治該接受怎樣的指導原則？一個新的歐洲可能形成嗎？能否出現各民族真的以禮相待的局面？最終從歐洲而來的消息——雅斯培夫婦得以倖存，韋伊夫婦重聚且無恙——也讓她艱辛地以英文寫作時獲得個人感情上的支持。但她也藉此保存了自己的天真，她願意保持思想開放，當她對歐洲戰時狀況知悉更多時，也願意修改這本書的主要思路，使得這本書具備驚歎以至憤慨的特質。當她為了未來而回到過去，她從雅斯培處擷取了一則格言：忠誠是真實的象徵。[49]

§

一九四四年秋末或一九四五年初冬，鄂蘭將她準備寫的這本書的初步大綱交給了霍頓．米夫林（Houghton Mifflin）出版社的瑪麗．恩德伍德（Mary Underwood）。她原來所擬的書名是《羞恥的元素：反猶主義．帝國主義．種族主義》（*The Elements of Shame: Anti-Semitism—Imperialism—Racism*）。她提到這本書時還用過一個更戲劇性的書名：《地獄的三根支柱》（*The Three Pillars of Hell*）。有時她又簡單地將它稱為《極權主義的歷史》（*A History of Totalitarianism*）。直到六年之後，當書的內容跟原來大綱相比已有可觀修改和擴充，並差不多可以出版時，書名才最終定下來。但《極權主義的起源》這個書名還是不能令人滿意，因為這本書並不像達爾文（Charles Darwin）的《物種起源》（*On the Origin of Species*），它不是一種追溯起源的研究。鄂蘭想找而一直無法找到的，是一個能反映書中論述方法的書名；那種方法跟傳統的史料編纂法明顯不同。如果甘於接受一個反映書的論調而非論述方法的書名，就像該書在英國出版時那個遭她反對的書名——《我們時代的重擔》（*The Burden of Our Time*），就不會引發那麼多混淆了。

當恩德伍德問到本書各部分怎樣連結起來時，鄂蘭在一九四六年九月二十四日的一封信中解釋了她在方法上的難處。歷史學家通常假定他們敘述的事件和歷史時期是某一時序的各部分，是與當前一刻連繫起來的一連串事情的開展或發展。可是鄂蘭在信中寫道：「我避開了嚴格意義上的歷史寫作，因為我覺得只有當作者想把他所寫事物保存下來，傳給後世保管和紀念時，這種延續的寫法才是合理的。這種意義下的歷史寫作，總是給所發生的事一種極端的合理化。[50]面對她所寫的三個對象——反猶主義、帝國主義和種族主義——要把它們合理化是絕無可能的。但她認為，她同樣不可能做到的，是簡單地對它們加以譴責。「我避開了簡單的爭辯式寫法。能用得上這種方法的情況，就只有當作者能倚賴一個無人質疑的傳統價值穩固基礎，把他的判斷建立在其上。……我已不再相信有任何傳統能提供這個基礎。以這本書來說，爭辯式寫法只會是憤世嫉俗的表現，肯定沒有說服力。」她不能像馬克思這位爭辯者的典範，在《路易．波拿巴的霧月十八日》（*The Eighteenth*

Brumaire of Louis Bonaparte）一書中所做的那樣，扮演一位能提供更佳願景的攻擊者——不管那是對既有問題的新或舊的解決辦法。反猶主義、帝國主義和種族主義這三種書中談到的元素，各自代表了一個或多個問題的綜合體，而當它們「結晶」成形的時候，納粹黨提供的答案，是一個恐怖的「解決方案」。她所採用的另一種論述方法，就是「找出納粹主義的主要元素，從這些元素追溯並發掘背後的真正政治問題。……這本書的目的不是提供答案，而是準備一個基礎。」

在她這第一本書所準備的基礎之上，鄂蘭後來建立起一個可能答案的理性基礎。她把答案建立在「協議制度」之上，這是一個有百年歷史的傳統，可以追溯到「能在其上作出判斷的……傳統價值觀」，即使這不一定稱得上是「無人質疑」的價值觀。鄂蘭在一九五八年刊行第二版時回頭再看這本書，提到了最新的證據顯示出協議制度傳統的活力，她解釋為什麼這次要加上有關一九五六年匈牙利革命的一章：

> 在這一章裡有某種滿懷希望的感覺——儘管圍繞著它還有很多附加條件，很難把這種感覺跟〔《極權主義的起源》最後一部的〕那種假設協調起來；那是假設了這個世代至今爲止唯一最清晰的一種表現就是極權主義帶來的恐怖。……〔匈牙利革命〕再一次帶來的這種新的政府形式，無疑從未眞的試著實行過，卻很難說是全新的，因爲它在一百年裡在所有革命中出奇地反覆出現。我說的是協議制度，像俄國的「蘇維埃」，那在十月革命的初期被廢除了；還有中歐

的「議會」（Räte），那在德國和奧地利當不穩的民主還未能確立時就給廢除了。……雖然並不是沒有察覺到這種協議制度自一九四八年以來在所有革命中扮演的角色，我原來也沒有期望它重新出現……但匈牙利革命給我上了一課。[51]

當她還沒有上匈牙利革命這一課，也還沒有因一九五〇年代的反思而體會到政治行動的本質和可能性時，鄂蘭最初在書中是把納粹的元素羅列出來，並指出背後的政治問題。

極權形式下的全面帝國主義，是由某些元素混合而成。這些元素存在於我們這個時代的所有政治情況和問題中，像反猶主義、民族國家的衰敗、種族主義、為擴張而擴張的心態，還有資本與暴民的結合。每一種元素背後隱含著一個未解決的真正問題：反猶主義背後是「猶太問題」；民族國家衰敗的背後是民族的新組織方法的未解難題；在為擴張而擴張的心態背後，則是面對一個不斷縮小的世界，我們在其中必須跟歷史與傳統有異於西方世界的民族共存共享，卻還沒有找到一種組織方法。全面帝國主義〔即極權主義〕的重大吸引力，建立在一種廣泛而往往自覺的信念之上，相信它對這些問題提供了答案，可以駕馭我們這個時代的任務。

在《極權主義的起源》幾經修改的草稿中，鄂蘭都沒有像在給恩德伍德的備忘筆記那樣簡明地把這些問題和挑戰羅列出來。這本書沒有提供一個引言式的概觀，這正是其中一個原因，令很多讀者對書中的宏大歷史圖像感到難以招架，也對很多罕為人知也看似無關的插曲感到迷惑。同樣地，書中也缺少了對論述方法的說明，也就是解釋所謂「結晶」的比喻代表了什麼。鄂蘭在初版的〈結語〉中朝這個方向踏出了一步，但最清晰的方法說明，出現在她一九五四年在社會研究新學院的講課之中，講題是〈極權主義的本質〉，可是這方面的內容從來沒有被納入書中。在講課中她說：

> 極權主義的元素構成了它的起源，如果我們不將所說的起源理解爲「起因」。所謂起因，也就是一系列事件的決定性因素，其中一起事件引起了並可以解釋另一起事件，這種想法在歷史科學和政治科學裡可能是格格不入且似是而非的框框。這些元素本身也許永遠不能引起什麼。只有當它們經過「結晶」形成固定的特定形式，才會成爲事件的起因。只有到了這個階段，我們才可以追溯它們的歷史。事件能照亮它的過去，我們卻不能從過去把事件推導出來。[52]

雖然鄂蘭在開始寫作這本書時，已經確定早期定下的各主要部分的背後問題和原則，但她對整本書的組織方式和對最後各部分的內容卻數度改變主意。開始時她定下一個三部曲結構，戲劇性地反映在《地獄的三根支柱》這個書名當中，並且設定全書共十一章，分別屬於三個部分：〈論反猶主義〉、〈論帝國主義〉和〈論種族主義〉。第二次的大綱共有十三章，分別屬於四個部分：〈引向政治暴風中心的猶太人之路〉、〈民族國家的瓦解〉、〈擴張與種族〉和〈全面的帝國主義〉。在這個大綱下只有第十三章〈種族式帝國主義：納粹主義〉觸及了在最後定稿中第三部分的重大議題。鄂蘭最終寫成的書分三部分：反猶主義、帝國主義和極權主義，而第三部分實際上是從先前大綱的結尾起步。她在一九四六年所稱的「種族式帝國主義」，後來根據頗不一樣的理解，改稱極權主義。

書中有關反猶主義和帝國主義的大部分材料，在一九四六年之前就已經寫成，部分並已在論文中發表。第三部分的材料則在一九四八到一九四九年間寫成。鄂蘭把納粹主義看作為反猶主義、帝國主義和種族主義經過結晶式結合而產生的一種邏輯結果。她一度並未把納粹稱為「極權主義」，而是叫做「種族式帝國主義」（這個名稱來自法蘭茲．諾伊曼〔Franz Neumann〕的《巨獸》〔*Behemoth*〕），她也沒有談到她後來認為是唯一的另一個極權主義政體——史達林的俄國。在一九四七年秋天她再次改動寫作計畫。有關帝國主義的第二部分要在一九四七年年底前寫好。然後她會開始寫第三部分：「這個我要從頭寫起〔不是根據已出版的論文〕，因為其中要跟俄羅斯聯繫起來的那些真正最基本的東西，對我來說才剛開始變得清晰。」[53]

戰後，有關納粹和俄國的集中營和勞改營的很多材料，開始在倖存者的回憶錄、日記、小說和詩中、以至正式公文中曝光。當她閱讀尤根．柯貢（Eugen Kogon）的《親衛隊國家》（*Der SS-Staat*）、大衛．盧瑟（David Rousset）的《我們死亡的日子》（*Le Jours de notre mort*）以及匿名者描述俄國勞改營的《月亮黑暗的一面》（*The Dark Side of the Moon*），她的結論是，集中營在根本上把極權主義政府跟任何其他形式的政府區別開來。集中營對極權主義政府是必須而且獨特的。帝國主義者的監護營以及一戰和二戰前及二戰期間在歐洲和美國出現的拘留營，都是根本上不一樣的。鄂蘭透過比較兩個政權怎樣利用集中營，而開始察覺到納粹政權和史達林俄國政權的相似性：「納粹和蘇聯的歷史提供了證據，顯示沒有恐怖手段的話就不能有極權政府，而沒有集中營就不能有有效的恐怖手段。」[54]這項洞見是鄂蘭在她第一本書裡發展出來的極權主義理論的關鍵。

當她發現了集中營在極權主義政權中的重要性，她就在一九四八年十二月十日寫了一份備忘錄給《猶太社會研究》，請求他們資助一項「集中營研究計畫」。計畫包括在集中營裡蒐集文件並編成一份書目、訪問倖存者，並撰寫有關集中營的歷史，其中會把它跟戰前的所有各種拘留營比較，最後會對所有搜得的史料作出評價。一項類似的建議，成為了鄂蘭對《社評》雜誌編輯艾里歐・柯恩（Elliot Cohen）提出的另一個更廣泛計畫的一部分。她又問《社評》雜誌能否資助一個研究中心，除了研究集中營，並對戰後跟世界政治趨勢有關的猶太人問題展開研究。「我們〔猶太人〕缺乏一個立基於歷史而經過漫長政治傳統薰陶的知識分子群體，」她對柯恩說明了期待透過一個研究中心，可以向猶太人提供資訊，從而準備好應付一種潛在危機：「世界政治情勢的發展可能圍繞著對猶太人的敵意而形成結晶力量。」[55]鄂蘭擔心猶太人再度成為促動世界政治變化的元素，卻沒有在《極權主義的起源》中直接表明。事實上，她原來計畫把一篇題為〈錫安主義再思考〉的文章放進書中，但當她體會到這篇文章會引起極大爭議，便對計畫作出更明智的決定。她也體會到，隨著一九四八年的戰爭使以色列成為一個國家，猶太人的處境已有戲劇性轉變。

鄂蘭向《猶太社會研究》和《社評》雜誌提出那些研究計畫，所根據的是她本人對集中營的研究，一九四八年七月她在《黨派評論》發表了這些研究的概要。這篇題為〈集中營〉的文章，後來成為了《極權主義的起源》的倒數第二部分。但在該書第二版裡，她在這部分的後面加了雄辯滔滔的三頁，使得她的分析一舉命中了她的哲學目標——「根本之惡」的概念。這幾頁的文字，原來隱含在第一版的〈結語〉中，揭示了鄂蘭有關邪惡本質的哲學疑問，她一直在這個概念上掙扎，直到她最後一部著作《心智生命》：

> 集中營是試驗室，在集中營裡試驗改變人性……爲了證明一切都是可能的，極權主義政權在無意中發現，有一些罪行是人們既不能懲罰，又不可寬恕的。當不可能的事情成爲可能時，它就變成不能懲罰的、不可饒恕的絕對罪惡，不再能被理解，也不再能由自我利益、貪婪、渴望、怨懟、權力慾望、怯懦等罪惡動機來解釋；因此，憤怒不能向它報復，愛不能忍受它，友情不能原諒它。[56]

這種絕對邪惡，不能透過任何一種哲學傳統來理解。要洞燭這種邪惡的本質，只能對結晶成為極權主義的「元素」作出分析，像人口過剩、國家擴張和經濟過度膨脹、社會上的無根和政治生活的朽壞。哲學的探索被擱置下來，因為像書中最後一句指出的，我們仍然面臨威脅：「在極權主義政權垮臺後，極權主義的方案仍能存在，它以一種具有強烈誘惑的形式，將會在可能的時候，以對人有利，並能夠解除政治的、經濟的、社會的悲苦的姿態出現。」[57]

鄂蘭希望探討「人類尊嚴的政治和哲學意義，以及它在我們社會中面對的像來自集中營的威脅」，這是她一九四八年在《猶太社會研究》中提出的研究計畫的最終任務。她建議的研究計畫始終沒有實現；《猶太社會研究》和《社評》都沒有能力資助大型研究。但鄂蘭自己肩負起這項任務，把她對集中營的研究納入《極權主義起源》第三部分，後來又為第二版寫了一篇跋文，題為〈意識形態與恐怖手段〉，文中勾勒出她的一般想法。她也利用她的研究，嘗試理解她在《猶太社會研究》的引言所提到的戰後政治發展。比方說，她在研究建議中提到，俄羅斯在戰後所表現的強烈敵意令歐洲人和美國人都十分震驚，因為他們認為俄羅斯是戰爭中的盟友，只有把史達林政權的極權主義本質完全納入考量，才能理解這種敵意。「現在我們才開始體會到，讓俄羅斯的政策那麼敵視西方世界的原因，不在於國家利益的衝突，甚至不僅僅是一般意識形態上的敵意，而是一個以恐怖手段統治的國家不可能在一個非極權主義的世界裡感到安全。」[58] 跟這個結論配合的，還有一段文字對民主國家和極權國家作出比較，其中的觀點跟當時流行的馬克思主義分析大相逕庭。鄂蘭聲稱，納粹和俄羅斯倚賴制度化地體現在集中營的恐怖統治手段，是把他們跟民主國家區別開來的關鍵因素：

所有民主國家跟極權國家之間的制度上的分別，都可以證明是次要的，是細枝末節。這不是社會主義和資本主義的衝突，國家資本主義和自由企業精神的衝突，又或受階級支配的社會與無階級社會的衝突。這種衝突所以發生，是因爲一方是立基於公民自由權的國家，一方是建築在集中營之上的國家。希特勒和史達林很多政策路線上的轉向令人驚歎而且混亂不堪。唯一一點沒有妥協餘地、沒有機會主義轉向可能性的，就是恐怖手段的使用，包括集中營的制度和自由權的永久廢除，因爲極權政府的權力基本上就是倚賴這些手段。

《極權主義的起源》最後一部分寫於一九四八年和一九四九年春天，鄂蘭在其中表明她的信念，指出納粹政權和史達林政權基本上是同一形式的政府。一九四八年初擠滿報紙版面的報導，都是有關後來稱為馬歇爾計畫（Marshall Plan）的國會辯論。來自自由派和共產黨支持者的政論認為這是反蘇聯政策而加以譴責，在此同時支持參議員羅伯特·塔夫脫（Robert Taft）論調的保守派也譴責這個計畫是「全球化羅斯福新政主義」（global New Dealism）。由此引起的風暴，在二月時因捷克被共產主義者政變推倒，更是掀起狂飆。在一段短時期裡，對戰爭的恐懼在全國蔓延；在更長一段時間裡，對國內外共產主義的恐懼也牢牢生根滋長。全國的人都快按捺不住了。布呂歇這位

「前共產主義者」對美國人的狂熱十分憤慨；鄂蘭則嘗試理解反共產主義的辭令以及那些指控和憤怒，可她也承認這種瘋狂反應正在形成一種叫人無法忍受的氣氛，「一種肉體上的精神虐待」。[59]她在書中把蘇聯的侵略性交外政策跟蘇聯的違反人權區別開來，她認為這是根本的。每個人和每個民族的權利都應該在任何一個政體裡獲得承認，美國自由派和保守派的爭辯只管大放厥詞，卻忽略了這點。「對人性干犯的罪行成為了極權主義政權的特殊現象。如果我們把這種極端罪行跟這些政權不加區別而同時干犯的其他一長串罪行，像不公義與剝削、自由的剝奪和政治迫害等等通通混為一談，長遠來說是弊多於利的。這其他各種罪行在所有專制政權中都見怪不怪，絕不構成充分理由去干預另一個主權之下的事務。」[60]鄂蘭覺得蘇聯的侵略性外交政策不能成為干預理由，可是另一方面她辯稱，在俄羅斯的集中營裡，「數以百萬計的人連本國儘管也不無可疑的合法權利也被剝奪，這就可以且應該構成干預行動的理由，而不必再管什麼主權和法則。」[61]她沒有提出這種行動可以採取什麼形式，但可清楚知道，她覺得行動應該來自多國組成的群體，而不是單一國家。

當馬歇爾計畫在四月獲國會通過，全國的情緒已稍為放寬。到了夏天總統選舉提名大會舉行時，杜魯門（Harry Truman）政府的圍堵共產主義政策看來變得合情合理，儘管杜魯門本人看似不大可能繼續成為政策督導者。當杜魯門出乎意料地戲劇性成功選戰在進行中時，鄂蘭正在寫作書稿的最後部分，發展出對當時世界局勢「兩大陣營」竄起的一種分析，在演說中提出討論。很典型地，她避免了美國民意的極端看法，不管是左翼還是右翼的觀點。她的反極權主義態度十分堅定，就如她對《猶太社會研究》所提的研究計畫以及她本人的書所顯示的。但她同時很關切的是，美國的反極權主義立場以怎樣的形式呈現，歐洲左翼正逐漸形成的對美國反對立場的批判又是什麼一種想法，她認為這種想法是基於誤解。

§

一九四八年鄂蘭在社會主義者雲集的蘭德學院（Rand School）發表演說時，談到了失望的美國社會主義者所用的「反史達林主義」一詞。[62]「他們寧可採用『反史達林主義』一詞，有別於反布爾什維克主義（Anti-Bolshevism）和反極權主義，這是值得注意的：沒有反納粹的人會自稱反希特勒分子，因為這樣就會表示他是納粹內部鬥爭的參與者，也許是恩斯特．羅姆（Ernst Röhm）或格里哥．斯特拉瑟（Gregor Strasser）的同夥，卻不是與納粹為敵。同樣地，反史達林主義一詞源自布爾什維克的黨內鬥爭，也就是在一九二〇年代；你可以支持或反對布哈林，支持或反對格里戈里．季諾維也夫（Grigory Zinoviev），支持或反對托洛斯基，支持或反對史達林。」鄂蘭擔心真正反對極權主義的反史達林分子只會被視為俄羅斯國內史達林反對者的同路人，因而儘管他們有反極權的信念，最終卻「混進了錯誤的一類朋友裡，反對錯誤的一類敵人」。第二，她擔心反史達林主義做為含糊的信條，會使它的信徒掉進已不合時宜的政治立場。「從某個意義來說，我們這個時代的整個激進政治運動因被等同於俄國革命而被它篡奪了身分，這已經夠壞了；更壞的是對俄國革命的幻想破滅後還只管死盯著俄羅斯。同樣過時的一種做法，就是年輕一代在今天陳腔濫調的政治辭令背後根本缺乏政治上的經驗和挫折，因而在沒有其他選擇之下只能聚焦於俄國。」鄂蘭又指出，美國的反史達林主義者不必擔心國內的共產主義，因為共產主義只是「來自外國而在本國間諜活動推波助瀾下的一種潛在威脅」，因此他們就幾乎只關切外交政策。這種關注外交政策的取向在根本上把美國和歐洲的反史達林主義區別開來。

西歐各國的人因為在戰前和戰時目睹本國共產黨在蘇聯操控下獻身於怎樣的事業，因而了解到「所謂通敵活動與間諜活動比較起來，危險性要真實得多」。因此以法國為例，它的反史達林主義就沾上一種「顯然的民族主義味道」，把很多人引向戴高樂（Charles de Gaulle）所領導的政治運動，因為「儘管戴高樂政府有顯然的極權主義潛在可能性和專制的實際表現，他們還是寧可接受……本國的獨裁而不是外國的獨裁。」另一方面，法國很多知識分子敵視美國式的反史達林主義，甚至由於這種敵意，而傾向做一個非正式的史達林主義者。因為在他們看來，美國的反史達林主義只是頭腦簡單地傾向維持美國的現狀，以及更危險地維持歐洲的現狀，「特別是馬歇爾計畫無可避免的後果就是支持本來就搖搖欲墜的政府（比如法國政府）」。鄂蘭覺得，對很多歐洲人來說，「自由相對於臣服的重大政治問題，被面臨滅絕的恐懼掩蓋了」。美國和俄羅斯，在意識形態上分別被詮釋為帝國主義者（或法西斯主義者）和共產主義者，在歐洲人看來都像是敵人。在這種氛圍下，即使是「歐洲主義」或對歐洲聯邦的期望，都蒙上了沙文主義色彩；老式民族主義成為了新的、範圍更大的歐洲民族主義。

鄂蘭對她的演說寄予兩種希望：第一，希望美國的反史達林主義者放棄與俄國革命昔日黨派的聯繫，從而對抗不僅是史達林所造就的極權主義；第二，希望持批判態度的歐洲人能消除對美國反史達林主義的誤解。針對第二個目的，她對歐洲人的誤解提出了一種詮釋，其中清楚顯示的，一方面是她對已居住了八年的美國的了解，另一方面是她根據美國的情況提出了她思想上的一種根本區別：社會和政治群體（body politic）的區別。

「來訪美國的歐洲人根本不能察覺美國的政治現實，因為它深深地隱藏在社會表層之下，它的公共性質和公共關係跟所有社會因素產生加乘關係，就像一面鏡子與光線產生的加乘關係，造成一片眩目的光芒，看起來就像是令人無法逼視的現實。」她體會到歐洲的左翼不能理解服從社會規範的人怎麼能夠是政治上的獨立行動者，怎麼能夠帶著公民的深厚責任感。歐洲的馬克思主義者習慣了認為政治力量是社會因素決定的，就會對這一點迷惑不解：怎麼社會和政治力量很少互相對應，還往往彼此矛盾？鄂蘭自己也往往感到驚歎的是，怎麼這裡「一個二十世紀（在某些方面是十九世紀）的社會能在十八世紀政治哲學的堅實基礎上存活並滋長」，而幾乎沒受到歐洲的「歷史崇拜者」所影響。她覺得，甚至在馬克思主義薰陶下的那些美國人，當他們看到了自己國家的這種情況，「也可說在理論上無法相信自己的眼睛」。「可是從實際上來說，他們也有充分的理智，不會反對眼前這種政府形式，因為他們知道這是寥寥可數的、立基於真正政治自由而能倖存的政府，也是為數更少、能保障起碼的社會公義的政府；而如果沒有這種保障，所謂公民權也就是不可能的。」[63]

鄂蘭辯稱，美國反對極權主義的知識分子，也未能幫助歐洲人明白，他們反對歐洲人看來可能造成極權統治的美國社會特質，像普遍順從社會規範、個人身分與工作職位的等同、重視成就與成功，以及對公眾名聲驚人的過度重視。他們同時沒有讓歐洲人認識到，社會批判跟對政治現狀的支持是可以兼容的。在蘭德學院的演講裡，她直言不諱表明了她的信念，並假定這是真正的知識分子共同認定的：「從理性精神上來說，〔社會〕規範的違逆幾乎是有所成就的必要條件」，她呼籲美國的知識分子在堅守這個信念的同時，也認定對美國憲制精神的守護，而並非只管沉溺於反史達林主義的辭令。

鄂蘭發表這些演說時，也確認了一種她此後一直沒有放棄的立場：堅持十八世紀美國共和的原則，同時對抗所有威脅那些原則的國內力量，包括所有十九和二十世紀窒礙自由的政治勢力，以及大眾社會（mass society）的所有各種邪惡。她自始至終同時是保守主義者和革命分子，伴隨著她的總是有一種急迫感，令她急著將她的觀點整理成書出版，儘管她知道，在這樣匆忙的情形下，純粹的保守主義者或純粹的自由主義者很容易對她提出批評。

她在一九四八年蘭德學院演說中所表達的反思，顯示她在《極權主義的起源》的寫作過程中將有另一次重大轉向。她第一次的轉向是把集中營列為納粹必需的機關制度，然後再提出理論性概觀，指出集中營（和恐怖手段）一般來說對極權主義是必需的。這第二次的有關俄羅斯的轉向，則像這本書的所有批評者都注意到的，造成了整本書嚴重不平衡。書中的納粹主義討論很詳細，大部分有關反猶主義和帝國主義的背景資料也跟納粹相關，可是史達林的俄國只在書的最後部分談到。鄂蘭沒有在書中討論俄國歷史或馬克思和列寧的意識形態，令很多批評者對該書一九五一年的初版提出質疑，認為鄂蘭有關極權主義發展的模式太一般化，沒有什麼真正的解釋作用。而史達林過世後俄羅斯的去極權主義化發展，也使得批評者質疑鄂蘭在該書一九五八年版提出的一種觀點，即聲稱極權主義的強大慣性動力只能由非極權主義國家施予外在阻力才能遏制。到了一九六八年，當鄂蘭為這本書寫一篇新的引言，她就自行創製了「去極權主義化」（detotalitarianizing）一詞，來說明俄羅斯後來的發展。

鄂蘭也察覺到她的書有欠平衡。她計畫在一九五二到一九五三年間針對相關問題另外從事一項名為「極權主義的馬克思元素」的研究，提供原來缺少的分析。但這項寫作計畫並不表示她打算修改原來的中心論點——即集中營是極權主義的必要元素。她只是想用從《極權主義的起源》發展出來的方法，去描繪十九世紀俄羅斯的情況，並討論馬克思主義如何先後在列寧和史達林手上經過調整，而在俄羅斯被接受。[64] 她可能會強調納粹主義和俄式共產主義在中心思想上的差異：也就是來自自然的意識形態與來自歷史的意識形態的差異，可是她並不認為兩個政權在政府組織和形式上的差異具有基本意義。

鄂蘭為什麼讓有欠平衡的《極權主義的起源》付梓出版，原因也是清楚的，從她在蘭德學院的演講字裡行間就透露了這方面的訊息。在當時的混亂氣氛裡，大家把矛頭指向史達林而非極權主義，讓她覺得讓這本書應該盡快問世。她一九四八年在《黨派評論》一篇文章中表明了這種迫切需要（內容後來納入了《極權主義的起源》）：「對極權主義本質的洞見，由我們對集中營的恐懼引導出來，可以令從左傾到右傾的各種不合時宜的政治考量變得不再重要，大家會繞過它們，而引用最基本的政治準則，來評量我們這個時代的事件：它會導致極權統治嗎？」[65]鄂蘭看重的是清晰地把這種政治準則表述出來，這比這本書的舉證是否充分、設計是否一致等其他所有考量來得重要。雅斯培在一九四六年所說的一句話，代表了鄂蘭和她這位老師的共同感受：「今天所發生的事，也許有天就會創建一個世界，並將它確立下來。」[66]

第六章　公眾生活中的私人面孔（一九四八～一九五一）

……惟恐太多難承受，
不盡忠誠誓不休。
且莫瞻前勿顧後，
海上飄搖一扁舟。

賀德林

歐洲那邊的人

當巴黎解放的消息從收音機傳來，鄂蘭和布呂歇正在薩羅．巴倫的康乃狄克州鄉間別墅。一九四五年五月八日他們開香檳慶祝，期望法國重獲新生；鄂蘭坦言，法國是她赴美後唯一抹不掉鄉愁的國家。在戰爭最後兩年，來自法國的書信既少又疏落，鄂蘭一直焦急等待消息傳來，期待著她總是掛在嘴邊的「好報告」：她很想知道失散的家庭是否團聚了，是否平安回到巴黎了。參與法國抵抗運動的安妮．韋伊終於傳來好報告：她的丈夫艾利克從德國戰俘營獲釋，夫妻倆回到了巴黎。一九四五年夏末，好消息終於從德國傳來了。

擔任《黨派評論》通訊記者的梅爾溫．賴斯基（Melvin Lasky），當時留駐占領德國的美國部隊裡，他帶了麥克唐納所編的一期《政治》雜誌給雅斯培。談話中他提到鄂蘭的名字，[1]雅斯培驚訝不已，並告訴賴斯基，他最後一次聯絡上鄂蘭是在一九三八年。雅斯培詢問他和妻子可否透過美軍軍方郵遞寫信給鄂蘭。一九四五年九月他把信寄出了。

「我們帶著憂傷的關懷心情，一直經常想到這些年來妳的命運，」雅斯培以沉思筆調徐徐寫道：「好一段時間以為，妳仍然在世的希望十分渺茫了。」[2]令鄂蘭鬆一口氣的是，雅斯培說曾在海德堡見過她求學時期的朋友約納斯，穿著英軍猶太軍團制服。鄂蘭也寫了一封信讓雅斯培放心，同時跟約納斯打招呼，也透過賴斯基寄上食物、咖啡和衣服；雅斯培戲稱賴斯基成為聖誕老公公了。「因為知道您倆安然熬過了這齣地獄般的大戲，我活在世上也更有家的感覺了，」鄂蘭在信中跟昔日的老師說。[3]她寄上的信和包裹，在戰後物資短缺、情況混亂、極度艱困的日子裡，對雅斯培夫婦在道德和政治上都有莫大幫助。「這是像小說般的生活，」雅斯培寫道：「每天我都對自己說：忍耐，再忍耐，無論如何不要氣餒，如果盡力而為，更好的日子總會來到。」[4]

雅斯培穩重的信心，對那些需要看到未來希望的象徵的人，就像指路明燈。賴斯基一次往訪海德堡後寫道：「普洛克街（Plöck）六十六號訪客絡繹不絕。很多人期望雅斯培太太以她的猶太女性身分，教授本人憑著他的精神力量，能帶來忠告和幫助。」[5] 鄂蘭一九五八年發表的一則「頌辭」說，大家在雅斯培身上感受到的，是「威武不屈、誘惑不移、挫折不撓，頗值得一探究竟」。[6]

雅斯培在納粹政權下堅守政治和精神上的獨立。他先是被禁止從事大學行政工作，然後被禁止教學，最後在一九三八年被禁止出書。當夫婦倆得悉將在一九四五年四月十四日被驅逐出境，更是受到極度考驗。美軍四月一日占領海德堡，把他們從危急處境拯救過來。當時六十二歲的雅斯培，隨即對經歷了十二年納粹統治的其他德國人懷有一種急迫的責任感，要為他們重覓新生。他問自己和他的同胞：「有什麼能讓他們的人生變得有意義？他們還是德國人嗎——哪種意義上的德國人？他們是否面對一種任務？」[7] 雖然處於孤立和震撼當中，雅斯培仍然懷著信心，有所期望。鄂蘭後來寫道：「他所代表的也非他個人的意見，而是隱身於公共觀點中的另類看法——即康德所說的『小徑』，『有朝一日必將拓寬成一條通衢大道』。」[8]

隨著他們持續通信，鄂蘭和雅斯培欣喜地發現，他們的「小徑」朝著同一方向進發。鄂蘭寫信給像雅斯培一樣的另一位父執輩人物布魯曼菲德，表明和雅斯培重新建立友誼令她十分寬慰：「雅斯培寫了一封很漂亮的信，令我很是欣慰，因為它重新確認了，我的生命和我的感情在兩大支撐點上能夠延續。我兩度再續前緣：第一次是跟你在紐約重逢，我懷疑你能否猜想到這對我來說意義多麼重大，它帶給我內心多大平靜。第二次是再聯絡上雅斯培，這並不在期待之外。雖然自一九三三年跟他就沒有通信，我私下卻總認為這天會來到。信賴不是空洞的幻象，只有它能長久保證，你的私人世界不會像外界那般，也是個地獄。」[9]

鄂蘭了解，她的猶太特質跟布魯曼菲德和他的錫安主義有密不可分的關係；而她的哲學意識，則跟雅斯培和他的哲學信念連在一起。雅斯培的信，引導她回到了她所說的「精神活動所需的真正平靜」；她告訴雅斯培，「十二年來即使傳聞中」也沒聽說過這種平靜了。[10]雅斯培則驚歎，在那些歲月裡鄂蘭仍然能維持良好的判斷力和開放的思想態度。「用你的話來說，」他告訴鄂蘭：「我不光感受到個人的忠誠，還有那造福無數人的不偏不倚的人文精神。讀你的信讓我熱淚盈眶，因為我知道這是多麼難能可貴——因為今天一起尋求新開始的那些人才剛令我失望。」[11]雅斯培尤其讚歎的是，鄂蘭絕不會像很多猶太人那樣，對非猶太人表現出「自然而然的不信任」。

鄂蘭和雅斯培對彼此來說，都象徵了希特勒得勢前那些美好日子的永續不衰，當時雅斯培正努力在哲學上自我「提升」，鄂蘭對他這種典範表現十分讚賞。懷抱著永恆盼望的雅斯培寫信跟鄂蘭說，他多麼期待有一天鄂蘭回到海德堡，跟他一起坐在書桌前，彷彿再度成為他的博士學生。她回應說，如果能夠回到那個明亮的房間，比起什麼其他一切都令她高興。四年之後的一九四九年，鄂蘭才能前去探望雅斯培，她當時覺得自己不像博士學生，而是像他的女兒：鄂蘭前去雅斯培在瑞士巴塞爾的新家，她跟一位朋友談到當時的情景說，那就像「一個人回到了家」。

§

雖然鄂蘭跟雅斯培重聚後關係就像一家人，她卻始終懷抱著敬意。她寫信時稱呼對方「親愛而至為尊敬的」（*Lieber Verehrtester*）；雅斯培則稱呼她「親愛的朋友」（*Liebe Freundin*），在一九四九年見面之後又改稱「親愛的鄂蘭」。十五年來他們通信和見面時都以「您」（*Sie*）互稱，直到後來鄂蘭和布呂歇首次（也是唯一一次）一起前去拜訪，雅斯培才請她改用普通的「你」（*Du*），令她很是興奮。他們通信談及彼此當前的活動和工作，還有政治評論和哲學反思，卻很少論及親友之間的內容或個人私事。每當雅斯培問到了她的生活情況，鄂蘭的回答也稍有保留。當雅斯培的太太葛楚在一九四六年問到她和布呂歇結婚多久了，鄂蘭把她們同居的三年跟正式結婚的六年加起來，說有九年了。[12] 鄂蘭對雅斯培夫婦的尊長身分或尊長形象所表現的尊敬態度，後來也有減輕，卻從來沒有消失。將這位她和布呂歇都尊稱「老師」（*Lehrer*）的長者置於一個權威位置，對鄂蘭來說十分重要，但更重要的是她希望對方喜歡她。「我當然自認十分幸運，」她告訴布魯曼菲德：「看到他對我那麼喜愛；因為這就像兒時的夢想成真。」[13] 雅斯培終於像鄂蘭一直期待的，扮演了她父親的角色。

在一九四五年開始通信後不久，雅斯培和鄂蘭就肩負起同一任務。與雅斯培的關係給鄂蘭帶來個人心理上的支持，但對於她的公眾生活、她的工作和她做為文化大使的身分，這種關係也有關鍵作用。在彼此分開的那段日子，他們各自認定了同一目標，用雅斯培的話來說，就是認定「哲學必須變得具體實在，不能一刻脫離它的根源。」[14] 雅斯培創辦了一份名為《轉化》（*Die Wandlung*）

的期刊，參與者除了鄂蘭在法蘭克的朋友多爾夫．斯坦伯格（Dolf Sternberger），還有維爾納．柯勞斯（Werner Krauss）和阿爾弗雷德．韋伯（Alfred Weber）。這份期刊一九四五到一九四九年出版期間，供稿的傑出作者包括了布萊希特、湯瑪斯曼、馬丁．布伯（Martin Buber）、卡爾．朱克邁爾（Carl Zuckmayer）、艾略特、奥登、沙特和阿爾貝．卡繆（Albert Camus），雅斯培熱切希望鄂蘭加入。在他安排下，鄂蘭的一本文集以《論文六篇》（*Sechs Essays*）為名，納入這份期刊的一套叢書，一九四八年由斯普林格出版社刊行；這是鄂蘭自一九二九年把博士論文《聖奧思定的愛的概念》付梓之後首次再有著作出版。同一年在鄂蘭安排下，雅斯培的《德國的罪責問題》（*Die Schuldfrage*）由戴爾出版社（Dial Press）在紐約出版。鄂蘭最初自行翻譯這本小書，由賈雷爾幫助她把文字「英文化」，後來覺得還是由專業譯者來譯比較好。艾許頓（E.B. Ashton）成為了雅斯培這部和日後其他多部著作的傑出譯者。

鄂蘭在個人層面上對於出版雅斯培這部著作有些保留，可是她對這位老師的忠誠，以及她體認到雅斯培做為公眾人物那種難能可貴的堅定不移態度堪作典範，超越了她內心的質疑。她認為雅斯培戰前秉持的韋伯式民族主義和新教徒虔誠態度，仍然存留在他希望「救贖德國人」的欲望中。布呂歇的批評就更嚴苛了。他寫給鄂蘭的一封信尖銳地提到，有一種衝突雅斯培仍然不能清晰辨認。他借用馬克思在《路易．波拿巴的霧月十八日》的說法指出，在德國，「這種衝突就出現在追求自由意志的少數共和國鼓吹者，和擺脫不掉哥薩克奴隸傾向的大多數人之間」。他說，原來可能在德國展開的戰爭，是「共和國戰士和哥薩克騎兵之間的內戰，也就是公民和野蠻人的戰鬥」，但這卻不是後來實際發生的戰爭。雅斯培所做的，是採取一種平和態度，幫助同胞在上帝面前審視自己的良心，這種做法對布呂歇來說欠缺政治意義：「在上帝面前我們全都是罪人。可是在人與人之間有它的分別：榮譽與不榮譽，或光榮與恥辱的分別。我們不能不談到恥辱，這是俗世的事，而眾所周知，最終只能用血把它洗掉。」[15]在開始寫作《極權主義的起源》之際，鄂蘭腦海中存在著一種尖銳對立：一方是公民，一方是對真正政治生活毫無概念的人。做為猶太共和國戰士，不再是昔日的聖奧思定學生，鄂蘭現在筆下所談的是光榮與恥辱、英雄表現與卑劣稟性。不管怎樣，鄂蘭還是協助了雅斯培《德國的罪責問題》一書出版。

雅斯培和鄂蘭互相幫助對方的著作出版，是他們推動國際交流的行動之一。《轉化》是歐洲而非德國的學術期刊，它把歐洲帶進了德國。雅斯培對一九四六年九月的首屆日內瓦國際會議（Rencontres internationales de Genève）所體現的歐洲精神，印象十分深刻；他在會上認識了莫里斯・梅洛龐蒂（Maurice Merleau-Ponty）、呂西安・高德曼（Lucien Goldmann）、尚・華爾、卡繆和斯蒂芬・史本德（Stephen Spender）等人。他寫信告訴鄂蘭，會議令他對一個新歐洲懷抱著希望。鄂蘭回信時特別提到，卡繆是「一種新類型的人，他沒有任何『歐洲民族主義』色彩，就簡簡單單是個歐洲人」。[16]鄂蘭寫了兩篇論文，一篇談法國存在主義，另一篇題為〈什麼是存在哲學〉（*What is Existenz Philosophy?*）；這些文章跟雅斯培在會議上發表的演說〈現代歐洲精神〉一樣，都嘗試把哲學變得「具體實在」。[17]這些文章在寫作時，歐洲國家的合作機會仍然存在；他們清楚體會到機會稍縱即逝。

雅斯培和鄂蘭都熱切期盼《轉化》能夠成功，但都有所保留。「我的精神能量是很有限的，而我的知識又那麼匱乏，」雅斯培帶著典型的謙卑寫道：「我對自己說：就這樣吧，能做多少，總好過什麼都不做。群眾不要給我們那麼多麻煩就好了；我們基本上仰賴的一切，都來自個人或一小群人。混亂正在增加。」[18]雅斯培努力找出一種群眾能接受的風格；他竭盡所能要做到他其中一本翻譯為英文的著作在書名中表達的崇高目標——《哲學是屬於每一個人的》（*Philosophy is for Everyman*）。而鄂蘭的保留是在另一方面。在她看來《轉化》是對德國的回歸：「寫作是一種回歸」。透過她的寫作，她希望能確保自己能以猶太人身分受到歡迎：「我們〔猶太人〕沒有一人能夠回來……除非我們是以猶太人身分受到歡迎。」[19]

§

雖然透過尚．華爾和保羅．呂格爾（Paul Ricoeur），雅斯培在法國還算有點名氣，但他戰前的著作在說英文的國家就較少人認識，沒有一部著作曾被譯為英文。鄂蘭一九四六年所寫的〈什麼是存在哲學〉，最初刊於《黨派評論》而後收進《論文六篇》，對雅斯培的基本學術取向和關注問題作了簡明扼要的說明，令雅斯培相當高興。可是這並不屬於鄂蘭寫得比較好的文章，她也始終沒有把這篇文章收進她的英文合集。鄂蘭對於在大眾面前談論政治議題和政治難題這種艱鉅任務有過很多磨練機會，但在離開德國流亡的十三年裡，卻沒在哲學寫作方面下過工夫，思想史更肯定沒碰過，也從來沒有嘗試把她的哲學論述調整至適合英文表達。對於相對不為人知的哲學傳統，她這次扮演了大使角色，綜覽了從康德到黑格爾的德國哲學發展，凸顯它對胡塞爾、雅斯培和海德格的重要影響，表現出很了不起的論述工夫，可是文中充斥了曲折繁複的語句，一般讀者幾乎無法讀懂。

鄂蘭這篇文章的風格本來就夠彆扭了，談到了海德格，就更是扭曲得不像話而且尖刻得可怕。她在一條註釋裡提到海德格是納粹黨黨員，談到海德格後來的所作所為更全是道聽塗說：「海德格曾是胡塞爾的學生和朋友，也接替了他的系主任職位，可是當他成為弗萊堡大學的校長，就禁止胡塞爾獲得教席，就因為胡塞爾是猶太人。最後，有傳聞說海德格聽從法國占領勢力指使，對德國人進行再教育。」[20] 在提到了這些對海德格的指控之後，鄂蘭繼續採用她在敘述最失望的事時愛用的反諷語調：「有鑑於這種發展真正的鬧劇式荒誕，以及德國同樣低水準的政治思維，自然不值得再花時間去理會整個故事。另一方面有一點值得一提，這種行為表現整體上來說，在德國浪漫主義裡可以找到一模一樣的對照，因此幾乎無法相信這是巧合。海德格事實上（我們希望）是最後的浪漫主義者——可說就像一個很有天賦的席列格或繆勒——他那種完全不負責任的態度，部分可歸咎於自以為天才的幻覺，部分可歸咎於焦慮心態。」後面的批評，顯然是反映了鄂蘭對十九世紀早期一代人的批判，就是他們終結了范哈根時代國際色彩濃厚的沙龍；而鄂蘭基於對范哈根的認同，自然會提出這種個人化評語。至於前面的批評，結合了天真與嚴酷，則可說是融合了鄂蘭和布呂歇的特質。賈雷爾曾成功捕捉了布呂歇的一種思考態度，這種態度讓他把德國大學低水準的政治思維和海德格的政治作為同樣視為鬧劇般荒誕：「他自動地接納每一個人，是基於對人類的一種殘酷判斷，也許……比起不耐煩地否定每一個人，這更殘酷。〔一個持否定態度的人〕對人類有很大的期望，就是期待任何人都會令人失望，任何人都符合這個預期。一個人會產生這樣的期望，也是令人難過的事。」[21]

鄂蘭對海德格《存有與時間》的詮釋，著眼點全在於書裡可理解為自我中心和夸夸其談的地方（「把人類變成了過往存有學裡的上帝」），抑或是虛幻的地方（「海德格的存有學隱藏著一種僵化的功能主義，把人類視作「存有」模式的集合體」），要不然就是僵固地系統化的地方；而最重要的，是那些違背了自由傳統和人道關懷的地方，那些地方有違於鄂蘭仰慕的康德精神和法國革命早期理想。而每提到海德格的一樣缺失，鄂蘭就拿雅斯培的一樣成就來作對比。她提到了雅斯培對溝通的關切、他的謙卑態度、他那種不講求系統的蘇格拉底式探索、他追求的清晰而具啟迪性的思維，還有更重要的是他對自由的嚮往和「有關人性的新概念」，然後鄂蘭聲稱，透過雅斯培的努力，「存在哲學脫離了自我中心的時代」。非自我中心的存在主義哲學，正是雅斯培和鄂蘭追求的目標，也跟他們著作的中心思想有關，包括社群、友誼、對話和多元等概念，這都跟浪漫主義的個人主義文化遺產刻意對立──這種十九世紀思潮繼承了跟世界和他人遠離的獨自沉思哲學傳統。

§

鄂蘭對非自我中心主義的存在哲學的投入，也在《極權主義的起源》中表達了出來，但她在書中對海德格等人所勾勒的圖像，反諷意味減輕了，描述對象也沒那麼個人化，因為她將這群知識分子看作一個浩瀚歷史過程的參與者。這個歷史進程和其他歷史片段，在鄂蘭這部包羅萬象的著作裡都結合在一個中心圖像之下：它的基本情態可以用「多餘」（superfluous）來形容。[22]在書中有關反猶主義和帝國主義的部分，鄂蘭追蹤社會階級的一種變遷形態，這是發生在社會階級從內部崩潰之後，變遷方向連繫上當時中產階級和十九世紀民族國家的崛興。試圖維護原來社會優勢的貴族階級，痛恨政府為地位原比他們低的人賦予法律上的平等；小資產階級也同樣痛恨政府，因為一八六〇和一八七〇年代政府贊助的海外營商活動令他們災難性地痛失並不豐厚的僅有財富。而這些痛恨政府的社會階級，也痛恨他們認為對國家權力有祕密影響力的群體──猶太人，他們被認為主導著「猶太人的國際金融陰謀」。在二十世紀來臨之際，這種恨意跟種族主義結合起來，卻是個相當反諷的發展，因為當時猶太人已喪失了大部分的金融權勢。歐洲殖民主義者的種族主義反過來對歐洲造成衝擊。傳統貴族階級涉足中產階級的資本活動──為擴張而擴張，為利潤而利潤，為權力而權力──他們原來的特殊階級利益也隨之喪失殆盡，階級結構陷於崩潰。那些喪失社會地位的人，無可避免地跟各階級被擠壓出來的「多餘」分子結合，也就是跟暴民合流──那是馬克思稱為流氓無產階級（*Lumpenproletariat*）的一群隨著中產階級的勝利而遭遺棄的人。當貴族和中產階級內失去社會地位的知識分子精英遇上了暴民，他們發現彼此原來有共通點，就是痛恨中產階級的虛偽和裝腔作勢。《極權主義的起源》其中一段最有力的話，就是對暴民與精英合流的敘述：

在痛苦的失望中，在對時代的一般經驗的陌生感中，人道主義和自由主義的代言人通常忽視的氛圍是，其中一切傳統價值與定則都化爲烏有……從某種意義上說，使它更容易接受明顯荒誕的定則，而不易接受成爲虔誠的陳腔濫調所表達的舊日眞理，這恰恰是因爲無法期待任何人認眞地對待荒誕現象。粗俗而玩世不恭地拋棄體面的標準和已被接受的理論、坦率地承認最壞的標準，以及無視一切的態度，都很容易被誤認爲勇氣或新的生活方式。……〔那些〕按傳統方式仇恨資產階級、自願離開體面社會的人，看到的只是缺少虛僞和體面，而不是內容本身。[23]

在這段描述中，鄂蘭確認了海德格那一類政治上幼稚的人所面對的誘惑，也就是所謂工業社會之前的簡樸、德意志民族的堅毅，和部族純淨品質等荒唐概念。

在鄂蘭對階級解體和對國家之恨的描述背後，高奏著「原該如此」的一道旋律，那就是十八世紀曾高唱入雲的、由憲政國家構成的所謂歐洲秩序。可是實際發生的恰好相反。暴民隨著失去社會地位的人加入而壯大，最終變成了「中產階級的地下世界」，也就是說造成了中產階級本身開始搖搖欲墜。在初期階段，暴民跟「民眾」區別開來；到了後來涵蓋更廣的階段，暴民就跟「群眾」融為一體了，這就是沒有階級意識的一群人。在十八世紀，「民眾」來自所有社會階層，但在革命時期，「民眾」則是著眼於政治行動的公民。這在根本上把他們和群眾區別開來；後者從來沒有因為共同利益或一個共享世界而整合成一種組織。鄂蘭所講的國家衰敗的故事，跟她所講有關所有階級都失卻了共同利益和共享世界的故事交織在一起。當她寫〈什麼是存在哲學？〉一文時，她把這個故事的結果稱為「自我中心主義」（egoism）；當她以歷史學家身分寫這個故事時，則把結果稱為「中產階級個人主義」（bourgeois individualism）；後來做為政治理論家，她採用的術語是「與世界的疏離」（world alienation）。

鄂蘭的分析，從這種對國家之恨和階級解體的複雜形態，抑或所謂的「多餘」情態，進而討論到泛德意志民族主義（Pan-Germanism）和泛斯拉夫民族主義（Pan-Slavism）的極權主義意識形態根源，也就是帶有「部族民族主義」（tribal nationalism）的歐洲大陸帝國主義；導致它興起的力量，就是多餘的資本和人口所促成的國家擴張。而從帝國主義轉化為極權主義的最後一步中，「群眾」受到了從暴民中冒起的領袖（像希特勒）或從本身階級冒起的領袖（像海因里希・希姆萊〔Heinrich Himmler〕）所鼓動，在前所未有的形式之下陷入一種「多餘」情態。個人首先在自己的階級中變得孤立，然後隨著階級本身從內部解體，他們經歷「原子化」（atomized）的過程，變得「非人化」。在極權主義國家機器統馭一切並施行滅絕手段的過程中，「由庸俗人交織而成的群眾」成為了最有效率最無恥的政策執行者。「這種庸俗人就是在自己的階級裡各自孤立起來的中產階級分子，由中產階級本身的瓦解所產生的原子化個人。……這樣一個中產階級分子，處在他那個世界的廢墟中，最擔心的就是自己的安穩；只要稍為受到鼓動，就會甘於犧牲其他一切，包括信念、榮譽和尊嚴。」[24]

對這樣的群眾來說，像種族主義一類的意識形態就可能變得深具說服力。鄂蘭一再強調，組成這種群眾的人缺乏了共同的社會和政治利益，所關心的只是自己的安穩。因此，那些沒有直接階級利益或實質效益內容的意識形態，就很容易對他們產生作用。「群眾反對『現實主義』（realism）、常識、以及『世界的表面真實』〔埃德蒙．伯克（Edmund Burke）語〕，原因是它們的原子化，他們失去社會地位，隨之失去整個社群關係，而常識本來只有在它的範圍內才能產生意義。……或者面對混亂的發展和完全任意性的失落，或者服從於最嚴格的、異想天開的意識形態虛構的一致性，群眾可能永遠只會選擇後者，隨時以犧牲個人來做為代價——這並不因為他們愚蠢或邪惡，而是因為在普遍的災難中，這種逃避至少給予他們一種最低限度的自尊。」[25]選擇一種意識形態的人可自認屬於一個勝利的族群，是優等民族的一員，或是一個無可避免的歷史過程中的先鋒。

一種種「多餘」情態接踵而來的這場大戲，還有最大的一種反諷意味，鄂蘭在這本書提及極權主義的部分才揭示出來；這是她在閱讀了一大堆有關集中營的資料後，於一九四八年寫就的部分。

她指出，極權主義者自身也成了多餘：他們覺得自己不過是「自然之力」或「歷史巨輪」的工具；他們在集中營裡充當執行命令的官員，也跟受害人一樣無生命、無靈魂可言：他們「是不可能再從心理學上來理解的人」。[26]他們所維繫的那種制度本身也是多餘的，並沒有任何功利目的，對政策推行者的所有社會和政治目標也是有害無益；政策執行者跟他們所屠殺的人一樣，陷入了同一個「瘋狂而不真實」的羅網。「極權主義不是要對人實施專橫的統治，而是要建構一個令人也變得多餘的系統。」[27]

§

鄂蘭從來沒有聲稱，那些像海德格一樣隨群眾起舞的知識分子可以免除在國家社會主義者革命中的責任。可是在《極權主義的起源》裡，她沒有認為歐洲思想傳統要為納粹主義負責。跟很多在德國大學接受教育的難民不一樣，她不認為極權主義是哲學發展偏差的邏輯結果，或是人文信念墮落的結果。在該書出版十年之後，她對極權主義在思想史上的分析，簡單地提出了一種翻案的看法：「歐洲的人文主義遠遠不能稱作納粹主義的根源，它只是遠遠沒有準備好對納粹主義或任何其他形式的極權主義作出應對，因此在理解和嘗試接受這種現象為事實時，我們不能倚賴人文主義的語言概念或它的傳統隱喻。……可是這種處境對所有形式的人文主義構成威脅：可能使它變得無關重要。」[28]

這是經歷了戰後的歲月之後鄂蘭達成的結論；在那些日子裡，她恢復了跟雅斯培的關係，又嘗試尋求一種理解海德格的方法。在這兩個人的教誨下她成為了哲學家；但她拒絕再扮演哲學家的角色，轉而從歷史學家和政治理論家的角度立論。不過她回歸哲學的一條路正慢慢形成。幾乎再過了十年，鄂蘭才寫成《人的條件》，可是她在寫完了《極權主義的起源》之後即往這個方向轉身，她用一首短詩記錄了轉身的動作：

這些思想來到我身邊，
我在它們面前不再是陌生人。
我在它們當中成長，
像在犁過了的田裡。[29]

當下一刻的政治理論

《極權主義的起源》是鄂蘭和布呂歇最能夠全面合作的著作。在一九四五到一九四九年該書寫作期間，布呂歇大部分時間沒有受雇。這種情況令瑪莎感到不安，覺得女兒對家庭財務擔負太多責任。可是鄂蘭接受這種處境，一方面是因為她了解到布呂歇內心那種幾乎令人癱瘓的憂鬱。「這種憂鬱，」鄂蘭向布魯曼菲德解釋：「是緊隨著毒氣室爆發出來的。」[30]；另一方面是因為她知道，布呂歇參與這本書的寫作，對他本人和對這本書是必需的。當鄂蘭在猶太文化重建委員會和邵肯出版社工作時，布呂歇在紐約公共圖書館看書、跟難民朋友聊天。回到家裡他們就談論這本書。在那幾年裡，布呂歇擔當的角色，就是跟他們那群像「部族」的朋友維繫著友誼，鄂蘭則透過布呂歇間接與朋友接觸。在戰爭結束而終於能跟歐洲通信後，卻是鄂蘭負責跟歐洲的朋友圈保持聯繫。

可是在一九四八年春天，鄂蘭跟朋友的通信和該書極權主義部分的寫作都停頓了下來。世界歷史又上演了凶險的一幕。當時納粹「最終解決方案」的種種可怖情景還有待描述，鄂蘭又肩負責任要描述那些根本不該發生而結果發生了的事，在這種感情高漲的情況下，她又再要對巴勒斯坦猶太人的命運作出考量了。當她腦海裡還存留著「最終解決方案」活生生的記憶，巴勒斯坦的猶太人正準備投入戰爭。英國從託管地撤退，猶太人和阿拉伯人的戰爭隨之升級。

在戰後寫作《極權主義的起源》期間，鄂蘭在文字上「回歸」德國，並扮演德國哲學和文學的大使，她很少參與猶太人對巴勒斯坦未來的辯論。一九四六年，她為狄奧多．赫茲爾《猶太國》（*Judenstaat*）一書出版五十周年紀念撰文，談論猶太人對國家地位的看法。鄂蘭這篇題為〈五十年後再談猶太國家〉的文章對赫茲爾的觀點作出反思，由《社評》雜誌邀稿，做為該雜誌先前拒絕刊登鄂蘭〈再談錫安主義〉一文所作的彌補。但這並不表示在一九四六年鄂蘭的意見比之前更具影響力。沒有任何團體或黨派追隨她，她跟在《建構》時一樣地受到孤立。

〈再談錫安主義〉是鄂蘭對猶太人政治最猛烈的抨擊，一九四四年投稿《社評》雜誌，從修正主義黨派的極端觀點到基布茲集體社區的社會主義都在抨擊之列。雜誌編輯感到不安，多個月來未能決定是否刊出。在鄂蘭提出抗議後，其中一位編輯克里蒙特．葛林堡（Clement Greenberg）終於坦承，他認為文章「隱含太多反猶意味——並不是說這是你刻意隱含的意思，而是不友善的讀者會認定文章有那種意思」。[31]這樣的評估代表了一種到一九四八年達到巔峰的趨勢：對很多美國猶太人來說，任何認為錫安主義是在修正主義旗幟下行進的想法，都屬於反猶主義。鄂蘭愈是公開表明這種想法，就愈是遭到美國猶太人孤立——昔日鄂蘭曾對這群人的欠缺狂熱表現表示尊重。

鄂蘭在一九四四年毫不諱言地指出，「修正主義者和一般錫安主義者今日唯一的分別，就是對英國的不同態度，而這卻不是一個根本的政治議題。」[32]這種想法是她再談錫安主義的中心思想，但也依循她一般的思考程序，對過去與未來無所不談。她把猶太民族主義發展過程中的連串事件勾勒出來，指出這對阿拉伯裔巴勒斯坦人，對散居世界各地的猶太人，以及對國際觀感造成了傷害。「帶有社會革命成分的猶太民族運動，五十年前起步時理想那麼高遠，以致忽視了近東地區的特殊現實以及世界普遍存在的邪惡因素，它就像大部分其他同類運動一樣，最終結果就是毫不含糊地支持民族主義以至沙文主義的主張，這些主張不是造成猶太人跟敵人的對立，而是造成了他們跟潛在朋友和鄰居的對立。」鄂蘭過去十年來的觀點都呈現在這篇文章中，包括：猶太領袖在一九三五出未能支持抵制德國貨行動並同意把德國貨轉運巴勒斯坦，在姑息納粹的同時出賣了猶太人；以色列猶太建國會未能透過談判成立猶太軍隊，而愈來愈倚賴外國尤其是英國的勢力；猶太社會主義者在推行值得讚賞的集體社區社會經濟實驗的同時，卻忽視了政治現實。「直到這一刻，」她總結說：「都看不到任何新的取向、新的洞見、錫安主義或猶太人要求的重新表述。因此只能從過去瞥見的情況，加上對當前的考量，來推斷未來的發展機會。」

鄂蘭每次提到巴勒斯坦，總是重複她所預言的，戰後的政治組織只能在兩種形式之中選擇其一：帝國或聯邦，而猶太人唯一的生存希望就是成立聯邦。她很迫切地勸告猶太人不要成立一個猶太國家，因為那只會被納入外國強權帝國的「利益範圍」，「並會同時令鄰居的善意受到挫傷」。〈再談錫安主義〉終於在一九四五年一期的《燈臺學刊》刊出，鄂蘭在這篇文章中跟她在《建構》的專欄文章一樣，聲稱美國的錫安主義者由於在美國的政治傳統中成長，能夠把重新冒起中的歐洲民族主義從前赴巴勒斯坦的移民身上驅散。她辯稱，只有在美國能找到巴勒斯坦未來的希望。循著同一觀點，鄂蘭透過一九四八年五月一篇題為〈拯救猶太人家園：為時未晚〉的文章，重新展開猶太政治論述。鄂蘭的意見終於首次有人聆聽。這篇文章贏得猶大．馬格內斯的讚賞：雖然他在一九四三年曾遭到鄂蘭批評，可是他的誠意和容人之量，在一九四八年就像燈塔一樣照亮了處於黑暗中的巴勒斯坦。

§

馬格內斯青少年和成年初期在美國度過。他二、三十年來一直批評被大部分猶太人譽為劃時代成就的一九一七年貝爾福宣言。他認為英國無權承諾把巴勒斯坦土地給予任何民族，而英國承諾把它交給猶太人，只會引起居住在這片土地上的阿拉伯人的仇恨。他又警告，對英國帝國主義的倚賴，只會令巴勒斯坦的猶太人誤入歧途。早於一九一九年在《猶太人》（*Der Jude*）學刊的一篇文章，歷史學家漢斯．柯恩（Hans Kohn）就批評巴勒斯坦猶太人對阿拉伯人表現出的沙文主義態度，《猶太圓桌論壇》的編輯羅勃．韋特希（Robert Weltsch）也提出過同樣批評。後來在鄂蘭跟馬格內斯合作時，這兩人都成為了他們的同事。在一九二五年，秉持這種觀點的人在耶路撒冷成立了一個名為「和平盟約」（Brit Shalom）的組織。它的成員不到一百人，都不是政治活動分子，很多是教授和作家，往往來自中歐或西歐國家。他們提出了在巴勒斯坦成立一個雙民族國家的一般性構想，其中猶太人和阿拉伯人都不是少數族群，享有同等權利。當時大部分錫安主義者認為這種構想完全不切實際，欠缺民族認同感，甚至在更壞的情況下，是掩飾之下引導向阿拉伯國家的一條通道。「和平盟約」的主張無法吸引到任何團體支持；一九二九年阿拉伯人和猶太人的街頭巷戰之後，雙民族國家的主張遭到拋棄。馬格內斯和少數一群人繼續為猶太人和阿拉伯人的和解努力，但一九三六年四月爆發另一次阿拉伯人起義，斷斷續續直到一九三九年夏天，令大部分「和平盟約」

成員徹底失望。

在一九四二年八月，馬格內斯在巴勒斯坦成立了「團結黨」（Ikhud），在他所屬那個圈子經營了三十年的《今日問題》（*B'ayyoth Hayom*）月刊以及一些美國期刊發表了政策性宣言。其中一九四三年一月他在《外交事務》（*Foreign Affairs*）發表的〈邁向巴勒斯坦和平之路〉一文，讓包括鄂蘭在內關注事態發展的美國人認識到他那個政黨的立場。那篇文章卻在美國錫安主義者之間激發很多批評與憤恨。

鄂蘭體會到，馬格內斯的主張是對十九世紀過時的民族主義教條的合理反對聲音，它獲得知名知識分子像馬丁．胡伯（Martin Huber）和恩斯特．西蒙（Ernst Simon）等人支持，「青年遷徙」備受尊敬的總監亨莉厄妲．索德也是它的支持者。可是鄂蘭覺得，把一個阿拉伯聯邦的概念，跟英國和美國組成的一個身分不明的聯盟綑綁在一起，是個愚昧想法，不外乎是柴姆．韋茲曼親英政策的變奏。她又覺得，團結黨與韋茲曼那種藕斷絲連的關係，也可見於馬格內斯稍早時反對任何可能被視為對阿拉伯人或英國人不友善的行動，包括成立猶太軍隊以至以色列猶太建國會為英軍進行的非正式招募行動。

這方面的意見不合，原可能令鄂蘭無法與馬格內斯合作，可是馬格內斯對猶太領導者的批評贏得了鄂蘭的認同。自一九四三年以來，馬格內斯就想跟以色列猶太建國會分道揚鑣，要為巴勒斯坦和其他地方的猶太人提供實質幫助，有異於鄂蘭所稱的「猶太民族苦難的悲慨式宣言以及『自治』

的空洞要求」，或是「猶太國家協會」的想法；那都是空洞構想，背後缺乏現實依據，彷彿在真空發聲，完全沒有顧及英國的對立計畫或世界政治地一般趨勢。[33]鄂蘭對馬格內斯「團結黨」這類組織懷有敬意，因為它代表了對以色列猶太建國會的政治對抗。而鄂蘭覺得政治對抗在這時刻特別重要，因為其他種類的政黨也紛紛在巴勒斯坦成立。她對於另一個名為「新移民」（Aliyah Hadasha）的政黨持批判態度，這個政黨主要由巴勒斯坦的新移民組成，鄂蘭認為它就是對猶太人之間的「部族差異」表現的反彈，也就是反對針對新移民的社會性歧視，以及對新移民適應不良的歧視。「建立在巴勒斯坦猶太人內部差異之上的一個政黨，對這片土地上的猶太人的危險性，就跟建立一個愛爾蘭人政黨對美國團結統一的危險性一樣。」馬格內斯的主張（但跟他的政黨無關）以及「新移民黨」的成立，在鄂蘭眼中標誌著「錫安主義危機」攀升至高峰，也標誌著以色列猶太建國會的效力走到盡頭；事實上，自從這個組織未能在談判中成功爭取建立猶太軍隊時，鄂蘭就已預期它效力的終結。

在馬格內斯一九四六年美國行期間，他以往相識的一群人集合起來，成為一個支援組織，成員包括莫里斯．赫克斯特（Maurice Hexter）、漢斯．柯恩、艾里希．弗洛姆（Erich Fromm）、詹姆斯．馬歇爾（James Marshall）、艾里歐．柯恩和大衛．黎士曼（David Riesman）。它不是團結黨的正式分支，但它秉持同樣的政策。當馬格內斯在美國時，修正主義組織的恐怖主義地下分支「國家軍事組織」和「武裝保護運動組織」（Haganah）聯手，襲擊鐵路和油管輸送站，前者更在耶路撒冷的大衛王飯店（King David Hotel）放置炸彈，炸毀飯店的一個側廳，殺死近百名英國人、猶太人和阿拉伯人，爆發所謂的「猶太人叛亂」。

英國無法處理惡化的局勢，轉而向聯合國求助。聯合國一九四七年派遣一個巴勒斯坦特別委員會前去處理。蘇聯的聯合國代表安德烈．葛羅米柯（Andrei Gromyko）表示支持成立一個雙民族國家，馬格內斯欣喜不已；可是特別委員會無法貫徹這項主張，又令他大失所望。委員會大部分成員主張把巴勒斯坦分割，而馬格內斯的團結黨遭逢失敗之後，把注意力集中在巴勒斯坦的亂局，這種局勢隨著英國準備撤退而日益惡化。馬格內斯無法在巴勒斯坦做任何事讓戰鬥停下來，他試圖叫聯合國施行強制停火令，被視為幾近叛國的行為。在以色列宣布建國之後，馬格內斯回到美國，跟他那群紐約支持者一起發聲，期望能驅使美國政府致力促成停火。

馬格內斯在以色列五月十四日建國後支持這個新成立的國家，同時並未放棄猶太人和阿拉伯人合作的夢想。當他在一九四八年五月的《社評》雜誌讀了鄂蘭〈拯救猶太人家園：為時未晚〉一文後，他知道自己找到了一個同道人。他認同這篇在五月十一日發表的文章，認為已沒有時間尋找另一種國家地位。但在五月十四日之後，他又尋求鄂蘭的支持，希望仍能及時找到辦法避免這個新成立的國家以滅亡告終。

在《社評》雜誌那篇文章中，鄂蘭簡要敘述了自一九四七年聯合國決議案以來的一系列混亂事件，指出隨著英國託管權的結束，美國猶太人的意見發生了戲劇性轉變，他們加入了走向修正主義的轉向，這是鄂蘭稍早在〈再談錫安主義〉提到的方向。

猶太左翼知識分子不久前仍然把錫安主義視作膽怯者的意識形態，也把一個猶太家園的建立視爲沒有希望的努力，以爲自己別具睿智，在這種努力沒有開始之前就否定了它。還有就是猶太商人，他們對猶太政治的興趣，決定性因素總是那個至爲重要的問題，就是如何讓猶太人不要出現在報紙新聞的頭條。再者就是猶太的慈善家，他們惱恨巴勒斯坦，認爲它是可怕地虛耗精力的虛榮想像，把人們的心智從更有價值的目標引開而糟蹋掉。此外還有意第緒文的媒體，他們數十年來都是眞心而幼稚地確信美國就是應許之地。所有這各種的人，從紐約布朗克斯區（Bronx）到派克大道（Parker Avenue）、格林威治村（Greenwich Village）以至布魯克林，今天都團結一致，確信一個猶太人國家是必需的，又認爲美國出賣了猶太人，更認爲「國家軍事組織」和斯特恩幫（Stern groups）的恐怖手段在一定程度上是合理的，而且相信西爾佛祭司（Rabbi Eliezer Silver）、本古里安和莫舒．舍托克（Moshe Shertok）才是眞正的猶太人政治家，儘管他們太過溫和了一點。[34]

一年前造成巴勒坦猶太人深深割裂的意見分歧，現在都不大看得見了。巴勒斯坦各種反對聲音，所反對的包括「修正主義者的沙文主義、大多數黨的中間民族主義路線、〔又或〕做為集體社區運動主要內容的反國家觀感——尤其是「青年守衛」（Hashomer Hatzair）運動所凸顯的觀感」等等，都基本上消失了。鄂蘭覺得，不論是美國還是巴勒斯坦的猶太人，都準備誓死戰鬥到底；鄂蘭更用一句帶有可怕迴響的話形容道，對於任何可能妨礙勝利的行動，他們都標籤為無法容忍的「背後捅刀」。

這種一時間湧現的一致看法，雖然被許多人視為多個世紀以來「猶太人一盤散沙心態」的終結，在鄂蘭看來卻是不祥預兆：「這種群眾的一致心態，不是出於意見上的認同，而是瘋狂和情緒激動的表現。」這種一致心態可能導致各種各樣的誤判：包括鄂蘭最為擔心的猶太人對美國的反感和對俄羅斯的同情。她語帶諷刺並有點不屑地描述這種對俄羅斯政策的誤解，聲稱抱有這種「幼稚期望」的，是對一個「老大哥」型人物「欠缺政治經驗的人」，這個老大哥「走過來跟猶太人交朋友，為他們解決難題，在阿拉伯人面前保護他們，最後在他們面前展現一個美麗的猶太國家，像一道配料齊全的好菜」。英國看來像一個糟糕的老大哥，美國也一樣，於是就只有俄羅斯，「它是剩下來唯一可以寄託愚蠢希望的強權。可是值得注意的是，俄羅斯是猶太人第一個不大信任的老大哥。這也是頭一遭猶太人的希望沾上了一點憤世嫉俗的心態」。鄂蘭認為，這種憤世嫉俗心態反映在一種信念之上，就是認為所有異族人都是反猶主義者，她直言不諱把這種態度稱為「種族主義者的沙文主義」。鄂蘭再一次用上了她在寫作《極權主義的起源》時那種滿載歷史意涵的用語。她指稱猶太人做為「優等民族」，他們誓要做到的「不是征服他人而是主角自己的自殺。……猶太領袖會在觀眾的喝采聲中威嚇著要進行集體自殺，這種恐怖而不負責任的取向，威嚇著『要不然我們就這樣了結』，它可見於所有正式的猶太人聲言，不管是來自極端或溫和的思想」。

從鄂蘭的觀點來看，巴勒斯坦包含了所有造成德國極權主義的難題的解決方案，也就是《極權主義的起源》要揭示的難題。在集體社區運動的實驗性社會裡，鄂蘭看到了「一種新形式的所有權制度、新形式的農民、新形式的家庭生活和子女教育，以及惱人的城鄉衝突或鄉村與工業化勞工衝突的新的應對之道」。簡單來說，她看到了一個群眾社會和民族國家朽壞所帶來的難題的解決辦法。在猶太人和阿拉伯人的合作可能性之下，她瞥見了種族主義背後問題的解決辦法——就是「有關人的一種新概念的問題」，以及帝國主義背後的問題，也就是「怎樣組織一個不斷縮小的世界，我們在其中必須跟歷史與傳統有異於西方世界的民族共存共享」。鄂蘭甚至想像阿拉伯人和猶太人的合作從協議制度開始，這是歐洲革命傳統的遺產。地方自治政府和混合了猶太人和阿拉伯人的地方政府和鄉鎮議會，儘可能在小規模而數目眾多的情況下運作，這種唯一現實可行的政治措施將最終導致巴勒斯坦的政治解放」。

鄂蘭希望在猶太人的家園裡，可以看到構成她的政治理論基礎的所有元素：新的社會形式、地方政治議會、一個聯邦，以及國際合作。一度令她十分興奮的是，她能看到曾是極權主義受害者的這個她自己所屬的民族，能夠為世界提供一些制度的典範，可望防止極權主義的重現。一如既往，當她的最大期望，當她對自己民族能有英雄式表現所懷抱的這個深切期望，不幸以失敗告終，鄂蘭就難免怒氣沖沖地以反諷口吻痛批一番。不過她不會就此放棄，而馬格內斯的組織給她提供了政治上發揮的基礎。

鄂蘭在她一九四八年所寫的那篇文章中清楚表明，杜魯門總統的聯合國暫時託管建議，是先發制人保住國家地位的唯一希望，可以防止分裂，制止猶太和阿拉伯的恐怖分子得勢，並讓猶太人和阿拉伯人之間有時間達成協議，而實現一個聯邦的可能性。她再次採用一種充滿反諷意味的語言辯稱：「這肯定不是達成最後解決方案的一刻；每一個可能而實際的步驟，在今天來說都是一種試驗性質的努力，主要目的就是達致和平，別無他求。」她自己的下一步，就是協助馬格內斯和黎士曼準備一份建議書呈交聯合國及其巴勒斯坦調停人福克．伯納多特（Folke Bernadotte）。

鄂蘭也寫了團結黨的歷史摘要，讓馬格內斯在聯合國展開聯絡時使用；馬格內斯希望如果聯合國真的行使託管權，團結黨可以成為參與談判的組織之一。鄂蘭也參與這方面的游說，跟聯合國祕書處委派的巴勒斯坦事務代表會晤，可是她不願意被提名為代表團結黨的政治委員會主席。「我欠缺了一個好主席必須具備的好些特質，」她向馬格內斯解釋。[35]

鄂蘭明顯欠缺的其中一種特質，就是談話時的克制溫和表現。跟很多愛用反諷語氣寫作的人一樣，當她很熱烈地參與討論時，措詞也是最鋒利的；這種參與態度，會帶來深具反諷意味的言論，不光是一般的諷刺。鄂蘭使用這種不講求外交手腕的反諷風格，會讓她的讀者清楚地分成兩組人：一組人會感到冒犯，另一組人則沒有這種感覺；抑或是一組人認同批判的目標，一組人不予苟同。

跟其他談話風格相比，反諷更會促使感受到冒犯的人從說話者的個人背景尋求解釋，因為反諷涉及在感情上保持距離，往往被認為是源於說話者的人格缺失或精神創傷。

鄂蘭在《社評》雜誌的文章引起的典型負面反應，可見於班．哈爾潘（Ben Halpern）一九四八年八月在《猶太人邊界》的回應文章。哈爾潘從人身攻擊的用詞裡尋找可用來攻擊鄂蘭的「情結」，這正好就是後來《艾希曼耶路撒冷大審紀實》一書批評者同樣用來攻擊鄂蘭的「恐怖壞孩子（enfant terrible）情結」：這是說鄂蘭像一個壞孩子口不擇言，譬如在談到猶太人的「優等民族」沙文主義時，表現出「令人憤怒的情感販賣」。他又補充，鄂蘭有一種「下意識」的意圖，要抹黑「像赫茲爾、韋茲曼和本古里安那些看來理所當然地成功而令某些人不快的人物」。哈爾潘在回應鄂蘭時用了他自己所譴責的「情感販賣」手段，他劃分三類人物：冒險分子、合作分子和黨派分子，然後把鄂蘭標籤為合作分子。[36]

哈爾潘自認為黨派分子，而他的典範就是「市井猶太抵抗者」；他希望新的猶太抵抗者，也就是以色列士兵，能夠成為全世界猶太人的理想人物。鄂蘭嘗試在一封回應的信中指出，當她試著跟英國或阿拉伯人合作，是在「不具認同意味的字面意義上的」一種「合作」，不能等同於跟像納粹那樣的「反猶政府」合作。鄂蘭堅稱，她主張「合作」，是因為那對以色列的未來是必需的。她提醒讀者，不要因為當前軍事上的成功，而認為猶太人儘可能或應該永久保持著軍事上的警覺，以抵抗「那實實在在的、包含從摩洛哥一直到印度洋、數以百萬計人群的威脅力量」。[37]

§

鄂蘭回應哈爾潘是在夏末，當時她正跟布朗佛格斯坦在新罕布夏州一家宿舍式旅館度假。位於新英格蘭地區的新罕夏州在《建構》的旅遊廣告中被譽為美國的瑞士，也許當地的平和氣氛讓鄂蘭能夠不必理會哈爾潘對她人格的外行分析，對他的不當說法也只作出溫和譴責。不管怎樣，鄂蘭還要執行一些更具建設性的計畫。

她繼續幫助馬格內斯。《社評》雜誌的總編輯艾里歐・柯恩請求馬格內斯對以色列駐聯合國代表奧布雷・艾班（Aubrey Eban）提出的一個令人鼓舞的建議作出回應。艾班提出，假如以色列獲得阿拉伯人的承認，猶太人和阿拉伯人之間的合作便變得可行了，而且合作形式可以採取類似歐洲荷比盧聯盟（Benelux）的模式。鄂蘭為他們的回應寫了草稿，經馬格內斯修改後，鄂蘭表示欣賞：「我很欣賞你採用我的論點並將它更婉轉表述出來的方式」。[38] 後來馬格內斯為這份回應寫了一則表示遺憾的附筆，表明回應是在調停人伯納多特遭猶太恐怖分子刺殺前所寫的，鄂蘭也替他改寫成更平和的口吻。刺殺事件對馬格內斯剛開始嘗試引人聯合國的合作精神造成沉重打擊，鄂蘭建議他把直言不諱採用的一個類比說得婉轉一點：那是把納粹如何對待被逐離家園的人，跟猶太人如何對待被逐離家園的阿拉伯人相提並論。鄂蘭體會到，採用這樣一個類比，對於推動他們的理想毫無助益。

馬格內斯愈來愈心灰意冷。但他和他的紐約同道人繼續策劃該走的路：他們辯論應否在目前這個圈子中加入非猶太人，又討論了出版團結黨黨刊英文版的可能性，並考慮出版一本網羅各種文件和演說的書，把「自貝爾福宣言以至今日的非沙文主義錫安主義者觀點」呈現出來。[39] 其中一項主要的政策決定，就是應否公開主張為被逐離的阿拉伯人在以色列境內提供一個新家園——也許在內蓋夫（Negev）地區，或容許他們回到原來的家園。鄂蘭在一九四八年九月表達的意見認為，「團結黨在巴勒斯坦當前最緊急的要務，就是不要再認為本古里安是兩害相權取其輕的選擇而支持他，而是在所謂忠誠地反對的可能範圍內，建立並堅持一個貫徹一致的反對黨。」[40] 為了在美國鼓吹這種忠誠反對派的想法，鄂蘭在一九四八年十月號的《新領袖》（*New Leader*）發表了一篇文章，題為〈伯納多特的使命〉。「這可說是一篇意義重大的文章，」馬格內斯十月七日寫信跟鄂蘭說：「這是說，如果那些握有決策權的人能好好閱讀它，認真思考它，它可能產生重大效果。你看來把伯納多特的努力和建議的內在意義揭示了出來。……你講的故事可說是悲劇性的。故事裡這個偉大的好人滿懷希望踏出第一步，卻幾乎以絕望告終。……這是沉重的抉擇，不管走向何方。你的文章令我感到十分沮喪，我問自己說：真的無路可走嗎？」[41] 鄂蘭看到赤裸裸擺在他們眼前的只有兩種選擇：伯納多特再度提出的聯合國託管建議，或是馬格內斯主張的猶太和阿拉伯聯邦。鄂蘭從可行性方面著眼，提出論點支持第一種選擇。

馬格內斯在十月二十七日早上過世，沒有回答他自己提出的是否還有出路的問題。對他的支持者來說，沒了這位領袖，他們就沒有辦法繼續下去，儘管他們一度嘗試透過猶大・馬格內斯基金會讓他的想法不致湮沒。鄂蘭十一月十二日寫信給當時在史密斯學院任教的馬格內斯的老朋友漢斯・柯恩：「馬格內斯在此刻過世是真正的悲劇。沒有人具備他的道德權威。而且我看不到有任何人像他那樣真的住在猶太人世界，在猶太人機構中有顯赫地位，而又敢於對當前形勢提出批評。」[42]鄂蘭現在能做的，就是跟一群有名的知識分子站在同一陣線。這群人包括了愛因斯坦；當猶太恐怖分子梅納罕・比金（Menachem Begin）前來美國為他所屬的修正主義自由黨（Herut）尋求支持，愛因斯坦寫了一封信向《紐約時報》（*New York Times*）抗議。這封抗議信斷然把修正主義者比諸「納粹和法西斯政黨」，並堅拒他們在意識形態中揉合起來的「極端民族主義、宗教神祕主義和種族優越論」。[43]

鄂蘭支持猶大・馬格內斯基金會，卻無法接納它的領導層。她接受漢斯・柯恩的邀請在麻州發表演講談到馬格內斯的努力方向，面對一群滿懷敵意的聽眾，她肯定了自己不是擔任領導的人選。「我沒有能力從事任何直接的政治工作。」仍然因聽眾向她喝倒采而震驚不已的鄂蘭寫信跟艾里歐・柯恩說：「跟暴民衝突並不是我樂於面對的事，我太容易感到厭惡了，沒有足夠的耐性施展謀略，也沒有充分的機智維持一定程度必需的超然態度。」再者，她堅定地表明，從事政治會「肯定對我做為一個作家的工作造成損害」。[44]

鄂蘭無法以馬格內斯做為模範而扮演一個行動者。直接的政治工作不是她的專長，她也沒有馬格內斯那種能力，能夠了解各種各樣的人和從事各種職業的人，並跟他們友善相處，向他們施予道德教誨。馬格內斯的權威在於道德，而鄂蘭當時的權威來自智性表現，彼此都很清楚這種差異。在馬格內斯過世前不久，鄂蘭寫信給他，送上猶太新年祝賀：「請容許我告訴你，我是如何感激過去一年裡有幸能夠認識你。……在我們這個世紀裡，政治幾乎總是絕望的一回事，我總是很想離它遠去。我希望你知道，你做為一個典範，使我免於絕望，在未來多年裡仍將繼續如此。」[45]

瑪莎與世長辭

從雅斯培和馬格內斯身上，鄂蘭深深領會到，敢於闖進政治領域而擁抱不受歡迎觀點的人，是如何具備道德權威。他們那種平靜中的自信是她的典範。兩人都在很大的、社群意識濃厚的獨立家庭中成長，而且兩人都有一位了不起的妻子。當他們處於敵對處境裡，他們的背景就成了避難所。與此相似，鄂蘭也有她的丈夫和一群「部族」朋友。可是她自童年以來的不穩情緒和捉摸不定的脾氣，使得她不適合公眾生活。這一點鄂蘭是知道的；而她也知道，很可悲地，盡了很大的力氣鼓勵她的母親，同時也對她造成掣肘。

鄂蘭跟馬格內斯和他的支持者共同奮鬥的那六個月，是她這輩子最忙碌的日子之一。當鄂蘭忙著發表演說、寫文章、為馬格內斯的建議起草、完成她在邵肯出版社的編輯任務，並試著騰出時間寫作《極權主義的起源》的第三部分，瑪莎和布呂歇持續處於他們那種不對盤的狀態中。她在一九四八年六月離開邵肯出版社之後，在沒有家人陪伴下前往新罕布夏州度假的日子，大部分都花在打字機前。她在著力完成《極權主義的起源》之際，不光家庭生活停頓，為猶太文化重建委員會前往歐洲的行程也得延後。當她告知雅斯培行程延後的消息，對方的回應所表達的態度，跟布呂歇如出一轍：「我完全明白，你務必要把這本書完成，世界局勢令人十分沮喪。……」[46]

暑假期間，鄂蘭回到紐約幫助母親準備前赴英國，跟住在當地的繼女伊娃團聚。他們幫瑪莎把九十五街公寓裡的個人物品搬到瑪麗皇后號輪船。當鄂蘭從新罕布夏回到紐約時，她接到伊娃的電報，說母親在船上爆發嚴重氣喘。第二天的電報又說：「母親服藥後無大改善，仍在清醒中受氣喘病煎熬。」七月二十七日另一通電報來了：「母親昨晚睡夢中過世，正安排火葬——親愛的，伊娃。」[47]

正當鄂蘭在令人十分沮喪的世界局勢當中竭力處理那許多的任務時，母親過世這起重大事件，鄂蘭當時根本無法付出相當的關切。瑪莎在七十四歲時決定讓自己再一次連根拔起，前去英國跟繼女伊娃度過餘生。她跟女兒和布呂歇在西七十五街的公寓住了七年，對她來說那不是一段快樂的日子。鄂蘭為了謀生，並為了在一個新的國家裡立足而忙不過來，她跟布呂歇共享的事情很多，跟母親共享的卻很少。她母親能跟布呂歇共享的事情就更少了。戰後布呂歇不大願意找尋任何穩定工作，更令瑪莎相信女兒這段婚姻是不匹配的結合。在布呂歇的工人階級背景和瑪莎的中產階級觀感之間存在著一道太大的鴻溝，儘管鄂蘭嘗試使丈夫的表現變得更有教養，又試著減輕母親的反感，都無法令他們走得更近。瑪莎認為在布呂歇影響下，女兒變得更自以為是，更為固執，她在孤立中變得憂鬱。鄂蘭那些在巴黎就認識瑪莎的老朋友，注意到瑪莎這種情緒卻愛莫能助。當柯倫博特的妻子洛特聽著瑪莎訴苦說，年輕時就應該享受與子女共處之樂，因為子女長大後終有一天會跟自己疏離，洛特也只能徒表同情而已。

鄂蘭很少談到母親的過世，或是到美國之後她和母親怎樣疏遠了。十月三十一日，當鄂蘭寫信給雅斯培談到當前的工作並談到馬格內斯四天前過世時，她只是順帶補充一句：「我有長長兩個月的度假，期間我的母親過世了。」[48]雅斯培的回應不是只針對她表面的表述，而是對沒表現出來的感受作出了溫婉的哲學反思：「老者逝去，當是自然而然的事。可是當自己的母親已然不在，那是深刻的轉變；哀傷即使不致造成毀滅，也是很深很深的。」[49]

雅斯培對鄂蘭個人私事僅有的少許認識，都是透過在信中發問而獲知的。鄂蘭從來不會主動提到私事。在雅斯培詢問下，她在一九四七年四月的信中稍稍談到了自己的母親：「對於沒有獨立靈性或精神存在的老年人來說，連根拔起的經歷是很艱困的，沒有必要的話我也不會這樣做。」[50]她說，在法國，母親的日子過得比較自在，她法文說得很好，在那裡有德國和法國的朋友。「在這裡，我恐怕，她就缺乏合適的同伴了。我們很少有時間在一起，只有晚飯時才真的見面。但她還是很活躍很健康，體能也還健全（只是幾年前大腿骨曾因重摔而斷裂），而她真是美國的驚奇之一：

她在這裡很受歡迎。」在母親過世之前和之後，鄂蘭提到她總是表示誇讚和感激。她在寫給雅斯培的同一封信說：「我還要感激她的是，我在沒有偏見之下被教養成人，而且不虞匱乏。」但她的親愛之情有時也覆蓋在一般的保護心態之下，她自小就這樣，就像她年幼時跟母親說的：「我們不應該想太多那些令人憂傷的事。」

§

只有在布呂歇面前，她會坦然表明對母親在感覺上的深刻矛盾。他們的朋友對瑪莎的溫婉和慷慨很是讚賞，可是瑪莎對獨生女兒的要求卻是他們看不到的。布呂歇卻深知妻子心裡很多混雜的感覺。鄂蘭在新罕布夏州收到伊娃的電報後，寫信跟布呂歇說：

很自然地，我同時感到哀傷又釋懷。也許我這輩子裡沒處理過跟這同樣難堪的事。我不能簡單地抗拒那加諸我身上的要求，因爲那是出於對我的愛，出自一種總是令我讚歎的堅定意志，而那種意志肯定對我有深刻影響。可是自然地我也永遠不能完全滿足那種要求，因爲它那種徹底的本質，也只有透過我自己或我所有本能的徹底毀滅，才能充分回應。然而，整個的童年時代和一半的青年時期，我就是或多或少在那種自毀方式下應對；彷彿符合所有加諸我身上的預期，就是世界上最容易做、最明顯的事。也許這是出於軟弱，也許是出於憐憫，但最肯定的是，我不曉得該怎樣幫助自己。[51]

這裡提到的要求，看來就是瑪莎盡可能要保持跟女兒的緊密關係。過去七年以來，這種要求就表示要住在同一幢公寓、只相隔一層樓的房間裡。這種無可避免的安排牽涉一種典型三角關係，因貧困、流亡和戰爭而變得更難堪，鄂蘭知道丈夫因此付出了多大代價，她為此向他道歉：

可是，當我想到了你，我就頭暈目眩了。孟德爾頌老太太（安妮·韋伊的母親）一次說：這一趟，你眞的愛一個人，卻幫不了他。我眞的不能改變所有的事，也從來沒有刻意瞞騙你，因爲我在一件事上總是很決斷：也就是說，永遠不要跟那種原型「母親」住在一起。但現實是：瓦斯爐往我們靠過來了——又或像羅勃（基爾伯特）會說的——「世界歷史」衝著我們來了。當前就只好這樣，還肯定來得不夠多。[52]

「世界歷史」使他們擠到了一起。布呂歇面對鄂蘭所說的為了讓他寬慰的話，也確認了這一點：「希特勒和史達林加諸你母親身上的重擔尤甚於我們」。[53]布呂歇年輕時也面對自己母親很大的要求，他體會到鄂蘭背負著他自己選擇逃避的責任：

你所做的，對你造成的這種動彈不得的情況，我知道得太清楚。我只要想像一下，如果眼前是我那守寡的母親，情況會是怎樣，她也有類似傾向。她對我那種發瘋似的態度，令我懷疑所有所謂的母愛都是一種瘋狂心態，而那自然不是事實；可是這種懷疑卻大大地幫助我免於陷入像你那樣的處境。

鄂蘭和布呂歇都堅決抗拒精神分析理論，但從他們自己的概念來看，他能體會到瑪莎的「母愛」以及極度需要吸引女兒注意力的欲望，還有她對女性舉止和女兒行為的期待，也都強加在鄂蘭身上，這都給鄂蘭的人生帶來困擾。布呂歇毫不諱言地宣稱：「較諸我們這個圈子任何一個膽怯的笨蛋，她更是當之無愧：頭腦簡單、不假思索地認為你的表現像個男人。」瑪莎也見慣了傑出而有才智的女人，但還是沒準備好接受眼前這個女兒：她在擔任編輯、扛起一家人生計的同時，還在寫一本像《極權主義的起源》那樣的書，又加入馬格內斯這樣一群人從事政治活動。布呂歇面對瑪莎的期待所感到的苦澀，跟他自己對妻子的期待的急迫感一樣強烈；在瑪莎過世後，他讓內心的苦澀一湧而出：

你已竭盡所能，她也永遠不會覺得足夠，因爲當一個人有一種像海綿似的被動的愛，就是總會覺得它太乾了。……事實上，那令我非常憤怒，她不斷地像從你身上吸血，她對你所做的那些不可置信的事完全欠缺尊重。……可是，你肯定沒看錯：她曾有過眞實的、偉大的、清晰的感覺，可是最後卻轉化成爲一團糟的訴諸情感的表現。

按照布呂歇的評估，瑪莎抱持一種「私人的、中產階級的觀點」；她欠缺了鄂蘭和他所具備的那種能力，能夠毫無顧忌而完全獻身於政治和政治理論，欠缺了他們那種維繫獨立靈性存在的能力。

當瑪莎仍然在世時，布呂歇就像處於精神枷鎖下的人。她過世後，他就獲得釋放了。他從家中的囚牢走了出來，走出了他做為意識形態避難所的不講求批判精神的美國主義。在一九四八年，就在他岳母過世後不久，不平凡的事在他身上發生了，用他喜愛的英文成語來說，這就是一番「腦力激盪」（brainstorm）。

布呂歇在「兩天一夜」裡，就提出了「對生產力出人意表的攻擊」。新的觀點在他眼前展現：「我誠實而毫不懷疑地，把焦點完全集中在美國夢之上，」他告訴鄂蘭。就像他和鄂蘭都鄙視的前共產主義者，布呂歇心目中那個「失敗了的神」，現在又有另一個神可以代入了——那就是美國。哲學拯救了他。在一封很長且前後不大一致的信裡，他向鄂蘭解釋，他察覺到對形上學作出攻擊的「兩大巨人」——康德和尼采——掃除了障礙，讓哲學可以扮演一個全新角色；雅斯培追隨這兩位巨人的步伐，迎向這個新角色，雅斯培的貢獻「就只欠畫龍點睛的一點而已」。布呂歇用一個肯定會讓雅斯培大為讚賞的隱喻，指出自己的方向：

雅斯培是否仍然沒有貫徹始終？他把「存在的統攝者」（*das Umgreifende*）這個巨大、圓形、純粹而像水晶般透明的盛載乾酪的盤子，放在那些代表事實的氣味四溢的乾酪之上；面對這個透明玻璃盤子，我們這些某種程度上總帶有超越性思維的人，也就是我們這些鼻子總是幾乎要碰觸到上帝的人，如果決定要對那些蛆蟲沉溺其中的溝通不時加以干預，我們的頭便會在單獨一人或共同溝通時碰到那乾酪盤子上。如今我懷著敬意，把這盤子挪開。

當布呂歇向自己宣告了形上學的終結，宣布自己不再倚賴任何「天堂替代品」時，他也跟現代哲學的兩大巨人告別：「康德是僕人，尼采是主人，馬克思是獨裁者，齊克果是奴隸。而我是預期中的公民。」他在信中沒有描述狂喜中呈現的那個願景，那個能給他的觀點帶來統一性的「新的概念性整體」。但似乎他當時心裡所想的，是鄂蘭在完成《極權主義的起源》之後，將致力從事的一種任務，那就是在把那代表形上學的乾酪盤子移走後，怎樣對政治作出哲學思考。在他進行這場腦力激盪時，布呂歇沒有機會在公眾論壇發聲，可是三年之後當他展開教學生涯，他的學生就成為了這種思想的受益者。

布呂歇從長期蟄伏中走出來，令鄂蘭減輕了對他和對母親的罪咎感，可以重拾艱困歲月前的美好回憶；當一位朋友寄來她母親戰前的一張舊照片，就令她雀躍不已。這張鄂蘭所擁有的唯一一張當時的舊照片，攝於瑪莎還年輕漂亮的時候，後來就一直放在鄂蘭工作的桌子上，看著《極權主義的起源》之後各部著作的寫作過程。而那張照片也見證了後來鄂蘭怎樣以自己的方式，實現了母親很多傳統想法。在一九四八年之後，隨著馬格內斯身邊那些組織宣告解散，鄂蘭就再沒有主動參與政治。她對女人「發號施令」有所懷疑，質疑女性應否擔當政治領袖，並且堅決反對婦女解放運動的社會取向。[54]她對年輕女性的慈母式忠告在細節上是中產階級而傳統的，一如在重大問題上是開放而不感情用事的。她鼓勵其他人獨立自主，但總是加上一項條件：對女性來說，她附加的格言就是：永遠保持一些細微差異。

§

鄂蘭一九四九年為猶太文化重建委員會前赴歐洲的旅程，在很多方面重新確認了她在人生與內心感覺上的各種連續性，包括她對母親的愛，那在她們同住紐約的歲月裡受到了很大干擾。當她與繼姊伊娃分隔近十五年後在倫敦重聚，鄂蘭開口第一句話就是：「誰為媽媽念送葬祈禱文？」

鄂蘭在討論荷馬的《奧德賽》（*Odyssey*）時，曾表示這首史詩令她最感動的一段，就是敘述奧德修斯（Odysseus）在驚濤駭浪的大海上漂浮之際，緊抓著他從女神卡呂普索（Calypso）囚禁他的島上逃走時所乘坐的那艘船的殘骸，在絕望中考慮放手讓自己溺斃算了。但當他想到如果自己葬身大海，死後就不會有葬禮，他和他的事蹟就會從世人的記憶湮滅，想到這裡他就放棄了輕生的念頭。鄂蘭並不是遵守猶太教規條的猶太人，對葬禮祈禱文的送葬和哀悼部分卻深有所感，那通常是由死者兒子或最親的親人誦讀，這代表了鄂蘭在一般意義上對悼念禮儀的尊重，這種禮儀就像故事的講述，是死者在世延續的一種肯定。

鄂蘭對母親的懷念文字寫於多年之後，而且是間接的：她在一篇文章裡寫到母親心目中的女英雄羅莎．盧森堡。其中加插了一句她從母親處學來的話，那不是來自母親的社會主義思想，而是來自她深刻的忠誠態度：「愛情的火花一生僅只一次，那個時代的人仍然深信不疑。」[55]這句話所謂「一次」的具體教訓，鄂蘭在自己的人生中領會到並非如此；可是還有更為一般意義上的教訓，也就是對真愛的激情必須看得比任何其他事情都重要，不管這種想法能否獲得世事的肯定，這是母親留給鄂蘭最珍貴的禮物。鄂蘭和母親在一九一三年一起聆聽了父親保羅的送葬祈禱文，那是在世界歷史重新塑造她們的人生之前。

確認

自年輕時遇上海德格之後，鄂蘭曾經反思「忠誠」的意義。范哈根的故事，不是關於忠誠的愛，而是關於對愛的忠誠。在緊張、忙亂並在公眾面前過度曝光的一九四八年，鄂蘭的忠誠不光因母親而受到考驗，也因布呂歇受到考驗。當她離家兩個月到新罕布夏州度假時，布呂歇就跟那群「部族」朋友為伴，其中包括柯倫博特夫婦，還有他來自柏林的朋友，像洛特．貝拉特（Lotte Beradt）、卡爾．海頓萊希和彼得．胡伯，還有他在紐約遇上的流亡畫家卡爾．賀爾堤（Carl Holty）以及音樂家柯特．艾普包姆（Kurt Appelbaum）和他的妻子安妮（Anne），一大群人圍繞著他。但他同時也跟一個活潑感性的年輕俄國猶太女人交往。當鄂蘭知道布呂歇和這個猶太女人的友誼變成了婚外情，她的忠誠就受到了考驗。

布呂歇總是清楚地讓鄂蘭知道，他是以自己的方式來體現他的忠誠。鄂蘭並不覺得這種方式很容易接受，令她更不高興的是這段婚外情讓他們的一些朋友知道了，包括把這件事告訴鄂蘭的那位朋友。即使事件在最有限的範圍內被公開也令她感到冒犯。但也像他們大部分「部族」朋友一樣，鄂蘭在社會規範方面是一個威瑪共和時期的柏林人，她並不狹義地或僅從婚姻方面來界定忠誠。她付出並接受的（而且實際獲得的）忠誠，包含著一種柏林式「不大在乎」的元素。她自己也在談到布萊希特這位柏林人的一篇文章裡描述了這種忠誠：「誠然，世間並無永恆的愛，甚至沒有所謂的忠誠，有的只是瞬間的張力，亦即激情，而激情卻又比人本身更容易消散。」[56] 布呂歇自己從來沒有對這種柏林式信條作出描述；但他的看法其實可以在海涅的〈信條〉（Doktrin）一詩中找到，這首詩簡單地表現出來的諷刺式幽默，跟鄂蘭在羅勃．基爾伯特的詩中找到的特質如出一轍。

敲著鼓，鼓起勇氣，
吻那勞軍女郎！
一切知識由此說起，
這是書中最深刻的道理。[57]

當她理解了布呂歇的這段婚外情，鄂蘭也找到了一位親密女伴；據她自己所說，對方「很有情愛方面的天賦」。她就是鄂蘭的朋友田立克的情婦希德．法蘭柯。就像鄂蘭所有其他能建立緊密關係的朋友，法蘭柯兼具天真與看透世情的智慧，還有無限的溫婉和優雅。她不像其他「保存天真」的人是作家或知識分子。她具備瑪莎忠誠地付出的慷慨精神，卻沒有瑪莎的感情用事。當歐洲的閨密不在身邊，法蘭柯便成為了鄂蘭最親密的女伴。鄂蘭以沒有半點抑制的話來表達她的感激之情，她要感激的「不光是我跟一位女性從沒有過的最親密關係所帶來的鬆弛感覺，還有伴隨這種緊密關係而來的令人無法忘懷的美好福氣：由於你不是『知識分子』（好一個討厭的詞語）。這種美好福氣就更了不起，因而也是對自我和真正信念的確認。」[58]當政治生活、工作和個人忠誠對她構成了最深沉的緊張關係，鄂蘭最需要的就是像法蘭柯這樣一位朋友能提供的——對自我的確認。

鄂蘭和法蘭柯最初遇上是在法蘭克福，當時鄂蘭還跟前夫斯坦在一起。在紐約，鄂蘭發現這位朋友在難民自助會擔任祕書，她們就重新建立起友誼。田立克也是在這裡跟法蘭柯遇上，跟她發展出一段戀情，一直維繫到她一九五〇年因癌症過世。鄂蘭後來成為了田立克口中的H.H.，也就是「希德的漢娜」（Hilde's Hannah）的簡稱，有別於田立克那位跟鄂蘭一樣以漢娜為名的妻子。

戰後法蘭柯在聯合神學院（Union Theological Seminary）擔任田立克的祕書，他們花了很多時間討論的好些文稿，都是由法蘭柯代為打字。鄂蘭也經常在晚間和他們一起聊天。透過法蘭柯的靈巧外交手腕，田立克和鄂蘭達成了一項協定：如果他們不因為閱讀對方的著作而有了負擔，他們的談話會更有價值而問題更少。在互相遷就的討論中，鄂蘭和田立克往往意見一致，可是彼此都認為對方的著作不能接受。田立克的基督教社會主義對鄂蘭來說充滿矛盾；對於鄂蘭從海德格那裡領受的存在哲學，田立克不大看得起，認為鄂蘭最好不要受它束縛。可是鄂蘭和田立克曾經在文字論戰上成為盟友。在一九四二年，《建構》刊出了「流亡中的烏爾斯坦」政論家艾彌爾．路德維希的一篇文章，文中建議一群說德文的美國教師應該準備在戰後前往德國，教導德國人把他們那種威權文化中的軍國主義思想根除。田立克深感憤怒，指稱這項建議是「逆向種族主義」，並且不認為有所謂「民族性格」或文化特性這種東西。田立克在《建構》受到攻擊時，鄂蘭出面相挺。她指出路德維希跟帝國主義有長長一段歷史關係，包括兩次世界大戰之間出現的泛德意志民族主義和義大利在非洲的帝國主義，並指稱路德維希意圖在戰後推動美國帝國主義（這項指控結果後來應驗了）。鄂蘭表明她的樂觀看法，認為美國人有能力看清在德國發生的是怎麼一回事；她引述一項新的蓋洛普民意調查（Gallup Poll），顯示大部分美國人認為，對於德國的戰爭行為該受譴責的是希特勒而不是德國人。鄂蘭和田立克由此達成的交流和聯盟關係，也在鄂蘭戰後的一篇文章中發出了迴響；在這篇題為〈有組織的罪咎〉的文章中，鄂蘭再次表明為什麼集體罪咎的概念不能被接受，並把她的批評調整應用於戰後的德國。[59]

§

法蘭柯跟布呂歇一樣，對於自己能跟學術圈的人和不動感情的知識分子遠遠保持距離，感到十分自豪。她是一個也許能夠自在地處身於十八世紀沙龍的女人。她並不像范哈根那樣因為兩大方面的不如意而有心理負擔，亦即猶太人的身分以及外表不出色。法蘭柯更像范哈根那位了不起的朋友保琳・韋瑟（Pauline Wiesel）——路易・斐迪南（Louis Ferdinand）親王的情婦；鄂蘭描述韋瑟因為她的「非凡美貌和令人驚歎的自然稟性而深受愛慕」。范哈根在一八一六年寫給韋瑟的信，也很可能是鄂蘭同樣會寫給法蘭柯的信：范哈根在信中向韋瑟提到，她相信沒有任何其他人「能夠像我們一樣認識大自然和這個世界……，而又不會對任何不尋常的事感到驚愕，並且永遠被尋常事的神祕性深深吸引；也像我們這樣愛人而同時被愛，不再能夠忍受孤獨又同時不能沒有孤獨……，更具備那種荒誕離奇的運氣，能遇上另一個相似而同樣看待事物的人——儘管彼此才華並不一樣，卻因此更為有趣。」[60]法蘭柯那種「令人驚歎的自然稟性」給鄂蘭帶來無盡驚奇，而對方在她身上看到同樣的靈性，也令她受寵若驚。

鄂蘭在整個人生歷程中，私底下都能對朋友的複雜生活和戀情表現出不受傳統規範的同情理解，一如她對自己丈夫一樣。可是一旦事情在公眾目光之下受到威脅，或祕密遭別人暗中出賣，她的同情就會退縮，且往往表現得很突然。鄂蘭能接受法蘭柯和田立克的那種關係，可是她不會跟別人討論這種事，因為別人可能有不一樣的理解，或根本不能理解。一九四〇年代後期有好幾年夏天鄂蘭和布呂歇在麻州鱈魚角（Cape Cod）一家供膳宿的私人住宅度假，田立克也前去跟同樣住在那裡的法蘭柯見面，而把自己的妻子留在附近租賃的小屋中，鄂蘭對此沒有感到困擾。可是一旦有人談到田立克對他的情婦所作的安排或任何其他在當地的安排，鄂蘭就會感到尷尬。對布呂歇也一樣，在私底下她可以放任不管，就如她指出，像「〔《聖經》所說的〕所多瑪（索多瑪）和蛾摩拉（哈摩辣）放縱登場」；但在公開場合，鄂蘭對此是絕口不提的。[61]

田立克人格的另一面受色情文學吸引，而且有受虐狂傾向，更搜羅了一些精神分析學理論來解釋自己的行為，鄂蘭覺得這並不代表真正的田立克，並擔心公開談論會掩蓋了所有的分別。「他那個色情的幻想世界，」在法蘭柯過世後鄂蘭寫信給一位朋友時不具名的談到了田立克：「跟他的想像力是絕對背道而馳的。事實上，他不光是神學家，也是具備不凡政治和道德勇氣的敢言而具德行的人物。……儘管他已婚，由此而牽涉各種複雜後果，他對我的朋友〔法蘭柯〕在道德上可說十分難能可貴。當她垂死臥病在床，他沒有像她認識的大部分『具創意的人』那樣離她而去；他們當時十分親密，我每天都看到他。他給我留下深刻印象，因為我了解到，儘管他或許在心理上有種種對我來說十分陌生的乖僻表現，他卻是一位基督徒，能夠展現基督徒的愛。至於我那位朋友，她本身並不是很具獨創性或真的很反常的人；她只是很罕見地具備那種性愛天賦，她也可說對一切都十分了解。雖然他往往是很乏味的一個人，她卻保持著她那種《天方夜譚》式的能耐，因為她真的愛那個男人，而他也真的愛她。」[62]法蘭柯具備一種說故事的想像力，就像同樣戀上一個勇敢卻有瑕疵的愛侶的伊薩·迪內森；而田立克則具備道德上的想像力。對於那些像詩人一樣具備天賦的人，鄂蘭總是很不吝嗇地以詩人的理解來看待他們，也就是像奧登所說的，了解他們「心裡的欲望像螺絲釘一樣彎彎曲曲」。[63]

法蘭柯把她對人性和對世界的認知，轉化為充滿驚奇和幽默的故事，使她成為鄂蘭的完美密友；她對鄂蘭說，對方是「這輩子我唯一會把話說得最徹底最完整的人」。[64]她們的關係並不像鄂蘭和田立克的那樣建立在智性認知上。法蘭柯在鄂蘭身上所欣賞的，就像她所說，在於「你基本上的特質——就是一個女人」。[65]她們彼此交流中所說的故事，就是她們對女人和女人的那些男人們所認同的基本事實。「所有男人，」法蘭柯在信中跟鄂蘭談到布呂歇寫信寫得有多差勁時說道：「不管是丈夫還是像我的那一種〔田立克〕，都像是一件行李。你總不應該對它生氣，不過你還是會對它生氣。」[66]「不錯，」鄂蘭回答，表達了她們共同的信念：「男人是相當重的行李，可是沒有了它你也不怎麼好過。」[67]

當鄂蘭一九四九年代表猶太文化重建委員會前赴歐洲時，她寫了很多信給法蘭柯和布呂歇。

「除了你和那位先生，我沒有寫信給任何人，而我也就心滿意足了，因為我真的不能滿足。儘管我很友善，事情卻就是那樣，我也就算了。〔不過〕我也想念布羅赫。」[68]當鄂蘭在旅途中，法蘭柯跟布呂歇保持緊密聯繫，往往擔任鄂蘭和布呂歇的中間人和送信人：若鄂蘭時間很緊迫，她就會寫信給法蘭柯，請法蘭柯把信轉交布呂歇；若她因布呂歇很久沒來信而擔心，就會請法蘭柯催促布呂歇寫信。法蘭柯會叫鄂蘭放心，要鄂蘭信任布呂歇的忠誠。有一次鄂蘭在信中狠狠地對布呂歇抱怨一番，法蘭柯覺得「一定令他怕得像掉進地獄了」，於是寫了一封安慰的信：「那位先生昨天在電話裡跟我說他徹底的心亂如麻，因為他習慣了跟你在一起，跟你一起生活，也因為他不想再孤獨無伴了。」[69]

鄂蘭這趟行程延續近六個月，從一九四九年八月到一九五〇年三月，使他們三人都處於緊張狀態：鄂蘭十分想家，布呂歇煩躁不安，法蘭柯也心煩意亂，因為她病情轉壞，恐怕過世前都見不到鄂蘭了。鄂蘭在猶太文化重建委員會使節團位於威斯巴登（Wiesbaden）的總部拚命工作，乘坐火車在德國國內來來回回，行程間沒什麼休息機會，只盼著不用延長在歐洲停留的時間。她因為自身的原因而飽受壓力，就像她觀察到的德國人一樣：「德國人發慌而麻木地工作。」[70]

她在昔日的家園穿梭，當地敗壞不堪和絕望的情況令她吃驚，痛失家園者的可怕困境也令她震驚；她察覺到，在重建市鎮的表面下是莫名的不安，每個人都竭盡所能表現得友善而禮貌，她在信中向法蘭柯和布呂歇描述了這種種印象。她打算回到美國後好好利用這些書信：「有關德國的情況你可以寫一本書，但我只會寫一篇文章。」[71]這篇題為〈納粹統治的後果：德國見聞錄〉的文章，一九五〇年十月刊於《社評》雜誌，事實上成為了《極權主義的起源》一書的後續。鄂蘭描述了十二年極權統治對德國人的影響，從她描述的情況，確認了她理論所說的，極權主義比「最壞的一種專制統治還要更壞」。極權主義「從根本上摧毀了」一個民族在政治上、社會上和個人的生活。她沒有信心，所謂「自動自發的自助力量」能夠令德國重生；儘管她認為當前的政治混亂情況還有唯一的一種解決辦法，就是成立一個歐洲國家聯盟，擺脫民族主義和過時的主權概念，但即使這能夠實現，她也不怎麼期望對德國有什麼幫助。她認為，在一個歐洲聯邦裡，「不管是一個已重生的德國還是一個未重生的德國，都不大可能扮演重大角色」。[72]鄂蘭帶著同情地談到德國人無法面對國家被摧毀的現實，也無法思考造成這個結果的那些原因，可是她卻低估了，即使新的根還沒有長成，還是可以締造可觀的重建成果，儘管那可能不怎麼穩固。戰後德國的經濟奇蹟在等著出現。

鄂蘭也寫到她的法國和英國之旅。她發現巴黎陷入可怕的混亂。公共服務幾乎停擺，整個城市像瀰漫著一種「巨大的焦慮和敵意」。只有當朋友陪伴在側，像亞歷山大・夸黑這位她譽為「我曾遇上的最合情理最好的人」，她才能鬆懈下來；不過夸黑和尚・華爾十分迫切地請到哲學學院（Collège Philosophique）演講，安排了令人吃不消的「旋風式社交活動」。[73]她很高興在跟安妮・韋伊分開近十年之後能夠重聚，但發覺她的家庭處境十分窘困而為她感到不安。安妮的丈夫艾利克和妹妹凱瑟琳仍然因戰時遭遇而深受打擊：「〔從他們身上〕我體會到斯特林堡劇作裡那種氛圍。」[74]鄂蘭和韋伊的深厚聯繫，要等到一九五二年她再度前往歐洲時才重新建立起來。

鄂蘭這次也到訪瑞士，當地一切都「理所當然地秩序井然」；但她這次訪問的所有國家之中，只有英國「是唯一經歷了戰爭而在道德上完好無損的。在這裡對傳統、對一段偉大的歷史有深厚感覺，而完全沒有沙文主義的影蹤。」她也很高興能見到繼姊伊娃和堂妹艾爾瑟，一切「非常美好」。[75]

鄂蘭先後兩次去巴塞爾探望雅斯培夫婦，很寬慰地發現他們一九四八年遷進這個瑞士新家之後安穩舒適。這些探訪活動，讓鄂蘭在「忙得要死的工作」裡獲得喘息機會，也讓她在經過很多年之後首次感到「內在的平安」。「在哲學上和個人生活上——尤其個人方面」，她終於感到安然自在。[76]鄂蘭和雅斯培談到布呂歇的對話，表現了個人平安感覺的重要一部分。鄂蘭竭盡所能把丈夫形容為她「移動的家」，雅斯培聽了十分高興。鄂蘭和雅斯培也開始通信了。第二次前去探訪時，雅斯培向鄂蘭展示一封來自布呂歇的信，其中表達了仰慕之情，同時可見布呂歇是歐洲以外少數曾讀過了雅斯培所有著作的人，鄂蘭對於她這位「聰明而具才智的丈夫」十分自豪。

雅斯培也向鄂蘭展示他和海德格的通信。雅斯培期望，這些通信能夠修補他和海德格在一九三三年斷絕的友誼，這樣的寬宏大量，促使鄂蘭向他表白，她和海德格曾有過一段戀情。「我坦白告訴雅斯培，海德格和我之間發生過什麼事，」鄂蘭寫信告訴布呂歇。布呂歇回答：「啊，那可十分刺激。」對鄂蘭來說，這是確認了雅斯培的開放胸襟和他對自己的信任：「雅斯培那種毫不慌張的反應真的無可比擬。」[77]雅斯培對海德格的同情也令鄂蘭讚歎；她幾乎無法相信，雅斯培那麼小心翼翼地在公眾面孔背後尋找海德格的真我。「可憐的海德格，」雅斯培對鄂蘭說：「我們坐在這裡，是他最好的朋友，我們看透了他。」[78]

鄂蘭跟海德格的重聚就沒那麼平和，因為海德格並沒有躲藏在他那種傲慢、不可信任的公眾表現背後。法蘭柯曾開玩笑地問鄂蘭，是巴塞爾之行還是海德堡之行讓她比較高興。「你的問題逗得我發笑了。……如果要對海德堡之行感到高興，那需要一種野獸般的勇氣，這可是我沒有的。」[79]她前往海德堡，「絕對是因為公事必需。……要不是這樣我會去嗎？我不曉得。」[80]帶著她與海德格關係揮之不去的浪漫色彩，鄂蘭用旅館的紙筆給海德格送上手寫的、沒簽名的便箋請他前來會面。他馬上來到了旅館，然後開始在她面前朗誦「某種的悲劇，彷彿假定我已在前面兩幕參與演出了」。海德格最初好像沒察覺到，他們之前一起經歷過的所有那些事，「已是往昔二十五年前發生的」，而他「已經超過十七年沒見過我了」。對於悲劇後面的幾幕，包括他在納粹黨裡的歲月，海德格倒是沒有像前兩幕那樣面露恥色而「無地自容」。[81]當海德格終於回到了當下一刻而誠實的說起話來，鄂蘭告訴布呂歇，她覺得「我們真的在互相對話，就像我們這輩子第一次這樣做。」[82]

在海德格和鄂蘭這次惱人但誠懇的會面之後，次日隨之而來的卻是「荒唐的情景」。「幾乎在什麼事上都撒謊而聲名狼藉的」海德格，終於向他的妻子表明，鄂蘭是他「生命的激情」，是他寫作的靈感。[83]他妻子的妒忌來得迅猛而暴烈：「她，哎呀，不過就是個蠢貨。」儘管妻子憤怒地抗議，海德格仍再次探訪鄂蘭並丟給她大量的信件和自己的手稿。他迫切期待她再度往訪弗萊堡——

更假定再度前來不是公事必需；他還深深打動了鄂蘭的心，因為他體會到對方面對一位垂死的朋友在家中等著而沒法再猶豫不決了。他寫了一首詩給法蘭柯——〈給我的朋友的這位朋友〉，又寫便箋向鄂蘭表示：「當你最親愛的女性朋友這樣在等待你，你最親愛的朋友一定不能讓你受到阻延，儘管你也即將要跟他說再見。」[84]這就是鄂蘭所愛的海德格。

鄂蘭對兩次的弗萊堡之行——第一次和那「小說的續篇」——混雜著不一樣的感覺。她對布呂歇的忠誠沒有受到挑戰：她告訴對方，在聽著海德格講話時心裡想到的是自己的丈夫，並信任他會「對整件事作出正確判斷」。[85]可是海德格的處境令她承受壓力，尤其是他的婚姻；她考慮到，海德格是否能控制自己的舉止，不致公開發表對眾人造成損害的言論，尤其是對雅斯培夫婦。她決定向雅斯培尋求幫助，那在她看來是「唯一的援手」。鄂蘭不曉得她和海德格建立關係，對她和對這位前任戀人代表了什麼。但她最終認定，「最起碼來說，我對於這次確認關係是高興的——我決定不要忘記是對的。」[86]

鄂蘭認為這次的確認表明了，她對這個人保持忠誠是對的；因為這個人在公眾面前的臉孔，跟他私下的臉孔並不一樣，就像田立克的道德想像跟他那個幻想世界並不一樣。海德格令鄂蘭確認了她在寫給法蘭柯的信中所說的，「一個人活在程度多高的激情和忠誠之上」。[87]鄂蘭真的相信巴爾札克的一句格言，她一篇談論迪內森的文章把這句格言用作篇首題詞：「轟烈的激情跟曠世傑作一樣罕見。」可是當鄂蘭在一九六〇年代末寫作這篇文章時，她能夠加上了幽默諷刺的反思：迪內森被她的愛人稱為提泰妮婭（Titania），而就像莎士比亞劇中這個人物，她在意亂情迷下很可能愛上一個笨蛋！鄂蘭在文章結尾加上自己的一句警語，那是她與海德格在一九四九年重聚之後，二十年來她獲得的洞見：「智慧是老年人的美德，但似乎又只有年輕時既不聰明又不規矩的人才會如此吧。」[88]

§

鄂蘭在寫作《極權主義的起源》期間憑著通信和記憶維繫以往的友誼，她獲得的獎賞就是一九四九年的歐洲之行，實現了一連串重聚。自從戰爭結束後，她一直在期望這樣一次旅程，並猜想會有怎樣的結果。她透過友誼維持著關係的那個歐洲，屬於她當下一刻，也是她的家園；當她艱辛地回望歐洲的過去而為歐洲的未來努力，就是這個家園在支撐著她。憑著她這個個人經驗中的歐洲所觸及的深度，她所寫的《極權主義的起源》體現了雅斯培《邏輯》（*Logik*）一書裡的一句雋語：「不要臣服於過去或未來。關乎重要的完全在於現在。」

對布呂歇來說，完全處於當下一刻是幾乎不可能的任務。他沒有工作，沒有一個發表政見的論壇，也沒有一個像往日布蘭德勒集團那樣的圈子，他只能面對世界局勢沉思。在一九四八年的腦力激盪之前，他也曾為多個最終令人失望的計畫而忙碌。他曾為「人民權利聯盟」起草一份宣言，可是沒有一個團體採納他這個意念——致力保護每一個人「在生命、自由和從事創作上的權利」。[89]

布呂歇把這個他選擇定居其中的國家最膾炙人口的格言加以修改，表明了他渴望做的是「創作」。雖然他能與鄂蘭分享《極權主義的起源》的寫作，但從事創作仍然是他未能實現的樂趣。透過一連串幸運的邂逅，他的機會終於在一九四九到一九五〇年的冬天來臨；這也正好是鄂蘭從歐洲確認了往日關係的一段日子。

化名艾爾柯普雷的畫家，也就是原名艾爾弗雷德·柯普雷（Alfred L. Copley）的醫生暨醫學研究人員，當時移居紐約並準備把他的兩方面事業往繪畫方面多發展。鄂蘭透過約瑟·邁爾的妻子愛麗絲和他碰面。他在河濱道一個單臥室公寓套房裡接見客人，那就像一個大型衣櫥，他自己和畫作一起擠在裡面。在這個房間裡兩個客人就像一群人了。但從面對哈德遜河的一扇大窗透進來的充足光線照亮下，他們看到了他的畫作。鄂蘭十分高興，她問柯普雷能不能讓布呂歇來看他的作品。

布呂歇在一九四五年秋天前去探訪，那時柯普雷已搬到一個較大的公寓單位，也在紐約大學華盛頓廣場（Washington Square）校區展開了血液學研究。布呂歇對他的畫作十分讚賞，慫恿他放棄醫生工作完全投入繪畫創作。柯普雷沒有接受他的建議，可是藝術創作活動變得更公開了，跟另外十一個藝術家成立了第八街俱樂部（Eighth Street Club）。

在一九四八年，一群自稱為抽象表現主義者（Abstract Expressionist）的藝術家，包括威廉·巴斯歐堤斯（William Baziotes）、大衛·赫爾（David Hare）、羅伯特·默瑟威爾（Robert Motherwell）、馬克·羅斯科（Marks Rotko）和巴尼特·紐曼（Barnett Newman）等，創辦了一所名為「藝術家題材」（The Subjects of the Artists）的學校，校址在西八街三十五號。這所學校一年後就因財務問題而結束，但它頗受歡迎的周五晚間講座，卻由一個稱為「三十五工作室」的團體在西八街校址的閣樓繼續辦下去。類似的講座也成為在一九四九年成立的第八街俱樂部的重要活動，講者往往是哲學家和藝術評論家，多過於藝術家本身。到了一九四九至一九五〇年的冬天，這個俱樂部的講座就變得跟同一條街上僅相距幾幢房子的三十五工作室的講座一樣有名了。[90]

一九五〇年，布呂歇在偶然且不大願意的情況下，成了這個俱樂部講座的講者。一天晚上他前去柯普雷在紐約入住的第三個公寓單位，在格林威治村南面。當時柯普雷正出門前去聽講座，由約瑟・弗蘭克（Joseph Frank）和邁爾・沙皮洛（Meyer Shapiro）評論安德烈・馬爾羅（André Malraux）的《藝術心理學》（*La Psychologie de l'Art*）。布呂歇對這本書很熟識，受邀一起前去聽講。在西八街的閣樓裡他們發現有五十個人焦躁地等待講者到場。當他們知道講者勢必遲到了，柯普雷就向他的同事雕刻家菲利普・帕弗亞（Philip Pavia）建議，由布呂歇代為擔任講者。經過好一番勸誘，布呂歇同意了，但得有人在開場時清楚講明他其實不大願意主講而且完全沒有準備。在柯普雷講了這段開場白後，布呂歇接著就對馬爾羅那部著作提出了精采的解說和評論。後來他用不大拿捏得定的英文向鄂蘭報告了整件事：「他們抓住了我，我就負責整場表演了。」[91]心滿意足的俱樂部會員後來邀請布呂歇再去主持了幾次演講，結果都場場滿座，而他本人也更是「勢不可擋的非常成功」。

對布呂歇來說，這些講座是一個轉捩點。第八街俱樂部給他提供了一個發聲的地方，像柯普雷所說的，「他由此獲得了自信」。俱樂部成員覺得他的想法很吸引人，而同樣重要的是，布呂歇發現別人聽得懂他口音很重的英文。布呂歇甚至在《星期六文學評論》發表了一篇評論兩部美學著作的文章，也是他所寫的唯一一篇文章。次年，鄂蘭前夫斯坦決定返回歐洲，就安排布呂歇到社會研究新學院負責他原來講授的課程。

布呂歇有關藝術哲學的講課，目的在於「透過對藝術作品以負責態度進行的詮釋，促進文化活動的參與」。他由此踏入了跟他心思最靠近的政治範疇。他宣稱，「現代藝術是所有各種專制政治的共同敵人」。布呂歇展望一種「世界性風格」，足以代表所有人的共同經驗，也就是「世界性人類經驗」。[92]他很高興地在著迷的聽眾面前提到塞尚（Paul Cézanne）、畢卡索（Pablo Picasso）和卡夫卡等藝術家怎樣「發現了一個新世界」。鄂蘭同樣高興地告訴布魯曼菲德，他的丈夫站到了他自己那個新世界的邊緣了：「就像人家用漂亮英文所說的，『他表現出自己的本事了』。」[93]

布魯曼菲德從巴勒斯坦來信。「當你的信來了，」鄂蘭回信說：「我們就花了幾個小時談論了你。你和海因里希（布呂歇）實在是我認識僅有的兩個人，能完全不受中產階級的成就觀約束，因此能對人有真正的了解。」信中又提到社會研究新學院課程的成功：「那令他很高興。他重新建立了往日那種跟別人的直接接觸，那是他多年來一度喪失的（因為聽聞毒氣室的消息後隨即爆發的憂鬱狀況）。兩個人之間很少能真的互相幫助；但以我們的情況來說，我認為是這樣的，如果我們沒有了對方，就幾乎無法生存了。」[94]

未來哲學的基礎

在鄂蘭給布魯曼菲德寫這封心情愉快的信時，《極權主義的起源》的問世正引來熱烈的評論。多年的努力告一段落，當他們來到這個終點時，鄂蘭已準備好踏出另一步了。可是她當時的心情，也不免帶著像賈雷爾所說的「奧賽羅（Othello）的功業休矣」的感覺。[95]

此前一年即一九五〇年的暑假，他們在鱈魚角的馬諾默特（Manomet）度過，當時鄂蘭剛熬過了法蘭柯過世那令人精疲力竭的幾個月而重新投入工作。阿爾弗雷德・卡辛和鄂蘭一位叫羅絲・費特爾森的朋友幫忙對《極權主義的起源》的書稿作最後修正，讓鄂蘭有時間安靜地閱讀，這是她前來美國後首次能夠這樣。「我有一段很美好的時光，」她在七月寫信告訴雅斯培：「閱讀柏拉圖──他的《政治家篇》（*Statesman*）、《法律篇》（*Laws*）和《理想國》（*Republic*）。我的希臘文慢慢回來了。我聽很多音樂，也跟很多朋友見面。今天，出乎意料，〔亞歷山大〕夸黑來電──他是很棒的朋友。」[96] 其他朋友包括田立克、理查・普蘭特和經濟學家阿多夫・羅（Adolfe Lowe）也來探訪。他們一起讀到了報紙上談到的另一場戰爭。

鄂蘭準備前去馬諾默特前，在六月二十五日寫信給雅斯培：「自從昨天以來城裡到處在談戰爭。我們不相信它，可是一旦牽涉到世界史——就說那一段脫序的世界史吧——你永遠說不準。」[97]北韓的軍隊在俄羅斯全力支持下向著北緯三十八度線進發。世界史果然難料，她的信寄出兩天後，杜魯門總統就宣布美國海軍和空軍前赴南韓支援。這個局勢使得鄂蘭加強決心，要完成她開始撰寫的另一著作，就是極權主義中馬克思元素的研究，由此引向史達林主義的分析。同時做為這部著作的前奏以及它內容的概括，鄂蘭準備了一次演講，題為〈意識形態與恐怖手段〉，將於十一月在聖母大學發表。到了夏末，《極權主義的起源》已經完全「英文化」，可以交給編輯了。哈考特．布雷斯（Harcourt Brace）出版社的編輯羅勃．吉胡（Robert Giroux）接收了這本書；那是霍頓．米夫林出版社在哈佛大學一位歷史學家的建議下婉拒出版後。

鄂蘭在聖母大學的演講，主持人是她的朋友華特馬爾．居里安，是《政治評論》雜誌的編輯。幸而她夏天期間的好心情與平和感覺仍在，因為她得幫助居里安應付這個場合的公眾壓力。她寫信跟雅斯培說：「居里安帶著我到處走，怕得發抖，因為這是頭一遭一位女性在這所天主教學校登上演講臺。由於焦慮，他在這冷得要死的一天裡名副其實地冒著冷汗，我就是覺得好笑，平日的怯場忘得一乾二淨。」[98]

在居里安陪同下，鄂蘭跟耶魯大學的社會學家黎士曼展開討論。黎士曼是馬格內斯在美國的追隨者之一，他和居里安都讀過了《極權主義的起源》最後三分之一的書稿，而且都質疑鄂蘭的分析是否暗示極權主義是無可避免必然發生的。其實鄂蘭並未宣稱在嚴格因果關係之下揭示了極權主義的「起源」，可是書名和書中各部分的連結都像是提供了一種因果決定論論證。居里安和艾利克．沃格林（Eric Voegelin）等很多其他歐洲人一樣，都習慣認為政治現象的精神因素起著關鍵作用，認為極權主義是現代世俗主義的邏輯結果。在他看來鄂蘭的社會政治理論忽略了精神因素。另一方面，黎士曼則採取美國社會科學偏重經驗的研究取向，質疑鄂蘭對極權主義的一般性分析。鄂蘭的書在一九五一年出版後，遇上的典型反應就都是從這兩方面立論，儘管實際說法有很多變化；還有第三種馬思主義的「修正主義」批評，是一九五八年第二版出版後才出現的，當時美國的麥卡錫主義時代已經過去。

黎士曼在閱讀鄂蘭這部著作的「極權主義」部分時，他自己也在撰寫一本書，名為《美國的零激情存在》（*Passionless Existence in America*）。他希望鄂蘭參與寫作一章歷史論述，談論西方世界人格結構的轉變。處理這個問題要在方法論上有濃厚興趣，這超出了鄂蘭先前處理的範圍。這部著作最後成書出版時名為《寂寞的群眾》（*The Lonely Crowd*），共同作者還有雷歐．丹尼（Reuel Denney）和內森．葛拉塞，卻沒有包含鄂蘭所寫的一章。黎士曼的取向與鄂蘭不同，可見於他對鄂蘭手稿的詳細批評；他提出的質疑，指向事情發展存在著彈性與機會的證據，認為這是鄂蘭聚焦於各種元素「結晶」成為極權主義的宏觀視野所忽視的。他提出了一系列疑問，他為《社評》雜誌所寫的《極權主義的起源》書評指出其中一個問題說：「你傾向於……假定史達林和希特勒有很多盤算，比我認為實際存在的多。……有些現象部分是由複雜而精密的制度安排衍生的後果，你卻都把它解釋為一種政策。」還有：「你假設……納粹在開始時就知道他們想要的結果。事實上他們可能更像一個在社會階梯往上爬的青年，只爬了幾步，而能踏出這幾步就是最重要的事了。當他爬到了那裡就會決定怎麼做……說不定會請適合的專家來指導。」[99] 鄂蘭後來在《艾希曼耶路撒冷大審紀實》中，重新考慮意識形態的邏輯一致性對個別納粹官員的重要性，她指出在納粹計畫的執行過程中，歐洲不同社區的地方性差異、機會和官僚人員的企圖心等等扮演了多大角色。不過，在後來的著作以及《極權主義的起源》中，鄂蘭都堅持強調極權主義意識形態的巨大「超常意義」（supersense），以及極權主義領袖透過重塑現實和改造人性而「證實」超常意義的盤算。

令居里安和沃格林等批評者感到不安的，正是「改造人性」這種說法。它反映出鄂蘭洞察力的最深層次，這是貫串她所有著作的有關人類基本存在模式的洞見。她認為極權主義徹底消滅了賦予人類自由的時間和空間條件。極權主義意識形態吞噬了過去與未來：把過去轉化為自然或歷史神話，又描繪出這些神話千百年後最終實現的盛況，從而抹去未來的不可預測性。體現於集中營的極權主義恐怖手段，則去除了所有讓人類行動和互動得以進行的空間。思想的自由和行動的自由全都消失。鄂蘭在〈意識形態與恐怖手段〉一文中把這些基本看法明白表述出來。透過十分肯定而明確的筆觸，鄂蘭打造了布魯曼菲德讚歎的「名副其實的政治分析傑作」[100]，她奏響了她的主題旋律：

意識形態憑著它們的概念所包含的邏輯，假裝它懂得整體歷史進程的奧祕——過去的祕密、現在的複雜性和未來的不確定性。……

把人互相擠壓起來，恐怖手段摧毀了人與人之間的空間；跟這種鐵腕手段的情況相比，甚至跟專制統治沙漠般的景況相比，可見只要有一點點某種的空間，就是自由的保證了。[101]

意識形態和恐怖手段的結合，摧毀了人類溝通和普通常識的世界，這個世界提供的各種保障也不復存在，包括透過法律提供的政治保障，透過職業分工提供的社會保障，此外財產、個人差異、建立於友誼的私人交情以及人類創製的物件，原來都各有它的保障。鄂蘭描述這種前所未有的「徹底支配」，看不見人性得以改善的任何可能性，因為她把注意力集中在最深刻的攻擊，也就是極權主義對人類生存基本條件的攻擊，它摧毀了讓人思考的當前一刻，也摧毀了讓人行動的空間。

政治哲學家沃格林在《政治評論》對鄂蘭這部著作發表了一篇想法深刻的長篇書評，他驚訝的是，鄂蘭竟然認為「改造人性」是可能的。「一種『本性』，」他向鄂蘭指出：「是不能改造轉化的；『本性的改變』本身就是一個矛盾概念；改造一樣物件的『本性』，就表示把這物件毀滅。對『改造人性』（或任何東西的本性）這個概念作出思考，就是西方文明精神瓦解的一種病徵。」鄂蘭對這位同樣來自德國的難民作出回覆：

極權主義的成功，相當於對自由做爲一種政治和人類現實的徹底清洗，比我們以往見過的任何類似做法更爲徹底。在這樣的情況之下，死抓著所謂無法改變的人性，而作出結論説要麼就是人類本身被摧毀，要麼就是自由並非人類的基本能力，這實在難以令人釋懷。從歷史上來説，我們只有在人類存在的時候才曉得什麼是人類本性，如果人類喪失了基本能力，什麼本性的永恆存在都不能讓我們釋懷。[102]

沃格林也曾批評說，鄂蘭對政治和社會力量解體的描述很有說服力，可是她未能考慮到對這樣的解體可以有不同反應，這些不同反應，「根源就在於人性的潛在可能性而不在於處境本身」。他認為，如果鄂蘭有考慮到這點，她就能體會到「不可知論的精神病態是現代群眾的獨特問題」，她就會從這裡面尋找極權主義的起源。當他聲稱鄂蘭誤解了「改造人性」這種說法，那就無異在指稱鄂蘭也受到這種精神病態感染。

鄂蘭關切的是現象，也就是呈現出來的事實，而不是現象背後假定存在的一種現實，抑或一種隱含本性或不可見的本質。當她談到「改造人性」，她指的是人類存在條件的改變徹底到了某種程度，以致無法施展某些能力，而在沒那麼徹底的情況下是不至於產生這種後果的；也就是指那些能力得以施展的任何可能性都給摧毀了。在她的理解之下，極權主義必定是世界性的——整個世界要成為一個集中營——這樣才能徹底實現改造人性的目標。這種世界性的條件，而不是任何人性的願景，才是她唯一可以寄託希望的地方。沃格林認為鄂蘭的觀點是令人不安的世俗化，可是事實上，它有一種非教條化而帶著尊重態度的宗教性。鄂蘭後來在《人的條件》寫道，她覺得像「人性」或人的本質，只有上帝能知道是什麼。人類只能知道除了自己以外的各種事物的本質，不能一躍而「擺脫自己的影子」從而發現自己的本質。[103]她並辯稱，這樣一躍的欲望，會使人類忽略了人類對現實的真正責任，或對人類共享的世界的責任。在黎士曼其中一封來信的下方，鄂蘭給自己寫下一則簡單的筆記：「現實的頑固性是相對的。現實需要我們保護它。如果我們能炸毀世界，這表示上帝創造我們做為世界的守護者；正因為這樣，我們是真理的守護者。」[104]

可是雖然鄂蘭拒絕從宗教的觀點來看極權主義的目標，就像沃格林也注意到的，她的做法其實跟宗教理解相當接近：她談到「根本之惡」（radical evil）或「絕對邪惡」（absolute evil），而討論了面對這種邪惡時西方傳統在認知概念上兩手空空。「根本之惡實際上是什麼，」她在該書出版的一九五一年三月寫信給雅斯培說：「我不曉得，但它跟〔這種〕現象有某種關係：人之所以為人變得多餘。」[105]她嘗試提出一種意念：當人類把目標指向一神信仰裡創造人類的上帝的全能能力時，也就是向著把人變得多餘的可能性邁進。她辯稱，沒有有關權力的概念，不管是尼采的也好，霍布斯的也好，能夠成為理解這種現象的充分基礎。更糟的是，哲學本身在這事情上也不能完全免於罪責。「這當然不是說，希特勒的所作所為跟柏拉圖有某種關係。……而是說西方哲學從來沒有一種純粹的政治概念，也不能有這樣一個概念，因為它所談及的總是集體的「人」的概念，而不是在多元存在下的人類。」這方面的反思，為鄂蘭一九五〇年代的哲學任務播下種子，這包括〈意識形態與恐怖手段〉一文、收錄在《過去與未來之間》的文章，以及《人的條件》一書。

對她後來的著作同樣重要的，還有來自黎士曼等自由派人士有關「人性」的另一種問題。在黎士曼對鄂蘭書稿的評論中，有一處他指出，她談到中產階級，跟她談到憎恨中產階級的「暴民」和憎恨猶太人的「精英」時，批評都一樣嚴厲。黎士曼認為：「也許把你引導到這種立場的，是在於你鄙視你所描述的那許多人的懦弱。可是在我看來，你不能要求眾人成為英雄，你所能要求的，只是他們能認得出什麼是英雄態度，而對自己的所作所為能夠有多一點點認識而已。」[106]這種批評，在鄂蘭的《艾希曼耶路撒冷大審紀實》所引起的爭議中有很多迴響，這表現出很多自由派人士對鄂蘭的「大眾社會」概念焦躁不安。「對鄂蘭女士來說，」社會學家菲利普·萊夫（Philip Reiff）在《宗教學刊》（*Journal of Religion*）寫道：「中產階級做為一種生活方式和一種政治武器，成為了根本之惡……是韋伯的中產階級清教徒的反面形象。」[107]這種爭議在美國文化自由委員會（American Committee for Cultural Freedom）一九五一年十一月二十八日安排的一個會議中繼續公開討論。黎士曼在一篇題為〈極權主義者權力的限度〉的論文中表達了保留態度。「我們在尋求非戰爭途徑推倒那些〔共產主義〕政權之際，能做的一切，就是找出一種途徑獲致對人類潛能的更健全觀念，而不只是著眼於邪惡的觀念，那我們已經聽過、而且認識不少了；也不只著眼於英雄的概念，這我們也認識過了；我們應該看看有人以乖戾的非英雄態度，來對抗極權主義者企圖改造人類的作為。」[108]鄂蘭批評黎士曼的想法，質疑他錯誤地以為貪腐、放任營商政策、輕微罪案和社會冷感等本身就乖戾的事情，跟極權主義政權對比下別具意義。

這種爭議背後的一個問題，鄂蘭在日後的著作中著力回應，那就是如何區別她所說的「社會」和「政治」範疇。她對社會範疇沒有什麼期望，不管當她以歷史學家身分寫作，還是當她寫到背負「我們這個時代的重擔」的可能性；政治範疇而非社會範疇，才是人類追求自由和體現英雄品質的領域。「有一件事令我頗感不安，」黎士曼在一九四九年寫給鄂蘭的一封信說：「就是你有時對中產階級和自由主義者所表現的敵意。克里蒙梭不就是自由主義者麼？你不就是自由主義者麼？」[109]「不，」鄂蘭在來信的克里蒙梭名字上寫道：「是激進分子。」事實上她也可能在自己的名字上補上這一筆。

鄂蘭把跟克里蒙梭相關的那個傳統，即十八世紀革命抱負的傳統，視為戰後唯一的希望。但她對這個傳統並非毫無批評，她也不是所謂「人權」的倡議者。她辯稱：「人權被界定為『不可剝奪』，因為它被假定為獨立於所有政府；可是事實上一旦人類沒有了本身的政府，回復到最基本權利的狀態，他們就不受到什麼權力保護，也沒有任何機構願意對他們的權利作出保證。」[110]鄂蘭描述了那種令人害怕的狀況，那就是即使人權被國家憲法或自由主義國際組織提及，卻從來沒有成為「實際的政治議題」，也就是說從來沒法執行。戰後情勢變得更混亂：「沒有人能夠明確界定，這些一般性人權相對於公民權利實際上是什麼。雖然所有人看來都同意，那些〔無國籍的〕人的困境在於喪失了人權，但看來沒有人知道當他們喪失了這些人權，所喪失的權利到底是什麼。」

透過這樣的反思，鄂蘭為她日後的政治哲學奠定了基礎。無國籍身分，也就是她在寫作這本書時的狀況，讓她了解到政治生活的元素。「人權遭到剝奪，最優先而最重要的，就是被剝奪了在世界上的容身空間〔政治空間〕，只有在這樣的空間裡個人的意見才具意義，行動才能發揮作用。……我們能夠察覺到具備權利的權利（這表示處身某種框架之下，在其中個人因為他的行動和意見而受到判斷）以及屬於某種有組織社群的權利，正是由於在新的全球局勢之下，數以百萬計的人喪失了這些權利並無法重獲這些權利。……歸根究柢，人類可以喪失所有的所謂人權，而不致喪失人的基本品質——人類的尊嚴。只有在喪失了一個可依附的政治實體的情形下，人類才會從整體的人類群體中被逐出。」當個人沒有了政治空間，就只剩下「出於偶然的友誼和憐憫」以及「出自於愛的偉大而無可估量的慈悲」，賴以肯定自我和自己的尊嚴。這是鄂蘭和他們那個流亡族群深知的事實。

依循著布呂歇的「人民權利聯盟」建議的綱領，鄂蘭辯稱具備權利的權利應該由「整個人類群體本身」作出保證，而不能仰賴自然或歷史。但她覺得這種保證包含著一個概念上的謬誤，因為它沒有提供保障防範某種可能性的出現，那就是人類群體本身可能透過「相當民主化」的決策，而決定消滅一個民族，它也包含著一種似乎無法實現的性質，因為「就如最近以色列立國的例子證實，人權的重新建立，只能透過國家權利的重新建立」。鄂蘭認為，戰後朝這個方向所做的努力，像聯合國的《世界人權宣言》，「明顯欠缺現實性」。紐倫堡大審清楚顯示，有需要設立一種由一個

「國家群體」所保證的「超越國家的法律」，鄂蘭以此為出發點，嘗試探索這樣一個群體如何成為事實。

鄂蘭對於「超越國家的法律」的可能性作出反思，是《極權主義的起源》一九五一年版結語的中心思想。在她的一九五二年第二次歐洲之行，她希望能跟認同這個願景的人見面。她拜訪了《極權主義的起源》的法國和德國出版商，在德國的大學發表演說，又嘗試估量歐洲知識分子對於自戰爭開始以來就倡議的歐洲聯邦的構想支持度有多大。這次歐洲之行由猶太文化重建委員會贊助，因為他們最後階段的工作仍然需要鄂蘭推行，行程也包括了度假安排。可是就像鄂蘭所有的假期，這也是一邊度假一邊工作：在她此前此後的職務之間，已有兩本書和好幾篇論文在計畫中等著實現。布呂歇嘗試勸告她不要工作過度卻無法如願，她回覆說：「啊，可憐的朋友，我實在拿它沒辦法。」[111]

第三部

1951～1965

「社會並不等同於居住於其中的人民，社會乃是處於人與人之間的一個中介空間。」[1]在表達這種看法時，鄂蘭完全意識到，人與人之間自然無礙的「中介關係」，自歌德的時代以後，已經不再被認爲是偉大思想家的標記，甚至不是他們熱切追求的條件。萊辛心目中典範天才人物的天賦——「他的良好品味就是舉世的品味」——現代人根本聞所未聞。甚至萊辛自己也無法像歌德那樣與世界建立平和關係；鄂蘭指出：「他對這個世界的態度既非肯定也非否定，而是出之以尖銳的批判。」[2]這也正是鄂蘭本身的態度。

在形成這種態度之前，鄂蘭長期處於一種純粹的消極心態之下，她稱之爲模稜兩可。她寫完了《極權主義的起源》之後，堅決拒絕跟存在著「根本之惡」的世界達成和解，因爲那是一個無可理喻、無法懲罰而無從寬宥的世界。她一九五〇年代初的研究仍然圍繞著極權主義的根本之惡，只不過往更寬廣、更具哲學意義的層面探索。歐洲政治傳統的每種主流觀念都受到她批判；她否定了所有獲普遍接受的政治哲學理念，只盼能重新發掘傳統「失落的寶藏」——也就是基本在實踐上被忽略、在理論上幾乎完全被揚棄的值得珍惜的觀點。用不那麼爭論性的話來說，她是像尼采所說的，「用錘子做哲學」，從敲打之聲判別眞僞。

但鄂蘭能眞的展開徹底批判，要等到她看到了否定的對立面之後，也就是當她發現這個世界（而不是理論）向她呈現正面的元素。一九五六年的匈牙利革命讓她滿懷希望地瞥見，歐洲革命傳統這個失落的寶藏可能有機會重生。於是，她在《人的條件》中談到了行動，在《極權主義的起源》第二版附加了有關協議制度的結束語，還計畫寫作《論革命》一書。

理論上，鄂蘭轉換了態度，從正面進行徹底批判。可是鄂蘭對世界的最深層共鳴，要等到她發現了和解出路才眞的出現。她獲得了「遲來的治療」（*cura posterior*），也就是在經歷了戰爭和對猶太問題試圖施行的「最終解決方案」之後，她終於獲得治療了。這種治療在公共領域可見的一面，就是她在《艾希曼耶路撒冷大審紀實》對根本之惡提出的質疑；個人層面上的治療早於這種智性批判。當她的婚姻終於穩定下來，她童年時代因信任消失而形成的壓迫感宣告解除，她終於能安然活在世上，訴說她對世界的愛。

第七章　安然活在世上（一九五一～一九六一）

山上的崎嶇我們經歷過了，
前方是平原上的顛簸。

布萊希特，〈感知〉（Wahrnehmung）（一九四九年）

二元君主制

一九五二年春天，鄂蘭眼中的巴黎很是美好，「暖洋洋而綠樹成蔭」。「這個城市比以往任何時候都漂亮，」她寫信跟布呂歇說，夫妻倆對他們第一個家的這個所在地，油然生起了鄉愁。治國極有效率的總理安托萬．比內（Antoine Pinay）讓法蘭西第四共和國的經濟開始恢復秩序，民眾的信心也回來了：「法國人歡顏再現，跟兩年前判若兩人。」[1]巴黎和它的市民，幫助鄂蘭從世界局勢的不祥預感中大步踏出來，這是在《極權主義的起源》出版後一年不斷纏擾著她的感覺，那正是韓戰最激烈的一年。有機會前去探望老朋友，也極有助於她走出一九五一年夏天的哀傷陰霾，那是她前去新港市幫忙處理布羅赫遺稿的一段日子。

鄂蘭像經歷了漫長冬眠後甦醒過來的動物，感官感覺給喚醒了。她熱切注視「世間的驚奇」。她的老朋友也是她的驚奇。安妮・韋伊跟她沒完沒了「聊個天南地北」，「重新成為最要好的朋友」。她同時樂於結交新朋友。當她前往法國中北部城市沙特爾（Chartres）遊覽，作伴的是她所說的「孩子們」，就是從科隆前來的阿爾弗雷德・卡辛和他的朋友安妮・貝爾斯坦（Anne Birstein），當時卡辛已在科隆展開了一年教學生涯。「真的！那麼漂亮。最美的春天讓陽光穿過藍色的窗，叫它藍得更藍。我的眼睛終於懂得欣賞建築了，我從來沒察覺那是如此妙不可言。」[2]

鄂蘭發現的建築之美，也正是布呂歇所熱愛的，夫妻倆又增添了維繫親密關係的另一元素。鄂蘭親歷其境遊覽期間，寄給布呂歇法國建築物的照片，也讓他在想像中遊覽。他們還計畫一起前往義大利和希臘旅行，但十年後才終於成行，因為布呂歇這時才克服了重返歐洲和往訪新德國的抗拒感。在鄂蘭近五個月的歐洲之行中，她和布呂歇互通的書信，愉快地暢談了彼此感興趣的事物和獲得的成就，顯示在瑪莎過世之後，還有布呂歇從被迫撤離公共生活回歸正常之後，他們的生活重新達致了平衡。

他們發覺，身邊一些朋友原有的親密關係搖搖欲墜、甚或終告瓦解，漫長的婚姻關係陷入緊張甚至破裂，他們因而體認到，自己的婚姻是由於彼此的平等關係和各自的獨立性，而得以維持堅穩。他們各自有朋友，都有工作，有一個穩固的基礎可由此走出去面向世界。鄂蘭用一首詩表達了讓她能「走出去面向世界」的安穩感覺，詩的調子和心態跟以往的詩作截然不同。布呂歇說，這就像來自廣受歡迎的浪漫詩人「〔路德維希·〕烏蘭德（Ludwig Uhland）的春之歌」：

大地抒發詩情，瀰漫田野
樹木成行成列，讓我們
圍繞著犁過的田
織出通往世界的路徑。

花朵迎風歡笑，
綠草伸展成爲輕軟的床。
天空轉藍，溫和地招呼著
太陽用光線織出的柔軟鏈子。

大夥兒聚在一起，沒有人不知所蹤——
大地、天空、陽光和森林——
在全能造物主這齣戲中演出。[3]

鄂蘭一九五二年寄回家中的信，完全沒有對布呂歇的忠誠感到焦慮。在鄂蘭一九四九年往訪歐洲之際爆發婚外情事件後，他們達成了一項協議，彼此之間不要有任何祕密。涉入婚外情的女子仍然在布呂歇的人生和那個流亡朋友圈子中扮演原來的角色，圈內也有其他人經歷了類似的婚外情。這個朋友圈因多年艱困流亡生涯而建立起來的忠誠，比起婚姻規範和一般習慣上的忠貞關係來得更深刻。

鄂蘭和布呂歇在信中談到了妒忌的問題，對於它發生在其他人身上感到可惜，只盼著自己能免受困擾。布呂歇認同並鼓勵鄂蘭與海德格的關係，而在一九五二年，海德格妻子對鄂蘭的醋意就更甚於一九四九年了。布呂歇向鄂蘭重新保證：「就讓他們妒忌我們吧：這裡你這位不大妒忌的〔丈夫〕在家裡等著你，他並不妒忌；取而代之，他事實上用自己的方式在愛著你。」「對，就是愛，」鄂蘭回答：「我們的心真的因為彼此而成長，我們踏著同樣的步伐。我們的步伐不會受到干擾，儘管生活一直在進行。那些愚蠢的人自以為忠誠就是放棄自己活躍的人生，而跟另一人結合成為排他的『一體』，他們實際上不僅沒有共同生活，而是根本沒有生活可言。如果風險不那麼高，我們就該告訴世上的人，婚姻實際上是怎麼一回事。」[4]

鄂蘭和布呂歇始終沒有告訴世人「婚姻實際上是怎麼一回事」，但布呂歇在一首沒註明日期的祝賀生日英文詩中，風趣地在妻子面前勾勒出他們的多元關係以及他們的共同信念：

好的，此處此刻，
你和我乃是我們，
你如斯屬我，你就是我，
而我如斯屬你，我定必是你——
看哪，此刻此處，活生生而實實在在，
他和她的這個奇蹟（屬我們的！）。

你比我更堪稱我，
我比你更堪稱你，
因此我比我更堪稱我，
而你比你更堪稱你。

永不止息，我們，
繞著永恆。

因此幫助我們的是他們；容許我們這樣的是他。

當鄂蘭一九五二年身在歐洲時，其中一個「他們」正在為他倆這段婚姻勾勒一幅圖景。賈雷爾一九五四年出版的《來自一項習俗的圖畫》（*Pictures from an Institution*），描述了他在「周末美國詩雅集」中屢屢從這對夫婦身上獲得的感受。賈雷爾有時會向雅集主人家布呂歇夫婦寫道：「我希望你們會向全世界宣告，一到了星期六和星期日，你們就是要為美國詩好好做些促進工夫，沒空做其他事了。」[5]對鄂蘭來說，她要做的工夫，就是到廚房準備晚餐，布呂歇和賈雷爾則唇槍舌劍連番交鋒，也在嗓門上拚鬥一番：「兩把聲音要將對方比下去，硬是壓下去，看看誰更懂得欣賞吉姆（Kim），誰是更傑出的詩人——葉慈還是里爾克（藍道當然認為是里爾克，我的丈夫卻總認為是葉慈）——諸如此類，沒完沒了。賈雷爾在一次嗓門拚鬥後寫道：『〔一個狂熱的人〕看到一個比自己還狂熱的傢伙，還真讓人按捺不住——就好像天下第二的胖子碰到了天下第一胖。』」[6]

《來自一項習俗的圖畫》的虛構主角羅森邦（Rosenbaum）夫婦，並非第一眼就能看出是鄂蘭和布呂歇。賈雷爾在一封信中向鄂蘭解釋兩者的差異：「雖然羅森邦夫婦在個人層面上並不太像你和海因里希，可是要不是認識了你們，我幾乎不可能或不會虛構出這樣的人物。我相信我讓他們在一些具體小事和重大的一般事情上看來像你們——而在大部分不大不小的事情上，他們卻跟你們頗不一樣。……羅森邦太太幾乎沒有任何方面與你的歷史哲學家身分相符。」

在《來自一項習俗的圖畫》裡，賈雷爾揭示了他怎樣在鄂蘭教養下成長，他把鄂蘭有關養兒育女的「理論」，以妙不可言的諷刺筆調呈現出來。他重新給自己塑造一個更具歐洲氣息的童年，做法就是虛構一個如白紙一張的可愛小女孩康斯坦絲（Constance），她從羅森邦夫婦家中獲得了所需的教育。賈雷爾本人則保留著帶孩子氣的成年人身分，扮演故事講述者，在此同時他也加插了一個「自己的分身」，那就是葛楚．約翰森（Gertrude Johnson）；這位女小說家總是帶著冷冷嘲諷口吻，大部分評論家很樂於假定她就是瑪麗．麥卡錫。當麥卡錫對此質問賈雷爾，他卻說：「不，那是我自己，就像福樓拜（Gustave Flaubert）。」但在賈雷爾這部諷刺作品中到處走動的這位約翰森夫人，確實很像麥卡錫在準備撰寫她的小說《學界叢林》（*The Groves of Academe*）。

羅森邦太太是一個相當複雜的混合體。「她像一隻鳥在觀看世界，並在思考；而你也在她的思考範圍內；可是你無法決定，她到底是一隻體型不大的猛禽，或不過是某一令人驚奇的異國鳴禽。……她深深的眼窩幾乎令人吃驚，她的眼瞼就像瓷器造的：當她在片刻之餘以一種眼睛睜得大大的銳利目光盯著你，再把目光移開，你就覺得她已經用眼瞼量過你的輕重，覺得你還有所不足。她用你猜測起來就不大自在的標準來評量你，而她所作的判斷要不是藏在心底、就是不假思索向你吐露無遺，彷彿那對你來說算不上是一回事；你因而認定你不會受到公平對待，而就像一個孩子那樣，等著她向你微笑。那是一個不帶任何條件的、一湧而出的、坦率的微笑，像春風拂面，令你難以置信，然而那卻是真的。」[7] 羅森邦太太是俄羅斯歌唱家，她的丈夫羅森邦博士是維也納的作曲家；把兩人連在一起，一切就更清晰了。賈雷爾憑著他的想像，為鄂蘭和布呂歇的婚姻勾勒出一幅完美圖象：「我最初認識他們時，察覺到他不怎麼會嘗試去撫慰或安撫她，他又或設法避免騷擾她或激怒她，於是我就認為她是家裡具主導地位的成員，但過了一陣子我注意到，她以同樣態度對待他：原來他們是二元君主制。」

在「二元君主」的家裡，到處是「人類的著作」，也就是「地球上所有各種語言的書籍」。「康斯坦絲覺得，在某種意義上這就是世界」。康斯坦絲和故事講述者都帶著一顆天真的心進入這個世界，結果深感驚奇。「探望朋友，有時，就像經過兩番烘烤的麵包或豆子或一炒再炒的食物，也就是講完再講的故事：朋友本身動也不動，堅固不移，你回到家就頭腦更清醒、更懂得克制了，生活的基本面重新確立下來。到羅森邦家去探訪就不是這樣。」

§

所有認識「二元君主」的人都會同意，前去探望他們不會重新確立生活的基本面。他倆會質疑對方的思想，爭辯一番，大聲思考。卡辛在他的回憶錄《紐約猶太人》（*New York Jew*）中，回憶他當時的驚奇發現：當他們「在一直深信不疑的哲學中有了新發現，便會坦然表現一種夫婦間的刺激感受。她以挑戰態度對待海因里希，就像是加入一場最激情的研討；這也是我曾見過的一起生活的一男一女的最激情討論」。[8]

這些充滿激情的討論是私底下的事，很小心地避免暴露於公眾眼光。即使在書信中鄂蘭也很少談到自己的婚姻，但《人的條件》包含了她對婚姻得以維繫不墜的一般條件的反思，那就是二人的結合得保留空間。

由於激情，愛會摧毀那讓我們和他人若即若離的中間者。只要它的魔咒持續，唯一能夠介入兩個愛人之間的中間者就是孩子，也就是愛的產物。孩子，這個讓愛人產生連結並且共同擁有的永遠的中間者，是世界的代表，因爲它也會讓他們分開；孩子的出現意味著他們將在既存的世界裡插入一個新的世界。愛將愛人們放逐到世界之外，而透過孩子，他們宛如回到世界裡來。但是這個新的世界性，一段愛情的可能結果以及唯一的美好結局，在某個意義下，正是愛的終點，它或者必須重新征服戀人，或者必須轉型成另一種相處的模式。愛在本質上是無世界性的，基於這個原因而不是它的罕見性，它不只是無關政治或違反政治原理的，或許更是所有違反政治原理的人類力量當中最強大的。[9]

鄂蘭和布呂歇的愛已經透過「心智上的孩子」，而「轉型成另一種相處的模式」。鄂蘭把《極權主義的起源》獻給布呂歇，把它稱為「我們那本書」。布呂歇把他參與共同著作這件事看成像父親的角色，這從他談到心目中的英雄蘇格拉底時顯而可見。典型來看，他這番話從歷史事實上來說是可疑的，卻反映了他自己的角色：「蘇格拉底自稱接生婆……並說他幫助把孩子帶到世界來。他實際上的意思（儘管沒有明言）就是他讓孩子得以誕生。他認為要有兩個人才能把一個想法帶到世上，也就是如果沒有溝通的話，思想是不可能的。」[10]

鄂蘭和布呂歇沒有孩子，原因就如鄂蘭有次向朋友約納斯解釋的：「當我們還年輕可以有孩子時，我們沒有錢；而當我們有錢時，年紀就太大了。」用布呂歇的話來說：「我們決定了在這樣的時代不要孩子。我們因此感到哀傷，但這種想法對看來無辜受害的人肩負責任，它彌足珍貴。」[11]當鄂蘭在一九四九年完成了《極權主義的起源》，她已經四十三歲，布呂歇則是五十歲，當年他們才首次有能力考慮從西九十五街的小公寓遷居。此外還有其他可能原因。布呂歇害怕他母親的精神病可能是天生的，年輕時曾讓他飽受煎熬的遺傳性動脈瘤，也可能讓他的孩子活得不久或病痛纏身。鄂蘭也很有自知之明，知道自己對工作的熱情和對寧靜的需要，會使得養育孩子成為苦差事。但決定不要孩子的最強理由，還是在於「這樣的時代」；他們那個流亡族群的朋友圈子裡，很多要不是無兒無女，就是等到流亡生涯到達安穩階段時才生兒育女。

鄂蘭和布呂歇學習到最該珍惜的，是他們的平等互待。年輕時，布呂歇習慣了在女性面前扮演主導角色，而他精神上的伴侶都是男性。智性上與他平起平坐的鄂蘭，受的教育比他多，更遠較他能循規蹈矩地追求學問，這一切都對布呂歇以往的習慣帶來挑戰。他們慢慢地取得一種平衡，各自維繫著布呂歇所說的「自由人格」。布呂歇一次在課堂上向學生談到婚姻的先決條件，從世俗化的和政治性的概念立論。他首先提到摩西律法的一項規定，據之男人只要給妻子一紙休書就可以解除婚約，然後他接受了耶穌的命令：「上帝配合的，人不可分開。」因為他認為，這是著意於否定男性的特權，建立男女的平等關係。在他看來，耶穌「從本質上，從每個人的無限可能性之上建立人類的平等，因此這種平等建立在個人絕對不可侵犯的特質之上。但他知道為了建立這種平等，首先要消除男女之間的不平等，因為每一種其他形式的不平等都以此為立足點。」[12]

§

鄂蘭和布呂歇這種以哲學為基礎而實際可行的平等，在一九五一年他們遷進更佳的居住空間之後就更能運作自如了。他們搬到了晨興道（Morningside Drive）一百三十號公寓，有各自的書房，也有接待客人的房間。鄂蘭訪歐期間，布呂歇就讓麥卡錫使用她的房間；在此期間使用這個房間的，還有離開巴勒斯坦前去加拿大教書的約納斯，以及布呂歇的畫家密友卡爾·賀爾堤；對布呂歇來說，能與賀爾堤來一番對話「比前去度假放鬆更勝一籌」。布呂歇每個星期天晚上在自己房間寫信給鄂蘭，向她報告朋友的情況，還有自己的工作、教學課程和學生，更有令人喜出望外的消息：布呂歇從巴德學院獲得了教席。

巴德學院的校長詹姆斯·凱斯（James Case）聽社會研究新學院哲學系特聘教授賀雷斯·凱倫（Horace Kallen）談到了布呂歇，打算找他負責一項計畫：為大學一年級生設計一項通識課程。凱斯認為布呂歇正是他心目中的人選，因為他是「一位蘇格拉底式人物」，可是巴德學院教職員無法肯定這種想法。布呂歇跟教職員會面後，成功讓他們相信，他不是他們眼中的「反動分子」；那是他們聽了布呂歇提出的通識課程方案後心底浮現的想法，因為布呂歇的建議從當時學術界的大環境來看，一點也稱不上「進步」。[13]當時很多美國哲學家從政治議題撤退，亦步亦趨的跟英國哲學家一起走向所謂的分析哲學（analytic philosophy）。連高中畢業證書都沒有的布呂歇，卻矢志讓哲學重獲古代的「科學之后」地位。他認為哲學應該肩負責任，把所有人類的創造性活動重新整合起來。可是他不是要提出十九世紀的大一統體系；他期望哲學成為所有創造性意念及其相互關係的批判性把關者。他的課程設計，是要引導學生探索創造力的資源，為此，他挑選了好些「偉大思想家」，認為他們發現了前人並未看到的人類創造潛能，這些背景差異甚大的人物包括亞伯拉罕、耶穌、瑣羅亞斯德（Zarathushtra）、佛陀、老子、荷馬、赫拉克利特（Heraclitus）和蘇格拉底，他們是「自由人格的宗師」。

鄂蘭在家中就曾受益於這種通識教育。她由此默記於心的筆記對她來說顯然十分重要。她著作裡很多地方提及這些偉大思想家，都可以追溯到布呂歇的想法。當她談到了行動的最基本條件，她強調耶穌從《聖經．創世記》引用的語句，那對布呂歇的平等概念具關鍵意義——「他造了他們，有男有女」，然後她評論說：「如果說，人們是同一個模型〔亞當〕的無限複製品，……那麼行動就會成為不必要的奢侈品，成為一種對普遍的行為法則反覆無常的干預。多元性是人的行動條件，因為我們每個人都一樣，也就是說，我們都是人，而沒有任何一個人和在過去、現在、未來存在的人完全相同。」[14]

對於偉大思想家名單中的荷馬、赫拉克利特和蘇格拉底，鄂蘭也同意布呂歇的看法，認為他們是古希臘人之中貢獻最大的。可是鄂蘭對老子和佛陀等亞洲的思想家，或像瑣羅亞斯德的波斯思想家，從來沒有像布呂歇那樣感到興致勃勃。布呂歇儘管帶著自學者的大無畏精神嘗試理解這些思想家，卻難免碰到難明的敘述、學術上的爭議，以至自己不懂的語言；鄂蘭卻不逾越她所受教育的範疇，在其中她有充分準備能輕鬆自如地論述。布呂歇的洞見在鄂蘭的著作中變得更銳利，跟歷史背景和對立觀點更嚴謹地連繫起來，也更準確地以引述的原文做為根據。反過來，布呂歇在講課中採納了鄂蘭提出的條件和建議。他們各自都能把看法非常肯定地表達出來，所講的也都是他們熟識的，因為那就是他們長期以來反覆咀嚼的文字片段、喜愛的故事、具示範意義的傳聞或軼事，這些都是取自他們共同蒐集的寶藏。

他們的教學方式，也跟他們各自的演說風格一樣大不相同。布呂歇很擅長即席發揮。他很小心準備他的演說，事前對於要表達的內容想得很通透；可是臨場講出來時不用筆記，隨意把話題拉開或引申論述，為了戲劇性效果而變換聲線。雖然他鼓勵學生辯論和質疑，但他聲音中總帶著一點權威或類似感覺。他在公眾對話中面對比他妻子更多樣化的各式人物，其實反而覺得自在得多。他很喜歡在巴德學院美麗的校園漫步，彷彿那是古希臘市集而自己是蘇格拉底；學生圍攏著他跟他對話辯論，受益於這位大師的格言和故事。他掀起了一陣偶像風潮，學生模仿他的濃重柏林口音和個人怪癖，或對自滿的人施以布呂歇一針見血的評語，譬如他愛跟學生說的：「悲觀者是懦夫，樂觀者是愚人。」

在布呂歇的講課中，往往可見柏林精神分析師傅里茲·法蘭柯的震驚療法的影子。那些習慣了一種處事模式或慣於沒有任何模式的人，就會受到警告。對於一個沒有任何方向的年輕反叛者，布呂歇提醒他說：「你並沒瘋，你也還沒有神經病。但你是得這種病的好料子。」對於一個不知花了多少時間侈談鴻圖大計，卻沒有花同樣多的時間在書桌前寫作的青年，布呂歇引用諾曼·波德賀雷茲（Norman Podhoretz）《有志竟成》（*Making It*）一書的警句：「你真的想做的是什麼：寫作，還是身為一個作家？」他的講課，對任何一方面的意見都會帶來一點震驚，就像一個學生回憶：「他講到基督教這個主題時，面對當時部分仍帶著宗教情懷的一群學生，我還記得他開講所說的是什麼，也記得開講時班上那位最熱心經常做禮拜的學生如何全神貫注的洗耳恭聽。布呂歇首先來一個無可避免、看來沒完沒了的動作，深深吸入第一口香菸，然後詞語開始慢慢從他口中爆發出來；他同時帶著輕柔的譏諷眼光，望向那位對自己信奉的神投以小鎮式信任情懷的女孩。『拿撒勒（納匝勒）人耶穌，』他開始說了（他從來不說『耶穌基督』）……『並不是神』。他稍為停頓。『他甚至可能是個白痴。』又吸了一口香菸。『基督教整個歷史裡沒有任何奇蹟』（這種說法對班上的不可知論者來說沒有什麼了不起），『唯一的奇蹟就是，這個宗教竟然延續了近二千年。』」[15]

就像任何有強烈個性的人，布呂歇在令人仰慕的同時，也引起敵意和妒忌。巴德學院教職員中支持他的人，幫助他讓這項通識課程取得成功，但教職員中也有很多人反對這項課程；布呂歇要找人任教，往往要費力遊說勸誘。許多學生反對設立這項必修課程，但反對者往往會在高年級時回來旁聽這門課。

§

布呂歇在一九五二年八月寫信告訴鄂蘭他獲得了巴德學院教席，令她欣喜不已。「你這個聰明才智過人的傢伙能夠說服那些美國教職員，令我滿心自豪。這實在太美妙了，親愛的，你做得太好了。」[16]當那個「傢伙」報告自己在社會研究新學院和巴德學院怎樣的成功，他也向鄂蘭報告，在他鼓勵下她也取得了成功。他在信中告訴鄂蘭，她獲得了古根漢基金會的獎助金，次年可以無需受雇而繼續她的研究工作；接踵而來的還有普林斯頓大學的消息，她獲邀在教務長克里斯純・高斯掛名贊助的講座發表系列演講。

普林斯頓的邀請，代表了鄂蘭因《極權主義的起源》而贏得的名聲首次獲得一所主要大學承認；這是不尋常的承認，因為她是首位女性獲邀在高斯講座演說。當演說在一九五三年秋季舉行，來自大學和來自普林斯頓高等研究院（Institute for Advanced Study）的一些男士對於講者是女性表示興奮。鄂蘭卻以批判態度回應，對於自己被看作「樣板女性」表示氣惱。她向布魯曼菲德解釋自己的看法，相信對方能馬上抓住她的批判重點。「在〔演講後的〕閉幕式中，我帶著一點像微醺的意識，給那些尊貴的男士們帶來一番啟迪，讓他們曉得所謂不尋常的猶太人是什麼意思，嘗試由此讓他們看清楚，我是怎樣理所當然地在此被視為是不尋常的女人。」[17] 德國猶太人的複雜歷史，為鄂蘭提供一個參照框架，讓她能提出理由、拒絕接受「不尋常女性」這個角色。她十分認真地看待這個問題，當一九五九年普林斯頓大學再次向她發出邀請，讓她成為獲得正教授職位的首位女性，她一度威嚇拒絕接受，因為大學在《紐約時報》的報導中強調「首位女性」的訊息。

「典型地自命不凡的那所大學」的那些「尊貴的男士們」，沒有理所當然地把鄂蘭看作她所說的「女性化人物」。令鄂蘭感到不快的另有原因。在德國，從范哈根的沙龍時代到威瑪共和不光采的終結，「與猶太人的關係從來沒有受到理所當然的肯定」。領導猶太社群的「猶太名人」以及往往是名人兒子的猶太知識分子，都被視為「不尋常的猶太人」，跟貧困而沒受過什麼教育的猶太人區別開來，卻仍然跟他們在血緣和宗教上有連繫。「那些富有的『不尋常的猶太人』，覺得他們跟一般猶太人命運不一樣，異乎尋常，在政府眼中他們也是不尋常地有用。受過良好教育的『不尋常猶太人』同樣認為自己是不尋常的人（具『獨特人格』），這也獲得了社會認同。」[18] 在《極權主義的起源》中，鄂蘭強調那些接納「不尋常」猶太身分的人，「誤入歧途地認定一種心理特質」，抑或「一種內在經驗和私人情感」。而存在著德國猶太人這樣一個族群的政治問題，卻從來沒有獲得答案，儘管錫安主義曾嘗試回答這個問題。鄂蘭做為女性要避免的，就是被人跟「一般」女性區別開來，那是基於她所受的教育、「特異而刺激」的想法、令人感到別具一格，以及具備獨特人格等等。她希望為女性爭取並期望女性能投入的，就是女性在政治和法律上所受歧視的應有關切；這種關切具廣泛意義，可以把女性的政治和法律問題跟所有其他受歧視族群的問題連繫起來。每當她看到「女性問題」衍生出跟其他政治行動割裂的政治運動，或是焦點落在心理問題上時，她就會感到不安。然而，她對普林斯大學授以正教授職位的反應卻不是政治性的；她並不是質疑為什麼大學以前從沒有授予女性正教授職位，她強調的是心理上的不恰當焦點。「對於自己是一個女性教授，我一點也不困擾，」她跟一位訪問者說：「因為對於身為女性我習以為常。」[19]

§

布呂歇打開普林斯頓的邀請函時沒有考慮「女性問題」，卻馬上看到了一個政治上的機會。他帶著策略家的喜悅宣布，鄂蘭獲得一個完美的機會，可以對他們在紐約認識的那一群立場日趨保守的人，公開施以一次攻擊。布呂歇口中的「那幫人」，有他們自己的公眾論壇——《社評》雜誌。就在鄂蘭四月啟程前往歐洲前，《社評》刊出了一篇令人困擾的文章，那是艾爾文．克里斯托（Irving Kristol）寫的〈公民自由權，一九五二年：混淆觀念研究〉（Civil Liberties, 1952: A Study in Confusion）。克里斯托自認是「被遺棄的人」，他跟麥卡錫主義者和麥卡錫的自由主義批評者都合不來，他認為自由主義者「欠缺了判別程度的意識」，因為他們主張「每個人都有完全的公民自由權」，未能明白這無異於姑息共產主義者在美國施展陰謀。克里斯托認為，自由主義者要學會怎樣「對不同個案作出明智區別」；他提出華盛頓州一項指導原則，做為區別性判斷的例子：「任何人如果隸屬三個或更多官方認定的破壞性組織，即被判定為共產主義者。」這篇文章引來很多讀者投書，大部分是稱讚克里斯托頭腦清醒，只有寥寥可數像亞瑟．史勒辛格（Arthur Schlesinger, Jr.）的投書，對文章表示憤慨。鄂蘭和布呂歇怒不可遏。鄂蘭從歐洲寫了一篇投書抗議。當他們接到普林斯頓的邀請函時，布呂歇認為鄂蘭可利用這系列演講討論完全的公民自由權的價值。

普林斯頓的邀請眞是好事。它可以讓你重新獲得「那幫人」尊敬。……他們會卑躬屈膝地來到你跟前。而〔威廉（William）．〕菲利普斯（Phillips）、〔馬丁和克里蒙特．〕葛林堡等人就會被孤立。他們目前都在一本名爲《信使神》（*Mercury*）的雜誌裡宣揚來自耶魯大學的新保守主義愚昧觀點，還在那些愚昧觀點之上加入他們自己的傲慢愚昧想法和庸俗心態。[20]

鄂蘭最終選擇了另一個管道提出她的警告。她給懷塔克．錢伯斯（Whitaker Chambers）的回憶錄《冰冷的星期五》（*Cold Friday*）寫了很長的一篇書評，題為〈前共產主義者〉（The Ex-Communists），發表在《公益》（*Commonwealth*）雜誌。文中提出很強的論點，批判了「在嚴格意識形態意義上把民主當作一種『理想』」的趨勢。鄂蘭指出，用極權主義方法來對抗極權主義，後果是災難性的；而像錢伯斯那樣的前共產主義者正是很懂得利用這種方法。鄂蘭用她那種粗糙但銳利的英文散文，對前共產主義者說出一番慷慨激昂的話，憑著她對歐洲研究所獲得的清晰概念分析，能夠判別行動與一般作為。鄂蘭提出結論說：

> 美國，這個共和國，我們生活其中的這個民主政體，是活生生的一樣東西，並不是沉思對象，也無法分類，就像我可以構擬一個物件的形象，卻不能把形象製造出來。它不是完美的，也永遠無法變得完美，因爲完美的標準在此並不適用。對於此一活生生的東西，見解上的不同跟見解上的相同，同樣屬於它的一部分。唯一能對分歧作出限制的，就是憲法和權利法案。如果你嘗試「讓美國變得更美國」，或根據任何預設概念把它打造成民主的典範，你只會把它摧毀。[21]

鄂蘭在一九五三年三月發表這篇文章，在時間上正好表現了她的勇氣。她生活其中的這個民主政體，三天前才由司法部長在一項演說中宣布，一萬名公民正接受調查而可能被撤銷歸化資格，另有一萬二千名外國人也被調查而可能被驅逐出境，因為他們可能屬於「破壞分子」。只有少數組織，像保護外國出生者全國委員會（American Committee for the Protection of the Foreign Born）對傷害移民的「讓美國變得更美國」措施發出反對聲音，該組織當時也受到破壞性活動控制委員會調查。[22]鄂蘭和布呂歇沒有受到調查，但在超過一年的時間裡他們提心吊膽。布呂歇一九五二年夏天寫信給鄂蘭談到此事，當時他正等候授予公民資格的文件批下來，終於在八月七日收到了文件：

那項可怕的移民新法案〔麥卡倫華特法案（McCarran-Walter Act）〕在沒有反對之下獲得通過，令這裡最好的人都心灰意冷了，影響之大，讓那些從來沒有眞的動起來的左翼勢力大爲震驚——而他們實際上也扮演了推波助瀾的角色。看來，對於一個人只要提出一項簡單的譴責，就可以褫奪他的公民權。以我本身的情況來說，絕對沒有什麼能制止這樣的事情發生。在我看來，〔美國的〕公民權可以在大筆一揮之下變成世界上最沒有價值的東西。那些「生而爲美國人」的人沒多久就可能成爲「優等民族」。[23]

布呂歇就像很多前共產主義者，在一九四一年的移民文件上不承認往日的共產主義者背景；他知道如果有人通風報訊，自己就會陷於岌岌可危的境地。瑪麗．麥卡錫是能給他帶來安慰的寥寥可數的美國知識分子之一。當時鄂蘭這位密友正尋求財務支援，要進入法律學院就讀——用布呂歇的話來說就是「讓自己接受法律學院的奴役」，為的是將來可以在法庭裡為公民自由權奮戰。鄂蘭也同意：「對於瑪麗我感到十分欣慰。」[24]

在美國的法庭裡，對於以褫奪公民權做為懲罰的這種做法，從來沒有給予鄂蘭和布呂歇認為應有的基本關注。鄂蘭在一九五七年獲得一個機會表達他們的觀點：當時羅伯特．赫金斯（Robert Hutchins）以共和國基金會（Fund for the Republic）會長的身分徵求鄂蘭的意見，請她推薦一些「基本而緊急的議題」做為該基金會贊助的科學研究焦點。鄂蘭長長的一列項目，其中也突出地提到了司法部長赫伯特·布倫內爾（Herbert Brownell）懲罰公民從事共產主義活動的做法。憑著自己曾身為無國之民而別具權威的認知，鄂蘭在她對人權的理論性反思裡提出了切實的結語：

> 這裡涉及的基本議題是這樣的：有鑑於人類不論是從國族或地域意義上來說都是處於國家組織之中，無國之民不僅是被逐出一個國家（不管那是他原來的或歸化的國家），而是被逐出了所有國家，也就是說沒有任何一個國家有義務要接納他或讓他歸化，這表示他從人類整體中被驅逐了。公民權的褫奪，因此可被視爲對人類干犯的罪行之一，而很多被認定爲最惡劣的這類罪行，事實上並非出於偶然，在罪行發生之前正是出現了集體流放事件。……
>
> 聽起來像是荒謬，但事實卻是，在這個國家目前的政治情況之下，可能需要一項憲法修正案，以確保美國公民不管做了什麼，都不會被褫奪公民權。[25]

反共產主義的各種現象

當美國的反共產主義論爭在發酵時，鄂蘭正在歐洲的圖書館從事一項研究，她稱之為「馬克思主義中的極權主義元素」。她認為構想中的這本書約有九萬字，並將它視為《極權主義的起源》的補充。

《極權主義的起源》中最嚴重的一個缺口，就是對蘇聯式共產主義的意識形態背景欠缺充分歷史和概念分析。這是刻意的遺漏。所有其他最終「結晶」成爲極權主義運動或政府的元素，都可以追溯到西方歷史的一些潛伏趨勢，當某時某地歐洲傳統社會和政治架構瓦解，這些趨勢就會冒起。種族主義和帝國主義、泛民族運動中的部族式國族主義和反猶主義，都跟西方那個偉大的政治和哲學傳統沒有關係。極權主義具備令人震驚的獨創性，它的意識形態和管治方式都絕對是前所未有的，它的起因也無法用一般歷史概念解釋。但它唯獨有一種隱含元素具備令人肅然起敬的傳統，而要對這種元素作批判性討論，還得用上西方政治哲學一些主要原則，此一元素就是馬克思主義；可是如果我們對它太過著重，極權主義前所未有的獨特性就很容易被忽略。[26]

這段論述來自鄂蘭一九五二年申請古根漢基金會獎助金的建議書，它揭示了《極權主義的起源》在結論中包含的很多想法。她強調極權主義的前所未有性質正好反映了她一個信念：極權主義的元素是潛伏的，跟西方那偉大的政治和哲學傳統無關。要是歐洲的傳統社會和政治架構沒有瓦解，那些潛伏趨勢就可能始終維持潛伏狀態。要了解那些趨勢為何冒起，就需要從社會和政治概念來分析，而不是從傳統來分析。

鄂蘭有關極權主義的著作，最終沒有對西方政治和哲學傳統提出明確控訴，她只是指出這個傳統從來沒有對根本之惡作出審視。她告訴艾利克・沃格林，她也曾著眼於「哲學隱含意義和思想詮釋轉變」，但最終還是把歷史事件和思想發展區分開來。但衍生自偉大西方傳統的馬克思主義，則對她的研究方法和結論構成了明顯挑戰，而且也對「偉大」這個形容詞構成挑戰：她要把那個傳統的偉大，跟那種偉大所掩蓋的任何缺失區別開來。但鄂蘭沒有放棄她的信念，仍然認為前所未有的事物不可能從既有的事物中推導出來；她並堅定地警告，從任何進步觀念或衰敗觀念尋求解釋，不管那是政治、哲學還是宗教的觀點，都只會令我們對這個時代前所未有事件的看法變得模糊。但她還是把注意力放到馬克思主義之上，結果她對整個偉大的西方傳統提出了強而有力的批判。她探索馬克思主義中的極權主義元素，結果衍生出一個涵蓋更廣的計畫：為新的政治科學奠定基礎。

鄂蘭對極權主義中的馬克思元素展開研究不到一年之後，就發覺構想不夠寬廣。這項研究計畫原來準備分三部分。第一部分主要是馬克思把人類理解為「有所作為的動物」的概念分析，其中一個概念是把人類的作為看作「與自然界的代謝作用」，這又可以連繫到歷史乃人所創造的概念。在這個屬於導論的部分，鄂蘭打算先探討馬克思的政治概念，然後進一步探討它們與馬克思的歷史概念的關係。第二部分包含兩方面的歷史分析：首先是一八七〇年到一九一七年的歐洲馬克思主義和社會主義，然後是俄羅斯從列寧到史達林的演化歷程。最後的部分則揭示「馬克思主義的具體極權主義元素全面實現，這就是勞動階級利益和革命理想都被棄而不顧，只管推動一種意識形態席捲全世界，而且不惜借助祕密警察和紅軍之力。」

這個計畫首先放棄的研究方向是第一個項目——馬克思把人視作「有所作為的動物」。鄂蘭並未指出她修正了自己的理解，而是這樣敘述她的研究：「我去年有部分時間在歐洲度過。除了在海德堡、杜賓根（Tübingen）和曼徹斯特等大學演講，我花了六個星期在巴黎閱讀有關勞動的歷史和社會主義歷史的異常豐富的法文藏書。我把焦點放在勞動理論，從哲學著眼，把它跟人的一般作為區別開來。這表示，我把人類視為「工匠人」（*homo faber*），跟人類做為「勞動動物」（*animal laborans*）區別開來；也就是人類做為（古希臘意義上的）工匠和藝術家，跟人類為了餬口而出賣勞力區別開來。這方面的清晰概念區分與精確歷史認識，在我看來十分重要，因為馬克思把勞動推尊為基本的創造性活動，跟整個西方傳統顯然背道而馳，因為傳統上勞動代表了人類的動物性特質而非人的特質。」[27]馬克思把人看作「有所作為的動物」，仔細檢視之下其實有所混淆：他認為人是勞動的動物，但把創造和工作的元素混進他的分析之中。

鄂蘭把工作（work）和勞動（labor）區別開來，開啟了一個廣闊的探索範疇。「我相信除非你能體會到，在十八世紀的政治革命和十九世紀的工業革命之後，現代世界在多大程度上改變人類活動的整體平衡點，不然很難了解馬克思主義的興起到底是怎麼一回事，同時儘管馬克思的主張受到西方偉大傳統的薰陶，卻可以被極權主義利用。」她的探索範疇變成了「人類活動的整體平衡點」，而且包括十八和十九世紀革命發生之前和之後。也就是說探索範疇變成了「行動的生活」（*vita activa*）。

§

《人的條件》中討論了勞動、工作、和行動（action）三種人類活動，該書就是這方面的思考最終產生的著作。可是鄂蘭沒有馬上轉向這方面的著述，她繼續撰寫有關馬克思主義的著作。當她向古根漢基金會提交進度報告時，已完成了四章。

> 從我提交的各章可以看到，我首先解釋極權主義的興起所帶來的具體理解困難。進而對主流傳統作初步檢視，目的在於找出跟傳統決裂的那一點確切在哪。我在第二章對馬克思的初步分析指出了這個決裂點。爲了具體表明實際上是什麼因素把極權主義形式的政府跟歷史上既知的所有其他政府區別開來，我進而在論〈法律與權力〉的第三章檢視了所有傳統型政府的兩大支柱。這一章以孟德斯鳩（Montesquieu）的分析作結，這給我提供了分析工具，可以把極權主義跟過去所有形式的政府區分開來，包括了專制政府。

第四章是〈意識形態與恐怖手段〉，最終加進《極權主義的起源》做為結束語。[28]

這部馬克思主義著作的第一部分還有另外兩章，而在所有這六章之後，接下去是「馬克思本身的分析」，鄂蘭準備以此做為一九五三年秋天普林斯頓大學高斯講座的講題。第一部分餘下的兩章可能就是一九五七年刊登於《黨派評論》雜誌的〈歷史與不朽〉，以及一九五八年刊登於《政治學評論》的〈歷史的現代概念〉。有關歷史理論的兩章在寫作上有延誤。她也來不及把「馬克思本身的分析」寫好用於普林斯頓的講座，講題改為從這本馬克思著作的前四章改寫而來，題為〈馬克思與主流傳統〉。「馬克思本身的分析」後來改在芝加哥大學發表。她獲邀在一九五六年春天的芝加哥大學華爾格林基金會講座（Walgreen Foundation Lectures）主講，發表了有關勞動、工作和行動的反思，這後來成為《人的條件》初稿的一部分。

鄂蘭一九五二到一九五六年間的寫作原本全都是為了馬克思主義一書而動筆。那本書始終沒有寫成。有關「主流傳統」的論文後來納入《過去與未來之間》，而對馬克思的概念分析後來演化成《人的條件》中有關勞動、工作和行動的分析。當這些著作寫成的時候，它們再也不是自然地引導到一八七〇年至一九一七年間的馬克思主義歷史，以及列寧到史達林的歷史。她為馬克思主義這些歷史分析所蒐集的材料，後來用於《論革命》一書；該書的內容首先在一九五九年的普林斯頓演講發表，然後在一九六二年出版。在一九五八到一九六二年的四年裡，鄂蘭出版了三本書：《人的條件》、《過去與未來之間》和《論革命》，全都源自於構想中的馬克思主義著作。

寫作上的這些轉變和內容擴張，帶來智性上的刺激，但有時是令人吃不消的。在經過一年的辛勤閱讀之後，鄂蘭在一九五三年十一月寫信向布魯曼菲德談到她的工作：

我原準備寫作一部研究馬克思的小書。可是，一旦你拿馬克思來研究，你就曉得，要把他弄個清楚明白，必須思考整個政治哲學傳統。實在而簡單地說，我就像幹了什麼搶劫的勾當，可能預料最多坐兩年的牢，但審訊遇上了一個看法全然不一樣的法官，被判了天曉得有多長的監禁。對我來說，寫書就像把自己關進監獄，儘管這是出於我的自由意志。我們所做的事又有什麼不是出於自由意志呢！總是不變的是，一旦我立定主意做了起來，事情就會變得短一點了，起碼在某種意義上是如此。無論如何我不會再寫又大又厚的書了；那根本不適合我。[29]

事實上，論文是鄂蘭最佳的表達管道，她所寫的書，都由像論文的各部分組合起來，有時組合成書時還忽略了各部分的順暢連貫。她寫作論文時，整體架構就會顯現，這就是把論文組合起來的框架。除了少數例外，架構通常是三段式的，例如：勞動、工作和行動；私人的、社會的和政治的；判斷、思考和意志；還有過去、現在和未來各種時間範疇的變奏。讓她墮進漫長牢獄生涯的原初構想中的「研究馬克思的小書」，原來的構想就不合常規：它從概念分析起步，然後接上兩方面的歷史分析。鄂蘭一路寫下來，發現這個計畫形成了一種束縛，因為她發現歷史和概念分析無法整齊劃分。她在一九五〇年代那牢獄生涯中寫成的書，結構複雜得多：每個概念都有其歷史分析，所有概念都有更大的背景架構，可窺見它們的歷史根源，以及它們的往昔意義、現今意義和可能的未來意義。寫作《極權主義的起源》的歷史學家，在一九五〇年代成為了政治哲學家。鄂蘭一九五三年的普林斯頓大學演講，以深入而全面的哲學分析探討了「馬克思和主流傳統」。這些演講對幻想破滅而變成強烈反共主義者的左翼人士提出了忠告，而且是建立在哲學上的忠告。

§

在普林斯頓大學期間，鄂蘭又發表了另一系列演講，題為「美國與歐洲」，用較易懂的語言寫成。[30]她把一九五二年歐洲之行觀察歐洲政治和歐洲人心態的心得，綜合概括用於當前美國的政治亂局。她獲得的第一項教訓，出現在她為《極權主義的起源》尋找歐洲出版商的過程中，這也同時是尋找一個管道宣揚她的緊急訊息，表明當前急需成立一個「國家聯盟」，為「擁有權利的權利」提供國際法律保證。經過很多不成功的努力，她終於找到歐洲出版會社（Europäischer Verlagsanstalt）答應出版，那是法蘭克福一家還算有點國際名氣的小出版社。經她自己翻譯並稍加擴充，德文版終於在三年後的一九五五年問世，附上由雅斯培寫的一篇漂亮的序言。但她在法國卻一籌莫展，儘管一些相熟的人或朋友在當地有一定人脈，願意助她一把。到了一九七二年，《極權主義的起源》的第三部分才由門檻出版社（Editions du Seuil）以《極權主義系統》（*Le système totalitaire*）之名刊行；而第一部分則在一九七三年由卡爾曼李維（Calmann-Lévy）出版社以《論反猶主義》（*Sur l'antisémitisme*）為名出版。但在鄂蘭有生之年，整本書並未在法國出版，她生前唯一在法國出版的著作就只有《艾希曼耶路撒冷大審紀實》。

鄂蘭抵達巴黎後不久，就意識到《極權主義的起源》不容易找到出版商。她跟巴黎的知識分子重新展開交往，給布呂歇寫了一系列報告，表達她的遭遇怎麼令人失望。

> 今天我再次見了〔亞歷山大・〕夸黑，他的情況變得好一點了，雖然他老了不少。不打算見沙特等人了，那沒什麼意思。他們完全蜷縮在自己的理論中，活在一個黑格爾概念構築的世界。我去了〔艾利克・〕韋伊的黑格爾研討班，相當枯燥，全是高談闊論。
>
> 昨天我見了卡繆：他無疑是全法國最好的人，在知識分子中鶴立雞群。雷蒙・阿宏也一樣，他對我是那麼熱情而友善，我不會爲此張揚。尚・華爾還是老樣子：具備公立高中學生那種智慧，還有某種濃濃的詩情。[31]

法國左翼蒙上了黑格爾色彩，讓鄂蘭體會到，戰後她對法國存在主義懷抱的希望是言之過早的樂觀看法。她開始寫下一系列筆記，兩年後撰成一篇論文，在美國政治科學協會（American Political Science Association）發表。在一九五四年這篇題為〈近期歐洲哲學思想對政治的關注〉（Concern with Politics in Recent European Thought）的文章中，她觀察對極權主義恐怖面貌的各種哲學反應。卡繆和馬爾羅受到讚許，因為他們緊抓著「古老的美德，而以決絕的違抗精神面對愚不可及的處境」，但她嚴厲批評了沙特和梅洛龐蒂面對同樣愚不可及的處境所作的反應。

做爲哲學家，法國存在主義者可能引導到的一種觀點，就是認爲只有革命行動，亦即對無意義的世界所作的有意識的改變，才能化解人與世界之間那種荒謬關係的固有無意義情態，可是這種觀點不能對原有問題指示任何方向。……由於他們本身的哲學所引導出的一切解決辦法都是虛幻的，沙特和梅洛龐蒂就只是直接採納了馬克思主義做爲行動的參照體系，又或把這體系強加諸行動之上，儘管他們原來的動機跟馬克思主義幾乎毫無關係。因此毫不稀奇地，一旦他們透過基本上相同的論辯從虛無主義脱身而出，他們就分道揚鑣，在政治舞台上採取不同立場；而在政治行動方面，一切就都變成武斷的決定，只要它可望帶來革命性轉變就行了。[32]

雖然鄂蘭對沙特等人的觀點不予苟同，對他們的努力方向卻仍然有欣賞的一面，那就是這些法國知識分子對行動、反叛和革命的重視，這種重視一反「哲學家固有的疑慮」。

除了卡繆，鄂蘭在書信中最表仰慕的法國人並不是哲學家，而是軍方人物亨利．弗里內（Henri Frénay）。他是領導抵抗運動的戴高樂政府的內閣部長，一九五二年時是歐洲運動國際組織（Europe Movement International）的領袖之一。這個一九四七年在巴黎成立的組織，為翌年在海牙召開的「歐洲代表大會」（Congress of Europe）從二十六個國家召集了近千名具影響力的人物。代表大會繼而成立了歐洲委員會（Council of Europe），朝著鄂蘭期望成立的歐洲聯邦踏出了一小步。但這只是一小步：委員會為各國部長在史特拉斯堡（Strasbourg）提供一個開會的地方，但它沒有實權；它贊助重要的協議，像《歐洲人權公約》，但它沒有演化成為歐洲政府的一個基礎。在一九五二年，歐洲的統合主要在經濟方面，以歐洲煤鋼共同體（European Coal and Steel Community）為基礎。但隨著韓戰及在美國凝固下來的冷戰局勢，促使了一種新的統合被提上議事日程，那就是歐洲防衛共同體（European Defence Community）。

鄂蘭在給布呂歇的信中談到對弗里內的印象（可見她高估了他的影響力）：

今天我見了亨利・弗里內，抵抗運動的前政府部長，現在是歐洲運動國際組織的主席，他會把我的書帶給普隆（Plon）出版社，不過也可能無法獲得出版機會。他是一個很傑出的人：出身自軍事學院（我相信是聖西爾軍校〔Saint-Cyr〕），男子氣概十足。他原是唯一能抓住權力的人——只是出於客氣和傻氣而沒那麼做——儘管他其實不笨，而是很有分寸很聰敏。從某種角度來說，他曉得美國是怎麼一回事（這幾乎令人難以置信）；他是一個現代人，他要求眞正而實在的政治，他對那個現在被人冷落而變得一團糟的歐洲聯盟計畫仍然不離不棄。[33]

鄂蘭跟弗里內的對話幫助她理順了她那個以「美國與歐洲」為題的演講。弗里內對美國有不尋常的了解，並相信美國不是以帝國主義的目的謀求歐洲對它臣服，這都是鄂蘭希望向她的美國聽眾傳達的訊息。她希望美國人知道，大部分歐洲人都對美國的軍事技術，它的強烈反共產主義立場，以及在大西洋地區的霸權感到恐懼。她擔心在這種氣氛下產生的歐洲統合，都會被視為從「美國帝國主義」獲得解放的出路，結果就難免是一種「歐洲民族主義」。

§

鄂蘭在一九五〇年代由歷史研究轉往政治哲學，是基於理論上的原因，但她這樣做，也是她在歐洲所見所聞的反應。法國人害怕德國在重建過程中重新武裝起來，德國則害怕一個由法國主導的歐洲；兩者在鄂蘭看來都擺脫不掉過時的主權觀念。在很多她前去演講的德國大學裡，她都嘗試尋找沒有心懷這種恐懼的人，但舉目所見都是哲學家對政治的老式懷疑態度。「政治信念在這裡幾乎不扮演任何角色，甚至有關政治的具體哲學原則也顯然不可得見。」[34]

鄂蘭一九五二年的歐洲之行首站是慕尼黑，她去聽昔日的老師瓜爾迪尼講課。「在聽瓜爾迪尼講課，那裡坐著、站著、躺著擠滿近一千人。他一如既往地講述倫理學；那是最高層次的道德哲學，整體都欠缺了點什麼。」[35]看見那麼多人去聽哲學課，她很驚訝；後來她去慕尼黑的夜總會，裡面正上演基爾伯特的音樂劇。「真的很棒，活力十足的表演，」她告訴布呂歇，夜總會沒有大學那麼受歡迎：「在德國有這麼一種現象，每個哲學演講吸引的人都比那些『娛樂表演』來得多。」[36]可是她所聽的演講，大部分都讓她覺得欠了點什麼。她給布呂歇的信提到，大學講課水準一般很低；雪上加霜的是，大學教職員派系林立，互不信任。她在海德堡發表了〈意識形態與恐怖手段〉的演講，覺得那裡情況特別令人苦惱。

〔演說〕對我來說是成功的，但你會發現這裡很多事情實在令人滿心不安。我向學生演講後參與了一項討論，那是由學生自己安排的（教職員自然是對我滿腹狐疑）。討論還算有深度，但只有最好的那一部分人來參加，大概是全系裡約二十五人吧。到處都是派系。……每個人都屬於某種虛有其表的政治組織，在裡面學不到什麼哲學。在這種處境下，卡爾．洛維特就顯得很優秀，因爲他懂得很多，也能夠清晰表達出來。在對立的一方，則有〔社會學家亞歷山大．〕魯厄斯托（Alexander Ruestow）一類人物——他跟〔多爾夫．〕斯坦伯格同一陣線；後者聲稱「形上學是多餘的」（跟我的想法相反）。魯厄斯托是個無可救藥的人，你很容易從他的著作看到這一點。愚不可及。

在馬堡我碰上了布特曼和柯魯厄格（Krueger）；後者對德國的政治處境十分悲觀，前者則感到憤慨，但他很友善很傑出，一如既往。……馬堡在精神上已經死亡，只有從海德堡攫過來的虛假精神面貌。[37]

鄂蘭也看不透，她一九五二年此行所肩負的使命，能夠從誰處獲得援手；這次不是尋求猶太文化的重建，而是哲學的重建。「從雅斯培嗎？他只會在老一輩頭腦遲鈍的人和當下時髦的騙子之間被壓得粉身碎骨。」[38]她只能從遇上的年輕人裡期待哲學的更新動力。「看來那些二十來歲的年輕一代也許還可以。我〔在杜賓根〕遇上一個十九歲的青年，他向我提出問題時措詞精確得令人驚歎。」[39]一如既往，鄂蘭找的是年輕一代的「新人」，尋求創新和「新的開始」。最令她高興的是她的柯尼斯堡同學海拉．詹希（Hella Jaensch）的十七歲兒子。她這位老同學不是猶太人，但因為幫助猶太難民而在戰時被關進監獄；她的兒子弗里茲（Fritz）是「對《聖經》能倒背如流的真正基督徒，也就是如假包換的基督徒」，他也是「值得一提的，第一個當面說服我接受〔總理康拉德．〕艾德諾（Konrad Adenauer）政治取向的人。」[40]

德國人在五月二十六日面對一系列同盟國提出的協議，次日還有號召成立歐洲防衛共同體的條約。鄂蘭面對當時處境，感覺到「這裡每個人都反對這些美國提出的協議，決意不要支持這些條約，因為那些都是一塌糊塗的。」她也相信，德國人不會同意建立軍隊，「假如是沒有絕對主權的話——因為這些人民是徹底的國家主義者」。她的悲觀看法沒有改變，在六月，她又寫道：「除非艾德諾獲得三分之二多數支持通過那項一般性協議，否則我們就可以跟防務共同體說再見了。」[41]弗里茲因為別具主見支持「漢娜阿姨」主張的歐洲主義，後來得到了很好的報答：獲得鄂蘭資助他在美國念大學；可是一般德國人的表現就沒那麼理想了。不過令鄂蘭驚訝的是，德國人還是心不甘情不願地支持了防禦共同體構想，可是，當相關條約提交法國國會審議時，曾太過信任希特勒而獲得教訓的老法國舊人物起而阻止這項「歐洲的冒險行動」——提出這種說法的人，正是一九三八年法國所謂投降協定政策的設計師愛德華．達拉疊（Edouard Daladier）。他的這種呼籲獲得各方認同，包括維琪法國仍然健在的領袖、很多共產主義者，以至兩年前才為新歐洲喝采的戴高樂。相當諷刺的是，艾德諾所擁抱的歐洲主義雖然在他自己的國家面對很大阻力，他卻在一九五三年德國的選舉獲高票支持。情勢完全倒轉過來：德國憑著它的「經濟奇蹟」，懷抱著對歐洲大陸的願景向前邁進；法國則否決了防禦共同體，見證了對「歐洲」概念一湧而出的出自民族主義的鄙視。

當鄂蘭為一九五八年版的《極權主義的起源》展開修訂時，她也對歐洲防衛共同體在法國被否決之後而提出的歐洲統合構想投下了她的否決票。她認為歐洲統合的時機已經錯過了，較樂觀地來說，也只能寄望遙遠的未來，她的注意力轉到其他方面。她在《極權主義的起源》此次的修訂中，用〈意識形態與恐怖手段〉一文做為該書極權主義部分的總論，取代了初版的結語，也就是不再提到原結語中有關建立國家聯盟組織的主張。她又把原結語中提到要為「擁有權利的權利」建立國際保證的論述，移到書中有關人權的部分。她的新焦點包含在第二版的結束語，名為〈匈牙利革命的反思〉。

雖然她把注意力移到了歐洲和美國的革命傳統，她仍然對德國的發展保持警戒。她對於艾德諾的政策變得很不信任，希望統一的歐洲不會在他領導德國期間出現。在歐洲防衛共同體被否決之後，德國開始建立自己的軍隊。在這個過程中，鄂蘭特別指出，艾德諾「沒有顧慮到他建軍所接受的指引和領導；來自的一群官員和將領，都曾效忠希特勒，甚至在顯然可見將要戰敗之際也沒有謀反」。[42]在她看來，德國占領法規的終結以及德國軍隊的重建，就是德國重新納粹化的開端。她承認艾德諾對「經濟奇蹟」的貢獻，也讚賞他能洞察「德國的最好希望在於美國的善意」，但她不信任艾德諾道德上的愚鈍和他的現實政治取向。

當鄂蘭在一九六六年回顧艾德諾的生涯，為《華盛頓郵報》（*Washington Post*）撰寫他的《回憶錄：一九四五至一九五三年》（*Memoirs 1945-1953*）的書評時，她再次對他的愚鈍表示震驚，並對他粗糙地反映了極權主義的一般性質而感到心寒：

> 他告訴我們，「我們德國人在納粹期間對極權統治的經驗……〔以及〕世界因實行極權主義的蘇俄而累積的經驗」，讓他領悟到「極權國家——尤其是蘇俄，並不像民主國家，不知法律和個人自由爲何物。〔他們所知〕唯一關乎重要的，就是權力」。這段文字看來是從一本很差勁的中學課本裡抽出來的；而這樣的中學課本，恐怕也不會強調蘇聯比納粹德國更惡劣。[43]

艾德諾的反共產主義心態跟約翰．杜勒斯（John Dulles）近似，還有他認定德國應該「在一個基督教的歐洲裡面有適當地位，可作出貢獻建立一道防堵蘇聯式共產主義的有效堤防」，當鄂蘭在一九五二年夏末返回美國之後，就發現那是一個常見論調的變奏。

美國與歐洲：有關革命的思考

鄂蘭在一九五二年末和一九五三年參加的幾個會議，都把馬克思主義標籤為一種「世俗性宗教」。在其中一些場合，她發言批評這種論調。她還寫了兩篇文章解釋自己的觀點：居里安《布爾什維克主義》（*Bolsheviism*）一書的書評，以及發表於《匯流》（*Confluence*）雜誌題為〈宗教與政治〉的長文；《匯流》雜誌由亨利．季辛吉（Henry Kissinger）大幅編輯修改，當他試著把鄂蘭的文章改得合乎自己口味時，鄂蘭寫了一封極其憤怒的信表示抗議。在沒有季辛吉的修飾之下，鄂蘭是這樣把自己的關注表達出來：「我們被告知，共產主義是一種新的『世俗性宗教』，對此自由世界要捍衛它本身的超越性『宗教系統』；這就把『宗教』重新帶回公共政治事務領域，然而自從政教分離之後，宗教早就被放逐到這個領域之外了。基於同一原因，雖然投入捍衛行動的人往往沒察覺到，但這也把幾乎被遺忘的宗教與政治關係，再次提上政治科學的議事日程。」[44]鄂蘭並不期待神學家對這個問題能比戰後的哲學家提供更多幫助。她在一九五三年閱讀了一些當代神學著作後，再次提起了她在《極權主義的起源》的結尾並未探索的問題，她向雅斯培感歎：「只盼我能夠對邪惡這個問題了解更多。」[45]

到了一九五三年夏天，在經過了三年的公眾討論之後，鄂蘭被迫修正她對宗教和政治的看法。在一九五〇年的〈宗教與知識分子〉一文中，她指稱所謂「宗教復興」不過是「時代思潮透一口氣」罷了，那是經歷了科學主義令人窒息的一段日子之後，知識分子偶爾的透一透氣。她認為遠遠更值得注意的是，「絕大多數」非知識分子都不再相信「在時間的終點有最後審判」，而群眾「倒是相當願意相信幾乎其他一切」。[46]她始終認為，相信有組織的宗教能夠有效地「成為對抗極權主義和『保衛文明傳統』的武器」，只不過是愚昧想法；她同時認為，反極權主義知識分子紛紛乞靈於宗教，對政治科學來說是值得認真關切的事。「面對一種裝備整全的意識形態，」鄂蘭在《匯流》的文章寫道：「我們最大的危機，就是用我們自己的一種意識形態跟它對抗。如果我們再度嘗試憑著『宗教熱情』來激勵公共政治生活，或用宗教做為一種政治區分手段，結果很可能就是把宗教轉化並誤用為一種意識形態，並使我們跟極權主義的對抗被一種狂熱所敗壞，而這種狂熱完全違背了自由的本質。」

這些謹慎、講求道理的公共論述，跟鄂蘭私底下表達的警戒和義憤截然不同，私底下她針對的是壯大中的麥卡錫式反共產主義狂熱，以及很多美國知識分子的猶豫不決。在一九五二年夏末從歐洲返回美國後，她開始尋找在「美國與歐洲」問題上跟她有共同關注和觀感的盟友。

鄂蘭跟一小群人有幾次會面，其中的領導者包括亞瑟．史勒辛格、德懷特．麥克唐納、理查．羅威爾（Richard Rovere）和瑪麗．麥卡錫，他們討論了創辦一份雜誌的可能性。雜誌擬稱為《評論者》（*Critic*），在構想中是做為一個論壇，讓沒有既定左傾或右傾立場的人參與討論，亦即討論者的立場令鄂蘭感到較為自在；用她在信上跟布魯曼菲德所說的話來形容，就是「完全不選邊站」

的人。對投稿人唯一的要求，就是對公民自由權的認同。由於缺乏財務支援，雜始終停留在構想階段，但這群人和這個意念的存在仍讓鄂蘭到欣慰。她對她認識的一些美國猶太人，則益發表示批評，像艾爾文・克里斯托，鄂蘭認為他對公民自由權的認同沾染了妥協觀點，而他的論辯也帶著宗教熱情。她在一九五三年的一封信向布魯曼菲德描述了這種處境：「不久前我遇上幾個朋友——有一位歷史教授、兩位見多識廣的記者和一位女小說家；全都不是猶太人，但有很多猶太人朋友。他們要編列一份名單，看看有哪些志同道合的人為公民自由權奮戰。然後其中一人說：『所有這些猶太人中就只有鄂蘭跟我們是同道人，不是很有趣嗎？』我們的朋友艾里歐・柯恩〔《社評》雜誌編輯〕扮演一個實在令人很不愜意的角色，而西德尼・賀克（Sidney Hook）簡直令人忍無可忍。當然，人們或多或少有過眾所周知的共產主義經歷，因此有理由感到害怕。可是這種情況還是說不過去。」[47]當然，很多猶太人以及猶太人的報紙，不管是否為錫安主義的，都強烈反對麥卡倫國內安全法（McCarran Internal Security Act），可是在鄂蘭身邊的知識分子圈內，氣氛卻遠遠不是很明朗的。

鄂蘭在一九五三年五月史達林過世後不久給雅斯培寫了封長信——不空行打字也長達六頁——談到政治情勢顯然更為惡劣。參議員麥卡錫在威斯康辛州以高票贏得連任，很多人相信，由於共和黨的勝利那麼明顯，而黨內對麥卡錫策略的反對聲浪又那麼模稜兩可，麥卡錫的權力有很大施展空間。國會內民主黨的反對陣營也悶不作聲，令人不安；因為很多人害怕如果攻擊麥卡錫，更會令共和黨人對他表示支持。在這種黨派對峙的處境下，麥卡錫得以把公共開支委員會（Committee on Expenditures）這個聯邦行政部門的次要委員會變成全面調查行動的基地。在一九五三年麥卡錫展開一連串打擊行動，對象包括美國之音（Voice of America）廣播機構、國務院海外資訊圖書館和政府印刷局等，還有眾多政府專門機構的個別人物。

鄂蘭寫給雅斯培的信，很多地方令人想起威瑪共和。「雖然我恐怕你會說我是誇大了，」她告訴雅斯培：「我還是要把一切詳細寫下來給你看，因為我認為讓你了解情況十分重要。」在鄂蘭眼中，美國艾森豪（Dwight Eisenhower）總統就像威瑪共和的保羅・馮・興登堡（Paul von Hindenburg），她卻高估了麥卡錫對艾森豪的影響力：「如果麥卡錫在一九五六年沒有當選總統，倒不能說他機會不大。」[48]可是雅斯培十分了解鄂蘭的恐懼從何而來，他很謹慎回答：「我想到了妳一九三一年的預言多麼正確，也想到我怎麼沒有相信。當時國家裡大部分的人，我可以肯定，都是講道理而有人道精神的，妳也知道是這樣。可是權術政治的技倆以及他們面對既定事實的恐懼，令他們無法招架。這樣的情況也可能發生在美國，可是跟我們的情況相比可能性小得多。」[49]到了夏天，當麥卡錫的助理羅伊・柯恩（Roy Cohn）和大衛・沙因（David Schine）完成了他們對美國在歐洲的圖書館一輪可笑的旋風式調查，鄂蘭再次體會處境的鬧劇性質：「如果你借用莎士比亞的角色，〔把柯恩和沙因〕看作羅森克蘭（Rosencrantz）和蓋敦思坦（Guildenstern），你就會更好看出這是怎麼一回事。」[50]但鄂蘭仍然十分害怕，尤其害怕美國知識分子觀點上的混淆，總是令她想到威瑪共和的「精英」怎樣跟「暴民」連成一氣。「知識分子在這些事情上糾纏不清是令人害怕的，」她於十二月告訴雅斯培：「社會學家和心理學家對於大家墮進這種概念上的泥沼要負上責任。固然他們也只是大眾社會的一種病徵，但他們具備特殊意義。」[51]

鄂蘭在社會研究新學院和蘭德學院參與了很多有關極權主義的討論和演講，提出了《極權主義的起源》極權主義部分的概括觀點。一九五三年三月她在另一位說德文的流亡人士卡爾．弗里德里希（Carl J. Friedrich）邀請下前往波士頓，參加美國文理科學院（American Academy of Arts and Sciences）贊助舉行的一個極權主義研討會。會議上由喬治．肯南（George Kennan）發表題為〈極權主義與自由〉的開幕演說。他那種慎重的表述，令人寬慰地跟鄂蘭的觀點十分接近：「我們越來越傾向把分析侷限在軍事方法方面，並採納我們對手的戰略，」肯南指出：「如果按照這種做法走得太遠，我們就迷路了。」[52]

鄂蘭在會議提出的觀點不是預測性的；她沒有嘗試預測蘇聯的發展，那是會議討論的主要政權，她也沒有談到美國國內的可能去向。她只是嘗試澄清歷史上的和當前情勢下的一些觀點，更重要的是，她促請與會者從政治而非社會學或心理學的角度來審視極權主義。從政治角度來看，極權主義的前所未有特質是很清楚的，但從心理學和社會學來看，極權主義的做法也可以看作為專制、暴政或獨裁統治手法的變奏而已。鄂蘭特別指出她在書中強調的：嘗試從傳統的框架來看極權主義就會產生誤解。同樣地，她也反對把極權主義意識形態看作「世俗化宗教」。她認為，在極權主義統治之下，關乎重要的不在於意念的內容，而在於邏輯一致性的原則，也就是要改造現實而「證明」某一前提。在她的評語中，鄂蘭都強調這些方面的清晰區別多麼重要，並強調任何嘗試解釋極權主義的「模型」都必須是動態的，也就是說從一個「運動」發展到一種政府形式的過程，可以在被分析的政權之內追溯出來，其中可以容納變數。

§

一九五三年蘇聯的統治發生了很多轉變，很難作出評估。這個極權主義研討會在三月五日召開的第一天，蘇聯官方媒體也正好在同一天宣布史達林的死訊。爭奪繼承權的複雜鬥爭隨即展開，在此同時東歐的衛星國家也在領導和政策上發生轉變。在蘇聯部長會議主席格奧爾基·馬林科夫（Georgy Malenkov）擔任國家領導人期間（一九五三年三月至一九五五年二月），曾作出重大努力改善國內生活，並透過一種「和平共存」政策減低國際緊張關係，讓很多人猜測蘇聯在發生某種程度的「解放」。伊利亞·愛倫堡（Ilya Ehrenburg）一九五四年的小說《解凍》（*The Thaw*），名字被用來形容史達林死後幾年出現的這種狀況，但鄂蘭對所謂解凍抱持十分懷疑的態度。她對史達林死後的發展該怎樣在美國和其他地方受到評價，所作的評論就更為謹慎，因為她擔心從世俗化宗教角度反對極權主義的看法，已使得西方世界的態度變得僵化。一九五三年夏天美國出現了對麥卡錫表示抗拒的徵兆，令人鼓舞。可是當鄂蘭開始看到麥卡錫在美國參議院營造的沉默狀況終於爆出反對之聲，她又因為以色列發生的事件涉及另一種形式的「宗教與政治」問題，而重新受到困擾。

一九五三年秋天，《猶太通訊》（*Jewish Newsletter*）雜誌編輯威廉・朱克曼（William Zukerman）寫信詢問鄂蘭能否對激化中的阿拉伯和以色列關係作出評論。自從一九四八年創刊以來，這份雜誌一直是美國猶太人社群中最敢言的異見表達者之一。朱克曼經常在社論中抨擊他所說的「民族主義和成見的迸發」，認為「它的根源可追溯到猶太人最慘烈的悲劇——希特勒對歐洲猶太人的滅絕行動」。他所關切的是，「民族主義興起對猶太人造成的影響，跟我們這個時代大部分其他民族所受的影響一樣。」[53]在一九五三年一月十九日的社論中，身為猶大・馬格內斯追隨者的朱克曼，引述了鄂蘭一九四八年為馬格內斯所寫的悼詞，以顯示其他人也像他一樣批評猶太民族主義：「在過往幾年……有些事情跟猶太人民族性格的轉變同時發生。一個民族過去二千年來都以公義做為精神和民族共同經驗的基石，如今卻對建立在公義上的所有論點產生了強烈敵意，彷彿那些論點必然站不住腳。」[54]

一九五三年二月，台拉維夫蘇聯駐以色列使館庭院發生爆炸事件導致三人受傷，顯示強烈反蘇情緒飆至最高點；這種往往帶有宗教色彩的情緒，在一九五二年末布拉格的反錫安主義審訊之後在以色列迅速增強。以色列政府高調否認與事件有關。蘇聯撤回使館人員並斷絕外交關係。這是緊張關係的其中一面，但還有更危險的另一面。在一九五二到一九五三年整整兩年裡，數以百計所謂阿拉伯「滲入者」，也就是被逐離而嘗試返回家園的人，被以色列殺害或拘留。一九五二年三月的國籍法通過後，阿拉伯人對猶太人政府的敵意隨之上升；該法案在原則上跟美國的麥卡倫國內安全法十分相似，據之居住在以色列境內的阿拉伯人只有百分之十左右能獲得以色列公民資格。在八月，以色列國防部發動了幾次攻擊，對嘗試建立家園的阿拉伯人進行「報復性突襲」。其中發生在奇比亞（Kybia）的突襲造成五十二名阿拉伯人死亡，導致聯合國通過制裁決議案。朱克曼特別希望鄂蘭對奇比亞事件作出評論。鄂蘭認為反蘇情緒和反阿拉伯人的攻擊都顯示本古里安的政府向獨裁統治踏出了一步。可是她拒絕在《猶太通訊》評論當前情況，而只是在十一月一日給朱克曼發了一則表示極度失望的短訊：「我要做的最簡短聲明就是：不可殺人，殺害阿拉伯婦女和兒童也是不對的。這肯定太過簡短了。整件事絕對令人噁心，我決定不要再跟猶太人政治有任何關係。」[55] 布魯曼菲德也滿懷哀傷的對鄂蘭表示認同，覺得當前的政治談不上有什麼真正的宗教情懷。「在我看來我們對世界的狀況有類似的觀感，」他從耶路撒冷寫信跟鄂蘭說：「在各處，在歐洲和以色列，〈十誡〉的意義都被遺忘了。」[56]

§

中東的事件和蘇聯政策的轉變繼續吸引著鄂蘭的注意力，不過一直到了一九五六年，她才撇下理論上的探索，再次以極權主義專家的身分發表評論。她維持既有決定，不願再跟猶太人政治有任何關係。但當她正在撰寫最終集結成《過去與未來之間》的文章，以及準備整合成為《人的條件》

的那些演講，她再度從《極權主義的起源》的觀點發表了評論。

一九五一年，一位名叫喬治・阿格瑞的男子參加了布呂歇在社會研究新學院舉行的首項「藝術哲學」系列講座，後來還跟其他聽講者一起加入了講座後的一些聚會，包括羅絲・費特爾森（鄂蘭的「英文修正者」）和阿爾弗雷德・卡辛。阿格瑞原本在美國自由巴勒斯坦聯盟（American League for a Free Palestine）工作，該組織隨著以色列在一九四八年建國而解散，阿格瑞也轉而任職於國會工作促進委員會（National Committee for an Effective Congress）。鄂蘭知道阿格瑞跟自由巴勒基坦聯盟的關係，那是「國家軍事組織」向美國政府進行遊說的多種管道之一，但她不願意讓舊日的對立成為新奮鬥目標的障礙。

阿格瑞目前任職的委員會，是他在自由巴勒斯坦聯盟中的朋友莫里斯・羅森布拉特（Maurice Rosenblatt）在一九四八年創辦的，專門為兩黨值得支持的國會議員候選人籌募競選經費。在一九五二年之後，所謂值得支持，評定標準就變成是否反對麥卡錫。在一九五三年，這個組織成立了一個情報交換所，專門提供有關麥卡錫和麥卡錫主義的資訊，並以此為目標為參議員提供研究支援，而且在時機出現時，支持參議院對麥卡錫的人員委任和調查進行抗爭。圍繞著這個委員會的核心，一個反麥卡錫的遊說組織慢慢成長起來。[57]

阿格瑞在紐約以及羅森布拉特在華盛頓展開反麥卡錫的活動和研究，把很多不同政治分析交織起來。而對他們來說十分重要的，就是鄂蘭在《極權主義的起源》裡的分析，因為他們認為麥卡錫主義這種現象，具備極權主義的雛型。政界、出版界、商界和學術界許多名人，都獲邀把他們的名字加進委員會的文宣；而當羅森布拉特和阿格瑞在一九六六年分道揚鑣，阿格瑞就把他帶進委員會的人納入自己的政治陣營。

《極權主義的起源》對政治發揮影響力的第二種方式，是鄂蘭自己並未察覺的。《耶魯法律評論》（*Yale Law Review*）一篇由史蒂芬．波勒克（Stephan J. Pollak）所寫、論述〈一九五四年國籍剝奪法〉的文章大幅引用了鄂蘭無國籍狀況的討論。這篇文章獲最高法院首席大法官艾爾．華倫（Earl Warren）引用；在一九五七年一次確認國籍剝奪法的判決中，華倫以此表達反對意見。後來，華倫的觀點在一九五八年的一次判決中占得上風，認定了國籍的褫奪是憲法第八修正案所禁制的懲罰。一九六三年法官亞瑟．哥德伯格（Arthur Goldberg）直接引用《極權主義的起源》，以多數判決確認在戰時把逃避兵役的人驅逐出境是違法的。[58]

鄂蘭總是認為，在遏制極權主義初期發展趨勢方面，法庭的努力比起政黨的意願令人更樂觀。一直要到一九六〇年代，她才開始成為政壇候選人的積極支持者。雖然通常支持民主黨候選人，她卻是以獨立身分投票，對政黨提不起興趣。麥卡錫時代的美國，跟一九二〇年代的德國和一九三〇年代的法國，都強化了鄂蘭的印象，讓她覺得政黨的官僚結構、教條和對狹隘利益關係的維護，會窒礙政治行動，對人民的聲音充耳不聞。跟許多處身兩黨制相對良好秩序中的英國和美國政治理論家不一樣，鄂蘭對政黨欠缺信任，因為政黨很快就會把草根公民行動棄若敝屣。就因為麥卡錫這位來自威斯康辛的參議員，美國的政黨幾乎陷於癱瘓，令鄂蘭再次確認了這方面的信念。直到一九五六年經歷了匈牙利革命之後，鄂蘭才開始公開談論政黨可以怎樣維繫它的根本，於是她談到了協議制度。

§

羅莎．盧森堡的「自然革命」概念，在匈牙利革命前的幾年就一直在鄂蘭腦海中激盪，匈牙利革命令人震驚地將它體現了出來。鄂蘭從馬克思主義的研究轉而探索「新的政治科學」的基本概念，要閱讀大量哲學和政治理論。她一九五二年從歐洲回來後就展開了這一趟閱讀之旅，次年接受古根漢基金會獎助時繼續這個旅程；當她在一九五五年春天在加州大學柏克萊分校（University of California, Berkeley）首次展開全職教學生涯，更是閱讀與教學相輔相成。羅森堡分析法國世紀末的社會危機，對鄂蘭早期論述德雷福斯事件的著作起了參考作用，而盧森堡的《資本的積累》（*The Accumulation of Capital*）一書則在她反思帝國主義的過程中起了關鍵作用。但當她把馬克思主義的研究轉化成為《人的條件》的論述時，她閱讀的卻是盧森堡的《俄羅斯革命》（*The Russian Revolution*）。

鄂蘭一九五五年在柏克萊講授的其中一門課，是主題為「歐洲政治理論」的研究生研討班，這是從她一九五四年在美國政治科學協會發表的演講發展而來，當時的講題是〈近期歐洲哲學思想對政治的關注〉。她的另一門課是政治理論一般歷史。這兩門課的很多題材，鄂蘭早就在一系列未出版的演講稿中有所論述，並於一九五四年在居里安穿針引線下在聖母大學以〈哲學與政治〉為題發表演講。在柏克萊，當鄂蘭正在撰寫《人的條件》和《過去與未來之間》，她不斷思考在現代世界中哲學與政治的關係應該怎樣，又可以怎樣。她反覆閱讀的著作，來自馬基維利（Niccolò Machiavelli）、霍布斯、盧梭、孟德斯鳩、洛克（John Locke）、托克維爾和馬克思——他們在各自那個時代裡也曾問過鄂蘭正在思考的這個問題。她就像盧森堡在一八九九年一樣熱切地閱讀。當時盧森堡寫信向攸格歇斯描述自己的內心狀態：「有些事情在我內心造成擾攘，要浮上表面。……一言以蔽之就是感到需要……『說出一些重大的事情』。……我亟需透過寫作，如雷貫耳地對別人產生作用，要抓住他們的腦筋——當然不是憑著雄辯，而是憑著寬廣的視野、信念的能力和令人印象深刻的表述。」[59]

在她的首份教學工作上，鄂蘭深感驚訝的是，因為她給學生留下的深刻印象，吸引很多人蜂擁前來修課，使她的研討班擠進上百人，講課成為了「矚目的表演」。但令她最為驚異、最感自豪的是，一位年輕人在評鑑她的課程時說她無異「羅莎．盧森堡再臨」。她顯然十分興奮地把這番「深表讚賞」之詞向布魯曼菲德覆述一遍；多年之後仍然反覆回味；那時她正在撰寫《論革命》一書，這本書的構想是她在柏克萊閱讀《俄羅斯革命》泛起的念頭。[60] 她全面而深入地浸淫在歐洲政治理論中，令她愈益深信，她在這個傳統裡不可能擺脫「哲學家的老式疑惑」而獲得洞見。她相信，也許她要找的洞見就在美國的革命傳統當中，那是她在《俄羅斯革命》中曾彷彿瞥見的東西。她在前瞻中預先踏出一步，開始做一些書目筆記，準備對美國立國之父的著作展開另一次閱讀之旅。

在柏克萊，一如之前在普林斯頓，鄂蘭覺得自己處身各「派系和群黨」之中，就像盧森堡處身德國社會民主黨多方面的聯盟之中，是一個被遺棄者。她開始質疑，美國的大學，由於那種結構和氣氛的關係，能否為她的研究工作抑或政治理論的一般研究，提供一個合適環境。給她留下欠佳印象的，是她所說的一種到處瀰漫的「上流社會」風氣，對旁人帶著輕蔑態度。普林斯頓是「無法形容地勢利自負」。柏克萊比較好一點，但仍然令人疏離，因為它的規模之大，也同樣因為那種上流風氣。經過忙亂的一天，她寫信給當時全職任教於巴德這所超小學院的布呂歇：「你在一個小小的學院裡任教真是幸運……這裡每件事都是重複做三次的。……我甚至等了兩個禮拜，才取得我工作的那幢辦公大樓的鑰匙。」[61]學生裡面「新貴」之多，也令鄂蘭吃驚。她告訴雅斯培，說自己處於極有利的地位，可以「研究一個民主政體如何容易地演化為暴民政治」。[62]她的腦海裡再次喚起了暴民與精英的聯繫，她認為這是極權主義運動的端倪。除了一些顯著例外，她驚訝地發現柏克萊的教職員在政治上十分幼稚：她告訴布呂歇，這裡有自由主義黨派也有麥卡錫主義黨派，「可是談不上什麼立場，都是附庸風雅」。某次她碰上一個不知該感到可笑還是可怕的處境，本身是退休將軍的大學公益聯誼會（Commonwealth Club）會長邀請她主講有關極權主義的講座，問她到底「支持還是反對」極權主義，而且不是因為這對他來說有什麼特殊意義，而是「由此把我納入他的規劃當中」。[63]有一次她終於有機會鬆一口氣了，她碰上一個沒有多大上流社會積習的人，在他陪伴下感到踏實而愉快，尤其是當對方帶她到舊金山碼頭區遊覽，他就是「《真信者》（*The True Believer*）的作者艾利克．賀夫納（Eric Hoeffner）」——良好感覺沖昏了腦，讓她把這位新朋友的姓氏賀夫（Hoeff）誤拼成像德文了。[64]除了她辦公大樓裡當清潔工的一個年輕男子，和修讀她一門課的一個從奧地利流亡前來的「年輕鄉村姑娘」，就只有賀夫能讓她從學術界過多的矯飾中愉快地透一透氣。

柏克萊在社會風氣和政治上都跟她格格不入，當地的哲學氛圍更著實令她苦惱。她告訴雅斯培：「哲學淪為了語意學，還是第三流的語意學。」[65]幾個月後，她還在吃力地嘗試以孟德斯鳩的語言向自己解釋身邊的怪象，也就是說，把這一切做為一種非隱喻的「氣候」呈現出來。「在這個令人著迷的花園裡……你的身體感到頗不一樣，也就是說，你真的感到一般來說毫無感覺可言。這裡的人在精神上變得古古怪怪，其實不難理解，正是跟這種氣候大有關係。」[66]

鄂蘭對美國大學生活的反思，代表了一個歐洲人對那種大而無當和闊氣迫人的表現感到不慣，而典型表現出的種種驚訝。當她因修訂《極權主義的起源》需要閱讀一些重要檔案資料而前去胡佛研究所（Hoover Institute），她的不快更變成了惱火。「三十八位學者……每天早上齊聚一堂大談自己的夢想，他們弄出來的垃圾倒是獲得了極佳報酬。……〔他們工作的地方〕看來像天堂，實際上是徒具種種舒適的現代地獄的一種。……胡佛先生的精神如影隨形，不限於圖書館裡。」[67]

儘管她在柏克萊還是能跟少數教職員和學生建立良好關係，鄂蘭在學期結尾時已拿定主意，不要成為全職學者，她從此沒有改變這個決定。「我從來沒有真的想成為教授，」她告訴每個願意聽她說的人。在往後的日子裡，她總是能透過很多複雜的談判，取得種種特殊安排、半職職位和訪問學者職務等，每年起碼有一半時間從事自己的工作或到歐洲訪問。[68]教學和同事的要求，以及置身社群中的社交生活，都不是鄂蘭能安心應付的：「你絕對正確，」她告訴布呂歇——她的這位丈夫也從來沒想過從紐約市搬到巴德學院所在的哈德遜河區安能戴爾鎮（Annandale-on-Hudson）：「我們不是為這種生活而培養出來的人。不管在什麼時間，我的感覺都像〔在巴黎〕為青年遷徙組織工作時一樣，也就是因為別人所需的關懷和焦慮而感到力不從心。」其他人的問題本身就叫人難以承受了，也加重了鄂蘭主要面對的壓力：「我實在無法每星期在公眾面前露面五次。」[69]

鄂蘭的決定堅定不移，可是當她能成功安排每星期露面少於五次，還能較常回家時，她對教學的態度又變得正面多了。她每個星期天從柏克萊打電話跟布呂歇聊天，看在她眼中這也是令人驚奇的事——就像她跟雅斯培說的「跨越整個大陸」——但這對於他們克服孤獨的感覺，卻沒有多大幫助。在柏克萊，鄂蘭總是「有點孤單」。布呂歇對於在巴德學院的工作十分滿意，可是卻覺得與紐約知識界的朋友為伴十分沉悶，也沒有一個女性伴侶在心智上比得上自己的妻子。他的信滿載著孤單和焦慮感。「每個角落、每道縫隙都令人想起你不在，事實上我感覺到，個人存在的中心點也是這樣。天哪，身邊大部分人都變得那麼乏味。只能期望自己不是另一個乏味的人。」[70]他變得在讀報時惴惴不安。當世界歷史看來又在耍什麼把戲時，就總是他們最需要對方的時候。布呂歇讀到了馬林科夫下台而赫魯雪夫（Nikita Khrushchev）與布爾加寧（Nikolai Bulganin）爭奪權位，就已十分擔憂；然後伊萬・科涅夫（Ivan Konev）和格奧爾基・朱可夫（Georgy Zhukov）在二戰結束十周年發表的聲明，更令他陷入全面恐懼：這兩個將領談到一個氫彈可以對歐洲和美國造成多大破壞。「來自俄羅斯的隆隆巨響真的把我嚇怕了，我想給你發電報，告訴你萬一發生緊急狀況，我們會合的地點應該在巴德學院。」

§

「隆隆巨響」傳出之後不到一年，在一九五六年二月十四日，赫魯雪夫在蘇聯共產黨第二十次代表大會的一個閉門會議上，批判史達林偏離了列寧的主張，並羅列他一些最惡劣的罪狀。很多顯著的轉變隨之出現：蘇聯向社會主義鄰國和向現在所稱的第三世界國家發出的號召，標榜「和平過渡到社會主義」和「邁向社會主義的不同道路」等想法。很多西方讀者讀了美國國務院披露的赫魯雪夫閉門演說，預言極權主義將在蘇聯終結。鄂蘭恰好相反，認為這次的演說預示解凍期快要結束，因為她預期，在「集體領導」之後將要來臨的，一如列寧過世後隨著出現的，將是更僵化更暴虐的統治。「世界歷史這個耍弄把戲的老手」宣告了，這兩方的預言都太過簡單；不過短期而言，鄂蘭的看法是對的。

蘇聯最新發展的消息以及南斯拉夫的狄托（Josip Broz Tito）在莫斯科簽署的友好合作協定在東歐引起迴響。在波蘭和匈牙利，異議終於演化為暴力叛亂。波蘭最終把叛亂抑制下來，繼續留在華沙公約組織。匈牙利的反叛分子則號召結束俄羅斯在匈牙利境內的活動，並主張退出華沙公約組織。在布達佩斯街頭爆發戰鬥後六天，以色列以跨越西奈沙漠的一波軍事行動，令埃及總統納瑟（Gamal Abdel Nasser）占據蘇伊士運河所引致的危機爆發。法國和英國的戰機轟炸埃及的空軍基地。一周之內，華沙公約和西方國家聯盟同時遭受震盪。

當匈牙利人發動叛變尋求自由，鄂蘭剛與麥卡錫在平靜的荷蘭完成了一趟旅程，前去瑞士巴塞爾雅斯培的家展開每年一度的拜訪。她十分興奮的寫信給布呂歇：「終於啊終於，他們要顯示事情實際上該怎樣了！」[71]鄂蘭和布呂歇在報紙上讀到，反叛分子在首次街頭示威幾天之後，就組織起革命和工人的議會，令鄂蘭和布呂歇十分驚奇；這是繼布呂歇年輕時期一戰後在柏林一度萌生以來，這種議會首次「因為人民的行動和自然要求而誕生」。一周之後，蘇伊士運河爭端演變成戰爭，令鄂蘭困惑不已：「除了匈牙利給我帶來的喜悅，一切都被這樁瘋狂的以色列事件淹沒了。你能夠理解它嗎？」[72]以色列的西奈戰役，令不管是報紙讀者還是前線快信的讀者同感驚愕，包括了當英、法軍隊登陸塞得港時正在美國南部展開競選活動的艾森豪總統。

一星期之後，鄂蘭的驚愕演變成深刻恐懼。雖然她也一直認為以色列的做法有「帝國主義」之嫌，她在十一月五日「以沉重心情」寫信給布呂歇，很擔心事件會從中東蔓延開來：

就這樣，在我們最意料不到的地方，世界歷史令我們驚訝。我的心情十分沉重，寧可不要寫信了。而且，我不該說，免得我就飛〔回家去？〕；我說不定突然就那麼做。……我事實上並不期待情勢即時變得尖銳，並相信我們美國人也許仍然能夠置身事外。可是你無法知道，我試著密切注視著它。沒有你在身邊，這是十分困難的。[73]

到了第二天，在十一月六日，西奈就停火而平靜下來；那是由於美國以禁運脅迫，聯合國通過決議案，加上蘇聯以遠程飛彈威嚇所致。鄂蘭暫時鬆了一口氣，但她對未來的感覺十分灰暗；她典型地害怕最壞的結果會出現，並準備好坦然面對。「因此，它不會馬上演變為戰爭，而那只是因為一切處於廢弛狀況，包括〔西方國家的〕聯盟和聯合國。這卻很可能表示，第三次世界大戰近在眼前；當它要來了，如果它來了，就像這次事件的來臨——不用經過宣戰。」[74]

當鄂蘭在這可怕的幾個星期之後回到美國，她有一大堆有待完成的計畫。她桌子上放著《人的條件》的稿子，那是她之前一個春天在芝加哥已發表的演說；另外又有范哈根傳記的稿子，正由德文助理洛特．柯勒協助整理，準備交給里歐．貝克學會出版；還有好幾篇在不同寫作階段中的論文。她著手處理這些計畫，但也決意要談論匈牙利革命。她要對那些在極權統治控制下付出了很多而顯示「事情實際上該怎樣」的人致敬。匈牙利革命讓她上了一課，看到了現代世界中對抗極權主義的唯一出路——協議制度。「如果羅莎．盧森堡所說的『自然革命』真有其事的話，」她後來在

〈匈牙利革命反思〉寫道：「我們就有幸在此見證了它：一個受壓迫的民族純粹為了自由而突然發動起義，在此之前沒有（像在德國）因為戰敗而產生令人沮喪的混亂，沒有政變的操弄，沒有緊密連成一氣的組織者和陰謀策動者，沒有革命黨具顛覆作用的宣傳；眼前所見的，恐怕任何人都會視之為高遠理想，棄而不顧，不管他們是保守主義者還是自由主義者，極端分子以至革命分子。」[75]

向歐洲發出的「頌辭」

鄂蘭和布呂歇都是他們朋友所說的「滿腦子災難感的人」。他們二十年來一起經歷的恐懼，在他們的判斷中發出迴響，也給他們的視野蒙上陰影。雖然他們在公開場合不會談到怯懦者的悲觀看法或愚笨者的樂觀看法，就像一位朋友所說的，當他們「看到世界一片漆黑」，那就帶來一個反思的起點。但引導著這些反思的，是「對世界的愛」。鄂蘭可能在一封信中對美麗的世界撰出淒美的描述，在另一封信中又陳述世界各方面的陰鬱；她的反應就像范哈根的〈日與夜〉一樣包含著極大差異。鄂蘭在感覺上的濃烈，以及她在不同感覺之間游移的迅速，都令布呂歇驚歎。他帶著愛意地將她描述為「流星」（Schnuppe）。這些愛與恐懼的經驗，賦予他們一種特殊能力，就是古希臘人所說的「對世間現象的驚歎」；從他們的活動也可看出，他們並未帶著那些出世哲學家的老式疑惑，他們並不認為人世間的事沒有美或意義可言。

雅斯培也一樣，常常會有股衝動談到一些特殊的事，並揭示可以有多麼複雜的不同看法和處理辦法。當鄂蘭在一九五六年秋天探望他時，他剛發表了一項演講，引發這次演講的正是一年前令布呂歇滿腦子不祥預兆的俄羅斯動盪局勢。演講後來擴充成《原子彈與人類未來》（*The Atom Bomb and the Future of Mankind*）一書，書的開頭說：

原子彈創造了一種全新處境。人類要不是全部滅絕，就是在道德和政治景況上發生丕變。……雖然我們的日常生活看似平靜，但令人懼怕的威脅步步進逼，如今已勢不可擋。話題上的關注面變得很快，但整體關注面維持不變：若不是幾年或幾十年內突然爆發核子戰爭，就是世界和平得以建立而再無原子彈的威脅。……光憑政治和法律的操作，抑或全人類對原子彈的恐懼，是不能將我們引導到這個方向的。我們知道，今日實際上沒有向著建立世界和平踏出第一步。我們曉得之後該怎麼做嗎？[76]

雅斯培的書在一九五八年出版後，德國的科學家及西方國家聯盟的反對者掀起了一陣反對聲浪，但也讓他贏得了德國圖書業界的和平獎。鄂蘭獲邀在頒獎典禮發表演說，她寫了一篇漂亮的

〈雅斯培：一闕頌辭〉（Karl Jaspers: A Laudatio）。這次演說，是她第二次公開談到亦師亦友的雅斯培。第一次是在一年前，在美國一本介紹雅斯培哲學的書裡撰文評論。這幾年是他們最緊密合作的日子。雅斯培有關原子彈的這部著作深受鄂蘭《極權主義的起源》一書影響；而《人的條件》很多論述，特別有關現代科學的看法，都吸納了雅斯培的反思。他們彼此從對方身上獲得的教益，並沒有在書中特別致謝，但當公開的機會來臨，他們就會滿懷感激地承認他們之間的友誼。雅斯培在《雅斯培的哲學》（*The Philosophy of Karl Jaspers*）一書的附錄〈哲學回憶錄〉裡，對於戰後鄂蘭重新在他們夫婦倆的生活中出現，並持續到歐洲她的這第二個家訪問，表達了他的敬意：

> 她從年輕世代那裡，來到我們這群老人之間，帶給我們她遇到和學習到的見聞。她自一九三三年以來就是一個流亡在外的人，在地球上流浪，她的精神沒有因為無盡的艱困而崩潰，她全面體會到從母國被割裂開來而面對種種原始恐懼的那種存在景況，她被剝奪一切權利，墮進無國身分的非人景況。她的內在獨立性讓她成了一個世界公民；她對美國憲法的非凡力量懷抱著信心——同樣贏得她信心的是那些經久不衰而證實為相對最佳的政治原則——她因此成為美國公民。從她身上，我領悟到該怎樣看待那個讓政治自由進行了最偉大實驗的世界，另一方面，又怎樣更清晰地看到極權主義的結構，猶勝於我之前所能看見。……與她一起我可以重新展開論辯，就用我這輩子一直在尋覓的那種論辯方式……透過論辯讓每個人徹底自由，不再提出抽象

的要求，因爲這些要求經不起實際忠誠的考驗。[77]

鄂蘭曾猶豫要不要在這個法蘭克福和平獎頒獎典禮發表演說，她寫信尋求布呂歇的忠告。她用自己的暱稱，愁眉不展地問道：「這顆流星該怎麼辦？」[78]這顆流星所擔心的，跟她恍若流星的性情一樣複雜。首先，很謙卑地，她認為這個場合的演講者應該具備更大的名聲；「我並不具備這樣突出的地位。」第二，她想維持自己在私人友誼和公眾曝光之間劃分的清晰界線，雖然她知道雅斯培本人沒有這樣的「徹底區分」。第三，她「既是女性，又是猶太人，而且不是德國人」，她覺得所有這些因素「會在公眾之間造成一個很壞的印象」，而引發一些跟這個場合無關的討論。同時，她再一次地擔心自己又被視為「不尋常的女性」。發出邀請的主辦者跟她說，「一位女性首次在〔法蘭克福的〕聖保羅教堂（Paulskirche）站出來講話真是一件好事」，卻對減輕她的憂慮沒有多大幫助。半開玩笑而半帶著徒勞心態，她自言自語似的向布呂歇吐露了內心的疙瘩，那是在公眾場合會顯露出來的；「這也是我的疑慮之一，」她說。在作出了這種女孩子氣的告白之後，她簡單地向布呂歇說出了第四個原因：「我感到害怕。」

只有對布呂歇，鄂蘭才會提出這樣一連串原因，並坦承自己會怯場。也只有跟他，她才會討論第五項也是最令人困擾的原因。她知道這次的演說，會讓她與雅斯培的個人關係和政治認同首次在德國公開，她害怕她對雅斯培的公開讚譽，會被她的聽眾或被海德格本人，理解為間接對海德格的否定。她知道自己對雅斯培每一方面的讚許，都是海德格從來沾不上邊的：一個道德典範、一個具國際觀的人，和一個公共哲學家的典範。布呂歇衡量了鄂蘭前面四項原因，然後鼓勵她接受邀請，儘管她充滿疑慮。對於最後一個原因，他說得簡單而清晰：「你實在應該在那裡，談到一個良好歐洲人的概念。海德格跟他相比，就正好顯示出他的老樣子——像小孩初次穿上褲子的一個德國人。」[79]

布呂歇之前六年一直維持著外交禮節般的忍耐態度，這次一下子將惱怒爆發出來，鄂蘭終於現身這次頒獎典禮。這次演講確實引起了海德格的憤恨。鄂蘭在一九四九、一九五二和一九五六年的幾次歐洲之行中，都費了很大力氣嘗試重建雅斯培和海德格之間的友誼。她的努力並不成功，到了一九五八年她準備放棄了。

鄂蘭在一九四九年跟海德格重聚時，海德格的個人與哲學景況就給她帶來困擾。當年海德格出版了《論人文主義書簡》（*Letter on Humanism*），首次公開宣稱他的哲學思想經歷了一次「轉向」（*Kehre*）。他認為自己早期的著作《存有與時間》過於「主觀」，太過偏重於人類怎樣追問「有關存有的意義的問題」。海德格開始把人重新設想為對存有的回應者。那不是人類本身的自然做法，而是由於人類「聆聽」存有而產生的思維和表述。鄂蘭覺得，海德格的轉變跟他稍早「對人類自我肯定的抗斥」有關，這種轉向導致他在一九三三年弗萊堡大學的校長就職演說中，對人類那種普羅米修斯（Prometheus）式的自負表示不以為然。但他這個概念發展下來，把人類實際上視為

「存有的一種功能」，令鄂蘭深感困擾。[80]在她看來，海德格正在向一種神祕觀點邁進，認為世間的事情「令人類從存有分心」。簡單地說，他就是變得愈來愈非政治，儘管他獲得的不少歷史洞見是鄂蘭所珍視的。當鄂蘭和布呂歇在他們一九五二年的通信中談到海德格的哲學，他們同意其中最弱的部分在於「歷史事實性」（*Geschichtlichkeit*）的概念，這個概念原本具備潛力，可以給海德格的思想賦予政治的一面。鄂蘭對這方面反思的成果，後來成為了她一九五四年在美國政治科學協會的演說的一部分。即使這次的演講稿始終沒有出版，但其中談到海德格哲學的部分值得詳加引錄。這是鄂蘭所寫的最清晰的論述之一，其中顯示了她從海德格處所領悟的是什麼，以及她認為海德格思想的侷限在哪裡：

在《存有與時間》（一九二七年）中，海德格是從存有學而不是人類學對「歷史事實性」作出解讀，而在他近日達成的理解之下，「歷史事實性」表示了一種個人順應而得的領會（*Geschichtlichkeit* 這個詞語連起來看或拆開來看，可以分別理解爲順應而得，或以主動意志迎來），因此，人類的歷史可以視爲「存有」的歷史的一種顯現。這種看法對黑格爾提出異議，因爲這種存有學的歷史裡（存有的歷史），沒有超越性的精神也沒有至高的絕對概念；用海德格自己的話來說：「我們把至高絕對概念的傲慢拋諸腦後。」從我們所談的背景來說，這表示哲學家不再自視爲具備「智慧」，不再自認懂得人類社會那些非永恆事物的永恆準則，因爲身爲哲學家，他就不是眞的屬於這個人類群體的一員，而是在設法逼近那個至高絕對境界。面對這個時代的精神和政治危機，這表示哲學家跟其他人一起，喪失了所謂「價值觀」的傳統參照框架之後，並不尋求重新建立舊的或發現新的「價值觀」。

哲學家這樣透過「歷史事實性」的概念放棄了「智者」的身分之後，有兩方面的重要意義：第一，在放棄了自我認定的智慧之後，便開闢了一條通道，可以透過政治世界本身之內的基本人類經驗來重新檢視整個政治世界，並拋棄那些傳統智慧隱含的概念和判斷，因爲它們源於完全不同類的人類經驗。第二，上述的檢視受到「歷史事實性」概念的引導和限制，因爲這個概念儘管顯然跟政治世界十分接近，卻始終沒有觸及這個世界的中心——那就是人做爲一個行動的存有者。海德格自己在這條路上踏出了決定性的第一步：他在《存有與時間》對人類存在展開分析時，對日常生活作出廣泛的現象學描述，其中不涉及什麼孤獨自處的景況，而是不斷與其他人互動。這些分析對當代社會學的探索產生了一定影響，這也是恰當的，因爲它在這方面的引申保持著它的有效性，儘管它把全人類（最廣義的公共意見）跟個人截然對立起來，無異認定公共現實會掩蓋眞正現實而阻礙眞相顯現，也就是說未免太凸顯了哲學家對群眾的傳統敵意。然而遠遠更爲重要的還有其他方面的侷限，就包含在「歷史事實性」的概念本身。由於這個概念源自思想與事件的同步並進（「事件」在海德格近期出版的著作中扮演愈來愈吃重的角色），它有助我們洞燭眞相的地方，是在歷史而不是政治，抑或在所發生的事而不是在行動。

看來這就是爲什麼這種哲學的趨勢，對於時代的一般趨勢十分敏感，譬如世界的技術變革、一體化的世界在全球規模上形成，還有社會對個人施加愈來愈大的壓力以及隨之而來的社會原子化等等；所有的這些現代問題都最能從歷史脈絡來理解。在此同時，它卻似乎忘記了政治科學更爲恆久的問題，也就是在某個意義上來說更具獨特哲學意義的問題，譬如何謂政治？人類做爲政治存在物到底是什麼？什麼是自由？諸如此類。[81]

鄂蘭和布呂歇抱著很大的興趣閱讀海德格戰後的著作，而鄂蘭對於要把海德格著作用英文呈現出來的翻譯者和編輯，後來都提供很大幫助，特別是當她的朋友葛倫·格雷開始為哈珀與羅出版社（Harper and Row）編輯海德格系列叢書的時候。但就像她一九五一年在耶魯大學一次演講中談論海德格著作時提到的，她總是把他視為「哲學家的哲學家」。[82]鄂蘭把自己看作政治理論家，海德格後期的著作就悄悄地存留在她著作的背景中。可是後來當她回歸她心目中的「哲學本身範疇」，撰寫《心智生命》一書時，海德格後期的著作，特別是他對思想與語言的反思，就再次成為她關切的中心。但她從來不會毫不批判地照單全收。她對海德格的思想總是有保留，而她也一直認為海德格最大的貢獻是《存有與時間》，而不是後期的著作。

跟很多人不一樣，鄂蘭並不反對海德格的哲學用語，她贊同他致力為哲學尋找一種新的語言。可是當他的語言變得太過扭曲、太過自覺或自我指認，她就無法認同了。當她借用他的反思，譬如在《心智生命》引用他的《同一與差異》（*Identity and Difference*），她嘗試把原文改為更簡單直接的文字。她只會私下對海德格的複雜表述方式表示惱怒——譬如在寫信給布魯曼菲德時：多年來鄂蘭給他的信多番談到德國和德國猶太裔知識分子的「病態」，鄂蘭認為這是來自太過沉迷於一種「獨特個性」的後果。

> 當我綜覽整個十八世紀，放眼萊辛和約翰·哈曼（Johann Georg Hamann）、康德和赫德，我沒有看到〔這種病態的〕半點痕跡。在歌德身上它顯露了一點端倪，而天曉得，所有那些哲學大爺們，像黑格爾、費希特和謝林，每個人都實在是天才。如果有這種傾向的人，只是所有那些近似天才或實際上只是飽讀詩書而過度自我膨脹的人（像〔哥舒姆·〕舒勒姆），那還可以理解；但爲什麼這卻在眞正的天才身上出現？昨天我閱讀海德格的最新著作《同一與差異》，內容十分有趣，可是每當他引述或解說自己的話，就彷彿那是《聖經》的經文。我覺得這根本令人無法忍受。而他眞是一個天才，不僅是飽讀詩書而已。還有：他爲什麼需要這樣呢？這是無法形容地、令人困擾的矯飾。[83]

膽敢批評偉大的歌德陷於天才崇拜而引發學術界勃然大怒的雅斯培，就沒有這種矯飾。鄂蘭相信，如果海德格在這方面與雅斯培為伍，就可以克服自身的弱點，並避免這些弱點因追隨者對他的崇拜而更暴露無遺。

鄂蘭始終不信任哲學流派，更覺得海德格和他老師胡塞爾的追隨者十分討厭。戰後德國大學的派系和風尚令她很是不安。

我對海德格的名聲相當擔憂，那是說，我爲他擔憂。一種「運動」或一股「趨勢」出現了，可能隨時被驅散或轉換方向。基本上，海德格察覺到這種情況，但他還是隨波逐流——雖然我也許令他稍微多一點警惕；事實上，令他相當謹愼。就以〔恩斯特（Ernst）．〕雲格（Jünger）來說，兩年前是所有人的談論話題，今天就是鬼也不會談到他了；他的書也找不到了。因此在一兩天内這就變了。雅斯培也一樣，這也表示長遠來說沒有什麼作爲。這就是德國瞬息萬變的氛圍，一切都迅速消失。也許我看錯了，但我相信沒有。[84]

鄂蘭更擔心海德格會被他另一方面的名聲掩蓋。那就是阿爾弗雷德．卡辛住在德國時向她報告的情況：「談到馬丁……令人憂傷。我不可能改變態度，將來也不會。……不過，當卡辛完全出於天真態度告訴我說，海德格這個名字，看來在學術界和其他圈子成為了『詛咒之詞』時，令人十分傷痛。我真的無法改變這種情況。」[85]鄂蘭無法不為海德格感到難過，但她無法改變的事實就是，海德格曾有一年時間與納粹黨為伍，同時事實上很多人不願意原諒他。甚至雅斯培，在鄂蘭的努力之下，也不大願意原諒他。鄂蘭在一九五二年前去巴塞爾探望雅斯培，以及一次當她和雅斯培在聖莫里茲（St. Moritz）度假，她又鄭重提到這件事：「可是相當清楚的是，任何我希望能為馬丁做到的事，都無法奏效。再沒有什麼可以做的了。雅斯培只看到壞的一面。又或他只是短暫看到另一面，就是當我在他身邊的時候。我可以做什麼呢？真的什麼也不能做。」[86]

鄂蘭對海德格個人處境的同情是恆久不變的，即使當她對海德格身邊那個圈子愈來愈不信任，而公開把它稱為「另一個（史提芬·）喬治圈子」：「海德格在海德堡的影響力，以我的所見所聞來說，如果不是那麼腦筋混亂的話，就真是災難性的。」[87]她覺得圍繞在海德格身邊的是一群不可靠的頹廢之徒——「唯一像個人的就是他的弟弟」——而海德格也太過受妻子控制。鄂蘭向布呂歇描述海德格的婚姻時，用上了她用來解釋精英如何受暴民吸引的說法：「這是暴民和精英結合的經典例子，……整個故事實在是個悲劇。……當我自己想像一旦他停止了工作，便會無可避免地掉進他周遭那個環境時，那簡直就令我頭暈目眩。」[88]有關海德格家裡的任何事都令鄂蘭感到難過；他的手稿如何亂寫一團，以及他妻子的書跟他的藏書混在一起，尤其令鄂蘭惱火：「在書架上，放著葛楚·柏伊莫（Gertrud Bäumer）的全集！」[89]（柏伊莫是德國婦女運動的領導人物，她所編的一份報刊，納粹黨也不無認同之處）布呂歇對海德格婚姻的評論，用海德格式語句表述出來，把其中的基礎存有學轉化為他生平遭遇的評註：「一個空洞無物的妻子可以如何獨特地摧毀一切：無者自無（*Das Nichts nichtet*）。」[90]

海德格的妻子和海德格圈子中的男性成員都令鄂蘭十分擔心，她從各方面找尋能讓她放心的看法。在法蘭克福和平獎演講前的那個春天，她碰上了一種令她放心的看法，來自她料想不到的地方。邵肯出版社前任編輯馬克斯．史特勞斯的妻子漢娜（Hannah）是筆跡學專家，那是雅斯培也感興趣的一門科學。漢娜在她家裡舉辦私人研討會，鄂蘭一天下午前去參加，帶了一些筆跡樣本。漢娜在分析過班雅明一封信的筆跡後，表示這個人有自毀傾向，令鄂蘭大為震驚。鄂蘭把那封信收回，不想再聽下去，喃喃說道：「不錯，他不久之後自殺了。」然後她遞上海德格筆跡的樣本——不是書信，而是一列書單。漢娜宣稱，這個人令人著迷的是語言，是詞語和它們的本義、它們的詞源；就像鹿特丹的伊拉斯謨斯（Erasmus of Rotterdam），與他筆跡相像；這個人也對自己所投身的事搖擺不定，有時認同某個目標理想，然後又退回自己的世界、自己的工作。漢娜對海德格的哲學熱情和政治事蹟所作的這些準確評估，令鄂蘭十分讚歎，但她還有另一些個人的問題。「他有沒有結婚？」「有，」漢娜回答：「可是婚姻對他來說無關重要。」「他是同性戀嗎？」「不，」漢娜說：「可是男性朋友圈對他來說十分重要。」漢娜並不知道，這兩個簡單的答案，讓鄂蘭對海德格周遭環境兩大方面的擔憂，都獲得了紓解。[91]可是當她的焦慮減輕了，她對海德格的忍耐也隨之消失。

鄂蘭在一九五八年發表了對雅斯培的「頌辭」之後，對海德格的忠誠便開始削弱。她並不介意自己不受知識界賞識，而專注於幫助海德格看清楚「德國變幻不定的氛圍」以及他身邊那些人如何不濟。顯然，海德格對鄂蘭從事的探索沒有多大興趣；當他知道鄂蘭的名聲足以讓她受邀在德國書業大會中演講時，他深感震驚，並對她獲得的公眾認可感到不快。

可是令他最為驚愕的一刻，就是鄂蘭決定讓他直接知道，她是有能力寫作的。多年來她只是讓海德格對她的「慷慨」感到讚歎，如今她寄給他《人的條件》的德文譯本——《行動的生活》。結果引爆了海德格和他那個圈子的一番敵意。「我知道，」鄂蘭向雅斯培解釋：「他無法忍受的是我的名字在公眾眼前出現，以及我能夠寫書等等。一直以來表現在他面前的那個我，實在是有點欺瞞成分，表現得像這一切都不存在，就像我只能從一數到三，唯一例外是我要詮釋他自己的想法的時候，在那方面當他發覺我不僅能數到三，有時甚至數到四，他總是很滿意。但突然之間，這種欺瞞對我來說變得很乏味，而我這樣改變主意也付出了代價，碰了一鼻子灰。有一陣子我真的（對他的反應）很憤怒，但已經過去了。現在我認為我真的要負上點責任，因為我的欺瞞，也因為我突然終止了這場遊戲。」[92] 雅斯培接納了這番坦白而寬宏大量的解釋，但很難相信真的如此：「你對海德格行為的解釋那麼令人驚訝，如果解釋不是來自你這樣一個對他認識很深的人，我實在難以接納。他應該知道你的書的存在好一段時間了，因為所有那些報刊一份接一份的都刊登了書評。唯一新的元素就是他直接從你獲得了這個消息，然後引發了這樣一種反應！最難以置信的事都可能發生。」[93]

鄂蘭沒有向雅斯培解釋，為什麼她要表現得像個不那麼傑出的女性，讓海德格沉溺於這種景況，而又突然對這種欺瞞做法生厭。然而很清楚的是，海德格將她想像成繆思女神，而不是與自己平起平坐的對象，他對她的愛是出於浪漫情懷。鄂蘭也順從著這種意願，而且，她沒有發表對海德格著作的批判性評價。也許她嘗試為他扮演另一種的妻子角色，那是海德格本身的妻子沒有扮演也不能扮演的角色，又或扮演海德格未曾有過的一個戀人；也可能同時扮演這兩種角色。在她看來，在海德格與他周遭的圈子之間提供一種屏障，比起為海德格提供精神上的伴侶更為重要。而對她自己而言，她已經有了這種精神伴侶，就是家裡的布呂歇和在巴塞爾的雅斯培。而她自己也懷抱著一種浪漫情懷，或起碼有范哈根這個浪漫情懷的化身——那是自她年輕時戀上海德格，投入了自己的〈陰影〉以來，就已在孕育的一種情懷。

美國的一項爭議

鄂蘭很少因為個人政治的原因而把自己的看法藏在心底；任何欺瞞，不管是出於什麼善意，都令她感到不自在。當她謹言慎行有所隱藏，往後一定付出重大代價，碰得一鼻子灰。她忍耐的終結，也是困擾的開始，因為她從沉默中不耐煩地走出來，就會很突然地，用她早期在《建構》寫專欄時那種「就是你了」的語氣說話。然而要她發出最辛辣的評語，則只有當別人都對某些議題沉默不語，而沉默的原因是她無法接受的。當她遇上這種情況，就會憤怒地甚或語帶輕蔑地動起筆來。

在麥卡錫時代曾激怒鄂蘭和布呂歇的同一「幫」紐約知識分子，在一九五七年又對鄂蘭迎頭痛擊，展開筆戰。鄂蘭首次公眾爭議的體驗，來自她一篇有關社會融入的文章〈小岩城事件反思〉（Reflections on Little Rock）。就像小說家拉夫．艾利森（Ralph Ellison）在一九六三年指出，這次爭議讓人「預見了艾希曼爆炸性事件的陰霾」[94]——那是鄂蘭《艾希曼耶路撒冷大審紀實》引起的漫長論爭。在兩次事件中，鄂蘭都迎著風浪，懷著深厚感情，背負著未平伏的過去挺身而出。這兩次不耐煩地從她筆下爆發而出的著作，都是基於她對在旋風似的一波事件中無辜無助受害人的同情，卻被視為缺乏同情心，甚至麻木不仁。這兩次她都沒有像在《極權主義的起源》中，經長年醞釀而形成一種悲天憫人情懷。她只是出於對黑人學童的同情，不忍他們面對南方白人的種族仇恨，一如她同情受納粹迫害的猶太人。而她筆下也對黑人父母表現出義憤，因為他們容許自己的孩手背負種族鬥爭的重擔，一如她對跟納粹「合作」的猶太領袖同樣義憤填膺。鄂蘭一邊寫，一邊問自己一個個人問題：我會怎麼做？可是，在這兩件事情上，她提出問題後，答案只有她自己知道。雖然她在寫作之前，出於同情設身處地想像有沒有其他行動方式，可是讀者只看到寫作的結果，沒有看到她在背後問的問題，很多人就會覺得她嚴苛、武斷和傲慢。

鄂蘭發表對小岩城事件的反思時，寫了一則開場白式的聲明，把個人經驗十分尷尬地坦露於公眾眼前，那是她頗不典型的做法，她警告讀者：「由於我所寫的會令一些好心人震驚，並會被一些壞心腸的人濫用，我必須澄清，身為一位猶太人，對於黑人及所有被壓迫和處於弱勢的人，我都義無反顧以同情之心看待他們奮戰的目標，如果讀者也是這樣我就感激不盡。」[95]不管怎樣，這次爭議擴大了，鄂蘭覺得她要把背後的問題放上檯面。她寫了一篇文章回覆批評者，把引導她走向結論的思考過程勾勒出來：「如果我是黑人母親會怎麼做？如果我是南方一個白人母親會怎麼做？」[96]鄂蘭的政治理論就是從這種思考訓練中發展出來，那是嘗試抓住經驗，找出讓立場、判斷和政策得以成立的經驗基礎。但她對小岩城事件的反思，就像後來的《艾希曼耶路撒冷大審紀實》，其中的經驗那麼複雜，又是那樣滿載感情，如果她能先把自我提問和盤托出，讓讀者不光看到她的理論也看到她的內心掙扎，可能可以減少很多誤解。

§

小岩城事件反思所包含的理論架構，是鄂蘭在《人的條件》中詳細發展出來的；在一九五九年鄂蘭把那篇反思文章刊載於《異議》（*Dissent*）之前，這一番理論並不廣為人知。在反思文章中，她簡略地區別了三種人類活動的「空間」——私人的、社會的和政治的，並指出種族歧視出現在這每一種空間中有什麼意義。鄂蘭提醒讀者，「不合憲法的並不是種族隔離的社會習俗，而是它在法律上的執行」。[97]她辯稱，在社會層次上，法律不應該涉入種族歧視。社會上的公平對待是不能用法律來推行的；公平的「根源在於政治實體之中」，也只能在此其中才能推行。在美國，社會群體或社群是「根據職業、收入和族裔來源劃分」，而不是像歐洲國家，「根據階級來源、教育和行為舉止劃分」，因此在本質上或在「社會正義」層面上是歧視性的，不能在法律面前用平等的基本政治原則來規管。鄂蘭甚至進一步認為，社會層面上的歧視，體現於社會群體的區分，是一種重要屏障，可以避免形成「大眾社會」──也就是喪失了所有群體區分和群體利益的社會。「問題不是在於，」她寫道，「怎樣消滅歧視，而是把它限制在社會層面，因為它在這個層面上是合法的；以及在於防止它侵入政治和個人（或私人）層面，因為在這個層面上它是毀滅性的。」或用另一種方式來說：「政府無權干涉社會上的偏見和歧視做法，卻有權並有責任確保，那些做法沒有在法律之下被推行。」

鄂蘭在文章中闡述的這種區別，沒有《人的條件》中的複雜歷史研究做為支持，對她的批評者來說是神祕難明的，而且問題還不在於它怎麼難明，而是在於它引向鄂蘭兩種令人震驚的立場。第一，她辯稱，在私人領域內以法律推行的歧視措施，是最令人無法接受的強制隔離措施：「它所以被施加規限，不是在於（法律面前的）平等，也不是（社會層面的）歧視，而是來自排他性」──它涉及個人的、個體的選擇。鄂蘭嫁給非猶太人，在她原來的國家裡，由於實行反猶的紐倫堡法案（Nuremberg Laws），是絕對於法不容的。而在一九五九年，美國四十九州中仍然有二十九州實施禁止異族通婚的法律，鄂蘭建議這是應該首先採取行動對抗的。「即使是政治權利，像投票權以及幾乎所有其他美國憲法中羅列的權利，相較於《獨立宣言》中所宣示的與生俱來的『生活、自由和追求幸福』的人權，也都是次要的；而家庭和婚姻方面的權利，毫無疑問地屬於這個範疇。」鄂蘭提出黑人在政治上首先應該爭取的，是廢除禁止異族通婚的法律，這讓她的讀者覺得是錯誤或完全不切實際的。

鄂蘭第二項建議同樣不合乎正統。她覺得公立學校不是聯邦政府採取干預行動的合適焦點，因為其中有三個領域交纏在一起。首先，學校包含了養育子女時認為什麼是合適條件的個人權利，然後又包含了選擇與誰交往的社會權利，最後還包含了政府「讓兒童為未來的公民責任作好準備的政治權利」。義務教育對家長的個人和社會權利有所限制，但它並不表示家長不能決定子女就讀哪所學校或選擇怎樣的社會組成的學校。鄂蘭認為像交通等公共服務是採取反歧視行動明確且合適的焦點，她卻對學校基於反歧視而實施強制整合提出警告，認為會讓兒童置身家庭和學校間的衝突之中而混淆不堪。這樣的一種衝突，「發生在家庭偏見與學校的要求之間，令教師與家長的權威一筆勾銷，取而代之的是兒童受到公眾意見支配，可是兒童既沒有能力也沒有權利去建立他們自己的公眾意見。」鄂蘭認為兒童成為學校統合的前衛行動承擔者，是廢棄了家長的責任：「我們是否到了那麼一個地步，要求兒童來改變或改善這個世界？」

這兩種立場已肯定足以引起爭議了，但鄂蘭屬於政治領域的第三項論點，才真的讓她贏得保守主義巨頭的名聲。自由派人士聲稱，在此事件上引用州權，只不過是阻撓統合的「南部諸州詭計」，鄂蘭卻指稱這是短視看法。「自由派人士未能了解，從權力的本質來說，聯邦權力所仰賴的地區性基礎被摧毀，聯邦整體潛在權力就會受損。……在這個國家裡，州權是其中一種最正當的權力來源，不僅對促進地區利益和多元性是這樣，對共和國整體來說也一樣。」對鄂蘭的很多自由派讀者來說，這聽起來就像共和黨黨代表大會的演說。

不過，鄂蘭論小岩城事件的文章，原初是猶太人雜誌《社評》邀稿的，裡面反映的是她的猶太人性格，多過於任何保守主義。她有關「被遺棄者」和「新貴」的概念，雖然在文中沒有提到，卻主導著文章的思路。在《生活》（*Life*）雜誌報導小岩城暴力衝突的一張照片中，鄂蘭看到一個黑人女孩從她就讀的新近整合的學校，由她父親的一個白人朋友護送回家；女孩後面看到一群「白人小孩暴徒」，他們面容扭曲，他們的侮辱言詞，抑或他們的「公眾意見」，呼之欲出。對鄂蘭來說，顯然「這個女孩被要求成為一個英雄——她不在場的父親，以及同樣不在場的全國有色人種協進會（NAACP）的代表，都沒有覺得自己要扮演這個角色。」那個「不在場的父親」，做了任何一個家長都不該做的事：他要求孩子前去她不要去的地方，表現得像一個「新貴」，把教育當作提升社會地位的手段。這個孩子沒有獲得「尊嚴上的徹底保護」，就像瑪莎很忠於良心地曾為女兒提供的保護：她教導鄂蘭，要是碰上了人家不歡迎她的社會處境，就可以離開並回家。

鄂蘭擔心這個黑人小孩會發展出一種所謂「猶太人情結」，包括對非猶太人的恐懼、自卑意識以及誇張的內省式感情；這是鄂蘭在巴黎為青年遷徙組織工作時嘗試向家長解釋的一種心理狀況。「心理上來說，碰上不受歡迎的處境（一種典型的社會困境）比起公然的迫害（一種政治困境）更難以忍受，因為涉及個人自尊。談到自尊，我並不是說什麼身為一個黑人，或身為一個猶太人或盎格魯撒克遜信奉新教的白人等等而感到自豪，而是那種不用經過教育而自然形成的身分認同，就只基於與出生相關的偶然因素而來的。這種自尊不能比較，也沒有所謂孰優孰劣。」[98]鄂蘭在黑人為融入而掙扎的過程中，看到了猶太人同化過程中所有同樣的困境。她希望看到的是，黑人能夠領悟到政治並不是白人的專利；面對白人的支配地位，他們所作的反應不該在社會層面，而該在政治方面；透過行動，立基於他們因出生狀況而形成的條件，他們應該創造新的開端。鄂蘭指出，自尊「之所以失落，其實不那麼在於迫害，而是更在於推推撞撞，或在被他人推動下自己擠擠推推的從某一群人進入另一群人。如果我是一個南方的母親，我會覺得最高法院的判決儘管並無此意，卻是無可避免地把我的孩子置於一個比之前受更大羞辱的境地。」[99]她覺得，採取「新貴」行為所付出的代價，不是什麼新東西，而是舊有的壓迫內化成一種心理壓迫。

鄂蘭提倡政治行動，但基於她對反猶主義和德國猶太人歷史的了解，她也假定了即使達到政治平等，也可能是有問題的。德國那些「不尋常的猶太人」，基於他們的不尋常特質而取得了社會上的接納，他們知道，政治解放會消除他們既有的社會差異，讓這些不尋常的人跟他們「落伍的」同胞所共有的身分暴露出來——他們無可抹滅的猶太人本質。鄂蘭擔心，黑人每前進一步，把他們區別開來的那種自然的、體格上的差異就益發成為白人痛恨的焦點。她又擔心，基於一種烏托邦想法，認為透過「以未來精神來教育孩子」就可以改變世界，只會令仇恨增強，造成「沒有必要的怨恨」。她又急於補充：「察覺到未來的困擾，並不就是要我們逆轉十五年來對黑人大有益處的這種目前趨勢。但它卻是要我們堅持，政府的干預應該謹慎節制，而不是由不耐煩、輕率的措施來引導。

鄂蘭並不認為廢除禁止異族通婚的法律是有欠謹慎的，雖然研究人員像貢納爾・默達爾（Gunnar Myrdal）和《美國的困境：黑人問題與現代民主》（*An American Dilemma: The Negro Problem and Modern Democracy*）一書的其他共同作者指稱，南方白人對各種問題的「憎恨程度」，高居首位的正是異族通婚，遠遠高於學校融合問題。鄂蘭認為有關黑人的「真正議題」就是法律面前的平等，因此這種平等的欠缺應該是行動的焦點。自由派人士傾向於提出實際性和可行性等問題，辯稱白人對異族通婚的抗拒會使得廢除相關法律不切實際。鄂蘭認為，這就無異於湯瑪斯・傑佛遜（Thomas Jefferson）面對奴隸制度的罪行，而辯稱對抗這制度不切實際。「構成這個國家歷史中的原罪的，並不是歧視或社會隔離，而是立基於種族的立法。」鄂蘭強調，當像膚色這樣一種身體差異成為仇恨的焦點，它的危險性不容忽視，因為她了解到立基於種族的系統性的、偽科學的意識形態，跟一般的種族偏見或她在《極權主義的起源》中所說的「種族思想」是不一樣的事。她擔心有欠周詳考量的融合計畫，會引發白人的暴力，而這樣的暴力可能進一步造成全面性的種族意識形態合理化。

§

鄂蘭有關小岩城事件反思的文章在一九五九年冬天發表，在此之前一年多就已開始引起爭議。它是在一九五七年十月由《社評》雜誌編輯邀稿的，那是美國重建時期（Reconstruction Era）以來國會首次通過民權法案之後一個月。當鄂蘭正在寫這篇文章時，小岩城中央中學（Little Rock Central High School）正由國民警衛隊和第一〇一空降師的空降部隊占領，那是九月時暴力衝突的爆發地點。當十一月她把文章寫完時，軍隊正慢慢撤退。阿肯色州州長歐佛爾・福布斯（Orval Faubus）也從現場撤離，準備應付將在法庭展開的另一戰線。

當《社評》的編輯收到鄂蘭的文章，他們的困惑和敵意，就像先前的編輯面對〈再談錫安主義〉一樣。鄂蘭獲告知《社評》辦公室中引起的辯論，她提出把文章收回。但編輯拒絕她十一月二十三日提出的收回建議，取而代之，他們邀請西德尼・賀克寫一篇回應文章，在雜誌同一期刊出。鄂蘭的文章和賀克的回應都排好了校樣，他們也把賀克的回應傳了一份給鄂蘭請她再作回應。但這樣的程序沒有讓編輯之間的爭端平息下來；他們先是把重新安排在一九五八年二月刊出的日期再度延後，然後告訴鄂蘭他們正猶豫是否兩篇文章都不登算了。鄂蘭在二月一日寫了一封憤怒的信，要把文章收回並表達她的憤慨：她說，文章出版延宕使得紐約文化界很多街談巷議一湧而出，防礙「讀者閱讀並提出他們本身的見解」，也剝奪了她作出「任何充分辯護」的權利。她總結說：「爭議性話題只有在相關各方誠意無疑的氣氛之下才能得以辯論。」相當清楚地表明了對眾編輯誠意的懷疑。[100]

經過長時間的抱恙後艾里歐．柯恩重返《社評》雜誌主理編務，然而對自己並無自信，也無法對相關編輯部同事行使自己的權力——無法駕馭鄂蘭統稱為「葛林堡兄弟」的馬丁和克里蒙特。柯恩的年輕助手諾曼．普德賀雷茲認為上司拒絕刊登鄂蘭文章的決定是不對的，但對他統稱為「老板」的葛林堡兄弟也無可奈何。普德賀雷茲在一九六七年的回憶錄《有志竟成》中坦承，鄂蘭這篇文章被認為「爭議性太大」，[101]但這是遲來的告白：在此十年之前賀克曾公開聲稱，鄂蘭之所以撤稿是因為害怕他的批評，而《社評》對這種說法始終沒有否定。

鄂蘭撤稿之後，打算不把文章發表了，希望引發這篇文章的情況事過境遷。但在一九五八年六月，州長福布斯的法律抗爭展開了：小岩城教育局準備把聯邦政府下令推行的融合計畫延後兩年半實施。延後措施被最高法院頒令遏止，但福布斯利用這個讓爭議重新爆發的機會，對學校是否實施種族融合政策舉行一次全州公投，並操縱公投結果，然後把阿肯色州的公立學校交由一個誓言維持隔離政策的民營機構管理。結果導致州內的黑人學校關閉，而白人學校在該機構的不善管理之下亂成一團。這些發展令鄂蘭相信，她對政府強制推行融合政策抱持懷疑態度並非一種誤判，她因此接納《異議》邀稿把文章交給該雜誌發表。[102]雜誌的一九五九年冬季號，除了刊登鄂蘭的文章，還有她在文章前面附加的簡單說明，另有兩篇評論性回應，再加上賀克的憤怒投書。

賀克之所以勃然大怒，是因為鄂蘭在簡單說明裡從他原來對鄂蘭文章所寫的回應引述了幾句話。那篇回應文章早於一九五八年四月十三日刊載於《新領袖》雜誌，但賀克指責鄂蘭所引錄的文字並非來自該雜誌，而是取自《社評》的校樣。賀克這個小動作，就是要趁機證明鄂蘭「看到了我的批判性回應之後」就從《社評》撤稿。雖然他也認定《社評》雜誌有所說的「編輯上的……一些困難」，但他的目的在於指斥鄂蘭從他的批評退縮，同時對她這個「向美國人在精神準則上訓話的人」提出人格上的質疑。[103]

鄂蘭在這次事件上面對的《社評》雜誌編輯態度、賀克的誹謗性指控，還有《異議》其中一位批評者的不友善觀點，都令她感到震驚。那位批評者是普林斯頓大學教授梅爾溫・屠敏（Melvin Tumin），他寫了一篇針對「A.小姐」的滔滔不絕的長文，跟彬彬有禮的表現相去甚遠。鄂蘭在回應中表示：「屠敏先生透過他在這篇反駁文章中的語調，表明他把自己排除在討論或談論的範圍之外。」[104]鄂蘭初到紐約時很欣賞美國知識分子的開放胸襟，但在麥卡錫時期她懷疑這種胸襟變得罕有了；從〈小岩城事件反思〉所招來的不友善反應，令鄂蘭這種懷疑態度短暫成為了固定想法。

但在她自己選擇的這個新國家裡，鄂蘭始終沒有對其形成最終的固定想法。當她這篇反思文章贏得了一九五九年遠見基金會（Longview Foundation）小型雜誌傑出文章獎，她對美國知識分子生活圈中表達異議批評的空間，又再次感到訝異。她寫信給雅斯培談到這個有三百美元獎金的獎項，又跟他分享報紙上另一個出人意表的得獎故事，那是一個黑人女學童談到種族暴力對年輕人的影響，對她造成的震撼力就有如小岩城事件一樣。「〔我的〕這個獎項，」她訝異地說：「在這個國家來說實在是典型的。紐約的學校給高年級學生一個作文題目：談論該怎樣懲罰希特勒。一個黑人女學童建議：他應該披上黑皮膚，被迫在美國生活。她因此贏得了第一名，獲得了大學四年獎學金！」[105]

§

雖然小岩城事件反思的文章受到很多人猛烈攻擊，其中大部分是自由派人士，但鄂蘭只認同了其中一位批評者的觀點，他就是拉夫．艾利森。艾利森在一九六三年回應厄文．豪在《異議》雜誌發表的〈黑人孩子與土生孩子〉一文，其中引述了鄂蘭的文章。艾利森認為，鄂蘭那種「奧林匹亞諸神權威」的腔調，是會令人產生疏離感的；他體會到，鄂蘭這種腔調，在很大程度上造成了批評者的強烈反應。[106]但鄂蘭回應的不是這方面批評。在一九六五年出版的文集《誰為黑人說話？》（*Who Speaks for the Negro?*）中，艾利森接受了羅伯特．潘．華倫（Robert Penn Warren）的訪問，他對融合抗爭中黑人家長的態度提出了一種解釋，令鄂蘭覺得很有說服力。當華倫請他詳細描述一下「黑人抗爭中的基本英雄主義」時，艾利森就指出，黑人就是「那樣的一種人：他們必須在沒有獲得承認、沒有真正地位的情況下活在一個社會裡，但他們卻投身於這個社會的理想中，嘗試走出他們的路，嘗試決定他們的真正地位，和他們在其中應有的地位。」[107]

這樣的人，較諸那些理所當然地在社會上擁有地位的人，對於社會的眞正本質，以及對社會價值觀的眞正特質，都能夠有更多了解。他們也許不能把所理解的哲學性地表述出來，卻能夠實踐出來。……我相信，談到了黑人的經驗有什麼意義，其中一項重要線索，就在於以犧牲做爲一個「理想」。漢娜．鄂蘭未能掌握南方黑人這個理想的重要性，使她在〈小岩城事件反思〉中偏離了正軌，從而指責黑人家長在學校融合抗爭中剝削他們的子女。她完全無法理解，當黑人家長讓孩子穿過那群充滿敵意的人往前邁進時，他們腦子裡想的是什麼。可是家長是發覺到這樣的事件實際上對孩子來說，彷彿是一種具啓迪作用的禮儀而帶來弦外之音，讓孩子在毫無神祕感蔽障的情形下，面對社會生活中的可怕情景。在很多這些家長的展望中（當然他們寧可本來沒有這樣的問題），孩子預期要面對恐怖情景，控制自己的恐懼和憤怒，就因爲自己是一個美國黑人。因此他要掌控由於他的種族處境而造成的內在張力；如果他受到傷害，那就是更進一步的犧牲。這是很嚴苛的要求，可是如果不通過這種基本考驗，人生就會更爲嚴酷。

鄂蘭寫了一封信給艾利森，信中承認：「我正是不能理解這種犧牲的理想。」當她「抓住了這個處境中體現為赤裸暴力和基本軀體性恐懼的那種元素」，[108]她就放棄了原來的判斷，不再認為黑人家長要求子女表現出「新貴」社會行為。那些黑人兒童跟鄂蘭青少年時期的猶太兒童不一樣，他們不是被硬生生地推擠到自身不獲接納的群體中；黑人兒童是透過「水深火熱的嚴峻考驗」，而從眼前的殘酷現實中獲得啟迪。

像所有的美國報紙讀者和電視觀眾，鄂蘭對美國南方以至北方黑人生活中的「赤裸暴力」，獲得了很多體會。在鄂蘭寫信給艾利森的那個春天之前，馬丁路德金恩（Martin Luther King）就已經領導了那次萬眾矚目的從塞爾瑪（Selma）到蒙哥馬利（Montgomery）的遊行；而在前一年的一九六四年，多個北方城市都爆發了暴亂：三個在北方城市的學生——包括在一九四一年簽署鄂蘭移民文件的猶太法官的兒子——在密西西比州一次選民登記運動中被殺害。

雖然艾利森以鄂蘭能夠理解的說法作出論辯，令她修正了原初的觀點，但鄂蘭仍然相信，教育不應該是唯一甚或最重要的促成社會和政治轉變的管道。為了詳細論述這個觀點，她寫了〈教育的危機〉（Crisis in Education）一文，做為〈小岩城事件反思〉的後續。就像亞里斯多德《政治學》（*Politics*）的第一卷，這篇文章所關注的是成年人與成年人，以及成年人與兒童之間的權威關係。鄂蘭指斥美國的激進教育取向人為地剝奪了兒童在學校中原有的受保護的、涉入政治以前的時間和空間，摧毀了教師應可施行於學生身上的自然權威，迫使兒童表現得像縮小了的成年人一樣，要有自己的觀點。她呼籲成年人不要放棄讓兒童保有兒童身分的責任，不要剝奪兒童在完全成長之前的一段受保護的時間，讓他們能安然處身於世。「我們的希望總是寄託在每個世代的新一代人；但正因為我們唯一的希望寄託在此，如果我們嘗試控制這新一代人，以致我們這些老一代的能夠決定他們成為怎麼模樣，我們就把一切都摧毀了。正是為了每個孩子新的、革命性的一面，教育必須是保守的。」[109] 鄂蘭嚴守這項原則，在自己的政治行動上也謹遵不誤。好幾年之後，當終結越戰學生動員委員會（Student Mobilization Committee to End the War in Vietnam）的一個分支請她捐錢支持時，她答應了，但在讀過了他們的小冊子之後改變主意：「我們在電話上談的時候，」她跟委員會的募款者說：「我沒有察覺到你們打算讓中學生參與；我很抱歉告訴你們，我不會為此捐出一分錢，因為我對於在政治問題上動員兒童的適當性無法認同。」[110]她的基本原則就是政治參與只能從「十八到八十歲」，也只在上限處容許有點彈性。

跟鄂蘭很多其他情況一樣，她的保守主義主張，是為了讓革命性原動力得以保留。那些所謂的革命分子，為了確保他們的革命能行之久遠，便透過教育產生一批被灌輸了教條的、失去自然動力的年輕人：「要讓新一代人為一個新世界作好準備，這就只能表示期待新來者有機會自行獲得新發現。」[111]教育工作者應該引導兒童面向世界，給予他們了解世界準確而不偏頗的工具，好讓兒童在邁於成熟之後，能理智地在世界上展開行動。當她在一九六九年撰寫〈對暴力的反思〉（Reflections on Violence）一文，鄂蘭慨歎那些沒有被好好教導怎樣「做數學演算和寫作正確句子」的黑人兒童，卻被鼓勵去探討他們的美國黑人身分。雖然她同意艾利森所說的，對於那些身為赤裸暴力和仇恨受害者並且無家可歸的兒童來說，犧牲和英雄主義的理想可能是必需的，但她認為這種理想跟學習非洲的斯華西里文（Swahili）或培養一種隔離主義的意識形態，都是頗有分別的一回事。她期待其他人的孩子也能獲得她自己曾經獲取的：接受良好教育的一段時光，然後才是人生中像「猶太問題」這樣的個人遭遇，以及做為猶太人而不得不投入政治的抉擇。

愛這個世界

鄂蘭在撰寫〈小岩城事件反思〉和〈教育的危機〉等針對特定議題的文章時，採用了《人的條件》所闡釋的複雜分析架構，但她很少停下來複述這個架構的主要元素。她這種欠缺耐性的做法令誤解很容易出現，她也往往被視為一個冰冷而抽象的思想家，而事實上她卻致力追求一定的具體性。她把她的哲學思考方法稱為「概念分析」，而她的任務就是找出「概念從何而來」。藉著文獻學或語言學分析的幫助，她把政治概念的源頭追溯到具體歷史事件或一般政治經驗。然後她就能夠量度，一個概念跟它的源頭偏離了多遠，並追尋各種概念如何隨著時間流逝而產生交互關係，也揭示語言和概念上產生的混淆。換句話說，她在實踐一種現象學。

在《人的條件》中，鄂蘭的現象學探索有三方面的說法：她談到的條件，分別關乎人的存在、人的活動和這些活動進行的空間。人的存在條件包括：生命本身、新生和必朽性、與他人並存、活於世上以及生存於地球上。也就是說人經歷誕生、活著、死亡；個人進入眾人的群體，與他人一起生活，然後離眾人而去；他們活在地球上，生活在透過人類活動而在地球上形成的世界。所有這些條件都可連繫到構成「行動的生活」的人類活動：勞動、工作和行動；但特定的存在條件跟特定的活動直接對應。生命這個條件跟勞動這種活動對應：它是人類軀體的生物性程序，包括成長、代謝、朽壞，而受制於「由勞動產生並注入生命的存活要素」。活於世上這種條件，跟工作對應。人類在地球上打造出一個世界，而這個世界每一種能夠存續的工作產物，就成為了活於世上這種人的條件的一部分。與他人並存這種條件跟人類行動對應；除非有多於一人存在，否則就沒有所謂行動，沒有政治生活。而最終來說：

這三個活動以及和它們對應的條件，都和最普遍的人類存在條件息息相關：誕生和死亡，新生和必朽性。勞動不僅保障個人的存活，也維繫了種屬的生命。工作及其產物，人造物，則是為凡人生命的虛度以及人類時間的稍縱即逝賦予了一種恆久性和耐久性。至於行動，由於它致力於開創且保存各種政治體，而創造了回憶或即歷史的條件。勞動、工作，乃至於行動，也都植基於新生，因為它們的任務是基於預知和猜想，為了如陌生人一般誕生到世界來的新生兒提供且和保存這個世界。然而，這三者當中，行動和人的誕生條件關係最緊密；世界之所以會感覺到內在於誕生裡的新的開始，那是因為新生兒擁有重新開創某些事物的能力，也就是行動。112

人類可以在孤獨處境中從事勞動和工作，但這樣做的話，就是沒有實現具體的人類特質；他們就像勞動的野獸或一個一個的造物主。另一方面，人類不能單獨行動。與他人並存是行動的必要條件。行動有賴乎他人的持續存在，它需要一種公共空間。公共空間跟私人空間不一樣；用古希臘的話來說，公民群體（*polis*）跟一家人（household）是不一樣的——家庭是透過勞動和工作而滿足人類物質需要的地方。對古希臘人來說，在家庭的領域裡，生活上的必需支配一切；反之，公民群體的領域則是自由的天地。

鄂蘭分析框架的這三大項目——條件、活動和空間，是人類經驗恆常存在的元素。但在不同歷史時期，這些項目以不同方式連結起來，而人類對這些項目的概念也因連結關係的不同而有差異。比方說，對於勞動、工作和行動的評價和位階，古希臘人和中古時期的基督徒有不同看法。對古希臘人來說行動的位階最高，但對中古基督徒來說卻比不上工作；而勞動則始終屬於最低位階。到了現代，勞動卻被認為比工作和行動都更有價值；在我們這個時代，工匠人被勞動動物所凌駕。這些轉變跟活動空間的轉變可以連繫起來。對古希臘人和古羅馬人都具根本意義的公共空間和私人空間的分野，幾乎被時代淘汰了。在這兩個領域之間產生了一種混合體，鄂蘭稱之為「社會」空間，它漸漸獲得統御地位。社會空間其實也是一種家庭式空間，但經大幅擴張，以至包含整個國家：國家的管理變得像一個大家庭的管理，國家的人民就像一個龐大的家族；以往由小規模家庭群體處理的社會和經濟事務，如今成為了國家官僚的處理對象。家庭的擴大表示公共空間的縮小，也就是自由空間的萎縮。而所有被認為是「私人」的就都集中在個人身上，成為了主觀經驗，或鄂蘭所說的「私密」經驗。

當人類活動和空間的這些巨大轉移正在發生的時候，人類存在的各種條件——生命本身、新生與必朽性、與他人並存、活於世上以及生存於地球上——卻相對維持不變。但到了最近，人類開始離開地球，往外太空進發。他們開始把所有人類創造物變成消費品，活在一個摧毀事物與世界相互依存關係的社會。而與他人共存的關係，在大眾社會或循規蹈矩的社會裡，變得沒那麼顯著；人的獨特性，變成了不過是個性上的「私人」或主觀事情。新生和必朽性依然是人類經驗的界限，但現代科學也開始介入大自然，抑或像鄂蘭所說的，扮演自然程序的啟動者。在鄂蘭寫作《人的條件》的時候，「介入自然」就是原子的分裂；如今則是去氧核糖核酸（DNA）的合成、試管繁殖和複製、精子冷藏、器官移植和人工延長生命。現代世界最特異之處在於，人類存在的條件，也就是鄂蘭分析框架三大項目中最恆常不變的項目，卻變成了人類行動和可能施加控制的對象。

《極權主義的起源》並不是歷史著作，而是各種元素如何「結晶」成為極權主義的歷史性描述。同樣地，《人的條件》也不是人類活動或「行動的生活」的歷史，而是各種元素如何組合而成「行動的生活」的歷史描述。這本書的概貌描述到這裡，尚欠缺的，顯而易見，就是提出這種解說的觀點。這本書開頭還提到另一種的區別：從傳統的思路把「行動的生活」跟「沉思的生活」（*vita contemplativa*）區別開來。而這些不同人生態度的傳統階位也羅列了出來：「沉思的生活」被認為是更高階、更重要、與神性更為接近的。對希臘人來說，「行動的生活」主要就是政治生活，或行動實踐的生活。勞動和工作跟生活的必需連繫起來，為人類提供物質上的需要，而行動或實踐（*praxis*）則讓公民群體得以成立和維持。在基督教盛行時代，也就是在聖奧思定之後，行動的生活「喪失了它的特定政治涵義，而泛指所有主動涉入世間事物的活動」，而行動本身被認為是「活於大地之上必須要做的事」。自由的唯一領域，就是出世的沉思冥想天地；沉思的生活成為了唯一真正自由的生活方式。這種來自基督教的評價，跟古希臘的看法並沒有根本上的不同；柏拉圖和亞里斯多德也看重哲學家能擺脫政治瓜葛的自由，但他們仍然秉持傳統希臘看法對行動的生活之所謂活動的理解。而超脫於行動的生活的潛在自由，他們也認為只有哲學家才具備，不是人皆有之。

這兩種人生態度的傳統位階，正是鄂蘭探究「行動的生活」之前要先加以考量的：「我的抗辯只是在於，沉思在傳統位階裡舉足輕重的地位，已經模糊了『行動的生活』本身裡頭的種種區分和關聯；而雖然只是個表象，這個情況已經隨著現代和傳統的決裂以及馬克思和尼采翻轉其位階品秩而徹底改變了。而概念架構是否或多或少完好如初，則是取決於哲學體系或當時認同的價值著名的『顛覆』的本質，以及操作本身的性質。」[113]除了追溯活動和空間相對於存在條件的大幅轉移，鄂蘭也追溯了沉思的生活和行動的生活在現代所發生的位階上的顛倒，她的結論就是，儘管行動的生活的位階已提升到沉思的生活之上，對它的分析卻仍然是從沉思方面著眼，也就是從活動以外審察。

對人類活動種類的沉思式概念，跟這些活動的先決條件和這些活動所發生的空間，都是有所隔閡的，那些概念遺棄了經驗上的根源。哲學家跟世界有隔閡，他們的概念也因此跟生存在世的經驗有隔閡。人類事務的現象，在沉思式看法中不能夠引起「驚奇」（*thaumadzein*），而在鄂蘭看來，這正是政治哲學的基本條件。

鄂蘭在《人的條件》中對沉思的批判，反映了她過去十年來的質疑。她不願意自稱為哲學家，因為在她看來，哲學對政治的一般態度很值得批判。但她是以改革者的身分，對沉思的態度提出哲學上的質疑。最簡單地說，鄂蘭的問題就是：我們應該怎樣認真地對待政治事件或政治領域。用詞簡單，問題卻殊不簡單。鄂蘭相信，西方的哲學家，從蘇格拉底受審被處死後直至十九世紀，所關心的更多是在於哲學活動怎樣在遭受政治領域最小干擾的情況下持續下去。當然，在西方哲學傳統中，沒有偉大的哲學家棄政治於不顧，但他們對政治的理會，並不表示他們相信政治是能產生真正哲學問題的領域。政治領域的控管，所根據的規律應該來自別處，要憑「更高層」的智慧來接觸，不能倚賴實踐式智慧。雖然十九世紀提出歷史觀的哲學家，像黑格爾和他的追隨者，以一種新的認真態度看待政治事務，他們卻認定個人行動是一種普遍歷史過程的組成部分，而歷史過程所揭示的真理是超越政治領域的。從這種傳統而來的啟示就是：哲學家就是黑格爾所說的，能透過絕對者（the Absolute）或超越者（the Transcendent）的模式來思考的人。

一九五〇年代初，鄂蘭開始形成一種新的政治科學的願景，因為當時世界的政治事件，像世界大戰、極權主義和原子彈的使用，迫使哲學家認真看待。「一個新的世界需要一種新的政治科學，」托克維爾在《民主在美國》（*Democracy in America*）中說道；而隨著日子每十年十年的過去，這種科學的迫切需要和潛在範圍，也一直在增長。十九世紀產生的不是新的政治科學，而是一種新的歷史概念，鄂蘭覺得歸根究柢，這仍是從上方的另一層次來看待政治領域。看著歷史執行者在這場必然如此的大戲中扮演他們的角色，正好是忽略了具中心地位的人類政治能力，也就是人的行動，是啟動新事物的能力，它的結果是不能預測的。「近代世界每次有個理由期盼一個新的政治哲學時，它總是得到一個歷史哲學。」[114]

鄂蘭發覺十九世紀政治哲學中最不祥的預兆，就是出現了一種政治性而非超越性的歷史目標觀念。創造歷史的不是絕對者，而是人類；其將歷史看成一種理想，例如一個沒有階級的社會。黑格爾哲學系統中的手段與目標等範疇，變成了政治性範疇，為二十世紀一些最可怕的做法提供了理論上的正當性。對於有人用成語為這辯解，說「不把雞蛋打破就做不成煎蛋餅」（意謂有得必有失，世事就是這樣），鄂蘭解釋，他們未能體會到，就像藍道．賈雷爾所說的，雞蛋沒被徵詢過是否同意，同時廚師也弄得一團糟。而且，革命也不是煎蛋餅。

在第二次世界大戰之前，歐洲哲學開始從根源上擺脫黑格爾，那是追隨著黑格爾的十九世紀批判者像尼采等人的步伐。海德格在《存有與時間》試圖對與他人共存的日常生活開展現象學探索，其中顯示的是「歷史事實性」，而不是歷史所體現的絕對者。可是在鄂蘭看來，一種新的政治科學首先要肯定人的行動；那是新事物的開端，是不能預測的，因此不能是人從既有東西做出來，也不是由至高的存在者所創造。當新事物的產生者被認真看待，接下來的問題就是：什麼是政治？政治行動的條件是什麼？政治行動的原則是什麼？什麼是自由？

當鄂蘭批判黑格爾的歷史觀，以及比較沒那麼尖銳地批判海德格的「歷史事實性」，她求助於西方哲學傳統中黑格爾之前的一位思想家，認為他對政治具備認真看法：康德。她這次哲學探索的合作伙伴是康德的現代門徒——雅斯培，他跟鄂蘭一樣對哲學傳統上的盲點表示關切。鄂蘭覺得康德的道德哲學基本上是政治性的：他考慮到由所有人，而不光是政治家或哲君（philosopher-king）來充當立法者和法官。統治者和被統治者、具認知的少數和不具認知的多數，對康德來說都不是理所當然的，反觀這對黑格爾和海德格來說卻是必然如此。康德關切人類的共存性，也就是說我們不是單獨一人，而是很多各不相同的人共存。

鄂蘭在發展她的新的政治科學時，康德這些概念變得愈來愈重要。但最初當她還在寫作《極權主義的起源》時，康德對政治的關注最令她印象深刻的是，康德面對世界上邪惡的存在，嘗試作出的應對不是謀求改善之道，也不是尋求與邪惡和解之道。她在《極權主義的起源》中接納了康德有關「根本之惡」的概念，當她在一九六一到一九六三年間撰寫《艾希曼耶路撒冷大審紀實》，就用上了這個概念，因為這看來是來自西方傳統的對政治邪惡的一種認真應對方式。[115]

把人看作行動者而審視人類行動的各種條件，同時又不忽視具創製力的人類在行動上的偏失可能造成邪惡，這就是鄂蘭的新的政治科學的中心任務。在《極權主義的起源》之後，接續而來的三部著作中，包括《人的條件》、《過去與未來之間》和《論革命》，她在多種不同背景下展開這些任務，而始終帶著同一信念：古代人認定為哲學起源的那種提出問題的衝動，要直接瞄準人類事務的範疇，那就是「行動的生活」。她如何認真看待這個信念，可見於她提出的書名：英文版稱為

《人的條件》的這部著作，歐洲版本所用的書名就是《行動的生活》。為了表明她否定「對世界沉思」（*contemptus mundi*）的哲學傳統，鄂蘭還考慮把這部著作稱為《愛這個世界》（*Amor mundi*）。

§

尋求一種新的政治科學，做為傳統沉思哲學以外的出路，鄂蘭肯定不是唯一走在這條路上的人。但大部分一九五〇年代末的美國理論家，都用很不一樣的方式把他們的努力呈現出來：他們在社會學家丹尼爾·貝爾（Daniel Bell）聲稱「意識形態終結」[116]的這一刻，紛紛尋找知識分子的新角色。那些認為美國知識分子在太長一段時間裡陷入無能為力狀態的人，把各個時代的知識分子檢視一番，遍及啟蒙時期的人文學者、法國和俄國的革命分子、科學家、左翼作家和被遺棄的知識分子等。在經過一番質疑後，知識分子紛紛轉換跑道：在約翰·甘迺迪（John Kennedy）總統的「新疆界」（New Frontier）政策推行早期為政府效力的知識分子，比羅斯福新政期間要來得多。

鄂蘭認為，知識分子的這種轉向對他們和國家來說都不是好事。「在今天，教授是有分量的人而不是無名之輩，」她在一九六〇年代初對一位訪問者說。但她認為，這表示這些知識分子更容易遭受金錢和社會的腐敗力量影響，而陷入新貴心態，流於附庸風雅。「我個人認為對知識分子來說真正的貧窮和這種〔新近的〕富裕同樣是壞事。他們所需要的，是合理程度的安穩；他們不應該真正的貧窮也不應該真正的富有，因為兩者都令人分心。……知識分子既然成為了一個階級，自然就成為附庸風雅的人。我不是說他們全都這樣。當然不是。但如果他們除了是知識分子以外就什麼都不是（也就是說他們由自身的功能來界定），他們就不過是附庸風雅的人。要不然他們還可以是什麼呢？他們只不過跟其他所有人一樣是社會一分子，他們的表現也不外如是。」[117]

亨利．季辛吉在一九六一年一篇膾炙人口的文章中談到「政策制訂者和知識分子」的關係，在美國的大學掀起辯論，這時候鄂蘭就把她的質疑在更一般層面上進一步討論。她在一九五八年完成了《人的條件》之後，曾考慮寫一本名為「政治學導論」的書。這本書始終沒有寫成，但這個構想還是實現了（儘管不是全都實現），結果就是《過去與未來之間》論文集。鄂蘭向洛克菲勒基金會（Rockefeller Foundation）申請研究獎助金時，在意向書寫道：

它會在〔《人的條件》〕結束之處接續下去。從人類活動方面來說，它所涉及的只在於行動與思想。這本書有兩方面目的：第一，對政治思考的主要傳統概念和概念框架進行批判性的重新檢視——例如手段和目的、權威、政府、權力、法律、戰爭等。所謂批判，並不表示「揭破其中的虛假」。我會嘗試探索這些概念從何而來，以至它們最終破敗或淪爲抽象的泛泛之談。因此我們審視塑造這些政治概念的具體歷史經驗和一般政治經驗。因爲即使最爲殘破不堪的概念背後的實際經驗，仍然是有效的，是我們必須重新掌握並加以還原的經驗；只有這樣，我們才可望避免某些被證實爲有害的概括理論。[118]

「政治學導論」第二部分，則是要對政治領域和其中的人類行動提供系統研究。「這裡我關心的主要是人類共存的各種模式和跟它們對應的各種典章制度。換句話說，我會對政府形式這個老問題重新檢視一番，研究它們的原則和它們讓人共處的模式：也就是跟其他人以及跟彼此平等的人共處，由此而產生行動；還有個人與自我的共處，由此而產生思想活動。因此，本書結尾應該會討論到行動和思想的關係，抑或政治與哲學的關係。」

《過去與未來之間》沒有完全實現的，是「政治學導論」第二部分的目的。鄂蘭在幾個演講中，可能為行動與思想的關係，或政治與哲學的關係，提供了討論基礎，可是沒有把這些材料集合起來加進《過去與未來之間》。後來，當她剛寫完《論革命》，艾希曼在耶路撒冷的大審便開始了，她的注意力轉移到具體歷史經驗，而這些經驗最後令她重新考慮了根本之惡的問題。直到一九六〇年代後期，當她開始在社會研究新學院講課，談到政治和哲學的關係，並撰寫〈思考與道德考量〉（Thinking and Moral Consideration）等文章後，她才又再對思想與行動的關係展開研究。而一直要到一九七〇年代初，當她為吉福特講座（Gifford Lectures）準備後來成為《心智生命》一書的講稿時，人類共存狀態的「思想」模式，才獲得全面處理。鄂蘭一九五〇年代的研究，就像她自己愛說的，「在她手上」演變成三本書。但最終要經過二十年才完全開花結果。

寫作的歷程，包括計畫的形成和材料的編排等，只是很表面地反映了鄂蘭的思考和寫作方式：抽出主要概念，追溯概念的源流，把概念納入分析架構，然後把架構擴大和深化，對概念作進一步區分、澄清，然後調整架構。海德格曾聲稱，一位偉大的哲學家只思考一個想法或只問一個問題。以他本身的情況來說，就像他在《存有與時間》第一頁宣布的，他的問題就是「存有」的意義。他對這個問題的全心投入，惹來了一個笑話，說他在黑森林地區托德瑙堡的鄉村小屋裡，一直注視著「存有」（*Wacht am Sein*），而他的軍人同胞，則一度同樣地注視著萊茵河（*Wacht am Rhein*）。鄂蘭從一個遠遠更為入世的視點，注視著的則是人類的行動。她問的問題就是人類行動的意義，她注視的是人的言行。像海德格，她也察覺到自己心智活動的統一性。「我有時想，」她在一九七二年寫信給一位朋友：「我們一生裡只有一個真正的想法，其他一切都是這個主題的推衍和變奏。」[119]當鄂蘭寫信給這位朋友時，她的態度已改變了，不再只說自己是政治理論家，她願意重新稱自己為哲學家了。在一九六四年一次電視訪問中她曾宣稱：「我不是哲學家。我的職業——如果可以這樣說的話——是政治理論家，我已經跟哲學作最後道別。你知道，我以前是念哲學的，但這並不表示我總是要依附著它。」[120]可是當她開始寫作《心智生命》，她說她回到了自己的「初戀」——哲學。她那個有關行動的主題，最後的一次變奏在《心智生命》的三個部分高奏起來，那就是「思考」、「意志」和「判斷」。她心目中人類共存狀態第二種模式，是個人與自我的共存，這是她政治思想的終點，結果跟她政治思想的起點在同一點上。將她的思想統合起來的，就是在自我跟他人統合的過程中，她所體會到的愛——對世界的愛。[121]

第八章　遲來的治療：《艾希曼耶路撒冷大審紀實》（一九六一～一九六五）

可是，首先我想宰殺一兩個人，好讓我甩掉那種集中營裡的心態，那種持續受辱的打擊、那種看著別人被虐殺的無助，以及這一切帶來的驚恐。不過，我懷疑這些傷痛一輩子都甩不掉。我不曉得我們能不能存活，但我愛這麼想：有一天我們能有勇氣把全部事實告訴全世界，並給它一個名副其實的名字。

塔杜施．博羅夫斯基（Tadeusz Borowski），〈奧斯威辛：我們的家（一封書簡）〉"Auschwitz, Our Home (A Letter)"

以記者身分聽審

一九六〇年夏天，鄂蘭和布呂歇在卡茲奇山一間瑞士風格的樸拙民宿度假，跟他們常去度假的紐約州派倫威爾村（Palenville）栗樹草坪旅舍（Chestnut Lawn House）才距離幾英里。鄂蘭的日子多半是在書桌前度過，工作完畢，就跟布呂歇和其他幾個流亡圈子的朋友去游泳或下棋，跟他們一起吃晚飯，到當地的酒吧和撞球室消遣。他們聊天的話題往往回到《紐約時報》一系列令人震驚的報導：阿道夫．艾希曼五月二十四日在阿根廷被以色列特工綁架、阿根廷和以色列為了引渡他到以色列審訊的問題展開爭論、聯合國對擬在耶路撒冷舉行的審訊進行了辯論。當他們期待著審訊展開，鄂蘭跟雅斯培在書信裡討論了其中的複雜法律問題。然後，當審訊確定將在以色列舉行，鄂蘭便向《紐約客》（*New Yorker*）雜誌編輯威廉．尚恩提議，由她來擔任記者負責報導。

尚恩欣然接受了鄂蘭的建議，很高興能有這樣一個傑出而熟知其事的通訊記者，由她肩負這項任務，比他們平日的特派員約翰．赫爾西（John Hersey）更能勝任愉快，儘管赫爾西在一九四六年的廣島原爆系列報導曾為該雜誌贏得高度讚譽。鄂蘭跟布魯曼菲德聯絡，請他留意審訊日期和以色列媒體的所有相關討論。然後她著手重新編排一九六一年安排得密密麻麻的工作。「答應要做的事擠得滿滿，」她告訴布魯曼菲德：「最終必須一一謝絕；可是很自然地，我不能謝絕了一切之後兩手空空站在那裡，然後宣稱，就像東普魯士人所說的，叔叔不來了。」[1] 為了不要成為無故爽約的叔叔，鄂蘭重新安排當年一月和二月在西北大學（Northwestern University）當駐校學者，那是緊隨在哥倫比亞大學一個任務繁重的柏拉圖研討班之後；她取消了在凡薩學院（Vassar College）的一個演講，又修訂了從洛克菲勒基金會獲得一年獎助金的條件。在寫信給基金會時，她解釋自己的計畫：「你會明白為什麼我認為我應該報導這次審訊；我錯過了紐倫堡大審，從來沒有親眼見過他們，這可能是我唯一的機會。」[2]她寫給凡薩學院的信則不尋常的很個人化：「這次前去聽審，我覺得，是對我的過去該盡的義務。」[3]結果，對鄂蘭來說，前去耶路撒冷「親眼」一睹艾希曼，不僅是盡上義務；而且像她後來所說的，還是「遲來的治療」。她在耶路撒冷看見那個「在玻璃小包廂裡的人」，最初反應就是覺得他「甚至稱不上是陰險的人」，[4]也不是非人化或令人無法理解。鄂蘭感到震驚。改變她往昔態度的治療就這樣開始了。

身在耶路撒冷的鄂蘭，寫信向布呂歇描述自己的反應，又把信件的摘要寄給雅斯培。布呂歇向她報告美國媒體對審訊的報導，雅斯培則追蹤歐洲媒體的報導。在耶路撒冷，布魯曼菲德為她翻譯希伯來媒體的報導，又陪著她前去一系列會議和聚會，跟以色列政界和大學學術界人士會面。鄂蘭在紐約、巴塞爾和耶路撒冷之間成立這個通訊三角，在布呂歇和雅斯培，以及雅斯培和布魯曼菲德之間互通消息，獲得不少樂趣和支援。在鄂蘭建議下，布魯曼菲德一九五四年前去巴塞爾跟雅斯培見面，對他產生了深刻敬意。「這個人，就像你經常跟我說的，親炙其人，比從他的寫作所見偉大得多，」他向鄂蘭報告：「跟他討論族群融入，比起跟布伯、舒勒姆或恩斯特．西蒙要來得好，更不要說大學裡的教授了。」[5]布魯曼菲得對雅斯培的敬仰，令他急於想聽聽對方對艾希曼大審的看法，鄂蘭告訴他，她和雅斯培在通信中詳細談過這次審訊了。

雅斯培覺得以色列不應該自行審判艾希曼，而應該把他交給國際法庭，也許是在聯合國監察下審理。他不僅關切以色列有沒有權「代表所有猶太人說話」，他更擔心，如果仇視以色列的人能夠成功地把艾希曼描繪為殉道者，就可能挑起新一波的反猶主義。鄂蘭回應說，以色列可以代表猶太人，「起碼是那些受害人」，即使不是在法律意義上，在政治意義上也可以這麼說；她還提醒雅斯培，大部分在大屠殺中倖存的歐洲猶太人目前都在以色列。她又覺得不可能把艾希曼描繪為殉道者，儘管她也同意，「如果有針對『人類公敵』（*hostes humani generis*）的法律，而不光是針對謀殺或類似謀殺罪行的法律，情況可能不一樣」。[6]雅斯培回顧了紐倫堡大審的判決後，贊同了鄂蘭這兩方面的論點，但他問鄂蘭說，稱為「人類公敵」是否合適：「『敵』（*hostes*）這個詞語在我看來太過正面，『敵』也者，總是指『某人』。」[7]對雅斯培來說，艾希曼稱不上一個人，而是一頭怪物；因此當鄂蘭告訴他自己聽審的最初反應時，他難以置信。他久久不能放下成見，並發現審訊的證據顯示出艾希曼「個人的殘暴性」。布魯曼菲德也抱著同樣難以擺脫的成見。

另一方面，布呂歇馬上就能了解鄂蘭對艾希曼的初步看法有何意義。開審幾天後，鄂蘭談到艾希曼人格令人驚奇的一面：他傾向於自我膨脹，需要被人認同。「那個人很樂於在公眾面前被吊死，你可能〔在報上〕讀到了。我給嚇得目瞪口呆。」[8]幾個月後當艾希曼真的被絞刑處死，鄂蘭察覺他是怎麼可憐可笑的人物：這個人曾表示他不相信人格神，也不相信死後靈魂存在，卻聲稱死後「永遠不會忘記」他所認識和仰慕的人。「他真是愚不可及，」鄂蘭寫信跟雅斯培說：「但從某個角度來說卻又不然。」[9]鄂蘭對這種說法思索一番後，所得的結論是，這個人根本不會思考。她想知道：究竟是什麼讓這個人停止了思考？

由於多年來閱讀布萊希特並透過好友基爾伯特的諷刺眼光看世界，布呂歇因而對尖酸的幽默有所體會。他看得出那不過是這個小人物從自身向世界和歷史膨脹。鄂蘭告訴雅斯培，她的丈夫經常想到，邪惡可能只是「一種表面現象」，正是這種理解，令鄂蘭把《艾希曼耶路撒冷大審紀實》一書的副標題定為「邪惡的平庸」（The Banality of Evil）。[10] 幾年後，布呂歇發現布萊希特有段文字可以表達自己對這次大審的理解，他和鄂蘭就更勇於抱持他們的信念。布萊希特在他為《阿圖羅・烏依可抵禦的崛起》（*The Resistible Rise of Arturo Ui*）而寫的筆記說：

> 重大政治罪犯必須被揭露出來，特別是揭露在嬉笑當中。不是這些罪犯本身有多重大，而是他們容許重大政治罪行發生。希特勒那一番事業的失敗並不表示他是個白痴，而他事業涵蓋之廣也不會令他成為重大人物。如果統治階層容許一個小壞蛋成為大壞蛋，他並不因此在我們的歷史裡占有特殊地位。也就是說，大壞蛋所造的事有著重大後果，並不會提升他的地位。……或者可以說，悲劇對人類苦難的處理倒是沒喜劇那麼認真。

鄂蘭在一次訪問中引述了布萊希特這段「突兀的評語」然後加上自己的評語：她認為要評價希特勒這類人物，有一點十分重要，就是要記住「不管他做了什麼，即便他殺了一千萬人，他仍然不過是個小丑」。[11]布萊希特和布呂歇要記住這個令人震驚的想法毫無困難，但鄂蘭卻不是這樣，她需要很多個月的「遲來的治療」，才克服最初「給嚇得目瞪口呆」的感覺。

鄂蘭在耶路撒冷聽審時受到了太大困擾，無法把她對受審者的印象綴合起來。隨著審訊拖沓進行，她感到壓抑：「整件事乏味而平淡無奇，無法形容地低劣，毫無價值。」[12]她十分喪氣，並跟布呂歇談到，辯方律師把波蘭納粹總督漢斯・弗蘭克（Hans Frank）的二十九冊文件用作呈堂證供，反問其中有沒有提到艾希曼的名字，控方也只能承認「沒有」。可是，隨著審訊持續下去，她對法官的表現愈來愈感讚歎；而當看到檢方幾個證人令人驚歎的簡單誠實表現，她對審訊最初的興趣又恢復了：「它再次變得十分有趣，有時令人讚歎，經常相當恐怖。」[13]檢察長吉迪安・霍斯納（Gideon Hausner）一直令鄂蘭感到十分氣惱和尷尬。她向布呂歇描述他時，滿腔德國猶太人的鄙夷態度：「加里西亞猶太人……說話沒有句號或逗號……像個勤奮的學童賣弄所知的一切……小圈子聚居者心態。」[14]她對霍斯納的看法始終沒有改變，但她對艾希曼代表律師羅勃・塞萬提斯（Robert Servatius）的觀感還要差得多，也從來沒有改變。她形容塞萬提斯的話，只會用於那些令她想起威瑪共和的人——「喬治・葛羅茲（Georg Grosz）〔畫筆下〕的人物」。[15]不光在法庭裡，在法庭外鄂蘭一樣感到惱怒不安。「今天這裡有坦克大遊行，規模之大我從來沒見過；昨天我看見一些猶太青年圍著營火高唱濫情歌曲，就像我們年輕時見識過並討厭的那種情況。兩者的相似性真的要命，尤其在細節上。」[16]令鄂蘭想起威瑪共和的不光是塞萬提斯，以色列的軍國主義和民族主義，也勾起了她自從一九四八年跟猶大・馬格內斯合作以來的憂慮。

只有布魯曼菲德和鄂蘭的表親恩斯特・傅爾斯特一家，能給鄂蘭緊張的記者任務帶來喘息空間；那些任務令她罕有獨處的機會和寫信的時間。傅爾斯特夫婦和兩個女兒帶鄂蘭到處遊覽，布魯曼菲德安排了好些有趣的會面。主審法官莫舍・藍道（Moshe Landau）是布魯曼菲德的朋友，鄂蘭發現他是一個「妙不可言的人」，她也很高興能碰上老朋友馬丁・羅森布呂特的兄弟品赫斯・羅森（Pinhas Rosen）——他當時是以色列司法部長。鄂蘭有天晚上跟以色列外交部長歌爾達・邁爾（Golda Meir）有一番漫長談話，經過一整天在法庭裡的疲累後，在這個漫漫長夜陷入尷尬處境：「我的問題就是，簡單來說，怎麼讓一位外交部長停止說話，讓我上床睡覺。」[17] 後來她想起當時的對話，另一個問題又出現了，那是更困難的一個問題：怎樣理解這位外交部長對國民的態度？邁爾令鄂蘭在以色列時那種不祥的似曾相識感覺，增添了另一道陰影。這種感覺她沒有在《紐約客》的報導裡提到，但肯定給她的寫作帶來一點消息。

鄂蘭在《艾曼耶路撒冷大審紀實》出版後的那個夏天回覆哥舒姆・舒勒姆的來信，提到了跟邁爾的對話。舒勒姆指斥她「絲毫」沒有顯示出「對猶太人的愛」。鄂蘭的回信和舒勒姆的來信一起刊登在一些歐洲報紙和《邂逅》（*Encounter*）雜誌，鄂蘭在信中回憶起跟邁爾的對話（不過她在舒勒姆的要求下同意，在公開刊出的信中不提邁爾的姓名，並且不用女性代名詞）。「讓我告訴你我在以色列跟一位重要政治人物的對話，當時對方為以色列政治、宗教不分家的政策辯護，在我看來是災難性的。我已不大能確定對方當時的確切用詞，但大意是這樣的：『你可以理解，做為社會主義者，我當然不信上帝；我信仰的是猶太民族。』我覺得這種說法令人震驚，由於太過震驚，我當時沒有回答。但其實我可以這樣回答：這個民族之所以偉大，是因為它一度信仰上帝，而他們對上帝的信仰，是信任和愛大於畏懼。如今這個民族卻只信仰自己？這能有什麼好結果？——好吧，在這個意義上我不『愛』猶太人，也不『信仰』他們；我只是從事實上來說屬於他們的一分子，這是無可質疑和爭辯的。」[18]

§

鄂蘭離開耶路撒冷後，跟布呂歇在蘇黎士會合，那是為了多年來他們期待已久的一件事：布呂歇首次跟雅斯培夫婦見面。鄂蘭把布呂歇帶到雅斯培的家，難掩欣喜之情；後來她在給雅斯培的一封溫婉的感謝函中說，雅斯培的家「在長長一段時間裡，對我來說就像我舊日歐洲的家。」[19]雅斯培請鄂蘭和布呂歇不要再用客套的「您」稱呼他，用普通親切的「你」就可以了；鄂蘭深受鼓舞，請求雅斯培同意，讓她罕有地公開表達她的感情——她要在《論革命》一書加上這樣的獻詞：「獻給葛楚和卡爾．雅斯培：懷抱著尊敬、友誼和愛。」

雅斯培和布呂歇儘管在年齡、性情和背景上有很大差異，卻在深刻層面很合得來，彼此尊敬。這次探訪後幾個月，雅斯培寫信給身在紐約的布呂歇，表明了他們這種共同態度。他稱讚布呂歇為巴德學院通識課程所構想的計畫，就像他對鄂蘭的書總是讚譽有加；他從布呂歇的計畫裡看到了一個保守主義者致力保存文化傳統的願望，他又敏銳地察覺到布呂歇的平等主義。[20]另一方面，布呂歇把雅斯培的主張付諸實行：「哲學是屬於每一個人的。」

布呂歇是自一九四一年以來首次回到歐洲，此行還實現了另一個夢想：他和鄂蘭到義大利和西西里參觀博物館和古代文化遺跡，那是他自少年時代以來就再沒有機會看見的；他們去了那不勒斯附近的帕埃斯圖姆（Paestum）和敘拉古等地。在前往義大利南部途中，他們又到訪另一處地方，因此，除了雅斯培夫婦，還有其他人帶給他們回到往昔的感覺。鄂蘭跟雅斯培談到在洛迦諾（Locarno）與舊日好友重聚：「然後我〔在離開巴塞爾之後〕見到了海因里希和羅勃·基爾伯特重逢，他們的友誼，就像我和親愛的安妮〔安妮·韋伊〕一樣……一九三三年以前，布呂歇大部分時間和基爾伯特一起度過，我清楚看到，他們年輕時的關係多麼緊密，至今維繫不墜，儘管布呂歇的人生沒有像你的人生一樣清淨無瑕。這是友誼的獻禮！」[21]

鄂蘭回到美國後精神煥發。她待在海恩斯瀑布鎮（Haines Falls）期間幾乎把《論革命》全書寫好了。一九六一年秋季學期她帶著書稿前去衛斯理大學研究院。在那裡，她很高興能與研究極權主義的政治科學學者西格蒙德·諾伊曼為伴，他是柏林時代的舊相識；她也跟羅莎莉·柯里（Rosalie Colie）建立起新的友誼，她對這位歷史學教授有著不尋常的讚賞：「她是我認識的最博學的女性之一。」[22]她對衛斯理大學十分滿意：「氣氛良好，學生也好」，是「學者的天堂」。[23]可是學期展開幾個星期之後，一連串嚇人的事揭開序幕。在河濱道的家中，布呂歇的軟腦脊膜其中一條血管動脈瘤爆破。他的老朋友洛特．貝拉特發現他陷入狂亂狀態，身體多處給自己的香菸燙傷，在一地凌亂的紙張、書籍和推倒的家具之間前顛後倒。他們把布呂歇的醫生朋友柯普雷召來，在他的幫助下救護車把布呂歇送到哥倫比亞長老會醫院（Columbia Presbyterian Hospital）急診室。

鄂蘭從康乃狄克州趕到醫院時，布呂歇的神經科主治醫生已經可以作出診斷了。就像她後來跟雅斯培說的，她馬上把醫生的診斷轉告布呂歇，讓他知道「病情的全部真相」：「這種病例死亡率達五成。」布呂歇的反應，典型地表現出他對生命饒富幽默的精神力量：「不用苦惱：你忘記那另外的五成好了。」[24] 慢慢地，他成為了那幸運的五成病人。鄂蘭回到衛斯理大學，瑪麗．麥卡錫可以鬆一口氣了：她丟下她的家和她的新丈夫詹姆斯．威斯特（James West），代鄂蘭主持她的馬基維利研討班。尚未完成的《論革命》寫作工作就停頓下來，因為鄂蘭一星期要上三天的課，然後長周末要去紐約陪伴布呂歇。到了十二月末她終於可以向雅斯培報告，布呂歇幾乎完全康復了，《論革命》也快要完成，她可以著手處理艾希曼的資料了，包括以色列法庭剛公布的判決。鄂蘭和雅斯培對判決的看法相同，雅斯培說判案的法官「傑出而非常聰明，卻談不上卓爾不凡，也沒有哲學可言」。[25]

鄂蘭在一九六二年一月要在芝加哥大學講課，但她患上重感冒，幾乎不能履行職務。因為要養病，又因為受到抗生素過敏反應影響，她的工作停頓下來。對自己復元緩慢感到不耐煩，同時仍然為布呂歇的健康而憂慮，加上她對古巴豬玀灣（Bay of Pigs）侵略事件之後的政治「停滯」狀態感到不安，她幾乎無法動起來處理為艾希曼報導蒐羅得的「堆積如山的文件」。然後第二波打擊又來了。

三月十九日，她乘坐計程車穿過中央公園時遭一輛卡車撞上。她滿身是血，意識清醒，被送到羅斯福醫院（Roosevelt Hospital），主治醫生的報告羅列了一系列問題，包括挫傷、腦震盪、雙眼出血、牙齒斷裂、右肩瘀傷、擦傷和撕裂（尤其在頭部）、肋骨斷裂，還有日後帶來最壞影響的——震盪造成心肌毀損。[26]布呂歇抵達醫院時，鄂蘭表現平靜。她講了一個故事讓對方放心，就像布呂歇一樣，表現出對生命的精神力量。後來，她在信中也向麥卡錫講了這個故事：

〔前往醫院途中，〕我在車上醒來，意識到發生了什麼，我試著讓四肢動起來，發覺沒有癱瘓，雙眼都能看見；然後我測試自己的記憶，很小心地每十年十年回憶往事，還有記在心裡的詩、希臘文和德文英文，然後是電話號碼。一切妥當。重點是，剎那間我有一種感覺：我要活下去還是寧可死去，全在乎自己。雖然我不認爲死亡可怕，但我覺得人生還是頗美的，我寧可活下去。[27]

那「一剎那」令鄂蘭著迷。她也跟雅斯培談到了：「看來這一刻我的生命掌握在自己手中。我相當平靜：死亡看來是自然的，說不上是悲劇或反常。可是在此同時，我對自己說：如果能夠體面地活下去，我真的仍然想活著。」[28]

對生命的平靜接納和欣賞，往後多年在她的著作中發出迴響；這跟鄂蘭在居爾拘留營的感覺很不一樣，當時她問自己該活下去還是選擇死亡，然後「用一個笑話」回答了自己。在《艾希曼耶路撒冷大審紀實》中，那種迴響發揮著深刻影響，但最顯著的卻是顯現在鄂蘭談到教宗若望二十三世的一篇文章。艾希曼大審的書出版之後，鄂蘭一九六三年夏天在羅馬度假，遇上教宗的葬禮。她撰文描述這位簡樸、自豪、充滿自信的教宗，指出他願意作出判斷並相信自己的判斷是不平凡的，認為他的信仰很具啟發力量。她覺得這種信仰在他臨終前所說話表現了出來，是他「最了不起的一番話」：「每天都是出生的好日子，每天也是死亡的好日子。」[29]

一九六二年秋季鄂蘭在衛斯理大學任教第二個學期時，碰上了哲學家葛倫．格雷，後來看了他的傑出著作《戰士》（*The Warriors*）而對他抱有崇高敬意。格雷看了鄂蘭所寫的〈聖彼得寶座上的基督徒〉（The Christian on St. Peters Chair）也很是讚歎。鄂蘭對教宗遺言的敬意也激發了他：「我心裡尋思，為什麼你認為這是他最了不起的洞見。然後我體會到，這是在你身上見到的（跟他一樣）對生命的堅強的肯定，令我在衛斯理碰上你時起了仰慕之心。……我猜想，只有具備這種信念的人，才有資格質疑存在的價值。」[30]格雷所領會的，正好就是鄂蘭能夠令《艾希曼耶路撒冷大審紀實》那麼強有力的精神；而這種精神，是鄂蘭經歷了「遲來的治療」之後才展現出來的。

§

鄂蘭一剎那間抓住的那個訊息，令她興致勃勃，讓她能保持平靜，即使表面上的不耐煩再度浮現。她在醫院裡變得焦躁易怒，對一個以非常美國式的莽撞態度叫她「寶貝」（honey）的護士厲聲責罵，並作出結論說：「這整個地方的運作宗旨就是：我們懶得管。」[31]當她病情好轉可以接待訪客時，她對自己的容貌又變得緊張兮兮，要用面紗蓋住瘀黑的眼睛和縫了針的額頭。雅斯培聽說她的焦慮，小心翼翼地安慰她：「最終來說，一個人的美麗，是透過各種制約條件散發開來的，體現在個人的舉止、容貌和表情。」[32]鄂蘭對外表的焦慮並未因此受到安撫。當她病情好轉能外出時，她也會把瘀青比較厲害的那隻眼睛蓋上，並裹上頭巾。女詩人伊麗莎白・塞維爾（Elizabeth Sewell）在一個小型聚會裡首次碰上這位傑出的哲學家，很驚訝地發現「她看起來像個海盜」。[33]

鄂蘭遵從醫生囑咐，取消了當年春天原來安排好的演講，避開人群到派倫威爾靜靜工作。在沒有雜務分神之下，她開始把艾希曼大審的原始資料和筆記組織起來。她原擬為《紐約客》寫一篇文章，可是面對堆積如山的文件，加上她對既有的新聞報導評價甚低，她認為應該寫成更長的論述。「沒有一位專業記者寫出像樣的東西，」當塞萬提斯的辯護陳詞在報導中披露之後，她向布魯曼菲德抱怨：「對整個故事沒有一篇經得起推敲的文章。」[34]

這方面的寫作比鄂蘭原先預期的來得刺激。「我相當享受處理那些事實和具體事件，」她告訴麥卡錫：「我就像在一大堆資料裡游泳，總是試著找出最引人入勝的隻字片語。」[35]差不多兩年後，當她已發表的報導正引起連番爭議，鄂蘭告訴麥卡錫這段閉門寫作的日子對她有什麼意義，也就是說，她扼要表明了「遲來的治療」有何意義。「我在莫名興奮中寫作這本書，你是唯一能理解這一點的讀者。就這樣，我覺得經過二十年後，我終於對整件事能夠釋懷了。不要告訴任何人：這不就是顯示我沒有『靈魂』的正面證據嗎？」[36]

邪惡的平庸

許多人看了《紐約客》分五篇文章刊出的系列報導，結論都是認為鄂蘭沒有靈魂；而那些從二手資料聽說這一系列報導的人，就更是認同這種結論；這些人認為鄂蘭就像舒勒姆所說的，欠缺了同情心。他們認為鄂蘭對自己民族的命運沒有感情上的投入。可是在鄂蘭看來，她卻是最終獲得治療、甩掉了感情包袱，讓良好的判斷不會受到障礙。有關所謂良好判斷的深刻不同觀點，在艾希曼問題的多方面爭議中反映出來。爭議主要圍繞著三大話題：鄂蘭把艾希曼描繪為一個平庸的人；她針對歐洲猶太居民委員會（Judenräte）及其在納粹「最終解決方案」所扮演的角色提出諸多批評，散見全書各處，但集中於全書近三百頁的當中十頁；她在書中討論了審訊的過程、所引起的法律問題和所發揮的政治作用，主要在第一章和最後一章。在爭議當中，這三大話題都引起激烈的影射式抨擊。對艾希曼被描繪為平庸的人，有人在《紐約時報》一篇激動的評論中作出含沙射影的描繪，就像文章標題所顯示的——〈一個良心清白無瑕的人〉（Man with an Unspotted Conscience）。對猶太居民委員會的評語，則在公眾爭議中惹來種種說法，譬如說那是指猶太人懷抱著死亡意願，猶太人無力抵抗，受害人跟加害人同樣要負責。對法律程序和國際法問題的反思，則導致她被批評為反以色列、反錫安主義、自我憎厭的猶太人、法律純粹主義者、康德式道德主義者。

一旦這些含沙射影的說法在公眾之間流傳，任何人要拿鄂蘭的話題來討論，都很難對這些說法置之不理或作出辯解。當然也有不少批評者不接受這些歪曲說法，但他們所說的話往往在一片吵鬧中被淹沒；他們要竭力跟那些不實指控保持距離。每一種歪曲說法都會引起一些困難的問題，說法在本質上就有問題，因為就像所有的道聽塗說和流言蜚語，它總是圍繞著一個目的而形成。鄂蘭這本書比她任何其他著作都容易引起誤解：它的結論令人震驚，它包含了很多事實上的小錯誤，風格往往是諷刺性的，筆調帶著迫切感，一些爭議最大的段落尤其令人覺得麻木不仁。其中一個批評者聲稱：「鄂蘭小姐受到攻擊，更多是因為她的說話方式，而不是她所說的話。」[37] 這種觀察有真實的一面，但書中討論的問題也絕非不具爭議性或是無可駁斥的。

鄂蘭兩項最重要、也是爭議最大的判斷，本身都很簡單，但都會引起複雜的挑戰。第一，她講述了艾希曼的故事，提到他的官僚心態，還有他自負地聲稱「官腔是我唯一的語言」，鄂蘭的判斷就是他無法分辨是非。其中隱含的意義就是，儘管她毫無疑問同意耶路撒冷法庭的「有罪」裁決，還是有一個一般性問題浮現出來：在艾希曼的所作所為中，動機扮演了什麼角色？他只是在執行國家機器理性上認定的國家法律，並不知道那些法律是錯誤的。現代法律學和程序中具關鍵意義的「意圖」（*mens rea*），從來沒有在高於國家法律的層次上，跟「人道上的法律」充分連繫起來。雖然她接納並贊同以色列的法律程序，但鄂蘭覺得只有透過「人道法律」，透過新的法律和道德概念，才能對干犯國家唆使的罪行或執行「政府策動的屠殺」的個人，作出真正公平的判決。第二，鄂蘭描述了納粹極權主義政府的道德敗壞也影響到其他國家和社會，包括猶太受害人的社會，從而提出結論說，這種道德敗壞對過去和目前所作的判斷，一般上會帶來前所未有的挑戰。她寫的是過去的情況，但也討論到目前在判斷上的危機。她跟雅斯培提到這個問題：「在我們這個時代，即使是好人，或根本上可稱道的人，對於作出判斷都異常害怕。判斷上的混淆，可以出現在智力良好或健全的人身上，一如良好的判斷也可能出自智力欠佳的人。」[38] 無法作出判斷或拒絕作出判斷，是《艾希曼耶路撒冷大審紀實》的主題。

鄂蘭在報導事件和作出判斷時，充分意識到兩者將會引起爭議，而她也會受到指責，被認為在判斷引起諸多焦慮的這個時代中作出了傲慢的判斷。她在針對公眾對該書的討論而擬的簡略筆記中，把她意識到的情況跟她曾研究的今昔現象連繫起來，指出了為什麼自己在判斷上並無焦慮。「要良知發揮作用：要麼就是憑著宗教——這十分罕見——要麼就是憑著自負，甚至傲慢。如果在這些問題上你跟自己說：我有什麼資格做判斷？——你就迷失了。」[39]

§

鄂蘭的《紐約客》文章所引起的爭議持續了近三年，至今爭議仍若隱若現，儘管文章編集成書出版後至今已重印了不下二十次。自一九六三年以來，幾乎所有猶太人大屠殺的研究，都直接或間接碰觸到由這部著作引起的爭議和強烈情感。一九六〇年代初期以來普遍採用的「猶太人大屠殺」（*Holocaust*）一詞，也標誌著歷史學家重新評估歐洲猶太人的命運，並發掘史料重新研究因艾希曼爭議所凸顯的猶太人抵抗運動。[40]爭議也觸及了德國人對納粹主義的抵抗，德國歷史學家因此對抵抗行動的本質和範圍等令人困擾的問題展開研究。[41]心理學家和社會學家嘗試探索鄂蘭所謂「邪惡的平庸」的相關現象。鄂蘭提到的審判納粹戰犯程序，以及「人道罪行」的法理基礎，也成為了法學理論家的課題。[42]一九六九年編纂的一部有關艾希曼案的入門參考書，對於美國、以色列和歐洲汗牛充棟的相關出版品，也僅能觸及皮毛而已。艾希曼爭議變得如此廣為人知，以致於德國一部論文選集，書名就叫做《爭議》（*Die Kontroverse*）。[43]

這樣漫長而複雜的爭議，並不全然是一本書造成的。《艾希曼耶路撒冷大審紀實》這本書可能觸發了爭議，但爭議的形成還得看周邊的烘托因素。鄂蘭用「結晶」的比喻來解釋歷史元素怎樣結合起來，以及複雜的因子怎樣交錯成為繁複的因素。這個比喻也可用來解釋這種爭議的形成：首先是爭議的直接起因和反應的強烈程度完全不成比例，此外有多方面的微妙相互作用，分別出現在實質問題和表達風格之間，歷史問題和當代關注話題之間，以及政治因素和社會或心理因素之間。在所有對鄂蘭提出的批評之中，事實和詮釋的分界都十分模糊，即使在爭議最少的地方也很難劃定這條界線。鄂蘭的著作也很容易引起誤解，因為幾乎一開始就會碰上錯綜複雜的「背景資料」，縱橫交錯地帶出審訊的戲劇性一面。

鄂蘭的報導首先描述了耶路撒冷進行審訊的法庭，然後比較了要在這裡進行審判的人，哪些是為了達成公義，哪些是為總理本古里安和為以色列這個國家服務。前者包括了諸位法官，後者則包括了檢察長霍斯納和他的職員；本古里安被描繪為一場作秀式審判的舞台經理。鄂蘭辯稱，檢察長把本案建立在「猶太人的苦難，而非艾希曼的所作所為」；[44] 而法官則嘗試依公義行事：對艾希曼的作為進行審判。接下來長長的一個段落包含了審訊前見於報紙和文宣冊子的引文，用以顯示本古里安藉這次審訊進行宣傳。在鄂蘭的報導刊出前，很多其他報導和研究也提到引起爭議的「背景」資料，但鄂蘭提到法庭裡上述兩類人的對立，沒有人像她一樣強調或那麼戲劇性地呈現出來。儘管很少人像鄂蘭一樣稱讚諸位法官，但還是有很多評論對審訊表示讚許，可是極少人提到本古里安審前的宣傳。尤其對猶太人讀者來說，鄂蘭全書開頭的論述是令人震驚的：她呈現在所有人眼前的，是對以色列那些廣受尊敬的領袖的嚴厲批判。鄂蘭的意圖是讚揚以色列司法界的公僕進行了一次堪稱公義的審判；可是在開頭不到十頁之內，她已經給人提供了十多個攻擊目標，以致她被指稱反以色列、反錫安主義，而最壞的是，她對「猶太人所受的苦難」欠缺同情。很多讀者堅決認定，鄂蘭實際上認為審訊是虛假的，是裝模作樣的爛戲。

鄂蘭對本古里安審前宣傳的描述並不誇張。她多處引用了本古里安審前幾個月在《紐約時報雜誌》發表的一篇文章；該報編輯就毫不猶疑地把文章稱為「本古里安先生對艾希曼案的簡報」。但本古里安那些最清楚顯示他採取手段叫人不要對本案進行辯論的文章，鄂蘭並沒有採用。本古里安給猶太人的訊息相當明確：「我看到有人辯稱——其中包括了猶太人——以色列在法律上有權審判艾希曼，但在道德上不應該這麼做，因為艾希曼罪大滔天；那不僅是對猶太人，而是對人類或人類良知干犯的罪行。只有帶有自卑情結的猶太人才會這麼說，在那些人的思考中並不認為猶太人是人類一員。」[45]鄂蘭沒有理會這種對猶太人的侮辱說法，事實上這種侮辱性批評在這次爭議中也經常用在她身上。鄂蘭同樣沒理會以下這種說法：「為什麼（艾希曼）不應該在國際法庭上受審？因為以色列不需要國際法庭的道德保護。只有反猶分子或帶有自卑情結的猶太人才會認為以色列有此需要。」鄂蘭甚至把本古里安說話的措詞改得平和了一點，又刪除了一些反映出過激情緒而引述有誤的語句。本古里安曾表示，把艾希曼送審的其中一個動機，就是為了教育年輕猶太人：「我們要讓他們知道我們歷史中最悲慘的事實、世界歷史中最悲慘的事實。」鄂蘭刪除了所謂「世界歷史中最悲慘的事實」，也沒有引錄接續的下文：「我不管他們想不想認識這些事實，那是他們應該認識的。他們應該學懂，猶太人不是待宰的羔羊，而是能夠反擊的民族，就像他們在（一九四八年的）獨立戰爭所做的。」鄂蘭並沒有聲稱本古里安將這次審判視為是復仇，也沒有說他藉此向世界宣稱猶太人並不是「待宰的羔羊」，可是她反覆指出，檢察長在審訊中向一個又一個的證人詢問一個「殘酷而愚蠢」的問題：「你為什麼不反抗？」[46]

而且，鄂蘭也沒有表露她心底的疑惑：本古里安的濫情式公開宣傳，部分目的是為了掩飾以色列一個從未公開的動機。她曾告訴一個讀者，她認為以色列早就知道艾希曼藏身阿根廷，卻不遲不早在此刻逮捕他，是「因為德國對以色列的賠款快要結束——你由此可見，我心裡的陰暗想法比你想像的更陰暗」。[47]事實上，在《艾希曼耶路撒冷大審紀實》出版之後，有很多報導說本古里安和德國的艾德諾達成了一項祕密協議：審訊聚焦於艾希曼，不要將其他逍遙法外的前納粹分子暴露出來，包括了艾德諾的顧問漢斯·葛羅波克（Hans Globke），也就是一九三五年紐倫堡法案一部闡釋之作的作者，他沒有被傳召為大審證人。做為交換條件，德國須向以色列提供軍備和武器。鄂蘭的報導發表時，很多人都已忘了本古里安在一九六三年六月十六日辭去了總理職位，部分原因在於他讓以色列軍隊採用西德裝備的政策引起國內民眾廣泛不滿。[48]

可是儘管有這些情況，鄂蘭在全書各處討論大審背景時，都沒有採取最嚴厲的批判態度，對於本古里安獲許多人認同的感情訴求也沒有以最大的敏感度來處理。她談到了本古里安的說詞的政治含義，卻沒有觸及這種說詞產生自以往曾遭受的多大傷害，也沒有考慮到在遭受人身攻擊時的自我保護傾向。長期以來她一直批判猶太人和非猶太人以心理學取代政治應該扮演的角色，但她沒有在這次至為關鍵的情況下，清楚表明為什麼本古里安的作為是危險的。至於其餘兩個話題，有關她所描繪的艾希曼，以及她筆下的猶太居民委員會領袖，鄂蘭的報導和一般人（尤其是猶太人）理解之間的落差，就更為顯著且更易惹來爭辯。可是鄂蘭的寫作風格還是一派理所當然的態度，而她所談的問題卻是很多讀者在受到慫恿之下，從頗不一樣的觀點來理解的。

世界猶太人大會一九六一年一本廣泛流傳的小冊子，目的在於顯示艾希曼是負責執行「最終解決方案」的人，審判卻否定了這種說法。「艾希曼：納粹謀殺機器的策劃者」——這是尼希米・羅賓森（Nehemiah Robinson）提出的說法，他後來也成為爭議中鄂蘭的批評者，並提出他的警告：「這項研究以扼要而尖銳的方式敘述了艾希曼是誰，他實際上是個怎樣的人，又做了什麼。它的目的在於避免對法庭的調查結果和判決抱持偏見，而希望對公眾帶來啟迪，讓他們理解這個猶太人『集體清洗者』的動機和行動，從而更好地領會訴訟程序。」[49] 羅賓森這本小冊子所描繪的艾希曼，像大審前後不下數十本其他小冊子一樣，對於讀者認定艾希曼是無人性的怪物這種信念，並沒有提出任何挑戰；反之，他就像是對魔鬼進行研究。當艾希曼認定自己是一個沒有卑劣動機的人，而只是盡職地執行任務時，鄂蘭認真看待他的想法，因而面對極大挑戰，她更認定即使法官也沒有回應這項挑戰。

法官不相信他的話，因為他們太稱職了，或許也太在意其職務最基礎的部分，所以無法接受一個「正常」的人，一個既不軟弱也不憤世嫉俗的人，居然會無法判斷是非。他們寧願根據艾希曼偶爾撒的小謊下結論說他是個騙子，而忽略整個案件最重大的道德甚至法律上的挑戰。他們的假設認爲，被告像所有「正常人」一樣，一定已經知道他的所作所爲的犯罪性質，艾希曼確實很正常，因爲他「在納粹政權中跟其他人完全沒兩樣」。然而，在大德意志帝國只有「例外」才會出現「正常」反應。這個簡單的眞相，讓法官陷入無法解決或逃避的困境。[50]

鄂蘭對艾希曼作出描繪之前，就已提出了這項「簡單真相」。她在書的後面其實也有分析為什麼這個人的良心「停止運作」；她還嘗試將謊言和真話做出區別，並顯示她明白這個「簡單真相」不是輕易得來的。可是，她在報導前面就先把結論提出來，給人的印象就是這個終極觀點毫不費力得來；而且她在達成這個觀點的過程中，忽視了所有相反的判斷，包括法官的判決。她也沒考慮到，對一般人、尤其是集中營倖存者和痛失親友的人來說，要認定一個「官僚制度下的謀殺者」只是「無法分辨是非」而不是駭人地一心作惡，實在非常困難。

鄂蘭對猶太居民委員會的評語，就更不幸地放在了不恰當的地方，也不恰當地表達出來。一般認為，鄂蘭責備她自己的民族過於怯懦且缺乏反抗意志，這其實扭曲了她對猶太領袖的批評，尤其是猶太居民委員會的成員。鄂蘭沒有在任何地方對整個猶太民族的行為提出批評。她在書的開頭就提到，「沒有任何非猶太群體或民族〔跟猶太人〕的行為表現有所不同」。[51] 她假設自己對猶太領袖的評價能獲得大部分猶太人認同，因為她清楚知道這種批評在猶太人圈子裡十分普遍，儘管那只是圈子內而非公諸於世的觀感。鄂蘭簡述了艾希曼曾跟維也納和布達佩斯的猶太居民委員會接洽，並指出他以此為證據，表明他在良心上獲得安撫，因為「擺在眼前的簡單事實就是，沒有人實際上反對『最終解決方案』，一個反對的人也沒有。」鄂蘭聲稱：

> 對一個猶太人來說，猶太領袖在毀滅自己的民族上所扮演的角色，毫無疑問是整個黑暗故事最黑暗的一章。這是我們以前就知道的，現在由勞爾．希爾伯格（Raul Hilberg）在一片悲憫中，連同一切卑污細節都暴露了出來，我在前面就提到了希爾伯格獲一致肯定的著作《歐洲猶太人的滅絕》（*The Destruction of the European Jews*）。在合作一事上，中歐和西歐高度融入主流的猶太社群，跟東歐說意第緒文的普羅猶太民眾沒有分別。在阿姆斯特丹就像在華沙，在柏林就跟布達佩斯一樣，他們信任猶太官員可以編列人物和財產名單，可以從被驅逐者獲取金錢以支付驅逐滅絕行動的開支，可以負責監視人去樓空的住宅，可以提供警力捉拿猶太人並把他們趕上火車，直到最後一個奉承之舉，在最終充公行動中，他們把猶太社群的資產一手奉上。[52]

對很多猶太人來說，這並不是整個故事最黑暗的一章，而書中這種敘述方式，包括了毫無意義的諷刺語句「最後一個奉承之舉」，也不可能說服他們事實就是這樣。鄂蘭寫了這一段所謂「對一個猶太人來說，猶太領袖……所扮演的角色」，因為對她來說，就像她後來給舒勒姆的信所說，

「我自己的民族所做的錯事，自然比起其他民族所做的錯事更令我傷心」。[53]這種態度無疑有自負成分，對於「不管對錯都是我自己的民族」這種觀念也有矯正作用，但它在多大範圍內獲得認同，則是無法判斷的。判斷力贏得鄂蘭尊敬的一些人，確實是有認同這種態度的；譬如正是這種想法令她的朋友葛倫．格雷反思他在二戰中做為美軍一員的感受：「敵人是殘忍的，十分明顯，可是這對我造成的困擾，還沒有我們本身的殘忍那麼深刻。事實上，他們的殘暴使得跟德軍的戰鬥來得更容易，而我們自己的殘忍卻削弱了我們的意志，混淆了我們的心智。雖然這方面的比較在程度上不完全一樣，但相對於他們的殘暴，我覺得我對我們的殘暴要負上更大責任。」[54]儘管如此，有一點十分明顯，當與這種態度相關的判斷涉及自身民族的錯事時，判斷就不該變得更嚴厲。顯然在跟納粹合作的情況下有很多錯誤做法，不光是像布達佩斯的魯多夫．卡斯特納（Rudolf Kastner）等叛國者，還有很多領袖。可是也有很多頗具爭議的個案，這也是鄂蘭的很多猶太讀者知道的。很多人覺得，鄂蘭的概括說法太過一概而論。面對令人極度苦惱的道德兩難處境，同情心跟坦白承認錯誤同樣重要。在鄂蘭的敘述中卻看不到同情心。

指責鄂蘭在《艾希曼耶路撒冷大審紀實》中欠缺同情心的人，往往會從《極權主義的起源》引述他們認為能以同情心作出理解的片段。在該書第一版鄂蘭曾寫道：

> 極權政府抑制……個人的道德人格，令良心決定變得可疑而模稜兩可。我們很難想像某些情況

下一個人該怎麼做：譬如選擇背叛而謀殺自己的朋友，還是把自己的妻子兒女交給……謀殺者，尤其值得注意，他的自殺等於謀殺自己一家。這再也不是善惡的抉擇，而是謀殺與謀殺之間的抉擇。……我們從很多報告知道，集中營被囚者包括罪犯、政治犯、小社區聚居的猶太人和等待滅絕的人，在多大程度上參與了納粹親衛隊賦予他們權力而交付他們的任務，包括一定執行權力，因而讓他們陷入兩難：讓朋友送死，還是謀殺陌生人。[55]

其實鄂蘭的想法一直沒變，她在《艾希曼耶路撒冷大審紀實》所寫的，不是《極權主義的起源》那種集中營裡的行為。在談艾希曼的書裡，鄂蘭劃分了納粹謀殺計畫的不同階段：首先，透過法律或黃色星星等身分標記把猶太人區隔開來；然後把他們聚集在孤立小社區；再把他們驅逐出境或「重新安置」；最後把他們送到滅絕營。鄂蘭對猶太居民委員會的批評，是在驅逐出境階段之前，也就是納粹恐怖統治全面化之前；在當時來說，起碼在部分情況下，不合作可能令死亡數字減少。她沒有主張在不可能的情況下採取抵抗或不合作行動。鄂蘭心裡對於在這個階段裡可做的事是清楚的，事實上她的分析可以變得更強而有力，只要她強調這種階段性時序，抑或加上一些說明，就像一位讀者向她問及居民委員會領袖的問題時她私下所作的回應：「他們有一項重要的辯解理由：合作行動是逐步推行的，事實上很難知道，不能跨越底線的那一刻什麼時候才到來。」[56]

另外應該指出，鄂蘭對東歐猶太小社區的認知——也因此對何謂超越底線的認知——並不總是很充分到足以讓她作出概括。有些批評者從第一手經驗得知那些情況，或是能讀到意第緒文或東歐語文的資料，因而能夠具說服力地指出，鄂蘭的例子未能「給猶太居民委員會的活動或猶太人的抵抗行動描繪一幅準確圖景」。[57]艾希曼大審本身只能給鄂蘭提供很少這方面的資訊，這就是她要特別談到居民委員會的主要原因，這也是書中最陰暗的一章。鄂蘭覺得，大審中刻意迴避了猶太居民委員會合作的問題。她認為檢方利用猶太人的抵抗行動做為蔽障，以掩蓋猶太人合作的問題。[58]她在書中記錄了審訊裡提及居民委員會的寥寥幾處地方，包括一位來自匈牙利的前猶太居民委員會成員以證人身分出庭，而遭法庭裡的聽眾喝罵。她也報導了幾個證人提供居民委員會合作的證據，指出證供顯示了未有人提出的其他問題。一個曾在特雷辛（Theresienstadt）集中營待過的證人聲稱，艾希曼曾經挑選營裡的被囚者提供「集中屠殺名單」。鄂蘭指出，漢斯・君特・艾德勒（Hans Günther Adler）在《特雷辛，一九四一至一九四五》（*Theresienstadt 1941-1945*）就提到，編列集中屠殺名單的不是艾希曼，而是營裡的猶太居民委員會，可是該書沒有成為大審的文件證供，辯方甚至沒有嘗試否定證人的證詞。

鄂蘭認為這次審訊的文件證供異常充分，可是卻出現這樣關鍵的缺口，因此她提出一種解釋，對於猶太居民委員會在事件中的重要性提出自己的結論。在全書最黑暗一章的結尾她寫道：

但檢察長詢問每個證人（抵抗義士除外）：「爲什麼你不造反？」對本案背景毫不知情的人來

說，這個問題實在再自然不過，而這句話也巧妙掩飾了那個沒有被問出口的問題。結果出席證人針對檢察長這個無法回答的問題提出的回應，其實離「眞相，所有的眞相，除眞相以外別無其他」還相差甚遠。的確，整體猶太人沒有組織，也沒有領土、國家或軍隊，在最需要援手的時刻，更是缺乏一個能在同盟國會議中擔任猶太人代表的流亡政府……而且猶太人手中毫無武器，青年人也沒受過軍事訓練。但是，猶太人確實具有社區級或國際層級的猶太人社區組織、政黨和社會福利機構，這是鐵一般的事實。各地的猶太人皆有其領袖，而這些領袖幾乎毫無例外都以某種方式、出於某種原因與納粹合作。所有的眞相就是，如果當時猶太人沒有組織沒有領導，情況會變得很混亂，但被害者的數目不至於會達到四百五十萬至六百萬人之譜。……耶路撒冷大審判並未將這部分的事實面公諸於世，而我不斷思考大屠殺中的這段故事，因爲從中可以清楚發現，納粹德國在高尚的歐洲社會引發一場集體道德淪喪——淪喪的不僅是德國，而幾乎是所有的國家，不僅是加害者，而且還有受害者。[59]

德國猶太人委員會發言人西格弗里德·摩西清楚向鄂蘭指出，這段文字會成為猶太人批判她的焦點，事實正是這樣。摩西憤怒地寫道：「你所謂『所有的真相……』，絕對會令人覺得這是顯而易見的肯定陳述。」[60]可是鄂蘭清楚地覺得她的陳述確實顯而易見，她有責任把別人沒說的話說出來，而她的語氣清楚顯示出她對掩飾行動的憤怒。

鄂蘭對大審的敘述，可從她過去的人生歷程和思想找到深刻根源，而批評者的反應則出自長久以來的態度和問題。鄂蘭擾亂了一種有深厚根源的看法。諾曼・波德賀雷茲在《社評》雜誌綜合談到對鄂蘭的批評，把那種看法清楚呈現了出來：「她描繪一個『平庸』的納粹，取代了有如魔頭的納粹；她把猶太人描繪成邪惡的共犯，取代了具美德的殉道者；她勾勒出罪犯與受害人之間的『合作』，取代了罪惡和清白無罪之間的對抗。」[61] 鄂蘭並沒有採用「合作」一詞，也沒有隨便採用「魔頭」和「殉道者」這些自我安慰式用語，也不碰觸任何集體罪過或集體清白無辜的理論。她在各個群體的人之間作出區別，尊重其中的差異，不是因為她對矛盾觀念抱持現代人的癖好，像波德賀雷茲在評論中所指稱是「才華上的乖僻」，而是因為，就像布呂歇愛引用詩人席勒（Friedrich Schiller）所說的，她是「真正的陌生人」，用鄂蘭自己的話來說，就是被遺棄者。依循這種想法，她願意作出艱難的判斷，就像她在耶路撒冷的法庭第一次「親眼」看見艾希曼時所做的判斷。

艾希曼爭議

歷史上的「結晶」過程需要時間。艾希曼的爭議也一樣，它可以劃分清晰的階段，但在最初反應出現的一刻，就決定了過程的去向。在鄂蘭最後一篇報導三月十六日刊登於《紐約客》之前，出現了無法逆轉的一刻。前以色列國家審計長同時是布魯曼菲德朋友的西格弗里德・摩西，代表德國的猶太人委員會向鄂蘭發了一封信。摩西本身是學者，也是鄂蘭在柏林時的舊相識，鄂蘭並曾是摩西一九六二年的《紀念論文集》（*Festschrift*）的供稿者之一。摩西這次卻向鄂蘭和她的艾希曼著作「宣戰」。摩西表明，他所屬的委員會同時準備發動戰爭的對象，還包括歷史學家希爾伯格的《歐洲猶太人的滅絕》和心理學家布魯諾．貝特海姆（Bruno Bettelheim）的〈擺脫猶太小社區思維〉（Freedom from Ghetto Thinking）。鄂蘭警告摩西說，希爾伯格的書只有以學者為主的有限讀者，而貝特海姆的論文不可能在一個很高的智性層面上討論；然後她建議，對方只攻擊她的書就好了，不要開闢太多戰線。[62]

對鄂蘭的戰鬥隨即展開，首先發出了一份由德國猶太人委員會署名的譴責聲明，不久之後在《建構》雜誌又刊出了一整頁抨擊文章。在此同時，聖約之子會（B'nai B'rith）的反誹謗聯盟（Anti-Defamation League）向它所有地區的辦事處、國家專員機構和國家委員會發出備忘錄，通告周知鄂蘭在《紐約客》發表的系列報導，提醒他們警覺鄂蘭的誹謗性觀點；他們辯稱，鄂蘭所謂「猶太人在納粹大屠殺中的參與」，可能「令猶太人在未來多年飽受折磨」。反誹謗聯盟把他們的主要憂慮表達得相當清楚：「毫無疑問反猶分子會引用鄂蘭這些文章做為證據，指稱猶太人對六百萬跟他們信奉同樣宗教的人所受遭遇，要負起跟其他人一樣多的罪責。」[63]

鄂蘭在巴塞爾探望雅斯培時，接到了首份作戰通知書，是反誹謗聯盟出版主任亨利．施華茲齊德（Henry Schwarzchild）發出的，他也是鄂蘭認識的人。施華茲齊德對於他的組織準備發動攻擊表示警戒，擔心自己不能發揮什麼影響力。[64]而事實上攻擊展開了：反誹謗聯盟發出另一項公報，概述了《艾希曼耶路撒冷大審紀實》的內容，把最具爭議性的論點作出表面化的摘要，還有德國猶太人委會英文版的聲明，並摘錄了對整個事件最為不可理喻的一篇評論，那篇刊登於《猶太裔佛羅里達人報》（*Jewish Floridian*）的評論聲稱，鄂蘭的怪異想法是因為她在紐約客的系列報導裡繞圈子迴避問題。反誹謗委員會毫無顧忌地推薦這些資料，聲稱「在該書出版之後可用於書評或其他地方」。看來很多寫書評的人接受了反誹謗委員會的建議，因為公報裡的字句千篇一律地重複出現，直到取而代之的資料在一九六三年七月刊登於聖約之子會的《事實》（*Facts*）雜誌。[65]雅各．羅賓森（Jacob Robinson）負責編寫這份新的長達六頁的備忘錄，指出鄂蘭的「謬誤」，他進而編寫了一份長得像一本書的手稿，透過油印流通，後來編集成書出版，名為《歪曲的務須糾正》（*The Crooked Shall Be Made Straight*）。羅賓森這部著作所提供的資料，經常被人引用來質疑鄂蘭的學術表現，而這是最長又最複雜的戰線。

當爭議在美國持續升溫，西格弗里德．摩西從以色列前往瑞士跟鄂蘭會面。他的目的是要問她，為了平息這次風暴，能否不要將有關艾希曼的著作編集成書出版。鄂蘭拒絕了，她並警告，猶太人的批評，會使得這本書吸引更多目光，對猶太人造成的傷害，會比她所說的任何話要來得大。幾天之後，她從她的朋友漢斯．摩根索接到一項消息，令她的憂慮獲得了確認。摩根索在一個會議上看到鄂蘭辯護者之一的貝特海姆初度嘗試應付一群憤怒的紐約聽眾。「猶太人社區群情洶湧，」

摩根索寫道：「當現實往幻象的保護罩伸進去，就會釀成心理上的大混亂。〔在紐約市立學院的希爾會堂（Hille House）裡〕舉行了一個會議，由貝特海姆主講。十分鐘後，所有人都在叫嚷，互相指責對方是騙子，並聲言要告對方毀謗。這簡直是集體精神病。」[66]

在紐約每個角落，這種「集體精神病」持續下去，在公眾會議、私人研討圈子，以至在客廳、在辦公室。「城裡的人似乎都不談別的，」威廉・尚恩拍電報告知鄂蘭。[67]但最戲劇性而流傳最廣的事件，出現在鄂蘭的書快要由維京出版社（Viking Press）出版的一刻。艾希曼案的檢察長霍斯納飛往紐約與伯根貝爾森集中營倖存者協會（Bergen-Belsen Survivors Association）會面。據《紐約日報》（*New York Daily News*）報導，他的目的是要「回應鄂蘭為艾希曼所作的古怪辯護」。參與會面的還有當時世界錫安主義組織的會長納胡姆・葛德曼。在接近一千個聽眾面前，葛德曼聲稱鄂蘭指責歐洲猶太人導致自己遭受納粹屠殺，「怯懦而缺乏抵抗意識」。[68]

一九六三年春天爭議初期，鄂蘭決定不作回應。經過兩年辛勤撰寫《論革命》和《艾希曼耶路撒冷大審紀實》，她想前去度假。三月她在巴塞爾度過，把《論革命》翻譯為德文，並協助雅斯培把他的《偉大哲學家》（*Great Philosophers*）一書組織起來。然後她前往義大利探望麥卡錫和她丈夫威斯特，還有尼可洛・奇亞拉蒙特（Nicolò Chiaramonte）和伊格納肖・西洛內斯（Ignazio Silones），並在那不勒斯跟布呂歇會合。四月，在洛特・貝拉特陪同下，她和布呂歇前往希臘，豪爽地在這裡花費她從一九六二年交通意外所獲的保險賠款，就像她跟雅斯培所說的，「過著諸神般的生活」，她指的是閒適的生活。一天晚上在帕特雷（Patras），鄂蘭對那次計程車意外回過頭來開了一個玩笑：他們錯過了前往德爾斐（Delphi）的最後一班渡輪，可能要坐在行李上度過一晚。於是鄂蘭花巨款雇了一輛計程車，在美麗的月色下把他們一路送到雅典，這是那次乘坐計程車穿越紐約中央公園的不幸未完成旅程的一次美好補償。在雅典，他們在衛城（Arcopolis）和國立博物館遊覽了好幾天。布呂歇很滿足於待在雅典一帶，鄂蘭和貝拉特則前去克里特島（Crete）探索邁諾斯（Minoan）文明；但三人也一齊去了薩拉米斯島（Salamis）、愛琴娜島（Aegina）和德爾斐。布呂歇的柏林老朋友——攝影師里卡達．史威林（Ricarda Schwerin）加入他們的行程，同遊伯羅奔尼撒（Peloponnese）、斯巴達（Sparta）和奧林匹亞等地，還參觀了位於巴賽（Bassai）的壯麗神廟。

從希臘，他們又回到義大利，在那裡鄂蘭又給艾希曼的爭議纏上了。《新聞周刊》（*Newsweek*）在六月十七日一整頁的報導中進一步煽起了美國的激辯。撰寫這篇報導的訪問者找上了鄂蘭。鄂蘭同時從《紐約客》獲得消息，得悉麥可．穆斯曼諾（Michael Musmanno）在《紐約時報》發表了評論。[69]賀曼．布羅赫的朋友羅勃．皮克在羅馬一家旅館找到了鄂蘭和布呂歇，對當時的處境提出了平靜的反思。獲得了安撫之後，鄂蘭和布呂歇繼續行程前往西西里島，然後坐船到法國南部，最後到達巴黎，這是他們第一個家之所在。

這次漫長的旅程十分理想，實現了鄂蘭和布呂歇十年來共同懷抱的夢想。但卻是在希臘的一段時間讓鄂蘭重新獲得了動力，因為就像雅斯培提醒她說，[70]在這裡誕生的思想家給她提供了概念，讓她能夠把在美國新家園所領悟的理念表達出來。鄂蘭回到紐約河濱道的公寓之後，因此能夠動起身來處理那一大堆信件，信件多得驚人，要花好幾個月整理和回覆。

鄂蘭還有一個半月的暑假，才要去芝加哥大學的社會思想委員會講她第一個學期的課。期間她曾在哥倫比亞大學演講，聽眾包括三百多個學生和教職員，還有記者。然後她又帶著一個裝滿信件的行李箱到派倫威爾靜心工作。她滿懷感激地回信給支持者，對於她看重的問題詳細回答，但對於不合情理或過度激動的來信，譬如堅持她「出賣了猶太人」，她要不是擱置一旁就是草草回覆。很多通信者從本身經驗給她提供了有用的資訊和故事，讓她可以用來回應批評者：「當然，這些是個別事例，但你和我都知道，在這些事情上沒有什麼不是個別事例。」[71] 有些通信者對她承受的批評表示同情。一個富幽默感的匈牙利猶太移民提醒她，「在公眾面前洗床單並不是猶太人的缺點」，同時提出了自己的觀點，也是鄂蘭在私人通信中提到的：「在以往和今天，以色列的統治集團和戰時掌控歐洲的領袖都有緊密聯繫。」[72]

其他通信者向鄂蘭提出各種難題，譬如她對自殺的態度，對「猶太心理」的看法，還有她對德國人的感受。一個感情激動的俄羅斯猶太人甚至語無倫次地跟她談到自己小時候受迫害和流亡的故事，面對寫了一本她聽聞很多人談論而自己卻不敢閱讀的書的「鄂蘭博士」，她以懇求語氣問道：「告訴我，請告訴我，為什麼他們試圖殺死我？」公眾爭議中多種角度的爭論，全都在私人通信中重複提到，但以更坦然、更個人的方式表達出來。

鄂蘭在紐約度過夏末，在芝加哥度過秋天，期間不時透過書信或當面交談作出私人交流，參與的是一些不想涉入公眾論爭的朋友。一些友誼陷入緊張關係。漢斯．約納斯曾寫信給鄂蘭，看見她沒有回答，就斷絕了通信，這種可歎的情況維持了超過一年，直到後來約納斯的妻子艾莉歐諾蕾勸他重修舊好。他和鄂蘭同意結束這種默然狀況，唯一例外是《艾希曼耶路撒冷大審紀實》；他們再也不會討論這本書。

她和舊相識羅勃．韋特希也變得默然無語。韋特希是布魯曼菲德的朋友，同時，像恩斯特．西蒙，曾與鄂蘭在猶大．馬格內斯的團結黨內共事。一九六三年八月，鄂蘭寫了一封措詞謹慎的長信給韋特希，向她解釋自己在書中的立場，嘗試化解他的批評和誤解。她希望他們的關係能夠挺過這次爭議而得以保持。她在信的結尾引了一首詩，跟他說：

> 親愛的羅勃，這一切實在是令人哀傷的話題，起碼在這一點上我們看法相同。如果我可以用個人化的評語作結——我不知道當你面對我們這個世紀的幽暗景況會用什麼撫慰自己。我提議就用葛特弗里德．凱勒（Gottfried Keller）所寫的〔〈人格殺手〉（The Character Assassins）〕：
>
> 有一天，當這哀傷
>
> 像冰終於斷裂，

我們就會談到它，
像我們談到黑死病。
兒童會把稻草人
放在平原上焚燒；
從這苦痛會冒出歡樂，
從舊日的恐懼會閃起亮光。
有一點是肯定的：這將會發生，但只有在我們死亡之後。在此之前，我們只能夠做我們認爲對的事。

他們再有一輪的通信，之後韋特希就沒繼續寫信了，但他為一九六四年二月的《建構》寫了一篇文章，表示他覺得爭議雙方所說的都夠了，事實上太多了，討論應該到此為止。[73]

鄂蘭自一九五〇年代就認識的藝術評論家哈洛德．羅森堡，到芝加哥探訪鄂蘭，花了幾個小時告訴她，他強烈反對《艾希曼耶路撒冷大審紀實》的觀點，把他一九六一年在《社評》雜誌發表的〈從終極觀點看罪責〉（Guilt to the Vanishing Point）重複了一遍。鄂蘭沒有送一首詩給羅森堡，只是在不安的靜默中聆聽，沒嘗試為自己辯護，然後，當羅森堡講完了，就請他給大家倒一杯酒，讓他們像好朋友般放鬆一下。羅森堡感到驚訝，但他了解鄂蘭不想因為她的著作和她竭力尋求的洞見，而犧牲他們的友誼，而她期望他知道，他們的友誼應該能熬過意見的分歧。鄂蘭是在實踐她在〈文化的危機〉一文中所說的真正的人文主義。文中她談到西塞羅（Marcus Tullius Cicero）一個突出的觀點：「我寧可在離世前隨著柏拉圖偏離正道，也不要跟隨他的對立者秉持正確觀點。」對此鄂蘭評論說：「一個人文主義者，由於不是專家，他所作的判斷和所表現的品味，超越了每一種專門知識加諸我們身上的強制力。這種羅馬人的人文精神適用於在任何一方面都自由的人身上，對這樣的人來說，不受強制力左右的自由是決定性因素，甚至在哲學、科學和藝術上都是這樣。」她認為西塞羅的意思是說：「我要跟什麼人什麼事為伍，不能受到任何強制，管它是真理還是美感。」[74] 羅森堡十分感動；他不再在公眾爭議中參與，並經常提到鄂蘭這種人文精神的故事，一方面是稱讚她，一方面是為她抵擋個人受到的攻擊。

鄂蘭人生中最遺憾的其中一件事，就是她不能跟布魯曼菲德達致同樣的和解。一九六三年五月初，她遊覽希臘之後抽出四天到以色列跟布魯曼菲德見面，當時這位老朋友臥在醫院病床，終於在一九六三年五月二十一日過世。布魯曼菲德沒有讀過鄂蘭在《紐約客》發表的艾希曼報導，但品赫斯．羅森後來寫信告訴鄂蘭，「各方面都有給他報告，他怒不可遏。真的，他一再問道，該不該公開表達他的憤怒，因為他曾在他的回憶錄中提到跟你的緊密聯繫」。[75] 鄂蘭相信布魯曼菲德收到的報告完全歪曲了她的著作，因此她認為羅森和西格弗里德．摩西等人，導致了她跟親密的老朋友疏離。在她最後一次探訪中，她嘗試向布魯曼菲德解釋批評者如何誤讀了她的著作，而對方也同意，「《建構》其中一個滿懷敵意的作者是匪類，另一個是白痴」。[76]他認為如果自己讀過了那些報導他就會理解。但儘管鄂蘭認為布魯曼菲德臨終前被身邊的人誤導了，她寫信給摩西和羅森時都很有節制，保持禮貌，不想讓她的著作造成關係斷絕的名單變得更長。羅森在為布魯曼菲德所寫的一篇訃告中提到鄂蘭最後的來訪，給人的印象就是布魯曼菲德跟她斷絕了關係；鄂蘭給激怒了，但仍然試著忍耐下去。羅森是布魯曼菲德的朋友馬丁．羅森布呂特的兄弟，鄂蘭寫信跟他說：「當發覺我最後一次探訪柯特（．布魯曼菲德）這種個人的私事遭到公開討論，我感到極度傷痛。從你那篇訃告的目的來說，這是完全多餘的，我想你應該知道這是有失分寸。我不會為此責怪你。但這是因為我知道，我對私人和公眾之間的區別，跟你和其他人並不一樣。」[77]她請求羅森把她和布魯曼菲德的通信退還給她，因為恐怕這也在沒有獲得她同意之下被公開，但在信的結尾，鄂蘭對於在布魯曼菲德過世後不久也離世的羅森布呂特，很小心地說好話：「我們（我的丈夫和我）經常提到馬丁，提到他在行動上切實的節制……還有他的幽默和他無微不至的同情心，以及他在思考方式上絕對的誠懇。」[78]羅森的回信詳細談到對羅森布呂特遺稿的安排，但他在信的結尾發出了有如舒勒姆的批評的迴響：「可惜的是你不愛猶太人，而只愛你的朋友。」[79]

對鄂蘭來說，同時對布呂歇也一樣，多年來的友誼如此結束是可怕的。鄂蘭在這次探訪之後深受震驚，布呂歇則十分憤怒。當鄂蘭在仲夏回到紐約時，她的哀傷和布呂歇的憤怒還沒有消退。鄂蘭告訴雅斯培，當她遭受攻擊時，她的丈夫不是總能夠控制他的情緒，她甚至承認，布呂歇「對猶太人的看法並非總是別人期望那樣（不過這只是亂開玩笑罷了）」。[80] 雅斯培知道這並不完全是說笑。「我能理解海因里希的憤怒，」他說，然後寫下去，帶著跟布呂歇同樣焦慮的保護態度：「你擊中了很多人最敏感的神經末梢——那些人根本上是騙子，他們就痛恨你。……就像齊克果談到蘇格拉底和耶穌，真理會被打擊至死。這裡，它還沒有到這地步，也不會到這地步。但你給名聲纏上了，對你來說不是恰當的事，十分可厭。長遠來說你的人格當然會戰勝，而且是耀目的勝利。」[81]

雅斯培一如既往，表現出同情和支持；他們的友誼因這次爭議而更進一步。雅斯培要在《艾希曼耶路撒冷大審紀實》出德文版時談論這本書，對鄂蘭來說是莫大安慰。多個月來她一直在回信，公開亮相，嘗試控制著她的感受——「我不再能信任自己不會把腦袋弄爆，」她向麥卡錫坦承。[82] 雅斯培則平靜、謹慎地對她的著作和勇氣表示嘉許，並提到他準備寫作一本書談論她的艾希曼著作。當鄂蘭把德文版的引言寄給他，他就寫了詳細的、「像教師般的」評語，並提出修改建議。她回答說：「我非常非常感謝你這樣一絲不苟的閱讀，提出那麼洞燭入微的建議。我寫作時很不耐煩。而且感到最終將毫無價值——但這經常發生在我身上。」[83]

正當鄂蘭要啟程前往芝加哥時，布呂歇在九月病倒了，這加重了鄂蘭的憂慮：「我們在一起二十八年了，沒有了他，人生難以想像。」[84] 她在極度焦慮下寫信給雅斯培：「現在不是什麼神經緊張的問題，也不是對布呂歇健康的憂慮跟這些事情碰在一起令我陷入癱瘓。對公共領域裏足不前，因為我對這場大戲的厭惡壓倒了一切。」[85]滿腔不耐煩和憂慮之下，她還是去了芝加哥，每個周末飛回紐約，同時一直試著從當時觀點來看爭議：「我去講課，有很多學生，彷彿一切正常無事。最終，你相信——我們都相信——真理會有顯現的一天。但這是一個信念。你能否活到真理顯現那天，跟那信念本身是不可分割的。」[86]

在芝加哥大學，鄂蘭很感激那些表現熱切而興致勃勃的學生，還有當她受到種種敵視而不離不棄的朋友。在大學教職員俱樂部餐廳裡，摩根索陪她一起用餐，而大部分其他教職員都避開她，他們當中很多人在鄂蘭一年前到訪時還邀請她同桌吃飯。像古典學教授理查德・麥齊恩（Richard McKeon），在餐廳裡親切地走過來毫不猶豫跟她打招呼，她心底就很感激；她也很感激那些幫助她熬過嚴峻考驗的人，像恩斯特・西蒙向芝加哥一群聽眾發表的演說，「充滿不可置信的謊言和猛烈的攻擊」，[87]就是她面對的考驗之一。

鄂蘭尤其感激麥卡錫，她在十一月到訪芝加哥，那一天也正好是艾希曼爭議的一切困擾退到了當前時事的背景——那是十一月二十二日，甘迺迪總統在達拉斯被刺殺。

反響

甘迺迪遇刺後幾個月，鄂蘭憂心忡忡。「目前岌岌可危的是共和國本身的存亡，」她戲劇性地向雅斯培寫道。[88] 由於她自己經歷過被批評者窮追猛打，鄂蘭對席捲全國的政治和種族緊張關係十分敏感。刺殺事件也曾為威瑪共和走向覆亡鋪平了道路，那是鄂蘭居住其中的第一個共和國，跟其他很多人一樣，她恐怕類似的事會發生。而較鄂蘭所預期更直接的是，這種相似性透過《艾希曼耶路撒冷大審紀實》獲得加強。在一九六四年末，艾希曼爭議開始被賦予直接政治相關性。到了一九六五年，甘迺迪的繼任人林登·詹森（Lyndon Johnson）就派出美國戰機轟炸越南，新左派（New Left）的反戰分子引用鄂蘭的《艾希曼耶路撒冷大審紀實》來支持他們所稱，一種新的法西斯主義已經在美國生根。

《艾希曼耶路撒冷大審紀實》出版不到兩年，引發的爭議已經超出了猶太人社區。但即使爭議在擴大，並在美國政治中發揮了重要作用，該書問世之初的爭議點維持不變，那是鄂蘭的批評者所設定的。

鄂蘭知道批評者的一項主要資料來源，就是雅各·羅賓森一九六三年七月在《事實》雜誌發表的文章，而羅賓森正是耶路撒冷大審檢察長霍斯納的三個助手之一。羅賓森長達六頁的〈邪惡的平庸的報告〉，後來經改寫刊於《哈大沙》雜誌，經翻譯又刊於《猶太人世界》（*Le Monde Juif*）。可是鄂蘭並不知道，羅賓森一九六三開始撰寫一份長得像書一樣的手稿，並在不久之後以油印方式提供給寫書評的人。在《黨派評論》撰文的利昂內爾·阿貝（Lionel Abel）承認他採納了羅賓森的觀點，他引述了兩人的一番對話，談到涉及猶太居民委員會的意第緒文和希伯來文未經翻譯的專著。但阿貝的評論在更一般的層面上反映羅賓森的看法。他的結論是，艾希曼「在她〔鄂蘭〕那本書裡顯得比他的受害人還要好得多」；而羅賓森那份油印初稿的書名更是駭人聽聞——〈善良的罪犯和受害人的罪惡：艾希曼、鄂蘭和猶太人歷史〉，[89]跟阿貝的看法如出一轍。

採用了同樣資料的人不一而足，光是顯而易見或坦承資料來源的就有：尼希米・羅賓森，他寫了一本小冊子，在世界猶太人大會分發；瑪麗・賽爾金（Marie Syrkin），她在《異議》雜誌發表了一篇文章（不過她為《猶太人邊界》所寫的另一篇更早而更具說服力的文章，論點卻不是來自這些資料）；諾曼・波德賀雷茲在《社評》發表的評論；葛楚・艾索斯基（Gertrud Ezorsky）在《新政治》（*New Politics*）所寫的文章；莫理斯・沙普斯（Morris Schappes）在《猶太時事》（*Jewish Currents*）發表三篇文章的系列；還有路易・哈拉普（Louis Harap）為《科學與社會》（*Science and Society*）所寫的文章。[90]可是，儘管資料這樣廣泛地間接流通，圈子裡的追隨者認為，他們的訊息恐怕難以進入《紐約客》的讀者群，因為它是那麼廣泛，又有那麼多的非猶太背景。厄文・豪向《社評》的讀者提到他跟賽爾金的一段對話：「她在對話中脫口而出，究竟有多少《紐約客》的讀者，會費精神去閱讀猶太抵抗運動以及二戰殉難者和倖存者汗牛充棟的文獻？有多少人會閱讀任何相關文獻？她繼續說，又有多少人知道著名猶太歷史學家雅各・羅賓森博士發現了〔鄂蘭〕那些文章裡的大量事實錯誤？」[91]賽爾金的問題，出自紐約猶太人社區裡一種廣泛的恐懼，尤其在錫安主義者圈子裡。康拉德・凱倫（Konrad Kellen）在《中游》雜誌發表了一篇相對平和的文章，提到鄂蘭批評者的強烈抗議，來自於「他們覺得鄂蘭冤枉了受害人，在傷口上灑鹽，又讓猶太人的敵人暗笑，未來的惡行也有可趁之機」。[92]對未來反猶主義的恐懼和對以色列未來的憂慮，在雅各・羅賓森對鄂蘭一書的評價中可見端倪，書中概論的一章在初稿就清楚表現了出來：

漢娜・鄂蘭建議應該以哀傷而不是憤怒來審視過去，然後她把哀傷留給艾希曼，把很多憤怒加在猶太人身上。……我們的敵人多年來進行一項運動，要為罪犯塗脂抹粉而譴責受害人。受害人不久前才被殘酷謀殺，現在被抹黑者二度謀殺。鄂蘭現在讓自己處身敵人中間。[93]

羅賓森的觀點和他表達的語言（幸而後者不是經常如此），可典型地代表艾希曼爭議帶出的自衛式民族主義。華特・拉克（Walter Laqueur）一九六五年在《紐約書評》（*New York Review of Books*）雜誌對羅賓森那部最後印刷成書的著作寫了書評，一九六三年他也曾在倫敦的《猶太人紀事報》（*Jewish Chronicle*）發表鄂蘭艾希曼一書的書評，他總結說，「《艾希曼耶路撒冷大審紀實》半真半假的內容所造成的傷害，是無可估量的」。[94]

羅賓森的追隨者用他的資料攻擊鄂蘭，但他們看來能體會到，羅賓森有極大的誇大成分。他的初稿顯然可被指責為帶有偏見，就像鄂蘭所受的指責一樣。他修改了初稿。修訂稿副題保留不變——〈艾希曼、鄂蘭和大災難〉，而在附註中說：「正題待定」。羅賓森在〈前言〉承認，修訂稿仍然是「公然惹人爭議」。但他同時鼓勵讀者主動提升爭議的聲浪：「她使用暗示、隱含的攻擊、抹黑、罪責的聯想，以及殘忍的諷刺，這方面的問題我只輕輕觸及，因為我們覺得在大部分情況下，一個悉知事實而具智慧的讀者，可以自行發現鄂蘭小姐邪魔外道的語言使用方式。」[95]

當他完成第二次修訂稿時，正題、副題都擬好了：《歪曲的務須糾正：艾希曼大審、猶太人大災難和漢娜．鄂蘭的敘述》，全書交由麥克米倫（Macmillan）出版社和猶太出版協會（Jewish Publication Society）共同出版。他刪除了原稿中最公然挑釁的部分。比方說，他拿掉了一個極具沙文主義色彩的部分——〈漢娜．鄂蘭、錫安主義和以色列〉，又決定不提出任何一般性結論。該書最後的面貌，就是要證明「鄂蘭小姐沒有傳達可靠的資訊」。鄂蘭在學術上的可信性和她做為歷史學家的能力成為了羅賓森的焦點。為了支持這種論調，他不具名地提到「眾多學者根據大量原始資料研究了這個大災難」，而「否定了她的表述」。雖然他試圖質疑鄂蘭的學術能力，但他沒有採取像阿貝等批評者的膚淺技倆，譬如說：「在雜誌系列和編集而成的書之間共有三百五十五項非風格的差異」（荒唐的誇張），還有「不下六百處歪曲了事實」。羅賓森的每項指控都以盡可能多的文獻支持，並避免看來像是為檢方或以色列這個國家說話。[96]

檢察長霍斯納一九六六年出版的《公義彰顯於耶路撒冷》（*Justice in Jerusalem*）又重新提到了檢控的理據。他致力於重新表述他的理據，並把他恐怕已開始「從眾人腦海裡淡忘」的「一章歷史」重新激活過來，目標比羅賓森更宏大。但他的書跟羅賓森的帶有同一缺點，就像歷史學家里昂．波里亞可夫（Léon Poliakov）指出的：「他看納粹和猶太人之間的衝突，觀點是十足的二元對立觀。」波里亞可夫為《社評》的讀者對霍斯納的假設作出簡要概述：

《公義彰顯於耶路撒冷》雖然敘事頗爲成功，卻有過分簡化的趨勢，並缺乏歷史透視。霍斯納先生的主要假設就是艾希曼是反猶的邪惡化身（因而十分切合他的「最終解決方案」執行者角色），而德國本身，自中世紀以來就是反猶觀感的溫床。在提出這第二個論點時，霍斯納先生把一千年的德國歷史壓縮爲兩頁。[97]

波里亞可夫接著指出，霍斯納書中很多事項都支持鄂蘭對艾希曼的描繪。可是即使波里亞可夫是對羅賓森和霍斯納的書的其中一個最公平最可靠的批評者，他的結論仍然是說：「在交織成歷史的無限豐富材料中，在很多處境下，這種論述取向及其陳詞濫調儘管令人煩躁，但比起一種更微妙地晦暗的立場〔像鄂蘭的〕，更能逼近真相。」

其他對霍斯納一書的評論，沒有波里亞可夫那麼嚴謹。這位歷史學家一九五二出年版的《仇恨概略》（*Bréviaire de la Haine*）是最早詳細研究歐洲猶太居民委員會的行動的其中一部著作。《紐約時報書評》就曾刊出一篇讚許這部著作的評論，執筆的是歷史學家芭芭拉．特奇曼（Barbara Tuchman），文中公開指責鄂蘭「有一種自覺欲望要支持艾希曼的辯白」。[98]《紐約時報》沒有刊出批評這種論調的投書。西比爾．莫賀利納吉（Sybil Moholy-Nagy）曾寄去一篇投書，卻沒有刊登；鄂蘭曾向莫賀利納吉解釋，她聽說霍斯納在訪問紐約宣傳他自己的書時，「曾花很大力氣對報刊編輯施加影響」，包括《紐約時報》和其他雜誌。[99] 唯一一篇批評的投書，是由摩根索在六月一日所寫，七月十七日才刊出，這是特奇曼的書評刊出之後兩個月。

《艾希曼耶路撒冷大審紀實》爭議的整個過程，最初是《紐約時報》在一九六三年五月十九日刊出了一篇嚴厲的批評，是檢方其中一位證人麥可．穆斯曼諾所寫，他之前是紐倫堡大審的美國檢察官，最後的高潮是檢察長顧問羅賓森所寫的一本書，以及檢察長自己的一本書，書評作者的人選至為關鍵。爭議在思辯上的低水準，很大程度上是由主要雜誌和報紙的編輯政策所決定。

在達成這些編輯政策的過程中也有內部爭議。其中一方面的努力是避免最壞的失控情況出現。當《紐約時報》接到穆斯曼諾的書評，對於編輯法蘭西斯．布朗批准出版的決定，編輯員工之間爆發了不同的意見。該報特稿編輯葛楚．撒母耳（Gertrude Samuels）發出了一份內部請願書，他曾為本古里安撰寫傳記，題為《擊倒巨人的戰士》（*Fighter of Goliaths*）；表示猶疑的一方就給壓倒了。同樣，德懷特．麥克唐納曾向《黨派評論》的編輯威廉．菲利普斯提出抗議而不果。麥克唐納告訴菲利普斯，阿貝已經在《新政治》發表了一篇抨擊鄂蘭的文章，題為〈虛假的深度〉，因此他態度是否公正很值得懷疑。他又在一九六三年七月十六日的一封信裡，向菲利普斯傳達了鄂蘭對該雜誌選擇刊出的一封投書的反應（他把信的副本寄給了鄂蘭）：

〔她說那篇評論顯示，〕「對我做爲一個人和一個嚴謹作家欠缺尊重，這是最糟的一回事，比《紐約時報》的書評糟得多——畢竟，他們沒有對我欠缺什麼考量。」她還請我告訴你不要打電話給她或寫信給她，她不想再跟PR或你或菲利普〔・拉夫〕有任何關係。[100]

菲利普斯還是把阿貝的書評寄給了鄂蘭，上面有一張七月十一日的便條，信封的郵戳日期則為七月十八日，鄂蘭覺得奇怪，把兩個日期圈了起來。

也許菲利普斯要花時間撰寫《黨派評論》對鄂蘭作出讓步的評語。在編者按語裡提到鄂蘭的書是「大膽思索」的著作，而且「引發的爭議不下於過去十年我們能想起的任何其他著作」，書中呈現的努力，來自一位經常供稿者，也是「〔本雜誌〕所代表並與之緊密呼應的知識分子社群的出色一員」。雜誌並請讀者對鄂蘭的書和阿貝的書評提出評語，卻不是把它稱為評論，而是叫做「坦然的論爭」。這些評語在當年的冬季號和一九六四年的春季號刊登了。在丹尼爾・貝爾和瑪麗・麥卡錫贊同鄂蘭的評論刊出後，鄂蘭和麥卡錫的共同意見就成為爭議焦點：「似乎《艾希曼耶路撒冷大審紀實》需要一副特殊的猶太人眼鏡，才能看到它『真正的涵義』，」麥卡錫寫道。[101]

麥卡錫這句話一般來說是正確的。但在猶太知識分子之間有很多不同意見。其中一些意見在《異議》雜誌贊助舉行的一個公眾論壇明顯可見，瑪麗・賽爾金就曾在該雜誌對《艾希曼耶路撒冷大審紀實》發表了一篇激烈的評論。在論壇上，賽爾金和阿貝這兩位猶太人的意見，跟講台上另外兩位猶太人丹尼爾・貝爾和勞爾・希爾伯格截然對立（鄂蘭和貝特海姆也都獲邀出席，但都拒絕了）。賽爾金首先指稱鄂蘭所描繪的艾希曼是無關緊要的，然後她嘗試指出猶太居民委員會對納粹的滅絕計畫並不是必要的，而鄂蘭的所謂「所有的真相」並不怎麼正確。第二位講者希爾伯格表達對立看法，辯稱歐洲猶太人拒絕面對他們面臨滅絕的現實，沒有作出積極回應。希爾伯格的話被聽眾大聲喝倒采，阿貝更憤怒地拍打講者的桌子。接著阿貝經主持人艾文・豪介紹之後發表意見，他首先喟嘆自己曾仰慕過希爾伯格的學術造詣，然後對鄂蘭的著作展開猛烈攻擊，一直飆到最高點，提出古怪的論調說，一位他沒透露姓名的朋友恰如其分地把鄂蘭稱為「虛無飄渺的羅莎・盧森堡」。貝爾的評語，很像他在《黨派評論》發表的文章，有節制而抱著尊重態度，嘗試平息紛爭。接著而來的公開討論，主要是要譴責希爾伯格；不過艾文・豪也特別抽出時間指稱，即使是無情的托洛斯基，對「人的條件」的理解，也勝過某些談到這些條件的哲學家。聽眾中沒有人站起來為鄂蘭辯護，直到艾文・豪剛結束了公開討論之後，這時鄂蘭的老朋友阿爾弗雷德・卡辛首次在公眾面前為鄂蘭辯護，結果卻引起阿貝高聲咆哮要把他趕走：「誰叫你來這裡？誰要問你的意見？」

一位猶太年輕人給鄂蘭送上這個論壇的報告，並在評語說，《艾希曼耶路撒冷大審紀實》看來挑起了猶太社群的世代衝突。[102]當諾曼・傅勒克特（Norman Fruchter）在《左翼研究》（*Studies on the Left*）發表了一篇題為〈鄂蘭的艾希曼與猶太身分〉的文章，這種衝突就暴露在公眾眼前。傅勒克特是年輕猶太激進分子的聲音，他在鄂蘭的著作中看到對於「猶太人以受害人迷思取代歷史」這種做法的反叛，同時看到其中的分析顯示，「公民責任在現代國家裡是必需的，藉以防止曾蹂躪德國的那種極權主義運動再次冒起」。他寫這篇評論時，新左派正開始普遍地把一九三〇年代的德國跟一九六〇年代的美國比較，使得老左派為之驚愕。一年前，詹姆斯．維因斯坦（James Weinstein）發表了〈高華德之後的美國？〉（Nach Goldwasser Uns?）一文，直截了當地把這種比較表達出來：「事實上，今天的美國社會跟德國在納粹統治期間以及之前的歲月有很多相似之處。」艾希曼成為了一個象徵：「從鄂蘭的描述可見，艾希曼對意識形態只有十分有限的投入，眼前很多美國官僚和軍人也是這樣。」老左派和新左派分道揚鑣，則從一九六五年爭取穩健核政策全國委員會（SANE）在首都華盛頓的遊行中可見端倪，當時卡爾．歐格勒斯比（Carl Oglesby）發表了一番演說：「想像一下策劃這場〔在越南的〕戰爭的所有那些人，那些研讀地圖，發號施令，按下按鈕，計算死亡人數的人：本迪（Bundy）、麥克納馬拉（McNamara）、勒斯克（Rusk）、羅哲（Lodge）、哥德伯格（Goldberg），還有總統〔詹森〕本人。他們都不是道德上的魔怪。他們全都是值得尊敬的人。他們全都是自由主義者。」[103]

年輕猶太激進分子，和那些在一九三〇年代曾是馬克思主義者而一九五〇年代成為反馬克思主義者的老一代猶太人，在這道鴻溝的兩面對陣叫喊；他們對以色列的政策和美國猶太人對它的支持有不同看法，對美國社會的現狀也有不同看法。這不是因為對鄂蘭的書的反應而顯露的猶太社群唯一裂縫。錫安主義者認為鄂蘭是反錫安主義的，反錫安主義者則嘗試認定鄂蘭是自己一分子。美國支持猶太教協會向鄂蘭提供保護，並打算為她辦一個公眾論壇，讓她對批評者作出回應，鄂蘭拒絕了，她寫信向該協會說：

你知道我曾是錫安主義者，而我脫離錫安主義組織的原因跟貴會的反錫安主義立場很不一樣：我在原則上不反對以色列，我只是不贊同某些重要的以色列政策。我知道抑或相信自己知道，如果這個猶太人的國家遭逢大災難，不管是什麼原因（即使是它本身的愚昧造成），都可能會是整個猶太民族最終的大災難，不管我們每個人在那一刻抱持什麼觀點。[104]

鄂蘭對反錫安主義興趣缺缺。但她對於錫安主義的一個「忠誠反對派」總是懷抱著興趣，當錫安主義的讀者體會她這個立場，她就會滿懷感激地回應。她對賽爾金為《猶太人邊界》所寫的第一篇評論感到高興：「她是我想一起討論這整個問題的唯一一個人。」因為賽爾金感情激烈地以錫安主義者身分作出論辯，然而能完全察覺到對錫安主義的兩大傳統反對勢力：「支持猶太教協會的融入主義者……以及老派的『激進分子』，換句話說，就是『多元忠誠』的反對者和『更大的國際理想』的倡議者。」[105]賽爾金隱含的意思就是，鄂蘭並不是反錫安主義者，而是國際主義者。

未解答的問題

鄂蘭的批評者所代表的眾多政治意見，就像潮水般流過或繞過她所提出的一些更重大的問題，而且都未能解答。隨著越戰升級，這些問題也在美國政治生活中陰森逼近。鄂蘭在衛斯理大學的朋友羅莎莉．柯里在一封信的結尾懇求鄂蘭：「請寫下你體會到的教訓。我們需要它，起碼我需要它。」[106]對於所謂「教訓」，在以往和今日都有很大的需要，但《艾希曼耶路撒冷大審紀實》不能滿足這種需要。

很多改革派猶太人對艾希曼一書的反應，就簡明地顯示了為什麼鄂蘭這本書不能提供「教訓」，即使對仰慕者也是如此；這些猶太人跟錫安主義沒有明顯聯繫，對美國的左派，不管是老的還是新的，也都沒有政治上的承擔。鄂蘭的一位通信者告訴她：「我必須承認，每當我走進改革派或自由主義猶太教的圈子當中，就會碰上對你的書的一種自然而來的敵意，最初是起於他們認定已故的〔里歐．〕貝克遭受誹謗。」[107]

鄂蘭對里歐．貝克的批評，把她這本書最好和最壞的一面都呈現了出來：一方面，她鼓起勇氣提出最困難的問題；另一方面則可見，她的表達方式往往有欠敏感，而且不能清晰地把問題表達出來。她對貝克的批評所惹來的敵意，顯示了這次爭議最令人困擾的問題。文字片段被人抽離原來的背景，令整本書的真確性受到質疑；而鄂蘭自己也因為不平衡的敘述而引發敵意。

猶太教祭司雷歐・貝克是柏林猶太人的領袖，也是由納粹控制的德意志猶太人協會（Reichsvereinigung）的領袖，這個協會的前身是猶太人控制的德意志猶太人全國代表機構（Reichsvertretung），在一九三九年被解散。貝克在一定程度上也為鄂蘭所敬仰，而批評鄂蘭的改革派對他的敬仰則是毫無保留的。鄂蘭利用希爾伯格那本書裡的審訊證詞，簡略描述了在她看來貝克一些有問題的行為，她卻忽略了貝克有幾次儘管有機會逃走，卻勇敢地拒絕棄他的民族而去。他在特雷辛集中營裡，是納粹所謂的「擔當頭目的猶太人」（*Führende Juden*），當他在一九四三年八月得悉奧斯威辛是處死的集中營，卻作出了他所說的「重大決定」，沒有把消息告知營裡的同胞。[108] 對此，鄂蘭寫道：

> 沒有人要求猶太領袖誓言保密；他們自願當「祕密的承載者」，原因可能是要避免驚動其他人，或是如同卡斯特納一樣，不想引起恐慌；或是出於「人性化」的考量，如同柏林的前首席猶太教祭司貝克所言，「活在被毒氣殺死的恐懼中，比什麼都慘」。耶路撒冷審判中，一名證人指出這種「人性化」考量的可怕後果——許多人自願從特雷辛遞解到奧斯威辛，並將試圖告訴他們眞相的人斥爲「失去理智」。[109]

幾句之後，鄂蘭又提到貝克在柏林最後幾個月的所作所為，指出他遵從祕密警察的要求，派遣猶太裔警察協助搜捕要遞解進營的猶太人：「貝克一類的領袖富有學養，溫文儒雅，認為猶太警察會對猶太人『更溫和，更有幫助』，能『減輕痛苦』（事實上，猶太警察對待同胞更殘酷，而且他們不易收買，因為他們自己也深陷危機當中）。」

這段引文出自《艾希曼耶路撒冷大審紀實》的修訂版，其中鄂蘭已刪掉了一句令很多讀者憤怒的話：她曾說貝克「在猶太和非猶太人眼中都是『猶太納粹頭子』」。希爾伯特可能是鄂蘭這方面資料的來源，他提到艾希曼的助手迪特．威斯利策尼（Dieter Wisliceny）曾把貝克稱為「猶太納粹頭子」，但他並非默示這個稱號有其他人用過，不管是猶太人還是德國人。[110]鄂蘭說出這樣的話，帶有可怕的弦外之音，對於在評論中往往被譽為「聖人」的貝克來說，鄂蘭給他這樣的標籤無論如何都是不智的；鄂蘭的反諷筆法往往引來譴責而不是辯論，這就是其中一個例子。

另一方面，貝克的辯護者也沒有指出他在柏林或特雷辛的行為，曾被希爾伯格、審訊證人和鄂蘭以外的其他人批評過。她的系列報導在《紐約客》開始刊出後不久，鄂蘭就出乎意料地收到蕾查．傅萊爾一封長信表示讚許，這位猶太教正統派祭司的妻子一九三二年在柏林成立的一個機構後來發展成為青年遷徙組織，鄂蘭在巴黎時就曾為這個組織工作。傅萊爾後來移居以色列，她告訴鄂蘭，最近正在編寫一本關於青年遷徙組織的書的英文版，名為《讓孩子們到來》（*Let the Children Come*）。原來的希伯來文版包含了傅萊爾對貝克的批評，但出版商韋登菲德與尼可爾森（Weidenfeld and Nicolson）告訴她，在英文版中部分段落要刪除，以免招來誹謗官司。傅萊爾告訴鄂蘭，她自己那本書的參考資料，包括了德意志猶太人協會和貝克的一組通信，存放在以色列猶太大屠殺紀念館；她表示會把信件複印本寄給鄂蘭，而實際上也寄了幾頁她認為特別重要的。「這裡的美國猶太人和德國猶太人以及他們的同道人，對我用盡了各種詆毀和威脅，因此我想到了要給你寄上這些資料，可以用來寫一篇後話，放在你的系列文章後面。」傅萊爾據信已寄出的幾頁資料始終沒有寄達鄂蘭那裡。鄂蘭在信件下方補記了一筆：「以色列在實施郵件審查。」[111]

其他人寫到貝克在特雷辛的經歷，跟傅萊爾不一樣，他們是要為貝克辯護。曾在《建構》猛烈攻擊鄂蘭的阿多夫．勒史尼塞（Adolf Leschnitzer）就是一個例子，他為貝克對奧斯威辛實況保持緘默作出道德辯解。他首先指出，貝克想到「不一定所有人會被處死」，他又認為貝克就像一個醫生，決定不把所患疾病的真實本質告知病人。雅各．羅賓森談到了貝克的決定（他指稱鄂蘭把它誣稱「罪行」）和勒史尼塞這個比喻，然後總結說：「雖然這樣一個決定有論辯餘地，卻不能逕行施以譴責。」[112]可是這兩位為貝克辯護的人都沒有作出什麼論辯。

戰後不久，田立克就提出了一種說法，被艾伯特．傅里德蘭德（Albert Friedlander）引用於〈特雷辛的教師〉（Teacher of Theresienstadt）。「沒有人可以對集中營裡的事件作出完全的判斷，」田立克說：「可是，從某方面來說，我會批評貝克沒有把他擁有的資訊最後一點一滴都透露出來。如果他知道奧斯威辛表示必死無疑，他就應該說出來，存在景況的完整真相應該隨時隨地可以獲知，就像一個無法挽救的病人應該被告知全部真相。」[113]勒史尼塞和羅賓森只是停留在田立克所設定的論辯框架裡面，而且他們根本沒有嘗試作判斷。他們都沒有考慮到鄂蘭所引述的證人證詞，正是這些材料令醫生的比喻變得不適用：醫生和病人並不是要作出決定到底要不要死，抑或是否自願被遞解到冥府（希爾伯格指出，在一九四五年五月特雷辛集中營共有一萬七千三百二十個倖存的猶太人）。[114] 鄂蘭提出了真正的道德問題，雖然她那些不必要的反諷和錯誤的引文把問題模糊了。她的批評者卻沒有把問題抓住。

另一方面，鄂蘭知道身為祭司的貝克聲望很好，對他的信仰和堅毅表現也很欣賞。當她昔日的學生阿爾弗雷德·傅里德蘭德（Alfred Friedlander）邀請她在一九六三年七月到哥倫比亞大學向學生演講，她就公開讚揚了貝克。「在超過兩小時的時間裡，」傅里德蘭德報告：「她清晰而中肯地回答問題，表現出她的知識以及對猶太歷史和一般歷史的體會。她對猶太人和他們在希特勒當權期間的悲慘遭遇表現出溫厚的感情，又對她那本書做了一些補充（她高度讚揚了雷歐·貝克）。」[115] 可是問題仍然存在：她見諸文字的敘述沒有獲得平衡處理。她書中顯而易見的是她對貝克的舊日批評，這種批評是她在柏林最初認識貝克時就形成的。戰後，她寫信跟布魯曼菲德談到在紐約遇上的幾個集中營倖存者，包括了貝克：「我碰上貝克並跟他談了起來，他令人讚歎，總是屹然不動，堅定不移。他所談的跟一九三二年時一樣：希特勒迫害猶太人——為什麼？當然是因為他們的才能，猶太人的才能；還有，一個猶太人永遠不能像其他普通人一樣。簡單來說他所說的就是，昔日和今天融入主義者習以為常的沙文主義老調；還有什麼我們〔猶太人〕又再處於人類命運的核心云云。」[116]這個舊日印象隱然出現在鄂蘭今日的批評背後，譬如貝克以為猶太警察由於本身是猶太人，會對同胞比較溫和，鄂蘭卻說他們「當然」不是，這太過尖銳也太過一概而論；又譬如她用上了「納粹頭子」一詞，藉此標誌貝克把自己的民族抬升到其他人之上，殊不自覺這樣帶有自毀性，可是她沒有解釋清楚。

鄂蘭認為貝克對自己民族的態度在道德和政治上都是錯的，她自己的立場就是，「我自己的民族所做的錯事，自然比起其他民族所做的錯事更令我傷心」，兩者的差距從某個角度來說並不那麼大：都是期望自己的民族有道德上的行動，並重視不平凡的作為。可是貝克的道德標準是固定的，跟「神所挑選的子民」連繫起來；鄂蘭卻不是這樣。因此她就會被指責（事實上經常被指責）是「猶太自我憎惡者」，對自己的民族抱持「雙重標準」。貝克在一個宗教傳統裡說話和行動；鄂蘭雖然有深厚的宗教信仰，卻從來不接受貝克一九四〇年在柏林向學生提出的教條式解釋：「任何懷抱著強烈道德思想的人走到人類中間，受迫害就是他的命運。……以色列是神的僕人，背負著對全人類的責任。因此是遭受苦難的僕人。」[117]「宗教和哲學之間的真正差異，」鄂蘭告訴她的一個學生：「就在於道德主張的表述方式。宗教的表述總是命令式的，並不倚賴理性，要求絕對的、不容爭辯的服從；〔哲學的〕道德律令實際上從來不是什麼律令，即使哲學家要把他經理性思考的願望施加在那些不思考的人身上——比如像柏拉圖。至於康德，他思考的是一種基本的非宗教道德觀，以人類理性的絕對自主為基礎。康德的道德觀就是實踐理性。在他所謂『定言令式』背後的真正律令就是：不要自相矛盾。這顯然就是思考的基本規律，也就是理性的指令。」[118]鄂蘭對一九六四年三月在紐約市立學院希爾會堂聽她討論《艾希曼耶路撒冷大審紀實》的學生說（據一位聽講者的筆記）：「行為的正當性是無法證明的。柏拉圖體會到這一點，於是他使用未來賞罰的迷思，做為一種說明政治目的的謊言：利用獎勵和懲罰讓那些不能理解真正理性的人正當行事。基督教教會在扮演一種政治組織的角色時也使用同樣的迷思，而且基於同樣原因。今天宗教權威瓦解之後的考驗就是，我們的心智是否成熟到那麼一個程度，可以回過頭去理解正當行事的真正原因……（也就是，）寧人負我，勿我負人；也就是一個人不能活在滿心罪責當中，尤其是不能發生在自己身上……就像柏拉圖在《高爾吉亞篇》（*Gorgias*）和《理想國》指出的。」[119]如果鄂蘭在書中弄清楚她關切的是她後來所稱的「獨裁統治之下的個人責任」，而不是對神的旨意的任何個人詮釋的順服，一些批評者就可能像聽她談及這個問題的學生，會尊重她的立場。個人對具體判斷所負的責任，跟聽起來可能很傲慢的所謂所有人的責任，其間的差距是很大的。

§

當鄂蘭開始回應她在書中提出卻沒有回答的問題時，她在芝加哥大學所講的課就包括了「基本道德哲學命題」等，後來在紐約社會新學院還有「論道德規範」。但她的書所引起的爭議令她在工作上舉步維艱。她受到分心；暴露在公眾目光下，「對我和我的生活方式是頭號困擾」。[120]然而令她最為沮喪的，還是爭議的低水準，幾乎缺乏任何智性實質。她寫書評，做筆記，在政治反思之餘抽時間重讀聖奧思定以及她自己所寫的以德文出版的《聖奧思定的愛的概念》，考慮修訂後把它重新以英文刊行。可是她內心無法平靜下來，讓她能對「政治道德觀」進行持續哲學反思。就在這個時候，曾對她的書寫過負面書評的亞瑟．赫茲伯格（Arthur Hertzberg）給她寫了一封信，談到雅各．羅賓森一九六六年出版的《歪曲的務須糾正》，他的信令鄂蘭對糾纏內心的爭議提出了最坦然的表白。赫茲伯格寫道：

> 我想讓你知道，經過進一步反思，我相信他那本書是愚笨的，而我在《報導者》（*The Reporter*）雜誌所說的話是錯的。我認爲有値得討論的問題，而大部分你都提出了，可是迄今的討論跟問題極其莊嚴的性質和你分析的認眞態度不相稱，你更受到幾乎所有人相當不公平的對待，包括了我寥寥數段的話。[121]

拉克對羅賓森那本書所寫的書評，鄂蘭作出了回應，在《紐約時報書評》引來大量讀者投書，鄂蘭還在疲於奔命的回覆，此刻赫茲伯格的來信令她感激萬分：

> 你做了幾乎從來沒人做的事；這是期望之外的，所有給搞砸了的事現在重回正軌了。……我原

> 來希望出現眞正的爭議，但你也知道實際發生的是什麼。如果我〔因那些更大的問題〕受到攻擊而回答說：這不是我的任務，這只是一項報導，這樣說只有部分眞確。整體眞相是，我寫這本書時自己也不知道那些答案。[122]

鄂蘭知道，問題的中心點應該是在書的副題——〈邪惡的平庸〉。「親眼所見的」艾希曼讓她領會到，她高估了「意識形態對個人的影響」。她的結論是，對艾希曼來說，「滅絕行動本身比反猶主義或種族主義來得重要」。[123]她指出，對這個人來說，納粹那種致命的邏輯，重要性比不上他在其中獲得心靈安頓的那個運動，鄂蘭拋棄了《極權主義的起源》中指向納粹的不可理解本質的那個概念——「根本之惡」。她這樣做的同時，也讓自己從長期纏擾著她的夢魘解脫出來，她不再活在陰影之下，認為妖怪和惡魔策劃了數百萬人的謀殺行動。她在書的最後一句說，邪惡的平庸是「可怕而無法言傳無法思考的」。但它的存在並非證實了人類本性中原來就有邪惡的元素，因此它不構成對人類的一種控訴。

在她的報導中，鄂蘭談到艾希曼的良心怎樣變得麻木了，這表示她假設他是有良心的，像其他所有人一樣。她用政治語言重新表述了盧梭有關人性的名言——「對同胞受苦有本能上的厭惡」：她表明艾希曼「對罪惡有本能上的厭惡」。[124]後來她體會到她否定了惡行生於人之性惡的想法——即人類做了壞事是因為本性邪惡。鄂蘭一九六六年撰寫貝恩德·諾曼（Bernd Naumann）的《奧斯威辛》書評時，談到書中所敘述的納粹集中營官員在法蘭克福受審的情況，指出那是「沉溺於廣泛的概括，包括人類的邪惡本性、原罪、人類與生俱來的『攻擊性』等一般問題，還有德國國民性格的具體問題。……不管怎樣，有一點是可以肯定的，而這是令人不敢置信的，那就是說，在奧斯威辛集中營裡，每個人可以自己決定要為善還是作惡。……而作出決定的因素，不在於你是猶太人還是波蘭人還是德國人，也不在於你是否納粹親衛隊成員」。[125]

法蘭克福納粹大審確認了鄂蘭在耶路撒冷大審達成的判斷。並不是什麼心理病態或魔性，而是相當表面化的因素，決定了集中營官員的取捨：在他們正執行的集體謀殺行動之上，到底要加上他們個人的殘暴，還是加上一點仁慈——抑或兩者兼而有之。

> 雖然被告臨床上屬於心理正常，但奧斯威辛的主要人性因素是虐待狂，而虐待狂基本上出於性慾。……奧斯威辛集中營裡跟人性有關的因素，其次最重要的，肯定純粹出於情緒。……彷彿不斷轉變的情緒吞噬了所有具實質的東西，像穩定的個人身分、爲善作惡的意念、溫柔與殘暴的取捨、選擇做一個「理想主義」白痴還是一個憤世嫉俗受性衝動驅使的行爲反常者。被判其中一種最重刑罰的人——無期徒刑另加八年——有時也可能是給小孩派發香腸的人；貝納勒克（Benarek）完成了把被囚者踐踏至死的專有行刑方式後，回到自己房間就禱告起來，因爲這時候他回復適當情緒了；曾讓數以萬計的人送死的醫療官員，可能會拯救一個在他母校念書的

婦女，讓自己在回憶中回到年輕歲月；一個生了孩子的母親可能獲送鮮花和巧克力，雖然她明天早上就要被送去毒氣室。……死亡是奧斯威辛的至高統治者，伴隨在側的是意外——最粗暴的、任意的胡作非為，都融入了死神僕人的變幻情緒中，被囚者的命運就由此決定。

根本之惡的三種特質，反覆出現在《極權主義的起源》、《人的條件》和《論革命》三本書的討論裡。首先，它是無法懲罰的，因為沒有刑罰是足夠或與之相稱的；第二，它是無法寬恕的；第三，它是無法理解的，因為源於卑賤得無法想像的動機。艾希曼的大審令最後一種特質面臨疑問。對於某些群體或階級，對於極權主義進行毀滅的整部機器，對於想證明「無事不允許，一切皆可行」而遭遇反彈的極權主義謀殺者，鄂蘭曾用上「多餘」的概念來分析。在《艾希曼耶路撒冷大審紀實》中，她把這個概念用在動機之上：當動機變得多餘，邪惡就是平庸的。

鄂蘭並不否認行動可以出自卑劣的動機。她談到「深思熟慮的惡行」，並將它跟邪惡的平庸或動機的邪惡區別開來。當一個壞人，像莎士比亞劇中的理查三世（Richard III），跟自己說「你口中的惡是我眼中的善」時，他仍然可以分辨善惡。壞人的動機雖然卑劣，卻不是無法理解的——「深思熟慮」這個形容詞就說明了這一點。[126] 當鄂蘭告訴舒勒姆「邪惡永遠不會是根本的」，她沒有否認邪惡的存在；她只是暗指即使邪惡也不是根本的，不是源於無法理解的罪過或原罪。

事實上我認爲邪惡永遠不是「根本」的，只是程度極大，我更認爲它沒有深度，沒有魔力的厚重度。它可以蔓延，覆蓋整個世界，就是因爲它像菌類在表面滋長。就像我所說，它是「令人無法思考」的，因爲思考總是試著達到某種厚度，要觸及根源，一旦它想到了邪惡，它就感到挫折了，因爲一無所有。這就是「平庸性」。具備深度的只有善，它才可以是根本的。[127]

根本之惡的概念，令人想起摩尼教（Manichaeism）或靈知派（Gnosticism）的教義認定善與惡二者是宇宙的根本，而它們是獨立的，是出現在宇宙和個人身上的善惡交戰的源頭。當鄂蘭否定這種概念，她走向西方傳統上主要的另一種看法：惡只是善的淪喪；魔鬼是墮落的天使而並不是被創造出來的邪惡。儘管鄂蘭敬仰聖奧思定這位最偉大的前摩尼教教徒，她卻不是神學家，連聖奧思定方面的神學家也不是，她用世俗的說法來解釋邪惡乃出於墮落的本質。她並不同意柏拉圖所說的，對善的認知就是實踐了善。她所主張的是，思考可以形成一種制約條件，使人免墮於惡行，因為判斷善惡的能力是思考行動的副產品，不過要等到她的最後著作《心智生命》，她才開始鋪陳她的進一步想法：不思考如何排除了判斷，窒礙了我們都具備的分辨是非能力。

葛倫．格雷是其中一位最敏感、哲學上最敏銳的讀者，他馬上明白了鄂蘭所描繪的艾希曼的特殊意義。他在一九六三年三月二十三日寫道：「你也知道，戰時和戰後我要審問數以百計的納粹官員，而他〔艾希曼〕看來很符合他們那種模式。根本不是什麼『邪惡之人』的浪漫化圖像。」然後，進一步反思之後，他又寫道：「所謂〔邪惡〕沒有形上學的現實性或深度，這是我跟你見面時想要挑戰的想法。我的印象就是，較諸你其他想法，這都更具柏拉圖的意味。雖然在艾希曼這個例子裡你這個論點令我滿意，如果受審的是戈培爾，我懷疑你〔這本書〕是否會用上這個副題。」[128]雅斯培也有類似的保留態度：鄂蘭是否從一個邪惡的平庸的事例，太快地轉移到邪惡的一般性概念？他理解她的立場：「好的，這裡你對靈知派下了定評。你站到康德的一邊。他〔修正了他有關『根本之惡』的概念〕而表示人不可能是魔鬼。我看法跟你一樣。」然後在另一封信中，雅斯培提出了他的問題：「我認為，這個意念是有啟發性的，而做為書的標題是惹人注目的。它表示：這個人的邪惡是平庸的，而非邪惡是平庸的。……用這個意念來描述艾希曼時，『什麼是邪惡』的問題仍然在背後存在著。事實上，在我看來，你〔對舒勒姆〕的答案既是太強又是太弱了。好的，你前來探訪時我們可以辯論一番，直到大家都滿意。」[129]

不幸地，他們沒有留下辯論這個問題的紀錄。鄂蘭沒有放棄她所主張邪惡永遠不是根本的，但在著作中只提供了平庸性的進一步說明，並沒有徹底的辯論。比方說，她從來沒有從哲學上解釋她那種反佛洛伊德的觀念，認為虐待狂儘管「基本上出於性慾」，卻並不是根本的，雖然她在《論暴力》提出了論證支持她的信念，認為暴力「既不是野蠻也不是非理性的」。[130]看來，她對於這種說法的一般性有所保留，因為她在一次對話中向麥卡錫承認，她認為在《艾希曼耶路撒冷大審紀實》中她認定為「最終解決方案」真正策劃者的萊因哈德．海德里希（Reinhard Heydrich）是絕對的邪惡。但鄂蘭還是從她達成的立場上繼續作出概括論述，並且在很多公開表述中表明它的意思：「有一種廣為流傳的理論，我〔在《艾曼耶路撒冷大審紀實》中〕也有表述，指稱那些罪行是人類無法作出判斷的，也完全突破我們的法制框架。」[131]她現在就推翻了那種理論。

在鄂蘭的結論後面，還隱伏著她對根本之惡其他兩種特質的漫長反思。她沒改變的觀點是，極端的邪惡，不管視之為根本之惡或平庸之惡，都是無法懲罰和寬恕的，但她將這種看法的基礎轉移了，而這方面的助力來自《人的條件》其中一位最熱心的讀者——詩人奧登。

奧登讀了鄂蘭的書，驚歎不已，打電話謝謝鄂蘭，還寫了一篇書評。「有時候，」他說：「我會碰上一本書，它給我的印象就是，彷彿專門為我而寫……它看似正好解答了那些我向自己提出的問題。」[132]可是，《人的條件》也令奧登產生了問題，他私下向鄂蘭發問，希望他們的相熟關係能因此發展成為友誼。鄂蘭接受了奧登的問題，並接納他在一九六〇年二月十四日一封信中提出的邀請，前去參加他的生日派對。鄂蘭寫了一封很謹慎的信，可能看到奧登能提出問題而鬆了一口氣，因為他那篇過於熱情、毫無質疑的書評令她感到不舒服，就像她讀後向麥卡錫承認的：「現在我〔比他打電話來時〕更尷尬了。不知怎麼的我覺得自己完全不適合扮演作者的角色，這是缺乏寫作概念的一個簡單狀況。」[133]

在《人的條件》裡，鄂蘭曾聲稱，我們原諒了「所做的事……基於那是誰做的」，奧登發現這種說法是有問題的。鄂蘭承認：「當我說我們原諒了所做的事是基於那是誰做的，我弄錯了。……我可以原諒某人而沒有原諒任何事。」[134]比方說，鄂蘭原諒了艾希曼，卻沒有原諒他任何的所作所為，而她知道她要清楚表明為什麼她否定這種可能。《艾希曼耶路撒冷大審紀實》以她的這個答案作結：

那爲了便於討論，我們在此假設，你之所以變成這個大屠殺組織中一個聽話的屠夫，完全是出自壞運氣，但這不影響你執行、從而支持大屠殺政策的事實。因爲政治不是兒戲，在政治中，服從就等於支持。正如你支持並執行屠殺命令，拒絕與猶太人和其他民族共同分享這個世界一樣——好像你和你的上司眞有權決定誰應該或不應該在世界上存活——我們認爲，沒有人，也就是說，全人類中沒有任何一個成員，願意和你共同分享這個世界。這就是你必須被處死的理由，也是唯一的理由。[135]

即使那個人在個人層面是可以原諒的，即使有什麼辦法可以證明他的「內心」並無犯罪意圖，既然他決定遵從並執行了集體謀殺的政策，就是不可原諒的：這個決定表示，他拒絕跟猶太人和其他人「分享這個世界」。

鄂蘭艾希曼一書的結束，被很多批評者認為是傲慢的；她被指稱否定法庭的判決，而以自己的判斷取而代之。鄂蘭自己卻相當清楚她事實上接受了法庭的判決，而跟任何關注其事的人一樣有權提出自己的判斷，她因此只回應了另一種的批評。一個德國通訊員問她一個更微妙更令人感到絕望的問題：難道你不認為數以百萬計的人對於跟艾希曼或類似的人分享世界並無疑慮？她回答：「我的意思不容易用英文表達，我是說，不能期待有人能合情合理地〔跟艾希曼分享世界〕。如果很多人不知道這是一個不合情理的期待，並不表示我的說法就被否定。」[136]

奧登質疑鄂蘭有關原諒的概念，然後迫使她作出另一方面的區別。鄂蘭曾聲稱，「原諒以外的另一種做法就是懲罰，儘管這不是原諒的反面做法；而這兩者的共通點在於，它們都嘗試終結某些如果不經干預就會持續下去的事。因此很值得注意的是，在人類事務的範疇裡有這樣一種結構性因素：面對無法原諒的就不可能施以懲罰，而他們不能懲罰最終是無法原諒的事。這是自康德以來被稱為根本之惡的那類過錯的最大特徵。」這一番話引起奧登建議在原諒和法律上網開一面之間作出區別。「只有對法律上的開恩來說，懲罰才是必然的另一做法，」鄂蘭承認：「在這一點上你完全正確（而我完全錯了）。我當時想到的是，紐倫堡大審面對的巨大罪行，超越了一切可能的懲罰。」[137]對於一個你不能原諒的人可能無法施以充分的懲罰，但如果你必須懲罰一個人，你就不能在法律上開恩——不管懲罰是否充分。由此而來的結論就是，反對法外開恩的辯論，必須伴隨著「你必須被處死」的要求。因此，即使法制架構承受著「以行政手段推行的屠殺」這種全新罪行的壓力，問題是在於它不可原諒，而不在於它無法懲罰。鄂蘭間接承認了這一點。當以色列將艾希曼處以絞刑時，鄂蘭的書剛寫到一半，她告訴麥卡錫：「我很高興他們絞死了艾希曼。不是因為這關乎重要。只是我覺得，如果他們不把事情推衍到唯一的邏輯結論，他們就會令自己變得徹底的十分可笑。」[138]絞死並不充分，但還是要表明那是不可原諒的。

§

在哲學上和法律上來說，「邪惡的平庸」的概念都是難以理解的。不過在政治上就比較簡單。政治的其中一種最普遍的迷惑，就是政治上的惡可以產生善果，而較小的惡在某種情況下就是善，或在未來就是一種善。在概念上來說，這是從另一角度表明了「惡不過是善的淪喪……，」鄂蘭在《論暴力》寫道：「一種隱藏著的善暫時呈現出來的狀態。」[139]只有在罕有的信心和極大的自豪之下，抑或兩者兼備，我們才能避過誘惑，才能不以手段上的惡來追求結果上的善。就像鄂蘭談到教宗若望二十三世：

> 他總是滿足於「從一天活到另一天」，甚至「從一刻活到另一刻」，就像田野裡的百合花。他現在為他的新國度（天主教教廷）設下了「行為基本法則」：「對未來不懷抱任何關切」，「不為任何人做準備」，並且「不要滿懷信心和隨意地跟任何人談到未來」。是信心的力量，而不是理論（不管是神學或政治理論），令他免於「對惡行有絲毫縱容，期望為惡亦有助於人」。[140]

拒絕縱容惡行，和拒絕聲稱對未來能有所知，是一體兩面的事：正是對未來之善的願景，往往跟歷史的必然和上帝意旨的詮釋連繫起來，會令好人受到誘惑而接納邪惡手段。如果邪惡是平庸的，那麼要為未來之善而涉足於惡，就不必基於什麼本性上的缺失或原罪。鄂蘭在為《展望》（*Look*）雜誌訪問所準備的一組筆記中，清楚表現出她對這些問題的理解：

> 「邪惡的平庸」跟惡行可以產生善果的概念是對立的；邪靈會爲了善果而無惡不作；而當魔鬼被視爲墮落的天使，表示最好的是最有可能變成最壞的；黑格爾的整套哲學建立在「否定之力」，譬如從必然性引出自由的領域。歐洲的錫安主義者（跟美國錫安主義者的觀點不一樣）往往認爲反猶主義的邪惡，對猶太人的美好結局是必需的。就像一位知名錫安主義者在寫給我的信中討論原來的錫安主義論點而表示：「反猶主義要消滅猶太人，而猶太人的國家卻要接納猶太人，這是完美配對。」認爲我們可以利用敵人帶來救贖，這一直以來就是錫安主義的原罪。[141]

為了同一個訪問，鄂蘭也在筆記中列出了用來為猶太居民委員會辯解的一系列論點：

一、「如果你面臨死亡，更好的做法是由你的同胞作出取捨。」——我不同意：由納粹進行他們自己的謀殺行動遠遠好得多。二、「我們犧牲一百個受害人，可以救回一千個人的性命。」——對我來說，這聽起來就像以人類爲犧牲品的最終一種做法：挑選七個處女來獻祭，平息諸神的憤怒。好吧，這不是我的宗教信仰，也很肯定不是猶太教的信仰。三、最後，兩害相權取其輕。結果：好人做最壞的事。

這三項論點都隱含在《艾希曼耶路撒冷大審紀實》中，但鄂蘭在書出版後才對它們加以反思。她在私下坦承，她不知道她的著作包含她還未想得通透的隱含意義：「寫作這本書對我來說是『遲來的治療』。而〔像你所說的〕它確實是舉步走向『締造一種新政治道德觀的基礎』，雖然出於謙虛我從來沒有這麼說。」[142]

憑著這些邁向一種「政治道德觀」的筆記，鄂蘭開始將「邪惡的平庸」的概念跟較早她在《論革命》重新構建起來的兩種想法連繫起來。第一，她將它連繫上她的行動觀，認為如果把行動理解為「不把雞蛋打破就做不成煎蛋餅」的創製動作，那麼行動就走上邪路了，因為行動不是目的與手段的問題。第二，她把這個概念跟她對領袖的歷史研究連繫起來，她發現有些領袖傾向於「手段可以因為目的而合理化」的做法，因為他們脫離了民眾，失卻了只有在一個公開討論的共有世界中才能具備的共同體會。她的批評者嘗試為猶太居民委員會辯解的方式，令鄂蘭認定了她在反思中的第二種想法。比方說，她對於雅各．羅賓森的辯解大感驚愕，在寫給《紐約書評》的信中表現了出來：

> 羅賓森的主要論點在兩個句子中表現出來：第一，「從法律和道德上來說，猶太居民委員會的成員都不能被認定爲他們的納粹統治者的共犯，就像一位商店店主被人用槍指嚇而把店內物品雙手奉上，他不能因此被視爲是劫匪的共犯」。用於猶太居民委員會身上的最壞想法，莫過於指稱他們彷彿「擁有」猶太人的生命而棄之不顧，據我所知沒有人像羅賓森先生那樣膽敢走到這個地步。……〔在他書中幾頁之後〕又聽到了第二點，據稱任何人「接受委任進入居民委員會……都是出於責任感」，那麼他們就不是被槍指嚇了。羅賓森先生的第二個論點成爲了爲猶太國家統治集團說話的作者的共同論調。[143]

鄂蘭從來沒有質疑像雷歐．貝克這類加入居民委員會的人的「責任感」，她所質疑的只是：伴隨著這種責任感的，是否一種良好的判斷，了解什麼才是對所有猶太人最好的做法。

§

鄂蘭的「邪惡的平庸的報告」，對她在政治道德觀方面的寫作構成了障礙。可是鄂蘭不是要寫一部《道德論叢》（*Moralia*）。她的目標是寫作像康德《判斷力批判》的政治哲學版，因為她認為，固定的道德規條沒什麼用處。她在一九六四年題為〈獨裁統治下的個人責任〉的演講中指出了箇中原因。鄂蘭談到那些拒絕跟納粹合作的人，並宣布了她後來在《心智生命》中談到的主題：

那些拒絕參與的人，被大部分人指稱不負責任，事實上他們是唯一能夠自行判斷的人；而他們能這樣做，不是因爲具備更佳的價值系統，也不是因爲舊日的是非標準仍牢牢根植於他們的內心或良心，而是，我會說，他們的良心不是在自動操作模式之下——就像有一套學習而得或與生俱來的規則，當具體事例出現就派上用場。……他們的判斷標準，我認爲是不一樣的；他們問自己，在做了某些事之後，多大程度上還能安心活下去。……這種判斷的先決條件，不是高度發展的智力或道德教養，而只不過是坦然面對自己的生活態度，也就是說，是個人與自我之間的靜默對話，自柏拉圖和蘇格拉底以來這通常被稱爲思考。……在希特勒統治下體面社會的整體道德崩壞，給我們帶來的教訓就是，在這種情況下仍然可信賴的，不是懷抱著某些價值並謹遵道德規範的人。……遠遠更值得信賴的，倒是那些抱有懷疑或疑慮甚深的人；不是因爲懷疑論者是好的，抑或懷疑態度是有益的，而是因爲〔那些人〕習慣了〔審視事物，自作決定〕。那些最好的人，就是懂得不論發生了什麼，只要我們活著一天，就注定要跟自我一起過活。[144]

當鄂蘭開始思考「政治道德觀」時，她體會到背後有一股驅動力，不光是無論如何要行善做好事，還要把善體現在自己身上，也就是把道德體現出來。那些具「高度發展智力」或「道德事務教養」的人，可能包括撰寫倫理著作的人，他們很可能在道德系統的引導下做出錯誤判斷。在一九六六年鄂蘭寫到布萊希特的這種情況：「行善的誘惑著實可怕」。她指出，布萊希特因為決意行善並幫助被踐踏的人，因而與邪惡結盟，他為了自己的糟糕判斷付出代價，喪失了自己的詩人天賦（「詩人的真正罪惡從詩歌之神獲得了報應」）。她辯稱布萊希特一直了解在史達林掌權之下俄國革命發生了什麼事，可是他對革命的寄望令他誤入歧途。對他偏離正道的熱情，布萊希特自己提出了一種懲罰方式：「在他身後出版的《墨翟》（*Me-ti*）一書裡……〔布萊希特〕提出了一種對誤入歧途的『好人』的裁決。『聽著，』審訊結束時他說道：『我們知道你是我們的敵人。因此我們要你站在一堵牆前面行刑。但考慮到你的優點和美德，那將會是一堵好牆，而我們會用好的槍和好的子彈來射殺你，然後我們會用好的鏟子把你埋葬在好的泥土裡。』」[145]

好人要避免犯錯，所需要的遠多於同情心，或見諸法國大革命推動者和他們的現代繼承者身上的那種「同情的狂熱」。鄂蘭開始尋找有些什麼人物實例，是沒有試著為善而結出善果的。在較後來的人生階段，她寫了短小的摘要，講述其中一個最好的芝加哥大學學生威廉．歐葛雷德（William O'Grady）的經驗，這個學生曾寫信跟鄂蘭談到他如何致力「做一個很好的人」。

當你提到「善」，我不是很曉得你說的是什麼，但我知道，期望為善的誘惑，遠遠大於期望行事具備「智慧」。而那正是我們不能主動「做到」的。〔就如《聖經》所說的：你施捨的時候，〕「不要叫左手知道右手所作的」，就是統御這整個領域的格言。你也許知道猶太教《塔木德》裡的那個故事，講述上帝因為三十六個義人的緣故而沒有毀滅世界。沒有人知道那些義人是誰，他們更不會知道自己就是義人。每一種自我認知都是毀滅性的。因此，如果你嘗試反思，不要對自己反思。「不要信任故事講述者，信任故事本身就好了。」146

當鄂蘭轉向《艾希曼耶路撒冷大審紀實》所提出而尚未解答的問題，她開始把自己的「遲來的治療」跟她對判斷的關切明確連繫起來。她先前所說的「愛這個世界」那種人生態度，因而變得更加豐富，因為她開始探索這種態度所需要的「心智生命」。鄂蘭體會到，思考的內在和諧，即她所說的「我和自己的對話」，出現在判斷之前，並為判斷提供它的對象。這樣的思考，預設了一種從世界的人類事務後退一步的能力，也就是從自己的右手對世界所做的後退一步。不是為了沉思，而是尋索意義，要講一個有意義的故事。鄂蘭不是在某個意義上跟世界和解了，不，她容忍或原諒邪惡之事，或不再覺得它恐怖；但她體會到，在尋索人類行為的意義時，隨著我們審視過去的邪惡，我們可以贏得所有可贏得的——能作出判斷的殊榮。鄂蘭在《極權主義的起源》把和解拒諸門外，認為那是對極權主義的寬恕，但她在一九六八年談到故事講述者伊薩．迪內森的一篇文章，所說的卻是：

「所有哀傷是可以承擔得來的，只要你將它放進一個故事，講一個有關它的故事。」故事把意義揭示出來，否則我們所看見的就只是令人無法忍受的一連串發生的事而已。「那個靜靜地從正面肯定一切的天才」從故事透顯出來，也同時是真正信仰的天才——由死者至親誦念的猶太教悼念禱文「卡迪什」（Kaddish），所說的就只是「他的名爲聖」；因爲故事中體現的想像的重複，所發生的變成了〔迪內森〕所說的「命運」……所有她的故事實際上都是「命運的軼事」，它們重重複複地訴說最終我們擁有作出判斷的殊榮。[147]

在《極權主義的起源》一九五一年的前言中，鄂蘭嘗試在她所講的故事中尋找一些指引，即使那可能只是負面的。她在反思中想到，也許「根本之惡」的出現，會把我們認為人類會有所不為的錯覺砸個粉碎。她也曾嘗試憑著她面對現實的強大衝勁，把過去的邪惡視為未來之善的助力。可是在她寫完了《艾希曼耶路撒冷大審紀實》之後，她促請記者、史學家，以及尤其是別具詩人想像力的人，從事另一項任務。「用以追求歷史真相的方法，不是檢察官的方法；而守護事實的人並不是為特殊利益群體服務的官員——不管他們所聲稱的利益如何合乎情理——反倒是記者、歷史學家，以及最終而言是詩人。」[148] 世間事實，不管怎樣恐怖，都必須保存下來，不是為了「以免我們淡忘」，而是我們必須作出判斷。保存事實和判斷並不因此為過去提供辯解，卻揭示其中的意義。就像她一次談到奧登時所說，鄂蘭變得「頗為信服的想法就是，一如古希臘的詩人，諸神把不愉快和邪惡的向人類丟過去，就是為了讓人類能講他們的故事，唱他們的歌」。[149] 也就是說，他們能夠作出判斷。為了表明「遲來的治療」讓她領會到了判斷的價值以及判斷所能帶來的和解，鄂蘭往往會引用奧登悼念葉慈的詩的這一部分：

跟呀，詩人，跟到底
一直跟到黑夜見了底，
用你那不羈的嗓音
試著逗我們開心；

透過栽種一首詩
種出咒語一園子，
隨著悲痛從心中爆破
高唱人類失敗的哀歌。

在內心的荒漠之中
讓那治療之泉啓動，
在他們被囚的日子
教導自由的人讚美就是如此。[150]

第四部

1965～1975

鄂蘭要學習怎樣活在《艾希曼耶路撒冷大審紀實》帶給她的好好壞壞的名聲當中。讚賞、譴責和誹謗透過郵件和媒體如雪片般飛來。她在一九六〇年代是一個公眾人物，儘管這非她所願。她也肩負前所未有的更多教學任務，先是在芝加哥大學的社會思想委員會，然後是一九六七年之後在社會研究新學院的研究院。從一九六三年到一九七一年，她是文章作者而不是書籍作家。跟其他生涯階段比較，這段時間裡她的著作一方面更傾向於直接的話題，因爲她想談到美國政治生活的轉變；一方面理論上的創新則減少了，因爲她在文章中採用已探索到的概念。

做爲評論者和書評人，鄂蘭像一個記者所說，成爲了「左右輿情的首要人物」。[1] 這類人物就是爲《紐約書評》撰稿的美國知識分子，他們參與紐約的「知識分子公共論壇」（Theatre for Ideas），加入反越戰運動組織，又創立了公民公義委員會（Committee for Public Justice）。鄂蘭的意見鮮有不引起深刻辯論的，可是大家仍然經常尋求她的意見。她到處發表演講，加入各種編輯和評審委員會，參加一個又一個的會議——包括兩個專門討論她的著作的會議，而且簽署各種請願書。

在頻繁參與公共活動的這些日子裡，鄂蘭的私人生活沒有遭受壓力，反倒前所未有地受到保護。布呂歇的健康狀況不是很穩定。他從一九六一年的動脈瘤爆破復元過來，不過在艾希曼一書引起爭議期間，在他身上出現了「帶有精神病病徵的憂鬱症」。[2] 鄂蘭對他的健康很焦慮，有時是過度焦慮。夫妻倆把共同社交生活限於流亡族群的朋友；他倆在社會上的責任則彼此區隔開來。布呂歐在巴德學院任教至一九六八年，走他自己要走的路，鄂蘭在沒有他陪伴之下走進公共領域。美國一九六〇年代後期的混亂令他們擔憂，在此同時紐約市犯罪率升高，故他們遷離晨興道公寓，避開了不安全的環境，在河濱道新公寓可以享有平靜的安居生活；前往派倫威爾以至瑞士度假的日子，也帶給了他們內心的安寧。

當生活找到了平靜過渡期，鄂蘭就計畫撰寫另一本書對《人的條件》加以補充，擬把它稱爲《心智生命》。她在書中考慮的哲學問題，包括了邪惡的本質以及思考和判斷的先決條件。但走上這條哲學之路時，令她能安然活在世上的人都已不在：雅斯培過世後還有布呂歇陪著她，布呂歇一九七〇年辭世後她就孤獨一人了。

在人生最後十年，她在私人和公共生活之間劃下的清晰界線更是堅定不移。做爲公眾人物，她獲得多種榮譽，忙得不可開交，她經常對美國這個她所屬的共和國鏗鏘有力地發表意見；私底下，她隱退到自己的「思想空間」，試著描述「與自我同在的狀態」，因爲這個時候，原本在她與世界之間發揮「中介」作用的那些最堪珍惜的事物，都已然不在。

第九章 美國黑暗期（一九六五～一九七〇）

有人自以爲強而有力，
有人自以爲很精明，
卻像蝴蝶，慘遭折翼。
美國，它可能挫傷你的心靈。

奧登

共和國危機

正當鄂蘭嘗試構思一種「政治道德觀」，她所歸化的國家卻在政治和道德上陷入了戰後最為動盪的混亂時期。很多新左派圈內和周邊的人，認為他們正目睹兩次大戰期間威瑪共和或法國的墮落景況歷史重演。鄂蘭不認同這種比擬。在一九六〇年代中期，她認為美國在越南的軍事行動會維持在有限範圍內；她期待很快就撤軍，因為她相信知情的民眾都堅定反戰，民情會占得上風。一九六五年四月，她告訴麥卡錫，自己對這次戰爭「沒多大興趣」，不久之後又滿懷信心請麥卡錫看看摩根索一九六五年四月十五日在《紐約時報雜誌》發表的文章。[1] 摩根索是為了抗議美國的戰爭政策而辭職的兩個高級官員之一，他指出詹森總統表達了透過談判結束戰爭的意願，更辯稱詹森應該讓胡志明成為「亞洲的狄托」，而且不應在錯覺上認為北越是發動戰爭、企圖征服南越的侵略者——彷彿越南不是一個國家。在一九六五年，鄂蘭一直認同摩根索的看法，很放心地寫信告訴雅斯培，這種看法很有說服力。雅斯培也因為公眾辯論沒有煽動性言論而感到寬慰。[2] 這種樂觀看法，結果證明是站不住腳的。

一九六六年九月，鄂蘭回答了一份英國民調團隊的越戰問卷；這份問卷就像奧登、斯蒂芬·史本德、路易·阿拉貢（Louis Aragon）和南茜·丘納德（Nancy Cunard）在一九三七年西班牙內戰期間參與的民調一樣。仿傚當年「西班牙戰爭作家立場調查」，英國調查員塞西爾·吳爾夫（Cecil Woolf）和約翰·巴格利（John Bagguley）在「越戰作家立場調查」問卷中請受訪者回答兩個問題。對於在一九六六年已發展成為全面戰爭的越戰，鄂蘭的意見很簡短，卻不限於「軍事顧問」的層次，她拒絕追隨美國政府對越戰的定調，而只把它看作內戰：「一、我反對美國介入越南的內戰。二、化解軍事衝突永遠只有一種方式：停火，休戰，和談，尋求和平條約。」[3]

就在她填寫了這個簡單答案後不久，鄂蘭讀了一篇文章而深感不安。《明鏡周刊》（*Der Spiegel*）編輯魯多夫·奧格斯坦（Rudolf Augstein）譴責美國的戰爭政策，但文章卻給人一種印象：

美國人沒人認同他的看法。鄂蘭罕見地寫了一篇給編輯的投書，提醒身為德國政府最重要批評者之一的奧格斯坦，要留意有許多美國人都在批評美國政府的政策。

比方說，我可以給你引錄美國出版品裡的文章。你是否打算避開參議員威廉・傅爾布萊特（J. William Fulbright）、喬治・肯南、路易斯・蒙福德（Lewis Mumford）、羅伯特・洛威爾、華特・利普曼（Walter Lippmann）等人〔因爲你不能跟他們討論越戰問題〕？——我只是略舉一些在德國有人認識的例子。你是否知道美國人對這個問題看法有多分歧？你知不知道參議院外交關係委員會的辯論是公開的？你手頭上有沒有一期的《新共和》（*New Republic*）或《紐約書評》雜誌？你知不知道很多具影響力的電視新聞廣播員在報導越戰發生的事，每天把影像呈現在公眾面前？你沒有聽到大學裡學生和教職員都參與的滿腔憤怒的討論嗎？所有這些美國人，包括了我，都公開表達了意見。[4]

令鄂蘭難以置信的是，面對那麼多公開而廣泛反對聲音的越戰決策，竟然能一直維持到最後的難堪結局。

就像一九六〇年代大部分政治分析師，鄂蘭低估了美國政治處境的複雜狀況，對於她後來所說的美國政府解圍者與決策者的不妥協態度，她也同樣低估了。可是，當她把一九六〇年代後期的政治著作編集成書時，她很清楚了解到她一直在見證著並撰文談論「這個共和國的危機」，而越戰是美國政治生活和世界秩序深刻轉變的一部分。一九七五年五月當她在波士頓會堂論壇（Boston Hall Forum）發表一次感情激烈的演說紀念美國革命二百周年，也是她一生最後一次公開演說時，她相信自己這個國家已經踏進另一個時代的邊緣，而她對這個時代感到絕望，不願多想。她在演說中羅列了伴隨著「東南亞那次災難」而來的一連串事件，暗示聽眾應該體會到，「這個世紀眾多前所未有的事件當中，美國勢力的迅速衰落該受到應有的關切。這也幾乎是前所未有的。我們可能正站在截然把兩個時代劃分的歷史轉捩點。對我們這些糾纏在日常生活的無情壓力之中的當代人來說，當我們走過不同時代的分界線時，可能難以察覺。只有當有人在跨過界線時絆倒了，那些界線才會變成一堵牆，把過去無可挽救地完全擋在視線之外。」[5]

這番充滿憂慮的話，很不同於鄂蘭秉持的一般信念，認為只要有說故事的人，回顧過去總是可能的；因此這代表了她心緒上的轉變。在一九六〇年代，不光是日常生活的無情壓力，還有世紀中期那些「前所未有」的事件，也令人很難看清楚世界的狀況。那些一度屬於「前所未有」的事件，繼而在不同方式和不同程度之下，又被視為先例。隨著一九五〇年代的戰爭氛圍消解，納粹時期和史達林統治又受到重新檢視，從中梳理出可藉以理解當代事務的線索。美國處於「過去與未來之間」。在鄂蘭的人生和著作中，往往可以找到證據證明福克納（William Faulkner）的一個精闢洞見，也是鄂蘭喜愛引述的話：「過去永不死亡，它甚至根本並未過去。」

§

「目前岌岌可危的是共和國本身的存亡，」鄂蘭一九六三年十二月一日寫信跟雅斯培說，她也跟其他美國人一樣，嘗試理解十天前達拉斯發生的事。她因甘迺迪總統被刺殺而震驚不已，隨之而來的還有一種「災難臨頭的心態」。鄂蘭、麥卡錫和摩根索在芝加哥一起看了甘迺迪葬禮的電視報導。國民的哀傷令她感慨，但她在信中跟雅斯培強調的是，她恐怕對刺殺事件的任何調查都無法驅除一種陰謀論，認為那是共產主義者密謀報復，幹掉甘迺迪這個北方的「黑鬼愛護者」（nigger-lover——鄂蘭直接用了這個英文詞語，讓雅斯培自行求解）。至於這個共和國的未來，鄂蘭認為至為關鍵的是要正面面對種族主義和瘋狂的反共思潮。「我猜想，」她在每年寫給雅斯培的賀年信裡說：「你們對甘迺迪謀殺事件的所知比我們這裡還要多。一星期前《新共和》雜誌有一篇文章詳細談到整件事，卻完全沒有澄清什麼。」她指出一些互相衝突的證據，然後作出結論認為「這件事預示了不幸後果，且可能永遠無法水落石出。」[6]鄂蘭和雅斯培都深知，掩飾事實只會令「無法掌握的過去」始終無人能夠掌握，對首席大法官艾爾．華倫領導的甘迺迪遇刺事件特別調查委員會不表樂觀。甘迺迪過世幾年後，雅斯培仍然提出警告：「案件仍未解決。從政治上來說，這跟刺殺事件本身一樣造成致命傷害。至今美國人整體來說還沒有掌握這一樁可怕的事件。……最受尊敬、最受信任、無可訾議的首席大法官華倫獲任命主持調查。他說這一代人將不會完全知悉整件事的真相

——這只能表示他們不會公開違背國家利益的調查發現。……但美國畢竟是美國。這件事不會永遠沉寂下去。」[7]

鄂蘭私下擔心，這可能是共和國衰落的先兆，但她的公開發言一般較為謹慎。在一年前冬天紐約市報業罷工期間誕生的《紐約書評》雜誌，在一九六三年聖誕節的一期，刊出了鄂蘭和其他人對刺殺事件的評論，談到了可能的後果：

這是否是「塞拉耶佛（引發第一次世界大戰的那一槍）以來最響亮的一槍」？——因這一樁新聞的衝擊而大感震驚的英國廣播公司（BBC）評論員問道。這一槍是否表示，已故總統兩個月前在聯合國演說才提到的那短暫的「相對平靜一刻」和「提升中的希望」，不久之後就會終結？會不會有一天我們被迫將這個悲劇視爲是歷史轉捩點？我們傾向於透過比較進行思考，把歷史框架用於當代事件，可是這樣預視未來，就是逃避可怖的現實，逃避仍然歷歷在目的這個悲劇的赤裸恐怖。而且那是造成誤導的：因爲未來會怎樣，視乎我們和同代人的作爲，它是不可預測的；而只有當它要講的故事已到了終點，歷史方才起步。[8]

鄂蘭肯定甘迺迪的死會給美國政治風氣帶來轉變。私底下她跟雅斯培談起來，擔心的是詹森，她用上了她在厭倦或絕望時慣用的電報式語言說，詹森只具備「策略上的才能，眼光狹窄，欠缺懷疑精神」。[9]可是在公開場合，她就跟摩根索在《紐約書評》同一期所說的一樣，強調在美國政治風氣轉變的同時，美國的政策可能維持不變。「這就是〔甘迺迪〕做任何事的風格，正是這種風格令他的管理變得顯著不一樣——不一樣的不在於美國政策的制訂或維繫，而是在於對政治本身的估量。」出於他對政治才能的尊重，甘迺迪「給整個政府範疇賦予一種新的威望、新的尊嚴。」知識分子尤其深有所感：他們驚訝地發現自己受到政府歡迎；當羅伯特・洛威爾在甘迺迪就職後回到紐約時，他告訴鄂蘭說「美國又回到青春煥發的歲月」。[10]

在甘迺迪這個真正「現代人」、行動主導的人身上，鄂蘭看到了對榮譽和光榮的老式尊重，因而克服了她對甘迺迪的很多保留看法。在他成為總統之前，鄂蘭就把他稱為「〔後來即位為英王亨利五世的〕哈爾親王」（Prince Hal）。當甘迺迪在一九六〇年贏得民主黨總統候選人提名時，她十分高興，因為她覺得唯一的對手艾德萊・斯蒂芬森是個滿心焦慮的人。當她首次在電視上觀看提名大會，鄂蘭認為甘迺迪「發表了大會上最佳的演說，並認為他所強調的幾項一般原則都是正確的：『舊時代終結了』，『舊日的口號和舊日的錯覺』再行不通，美國自二戰結束以來誓言維持現狀的政策終將破產，因為世界各地『今日已沒有現狀可言』」。[11]鄂蘭當時正在撰寫《論革命》，書中所談的正是這些原則。

在甘迺迪與尼克森（Richard Nixon）的電視辯論中，鄂蘭覺得尼克森刻意表現得像個普通公民，跟杜魯門很像，正是尼克森曾抨擊為賣國賊的表現；但鄂蘭同時也對這位哈爾親王的表現感到失望。她覺得兩個候選人都糾纏在細節上，「不懂得把問題表述為原則」。在太平洋電台（Pacifica Radio）的廣播中，鄂蘭辯稱甘迺迪未能了解美國政策所應依據的基本原則，倒是接受了像是赫魯雪夫的根本原則：「和平共存表示俄羅斯和美國在經濟成長上的競爭。經濟成長是依據蘇俄的經濟成長來衡量。我認為這是完全錯誤的。」鄂蘭希望蘇俄人民能夠獲致所需的「物質條件，（而那是）人類尊嚴的先決條件」，而儘管美國是「世界歷史上首個國家認定貧窮與困窘並不是人類生存條件的重要部分」，美國人民也應該認同蘇俄人民的物質需求；對於美國本身的經濟成長，只需寄望它能夠支持成長中的人口，改善國內的不公平狀況，並幫助刺激低度開發國家的生產力。

鄂蘭很高興在一九六〇年給甘迺迪投下她的一票，但她認為唯一能把「甘迺迪先生的一般原則體現出來」的計畫，卻是由另一個共和黨人洛克菲勒所提出。她認為洛克菲勒提出的政綱「沒有意識形態的廢話——譬如資本主義與社會主義的對立等等，並對關鍵問題有全面體會，更跳出了保守主義和自由主義完全過時的框框」。[12] 事實上，在兩年後出版的《論革命》中，鄂蘭就把這個計畫所包含的原則表述了出來。

當時有人認為，「政治上的自由是自由企業精神的問題，它有別於專制統治的地方，就像擁有兩輛車的人跟一輛車也沒有的人之間的差異」，洛克菲勒所主張的經濟成長，卻擺脫了這種為害甚大的概念。同樣重要的是，洛克菲勒制訂了一項「拉丁美洲的馬歇爾計畫」，又表明他贊同由自由國家組成的聯盟，由歐洲、西半球而最終擴展到亞洲和非洲。鄂蘭相信他這種說法，認為他沒有從

「歐洲的民族國家體系」來思考，因此他不會在原則上反對革命。至於洛克菲勒所強調的國防計畫，憑著核子武器的阻嚇作用，加上更多以「傳統武器進行有限的非核子戰爭」，鄂蘭認為這可以讓「核武對峙的僵局穩定下來」，認為這是軍事上的「和平共存實際條件」，也是最終能夠減少國防開支的正確方法。她在這個計畫中看到，傳統武器未來可能發揮關鍵作用；她在《論革命》表示，如果我們沒有全被摧毀，看來更可能發生的是，在可見的將來伴隨著我們的是革命，而不是戰爭。」[13]遠在全面戰爭成為事實之前，克勞塞維茨就寫了《論戰爭》一書；而在全面戰爭實際發生之後，鄂蘭所寫的是《論革命》。

鄂蘭在洛克菲勒政綱中看到一個關鍵失誤，那是在引起爭議的〈小岩城事件反思〉中曾提出的問題：對美國南部的靜坐抗議缺乏認同，也就是對民眾非暴力行動欠缺認同；那是在集會和結社的規則之下進行的，跟聯邦政府對南方各州採取的行動正好形成對比。她的共和黨思維比共和黨人走得更遠，而十分矛盾的是，這令她對民主黨人甘迺迪起了同情心，因為甘迺迪對一九六二年和一九六三年的公民權利示威表示認同，而那是鄂蘭完全贊同的。

儘管在甘迺迪贏得總統選舉後鄂蘭對他的仰慕不變，她卻認為他對「一個時代終結」的體會，沒有帶來新政策。鄂蘭假設，在新時代裡革命是最需要讓人理解的現象；而她最深刻的憂慮則是，對革命的恐懼仍然是「戰後美國外交政策的主題」。[14]當古巴爆發革命時，鄂蘭和布呂歇欣喜不已，美國政府卻恐懼起來，令鄂蘭大感失望。在一九六二年《黨派評論》的一個專題評論集裡，她表達了這樣的判斷：

> 我們沒有了解到事件的意義：在一個長久以來腐敗不堪的落後國家裡，困苦的人民突然從農場和家裡的隱蔽解放出來，可以表達自己的艱困，獲邀走進他們從沒見過的首都街道。對古巴所採取的冒險之舉，其錯誤不在於錯誤資訊，倒是在於顯然無法理解革命精神。[15]

至於古巴革命「輕易地受到了蘇俄共產主義支配」，鄂蘭認為這是美國對革命欠缺理解的代價。她支持一九六二年飛彈危機中甘迺迪的立場，但深感遺憾的是這個危機是由美國的反革命政策引發。「在甘迺迪身上，」她一九六二年十月寫信跟雅斯培說：「我們有高興的理由，特別是因為，如果還存在著另一種可能性的話，他都會堅決拒絕屈服。」[16]她希望這次危機之後美國和拉丁美洲的關係能夠改善，但結果並非如此，於是她把美國一九六〇年代後期的拉丁美洲政策認定為「帝國主義」，認為這跟甘迺迪自認反對「大美帝國統制下的和平」（Pax Americana）政策背道而馳。

投身公共領域

就像很多教授學者在甘迺迪時代成為「有名氣的人」，有時甚至影響政府的政策，鄂蘭也經常參與全國性討論。可是，她沒有在大學圈子外尋求有影響力的地位。一九六三年秋天，當她仍深陷艾希曼爭議當中時，她出席了美國為聯合國教育、科學與文化組織（UNESCO）而設的全國委員會兩年一度的會議，在這個第九屆的會議中對一份有關當代革命的論文作出回應；此外，她又在芝加哥大學一個有關「新歐洲」的專題研討會上發表了一篇論文。她經常參加美國政治科學協會的年度會議。她又盡可能參加哥倫比亞大學的專家討論會，出席《猶太社會研究》雜誌贊助的會議，也加入《美國學者》（*American Scholar*）雜誌的編輯委員會。

鄂蘭很少前去首都華盛頓，但她在國會工作促進委員會的羅森布拉特邀請下，出席了幾次政策研究中心（Institute for Policy Studies）的會議。她跟芝加哥的約翰・內夫（John Nef）和威廉・麥克內爾（William McNeil）一起，到華盛頓跟總統科學與技術辦公室討論社會思想委員會（Committee on Social Thought）一個突出的專題研討會計畫。她加入了由福特基金會（Ford Foundation）贊助的全國翻譯中心（National Translation Center）的理事會，有時審閱該中心贊助的德文翻譯；她又擔任國家人文基金會（National Endowment for the Humanities）和國家圖書獎（National Book Awards）委員會的顧問。

鄂蘭在各個組織承擔的工作，大部分屬於可近距離接觸的計畫，或是她所認識的人主持的計畫。在一九六一年，她接替麥卡錫擔任西班牙難民援助組織的主席，這個由南西・麥克唐納（Nancy Macdonald）主持的組織，自一九五三年以來就獲得鄂蘭支持。德懷特・麥克唐納很是讚歎：「你是多麼崇高。我十分高興，尤其因為我知道，你很討厭處理那種事情。」[17] 鄂蘭幫助這個組織募款，撰寫備忘錄談到法國的西班牙內戰難民的苦況，以及流落阿爾及爾而因法國與阿爾及利亞戰爭而二度流亡的難民。她很高興看到這個組織出力贊助建於法國蒙托邦的帕布羅・卡薩爾斯會館（Foyer Pablo Casals）西班牙難民中心；蒙托邦曾是鄂蘭和布呂歇的避難所。德懷特・麥克唐納也為幾封公開信尋求鄂蘭簽名支持。一九六六年，他們和十多位紐約知識分子聯名致函蘇聯總理柯西金（Alexei Kosygin），抗議異議分子安德烈・西尼亞夫斯基（Andrei Sinyavsky）和尤利・丹尼爾（Yuli Daniyel）因為把手稿送出國外而被捕。對於二人被審判和定罪，鄂蘭向新聞界發表聲明說，那是「我們期待被掃進歷史的一些事物的醜陋回憶」。[18] 隨著這方面的期待一直遭受挫敗，鄂蘭持續透過國際特赦組織（Amnesty International）等機構向蘇聯異議分子提供金錢和其他支援；一九六〇年代後期這方面的支援機構還有國際筆會（ＰＥＮ），鄂蘭後來加入了該會的執行理事會。鄂蘭這方面最後一筆的捐款，在她臨終前兩個月送出，提供予國際薩哈羅夫聽證會（International Sakharov Hearing）。她向自由電台（Radio Liberty）委員會主席表示：「我相信知識分子對蘇聯的對抗行動的每項發展都十分重要，而我認為薩哈羅夫先生也許是這群人當中最重要的一員，這並不表示我對索忍尼辛（Aleksandr Solzhenitsyn）有任何異議，除了我並不確定泛斯拉夫主義行不行得通。」[19]

鄂蘭慷慨地為各種追求理想的事業提供資助，經常捐款給猶太聯合捐募協會（ＵＪＡ）和以色列緊急基金（Israel Emergency Fund）——尤其在中東一九六七年戰爭期間。但她捐出的錢大部分是給個人的。她的柯尼斯堡鄰居茱莉·布朗佛格斯坦為紀念她的兄弟而設立的慈善基金，就是鄂蘭的「前沿組織」。她首先安排這個基金會提供獎助金，然後提供所需款項。透過這種間接支持，她的兼職祕書在社會研究新學院攻讀了一個碩士學位，她的柯尼斯堡同學海拉·詹希的兒子得以到加州念大學，一個她在柏克萊遇上的年輕奧地利難民獲得大學學費，她的黑人女僕莎莉·戴維斯（Sally Davis）的兒子在紐約市布魯克林念私立學校，攝影師里卡達·史威林獲得獎助到歐洲展開攝影之旅。在毫無祕密的情況下，她在「漢娜阿姨」的角色上，透過遺囑對漢斯·約納斯的子女提供金錢支助，又同樣地支助柯倫博特的子女和表親傳爾斯特的子女。至於其他人的「子女」——她的學生，她也為她們安排獎學金，為她們尋求求職面試機會，並在他們取得學位時邀他們共進晚餐。

鄂蘭支持的對象，總是傾向於小群體和私人關係方面。她到很多地方演講，參加很多會議，但她最喜歡參與的是一個只有四名成員的討論小組。這是一個「希臘圈子」，就像她念中學時的希臘文研習小組。[20]多年來他們每星期有一次聚會，參加者包括在維京出版社為她的書擔任編輯的丹佛·林德利（Denver Lindley）；林德利暱稱為提姆（Tim）的藝術史學家朋友弗雷德力克·柯勒普（Fredrick M. Clapp）——他也是弗力克館藏（Frick Collection）的創設總監；還有中古史學家海倫·維魯佐夫斯基（Helene Wieruszowsky）。透過他們的翻譯研討和一般討論，鄂蘭蒐集了很多細節資料，用於她的著作腳註，這些內容幾乎跟著作的正文一樣有趣，但鄂蘭最珍惜的是這些聚會的私人空間。鄂蘭獲十多所美國大學授予名譽學位，進入了美國國家文學藝術院（National Institute for Arts and Letters）和美國人文與科學院（Academy of Arts and Sciences），並在一九六九年獲文學藝術院頒發愛默生暨梭羅文學獎（Emerson-Thoreau Medal），而更令她喜出望外的，是在一九六七年獲德國語言文學院（Deutsche Akademie für Sprache und Dichtung）頒發佛洛伊德獎（Sigmund Freud Preis）。如果從對佛洛伊德的認同來說，鄂蘭肯定永遠無法贏得這個獎項，但學院頒獎的標準卻是德文散文寫作的優越表現，沒有什麼比因此而獲獎更令鄂蘭高興了。「你知道嗎，」她對該學院的祕書長說：「我被迫離開德國超過三十四年了。母語是唯一能從母國帶走的東西，而我費了很大力氣試著讓這獨特而不可取代的東西得以保留並維持活力。學院的這個獎項就像是認定了我在這方面的工夫做得很好。」[21] 每當鄂蘭接受美國機構所頒的獎時，與她同屬這個圈子的人都知道她的德文保留得很好，因為在接受獎項時她的忐忑心情很有德國氣味。每次接受獎項演說時，她在開頭總是作出一番複雜反思，談到私人感受、公眾認同、幸運之神眷顧，以及朋輩的判斷的相互關係。那全都是她在一九五九年接受萊辛獎時的德文演說開場白的變奏：

我可以完全不理會什麼卓越表現的微妙問題。正好這方面的榮譽讓我們上一堂很受用的課，學懂謙卑；因爲獎項隱含的意義就是，我們不是像判斷他人的表現和成就那樣去判斷自己的表現。獎項的授予，是世界在發聲，如果我們接受了獎項並表示感激，我們只能把自己擱在一旁，完全以我們對世界的態度做爲參照作出回應，回應對象就是世界和公眾，我們從這裡獲得說話和聆聽的空間。但這項榮譽不僅提醒我們對世界應該有所感激，也在很大程度上要我們對世界負上義務。[22]

鄂蘭在公共領域參與最多的日子裡，她為自己定下了幾項規則。她對公關機構提出的要求，一律用一個標準說法回應：「我對公共關係有敏感症。」當編輯邀請她對一些她不喜歡或認為會引起激烈爭議的書撰寫書評時，她一律根據第二條規則回應：「我有一條古怪的規則，對我不尊重的書從來不寫書評。」[23]對《艾希曼耶路撒冷大審紀實》的討論更制訂了一項特殊規則：不容許任何沒讀過那本書的人，跟她和書的讀者同坐一桌；所有旁觀者必須在桌子以外的範圍並同意默不作聲。她接受電台訪問，訪問者必須是她或她朋友認識的人。她經常拒絕讓演說或討論的錄音轉寫為文字公開發表，因為她並不認為這能像她自己寫的文字一樣精確，她也拒絕在美國電視上露面，因為她不想「自己的面孔在街上讓人認得」。

電視訪問的規則曾有兩次破例。一次是在她臨終前不久，她答應跟耶魯大學的一組人一起製作一個教育用的電視節目，條件是鏡頭只拍攝她背後，因此這次破例事實上只破了一半。另一次是完全的破例。她跟《代理人》（*The Deputy*）一書的年輕瑞士作家羅夫．賀克胡特（Rolf Hochhuth）在一九六四年三月十五日一起接受「第三號鏡頭」（Camera Three）節目訪問。這次破例純粹是為了給這位作者伸出援手，因為他的情況，就像鄂蘭因艾希曼一書的爭議而人生飽受衝擊一般。當雅斯培在一九六三年秋天把賀克胡特那個劇本寄給鄂蘭，並告訴她那在歐洲掀起的爭議時，他把兩者的共和性質坦白說了出來：「你們把一幢建築物前方的外觀向世界呈現之後，你們就彷彿只能活在它背後。」[24]雅斯培和賀克胡特一起在瑞士接受電台訪問，他為這位同胞所作的辯護，就像他後來公開為鄂蘭辯護一樣，目的在消除誤解，把《代理人》提出的真正問題帶出來。鄂蘭一九六四年二月十三日在《紐約先鋒論壇報》（*New York Herald Tribune*）發表的文章接續了雅斯培的努力，然後她答應在電視亮相。

賀克胡特一劇的爆炸性話題，就像鄂蘭概括所說的，「指控教宗庇護十二世（Pope Pius XII）對歐洲猶太人在二戰中被屠殺未能作出毫不含糊的公開聲明，而……這也表示梵蒂岡對大德意志帝國的政策也欠了一個說法。」[25]教宗的沉默，表示了猶太人（和天主教徒）被送到毒氣室，像賀克胡特所說的，是「被每個人棄而不顧，甚至基督的代理人也棄而不顧」。教宗毫不含糊的聲明能給事件帶來什麼實際效果，對當時以至現在來說都只能是一種猜想，但賀克胡特的問題是，教宗為什麼保持緘默。《代理人》一劇由艾爾文．皮斯卡托（Erwin Piscator）監製在柏林初演後，在德國引發一波震盪，賀克胡特的問題在全歐洲的劇院引起迴響。數以千計的文章如潮水般在歐洲的報紙湧現，而該劇在紐約首演之後也在美國掀起巨大回應。艾利克．本特利（Eric Bentley）為該劇的反應編寫了一本名為《〈代理人〉引發的風暴》的文集，他在引言說：「幾乎可以肯定，這是整個戲劇史中，一部戲劇所引發過的最大風暴。」

對該劇的最極端誤解，就像對鄂蘭《艾希曼耶路撒冷大審紀實》的最極端誤解一樣：賀克胡特被指稱要教宗對「最終解決方案」負上責任，就像鄂蘭被指稱要猶太人對自己民族的毀滅負上責任。在紐約，坦承沒看過該劇的總主教弗蘭西斯．斯貝爾曼（Francis Spellman）向新聞界發了一份聲明，指稱該劇「在實際效果上令教宗庇護十二世對納粹的罪惡負上罪責」。[26]鄂蘭清楚察覺到這跟她本身的爭議的相似性，她把兩者引起的誤解都歸咎於「別有用心混淆事實的人」，散播「宣傳性的謊言」。她告訴一位特派員：「你會發現，同樣的宣傳性謊言隨著我的《艾希曼耶路撒冷大審紀實》而散播。別有用心的群體談到賀克胡特這部戲劇，說賀克胡特所描繪的教宗要為猶太人的屠殺負責，又說我所描繪的猶太人要為猶太人的屠殺負責。如果賀克胡特和我說了這樣的話，我們就該是瘋了。可是，透過這樣的謊言，那些人所創造的『圖景』是很容易被否定的，因為那是荒謬的。」[27]鄂蘭很可能把兩項爭議中別有用心的人的角色誇大了，低估了一旦牽涉到內心的深刻需要，即使並無有組織的宣傳推波助瀾，一般人也很容易產生誤解。但有些情況令她起了疑心，比方說，她發現天主教福利會（Catholic Welfare Organization）一本煽動性的小冊子，是由聖約之子會反誹謗委員會一個成員寫的。鄂蘭懷疑背後運作的規則就是，「一隻手洗淨另一隻手，那麼兩隻手就都乾淨了」。[28]她沒有充分理由作結論說，有一種陰謀要免除猶太人和天主教徒的責任——那當然不是「最終解決方案」的責任，而是他們跟追隨者談到「最終解決方案」時所做與所不做的事。

在鄂蘭眼中，艾希曼的爭議和《代理人》掀起的風暴有一項重要差異：「賀克胡特尚算幸運，因為相當一部分能體會問題所在的天主教徒和公眾意見都站在他這一邊。」在輿論力量下，使得「某些辯說的所有抗議產生不了作用：譬如辯稱被動態度就是最佳政策，因為那是相對沒那麼壞的事，又或辯稱〔賀克胡特〕揭示的真理出現在『心理上錯誤的一刻』。鄂蘭當然也希望她談到歐洲猶太領袖的角色的「所有真相」時，也能獲得這樣的支持力量；她曾引述奧地利天主教學者弗里德里希．希爾（Friedrich Heer）對《代理人》的評語：「只有真理能令我們自由。我是說完整的真理，而這總是令人害怕的。」[29]

鄂蘭並不是賀克胡特這部戲劇毫無批評的仰慕者；她認為它在戲劇效果上太累贅，又太著重描寫教宗庇護十二世的人格。賀克胡特隱含的意思是，一個更好的人會作出更好的決定，而鄂蘭則認為，教宗「在當時處境下已做了即使不是全部、也是大部分其他世俗統治者所做的事了」。雅斯培也指出，「教會和教宗……〔也不過屬於〕人的制度……跟其他政治掌權者比起來也沒有所謂更好或更壞」。[30]鄂蘭和雅斯培提出這樣的評語時，腦子裡都在想著《艾希曼耶路撒冷大審紀實》引起最大誤解的一些主題。鄂蘭採用了她這本書裡的一些講法，指出「梵蒂岡和教廷大使看來是認為，面對歐洲整個道德和精神架構的崩潰，明智的做法就是主張堅定遵循一種不復存在的正常狀態。鄂蘭認為，在這種處境下，好人可能做出最壞的事，或起碼不是做出最好的事；他們做了相對來說沒那麼壞的事，而不曉得那可能不會帶來任何好結果。

§

鄂蘭一再提到這個主題。它做為一個中心主題，出現在題為〈獨裁統治下的個人責任〉的演說裡，那是一九六四年她在好幾所美國大學發表的，並曾在英國廣播公司和美國太平洋電台播出。鄂蘭在甘迺迪逝世後一年發表這項演說，當時她還沒有忘懷的是，甘迺迪在一九六〇年表明了他體會到「既有現狀已不復存在」。鄂蘭知道，美國和俄國之間的冷戰現狀，在一九六四年已不復存在，但她也沒有把美國在越南的「反叛亂」行動，視為一種新的世界狀況的開端。她的注意力不是在「過去與未來之間」，而是在於過去。

從一九六四到一九六六這幾年，是鄂蘭自一九四六年以來首次沒有在寫書的日子。她的時間全都花在遊歷、演說和教學，對她來說這是工作上的歇息。她曾告訴雅斯培，她準備撰寫的《艾希曼耶路撒冷大審紀實》和《論革命》兩本書都將同時截稿，實在太過吃力，她當時就期待著有歇息的機會。「你有一次說過，」她提醒雅斯培：「沒有人真的過度工作；我每天重複這句話，做為我的座右銘。」[31]

這次工作上的歇息給予鄂蘭一個機會，重拾她擱在抽屜裡長達四年的一個計畫。她一九六一年在西北大學時，就在她前往耶路撒冷之前，曾準備開辦一個布萊希特的研討班。她的文學評論家朋友艾利克．赫勒（Eric Heller），面對布萊希特對史達林的態度這個困難的問題，跟鄂蘭曾有一番論爭；鄂蘭把這個問題歸結為「做好事的誘惑」，並曾把她這個看法在西北大學赫勒的一個研討班上提出，當她一篇有關布萊希特的文章在《紐約客》發表時，她告訴編輯威廉·尚恩：「我寫這篇文章，最初是出於對一個朋友的憤怒……他認為可以把布萊希特丟出窗外；而由於他的『罪過』，他很慷慨地讓我在他的學生面前講話。我得快速準備講稿，引錄的話主要是憑記憶，然後把稿子重新打字。」[32]

赫勒沒有被鄂蘭說服。多年之後他滿懷興致地談到當時的景況：「鄂蘭把她很了不起的智力，用在一項錯誤判斷上，這可能就是其中一個例子；當這種情形發生了，她從來不是簡單的犯錯，而是她在怒氣沖沖之下墮進錯誤，憤怒的火花噴迸而出。」[33]這是態度友善的意見分歧，但鄂蘭文章發表後引起的衝突卻不是友善的。她對布萊希特的反思激怒了西德尼·賀克，賀克以前也就有好幾次跟鄂蘭爆發衝突。這次賀克成為鄂蘭的判斷對象之一，因為他認為布萊希特在一九三〇年代是堅定的史達林支持者，他引述做為證據的，是布萊希特對他說的有關莫斯科審判辯方一個令人震驚的評語：「他們愈是無辜，就愈是值得被處死。」鄂蘭認為，布萊希特這種「狡獪」說法是表示，任何人如果沒有反對史達林，也就是說，任何人被控罪如果真的無辜，都負有某種罪責。「在不公中有一定的公義，」她說。當鄂蘭那篇文章以德文刊於《信使神》（*Merkur*）雜誌時，賀克寫了一封投書聲稱，他和布萊希特的對話發生在一九三五年，在莫斯科審判之前，而布萊希特所指的是史達林的政治對立者的成員。「鄂蘭把布萊希特這個評語抹掉，以此做為他的反史達林觀感的標誌；只有一個詞語可以用來形容她這種做法——無恥。」鄂蘭指出賀克沒有弄清楚布萊希特心裡想什麼——辯方的哪些人、被控訴什麼——而只是憑著一句話就把自己的看法加在布萊希特身上，讓自己在比拚上得分，「這跟思考毫無關係」。[34]

在這項論爭的另一邊是約翰．威勒特（John Willet）——布萊希特全集英文版的共同編輯，他致力證明布萊希特沒有讚揚史達林。在鄂蘭的文章刊於《紐約客》之後，威勒特寫信請她從布萊希特作品中找出她所引說話的出處。他質疑布萊希特曾讚揚史達林，也質疑鄂蘭所稱的，有〈史達林頌歌〉，但都沒有獲得答案。當鄂蘭有關布萊希特的文章在她的《黑暗時代群像》刊出後，威勒特再次提出同樣的問題。[35]鄂蘭回覆了他，引述了說話出處。威勒特仍然不滿意，寫了一封公開信給《泰晤士報文學增刊》（*Times Literary Supplement*）。《紐約時報》報導了這封信的內容，訪問鄂蘭請她回應；她表示對自己的學術研究沒有不準確或令人迷惑處這點「相當滿意」。她也相當肯定，光有學術能力，對於作出判斷是沒什麼助益的。[36]

鄂蘭質疑布萊希特的獨立性，以及他是否有能力和意願，從政治領域退後一步，「說出實況」，「教人接受事實就是如此」。她在論布萊希特的文章之後所寫的〈真理和政治〉一文說，「從這種對現實的接受，可稱之為真實性，就產生了判斷的能力。」對政治事務、道德事務和美學事務的判斷，都預先假定了一種不偏袒的能力，康德稱之為擴大的心智，就是讓別人的觀點出現在自己的想像之中。鄂蘭拒絕認為，一個詩人可以放棄真實性，而不致被繆思女神所放棄。可是賀克和威勒特都不這麼想，這就是為什麼鄂蘭那麼按捺不住地批評賀克的好辯以及威勒特以「布萊希特學者」自居。只有赫勒考慮到布萊希特喪失寫詩能力的其他可能性，也就是失去繆思女神助力以外的其他可能性；他考慮到的「甚至包括了一些顯而易見的可能性，像年老或全心投入其他事務（譬如經營一家劇院和訓練演員），或受到酒精或毒品影響」。赫勒曾考慮的這些因素，從鄂蘭的觀點看來「太傾向於心理方面」。就像赫勒也說的：「不，那些因素應該跟倫理有關，而她（鄂蘭）在道德方面的決斷是惹人喜歡又令人敬佩的。」[37]

§

鄂蘭在一九六五年開始寫作〈真理與政治〉一文。這是她對艾希曼爭議的回覆，也是回應她所認定的政治對「純粹真理的追求」有它的重要性。她在艾莫里大學（Emory University）、東密西根大學（East Michigan University）、安納波利斯（Annapolis）的聖約翰學院（St. John's College）和衛斯理大學發表了這篇文章。在巡迴演說的每一站，都蒐集有關艾希曼爭議的反應，並把她的反思納入該書第二版的結束語以及德文版的前言，還有〈真理與政治〉一文最後的定稿。她一九六五年秋季學期在康乃爾大學（Cornell University）寫完了這篇文章，然後把定稿在一九六六年美國政治科學協會的演說中發表。她等到艾希曼爭議最後一波的風暴結束後才把文章發表，當時雅各．羅賓森的《歪曲的務必糾正》和她在《紐約書評》的回應都已不再惹人矚目。

一九六六年春天，她回覆《紐約書評》幾篇投書之後，鄂蘭告訴雅斯培：「如今，希望這件事能就此落幕。滑稽的是，當我公開表達我的意見後，猶太人組織的信就像雪片般飛來，邀請我去演講，在會議上亮相，諸如此類；即使我曾攻擊過的組織也不例外。還有，艾希曼一書的希伯來文版終於也在以色列出版了。我相信我和猶太人的戰爭完結了。」[38]這項判斷有點言之過早，因為一九六六年法文版由伽利瑪出版社（Gallimard）印行之後，在法國引發強烈反應。一年前，巴黎不知名猶太烈士紀念館的博物館籌辦了一項大型展覽，並表明這項展覽「沒有意圖對鄂蘭博士作出反駁，儘管它會產生這樣的效果」。在開幕儀式中，納胡姆・葛德曼聲稱鄂蘭和其他作者錯誤地描繪了這個展覽正確反映的真相——「猶太人對希特勒統治的反抗」。[39]當《艾希曼耶路撒冷大審紀實》法文版問世後，嘗試作出反駁的力量沒那麼廣泛，卻更令人震驚。譬如《新觀察家》（*Le Nouvel Observateur*）雜誌就刊出了兩頁投書，題為〈漢娜・鄂蘭，她是否為納粹分子？〉。可是在美國，艾希曼爭議在一九六六年平息了，隨著一九六七年爆發中東戰爭更是銷聲匿跡。當然，背後的問題仍然存在，在廣泛不同的背景中呈現出來，包括索爾・貝婁（Saul Bellow）的小說《薩姆勒先生的行星》（*Mr. Sammler's Planet*）、羅伯特・蕭（Robert Shaw）的戲劇《玻璃亭裡的人》（*Man in a Glass Booth*），還有猶太人大屠殺的學術會議和大學的課程等。鄂蘭自己則從這個範疇退了出來。當一九六九年有人請她為談論納粹時期的兩冊著作寫書評時，她直截了當地說，她「覺得已經對這整個時期嘗試作出了解並接受事實，做了我該做的。現在讓其他人嘗試好了。」[40]

《論革命》

一九六六年夏天鄂蘭到派倫威爾度假兩個月，在那裡游泳、健行並探望流亡族群的朋友。她鬆懈了下來，只是有幾次要為布呂歇的健康而擔心。譬如有一次因為布呂歇臉色蒼白，而取消了星期日開車出遊；她寧可留在栗樹草坪旅舍，免卻出遊的焦慮，閒時閱讀輕鬆的小說，像阿嘉莎・克莉絲蒂（Agatha Christie）和喬治・西默農的作品。布呂歇則讀了六七部他最愛的美國西部傳奇小說。鄂蘭也讀了彼得・內特爾（Peter Nettl）兩冊的羅莎・盧森堡傳記，因為《紐約書評》的羅伯特・塞佛斯（Robert Silvers）邀請她為這部出色的著作撰寫書評。

鄂蘭一邊讀，一邊劃線記下重要句子，並在旁邊寫筆記，又把盧森堡書信裡令人驚奇的片段加上記號，她更和內特爾展開論爭，顯然很享受能對盧森堡這個志同道合的人物在精神上認識更多。當內特爾提到「出奇地，她的著作基本上沒有什麼口號」，鄂蘭氣憤難平地在旁邊加上「當然」，毫不猶豫地肯定盧森堡的務實態度。當內特爾不假思索地說，「對於工會，羅莎・盧森堡也是追隨古典馬克思主義的概念，認為要限制它的角色」，鄂蘭就加上自己的判斷：「這是錯的」。她向內特爾指出，盧森堡很多觀點都是「反馬克思主義」的，尤其突出的觀點就是，認定資本家的再生產過程在一個封閉經濟體系內無法進行，必須以帝國主義手段往外擴張，伸向未充分發展、未達資本主義階段的經濟體。鄂蘭又指責內特爾「老是在抱怨」，因為他指稱盧森堡只是批評者而不是政治理論家，未能提出社會主義的另一願景。當鄂蘭讀到了跟盧森堡共通的信念和政治行動方式，就會在旁邊加註表示贊同：「〔她〕害怕變質的革命多於不成功的革命」；「她時刻關切革命的倫理」；「她的起步點總是歷史分析」。鄂蘭尤其神往的是，內特爾詳細談到盧森堡的「波蘭朋輩群體」，波蘭社會民主黨派「在成為政黨之前，是志同道合的一群知識分子」；同樣令鄂蘭著迷的是對盧森堡伴侶攸格歇斯的描述，他是「唯一〔跟她〕有全面接觸的人，沒有什麼得在他面前隱藏」。[41]

鄂蘭決定為這部傳記寫書評，把夏天餘下的時間用來評論這部「謝天謝地還真不小的書」。[42]布呂歇在書評中有很大的參與；傳記的部分內容其實就是他對一九一八和一九一九年間德國革命的看法，那是他青年時代的革命；另外，鄂蘭的部分觀點也關乎攸格歇斯做為盧森堡主要人生伴侶的意義，一如布呂歇之於鄂蘭的意義。但書評最能刺激思考的部分，還是盧森堡的政治理念和它的長遠啟示。

鄂蘭談到了許多盧森堡爭議最大的概念——那在馬克思主義者眼中是「錯誤」——包括她在「國家問題」上的立場、革命分子與改革派之間的爭議，以及「集體罷工」戰略等。這些討論引導到「共和國的問題」，因而把盧森堡跟所有其他人截然區別開來：「在這裡她完全孤立，雖然不很明顯；她強調的是絕對有必要在所有情況下不僅維護個人自由，還有公眾的自由。」[43]盧森堡從一九〇五年的俄國革命以及由革命而衍生的工人議會體會到，這是「自然生成」的價值，當中的原則就是，「好的組織不是出現在行動之前，而是行動的結果」。而她並未提出的結論，倒是由列寧提出了，那就是在非工業化國家裡，革命可以有效地由小規模的、組織緊密的群體領導，而戰爭可以創造革命的條件，因此應該歡迎戰爭做為革命催化劑。盧森堡絕對不會接納戰爭的這種作用，她在一戰期間跟列寧辯論過，表示「不相信民眾基本上未參與且並未發聲表達意願所贏得的勝利」。

種種事實不是證明了她是對的嗎？蘇聯的歷史不是在漫長過程中顯示了，「變質的革命」有多可怕多危險嗎？她所預見的「道德崩潰」（她當然沒有預見列寧繼位者赤裸的罪惡）不是對她所理解的革命目標造成了更大傷害嗎？——大於「奮力對抗壓迫勢力而在歷史夾縫中出現的……任何政治上的失敗」。不是切實可見列寧因其所採取的手段而「全盤錯誤」嗎？不就可見救贖的唯一方式在於「公共生活本身構成的群體，最不受限制、最寬廣的民主和公共意見」嗎？不就是恐怖手段令所有人「道德敗壞」並毀滅一切嗎？

這就是鄂蘭寫作《論革命》時給自己提出的問題，書中的結論就是熱切提倡共和制度，以及共和國內群體的自然生成和自動聚合。

共和政體是鄂蘭從盧森堡政治理念揭示的核心主張，但她也很小心而頗詳細地談到盧森堡從非馬克思主義角度提到的、無可避免的帝國主義惡果：「因此，資本主義不是一個從內部衍生矛盾，而『孕育革命』的封閉系統；它的滋長要倚賴外在因素〔其他未達資本主義階段的經濟體〕，而它的『自動』崩潰，如果能發生的話，就只有當它征服鯨吞了全世界之時。」在內特爾討論〈資本積累〉的部分，鄂蘭在旁加註說，「第三個因素摧毀辯證過程」。鄂蘭在《極權主義的起源》有關帝國主義的部分曾用了盧森堡的理論，她在一九六六年仍然秉持這種觀點；由此出發，她認為當時正在升級的美國越戰行動，以及違背美國「反殖民觀念」的拉丁美洲政策，都是帝國主義的表現。44

內特爾十分困惑的是，盧森堡沒有把她對資本主義的經濟分析及其帝國主義後果跟她的政治主張結合起來。他指出在這點上，就像盧森堡之前在修正主義者辯論中的參與，「在政治和經濟之間存在著方法學和分析上的斷裂」。彌補這種斷裂的一個方式，就是把她的經濟方程式轉移到政治範疇；一些敵對批評者確實這樣做而建構了所謂「盧森堡主義」，把「自然生成」理解為革命政黨在一種「自動」程序之下並無真正角色、剩下來的就只是「每個人都是他自己的政黨」的這種無政府主義。內特爾指出，盧森堡主義是俄式社會主義者捏造的曲解，目的就是證明盧森堡不是理論家。可是內特爾也沒有找到另一種方式把盧森堡的政治主張和她的經濟分析連繫起來。鄂蘭沒有考慮這個問題，不過她聲稱列寧對帝國主義理論的評估是「根本錯誤」，不足以否定「對實際情況十分忠誠的描述」。

內特爾所提出的問題對鄂蘭來說並不存在，因為她對盧森堡的思想有別的假設。她認為盧森堡放棄了馬克思的「危機理論」，她跟馬克思的分道揚鑣同時發生在經濟和政治方面，而她「對革命的投入基本上是道德問題」。鄂蘭說，這表示「她熱切參與公共生活和公民事務，關切世界的命運。她在歐洲政治的參與，超越了工人階級的直接利益，因此完全超出所有馬克思主義者的眼界，這最清楚見於她反覆堅持德國和俄國的政黨要有一種『共和國方案』。」鄂蘭認為盧森堡的政治方案就是共和國主張，是她拒絕接受馬克思那種資本家與工人階級對立的辯證法的附屬主張。用鄂蘭的話來說，共和國主張是超越所有馬克思資本主義或社會主義願景的政治理想。

根據盧森堡的洞見，資本主義並不是從初生中產階級的獨有攫奪行動開始而終至無可避免的崩潰。鄂蘭強調攫奪行動不斷重複。只有一種方式可以遏止它：

> 我們所有的經驗——有別於理論或意識形態——告訴我們攫奪行動自資本主義的興起就開始了，也沒有隨著生產資源遭攫奪而終止；只有獨立於經濟力量的法律和政治制度以及它們的自行運作，能夠控制和約束這種攫奪過程固有的駭人結果。……能夠保護自由的，就是政府權力和經濟勢力的區分；或用馬克思主義的語言來說，國家和它的憲法不是所謂的上層建築。[45]

鄂蘭的結論就是，能夠保障自由的就是共和國和它的憲法。她在《論革命》提出這個論點，一九六九年接受訪問的上述一段話也隱含這個意思，也就是說一種「理性的、非意識形態的經濟發展」是可能的，而一個共和國必須達成這點並把它維持下去。[46]

§

鄂蘭對內特爾的盧森堡傳記的書評，是她的《論革命》的結束語。在該書出版的一九六六年，革命理論對學術界的政治科學和美國的政策辯論，都是中心主題。在一九六〇年代末，《論革命》找到了新的讀者群。

《論革命》在一九六三年出版，在艾希曼大審的報導刊登於《紐約客》後不久，相較之下沒那麼受人注目。但它的主要論點並未遭書評者忽略。曾是猶大．馬格內斯支持者而對民族主義的批評跟鄂蘭相似的歷史學家漢斯．柯恩，在《紐約客》為讀者總括了鄂蘭這本書的論點：「今天世界上的競爭並不在於經濟系統，而是在於自由和極權主義。這是鄂蘭博士十分清楚地指出的。」[47] 但很少書評者願意不對這種說法提出挑戰，也更少人認為這種說法立基於令人信服的政治或歷史分析。「不用說，〔《論革命》〕幾乎完全被專業學者忽視，」鄂蘭告訴加州大學柏克萊分校的諾曼．雅各森（Norman Jacobson）；這位政治科學學者對約翰．亞當斯（John Adams）的興趣，在鄂蘭開始考慮撰寫《論革命》時，對她有所啟發。[48]

很多專業學者同意霍布斯邦（E.J. Hobsbawm）的看法，認為歷史學家和社會學家會「感到惱怒，不是在於這位作者對事實興趣缺缺……而在於她對形上學構想或詩意式想像的偏愛大於現實。」[49] 這本書在很多方面惹來批評：鄂蘭認為美國革命事實上是真的革命——但起碼自托克維爾以來這是很多爭議的——而她還說那是一次理想的革命；其他爭議還包括她對法國大革命歷史遺產的評估，她對盧梭和法國大革命理論家的詮釋，她對馬克思的理念範疇的忽視，她沒有討論宗教傳統勢力在美國的角色，她甚至沒有提到階級的存在。而那些超越了事實問題的批評，則聚焦於漢斯．柯恩所概括的論點，辯稱鄂蘭對經濟問題和政治問題的區分，要不是在理論上錯誤，就是在實際上流於保守。批評之聲不絕的喬治．斯坦納（George Steiner）說：「鄂蘭看來要透過她累積起來多得嚇人的知識和洞見，建構一種傳統保守主義，它所眷戀的是一個以地主和能言善辯的鄉鎮議會為根基的農業化、層級性社會。」[50]

很少讀者會考慮到，為什麼鄂蘭達致這樣一種兼具進步與保守觀念的奇怪組合，而所根據的又是那麼有問題的歷史基礎。倫敦大學（University of London）的貝納德．柯力克（Bernard Crick）把鄂蘭譽為「現代政治論述最具獨創性的思考者」，只有他從這方面的考慮指出，他因為鄂蘭對美國開國元勳的仰慕而感到尷尬，而他的解釋就是：「每個德國裔美國人都會出於感激而有這種想法。」[51]《論革命》無疑是表達感激的行動。鄂蘭對美國開國元勳的描繪是名副其實地寓言式的，而且是特定的一種寓言——政治寓言。政治科學學者默爾．費因索德（Merle Fainsod）就是少數從這個角度理解的人，能體會到鄂蘭刻意不大理會「革命的歷史本身，包括它的過去、源頭和發展過程」，她所關切的是「有意義的革命」——對現在和未來都具備意義。用鄂蘭自己的話來說：「我們要學習革命是什麼——它對於人做為政治動物的一般涵義，它對我們活在其中的世界的政治意義，它在現代史中的角色。」[52]

雅斯培曾對鄂蘭承認，他要不是個德國人的話，就寧可做個美國人，而他也經常在內心世界裡流放到美國。他就讀懂了鄂蘭的政治寓言。雅斯培掙扎著（他慨歎指出，因為那是用英文寫的）讀了鄂蘭這本書，並說「這也是葛楚和我的書」（因為他們夫婦倆是獻書對象）。他寫下他的反應：「我能掌握你的意圖的主要特質。在我看來，這本書由於它深刻的政治信念，表現優異，卓然有成，跟你談極權主義的書很接近，甚至超越了它。……整體來說，你的願景，最終是一個悲劇——這卻並未令你喪失所有希望。」[53]布呂歇的判斷也很近似，當經過大幅修改的手稿排好後，他把校樣傳給鄂蘭時這樣說：「可以說，它現在看起來比較好了，也實在如（阿爾弗雷德．）卡辛所說，這是你最好的一本書。清晰，表述得當，良好的政治判斷。如果它能產生效果的話，將是延續久遠的。」[54]這本書在雅斯培和布呂歇眼中就是提出警告，在說一個警戒故事，致力維繫一個政治領域和協議制度，這是革命的「失落寶藏」。

§

《論革命》有一種延後的效應，但卻是混雜不純的，聲音也經過削弱。這本書在一九六〇年代中期和後期吸引很多對政治理論有興趣的學生。在柏克萊，言論自由運動的早期，鄂蘭這本書和卡繆的《反抗者》（*The Rebel*）幾乎是必讀著作。學生回應鄂蘭所倡議的意念時，會像美國學生支持民主社會組織（American Student for a Demonratic Society）般，把它稱為「參與式民主」；抑或像德國社會主義學生聯盟（Socialist Students League）的魯迪·杜徹克（Rudi Dutschke）般，把它稱為「底層民主」——包括各地的人各自組成的議會，進行討論和作出決策。學生刊物以及和平運動刊物像《和平新聞》（*Peace News*）等，對這本書展開討論。不過，就像一九六四年在《鄉村之聲》（*Village Voice*）發表《論革命》書評的社會主義者麥可·哈靈頓（Michael Harrington），很多人接納書的最後部分——〈革命傳統和它的失落寶藏〉，卻否定了第一部分，不認同鄂蘭批評社會革命分子偏重「社會問題」。哈靈頓的結論就是「鄂蘭有對有不對」，很多人都贊同。[55]

一九六〇年代後期參與社區組織行動的一個讀者，把鄂蘭的書加以調整用於他們的計畫。一個在布魯克林區從事活動的紐約小組，創辦了一份名為《公共生活》（*Public Life*）的期刊，承認他們受益於兩位美國政治理論家：湯瑪斯·傑佛遜和鄂蘭。小組成員華特·卡爾普（Walter Karp）進而撰寫有關美國政黨系統的政治分析，譬如《不可或缺的敵人》（*Indispensable Enemy*）一書，就建基於鄂蘭對協議制度的討論。鄂蘭反過來向仰慕者推薦的，是那些透過實際經驗而達成理論性結論的人，像彌爾頓·柯特勒（Milton Kotler）；柯特勒一九六九年的《鄰里政府》（*Neighborhood Government*）遠遠走在時代前面。

在學術界的政治理論家當中，《論革命》有廣泛的讀者，也引來很多批評。從理論方面來說，有異於政治組織者的實際考量，《論革命》由於它採用的方法，被認為是有問題的。鄂蘭在從事一種現象學，雖然鄂蘭很少用這個術語，並認為愈少談到方法愈好。「我是某一種的現象學家，」她有次對一個學生說：「可是，並不是黑格爾那種，或是胡塞爾那種。」當她研究政治現象——像現在所談的革命——她假設每種現象都有必要的特質，而這些特質是可感知的。在感知過程中，詞語是一個好的起步點，並不是因為概念性語言能直接把現象顯示出來，而是因為像海德格所認定的，詞語承載著過去感知的紀錄：真的還是假的，呈現真相抑或扭曲的。因此鄂蘭指出，「革命」原來的意思是「修復」，可是在十八世紀「革命」被賦予特定精神：新的開始。她假設如果現象都有不同的語詞來代表，那麼現象就是可以截然區分的。但她也假設，如果用來代表個別現象的詞語像同義詞般的用在不同方面，這種混淆情況的出現是有其原因的，也就是不同的詞語被納入了某些具凌駕力量的概念。譬如她指出，「權力」、「力量」、「勢力」、「權勢」和「暴力」都失去了清晰度，這是出於一種信念，認為「至為關鍵的政治問題就是，而且從來都是，誰在統治誰的問題」。那些混作一團的詞語代表了「統治者對被統治者採取的手段；它們被視為同義，因為它們都有同樣作用。」[56]

在一九六〇年代，學術界批評者往往把鄂蘭的方法稱為「本質主義」（essentialism）；對它的質疑，就有如側重經驗的批評者和「德國式」形上學的反對者，質疑社會學家韋伯建構「理念型」的方法。鄂蘭的革命概念，被視為不恰當的概括，忽略了現象之間的基本差異。她聲稱一個革命的根本特質，就是先有造反行動，然後是一種為保障自由而立下政治基礎的行動，這被視為是理想主義、形上學、反社會主義、反進步思維、反馬克思主義。

查默斯・約翰森（Chalmers Johnson）的批評就是個有代表性的例子，他說：「鄂蘭用來界定革命的自由概念，極不精確而且狹隘」。他認為，鄂蘭「一開始就設立定義的做法毫無效用，而且往往對不同的印象作出多此一舉的平衡。」在一九六六年的《革命變革》（*Revolutionary Change*）一書及其他地方，約翰森建立了革命的一種類型學，包括密謀式政變、大規模農民起義、救世式造反（由救世主型人物領導的烏托邦起義）、反動式造反或復辟、罕有的「極端左翼共產革命」，以及二十世紀新的革命類型——由游擊隊式菁英領導的「軍事大型叛亂」。鄂蘭認定憲法制訂為革命目標，顯然對約翰森這些類型來說並不是必要的；反之「由誰來統治誰」則是所有類型共通的元素，不論是哪個歷史時期。約翰森認為所有革命都包含了把一個「不妥協的精英」推倒，也就是包含了統治者變更。像大部分理論家，約翰森的一個前提是鄂蘭所否定的，那就是把政治界定為「權力鬥爭」，而「終極的權力就是暴力」，一如懷特・彌爾斯（Wright Mills）在《權力精英》（*Power Elite*）所寫的。[57]

鄂蘭對革命的討論，不是為了勾勒它們的歷史或分辨它們的類型，而是提出一種可供實踐的理想。她反對把政治視為權力鬥爭，但她同樣反對很多抗拒權力政治的年輕人尋求一種更個人化的政治。她一方面要跟專業的社會科學學者爭論，另一方面也跟年輕人這群「新來者」辯論。她對一個芝加哥大學學生的論文提出評語時，清楚表明了立場：「在論文的結尾你終於對政治下了定義，你表示這是一種『自我表現模式』。我不懷疑很多人認同這種定義，尤其是年輕人；我卻肯定無法苟同。」[58]

極權主義回顧

正當《論革命》在很多歷史學家和社會科學家之間引來冷淡反應時，《極權主義的起源》基於同一原因遭到很多社會科學家重新評價，因為鄂蘭的治學方法最初就是用於這本書。鄂蘭的追隨者和批評者，都把這兩本書的批評者概括稱為修正主義者。後來的那本書是「革命」概念受到質疑，前一本書則是「極權主義」的概念受到質疑。

在一九五〇年代，引起最廣泛討論的戰後著作就是鄂蘭的《極權主義的起源》以及卡爾．弗里德里希和斯比格紐．布策辛斯基（Zbigniew K. Brzezinski）合著的《極權獨裁與專制統治》（*Totalitarian Dictatorship and Autocracy*）。特別是在麥卡錫時期，最熱烈討論的問題就是：納粹主義和俄式共產主義在多大程度上是類似的政府。在一九六〇年代初，很多人否定「極權主義」這種說法，認為它過於含糊而且有反共產主義傾向。否定這個概念的原因在一九五〇年就已明確提出，隨著冷戰氣氛消散，反對者更是直言不諱，更具影響力。在一九六八年，《社會科學百科全書》（*Encyclopedia of the Social Sciences*）第二版有「極權主義」詞條，由賀伯特．斯皮洛（Herbert J.

Spiro）撰寫，他預言，「這部社會科學百科全書的第三版，像〔一九三五年的〕第一版，將不會載列『極權主義』詞條」。[59]

《極權主義的起源》最初出版時，它所聲稱的「直到目前我們只有兩種正式的極權主義統治：一九三八年後國家社會主義的獨裁統治，以及自一九三〇年代以來俄式共產主義的獨裁統治」，同時受到左翼分子和自由主義者批評。國家社會主義是獨裁統治沒有問題，列寧主義的本質就有問題了。高度讚揚鄂蘭這本書的歷史學家斯圖亞特．休斯（Stuart Hughes）質疑鄂蘭對蘇聯經濟歷史的認知：「如果她有查詢過一些專業經濟分析，她可能不會那麼輕易地指斥第一個五年計畫〔一九二八至一九三三年〕為『瘋狂』。」[60]鄂蘭事實上有查閱過當時可以找到的最全面考證的研究——由達林（David Dallin）和尼柯拉耶夫斯基（Boris Nicolaevsky）合著的《蘇俄強制勞動》（*Forced Labor in Soviet Russia*）。鄂蘭為《政治評論》雜誌撰寫這本書的書評，就像在她自己的書裡，辯稱「極權統治中最難掌握的一面，莫如從利潤動機的解放以及經濟問題的非實用主義」。[61]鄂蘭後來面對的修正主義批評者包括了休斯，他現在認定的是，鄂蘭這本書是不專業的，「太過矯揉造作，明顯戴了有色眼鏡，不斷推導出的詮釋太過大膽，資料不足以支持」。[62]鄂蘭在一九六八年的最新版引用新的證據重新表述她的看法而回應批評：「懷疑者質疑目前這種理論包含多少真理，他們認為一九二〇年代後期和一九三〇年代的恐怖情況，是在工業化和經濟進展之下而產生的『高代價苦難』，」她在一九六八年的前言說：「只要看一下〔默爾．費因索德《蘇聯統治下的斯摩棱斯克》

（*Smolensk under Soviet Rule*）所描述的〕一個特定地區當時的實況和事件的發展過程，所有這方面的疑惑就都可以平息下來。」[63]鄂蘭在審視過一九四九到一九六八年之間出現的文獻和研究之後，確信「納粹和蘇俄共產主義比以前看來更像同一模式的變奏」。

鄂蘭在蘇俄經濟政策的問題上站穩立場，她的批評者不是詳細分析那些政策，而是嘗試把鄂蘭的評估歸咎於休斯所謂的冷戰激動情緒。休斯對她的抨擊，可見於他的《巨變》（*Sea Change*）一書，書中概括並闡述了一九六〇年代一些評論文章。其中一篇文章的標題就很具挑釁性——〈紅色法西斯：美國極權主義圖景之下納粹德國和蘇俄的融合，一九三〇至一九五〇年代〉，由艾德勒（Adler）和帕特森（Paterson）合撰；休斯對文章作出以下闡釋：「在一九四〇年代後期和一九五〇年代初期，〔「極權主義」〕這個詞語用來紓解美國人和英國人或是流亡人士在重新調整內心感受時所遭遇的震撼；他們才剛擊敗了一個敵人，現在又在政府號召之下面對另一個敵人。如果能夠證明納粹和共產主義在很大程度上是同一回事，那麼對前盟友的冷戰，就可以用曾有效對付前敵人的詞令來辯解了。」[64]鄂蘭一九六八年對相關文獻的檢視以及她提出理由辯稱納粹和蘇俄共產主義是同一模式的變奏（這都遠在「重新調整內心感受」之後），都沒有在休斯的論辯中提及。

所有這些文章要抨擊的，就是羅伯特．貝羅斯（Robert Burrows）所說的「泛極權主義」（unitotalitarianism），其中都可看見抨擊者在焦慮地為某些意識形態辯護。[65]艾德勒和帕德森在〈紅色法西斯〉一文就概括地說：「鄂蘭小姐……迴避了一種重要差異，那就在於：一種系統是在宣示具人文意義的意識形態，然而未能達致它的理想，另一者則太成功地達成了它的反人類毀滅性意識形態。」[66]這看來就是修正主義者對鄂蘭的批評的關鍵所在：她未能體會到蘇俄馬克思主義陷入了失控狀態，那是一種好的意識形態誤入了歧途。把「極權主義」斥為一種用以強化美國冷戰態度的口號，就可以替做為意識形態的馬克思主義解除詛咒。但鄂蘭的洞見其實立足於另一層次：一個國家的手段凌駕了它的目標，就像好人在採取相對沒那麼壞的手段而做了最壞的事；關乎重要的是結果，不是動機。修正主義批評者沒有觸及這個層次。

一種沒那麼政治性的批評，可見於政治科學學者麥可・庫爾修斯（Michael Curtius）一九六〇年代提出的「從極權主義撤退」的觀念。庫爾修斯等批評者覺得「極權主義」一詞令人困擾之處，不是在於它妨礙了我們對馬克思主義這種意識形態的理解，而是在於在它最初使用時已不足以描述現實，而在史達林過世後更是完全有所不足。這個概念的缺陷，令批評者覺得社會科學陷入了方法學危機。

庫爾修斯的文章和另一篇由班傑明・巴伯（Benjamin Barber）所寫的文章，收錄在《透視極權主義：三種觀點》（*Totalitarianism in Perspective: Three Views*）。[67]第三種觀點是來自卡爾・弗里德里希，也就是這本文集的編輯，他在引言提到，書中的論文是在一九六七年的美國政治科學協會大會中，經一個研討小組討論而來的結果。巴伯的文章提出了問題所在：「有一位理論家只把極權主義看作是自由放任主義的含貶義的不恰當反義詞，另一位理論家〔鄂蘭〕則在談到『它最後階段的演化』時，用『絕對邪惡』對它作出黑暗的描繪。還有第三位理論家，嘗試把這個概念用於一種發展觀，卻抱怨它『用得那麼寬鬆，變得幾乎全無意義，無法傳遞任何具體意義』。」採用了在一九六〇年代初開始流行的政治理論，巴伯區分出極權主義的「現象學」定義和「實質」定義，也就是說，區分出所謂「有限的從表現可見的特質」，抑或可度量的行為或制度特質，以及「一個政權相對抽象而不能度量的特質」，就像意識形態。巴伯提到另外幾個因素可用來區分不同類的定義：譬如是強調極權主義的全新特性，或把它視為新瓶舊酒；又譬如是強調社會經濟條件還是政治條件；聚焦於一個還是多個因果關係；又或是否依循「合流理論」（即所有高度進化的社會都趨於中央集權和官僚體系控管）。巴伯建議從政治學理論把「極權主義」一詞廢除，以促成對概念的「理論涵義」進行客觀探索。這是把政治理論從「分析荒野」引導出來的出路。庫爾修斯在他的文章達致類似結論，但弗里德里希認為，如果像「極權主義」這樣一個詞語能夠謹慎使用，理解為「一個相對而非絕對的概念範疇」，它是可以保留的。

有關「極權主義」一詞應否廢除的辯論，是因為關切到它的含糊性以及易於被用作政治宣傳，這方面的考量，跟支持馬克思主義的批評期望克服冷戰的過簡思維，兩者有共通之處，但其實辯論的主要焦點是在於政治科學在政治決策上的角色。為了尋找一種純粹而更客觀的政治理論，免除無法量化的元素，很多理論家從極權主義另一種庫爾修斯沒提到的意義上撤退：他們停止提出數學「模型」不能解答或「博弈理論」無法處理的問題。其他一些理論家尋求一種擺脫歷史失誤的馬克思主義，他們轉而向極權主義的馬克思主義理論家像法蘭茲．諾伊曼尋求歷史洞見，或向各種流派新馬克思主義者尋求未來的預言。鄂蘭的著作對於新的量化經驗主義者或新馬克思主義者來說都沒有什麼用處。[68]

§

在一九六〇年代後期，鄂蘭有很多機會可以討論她在《論革命》和《極權主義的起源》提出的觀點。對她來說最有趣的其中一次機會，就是在哈佛大學舉行的一九一七年俄國革命五十周年紀念學術會議。她獲邀參加會議而受寵若驚，因為她不是這方面的專家，而其他參加者主要是蘇聯研究專家或歷史學家（很典型地，她向雅斯培指出，她是唯一一個非專業學者，卻沒有提到她是唯一的女性）。[69]鄂蘭在會議上的任務，是對哈佛大學政府研究教授亞當．烏藍（Adam Ulam）的論文〈革命的作用〉提出評論。她的回應包含幾方面的陳述，所代表的觀點是二十年來把她和其他大部分研究俄國革命和俄式共主義政權的學者區分開來的：

聆聽辯論時，我驚訝地發現兩方的辯論者有一種共通看法，他們都相信從一九一七年十月到史達林死亡為止的蘇俄歷史是延續不斷的。換句話說，那些或多或少站在列寧革命一邊的人也都無異乎為史達林作出了辯解，而那些譴責史達林統治的人則肯定列寧不僅要為史達林的極權主義負責，更實際上屬同一範疇，即是說史達林是列寧的必然結果。這種隱含的共識，很能代表所謂「西方思想主流」對相關問題的看法，而值得一提的是，它顯然有異於最近從蘇聯發出的聲音〔那是譴責所有嘗試爲史達林所作的辯解，並把他視作出賣了共產主義的人〕。[70]

史達林的經濟政策——他「對農民階級的清洗」——還有他對俄國和外國共產官僚以及紅軍將領的攻擊，鄂蘭辯稱，都造成了列寧理論和實踐的斷裂，她認為只有史達林的統治才真的是極權主義。理論上來說，鄂蘭不贊同的是歷史延續性的假設，不管是出自列寧的繼承者還是她面對的歷史學家：「從法國大革命所上的一課，成為了今天自我強加的強制性意識形態思維的固有一部分……〔革命者〕知道一場革命必然吞噬從革命誕生的孩子，一如他們知道一場革命會經歷一系列革命過程，抑或隨著公開敵人之後而來的是戴上『嫌疑人』面具的隱匿敵人，抑或革命會分裂為極端對立的兩個陣營，……由立場居中的人來挽救。」[71]延續性的理論在應用上把偶然因素（或可能出現的新開端）減至最少或根本消除。

到了鄂蘭最後一次在學術會議中討論史達林，那是一九七二年在哥倫比亞大學，她就更是相信並無歷史延續性；不是因為出現了新的原始資料，而是因為西方世界戰後首次能讀到住在俄羅斯的俄國人（而不僅是流亡國外的俄國人）所寫的書。她提到梅德韋傑夫（Roy Medvedev）的《讓歷史來審判》（*Let History Judge*）、娜傑日達．曼德爾施塔姆（Nadezhda Mandelstam）的《心存希望》

（*Hope Against Hope*）和索忍尼辛的小說《第一圈》（*The First Circle*），雖然他們沒有在理論上帶來新的東西，卻讓西方歷史學家眼中的那個時期「完全改觀」：

〔他們〕排除了以下有關史達林的理論：一、史達林對國家的統一是必需的；二、史達林對共產黨的團結是必需的，否則黨內會醞釀分裂；三、史達林對工業化是必需的；四、史達林（和史達林主義）是革命的〔必然結果〕；五、史達林主義是隨列寧主義而來的後果。鄂蘭教授強調，所有這些迷思，包括個人崇拜的迷思，產生了某種效果，否定了整個政權的赤裸罪惡……而赤裸罪惡做爲一種原則，跟治國之道很不一樣。……剩下來我們面對的問題就是：「什麼是邪惡？」而不是「什麼是邪惡原則？」……儘管我們知道這個過程的一些元素〔其中有人支持邪惡而邁向自我滅亡〕，譬如人與人之間的原子化傾向或不信任的蔓延，還有很多其他方面是我們不了解的。總括來說，鄂蘭教授提出在一個大眾社會裡，政治理論家值得思考並質疑的，是人怎麼會做違背自己利益的事，因爲這是史達林主義者所做的事。[72]

在一九七二年的會議裡，鄂蘭顯然是從《艾希曼耶路撒冷大審紀實》的框架立論，因為這部著作探索邪惡怎樣組織起來，而眾人又怎樣被納入了組織。她又顯然擔憂，罪惡當時在多大程度上入侵了美國的政府和社會。她是在四月二十六日發表談話，那是民主黨總部爆發竊案前兩個月——那最終引致了水門事件（Watergate affair），但談話是發表於她對《五角大廈文件》作出反思之後。鄂蘭堅持對俄國歷史要劃分不同時期，跟她強調美國歷史要劃分不同時期出於同樣原因：必然發展和持續演化等現代認知方式，在很大程度上模糊了行動的不可預測特質，減低了作出判斷的責任。梅德韋傑夫做為一個馬克思主義者，願意讓歷史來作判斷。鄂蘭卻呼籲人類自身作出判斷，並期望這會防止他們支持邪惡。在一九六七和一九七二年兩次的辯論之間，鄂蘭反覆作出這方面的呼籲，並讚揚那些她認為回應了這個呼籲的人。

一九六八年的《論暴力》

> 我想說兩件事：第一，我相當肯定你的父母，尤其是你的父親，如果他們仍然在世的話，會感到很高興。第二，如果你遇上困難而也許需要金錢的話，我們和查藍·柯倫博特隨時可以施以援手，只要這在我們能力範圍內。[73]

一九六八年六月二十七日，鄂蘭向丹尼爾·柯恩本迪特傳出這個訊息，對方是她的老朋友的小兒子。法國的反動和共產主義媒體把他標籤為「紅色丹尼」，並因為他是「猶太人」、「德國人」和「不受歡迎的人」而施以譴責，以致法國政府拒讓他留在法國，儘管他是父母流落法國期間於一九四五年在蒙托邦出生的。他回到了德國，自一九五八年後成為了德國公民，並與他的哥哥加百利合著了《左翼主義：共產主義老年病的治療》（*Le Gauchisme: remède à la maladie sénile du communisme*）。

一九六八年春天的學生運動之後，當時在法國留學的柯恩本迪特就決定離開，這次運動是他和其他巴黎南泰爾大學學生抗議大學的教育和社會規範而掀起的。當警方把他們從一幢被占領的建築物逐出後，他們便到索邦學院躲避，警方在索邦的行動後來引發了巴黎拉丁區的暴動。在五月整個月裡，拉丁區的街頭擠滿示威者。路障架設了起來，示威者拋擲鋪路石，警方施放催淚瓦斯。先是在巴黎，然後全國的大學都關閉了，數以千計的工廠工人和公務員罷工。發生了很多流血事件，儘管警方沒有開槍也沒有死亡事件。然後戴高樂總統宣布尋求連任而在大選贏得壓倒性勝利。

在巴黎各處的牆上，重現了鄂蘭在人民陣線時期見過的示威口號：「同志們堅持」、「鬥爭」等字眼湧現。其中一張海報印有柯恩本迪特的肖像，傲然向政府作出回應，其中包含的精神就像克里蒙梭評論德雷福斯事件所說的「一人之事就是眾人之事」，宣稱：我們全都是「不受歡迎的人」。當然也不乏法國大革命的迴響：年輕反叛者被稱為「激進派」（*enragés*），他們跟罹患老年病的共產主義者差距之大，就像原來「激進派」跟「寬容派」（*indulgents*）的差異一樣。

鄂蘭和布呂歇熱切地看著電視和報紙的報導。「我們最近見證了，」鄂蘭後來回顧寫道：「在相對無害、基本上非暴力的學生叛亂以外不需要加上什麼，就足以顯露出〔法國〕整個政治制度如何脆弱，它在年輕反叛者的驚愕眼光前迅速解體。他們在不知不覺中給這個制度帶來考驗；他們原本只是挑戰僵化的大學制度，然而政府權力體系倒下了，隨之倒下的還有龐大的政黨官僚。……這是一個教科書式例子：其中的革命情勢沒有發展成為革命，因為沒有任何人，尤其那些學生，準備奪取政權並負上隨之而來的責任；當然，除了戴高樂。」[74] 戴高樂並不是像法國大革命中的羅伯斯比（Maximilien Robespierre）那樣的激進分子，而是中間派，扮演了救世主。

鄂蘭深有所感的是，法國這次學生運動是「基本上非暴力」的。她在美國公開鼓吹非暴力行動的有效性，嘗試指出美國新左派的宣言如何危險地把「權力」與「暴力」混淆起來，卻沒有多大成功。一九六七年十二月十七日，鄂蘭參與了一個名為「暴力的合法性」的討論，主持人是《紐約書評》的羅伯特・塞佛斯，其他參與者包括了諾姆・喬姆斯基（Noam Chomsky）、康諾・歐布萊恩（Conor Cruise O'Brien）和羅伯特・洛威爾，地點在紐約二十一街一幢建築的閣樓，那是自一九六一年以來紐約知識分子公共論壇的聚會地點。

鄂蘭提出了《論革命》中具中心意義的權力與暴力的區別：

> 一般來說，暴力總是產生自無能。那是沒有權力的人〔沒有民眾認同和支持〕希望藉它找到一種權力的替代品，而這個希望，我相信是徒勞無功的。同樣地，以積聚了多大的暴力來衡量一個國家的權力有多大，也是危險的錯覺。對一個政治實體尤其對共和國來說，大量暴力就是一

種危機，這是政治科學一種最古老的洞見。比方說，只因爲這個國家具備大量毀滅性工具，而聲稱它是世界上最強的國家，就是陷入了把權力等同暴力的常見錯誤看法。[75]

鄂蘭談到了三種將暴力合理化的觀點：馬克思聲稱暴力是一個社會在革命生產的痛苦過程中所必需的；喬治．索雷爾（Georges Sorel）聲稱暴力本質上是創造性的，因此是社會的生產者也就是工人階級（相對於消費者）正當的操作模式；還有沙特聲稱暴力對於「人的創造」（人重新創造自我）是必需的。鄂蘭闡述了她在《人的條件》中所作的區別，批評馬克思混淆了行動和自然的過程像生產勞動；又認為索雷爾混淆了行動和創造行為；而沙特辯稱人的創造是出於暴力而非勞動，則是引申自馬克思的立場。

鄂蘭的評語是抽象而理論性的，其他討論者也一樣。因此，鄂蘭並不訝異，知名評論家蘇珊．桑塔格（Susan Sontag）以聽眾身分向討論者提出的以下具體質疑：「在我個人來說很難理解，怎麼一九六七年十二月在紐約的這項討論，沒有積極面對一個問題，那就是在這個房間裡的我們以及我們所認識的人，是否會涉入暴力。」鄂蘭回應：「我很高興你提出了這個問題，（因為它）當然是我們內心背後的問題。」[76]然後鄂蘭對喬姆斯基的觀點表示認同，認為基於戰略原因，非暴力對於和平運動是必需的，因為政府具備暴力的潛在力量，有可能使得抗議行動變成「自殺」行為，並且因為暴力會「使得沒有立場傾向的人產生敵意」，鄂蘭還加上自己的另一個理由：「非暴力具備巨大能量」。她認為，英國人面對印度甘地的非暴力抗爭所表現的克制，會同樣在美國官員身上出現，「可是，那可能會被政府進行的屠殺所拖垮，就像一個帝國主義官員所指出的。」她認為美國人能體會到，政府向公民施行的暴力，會造成「共和國的終結」。另一方面，鄂蘭也嚴厲譴責某些人或想以暴力抗爭為藉口，而導致共和國的終結：「這正是需要作出區分的地方：正當與不正當的戰略。」

參與討論者都同意非暴力行動戰略上的重要性，即使不論權力上的重要性如何。可是，一九六七年夏天暴動事件中在新澤西州紐華克市（Newark）擔任「學生支持民主社會」運動（SDS）社區組織者的湯姆．海頓（Tom Hayden）卻顯得不耐煩。「在我看來，除非你能開始以行動而非語言理論來顯示，你能夠終結越南的戰爭，能夠終結美國的種族主義，否則你不能譴責那些不能等待你而採用暴力的人。」[77]海頓辯稱，暴力曾經或將在不久的未來，在和平運動中有一席之地——「我認為抵抗運動是它的一個更好的名稱，而且紐華克的暴動，也是非暴力尋求變革而顯然失敗的一種正常反應。」鄂蘭並不信服：「所謂暴力有助帶來社會變革，暴亂當然在整個歷史過程中一直可見，但它們從來無法帶來什麼，沒有什麼消散得那麼快而沒留下多少痕跡。」她提醒海頓，對於和平運動在國內面對的挑戰，要小心作出判斷：「這方面歐洲人可以給美國人提供好些教訓。直至目前，在這裡沒有什麼迫害事件，也沒有集中營或恐怖手段。」

鄂蘭與海頓的辯論站穩在自己的立場，但她對歐布萊恩提到的一點作出反思之後，立場稍有轉移。歐布萊恩前來參加會議時，仍然因為在抗議活動中遇上的警察暴力而耿耿於懷，他引用了自己愛爾蘭同胞的一句評語：有時「暴力是確保你的溫和立場獲得聆聽的唯一方法」。當鄂蘭在一九六九年撰寫她的〈暴力的反思〉時，她就以贊同口吻引述了這句評語：「暴力不能促成任何目標，不管是歷史還是革命的目標，也不能促成進步或反動；可是它能使得怨憤戲劇化，吸引公眾注意力。」[78]她承認猶太人聚居小社區裡的暴力有這種作用。但她也謹慎提到，「跟暴力倡導者試圖告訴我們的相反，暴力是改革而不是革命武器。」她提到，法國學生的暴動只帶來了大學系統的改革，而美國哥倫比亞大學的暴動也只帶來對大學政策的檢討。

§

一九六八年四月，哥倫比亞大學的示威行動展開時，獲得鄂蘭興奮的支持。她很讚歎的是，學生要大學切斷它跟國防分析究中心（Institute for Defense Analysis）的關係，那是戰爭相關的研究，儘管另一方面鄂蘭不能確定，學生要求大學對它周邊黑人聚居社區要採取更負責任的態度，究竟代表什麼意義，而當時黑人社區仍然因為馬丁路德金恩在四月四日被刺殺而處於深切哀悼中。在學生占領大學建築物首天，查南．柯倫博特和鄂蘭在百老匯大道（Broadway）位於鄂蘭的河濱道公寓與哥倫比亞大學主校門之間的一家餐廳見面。當時鄂蘭很高興地表示：「學生在抗議，我們全力支持。」柯倫博特比她謹慎得多。在困擾的時刻，鄂蘭會說柯倫博特和布呂歇都「只是老式前共產黨人」，這就提醒了她，她事實上是在餐廳裡吃晚餐而不是在抗議。鄂蘭不是抗議者。人群和群眾集會令她感到不安，她小心地保持著旁觀者身分。當有一些流亡族群朋友，也都是六十多歲了，前去首都華盛頓參加反戰示威時，鄂蘭婉拒一起前去。

幾天後，鄂蘭對於哥倫比亞事件的發展感到失望。兩年前，在芝加哥大學，鄂蘭曾支持學生的訴求，要求大學停止把學生的成績等級向美國兵役登記局報告——報告的目的是要讓成績優異的學生免被徵召服役。學生覺得越戰的任務被留給貧困的人負責，而「優異的學生」則獲豁免。鄂蘭長期以來就都批評那些享受優越社會或政治地位的人。鄂蘭跟其中一位學生麥可・丹能尼（Michael Denneny）一起前去一幢校園裡被占領的建築，丹能尼還記得，鄂蘭當時兩級當一步的爬上學生總部的樓梯，「像小女孩般興奮」，跟學生談到他們的想法和計畫。她告訴學生一個她在《艾希曼耶路撒冷大審紀實》所講的故事：當一戰的法國猶太退役軍人獲納粹豁免於驅逐行動時，他們發表了一項聲明：「我們莊嚴宣稱，我們放棄由於退役人員身分所獲的任何特殊優待。」[79]對她的學生或對學生運動，鄂蘭的態度普遍來說是十分讚歎的；三年之後，她在〈暴力的反思〉中表示讚賞：「幾乎完全由道德考量激發的學生反叛行動，是這個世紀完全超乎預期的事件之一。」[80]芝加哥的學生對鄂蘭當然也很是讚賞；鄂蘭講授的「基本道德命題」，是他們唯一議決不予杯葛的課程。

可是哥倫比亞的占領行動所走的方向，卻不是鄂蘭能夠接受的。她覺得學生在目標上迷失了，把他們對大學支持國防研究的正當抗議，跟對大學本身的不正當攻擊結合了起來。鄂蘭曾多次辯稱，大學跟法庭一樣，必須具備獨立機構的身分，「置身權力鬥爭之外」。她在〈真理與政治〉寫道：「很不受歡迎的真理從大學裡給揭示出來，很不受歡迎的判決也時而由法庭頒布出來；這些機構，像真理的其他避難所，面對來自社會和政治權力的種種危機。可是真理在公共領域中能維繫的機會得以大大提升，當然有賴這些機構的存在，有賴與其相關的獨立的、被認定公正無私的學者所形成的組織。」[81]鄂蘭相當清楚表明，她認為大學管理層而不是學生，要對大學的腐化、對大學與企業和政府事業扯上關係而負責。但她認為學生要把大學交到「眾人」手中，只是讓大學落入另一種所有權中，而不是保持獨立；而那些因為大學的腐化要將它關閉的人，不僅是對尋求真理的唯一獨立管道構成威脅，也對自身行動的「唯一可能基礎」構成威脅。鄂蘭反對占領校園建築，因為她認為大學不光是屬於教職員和管理層的，也是「屬於」學生的。但她堅持的是，「在建築中靜坐抗議和占領，跟縱火或持械叛亂是兩回事，而不僅是程度上的差異」。[82]當哥倫比亞大學的赫米爾頓會堂被據報由黑人社區提供武器的黑人學生占領時，她對這種持械反叛的威脅表示反對。

至於大學及其對少數族群的責任，鄂蘭維持「保守」態度。紐約市立學院和其他大學實施開放入學政策，她就表示反對。她覺得隨著「黑人權力運動的出現」，「嚴重的暴力」會進入美國的校園：「大部分入學的黑人學生沒有經過成績資格檢定，會認為自己是特殊利益群體並組織起來，成為黑人社區的代表。他們的訴求就是低學術標準。他們比白人反叛者更謹慎，但從一開始就清楚的是（即使在康乃爾大學和紐約市立學院的事件之前），對這些黑人學生來說暴力不光是理論或詞令問題。……在黑人學生口頭或實際的暴力背後，存在著黑人社區很大的一個少數族群。」[83] 鄂蘭覺得對開放入學和黑人研究課程的讓步，對學術水準是一種威脅，對黑人學生也不利，因為他們需要的不是「非洲文學和其他不存在的科目」，而是基本技能訓練，像閱讀、寫作和算術。她恐怕「在五到十年之後」，黑人會認為黑人研究課程是「白人防止黑人獲得充分教育的另一個陷阱」。[84] 鄂蘭從來沒有從自由派或保守派可以接受的一個立場來考量她所謂的「黑人問題」，沒有想到它可以與猶太問題相提並論。她認為在一九六〇年代後期所發生的事，是她十年前在〈小岩城事件反思〉中所探討處境的後果。她在一封信向麥卡錫解釋：

我相當確信，黑人權力和反融合的新趨勢，對我們的自由派人士來說是如此突如其來的震撼，其實是它之前的融合行動的直接後果。一切會安穩無事的，如果所謂融合只是樣板式的；實際上只有相對小比例的黑人得以融合，沒有嚴重威脅到正常標準之下的入學要求。普遍的公民權利熱忱，導致了大量黑人融合，他們原是不合資格的，而他們也較其他滿懷好意的人很快地了解到，他們是在一種無法忍受的競爭處境下。今天的處境相當清晰：黑人要求他們本身的課程體系豁免於白人社會的嚴格標準，在此同時，他們要求按照人口比例獲得入學機會，而無需理會標準。換句話說，他們實際上要取得控制權，把標準調整到他們自身的水準。這對於我們的高等教育機構，是較諸學生運動更大的威脅。……新左派和老自由派面對的是一種老式困擾：

完全不願意面對事實，流於抽象空談，往往是勢利的，而且幾乎總是對任何其他人的利益視而不見。……這其中的僞善眞是大得驚人。融合式住房政策當然可行性相當大，而且對特定階層收入和教育的人來說絕無痛苦可言，而且在紐約市特別是費用高昂的公寓建築來說是既定事實。什麼困擾也沒有。困擾開始出現，是在於低收入群體，這方面的困擾是很眞實的。換句話說，那些宣揚融合等政策的人，正是那些既不可能也不願意付出代價的人。然後他們以飽受教育者的目光，滿懷「偏見」的睥睨那些可憐的、愚昧無知的鄰里中人。[85]

這不是勢利說法，卻也是流於抽象的。鄂蘭的概括看法，建立在紐約市立學院的例子上，她對黑人社區並非整體如一的「利益」沒有多少經驗。她引述黑人民權領袖貝雅德・勒斯丁（Bayard Rustin）的號召，強調黑人需要的是「補強式訓練」而不是「靈性方面的課程」，可是她假定貝雅德只是孤獨少數。她沒有比其他人更能提出好主意，得以推行一種整合式教育，能夠同時提供基本課程，以及照顧到少數族裔學生特殊需要的課程。可是在鄂蘭提出她的想法之後十年，就如她預料的，像傑西・傑克遜（Jesse Jackson）牧師等黑人領袖就開始著力創設她應該會贊同的本土式課程。透過推動卓越教育（PUSH for Excellence）等組織，向公立學校、家長和學生發出號召，不要忽視他們對學習成效的承諾。

鄂蘭對社區學院、公立大學和它們面對的衝突沒有什麼經驗，但她至少有一次機會，能觀察到一九六〇年代後期的複雜情勢，如何對溫和派黑人造成困擾。一九六八年十月一天晚上，她和《美國學者》其他編輯委員一起，聽了拉夫．艾利森長達兩小時的一番憤怒演說而大感震驚。編輯希藍．海頓（Hiram Haydn）在他的回憶錄《言辭與臉孔》（*Words and Faces*）提到艾利森如何強烈反對一項編輯決定，認為某篇文章在獲得接納發表前應該先讓他過目：「然後他一下子展開攻擊，情緒憤怒，卻含糊其詞，對不願意確切認定個人資格的一般趨勢大加撻伐。他作出了那麼多廣泛概括，說話帶著那麼多的蠻勁，從出發點走得那麼遠，令人很難追隨他的步伐。沒有辦法叫他靜下來。」幾個編輯委員嘗試讓他平靜下來，卻徒勞無功。「鄂蘭說聲再見後就離開了，告訴我她太過心煩意亂，無法留下來。」在場的十五個人，都不知道是什麼讓艾利森那麼激動，但海頓猜想，「那是過渡世代的某些黑人孤獨背負重擔的一種表現。他們被新的激進分子唾棄，對於保守黑人來說又太過自由主義；雖然普遍獲得白人社群認同，但他們總是察覺到一種差異：他們這些在心智和精神上具貴族氣質的人，往往在我們的社會中卓然有成，可是始終不屬於任何社群——除了他們那個狹小的朋輩圈子。這種孤立感的壓力，最終會讓任何人都感受得到；而我相信，十月那天晚上，那個重擔已到了太大而無法承受的一刻。」[86]

§

紐約知識分子公共論壇對一九六八年事件的暴力和亂象的討論，促使鄂蘭進一步闡明她所劃分的權力與暴力的差異，還有人類協力行動的能力以及使用工具達成目標的差異，後者可能是一群人或個人的特權。「如果沒有那些討論令我察覺到我們所有人在這個問題上的混亂，我就永遠不會撰寫那篇有關暴力的文章。」[87]她在一九六八年夏天開始寫作這篇文章，那是她在社會研究新學院完成了第一年講課之後。這項職務容許她在幾年內從事她愛做的任何事，她不用再遠赴芝加哥講課，不用跟丈夫多個星期各處一方。為了表彰布呂歇，她在社會研究新學院主持的第一個研討班，主題是「二十世紀的政治經驗」，課程內容就是追蹤一個假設性人物的經歷，而這個人實在就是布呂歇，在世紀交接之際出生而經歷了「黑暗時代」。

鄂蘭撰寫〈論暴力〉一文時，經常反思當前周遭環境的轉變。「我首次碰上了，」她告訴麥卡錫：「中年的、本地出生的美國人（是頗值得尊敬的同事）考慮移民。」[88]當時的環境，很好地反映在紐約知識分子公共論壇一九六八年秋季首次聚會的題目——「民主：它有沒有未來？」鄂蘭覺得民主有它的未來，也有它現在一刻的地位；赫伯特．馬庫色（Herbert Marcuse）的想法就不一樣了，他在討論中聲稱，「它肯定沒有現在。……美國社會變得愈來愈瘋狂。」[89]不過鄂蘭也覺得日常生活過得很辛苦。她和布呂歇沒想過移民，但也考慮了其他計畫，包括在派倫威爾買一幢房子，或每年在瑞士過一段日子：「它跟年老有關，而且希望不要像在這裡生活在公眾眼光之下。還有，要住得比在大城市來得舒服一點。」[90]布呂歇健康欠佳。他在一九六八年春天有幾次輕微心臟病發作，六月短暫住院，剛好錯過了一生唯一獲頒授學位的儀式，那是巴德學院頒發的名譽博士學位。

當他的病況好轉可以接待客人時，巴德學院一個代表團便前去他河濱道的公寓把學位頒給他。然後他和鄂蘭到派倫威爾度假兩個月。擬在瑞士南部洛迦諾短住的試驗計畫，則延後到次年夏天。

〈論暴力〉是在當年夏天寫成初稿的。但鄂蘭也開始寫一些草稿，為她在信中跟麥卡錫提到的「類似《人的條件》第二冊」的那本書作準備，那就是《心智生命》。[91] 她在社會研究新學院以及在芝加哥短暫停留時就開始為此寫筆記。她答應在芝加哥講課並繼續指導博士生，可是儘管她獲得學生欣賞，教學任務卻讓她感到疲累：「唯一的樂趣就在學生。」[92] 令人憂慮的世界局勢影響了她的專注力：「我做的每件事都有一種挫敗感。跟關乎重要的事比較，一切都是瑣碎的。我知道當我處身過去與未來之間的那個夾縫，這種感覺就會消失，那就是說我在恰當時間點進入了思想的軌跡。可是當我要教學就不能這樣做，我得全心待在教學崗位上。」[93]

像大部分反越戰並擔心國內法制與秩序失衡的美國人，鄂蘭認為一九六八年的大選選戰是災難性的。她原本對尤金．麥卡錫（Eugene McCarthy）的總統初選選戰寄予厚望，還曾為此捐款，她同樣寄望於喬治．麥高文（George McGovern）和弗蘭克．丘奇（Frank Church）的參議員選戰。她可能會投票給麥卡錫，因為認為他是一個「真正愛國者」，或是把票投給甘迺迪——如果他還在生而尋求黨內提名的話。而如果尼爾森．洛克菲勒（Nelson Rockefeller）跟民主黨提名人休伯特．漢弗萊（Hubert Humphrey）對壘，雖然她不是共和黨支持者，她也會投票給洛克菲勒。但結果是得在漢弗萊和尼克森之間作出選擇，她只好在毫無熱誠之下把票投給漢弗萊，但她一直以來對政黨系統的不信任，因這次的選擇而前所未有地獲得了確認。「當民眾把他們的看法表達得那麼清楚之後，」她在公共論壇另一次討論中表示：「兩黨都沒有選出最具號召力的人，而是選了黨內最有勢力的人。我要作出結論說，實在是政黨機器令我們變得無能。」[94]

秉持著這個結論，鄂蘭在一九六九年觀察反戰運動時就滿懷希望，以為運動的成功可能令政黨機器被擊敗。在一九六九年十月首都華盛頓的要求休戰示威之後，她曾有樂觀的一刻：

我們又再次感受到麥卡錫選戰期間的希望。但這是更好的，因爲它繞過了整個政黨系統，而純粹倚仗民眾集會和請願的憲法權利。因此這令人傾向於作出結論說，憲法仍然活著，而政黨系統，儘管當然沒有死亡，卻已成爲了一種無謂的紛擾。……民眾的抗議……整件事都是由新一代人組織，他們現在可能眞的掌握自己的命運了，那些只有空泛詞令的「極端主義者」落敗了，共和國可能重新被發現，這是屬於公眾的。[95]

鄂蘭此刻的樂觀，出現在她先前另一番結論之後：她聲稱民主黨的無能為力，在它的芝加哥黨代表大會期間向示威者施行暴力可見一斑。但她的樂觀維持不了多久。政黨官僚的無謂紛擾，被政府官僚帶來的危險完全蓋過了，這就是鄂蘭在另一篇政治評論文章中寫到的——〈政治上的謊言：五角大廈文件反思〉。

別了，雅斯培

尼克森總統首次宣布從越南撤軍的一九六九年，是國內相對和平的一年。雖然黑豹黨（Black Panthers）在夏天掀起了一些暴亂並曾與警方爆發槍戰，勾起了一九六八年的焦慮回憶，令人想起當年的刺殺事件、警察暴力和學生暴動。一九六九年畢竟是風暴後的一段平靜日子，但有人則認為是另一次風暴之前的平靜。而對鄂蘭來說，這是哀傷的一年。

當她開始在社會研究新學院講授「哲學與政治」課程時，鄂蘭也寫好了向雅斯培祝賀八十六歲生辰的信，表示抱歉未能和他一起慶祝。就在生日後三天，已經嚴重患病好幾個星期的雅斯培就過世了。妻子葛楚正好是在二月二十六日的同一天度過九十歲生日，她向朋友發了一則短訊：「今天我此生的伴侶卡爾．雅斯培辭世了。」[96]

鄂蘭追隨她自己和歐洲朋輩的習俗，穿著黑色裙子到巴塞爾，出席三月四日雅斯培的葬禮。她好幾月都穿黑色衣服，但同時配上顏色鮮艷的圍巾，這是因為葛楚在葬禮跟她講的一個故事。在雅斯培過世前幾天，葛楚和他談到在她葬禮上該穿什麼衣服；他們同意了，因為習俗的緣故，穿上最好的黑裙子，但同時她要穿一件白衣領的衣服，因為這是好的生命終結！雅斯培也很小心地在葬禮次日的紀念式中傳達了另一個較為超脫於個人的訊息。他口述而留下了一則簡單的訃告向各方表達謝意，感謝大家的慷慨與支持，感謝父母和那些曾經教育他的人，還有他的妻子、朋友，以及在納粹掌權之前、期間和之後他流落各地曾共同生活的人。他在訃告中用第三人稱過去式敘述，用上了他在公開演說中特有的那種緩慢而有節有律地帶著尊嚴的語調：

喪失了政治上的母國，令他墮入無根狀況，於是他和妻子轉而尋求人際關係的普遍源頭：跟在德國和散居世界各地個別所愛的人建立友誼，並構築起共同世界公民的夢想。

在巴塞爾，在它延續著的歐洲傳統中，在他做爲過客而找到平靜避難所的自由中，他獲賜予最後的祝福。在這些歲月裡他竭盡全力繼續埋首於尚未完成的哲學著作，他更多的是在感知，而不是眞的認知了什麼，在探索，沒有靜止下來，在這個時代的問題裡抓住其中一端：在歐洲哲學的盡頭找尋出路，邁向未來的普世哲學。[97]

跟鄂蘭一起在巴塞爾大學的紀念式發言的還有雅斯培另外兩個學生：一個是戰後追隨他的珍．赫希（Jeanne Hersch），另一個是他晚年的研究助理漢斯．薩納。鄂蘭談到雅斯培的生平和著作，談到他做為一個哲學家和公民——談到他在人生較晚階段透過言論投入政治行動。然後談到誕生與死亡，立足點就是她做為思想家經常立足的一點——「過去與未來之間」。

我們不知道，當一個人逝去，究竟發生了什麼。我們只知道他離開我們了。我們仰賴他的著作，卻知道他的著作不需要我們。那些著作是逝去的人留給世界的——那個在他來到之前就存在而在他逝去之後仍然存在的世界。這些著作終將如何，要看世道如何。但簡單的事實就是，這些書曾是一個人活著的人生，這個事實不會直接進入世界，也難保不被遺忘。而對於這樣一個最不持久而又可能最偉大的人，他說的話和他的獨特舉止，會隨他逝去，因此就需要我們，需要我們想念他。想念令我們跟死者建立關係，而透過這種關係，關於他的對話就湧現，在世間響起。與死者的關係，是需要學習的一種關係，爲了踏出這一步，我們此刻在共同的哀傷當中齊聚一堂。[98]

「與死者的關係」，對鄂蘭來說確實不容易學習。她多年來就擔憂雅斯培死亡將至。當他在一九六五年病重時，鄂蘭探望他之後寫信跟麥卡錫說：「總是想到這可能是最後一次，而儘管我抱著懷疑之心，這是我第一次不斷循著這種思路在想。而在此同時又比以往更感安心。彷彿死亡的臨近令一切變得容易：還可以想像什麼其他考量算得上一回事？」[99]田立克在那年過世了，當鄂蘭想到他的離世，也對雅斯培和海德格焦慮了起來。雅斯培知道她擔憂，就試著安慰她，然而他在信中會坦白而詳細地談到他的健康在變壞，因為他們彼此都認為，他的危急狀況不應避而不談。在一九六六年他寫信給鄂蘭肯定自己情況無礙，因為他注意到她「處於焦慮的告別情緒當中，跟以前不一樣」。他告訴她自己如何期待次年再次見到她，也許還見到布呂歇，但他補充：「我們總是在說告別，卻從來沒有告別。」為了讓她不要擔憂，雅斯培還提到妻子葛楚對當前情況的幽默反思：「我們期望一起變老，現在我們必須一起忍受下去。」而他總是表現他的支持，對鄂蘭的很多活動提出評語，給她鼓勵。在一九六八年他用震顫的手寫下如父親的勉勵說話：「有時間就給我們傳來新的報告吧。」[100]

直到一九六七年，雅斯培還可以繼續寫作，通常是坐在「工作沙發」（*Arbeitsofa*）上口述，他也能回應他最後一部著作的批評，那是用英文出版的《德國的未來》（*The Future of Germany*），包含鄂蘭所寫的前言。[101]這本書是他向政治的告別，他當時希望能回到他另一個老家——哲學。可是這需要鄂蘭解除他的一個承諾：他已寫了部分有關《艾希曼耶路撒冷大審紀實》的一部評論著作的草稿，但他覺得這超出了他的能力範圍。鄂蘭當然就讓他解除承諾，他表示感謝：「我不光從一本書解除了出來（這只是一種外在的，儘管是很重要的原因），而且更從政治及其各種規條慣例的束縛解除了出來。如今我在自由的空氣中，可以回到哲學，以它做為工作的主題，我因此十分安樂。」[102]

雅斯培過世後，鄂蘭也嘗試重拾哲學的「自由空氣」，這是心智的生命，可是政治迫使她腳踏實地。她寫完了〈論暴力〉並把它翻成德文，名為〈權力與暴力〉（Macht und Gewalt）。在她這篇文章刊於《紐約書評》之後，編輯羅伯特．塞佛斯收到幾篇讀者投書，都要作出回應。紐約大學的哲學教授拉斯爾．阿貝森（Raziel Abelson）向她提出挑戰說：「始終無法弄清楚的是，鄂蘭小姐所贊成或反對的是什麼——如果有的話。在某處，她似乎僅僅是倡議思辯務須清晰的目標。」最後，阿貝森質疑，鄂蘭把權力等同於權威，無疑是對「既有制度的認同」；可是，鄂蘭其實正是竭力嘗試區別權力和權威。[103]鄂蘭試著消除阿貝森的誤解，但最終只能困乏地作出結論說，對方不相信能作什麼區分。摩根索讀了兩方的論辯，寫了表示同情的話：「我讀了你跟批評者的論辯。實在不值得這麼做，這是多愚蠢的去假設，當你寫些什麼你必然是在倡議一個目標。這假設我們全都是心智上的街頭戰士：我們總是贊成或反對什麼。因此如果我們沒有弄楚自己站在封鎖線的哪一邊，我們就失敗了。」[104]

鄂蘭知道在「黑暗時代」，「僅僅」思辯上的清晰就別具意義。雅斯培在他那個世代就是偉大的思辯澄清者，他在鄂蘭的生命裡也是如此。鄂蘭實在因他的離去而失落，她曾在一九六六年向芝加哥大學的愛德華·李維（Edward Levi）談到他，希望李維支持巴塞爾大學的建議，爭取把諾貝爾和平獎頒給雅斯培：

> 雅斯培在很多方面是一個獨特的人；他是今天唯一能夠不論政黨和目標而談論政治的偉大歐洲人，他的政治信念是他的哲學的自然後果，以自由和理性爲核心。把和平獎頒給他，有兩方面的政治意義：這表示認定哲學對政治的重要性，也表示頒獎給一個對抗二十世紀和十九世紀後期德國的德國人。他很合理地對德意志聯邦共和國的發展表示擔憂。……頒獎給他，幾乎可以

肯定迫使大家注意他對德國的政治環境說了些什麼，這跟他在一般民眾之間的作爲不一樣，那是他一直都很成功的。[105]

道德和政治行動

對雅斯培來說，鄂蘭所扮演的角色，像他某次所說的，就是肯定了他做為一個教授的人生使命。鄂蘭自己身為教授所獲的報酬就很不一樣，因為她並不像雅斯培那樣，基本上是個教授。而且，她的學生是美國人，跟她有文化上的隔閡；而在年齡上的差距，也是她和雅斯培差距的兩倍。但在一九六〇年代後期，當她和她的學生十分擔憂地觀察美國的政治情勢，她讓自己更多在個人層面上跟學生這些「新來者」互動。她那種歐洲人的超然離群態度也消失了；以往那要是能夠消失的話，就只有當學生變成了同事。她會把她的家變得更像其他人能分享的家，對象就是在社會研究新學院擠進她的課堂而需要特殊照顧的學生，或是芝加哥大學值得尊重的人。雅斯培過世時，她沒有在學生面前掩飾她的哀傷；她講述雅斯培的故事，鼓勵學生以雅斯培的著作做為博士論文題目；並開始在她那些內容密集而難懂的講課裡引述雅斯培的話。

對於前來尋求忠告的人，她提出了雅斯培思想獨立性的詮釋。可是她也是性情難以預測而多變的。她的一個學生告訴她有人組織了一個網絡，協助逃避兵役的人和軍隊裡的逃兵偷渡出國，前去加拿大或瑞典，並表明參與這個網絡就表示會蹺課。鄂蘭最初的反應典型地像個猶太母親：「但你會被逮捕的！而且，我的天，我不想閱讀你的獄中回憶錄。」然後她平靜下來，像密謀耳語的問了很多關於那個組織的問題。最後顯然帶著自負說：「也許你在我的課堂裡學到了一點什麼，幫助你撰寫好的獄中回憶錄。」

她對學生的鼓勵是很慷慨的，她的批評則以尊重態度提出；如果那是嚴厲的，那就假設任何人不能好好接納的話，就不應該再接受她的教誨。她迅速而細心地閱讀了一個博士生快要寫完的論文稿，而提出令人驚愕的判斷：「這樣說吧，親愛的，如果這是正確的話，那它就是革命性的，可是恐怕並非如此。」她對學生的政治活動的評語一樣尖銳：「行動並不是像閱讀一本書；你可以獨自一人閱讀，但要是行動，就要跟別人一起，這表示你要放開一些理論思辯，張開眼睛。」遇到那些不能在智性或政治上達到標準的人，她會提出康德有關無知和愚昧的分別：「愚昧是無可救藥的。」鄂蘭把父母式關懷和個人傲慢揉合在一起，一直以來都令學生感到窘困；造成同樣效果的，還有她也混雜著智性上的自信和焦慮，而且有怯場心理，不但在公眾場合，甚至在課堂上。她心理上的脆弱和羞怯很難區分，部分原因在於她對別人的弱點沒有耐性；當面對不安情況或類似恐懼症的處境，令她不能或不願理解時，她就會突然退縮。

鄂蘭對於公眾亮相也始終帶著憂慮，但越戰期間，當她受到邀請，就毫不猶豫加入討論。由於掌控法制和秩序的部門，針對越戰示威者和憲法保障的集會權利作出語言上的攻擊，特別來自副總統斯皮羅・阿格紐（Spiro Agnew），紐約知識分子公共論壇策劃一個名為「憲法第一修正案與對抗的政治」討論會，鄂蘭參與了當晚的討論，同台的還有司法部長拉姆齊・克拉克（Ramsey Clark）以及組織一九六九年十一月十五日華盛頓「對抗死亡遊行」的羅安・楊格（Ron Young）。鄂蘭在芝加哥講學之後剛好休息了兩星期，沐浴在哲學的自由空氣中，期間她寫信告訴麥卡錫，她「在一片慵懶當中，閱讀普羅丁（Plotinus）和謝林」。[106] 經過休息之後她比平日平和，儘管布呂歇的健康再令她擔憂，這次是因為靜脈炎的煎熬。

在當晚的討論中，鄂蘭充滿活力，雄辯滔滔，讓聽眾感受到她的機智。通常那只有她的學生才有機會分享。楊格覺得令十一月的和平遊行成為可能的，是民眾自身堅持自己的集會權，而無關憲法。鄂蘭回應：

> 你完全正確。沒有民眾履行這權利，整個架構就會塌下來。可是如果沒有憲法第一條修正案，政府就會發現很容易制止這整件事發生。因爲憲法文件上那幾行字，確實處於我們與專制之間。……尤其是，在我看來你以十分古怪的方式低估了處境的嚴重性。令我擔心的是你的錯覺。令我擔心的是你實際上不知道該如何緊緊握住第一條修正案，並時刻把它向政府、向民眾展示。是不是因爲你多次高喊「狼來了」，以致於狼眞的走近時你沒有看到？[107]

聽眾笑了起來。楊格反駁說，捍衛第一修正案的最佳做法，就是「對抗越戰的激烈危險抗爭」，鄂蘭沒有退讓：「但你抗爭的權利，正是透過第一修正案獲得保障。沒有了它，你就只能倚賴政府的善意。如果我是你就不會這樣了。我寧可有一條法律上的腿可藉此站著。」楊格不是唯一持這種觀點的人，為《壁壘》（*Ramparts*）等雜誌撰稿的年輕作家瓊安．賽門（Joan Simon）質問：「如果你可以謀殺，像他們在越南美萊村所做的，那麼所謂的言論自由代表什麼？」

鄂蘭所擔心的，是她認定在沉痛中鼓吹「對抗式政治」的年輕人的錯覺。她提出，馬丁路德金恩的行動「所出現的對抗，是他在民眾眼前揭示憲法或國家的法律，跟南方實際實施的法令和法制、慣例等之間存在著鴻溝或矛盾。……那是真正的對抗，也是有效的。」她認為這種對抗跟公民不服從（civil disobedience）很不一樣，後者是出於「由個人根據良心所作的決定」。鄂蘭在公共論壇裡談到這種區別，然後，在進一步思考之後，卻認為自己是錯的。

她作出進一步思考，一方面是因為論壇本身的討論，一方面是因為她受邀參加了一九七〇年五月一日在紐約大學舉行的會議。會議令人心寒的主題是：「法律是否已經死亡？」可是從會議提出的題目當中，鄂蘭挑選的是「在共識社會中公民與法律的道德關係」，這並不要求她肯定那個令人心寒的想法。

在一九七〇年夏天，鄂蘭把演講重新整理成為文章，題為〈公民不服從〉。[108] 文中辯稱，公民不服從與良心上的反對是有區別的。兩者都涉及個人決定，可是公民不服從也有賴其他人的決定，良心對抗則不然。從事公民不服從的人，是共同秉持一個信念的一群人的一分子。

在實踐上，這就是「一個好人」和「一個良好公民」的差異：一個是道德立場，一個是政治認同。這種差異對鄂蘭來說是重要的，因為她知道抗議要來自一群共同行動的人；也因為她認為，共和國容納公民不服從的能力，是它是否合乎「美國法律精神」的一項指標。跟她在公共論壇引述的例子不一樣，眼前的反越戰示威這種公民權利運動，目標是聯邦的而不是州的法律和慣例，因此所涉及的是戰爭是否合乎憲法。鄂蘭承認，不能期望任何法律制度能將違法行為合理化，但認為對公民不服從採取一種「政治取向」，就可以顯示「在我們政府制度中對公民不服從有一個獲得承認的空間」。她把公民不服從跟一個自願參與的會社中的成員身分比較，指出壓力團體和特殊利益遊說團體所獲的承認，也可以用於「公民不服從少數派」身上。鄂蘭察覺到，憲法第一修正案「在條文和精神上並未涵蓋在這個國家裡實際實行的結社自由」，因此她建議，「如果有任何緊急需要的憲法修正，而又值得承受所有麻煩進行修正，就該是這個問題了。」

鄂蘭上一次提議修正憲法是在一九四九年，當時她建議保障沒有任何一個公民的公民權會被褫奪；這次她卻沒有具體說明修正案該怎麼保障「結社權利」。她不是沒察覺到，因企業利益而非政治信念組織起來的團體有潛在危險性，但她的目的是要確保會社能享有像遊說團體所獲的承認。「事實在於壓力團體是自行組成的會社，它們獲得美國政府承認，而它們的影響力那麼大，足以稱為『助理政府』……這種公共領域上的承認不是小事，因為憲法第一修正案並未預見它們產生的

『助理』作用，一如它未預見結社自由做為一種政治行動的作用。」憲法對結社權利全盤接受，很可能使得利益團體對政府的「助理」帶來更多麻煩，可是在原則上，鄂蘭要嘗試劃出空間讓一些團體能夠「把被認為不公義或不合理的法律……送進法庭或放在輿論平台上」，這是合乎「美國法律精神」的。她指出最高法院可以基於所謂政治問題原理，而拒絕對立法機關或行政機關進行司法覆核，從而辯稱「在我們的政治制度中讓公民不服從確立起來，可能是司法覆核這方面最終失效的最佳補救」。

當鄂蘭把這項建議在「法律是否已經死亡」會議上提出，所獲反應欠佳。會議召集人尤金・羅斯托（Eugene V. Rostow）斷然表示，「使用非法手段達成政治目的是無可辯解的」。哥倫比亞大學的羅伯特・保羅・吳爾夫（Robert Paul Wolff）根本不關心公民不服從做為一種制度，他捍衛無政府主義，直截了當地說「即使是真正民主政體的公民，也沒有人有義務遵守法律」。羅納德・德沃金（Ronald Dworkin）認為政府政策跟「法律精神」毫無關係；他這個論點沒有考慮到任何情況——除了當前一刻那個情況。而這一刻還沒有到達那麼一個程度，讓鄂蘭的長遠看法獲得認同。「副總統〔阿格紐〕把公民不服從和非公民不服從混為一談，」布林莫爾學院（Bryn Mawr College）的哈里斯・沃福德（Harris Wofford）說：「他危險地把我們的政治變得兩極化。」會議中兩極化的傾向相當明顯。《紐約時報》報導了羅斯托的看法：「羅斯托先生指出，這個周末在耶魯大學可能就會出現一種集體情緒爆發，他說：『也許我們太過狂熱，太過投入，沒有對個人自由作出分析性檢視。』」[109]

那個周末耶魯大學沒有出現集體情緒爆發，因為黑豹黨領袖波比．斯爾（Bobby Seale）即將受審而號召舉行的「大集會」和平進行。鄂蘭因此受到鼓舞，卻因會議的氣氛感到沮喪。會議的討論氣氛平和，卻一片失敗主義的氛圍。「法律可能沒有死亡，」一位聽眾說：「但它睡得很沉。」

在小事上，法律倒是沒有沉睡，這是鄂蘭親自發現的：她威脅對贊助這次會議的紐約律師公會採取法律行動，制止她的會議演說出版，結果她不需要採取難堪的做法「找一個律師對付律師公會」就得償所願，隨後她就前去瑞士享受那裡的和平安靜，對〈公民不服從〉一文進行她認為需要的修訂和補充。[110]

她在文中闡釋的道德決定與政治行動的區別，在她身處泰尼亞（Tegna）時又進行了另一次檢視；那是地勢高於洛迦洛的一個城鎮，從這裡的巴爾巴提旅館（Casa Barbatè）眺望一片高山草原，鄂蘭覺得跟「哲學的自由空氣」更為接近。這個夏天她寫了一篇題為〈思考與道德考量〉的文章，是對個人道德決定和它如何達成的漫長思考。她考慮的包括了公民不服從，抑或對抗或反對一項法律的政治行動，與之區別開來的，是「良心的勸告，那不光屬於非政治範疇，更總是純粹主觀表達出來。當蘇格拉底說『寧可受害於人也不願加害於人』，那顯然對他自己來說是這樣。……從政治來說恰好相反，關乎重要的是有人受害；對法律來說，到底是受害人還是加害人最終獲益，是無關宏旨的。」[111] 在一九七〇年夏天，鄂蘭給予蘇格拉底和他的主觀表述應有的評價。而她也朝著《心智生命》踏出了第一步，她的這篇文章後來納入了書中有關「思考」的部分。

布呂歇

鄂蘭過了一個愉快的夏天。布呂歇健康情況也不錯，儘管他很易疲累，其中一隻耳朵又不大靈光，對自己的健康也不無憂慮。麥卡錫來探望他們，安妮．韋伊也來了。大夥兒都很喜愛風光如畫的這個瑞士小鎮，以及鎮上吃午餐的小旅館和寧靜的街道，也都很享受小民宿裡的平靜。鄂蘭和布呂歇有時去洛迦諾探望基爾伯特，乘坐小火車沿著山邊行進，鄂蘭開心極了，把它稱為「叮噹」火車。鄂蘭真的想「跟身邊的書一起在這裡多待幾個月——不用講課，沒有職責，不必為家中瑣事操心；以及，有點枯燥——一點兒的枯燥其實是有益健康的」。[112]

可是講課、職責和家中瑣事九月時又回到身邊。鄂蘭為康德的《判斷力批判》開了一門課，還有研討班，希望有助她對〈思考與道德考量〉裡的反思進一步深入探究。在柏拉圖把思考描述為「我和自己的對話」這種想法之上，鄂蘭加上康德的公正無私或不偏不倚概念，還有「擴大的心智」的想法，她是為了尋求思考和判斷之間的連繫，這是她在先前那篇文章的結尾指向的問題。她在設法將道德和政治結合起來，江「好人」和「好公民」連繫起來；這是〈思考與道德考量〉和〈公民不服從〉兩篇文章的主題。

十月三十日星期五，鄂蘭在社會研究新學院現象學和存在主義哲學協會的會議上發表〈思考與道德考量〉一文。當天晚上，從這項「職責」脫身之後，鄂蘭和布呂歇在家裡招待葛倫．格雷。布呂歇喝著杜松子酒，像平常一樣熱情談話，儘管當天稍早他胸口有點痛。但次日吃午餐時他突然病倒，幾乎無法走到沙發休息，這時心臟病發作了。鄂蘭大驚之下叫了救護車。布呂歇很平靜，他握著鄂蘭的手靜靜地說：「就這樣了。」

布呂歇當晚在西乃山醫院（Mount Sinai Hospital）逝世，享年七十一歲。鄂蘭請布呂歇的老朋友彼得．胡伯前來給他拍了些照片，鄂蘭伴在床邊。洛特．柯勒送鄂蘭回家，她接著發電報給親密的朋友們：「海因里希星期六因心臟病去世。漢娜。」

§

布呂歇的朋友或學生，不管在他年輕還是年老時認識他，記憶裡都有布呂歇的一種特質，蓋過其他一切：那就是他的好辯性格，他對辯論的熱情，他樂於追蹤一個意念直到理性邊緣甚或越過了這條界線。他死訊傳出後鄂蘭收到的慰問信，來自他們認識的各方的人，就像鄂蘭說的，「來自過去的每個層面」；而信中顯示的布呂歇，在各人眼中並沒有不一樣，而是熱烈程度不一樣的同一個人。美國朋友德懷特．麥克唐納對布呂歇的描述有力而生動，但跟其他人的觀感沒什麼兩樣：

首先他在精神和性情上都是眞的、無可救藥的無政府主義者——隨時能夠回應突如其來的刺激（或某種論點，不管是好的壞的），他毫無顧忌，全心全意的回應，卻不是不顧後果或感情氾濫，以至像墨守成規或咬文嚼字或斤斤計較的人錯失了主要目標，頂多是在形式上過了頭。他的目標總是在「一點之上」，我不得不欽佩，他看來不用瞄準，像深諳禪理的弓箭手，讓箭順從理性「隨意」飛去——其實也非完全隨意，而是憑著到此刻爲止的經驗，當經驗付諸應用，也許並未有意識地全面投入思考（這恐怕並非不重要的），在我看來，他的箭幾乎總是射中中心點。你或許見到他低調地發牢騷或眨著眼叫嚷（當他覺得自己被迫進入論辯的死角而瞥見一種脫身之道，那卻是遊戲規則不允許的，這時他就會以精準而嚇人的方式宣洩），在我曾目睹或參與的很多辯論中，這是他的一種合乎人文主義的必要動作；那些辯論在一個比布呂歇來得高的智性水準上進行，抑或更尊重遊戲規則；可是，當你事後回顧，就會發覺它在想像力和常識上都低於布呂歇。還有，他在你面前表現的特質當中，我特別喜愛其中之一：讓自己熱情地投入一個立場，義無反顧，不論代價！[113]

布呂歇是一個說話的人，而非寫作的人。他自學求知，沒有養成專業寫作能力，他的生涯之路和他的才華讓他不需要寫作而能向前邁進。有些朋友認為他有寫作障礙，也有朋友認為他不寫作是基於蘇格拉底秉持的原則，但可能「不能」和「不願」都各發揮了作用。他在晚年嘗試寫作格言；如果他有時間練習，這可能是他適當的表達形式，就像削木頭是退休伐木工的消遣。

布呂歇喜愛在小組的人當中爭辯或辯論，喜愛在別人心中種下帶來行動的意念，喜愛密謀或暗中行事。他對社交的愛好也獲得另一面平衡：他具備罕有的能力，可以享受孤獨。儘管鄂蘭對被遺棄者的仰慕很大，卻比不上布呂歇；但他也像鄂蘭，他覺得過度關注孤立的人格是可悲的。他告訴學生：「我們不能追著自己跑。我們必須看到從他人身上反映出來的自己。……最可能迷失自己的方式就是追逐自己。在追尋自我的過程中，我們迷失在迷宮裡，就會被牛頭人身怪吃掉。」[114]鄂蘭強調「我們反映在他人身上」的政治意義，布呂歇則強調獲得真正自我意識的個人路徑。鄂蘭仰慕希臘的公民群體，布呂歇則仰慕公民群體裡的人，也就是希臘雕像所刻畫的人——「自由獨立的人」。「拿定主意，是一個人基本的創造能力。透過這種能力，每個人開始把自己塑造成自由的人格。」他在這方面遠遠沒有鄂蘭那麼猶豫，因為對鄂蘭來說，像創造藝術作品般嘗試創造自己的人格，是浪漫主義的誤解。布呂歇經常談到藝術創作是人類的基本能力。像布呂歇這樣一個自我塑造的人把自我塑造放在思想的中心並不令人意外，然而了不起的是，從這個中心產生出來的不是自我中心主義，而是利他主義。布呂歇並不認為自由獨立的人能產生自自我中心主義者，反之，那只能產生自實踐「互愛關係」的人。他說，有兩方面的關切令哲學活動成為可能，就是「互愛」（友誼）和政治。「如果它們沒有連繫起來，像在我們這個時代，而我們已經跟它們完全斷絕關係，」他在一九六七年說：「那麼我們必須把它重新整合到某種人類倫理責任中。……我們忽略了我們的基本責任，就是關注那種只有在人類自由情況下才能產生的人類關係（政治關係）。」

布呂歇認定友誼是「互愛關係」的一部分，友誼也就是政治行動的根本。這方面他追隨鄂蘭，對鄂蘭來說，友誼或兄弟之愛（*philia*）把共同行動的人連繫起來。布呂歇構想一種關係程度表，每個人從中心透過一個一個同心圓把關係組織起來。「從裡面接納整個的人——這是愛；從外面接納整個的人——這是友誼；接納獨立的個人——這是政治；接納個人做為社會一分子；接納陌生人做為同工。」這些同心圓從個人人生基本愛的經驗中衍生出來。他在一九六八年最後一次講課中，一再在不具名情況下提到他和鄂蘭的關係，他說，「友誼表示沒有情慾的愛。情慾給克服了。它最初是存在的，卻被克服而不再關乎重要。關乎重要的是兩個人的共同洞見，彼此也認定這種關係；這就無異乎彼此在說：『我保證你的人格發展，而你也保證我的人格發展。』這是所有真正社群思維的基礎，而這樣一個社群只能夠從朋友開始，彼此維繫著長幼關係」。

布呂歇希望學生能經驗的，是這種長幼之間的友誼關係，這是政治關係的準備階段，是政治的教育。他希望學生能夠領受的，是他從自己人生領受的事，以及他認為妻子從他身上領受的事。「我在一八九九年出生，」他經常以濃重柏林口音這樣說：「而我跟二十世紀一樣的老。當我跟你談到希臘，我實際上談的是二十世紀。」布呂歇帶著他對十九世紀後期以及他在二十世紀所見很多景況的深厚怨恨，向學生提供他認為他們需要的具體例子，跟他們談到自由獨立的希臘人和他們後世的繼承者。

布呂歇從來沒有克服他對歐洲中產階級文化的痛恨，尤其無法對德國所走的特殊道路消除恨意。但他在晚年變得較能柔性看待中產階級追求的生活舒適。他不再認為擁有家具、享受好的衣著、培養對美食美酒的品味是腐敗的。他甚至穿上博柏利（Burberry）品牌的風衣在巴德學院校園裡踏著大步行走，很享受那種優雅感覺。可是他依然強烈表明他的愛惡，所給的意見簡單直接：「他看東西看得很坦白，」鄂蘭的朋友羅莎莉．柯里說：「不論是從內容或從質地來說。」[115]當布呂歇不贊同學生沉溺於「奢華社會」時，他會毫不猶豫地說出來。他認為中產階級社會帶來很多「反哲學」的誘惑，而吸毒是最壞的誘惑之一：「損害或摧毀你的感知能力，然後說這是要追尋真理：你瘋了嗎？你所獲得的經驗是不能溝通的，那不在人類語言範疇內；那只是幻覺。」這個判斷有人認同也有人不認同。「我決定修讀法律，」其中一個他最後教導的學生回憶說：「去尋求他的忠告。『我認為我們的社會正走向災難性景況，』我說：『我看不出法律怎麼能多年維持穩定。接受法律訓練又有什麼用？』『用處就是，』他說：『你會是其中一個能夠回憶法律是怎麼一回事的人。』」[116]

一九七〇年十一月四日，往日各方面的朋友和學生都來到河濱紀念教堂（Riverside Memorial Chapel）出席布呂歇的葬禮。那是一個簡單的儀式，是分享回憶的時刻。促成布呂歇與巴德學院建立關係的賀雷斯．凱倫、布呂歇的兩位同事──伊瑪．布蘭迪斯和詩人泰德．韋斯（Ted Weiss），他的兩個學生，還有從巴黎前來的麥卡錫，都在葬禮上談到布呂歇。

鄂蘭很感激安排舉行這次儀式，儘管這不是她最初期望那個樣子。出乎她的朋友意料之外，鄂蘭要這位非猶太人丈夫舉行猶太人葬禮，也唸了送葬祈禱文。她這個願望出自童年的經驗。那是因父親過世而來的喪親之痛經驗；她記得自己的母親和外祖母怎樣飽受病痛和喪夫的煎熬。即使一年之後布呂歇逝世周年快要來臨，鄂蘭仍然是從過去的經驗來思考。「我有時夢想去泡一次溫泉，我相信，到了老年我應該跟隨母親和外祖母在這個年齡所做的，讓自己接受一次治療。這對我形成很大誘惑，儘管我不知道我要治療什麼。」[117]

孤獨的唯一治療就是友誼。流亡族群的朋友常常來到河濱道的公寓。安妮．韋伊在布呂歇過世那個冬天從巴黎來長住了一段時間。她幫助鄂蘭維繫慣常社交活動——舉辦小型新年派對，為社會研究新學院修讀康德《判斷力批判》研討班的學生也舉行了一個派對。在鄂蘭的兼職女僕莎莉．戴維斯協助下，韋伊替鄂蘭購物和做菜，而最重要的是，跟鄂蘭說德文，帶著她和鄂蘭自年輕時就耳熟能詳的東普魯士慣用語。生活如常進行；就像韋伊所說：「鄂蘭在困境中舉步向前。」但有時她會跌倒。

一天晚上韋伊買東西回來，用布呂歇的鑰匙開門。鄂蘭當時在客廳跟一個學生談話，她聽到慣常的聲音就說出了慣常的指示：「海因里希，把你的橡膠套鞋留在門邊。」當韋伊走進客廳時，鄂蘭倒抽一口氣躺回沙發上，卻沒有說任何話。

她很少談到她的感覺。但十一月從巴德學院的布呂歇紀念式回家後，她跟麥卡錫談到，在不必再為丈夫擔憂之下活著，是怎麼一回事：

事實上我完全精疲力竭，如果你理解這種無以復加的疲累。我不是疲累，或十分疲累，只是精疲力竭。我目前過得還可以，但我知道最輕微的不幸事故就會令我倒下。我相信未曾跟你說過，這十年來我一直害怕這樣一個突然的死亡會發生。這種害怕心理經常逼近眞正的恐慌。以往的害怕和驚慌，如今都成爲了空洞一片。有時我認爲沒有了那種重力感我就不能再走路了。不錯我感到浮浮泛泛。如果我想像幾個月後的事就會頭暈目眩了。我現在坐在海因里希的房間使用他的打字機。給我一些可以抓住的東西。奇怪的是，實際上沒有一刻是我感到失控的。118

她控制著自己完成了那個學期的教學。她看來疲倦而飽受壓力，在研討班結束時，談到她對康德和馬克思對法國大革命態度的反思。她在最後一堂課帶著諷刺口吻說，馬克思「永遠不給不可預料的事留有餘地」。

鄂蘭獲前芝加哥大學學生克萊索斯坦・基姆（Chrysostom Kim）神父邀請，到明尼蘇達州的聖若望修道院（Saint John's Abbey）短住兩周。她在一九七一年二月前去。那裡的平和環境、深沉寂靜的冬天讓她平靜下來；而明年春天預期跟麥卡錫和威斯特到西西里度假幾周，也讓她有所期待。她完成了〈思考與道德考量〉的定稿，在《社會研究》（*Social Research*）上發表。她把這篇論文獻給奧登，又請基姆神父明年邀請奧登到修道院短住。這兩件事，是鄂蘭對奧登多番示好的舉動之一，是為了拒絕奧登的求婚而給他安慰。

布呂歇過世後不到一個月，奧登就到鄂蘭的公寓向她求婚，表示他們兩人現在都單身，可以互相照顧。奧登以往常在下午稍晚時分去探望鄂蘭和布呂歇，在那裡聊天久留，往往獲邀留下吃晚飯。可是他並不是親密朋友；除了在公寓現身，鄂蘭對他的生活所知甚少，只去過他紐約東村（East Village）的公寓一次，那是一個晚餐聚會，詩人艾略特也有參加，其他就是奧登一群組合奇特的年輕朋友。那天晚上情況混亂，直到有一刻發現奧登那套小型咖啡杯裡只有一個匙子，要一桌人輪流共用。鄂蘭後來擔當母親角色，帶他去薩克斯百貨公司（Saks）逼他買下另一套杯具，但她肯定不想經常做這種事。

鄂蘭因為他的求婚和他本人的狀況而感到震驚。他來到時「看來很像流浪漢」，以致看門人要陪著他到鄂蘭的公寓。他「說他回到紐約只是為了我，」鄂蘭告訴麥卡錫：「我對他十分重要，他非常愛我。……我只能拒絕他。……當我想到這整件事時，我幾乎無法控制自己。……我總是痛恨也害怕憐憫，我相信我從來沒有碰上任何人能在這麼大程度上勾起我的憐憫。」[119]

三年後，布呂歇過世三周年前的一個月，鄂蘭前去聖約翰神明座堂（The Cathedral Church of Saint John the Divine）參加奧登逝世紀念式。奧登一九七三年九月二十八日在他的奧利地夏季居所內逝世。在紀念式中，鄂蘭拿起一支鉛筆，在她的程序單上，為她自己和為奧登，憑記憶寫上奧登的兩行詩句：

隨著悲痛從心中爆破
高唱人類失敗的哀歌。

第十章 已然與未然：《心智生命》（一九七〇～一九七五）

我們都在思索並理解人類必然是怎麼樣的；然而在夢想中我們困惑地瞥見，他們出於偶然，無法理解。

賈雷爾，《來自一項習俗的圖畫》

《哲學的慰藉》

在布呂歇過世後鄂蘭繼續活下去的五年，她始終沒有失卻對政治的興趣。布呂歇過世後的夏天，她寫了一篇長文分析《五角大廈文件》，題為〈政治上的謊言〉；而在她離世的夏天，她還在追蹤葡萄牙革命的發展，內心的熱切，就像二十年前她關心匈牙利革命一樣。可是她心境卻不一樣了，她渴望和平與安靜。她經常提起布呂歇紀念式上一番很適切的話：「我們此刻必須往前走，我辭世，你活著，何者更佳，只有天曉得。」這是蘇格拉底在《申辯篇》（*Apology*）的沉重告別之辭。鄂蘭的孤獨感，接近她的人可以觸摸得到。布呂歇逝世當天晚上，她對聚集在她公寓裡的流亡族群朋友問道：「我現在怎麼活下去？」

那天晚上她沒有答案。可是慢慢地她找到了一個答案，那是波修武（Boethius）寫作《哲學的慰藉》好幾百年之前在西方傳統中就存在著的想法。她不願意採取斯多噶學派（Stoic）的避世態度，也不想忘掉自己在世界上的地位；她在《心智生命》裡描述波修武的內心需要時，並沒有要求哲學「為政治上抑或更普遍地為人生的失意作出補償」。她只是像雅斯培一樣，渴望呼吸哲學的「自由空氣」。「在最後的日子裡，我往往把自己看作『風中的一片樹葉那般自由』；我無時無刻不在想：不要做任何與此背道而馳的事，這是應走的路，別讓『專橫的意志』干預。」[1]

鄂蘭在布呂歇逝世六個月後，寫信向麥卡錫描述她處身孤獨中的自由。後來她對這個比喻重新反思，又收回了這種想法。當時她坐在河濱道公寓裡，那是她捨不得離去的地方，因為布呂歇已然不在的感覺，「在這裡，每個角落每一刻都歷歷在目顯現出來」，她寫道：

那當然只說對了一半。因爲，另一方面，過去的整個重量還在。就如賀德林的漂亮詩句所說：

而有很多
像在你肩膀上
一捆木柴的重負

你必須承受擔當。

簡言之：思念長存。

鄂蘭寫下這一番反思時，就在她慣常處身的地方——過去與未來之間，在過去的記憶與前方的未知之間。但在此刻，她比以往任何時候都更多地因個人的失落而深感頹喪，更不願意前瞻未來。她從自己的感覺裡，尋索一種包含著過去的「思考」，期望給過去勾勒出一個有意義的故事，同時也尋索一種不流於專橫的「意志」。

她寫作《心智生命》有關「意志」的一冊時，翻閱了大量文獻，尋找有哪些觀點把意志理解為不專橫的、不是只管發出命令的心智活動。她在鄧斯．司各脫的著作裡有所發現：「這個下午我有一個鄧斯．司各脫的研討班，我對這位儒雅之士十分尊崇，心裡戰戰兢兢；因此，與其照常備課而害怕到底（這還是前所未有做得最好的備課），我在打字機前坐了下來。」[2] 她開始給麥卡錫撰寫一九七二年春天轟炸柬埔寨事件的報告；這封信才寫到一半，喬治．華萊士（George Wallace）遇刺的消息傳來了。「誰會取得他的選票？」鄂蘭猜想，於是有關司各脫的反思就沒了下文。

一九七〇年代初，鄂蘭一直掙扎著擺脫政治新聞的糾纏。但每當她隱退到自己的「思考空間」時，難免又被新聞裡的駭人事件給拉扯了出來。在哲學上，她嘗試勾勒出心智的一種兩全其美狀況：從世間隱退之餘，卻不會漠視或貶低外在世界。在《心智生命》裡，她把波修武透過禁欲對世間邪惡尋求慰藉的做法，跟黑格爾的想法作出對比。黑格爾沒有從世間隱退，而是把它吸收到他的「精神」（*Geist*）概念之中。這種把世界融入精神的和解之道，比起波修武的做法更無法令鄂蘭認同。可是她也談到了和解，做為思想的獻禮之一。在一九五〇年代，當她對《極權主義的起源》的歷史研究尋求哲學基礎時，她竭力反對和解的想法，認為那是不能認真對待世界和人類行動的失敗做法。可是在艾希曼一書的「遲來的治療」之後，和解在她的思想中變得可行了；「人類做為思考和理性動物的和解，」她一九七二年寫道：「實際發生在世界上。」[3] 思考讓我們作好準備對世界作出判斷，甚至是對世界上最可怕的事作出判斷，這種想法成為了鄂蘭一九七〇年代探索的主題。

§

對雅斯培和鄂蘭來說，哲學思考是一種孤獨的活動，儘管不是跟朋友遠離的那種孤獨。在人生最後幾年裡，鄂蘭更是倚賴朋友帶來人生的延續感、慰藉與和解。一九七三年秋天，在奧登過世後幾個月，又遇上菲利普．拉夫與世長辭，鄂蘭寫信跟麥卡錫說：

我必須承認，我對樹葉掉落（或森林萎縮）的這種過程心有戚戚焉。彷佛變老並不是歌德所說的「外表逐漸衰敗」（這我倒是不介意），而是世界上原來處處是熟識的臉孔（不管是敵是友），卻逐漸（或突然）變得像片荒野，只剩下陌生的臉孔。換句話說，不是我自己在隱退，而是世界在解散，兩者截然不同。[4]

隨著森林萎縮，鄂蘭花更多時間跟紐約的流亡族群朋友交往，如果情況許可，也跟住得老遠的兩位美國朋友更多接觸：他們是麥卡錫和葛倫．格雷，兩人都是鄂蘭在「自由空氣」中寫作《心智生命》時的主要伴侶。麥卡錫讀了那本書部分手稿，在演說中聽了部分內容，最後在鄂蘭過世後負責書的編輯。格雷肩負起雅斯培和布呂歇相繼過世後遺留下的任務：他鼓勵鄂蘭，跟她討論她的著作，透過寫信或通電話在個人層面支持她。

當鄂蘭把他比作雅斯培，格雷受寵若驚。他了解，他不是親密朋友，因為他沒有在年輕時就認識鄂蘭；但鄂蘭覺得格雷跟雅斯培的思考方式相同，因此在個人和哲學層面都跟自己很接近。當鄂蘭一九六一年在衛斯理大學遇上格雷時，她坦然表示，覺得對方是能「令自己放鬆下來」的人。[5] 格雷為人和藹可親、樸實無華而處事穩重，很小心避免把自己的想法強加於人。他對鄂蘭隱私的尊重，總是令她讚歎；當她前去他科羅拉多的家探訪時，對方很用心安排各種活動，謹遵她的要求：「不要高唱入雲」——沒有演說等公開活動——而只是跟他和他科羅拉多學院（Colorado College）的同事閒聊。她毫不意外地發現，格雷在美國占領部隊中工作時遇上而結為連理的德裔妻子烏蘇拉（Ursula），就像葛楚之於雅斯培一樣，是天作之合。

格雷的思想像雅斯培一樣，清晰而直接地來自經驗。他對戰地人員作出反思的《戰士》一書，是他從歐洲返回美國之後將近十五年的時間內慢慢孕育而成，而他是在一九四一年從哥倫比亞大學取得哲學博士學位之後，同年就前赴歐洲當兵。「他需要那麼多的時間，」鄂蘭在《戰士》第二版的前言說：「去學習怎樣才是真的『簡單』，並消除『出自抽象思維的簡化』；然後，他就能夠流暢運用『具體』表達思想和感受的藝術和語言。」鄂蘭認為格雷經過這樣的學習之後，能夠「領會到抽象概念和抽象感情相對於實際發生的事，不光是虛假的，而且兩者有著惡性勾結關係；抽象思維在嚴格意義上可以和非人化的抽象感情相提並論，而所謂抽象感情就是對集體對象的愛恨：譬如對我的民族或我們的敵人的愛恨，尤其在戰爭期間；而在最終層面上，在理想破滅的心情下，對『全人類』的痛恨或盲目擁護，『就像把國家做為一個集體對象一樣，毫無疑問地有著不公義傾向』。」[6] 鄂蘭自己也曾在這種抽象思維中掙扎：她曾痛恨「那些」德國人，又自認應該愛猶太人，並為抽象的「人類」而有所行動，一如戰前雅斯培也在抽象的「德國本質」中掙扎。他們都是倚靠家人的幫助而克服了抽象思維：鄂蘭是倚靠非猶太裔丈夫布呂歇，雅斯培是倚靠猶太裔妻子葛楚，格雷是倚靠德裔妻子──他把《戰士》一書獻給她：「給烏蘇拉──以往『我的敵人』的一分子」。

格雷很珍惜他的家庭、朋友和科羅拉多學院的學生，一如鄂蘭在布呂歇過世後，很珍惜她的流亡族群朋友和學生。在一九七〇年代初他們的心情往往很一致。「像你，」格雷寫信給鄂蘭：「除了自己的家庭，我相處得最好的就是學生，而我發現隨著自己變老，我要跟厭惡人類的感覺對抗。要不是有家人和學生，還有少數像你這樣的朋友（你從來沒有令我失望），我就會重複著康德對自己步入老年的抱怨：一個懷抱著善意的人，由於對人類愈來愈多的理想幻滅，會發現自己不禁產生了厭世感。實在只有很少人能夠符合自己的預期。」[7] 他對鄂蘭感激甚深，因為這種關係在很大程度上支撐著他。鄂蘭為他的《戰士》一書所寫的前言，幫助這本初版印量原來不多的著作贏得更廣泛的讀者。格雷收到鄂蘭寄來的前言後，寫信跟她說：「漢娜，看來你了解我比我了解自己還要多。……你給我幫了大忙——來自一位朋友最大的幫忙。」[8] 格雷當然不僅是說前言帶來的幫忙，還有前言所代表的理解和溝通。在一九七〇年代稍後他給鄂蘭寫了多封長長的信，對《心智生命》提出仔細而深思熟慮的批評，這就是他的回報。這些批評聚焦於這本書對鄂蘭來說最難寫的部分——有關「意志」的一冊對海德格的評價和批判。

格雷一九六七年曾在弗萊堡待過，在鄂蘭慫恿下與海德格一起從事一項計畫——為哈珀與羅出版社一系列海德格著作的英文版擔任編輯。格雷在一九六五年接受了編輯任務，條件是鄂蘭會審定英文譯稿。兩人一起幫助海德格獲得更多人理解，而對他們來說理解就是哲學上的忠誠。這項工作也讓鄂蘭在個人層面上對海德格的忠誠重獲新生命力，而格雷扮演了中介角色。

鄂蘭自從在一九六一年把《人的條件》德文版寄給海德格而引起他的尖刻反應之後，一直遠遠離開弗萊堡。格雷在一九六七年初夏在當地安排了一次演講，讓鄂蘭有機會重訪舊地；格雷並成功說服鄂蘭，海德格態度已軟化下來，並已從大學內鬥和朋黨對立這些鄂蘭深惡痛絕的事脫身而出。由於這次到訪，鄂蘭和海德格建立了新的和諧關係。鄂蘭一年後透過具體行動認定了這種關係，答應為海德格的八十歲《紀念文集》撰稿，並首次帶著布呂歇前去拜訪他；海德格也投桃報李，在次年布呂歇過世後給鄂蘭寄上一首詩。

鄂蘭為一九六九年《紀念文集》所寫的文章，肯定對海德格的人格和看法有某些問題並未著墨。她提到很多從世界隱退到「思想空間」的人，慶幸這個棲息空間的寧靜，卻盲目面對政治現實，提出愚昧看法。她認為，良好判斷的先決條件是從世界隱退而展開思考，可是卻不會因為隱退而必然達成良好判斷。鄂蘭在《紀念文集》中對海德格很寬容，[9] 但私下與格雷溝通就坦白多了。格雷針對海德格與納粹的關係訪問了很多戰前就認識他的人，甚至考慮寫一本書談他往日的政治取向。鄂蘭提醒格雷，不要對海德格問太多問題，因為她知道這很容易挑起海德格的不信任態度。然後她又解釋，為什麼海德格讓一句稱讚國家社會主義而令人感到冒犯的句子保留在他的《形上學導論》（*Introduction to Metaphysics*）戰後版本（鄂蘭並不知道海德格和德國的出版商都建議把這句話從美國譯本刪掉）：「他讓句子留下來，也許就是要透過一種不光彩的手段來說明，他認為國家社會主義只不過是全球化技術變革與現代人相遇而產生的結果。這種想法，就像我所說，是古怪的，但他不是唯一這樣想的人，我在〔華特·〕班雅明身上找到非常近似的看法。這些文人雅士的問題在於，而且毫無疑問素來是這樣：他們不能閱讀像〔希特勒的〕《我的奮鬥》（*Mein Kampf*）一類的書，因為太枯燥了；他們寧可閱讀有點瘋狂然而十分有趣的義大利未來主義者的著作，而這類作者後來就成為了法西斯主義者。」[10]鄂蘭告訴格雷，她覺得海德格投身納粹是一團糟的事；她認為他一九三三年的弗萊堡大學校長就職演說「並不是納粹的……〔卻是〕民族主義令人十分不悅的產物。」[11]他們都同意海德格同時欠缺了政治判斷力和對人的辨識力，而對鄂蘭年輕時與海德格的關係一無所知的格雷，承認他個人對海德格的觀感有時有種困惑的感覺。[12]

格雷在弗萊堡那年，嘗試理解海德格人格和哲學的矛盾。他發覺海德格的後期著作令人十分困惑，認為那代表了「從哲學概念逃亡」，以及以偶像崇拜的態度看待語言而把它看作一種幾乎自主的力量。[13]可是他對海德格竭盡全力而獨立地對西方傳統哲學基礎重新作出思考，卻十分同情；海德格本人以及格雷和鄂蘭，都認為這個傳統已走到了終點。令格雷驚歎的，還有像海德格這樣一個天才，卻那麼盲目地跟平庸之輩混在一起，但他不知道誰應該對海德格的行為負責。「如果德國人不是對他那樣盲從附和，他們會獲得更好的結果。因為至今為止我發覺跟他談起話來，就會感受到他是一個人性化而簡樸的人。從研討班我知道他可以很不一樣，可是學生對他那麼尊敬，讓他願意扮演這個角色。」[14]格雷發覺弗萊堡的哲學教授令人喪氣，遠遠沒有達到他心目中的教學理想，他在《智慧的希望》（*The Promise of Wisdom*）一書談到了這種理想，這也是他在科羅拉多學院努力追求的理想。對於海德格的弗萊堡同事只管在學術界玩弄政治手段，在思想上矯揉造作，他幾乎是本能地感到困擾。[15]在這種悲劇喜劇混作一團的環境裡，格雷覺得海德格的弟弟弗利茲（Fritz）是唯一腳踏實地的人，他很高興地跟鄂蘭談到弗利茲對他哥哥充滿困惑的評估：提到海德格年輕時「像其他所有人一樣正常」，喜愛運動、女孩、喝酒，可是後來他發現了胡塞爾的現象學方法，自此就一直繞著「存有」打轉，「像一隻貓繞著一盤糊狀熱食」。[16] 鄂蘭則對海德格後期的哲學轉向提出了更具哲學意義的評估。她告訴麥卡錫，她相信「所謂後期的海德格」，徹頭徹尾受到了德國神祕主義者艾克哈特大師（Meister Eckhart）的影響，而她清楚知道，大學的設立不是為了幫助神祕主義者從哲學的逃亡之旅回到腳踏實地的境地。[17]

鄂蘭在《心智生命》談到海德格的哲學，強調他早期和晚期著作的差異，她一直追蹤海德格的主要概念，包括他在納粹期間的哲學「轉向」。鄂蘭寫作這本書期間曾跟海德格見面，但結果令人很不滿意：海德格的妻子不讓他們單獨交談。格雷對鄂蘭這種窘況表示同情，因為他自己跟海德格談話時海德格的妻子也經常在場。[18] 當鄂蘭決定要坦白談到她對海德格著作的批評，「讓碎片掉到哪裡就哪裡」，格雷表示支持，並引述海德格自己的話鼓勵她這麼做：「海德格對黑格爾講過一句妙不可言的話：『對他的理性主義是不能充分讚賞或譴責的。』」[19]

鄂蘭把她對海德格的批評聚焦於「意志」的概念：他用專制或權力意志（will to power）的概念來詮釋意志，並把它跟技術無可避免的毀滅性主宰力量連繫起來。海德格對技術操作方式和意志都同樣抗拒，並由此轉向思考。海德格認為意志和思考是必然對立的，這是鄂蘭批判的想法，因為她要同時否定海德格的兩種取向：他排斥意志而只接受思考，又認為思考本身就是一種行動。鄂蘭認為海德格有一次幾乎避過了否定意志的可歎觀點；他這方面值得讚許但最終並未成功的努力，出現在戰後不久，就在「艾德諾的德國現實的一面」把海德格以至雅斯培對新德國、新歐洲短暫懷抱的希望砸得粉碎之前。鄂蘭覺得在那一刻，海德格從「存有」的沉溺脫身出來，轉而對實際存在的人類和歷史表示關切，甚至對政治表示關切，他並且關切到在一個特殊時代或過渡時代，人類可能就會「對自己的命運有所警覺」。這一刻過去了，海德格繼而否定了意志，在鄂蘭看來，這就否定了政治的可能性，否定了某些行動可以帶來新的開端。[20]

海德格所拋棄的可能性，就是鄂蘭在《心智生命》要探索的。可是她身處的這個時期，完全缺乏了海德格在戰後初期滿懷希望的那種感覺。一九七〇年代美國和整個世界，在鄂蘭看來都一片荒涼，她轉而向麥卡錫尋求安慰。

§

在布呂歇過世那個春天，鄂蘭前往西西里跟麥卡錫和她的丈夫威斯特見面。在離開美國之前，她跟社會研究新學院的研究院談妥了一項協議，包括教學安排、薪資和退休金計畫等條件，讓她不必再考慮紐約市立大學（City University of New York）向她開出的優渥條件。除了一個認為鄂蘭「是記者而非哲學家」的教授，她的其他新同事都感到高興。但唯一的不利處境卻是，她和大部分其他同事都接近退休年齡了。曾扮演「流亡人士大學」角色的社會研究新學院，處於危急狀況：給這所學院帶來聲譽的流亡人士，死的死，退的退。它也不是唯一面對這個問題的機構。當鄂蘭在這個春天前往華盛頓慶祝國會工作促進委員會成立二十周年時，她遇上了一九五〇年代對抗麥卡錫主義而在羅伯特．格里菲斯（Robert Griffith）《恐懼政治學》（*The Politics of Fear*）一書贏得讚賞的一群國會議員。他們包括威廉．傅爾布萊特、詹姆斯．賽明頓（James Symington）和山姆．艾爾文（Sam Ervin）等人，年紀都和鄂蘭差不多，都快要退休了，她猜想誰會取代他們。不到兩年後，當水門醜聞爆發，鄂蘭才發現他們不需要那麼快被取代。當她考慮到艾爾文在水門案聽證中的角色，她告訴她的出版商威廉．朱萬諾維奇（William Jovanovich）：「我對艾爾文參議員正形成一種迷戀。……老年人萬歲。年老的人，只要是有一半還能明白事理，就幾乎沒有什麼可以威脅到他們：他們可以把事業放下，畢竟快要過世了；在某些情況下，這是很好的、很令人安慰的想法。」[21]

這種很好很令人安慰的想法，在一九七〇年代初也好幾次在鄂蘭身上出現，卻沒有出現在她到西西里度假期間。這是一次愉快而令人重獲活力的探訪，鄂蘭決定要做以往只在雅斯培夫婦家裡才做的事——做朋友家裡長期的訪客。她答應在前往新港市接受耶魯大學頒授的名譽博士學位之後，到麥卡錫和威斯特的緬因州卡斯汀鎮（Castine）夏季住宅待一個月。麥卡錫在靠近車庫那邊給鄂蘭提供一個小居室，避開了他們家裡的一般起居活動，是工作的理想地點，鄂蘭就在這裡撰寫了〈政治上的謊言：五角大廈文件反思〉。這裡成為了另一個的度假地點，對鄂蘭來說至為理想，因為她覺得自己無法回到瑞士的泰尼亞；那是她和布呂歇共度最後一個夏天的地方。

鄂蘭在〈政治上的謊言〉裡，就像她在西西里之旅後在德國接受阿達伯特・萊夫（Adalbert Reif）訪問時一樣，以目空一切的態度發言，不受任何威脅，毫不考慮到會令什麼人高興或不悅。左派和右派同時成為她批評的目標，指出不假思索的做法無分政治黨派。她聚焦於「難題解答者」的心態，他們是美國政府政策制訂者，雖然「很了不起地不受意識形態的罪惡影響」，卻把假設當作現實，把理論當作既知事實。她指出他們一般「不能或不願意向經驗諮詢，或從現實學習」，他們也從來不想一下自己的行動和命令的後果。在萊夫的訪問裡，一如較早在〈暴力的反思〉一文裡，鄂蘭聚焦於普遍見於美國和德國新左派學生身上的意識形態罪惡。那些想成為革命分子的人「那麼喜歡不嚴謹的理論之談」，鄂蘭認為他們「在玩弄著主要來自十九世紀的概念和思考框架」，沒有停下來分析實際情況。[22]

鄂蘭在華盛頓的宗教暨國際事務理事會（Council for Religion and International Affairs）的演講中發表〈政治上的謊言〉，其後在《紐約書評》把文章刊出。之後她就從全國各地接到很多請她前去演講的邀請。即使對她之前批評新左派感到困擾的年輕人，對於〈政治上的謊言〉做為美國黑暗時期一個表現出清醒心智的罕見例子，也表示歡迎。一九七一和七二年間的冬天鄂蘭在多所大學發表這篇文章並展開討論，包括哈弗福德學院（Haverford College）和卡爾頓學院（Carleton College），還有聖母大學和哈佛大學。多個論壇紛紛討論了她這方面的反思，《黨派評論》主辦的論壇就是其中之一；這個論壇其中一節由摩根索和喬姆斯基主持，專門討論五角大廈文件。就在她尋求寧靜要撰寫《心智生命》的一刻，她被各種任務包圍著。她很負責地接納了聲譽帶來的代價，然而心裡卻很不耐煩。

當年秋天鄂蘭在社會研究新學院開設「意志的歷史」課程，同時開始撰寫《心智生命》有關〈意志〉的部分。但各種研討活動令她分神。她出席了社會研究新學院有關「威瑪共和文化和政治現象」的會議，又在多洛斯．諾曼（Dorothy Norman）的家參加了為印度總理英迪拉．甘地（Indira Gandhi）舉行的晚餐派對，參與了丹福斯基金會（Danforth Foundation）有關大學政治化趨向的會議的非正式討論，又出席了美國歷史協會（American History Association）十二月的會議，在其中主持一個有關威瑪共和婦女問題的小組研討會，還參加了一月份在現代藝術博物館（Museum of Modern Art）舉行的「後技術社會制度」會議。跟鄂蘭以往多個學期的教學任務相比，這些活動顯得更為繁重，令她感到疲累。雪上加霜的是，儘管一九七一年十二月她從醫生獲悉自己患有心絞痛，她卻忽視醫生的勸告。她若無其事地把患病的消息告麥卡錫：

> 我確診患上了心絞痛，又或我的醫生相信這樣。沒那麼壞吧，用不著緊張。當然那些老生常談還是少不了：生活節奏慢下來，停止吸菸，諸如此類。可以肯定的是，我不是爲了健康而活，我就做自己認爲正確的事好了：不做任何讓自己不愉快的事，不要迫使自己一肚子不滿。如果不會讓我感到困擾，或不至於無法寫作，我會減少吸菸，或完全不吸；否則，我就不管它了

（反正就是你和我知道罷了，沒有其他人知道）。[23]

鄂蘭實際上做了自己認為對的事，沒有停止吸菸，沒有婉拒任何邀請。正好這時她獲悉，她申請恢復德國的教學資格，獲德國最高法院批准；她這個案子還成為了一個判例，適用於所有自納粹一九三三年掌權以來教學生涯被迫中斷的教授。鄂蘭接著做了一個明智決定：她把由此獲得的部分賠償用來紓解生活負擔：她雇用祕書為她的英文和德文書信打字，把很多招待客人的活動從家裡轉移到餐廳。如果要在家裡接待客人，除了原來的女僕以外，還多雇用一個服務生；這樣安排的派對，對布呂歇來說就太過奢華了。最後，她在泰尼亞的巴爾貝特旅館預訂了房間，準備一九七二年夏天在那裡度過一個漫長而悠閒的假期。

鄂蘭決定回到泰尼亞，顯示她已經精疲力竭；她再也不能像布呂歇過世之後那年一樣追悼布呂歇。她在一九七二年告訴麥卡錫，當麥卡錫其中一個最親密的朋友尼可洛·奇亞拉蒙特過世後，他的妻子米利暗（Miriam）對這位傑出丈夫的悼念方式，並沒有令她感到驚奇：「米利暗的做法頗切合猶太人的哀悼方式。……（猶太人）感情充沛而外露，懂得怎樣哀悼。而哀悼這回事（我也許已無法做到）是表達我們對死者的虧欠，就因為我們仍然活著。」[24]每年布呂歇逝世周年紀念，鄂蘭都前去巴德學院，坐在她安排放在布呂歇幕碑旁的石凳上。她沒有哀悼，只是靜靜坐著思考，就是在做她認為思考者所做的——「讓不在的存在」。

思考這回事

在夏天前去度假前，鄂蘭接到更多令人喜出望外的信件，包括達特茅斯學院（Dartmouth College）、福坦莫大學（Fordham University）和普林斯頓大學授予名譽博士學位。然後蘇格蘭阿伯丁大學（University of Aberdeen）的愛德華．賴特（Edward Wright）寫信問她能否在一九七三年春天的吉福特講座擔任主講。賴特的邀請函是典型的英式低調風格，以致鄂蘭要派她在社會研究新學院的研究助理到圖書館查一下吉福特講座是什麼。結果她看到了這個講座以往一長串的名人主講者，包括一八八八年首次講座的東方學家馬克斯．繆勒（Max Müller），以及後來的哲學家像約西亞．羅益世（Josiah Royce）、威廉．詹姆士（William James）、亨利．柏格森（Henri Bergson）、阿爾弗雷德．懷海德（Alfred Whitehead）、約翰．杜威（John Dewey）、艾蒂安．吉爾森（Etienne Gilson）和加布里埃爾．馬賽爾。她也用自己的低調方式回信，接納了邀請，並表示這實在是一項「刺激的提議」。[25]

鄂蘭知道有關「思考」的手稿得在一年內完成，因此她在七月就啟程前往歐洲。她先探訪當地一些家庭：先是到巴塞爾探望雅斯培的妻子葛楚，然後有一個星期到以色列探望表親傅爾斯特一家，最後還前去探望海德格。然後她到泰尼亞的巴爾貝特旅館，在旅館主人珍尼太太（Mrs. Jenny）照顧下展開工作。在八月有三個星期她離開泰尼亞，前往同樣風景宜人而寧靜的塞貝洛尼別墅（Villa Serbelloni），那是洛克菲勒基金會國際研討會設於科莫湖（Lake Como）附近的留宿地點。鄂蘭後來為了感謝洛克菲勒基金會的好意，答應跟保羅・弗倫德（Paul Freund）、艾爾文・克里斯托和摩根索一起參加一項討論，那是該基金會推出新的人文科學獎學金的配合活動。《紐約時報》報導了鄂蘭在討論中的發言，其中清楚顯示她在《心智生命》中秉持的態度。談到了怎樣應對美國的「價值觀危機」，她提議要用正確方法閱讀和教授西方文學和哲學。「從過去尋求類比以解決今天的問題，在我看來，是滿腦子迷思的錯誤。如果你不能因為你喜愛人生或精神上的生命，而用愛和純粹的動機來閱讀這些偉大著作，那就不能給你帶來任何益處，不能給學生帶來任何益處。」[26]

當鄂蘭的《心智生命》最初在《紐約客》刊出然後編集成書，很多人讀到了「思考」的部分，並意外地發現，跟鄂蘭一九五〇和一九六〇年代的著作比較起來，它是那麼的非政治性。事實上也是這樣，其背後的想法反映了鄂蘭的一種信念，認為從事思考需要無目的地從世界隱退，帶著「純粹的動機」，帶著愛。鄂蘭認為思考跟認知很不一樣。認知或科學上的認知有一個對象和目的，而思考並無對象，純粹指向思考本身。同樣地，她認為認知的結果是真理，而思考的結果是意義，或一個有意義的故事；兩者也很不一樣。

有關思考過程的自我指向性質，鄂蘭其中一個主要問題就是，思考怎樣跟它在世界中的顯現方式連繫起來，也就是跟語言連繫起來。事實上，在《心智生命》整本書裡，她都要面對一個古怪的情況，就是用語言來描述看不見的東西：思考、意志和判斷等心智活動。鄂蘭在她的著作把觀點建立起來時總是有一個問題：在《人的條件》裡，她在談到「行動的生活」時，試著撇開傳統立場，也就是不談「沉思的生活」；在《心智生命》裡，她得從某處談起而談到「沉思的生活」，可是該從哪裡談起？這個問題一九七二年四月間接地在普林斯頓大學一項活動中出現，當時鄂蘭陪同伊麗莎白・哈德威克（Elizabeth Hardwick）前去聽法國小說家娜塔麗・薩侯特（Natalie Sarraute）在克里斯純・高斯講座發表演說。薩侯特是麥卡錫的親密朋友，也是鄂蘭仰慕的作家，因為她的作品就像麥卡錫的作品一樣，表現出極度的真誠。在一九六四年給薩侯特的《金果》（*The Golden Fruits*）寫書評時，鄂蘭引述了《卡拉馬助夫兄弟們》（*The Brothers Karamazov*）這部小說裡佐西馬神父（Father Zossima）給阿遼沙（Alyosha）的忠告：「大師，我必須怎麼做才能獲得永生？」「最重要的是，不要對自己撒謊。」[27]在寫書評的當年，鄂蘭就秉持著這項忠告拒斥那些有欠忠誠的知識分子，他們是薩侯特的諷刺對象，也是鄂蘭憎惡的對象；當時鄂蘭正因艾希曼爭議而從這類知識分子處飽受折磨。在她的小說裡，薩侯特使用了有如魔幻的技巧，讓看不見的心理活動變得可見。在普林斯頓，鄂蘭在講座後的發問時段問到這種魔幻技巧是怎麼一回事。「可是當你把看不見的東西用文字表達出來，它就進入『表象』的領域了，不是嗎？」「不確切是這樣，」哈德威克記得薩侯特回答時，帶著「詭祕的小小一個微笑」。[28]

當鄂蘭嘗試用一個隱喻來描述「思考空間」，她最終也要帶著詭祕的小小一個微笑。她提出懸吊在過去與未來之間的「無時間可言的現在」，她還把這個空間隱喻稱為「完美的隱喻」。然後她承認，這實在是一項矛盾；現象確切來說並不是心智性質的東西，而這個隱喻是試圖在心智與現象（或世間事物）之間的鴻溝築起橋樑。隱喻並不是要停留在心智領域。鄂蘭始終沒有解決觀點的問題，始終沒說出當她在描繪心智領域時，她的立足點在哪裡。可是她的批評者卻發現，鄂蘭這個觀點在其他方面是有問題的。

在一九七二年秋天撰寫有關思考的著作並不是一樁容易的事。從世界隱退而進入思考是困難的，而她這種思考方式的投人往往遭到質疑。在十月多倫多的一個會議上挑戰就接踵而來。會議由多倫多社會暨政治思想研究協會（Toronto Society for the Study of Social and Political Thought）主辦，以「漢娜．鄂蘭的著作」為主題，在約克大學（York University）舉行；鄂蘭往日的芝加哥大學學生梅爾芬．希爾當時是這所大學的教授。會議上發表了四篇論文，其中兩篇的作者是鄂蘭認識而十分尊重的政治理論家——哈弗福德學院的理查．伯恩斯坦以及科隆大學和社會研究新學院的恩斯特．沃爾拉斯。會上有不少討論，鄂蘭在討論中處於守勢，因為發問者想知道，為什麼她自已身為政治理論家，卻完全不願意像一個教師那樣對他人施加影響，也不願意在行動上實踐。鄂蘭表述的立場，令在場的社會活動家感到很困擾：

> 我並不相信我們〔政治理論家〕能夠具有你所說的那種影響力。我認爲這方面的投入很容易把

你帶到不再思考的境地。在某些極端情勢下你需要行動，但那些情勢是極端的。……而我認爲……告訴學生該怎樣思考和怎樣行動的理論家是……我的天！那些學生是成年人！我們不是在托兒所。[29]

那些年輕社會活動分子很迷惑，連老朋友像摩根索也一樣迷惑。他問鄂蘭的一個問題，是很多讀者多年來曾在內心質疑的：

摩根索：你是哪類人？你是保守主義者嗎？你是自由派嗎？你面對當下的可能性立場在哪裡？

鄂蘭：我不知道。我眞的不知道也永遠不會知道。而我猜想我從來也沒有這類的立場。你知道左派認爲我是保守主義者，而保守主義者有時認爲我是左派或異議者或天曉得是什麼。而我必須說我毫不在乎。我並不認爲這個世紀的問題會因爲這種事而得到任何啓迪。

參加會議的鄂蘭的朋友，對於她這種立場——又或對於她沒有任何立場——並不感到訝異。他們包括摩根索、麥卡錫、朱萬諾維奇，還有喬納森．蕭爾（Jonathan Schell）——他是威廉．尚恩主編的《紐約客》雜誌〈城中話題〉政治專欄的作者，多年來他們深知鄂蘭拒絕任何標籤。但他們所有人都能夠理解年輕提問者的焦急心情。

一九七二年秋天是叫人投入行動的時刻。就在她前去多倫多之前，鄂蘭參加了一個由公民公義委員會贊助的會議，那是鄂蘭也捐錢支持的一個機構。會議上討論了一個計畫，擬在一九七三年五月在紐約大學法學院開辦一項課程，名為「政府的隱祕行事方式」。委員會成員知道，定於一九七三年一月進行的水門案爆竊者的審訊，會把一個具爆炸性潛力的政府隱祕行事事例暴露在公眾眼前。但他們並不知道當五月份的會議召開時，洩密者丹尼爾．埃爾斯伯格（Daniel Ellsberg）和安東尼．羅素（Anthony Russo）的審訊就會結束，而參議院對水門案的聽證將會開始；他們也不知道北越城市和中立的柬埔寨會遭到轟炸，公然違背了美國決定把軍事行動撤出越南的一九七二年十月的協議。《紐約時報》的安東尼．路易士（Anthony Lewis）為這次五月會議撰寫公眾紀錄，在開場白中提到：「越南和水門……這兩大系列事件——我們也許不妨稱之為地震——改變了數以百萬計美國人對他們的制度的觀感。」[30]

鄂蘭無法參加五月份的會議，她要到阿伯丁出席四月二十一日的吉福特講座。但她啟程之前不忘給各反戰團體捐錢，包括在《紐約時報》刊登「請國會結束戰爭」廣告的復和團契（Fellowship of Reconciliation）。這次捐款跟一年前她對復和團契「為和平拍賣」所作的捐獻同樣很有需要，卻沒有那麼觸及個人層面：在那次拍賣中，鄂蘭從她父親少數存留的藏書捐出了康德《永久和平》（*Zum Ewigen Frieden*）一七九五年的初版版本。

§

鄂蘭前去吉福特講座前，很不願意談論她那部分析「思考」的著作。在多倫多的會議和一九七三年元月另一個專門討論她著作的會議，她只是說她在嘗試把「思考這回事」弄個清楚明白。在由美國基督教倫理協會（American Society for Christian Ethics）贊助舉行的那第二個會議上，她提出了她的主要論點，這是為了回應兩篇有關她的著作的論文，其中涉及她的著作對教會所面對的「危機的根本性」有何啟迪。她對聽眾說：「思考讓我們隨時作好準備，面對我們在日常生活中必須面對的任何事。」

> 因此我認爲，我在著作中曾談到、並且目前也在撰書談論的所謂「思考」（蘇格拉底意義上的思考）發揮一種有如助產術的作用。那就是說，你提出你所有的意見以至偏見等等；而你知道，在〔柏拉圖的〕對話錄裡，蘇格拉底從來沒有見過任何〔心智〕的成果是完好無缺的。也就是說，在思考之後，你的心智裡有空洞的一面。……而一旦出現這種空洞情況，那麼，在一種很難說清楚的情況下，你就傾向於作出判斷。這是說，沒有任何規則參考書可以讓你把當前一個具體情況套用進去，你就傾向於說「這是好的」、「這是壞的」、「這是對的」、「這是錯的」、「這是美的」和「這是醜的」。而我那麼相信康德在《判斷力批判》所說的話，不是

因爲我對美學有興趣，而是因爲我相信我們說「那是對的，那是錯的」的方式，跟我們說「這是美的，這是醜的」沒有很大分別。也就是說，我們現在準備好了直接面對現象——沒有任何預設的系統。而且，請把我的預設系統也排除在外！[31]

在阿伯丁，鄂蘭發表了一系列內容密集而艱深的演說，但主要主題倒是很直接，就像演說摘要所說：她倡議她所說的無預設框架的思考。[32]至於思考怎樣為我們作判斷做好準備，鄂蘭一直認為這並不容易表明，但她試著尋找一種表述法，而且帶著清晰的意圖，要把擬做為《心智生命》第三部分內容的「判斷」，跟她對政治領域的哲學反思連繫起來。她主張，判斷就是心智的真實政治活動。

在吉福特講座第一系列結束後，鄂蘭回到泰尼亞。像所有美國人一樣，她的判斷受到水門案聽證的嚴峻考驗。她被分神而且焦慮。「我有一種感覺，尼克森最終會成為把國家從水門案挽救過來的勝利者；因事件而受譴責的不是他或白宮，而是國會，」她用一個曲折的句子跟麥卡錫說，這是她身處說德文的地區時所說的典型英文句子。[33]但隨著一九七三年夏天過去，她鬆了一口氣：「我剛讀了尼克森演說的摘要，還有對此作出反應的一些評語，我安心下來了。他看來再次處於守勢，沒有詳細回答——那當然是他不能做的——而在我看來整體上他似乎感到害怕。」對於美國人普遍擔憂總統彈劾程序會帶來混亂，她以同情態度看待：「因為尼克森實際上像一個暴君，他的倒台是一種革命。我也覺得後果相當難以預測而可能影響巨大。」[34]她對於民主黨人在政治上沒有更為主動感到憤慨：「他們相信共和黨人會作法自斃，他們可以不做任何事，這是重大錯誤。」她懷疑水門案聽證在致力澄清美國政治情勢的同時，也會造成混淆：「極為大量的醜聞曝光，從某方面來說是自招失敗的做法。看來必然的是，每個人或多或少都做了尼克森所做的那種事，當所有人都有罪，無異於沒有任何人有罪。」[35]鄂蘭預期，隨著事件而來的失望，不久之後就會轉化為「所有政客無不腐敗」的觀點。

鄂蘭過了一個閒適的夏天，跟摩根索在羅德島有兩個星期的美好度假時光，可是她還是沒法獲得恰當的平和心態去撰寫有關「意志」的著作。摩根索也給她帶來煩惱。多年來他們都很享受互相為伴，而在布呂歇過世後，摩根索常帶她去他們最喜愛的紐約餐廳用餐。對於他做為伴侶並分享政治意見，鄂蘭總是感激，可是當他提出把友誼變為婚姻，她就拒絕了。她拒絕時沒有任何內疚或憐憫，不過，當摩根索往後幾年受到連串疾病煎熬，鄂蘭極度關切，常去探望他，又經常向他的女兒蘇珊納打聽他的消息。他們在羅德島之旅後就再沒有一起度假，可是摩根索繼續扮演護花使者的角色。鄂蘭也總是稱讚摩根索「男子氣概十足」，這個讚美之詞她只會用在積極投入行動的人身上，可是鄂蘭覺得摩根索欠缺了「對人的真切了解」，[36]這種出現在布呂歇身上的特質才是她所愛的。

§

當鄂蘭從羅德島回到泰尼亞，她論「意志」的手稿寫作進度很慢。她不是在她熟識的思考領域內，因此不能「直接信賴自己的本能和經驗」。她積累起一大堆筆記和零散的論述，來自她一九七二年芝加哥大學的研討班以及一九七一年秋季社會研究新學院的兩項課程——「意志的歷史文獻選讀」和「意志的歷史」，分別是一門課程和一個研討班。但她的論述欠缺清晰次序和肯定方向。她面對聖奧思定、聖多瑪士（Saint Thomas Aquinas）和鄧斯．司各脫的眾多詮釋彷彿迷了路，尤其是面對十九世紀的詮釋，她和葛倫．格雷有很多分歧看法。而在她的詮釋之路上還站著黑格爾。

當她一九七三年秋天開始閱讀黑格爾的政治著作時，她預期自己會分心。她有兩門講述希臘政治理論的課程，又要跟社會研究新學院展開複雜的談判，以決定如何填補哲學系裡由於現象學家阿倫．古爾威奇（Aron Gurwitch）逝世而出現的空缺，還要跟律師有好幾次會面，安排購下她居住的河濱道公寓。她預期水門醜聞會占去自己很多注意力，也知道她要參加公民公義委員會另一個會議，討論「水門案做為一個象徵」。在十月，她預定有一個星期進行法國電視台（Télévision Française）訪問的錄影（她拒絕接受電視訪問的規則不適用於歐洲，因為在那裡不用擔心在街上被人認出）。但她並未期待也不能預見當年秋天在個人層面和政治上的最大打擊——奧登的過世和中東十月戰爭的爆發。

在奧登九月二十八日過世之後的那個星期，鄂蘭如常上課，但她很憔悴而手足無措。那些在布呂歇過世時就認識她的學生，很驚訝地發現她現在沒有當時那種在公眾面前的鎮靜；當一個學生提出陪她到聖約翰神明座堂參加奧登的紀念式時，她禁不住飲泣起來。在紀念式上，穿上黑色衣服的鄂蘭，聽著眾多詩人齊聚誦念奧登的詩，還有唱詩班唱出《聖經．詩篇》一三〇篇的聖公會聖詩，並奏起了班傑明．布瑞頓（Benjamin Britten）的〈奉獻頌〉（Offertory Anthem），配上奧登令人讚歎的歌詞，她陷入一片哀愁。她向麥卡錫表達了自己的悲痛：「很自然地，我仍然在想著威斯坦（Wystan）〔．奧登〕，想到他人生的悽涼，也想到當他前來向我尋求庇護時我拒絕了照顧他。」[37]

當她坐下來，為十一月十四日美國文理科學院的褒揚會議撰寫奧登的悼念詞，她嘗試向自己解釋為什麼奧登在最後幾年那麼竭力地假裝自己很「幸運」。她聚焦於奧登那種特殊能力，能夠讓自己無懼受傷的全面感受「人類失敗」的詛咒，並且能夠：

隨著悲痛從心中爆破
高唱人類失敗的哀歌。

當然，她沒有揭示為什麼她有這方面的認知。她只是說：「如今，帶著憶念的那種哀傷的智慧，我看到他是沒回報的愛的無盡變奏的一位專家。」[38]

《論老年》

在一九六七年中東戰爭期間，鄂蘭曾經對以色列的勝利感到十分自豪。她通常都對以色列的政策多所批評，但當時卻像她一個朋友所說，表現得「像戰爭的新娘」。鄂蘭把侵略和防衛兩種戰爭行為截然區分，她認為一九六七年的戰爭是合理的，一如一九五六年的戰爭是愚蠢的。當她對一九六七年十月的「六日戰爭」作出反思時，她寫信向麥卡錫說：「任何發生在以色列身上的真正災難，對我的影響將會比幾乎任何其他事情要來得深。」[39]在一九七三年，當埃及和敘利亞在贖罪日（Yom Kippur）侵襲以色列領土，災難看來迫在眉睫，鄂蘭恐怕這次以色列將被毀滅。戰爭在十月六日爆發，正好是鄂蘭跟法國電視台的羅傑·艾哈海（Roger Ererra）展開一星期訪問的頭一天，訪問中的談話反映了她關心的事。「猶太人在以色列團結一致，」她說，並進而在不加批評下解釋，猶太教是國家的宗教。[40]艾哈海本身是西班牙裔猶太人，為巴黎的卡爾曼李維（Calmann-Lévy）出版社擔任「猶太人流散史」系列叢書的編輯。他和鄂蘭一起前往哥倫比亞大學法學院，討論援助以色列的種種辦法。鄂蘭像在一九六七年一樣，向猶太聯合捐募協會捐款，又作出各種安排，務求安全威脅出現時能盡快給台拉維夫的親戚提供財務協助。當戰爭情勢在十月第二個星期逆轉，她就可以重新開始撰寫談論「意志」的書稿了，她寫信跟麥卡錫說：「我正要重新回到工作時碰上困難，主要是因為『歷史』在意料之外爆發的這次事件。」[41]

鄂蘭寫給麥卡錫的信帶著諷刺口吻，發出的弦外之音表示她長久以來所忽略的對黑格爾的批判，其中的重點就是她認為黑格爾的歷史觀不容許意料之外的事發生。像這次贖罪日的侵略事件，對鄂蘭來說就表明了黑格爾的歷史哲學脫離了常識，需要「新的政治科學」取而代之。黑格爾堅持把未來放在首要地位，並認定歷史是進展過程，就隱含了對當下事件在心智上說「不」；當下一刻並不代表什麼，只是將在未來顯示的那個最終整體的未實現形式。鄂蘭把黑格爾的所謂「精神」理解為意志，本質上是跟思考對立的，因為思考就是透過回憶，仰賴來自過去的圖景。她在《心智生命》有關「意志」的一冊中，就是要分析「思考」和「意志」的敵對關係的歷史，也是「思考空間」和政治領域之間的對立；後者總是令人不安地包含著偶然因素或不可預測因素。透過她的分析，她希望能夠提出「思考」與「意志」之間的一種和平協議。而要這樣做，她首先要顯示黑格爾的批評者像尼采和海德格都有所不足，譬如海德格避免衝突的方法，就只是認定思考也是一種行動。鄂蘭要維持「思考」和「意志」在機能上的對立，但要消除它們在心智生命中彼此爭占上風的對立。當她批評海德格「不行使意志的意志」，所用的方法就開出了一條通道，可以把「有所行動的人」視作為對未來持正確態度的體現者——也就是歡迎新事物的態度。

正當鄂蘭在觀察水門案聽證並想到它對美國的可能後果，她就瞥見了重新設定「思考」和判斷」的關係的一條出路。她再三的對「老一輩的人」在危機中扮演的角色表示讚歎。在聽證期間，她很欣賞參議員山姆．艾爾文那種強硬的、從《聖經》廣徵博引的風格。當尼克森把水門案特別檢察官阿奇博爾德・考克斯（Archibald Cox）革職，並嘗試引用行政特權防止他的白宮對話錄音公之於世，鄂蘭覺得最高法院那些「老一輩的人」發揮了力挽狂瀾的作用。在一九七三年十一月她簽署了政治科學家支持彈劾的請願書，期望國會裡「老一輩的人」推動彈劾行動。

在一九七四年二月哥倫比亞大學的「人文及公共政策問題會議」上，鄂蘭指出美國這個共和國的衰敗所造成的處境，使得「一個公民仍然能夠發揮公民作用的地方，就只是做為陪審員的一分子」。[42]鄂蘭不久之前在紐約有一個星期肩負陪審員的任務，她因為其他陪審員的公正無私而深表讚歎。就像與她一起執行任務的陪審員，最高法院的法官也放下了他們的偏見、政治傾向和背負的包袱，而付出了這個共和國的司法傳統所要求的不偏不倚的反思。鄂蘭相信《心智生命》最後一冊所談的「判斷」，就在法庭上體現了出來。當她在質疑這種判斷怎樣跟意志和思考這兩種心智作用連繫起來，她就轉往西塞羅的《論老年》（*De Senectute*），看看能否在其中一睹老年的各種心智作用怎樣處於和諧狀態。

在西塞羅這部著作中，老卡投（Marcus Porcius Cato）對他的朋友說：「偉大的事不是憑力量或幹勁或蠻勁而成就的；它們是思想和人格和判斷的結果。隨著老年來臨，這些品德不但不會減損，還會實際上有所增益。」鄂蘭贊同這種看法，她一邊讀，一邊想到她可以給《心智生命》撰寫續篇，就是現代的《論老年》，這不光是對抗當代青年貶抑老年的趨勢，又或像西蒙・波娃（Simone de Beauvoir）的《老之將至》（*The Coming of Age*）只是對這種現象表示悲歎，而是要辯稱，像老卡投那樣的鎮定，可以啟導任何年紀的人作出好的判斷。

在《心智生命》中，鄂蘭指出從意志的角度來看，老年表示未來的喪失。可是沒有未來並不一定令人苦惱；它可以教人把代表個人人生歷程的過去拿出來檢視和反思。對「思考的自我」的回顧，可以揭示過去的意義，把它塑造成一個人生故事。從思考的角度來看，老年是沉思的時候，可以擺脫自利的擾攘和派系偏見的扭曲。而鄂蘭認為任何人如果不再崇拜未來，不再盲目追隨進步觀，就可以因思考從回憶中的發現而獲得喜悅，還可以從思考所帶著的意義而獲得「成果」——那就是一個具一貫性的故事。老年可以帶來「如風中一片樹葉般的自由」，但個人也可以決定，像教宗若望二十三世，只盼「一天一天的活著」。判斷預設了個人從世界隱退而展開思考，它不一定要跟意志對抗，但如果在心智那三大支柱中意志占主導地位，判斷還是會遭受損害。

鄂蘭的《心智生命》，簡單來說，就是心智良好控管的論述。透過一系列複雜地交織起來的反思和分析，鄂蘭嘗試描繪三種心智機能怎樣互相制衡，就像政府的三權分立。沒有一種機能應該主導其他兩種機能；都應該在自由中各得其所。這種心智和諧的先決條件，就是每種機能的內在自由。每種機能都有它的自我關係，是一種內在二元對立，這絕不能成為一種主導關係。在思考的對話中沒有任何一方應該迫使對方啞口無言或拒絕聆聽對方；在意志的願與不願之間，也不應該有任何一方作出專橫的命令或無條件的服從。至於判斷，個別判斷者的「我」跟透過想像而納入個人內心圖景的他人意見，都不應該有任何一方占上風；判斷是自我與想像中的他人在心智上的互動，兩方共同分享自我的世界。在《心智生命》的草稿中，各種機能的內在自由很清晰而全面地呈現出來。可是機能相互關係的描繪還沒有完成，鄂蘭生前來不及撰寫「判斷」的部分，因此對這種機能跟思考和意志的關係並未著墨。各種機能的良好控管與平等地位是很清晰表達出來的理想，但類似共和國的這種心智結構，還沒有憲法規範。

§

有關「意志」部分的書稿，要在一九七四年五月第一個星期之前準備妥當，在吉福特講座第二系列發表。從二月到四月，鄂蘭把答應擔負的其他任務減至最少。在前赴蘇格蘭之前，她前往威斯康辛州密爾瓦基市做了一次預定的演講，在紐約接待來訪的麥卡錫。那時她已經把講稿準備好了。她稍早向吉福特講座委員會提交的大綱，顯示講座內容的組織結構跟後來出版的書一樣，只有第四和最後一部分是例外，在這些部分鄂蘭討論了尼采、海德格和堪作「行動者」模範的人，也就是美國的立國元勛。鄂蘭後來決定重組並擴充這一部分。兩方面的體會讓她認定她應該在這一章對海德格的著作進行更全面的探討。首先，她在蘇格蘭體會到，如果她要對海德格撰寫詳細批評，就應該寫進《心智生命》；第二，她在一九七五年認定，八十五歲的海德格正逐漸失聰而且健康轉壞，也許不可能讀到她的批評而感到冒犯。

鄂蘭第一項考量是她待在蘇格蘭這段時間的結果。在談「意志」的這系列講座的中途，她因為飛赴倫敦探望當地家庭又再飛返阿伯丁的勞累，幾乎爆發致命的心臟病。當時出席講座的朱萬諾維奇馬上趨前救助，給她提供他為自己的心臟狀況而帶在身上的藥物。她被送往最近的醫院，住進了加護病房。

洛特・柯勒從紐約飛到蘇格蘭，接替從巴黎前來的麥卡錫的陪伴任務。所有人都因為鄂蘭做為病人的頑強鬥志而深表驚歎。她復元良好，可是一旦氧氣帳從她的病房移除之後，她又馬上吸起菸來，又拒絕以明智態度吃喝，也不願減少每天喝進的咖啡，還鼓起令人不安的勇氣對所有嘗試讓她平靜下來的努力嗤之以鼻。她對於為健康而活的人提出鄙視的評語，因這類人而發的牢騷比湧至病房祝她康復的信件和電報還要多。她出院住進旅館之後很不耐煩，在醫生認為她可以安全踏上旅程之前就想離開前去泰尼亞。當她在五月二十七日獲准離開後，麥卡錫陪同前往倫敦，然後艾爾克・基爾伯特（Elke Gilbert）在那裡跟她會合，陪同她去泰尼亞。

平安抵達泰尼亞之後，鄂蘭馬上變得比較平靜了。她休息的同時，滿懷感激接待了接踵而來表達關懷的訪客，包括羅勃・基爾伯特、兩位柯尼斯堡的朋友海勒・詹希和安妮・韋伊、約納斯和他妻子艾莉歐諾蕾，還有摩根索。可是，一個月的平靜之後，她又堅持踏上吃力的旅程前往弗萊堡見海德格。這次探訪並不成功，因為海德格的妻子再一次不讓丈夫和鄂蘭單獨會面，鄂蘭回到泰尼亞時很沮喪且憤怒。可是在八月她還是能夠充分放鬆，讓她擱下這方面的失望。她終於開始認真考慮撰寫海德格著作的批評。

在從心臟病復元的這個夏天，鄂蘭減少了工作安排，並慫恿朋友前來探望她。她很小心一方面重建她忙著撰寫《心智生命》時荒廢了的友誼，並修補在艾希曼爭議期間損毀的友誼。她這一波新的行動在紐約啟動，先是葛倫．格雷的來訪帶來美好的幾天。而幾乎每天晚上，在她完成當天的工作之後，鄂蘭都會安排一兩位流亡族群的朋友來訪，或在有人作伴之下外出，前去電影院、劇院或音樂會。洛特．柯勒經常來訪，也經常來電交換消息。柯倫博特夫婦、洛特．貝拉特、羅絲．費特爾森、阿爾柯普雷、摩根索、約納斯夫婦、巴倫夫婦和胡伯夫婦也是到訪常客；他們大部分人也參加了流亡族群朋友傳統的新年派對，一九七五年的派對由費特爾森當主人家。鄂蘭也跟羅勃．皮克外出吃晚飯，因為對方健康欠佳不能到她家探訪，他們在聚會中就會追憶老朋友賀曼．布羅赫。較年輕的新朋友，像小說家雷納塔．艾德勒（Renata Adler）和哲學家瓊安．斯坦鮑格，還有鄂蘭稱為孩子們的好些學生，鄂蘭會跟他們到紐約各家餐廳共進晚餐。鄂蘭在一九七四年秋天到一九七五年初參加的眾多社交聚會，最開心的其中一個就是在猶太教神學院院長路易．芬柯爾斯坦（Louis Finkelstein）家裡舉行的逾越節家宴。參加的人很多，包括芬柯爾斯坦和他的幾位同事，他們是自從《艾希曼耶路撒冷大審紀實》出版以來鄂蘭就沒有在社交場合碰過面的。鄂蘭受到歡迎而十分高興，她和大家一起聆聽傳述逾越節規定的經文，又一起高唱傳統逾越節歌曲。

人生暮年

一九七五年春天，命運之神向鄂蘭的老年微笑，對她做為極權主義歷史學家和政治理論家給予肯定。她獲邀前往哥本哈根接受丹麥政府的歐洲文化貢獻森寧獎（Sonning Prize）。她不但獲得三萬五千美元獎金，還有做為首位美國人和首位女性獲得該獎項的榮譽；先前獲獎的名人包括了溫斯頓・邱吉爾（Winston Churchill）、阿爾伯特・史懷哲（Albert Schweitzer）、伯特蘭・羅素（Bertrand Russell）、卡爾・巴特（Karl Barth）、亞瑟・柯斯勒、尼爾斯・玻爾（Niels Bohr）和勞倫斯・奧利佛（Laurence Olivier）。在丹麥大使館三月十一日在華盛頓舉行的晚宴上，鄂蘭和丹麥大使討論了哥本哈根頒獎式的計畫，然後鄂蘭在匆忙中準備領獎演說。

每次鄂蘭接受命運之神給予她的獎項，她總是談到當獲得承認而需要在公共領域現身，對她來說有什麼意義。她覺得要讓丹麥的主人家知道，背負著個人聲譽對她來說是如何不安。「當我們要在世界舞台上有所參與，就要接受世界給我們分配的角色或戴上的面具；它們不是與生俱來的，……它們不是永久固定在我們內心的，在這個意義上，它們不同於良心的召喚，那是大部分人都相信人類靈魂經常懷抱著的。」[43]鄂蘭長久以來都把公眾的承認視為誘惑，雖然她很少公開談到為何這樣。可是當她接納一個歐洲文化貢獻的獎項，她就想把原因說出來：她提醒聽眾，在兩次大戰期間歐洲「社會上的名人」，沐浴在斯蒂芬・茨威格所說的「名譽的炫目威力」中，對一九三〇年代政治災難的了解，遠遠比不上「寂寂無名的大眾」。一旦失去了聲譽，很多名人便完全喪失了立足基礎。「在這個世界裡，沒有什麼比起帶來聲譽的那種成功更為短暫、更為不穩和不實在；也沒有什麼來得更快而更易被遺忘。」

在一九三〇年代，鄂蘭對歐洲的精英階層極度厭惡，這些人跟寂寂無名的大眾的距離，令他們變得盲目，有時更易傾向與壓迫者合作。從那個時候開始，她決意要避免成為或渴望成為「例外的人」。她很清楚，自己在性情上跟公共生活格格不入，她也需要隱私進行思考：「思考沒有衝動在他人面前現身，甚或不具備十分有限度的衝動去跟人溝通。」她離開德國後，這些體會多年來一直伴隨著她。她在人生最後幾年所添加並在森寧獎演說中提到的體會就在於，我們作出判斷的能力，有賴乎我們從公共領域的誘惑和喧囂中後退一步，而又不至於產生「反公共」心態，或一味渴望「隱祕與無名」。個人必須同時維持一個公共人物角色和一個內在自我；因為透過公共人物角色，內在自我顯現出來就是「完全獨特而無法界定的，然而卻仍然是清楚地可以辨認的，因而不會因為角色的突然轉變而陷於混淆」。

在她區分了人物角色和內在自我之後，鄂蘭就向丹麥的聽眾說出一番道別之詞：

當〔人物角色〕為之而設計的事件已然終結，而我也用完了或濫用完了我的個人權利而透過那個面具發聲，各種事物就會猛然回復原來狀態；面對這一刻，我會非常榮幸而極度感激，我可以自由地轉換由世界這個大舞台提供的其他角色和面具，甚至以赤裸的「此身」走過舞台——
而我希望此身是可以辨認卻不可界定的，也不會被獲承認爲某人某物的巨大誘惑所引誘，也就是不受那些非基本的事物引誘。

用《心智生命》的理論術語來說，鄂蘭這裡所說的是判斷機能的「反思作用」。這裡判斷在概念上被描述為一種關係，相關的兩方是感到高興（或不高興）的能力，以及對這樣的感覺作出反思而認同或不認同的能力。假如把獲得承認看作一種「純粹私人或個人的傾向」，鄂蘭對它是感到不悅的；但在反思之下，她並不認同這種不悅感覺，而把它判斷為有待克服的觀感。為了對丹麥的主人家表明她對這項榮譽到不安，她引述了奧登的詩句：

公眾空間的私人面孔
較諸私人空間的公眾面孔
更顯聰明，更見美好。

但鄂蘭也清楚表明，她的判斷跟個人是否卓越的「微妙問題」毫不相干。她的表現卓越與否，是由丹麥的主人家作出判斷。「我們並不適合對自己或自己的成就作出判斷，」她說，因為沒有人能夠判斷呈現在別人面前的自己。當然，作出判斷和接受判斷是不一樣的。但有一項對自己所作的判斷是任何人都不應忽略的：那就是自己是否能夠讓公共人物角色跟內在自我區別開來，好讓內在自我能夠從事只有在自由中才能從事的判斷。

雖然鄂蘭克服了她對公眾曝光的厭惡，她仍然要有人從旁推動，才能為哥本哈根之行作好準備。麥卡錫在朱萬諾維奇護送下，是鄂蘭在頒獎典禮上的貴賓。她堅持鄂蘭應該買一襲新的禮服。「我買了禮服，」她很暴躁地報告她的決定。然後她又說，《紐約時報》宣布她榮獲森寧獎，導致數十人打電話或寫信祝賀她，令她很難找到充分的平靜時刻把領獎的講辭打好字。「瑪麗，」她跟麥卡錫說：「聽我說吧，這是徹頭徹尾的麻煩事。」[44]她對這項典禮是那麼焦慮，要請求醫生給她少量鎮靜劑帶著上路。

曾在鄂蘭和斯坦的婚禮中擔任見證人的耶拉．羅文菲德，是寫信祝賀鄂蘭的人之一。她在信中重提舊事，說在柏林時鄂蘭有一次很羞怯地透露，她希望有一天實現父親對她懷抱的夢想，成為一個知名學者。可是，鄂蘭回信感謝她時，卻說她忘記了自己吐露過這樣的心聲，令耶拉十分訝異。[45]當鄂蘭發現父親的弟媳夏洛特（Charlotte）出席了哥本哈根的典禮，她也同樣訝異；七十歲的夏洛特專程從柏林的家前來，就是為了告訴鄂蘭，她的父親會為這個獨生女兒感到非常自豪。彷彿這些如潮水般湧至的回憶還不足夠，德國漢諾威的市長也來信道賀，說對於一個「本地人」獲得這項殊榮感到自豪。這一切都使得鄂蘭在典禮表發演說時戰戰兢兢。

丹麥報紙對森寧獎頒獎典禮的報導沒有提到鄂蘭對獲得公眾承認的複雜心態，也沒提到她的緊張心情。報導聚焦於鄂蘭對戰時丹麥人的勇敢表現極度讚賞。丹麥人拒絕順從納粹要求把猶太人驅逐出境，取而代之，他們讓大量猶太人從丹麥偷渡到瑞典這個安全避難所。鄂蘭說，丹麥的納粹官員「被他們最鄙視的東西壓倒了，那就是簡單直接的言論，公開地自由地表達的言論。這在其他地方都不可得見」。

§

公開自由表達的簡單直接言論力量有多大，正是一九七五年春天鄂蘭在思考的。她參加完四月十八日的森寧獎頒獎禮回到美國後，就馬上要為波士頓會堂論壇的另一次公開露面作準備。為了這個論壇，鄂蘭「在極匆促和極憤怒下」像連珠炮般寫了一連串評語談及美國這個共和國的現狀。46一九七五年五月二十日，鄂蘭在市長凱文・懷特（Kevin White）邀請下前往波士頓，在美國革命二百周年紀念典禮上發表演說。這是美國的慶生派對，卻是在不祥時刻舉行的派對。各地的美國人仍然因為「像歷史的尼加拉瓜瀑布般」接踵而來的事件感到驚訝。緊接著美國灰頭土臉從戰敗的越戰撤軍這幕活劇而來的，是一九七四年八月尼克森總統的辭職，然後是繼任的福特（Gerald Ford）總統為了給國家一段時間療傷而讓尼克森獲得特赦。一九七五日元月一日，對約翰・米歇爾（John N. Mitchell）、約翰・艾利希曼（John D. Ehrlichman）和哈爾德曼（H.R. Haldeman）等人的刑事起訴以定罪告終；然而尼克森所獲得的，卻是撰寫回憶錄的合約。鄂蘭在波士頓演說那一刻，聽眾中沒什麼人會不同意她的判斷：由於最近「連年偏離正軌」，美國這個共和國的勢力已下降到第二次世界大戰以來的最低點。

在鄂蘭發表了這次「好戲在後頭」的演說之後，她回答現場聽眾的問題，然後是派克曼會堂（Parkman House）一個研討會提出的問題。她的演說五天後在全國公共廣播電台（National Public Radio）播出，獲《紐約時報》的湯姆．維克（Tom Wicker）在社論讚賞，演說稿後來又在《紐約書評》發表。到了年底，當《紐約時報》的「年度摘要」引述了她的演說，鄂蘭這番反思已觸及廣大群眾，她接獲了全國各地仰慕者的來信。[47]

§

從波士頓之行回家後不久，鄂蘭又啟程前往歐洲。她首先到馬爾巴赫的德國文獻資料館，在那裡她安排把她與三位故友的通信納入館藏，包括雅斯培、布魯曼菲德和一九六三年過世的柏林老朋友爾溫．羅文森。她在馬爾巴赫停留了四星期，是為了履行她做為雅斯培遺產執行人之一所肩負的任務，尋索並整理他的很多書信，以供日後出版。

在馬爾巴赫的一個月令她精疲力竭。除了周末，她每天在檔案館全時間工作，只有午餐時段稍事休息，陪同她吃午餐的是身為詩人和散文家的館長路德維希．葛雷夫。葛雷夫的待客之道和健談是不可或缺的；要不然置身馬爾巴赫這個小鎮就有如坐牢，因為鄂蘭的活動很大部分侷限於半英畝大的一個公園區，其中包括檔案館、鄂蘭留宿的小公寓、席勒博物館和一家遊客的餐廳。她不習慣在圖書館工作，自一九五五年在胡佛研究所那段日子以來就再沒有在這樣的環境裡做事，她也不慣於跟朋友隔絕開來，晚上沒有伴。鎮上唯一的旅館就是她吃晚餐的地方。葛雷夫一次開車送她去斯圖加特市，在那裡探訪了一對老夫婦，是她年輕時在柏林認識的。除此之外她總是太過孤獨，特別是閱讀雅斯培的信勾起了很多回憶。當麥卡錫月底有幾天來探望她時，就發現她很焦慮，跟平日很不一樣，感覺有欠敏銳，而且總是認為自己什麼都對，甚至對席勒紀念公園（Schillerhof）裡某棵樹的所屬品種也硬是自認正確！

雖然一九七四年的探訪慘淡收場，鄂蘭還是決定在前去泰尼亞途中到弗萊堡探望海德格。她發現他健康欠佳。由於擔心丈夫的狀況，海德格的妻子這次對鄂蘭相當友善，最終兩人達成了和解。但鄂蘭離開弗萊堡後還是很沮喪。「我回到家後很沮喪，」她從泰尼亞寫信跟麥卡錫說：「海德格突然變得很老，跟去年變了很多，聽覺很差，拒人千里，比我以前所見的都更難接近。我在這裡多個星期以來，身邊都是突然變得很老的老人。」[48]

安妮．韋伊從她靠近蒙特勒（Montreux）的夏季度假地點前來泰尼亞，由於一年前心臟病突發而變老了。她和鄂蘭維繫了五十年的友誼仍然很堅固，她們一起回憶韋伊心臟病發次日鄂蘭剛好從紐約打電話到法國尼斯，彷彿從遠距就知道出了什麼亂子，但他們這次重聚籠罩著對健康擔憂的陰靈。憑著她們彼此間總是不變的坦然以對，她們定下協議，彼此不出席對方的葬禮；而韋伊在不到六個月後就履行了協議。可是從蘇黎士前來探望的艾爾克．基爾伯特卻看來出奇地年輕，儘管她年紀比鄂蘭大。跟艾爾克一起，她們乘坐鄂蘭童心未泯稱為「叮噹火車」的小火車沿著山邊前去洛迦諾，在那裡看電影，還有純粹出於嬉戲心態看了馬戲團。此外還碰上更多年輕氣息：法蘭克福學派學者艾布雷希特．威爾默（Albrecht Wellmer）和他的妻子，還有鄂蘭在社會研究新學院的兩個學生，讓鄂蘭在巴爾貝特旅館平添了活力。鄂蘭覺得元氣恢復過來，重新回到工作，閱讀康德過世後出版的零散遺作。

在巴爾貝特旅館鄂蘭每年住進的這個簡樸舒適的房間裡，她的桌子面向一個深谷，遠處是白雪覆蓋的高山山峰，鄂蘭著手撰寫對海德格的批評，要把它納入《心智生命》有關「意志」的一冊，還有對康德的一系列筆記，要納入書中有關「判斷」的一冊。她沒有感受到壓力，因為她已安排把中斷的吉福特講座押後到一九七六年春天；而她也相信，不會面對海德格對批評表達異議。「這裡很溫暖，」她寫信跟葛雷夫說，對沒有他作伴若有所失：「卻又不熱，偶爾有驟雨。有很多貓走來走去，每天早上有兩隻知更鳥來到我的陽台上吃早餐的麵包屑。簡單的說，美得像天堂。……我以不尋常的喜悅閱讀令人懷念的康德，不再理會其他的。這令我十分快樂。」[49]她感到「極度慵懶」，只會在慢慢享用早餐後，在早上稍晚時分和下午早段時間工作。晚間小睡片刻後，便跟旅館裡的其他人或來訪的朋友一起吃晚飯，然後便歇息，讀德文和法文的多份報紙，了解葡萄牙革命的狀況。她對葡萄牙革命的驚奇和熱忱，跟閱讀「令人懷念的康德」一樣，康德本人也寫過不少筆記，談到法國大革命這個現代革命的源頭。

鄂蘭靜靜地留在泰尼亞，直到她要前往巴黎附近的儒伊昂若塞斯鎮（Jouy-en Josas），參加九月二十七日由人文科學國際基金會（Fondation internationale des sciences humaines）贊助舉行的一個國際專題研討會。她匆促離開那個恍若天堂的地方。會議主題帶著不祥預兆，稱為「二〇〇〇年的恐怖事件」。她負責評論的論文，是由科隆的烏爾利奇．馬茲（Ulrich Matz）所寫的〈政治上的恐怖手段〉，是對未來恐怖主義的令人不安的猜想。但在個人層面最令鄂蘭不安的是紐約市的現狀。當她回到河濱道的公寓後，她很不願意獨自外出；這個社區變得十分危險，尤其對老人來說，在傳出連串行凶搶劫之後叫人活在恐懼當中。一九七一年在洛特．柯勒所住公寓的電梯裡，鄂蘭曾碰上搶劫未遂事件，她不想在目前更脆弱的健康情況下再次跟這種事對抗。

鄂蘭大部分時間留在家裡撰寫書稿。她幾乎是情急般拚命地維繫著經常邀請友人晚上來訪的習慣。每當晚上可能面對孤獨，她就會邀請流亡族群的朋友前來；如果沒人能來，就打電話交談，儘管她不大習慣在電話上溝通。每個星期天她也打電話到巴黎找麥卡錫；當工作上遇上困阻，就會打電話給科羅拉多的葛倫．格雷尋求他的意見，或討論他來信中對她書稿的詳細批評。

在平靜而陰冷的秋天，鄂蘭慶祝六十九歲生日是一個亮點。流亡族群朋友聚首一堂，一些多年來住得老遠的老朋友，像約瑟．邁爾夫婦也前來道賀。感恩節也很開心地在約納斯的家跟洛特．柯勒一起度過。可是鄂蘭對於住在目前的公寓深感不安，而作出了令所有人驚奇的宣布：接受史密斯學院的邀請，次年到那裡講學一個學期。她的朋友認為，麻薩諸塞州北安普敦市（Northampton）的冬天太過嚴寒，可是鄂蘭心意已決，準備在一九七六年秋天正式從社會研究新學院退休之後，憑著每月一千元的退休金，大部分時間在紐約以外的地方度過。

令鄂蘭下定決心在紐約以外找一個避難所的原因，並不是擔心發生盜竊或搶劫，而是一次的摔跤。在感恩節之後那天，她從一輛計程車走進公寓大廈，踩在一個坑洞的邊緣而在街上摔了一跤。一群人聚集起來，大廈看門人召喚警察前來，鄂蘭一邊等著，一邊重新振作起來，檢查確保自己沒有骨折。在警察來到之前，她就站了起來，穿過人群，走進了大廈。

她典型地不想由此引起擾攘，對這種事情，她的格言是「不用憐憫」；她也沒有召喚流亡族群的朋友前來。當洛特．柯勒兩天後打電話給她，她提到了這次摔跤，卻說不怎麼痛，也不需要看醫生。而事實上，她預約了次日星期一看醫生，可是當天有暴雨，她就取消了預約。柯勒星期二來吃晚餐，發現鄂蘭忙著把《心智生命》「判斷」部分的註釋整理妥當，準備這部分次日開始打字。

相信自己沒有因這次摔跤而受傷後，十二月四日星期四，鄂蘭招待薩羅．巴倫夫婦到家裡吃晚飯。鄂蘭把「判斷」部分首頁書稿的紙捲進打字機後，就跑開去跟巴倫夫婦打招呼。[50] 晚飯過後，他們在客廳坐下來，討論巴倫擬把猶太文化重建委員會解散的安排，這個委員會自從一九五七年以來就再沒有運作。當薩羅的妻子珍妮特成為了《猶太社會研究》的編輯委員會主席，鄂蘭也重新加入了編委會，她們有編輯事務要討論。巴倫夫婦宣布的一個計畫也獲得鄂蘭熱烈贊同：《猶太社會研究》準備贊助出版菲利普．弗里德曼（Phillip Friedman）的一部論文集，這位猶太歷史學家一九六〇年逝世時留下很多未編集成書的文章。鄂蘭認為弗里德曼是他那個時代最好的猶太歷史學家，很熱切地談到他的著作，其中不少在她撰寫《極權主義的起源》時很有幫助。

一陣短暫的咳嗽之後，鄂蘭重新坐進她先前坐下來為客人準備餐後咖啡的客廳椅子上，然後就失去了知覺，巴倫夫婦大驚失色。他們在一個藥瓶上找到鄂蘭醫生的名字，醫生馬上來了，也召喚洛特．柯勒前來。可是柯勒抵達前，鄂蘭就因心臟病發死亡，再也沒有恢復知覺。

理解的工夫

一九七五年十二月八日，鄂蘭的葬禮在阿姆斯特丹道（Amsterdam Avenue）的河濱紀念教堂舉行。根據她的要求，葬禮跟布呂歇的一樣：在同一地點，採用類似的沒裝飾的松木棺材鋪上白玫瑰，也同樣是朋友前來追憶的一個儀式。

約納斯和麥卡錫在儀式上發言，分別代表流亡族群朋友和美國朋友。約納斯回憶起他在海德格的馬堡大學研討班上遇上的那位年輕女生：「我很能記得這個獨特的新來者！害羞而退縮，帶著別具麗質的容貌和孤獨的眼神，馬上可看出她與別人不同，那麼獨特而無法界定。這裡心智敏銳的人並不罕見。但在她身上有一種魔力：一種熱烈感覺、一種內在方向、追求卓越的本能、抓住本質和往深層探索的能力。你可以感覺到她有絕對的決心要忠於自我，面對可能受到重大傷害的危險，卻堅強地實現這種決心。」[51] 麥卡錫也喚起鄂蘭音容宛在的感覺：「她說起話來，就像看到心智的動作外在化成為行動和姿勢，她會噘起嘴唇，皺眉，像陷入沉思的托著下巴。」[52]

鄂蘭在社會研究新學院的最後一位研究助理傑洛姆．柯恩代表學生發言，表示學生無不覺得，「她是我們這個時代最偉大的教師之一」。她把她的廣博知識優雅地表達出來」。鄂蘭的出版商朱萬諾維奇把她描繪為公共人物：「她的熱情表現，是相信公義的人所達致的境界，也是相信慈悲的人必須維繫的境界。……嚴肅的探索引領她到哪裡，她就勇往直前；如果她與人為敵，那永遠不是出於害怕。」朱萬諾維奇稍停了片刻，聲音顫抖著，熱淚盈眶告訴追悼者：「至於我，我對她懷抱著強烈的愛。」[53]

在擠滿了三百位悼念者的房間裡，很多人都對鄂蘭懷抱著強烈感覺，儘管這些人很少不帶著憤怒、受傷或困惑的記憶，他們覺得，就像約納斯所說的，「沒有了她的溫暖，世界就變得更冰冷」。對於愛她的人來說，她就是「世界」的一部分，不僅她的親戚、朋友和同事圈子是這樣。他們察覺到葬禮上有很多陌生人，包括鄂蘭的讀者，甚至有一組人穿著藍粗棉布的全身工作服，配戴著「農場工人」的襟章。這些就是來自「世界」的人。那些愛她的人，過去以至現在都很難把心目中鄂蘭的印象準確放到從她的公共名聲折射出來的光譜上，又或她所維繫著的私人空間的多個層面之上；一些朋友把這個空間稱為她的「隱祕」，抑或她的「內心活力」或「靈性」。在葬禮前一天晚上，親人和朋友激烈爭辯要不要為她念猶太教禱文，就像他們爭辯該不該為鄂蘭的非猶太丈夫念猶太禱文一樣。結論就是採取妥協做法：鄂蘭的以色列外甥女用希伯來文念了一首讚美詩，然後再由柯倫博特夫婦的兒子丹尼爾用英文念出同一首詩。

出現這樣的爭辯並不令人訝異：在這些人的那個共同「世界」當中，有很多不同的個別世界，鄂蘭住在不止一個的世界裡。不同的追悼者期待她被追憶的方式或他們去追憶她的方式，是依循他們與鄂蘭的關係而來。隨著時間流逝，她的朋友和親人由彼此認識以至由閱讀鄂蘭的著作，聽聞有關鄂蘭的事，而在他們記憶中形成了新的背景。在一九七六年四月社會研究新學院的一項紀念式上，以及一九七五到一九七六年冬天出現的很多訃告中，大家在尋求鄂蘭的生平和著作的某種願景，又或能表明她的重大意義的里程碑或概要。當一九七六年五月鄂蘭的骨灰安葬在巴德學院時，她的朋友再次齊聚一堂，聆聽約納斯、葛倫．格雷和芝加哥大學的倫納德．柯里格（Leonard Krieger）繼續推動理解鄂蘭的努力。自那個時候以來，在很多文章、三冊的美國論文集和一冊法國的論文集，還有兩部批評研究著作，加上在很多會議、研討會，以至在餐桌上，不管對認識或不認識鄂蘭的人來說，尋求對鄂蘭的理解都沒有停下來。[54]

§

麥卡錫肩負起把鄂蘭的吉福特講座講稿轉化為《心智生命》一書的複雜編輯任務。對於手稿的參差不齊品質，並且欠缺了平順過渡、概要和清晰著重點，麥卡錫正確地沒有因此而嘗試作修改，但她編成了一部可讀而幾乎總是精確不誤的書。只有在不重要的細節，她才會有不忠於原稿的處理，但這也忠實反映了麥卡錫心中鄂蘭的形象。比方說，樸克牌玩家愛用的「下了籌碼之後」這個成語，麥卡錫覺得跟鄂蘭的形象不切合，儘管這句話曾出現在鄂蘭的已出版著作裡，她也愛在研討會裡使用它。因此麥卡錫改了一種說法：「我可以看到她（香菸擱在菸托上）對著輪盤桌或賭牌牌局展開沉思，這就是『在賭桌上押上了賭注的一刻』——這才是更適切、更合乎鄂蘭的性格。」[55]這是沒有問題的，儘管鄂蘭的學生會發笑。他們都記得她那種說法，往往帶著強調語氣，用不純正的英文口音念出「下了籌碼之後」這句成語，接著說：「那麼你就必須作出一些抉擇了。」她愈是對所下的「籌碼」感到刺激，就愈是會倚靠美國的成語或街頭俗語把它歸類。就像賈雷爾在《來自一項習俗的圖畫》中所說，「不知不覺在生花妙筆中帶出一個成語，這是無可比擬的樂事」。

當麥卡錫完成了她的編輯工作，她和威廉．尚恩又為《紐約客》整理出自成一冊的「思考」部分。朱萬諾維奇在一九七八年把兩冊的書組合成精美的盒裝出版。《心智生命》一書的出版沒有令理解鄂的著作變得更容易。像海德格的《存有與時間》，在回顧之下可看作一個時代的歐洲哲學的終結，鄂蘭這本唯一屬於「哲學本身」的著作（她自己曾開玩笑的這樣說）缺了最後的第三部分。海德格在他的不朽名著出版之後活了近五十年，寫了很多其他著作對這部傑作踏出的道路作了很多探索，鄂蘭這部著作卻是粗略地組織起來，甚至由於她的不耐煩，她連頭兩冊可能作出的修改也沒有實現（鄂蘭曾對柯倫博特說，她用兩冊來說的話其實可能兩頁就說完了，因此我們能有兩冊還算是幸運了）。麥卡錫曾決定在第二冊加進鄂蘭在社會研究新學院的康德政治哲學課程一些內容摘錄，這是對書中缺了有關「判斷」的第三部分的彌補。

對鄂蘭來說，做為一個政治理論家和政治評論家，判斷是她在大部分著作裡所做的事。她對自己所從事的這種活動會說些什麼話，最清晰的線索可見於她談到其他作判斷的人的文章，包括羅莎．盧森堡、布萊希特、雅斯培，以及《黑暗時代群像》裡的所有人物。就像這些人物，鄂蘭因她所作的判斷而在很多方面受到判斷。遠在她過世之前，當代對她作出評價的整個陣營已經形成；在她過世後，他們所有人都發出了訊息。

處於她政見右方的人，指稱她對美國的制度太多批評，對於美國外交政策的基本塑造因素，也就是對抗共產主義的需要，又太過不關心。處於她政見左方的人，可以預期地提出了相反指控：她太過保守、精英主義、帶著戰士的冷酷、依附於階級的劃分。內森．葛拉塞在《社評》雜誌發表的〈漢娜．鄂蘭的美國〉（Hannah Arendt's America）是前者的代表；斯圖亞特．休斯的《巨變》是後者的代表。[56]在兩端中間而跟鄂蘭的精神接近得多的政治理論家，則有理查德．伯恩斯坦（Richard Bernstein）、諾曼．雅各森、喬治．卡特布（George Kateb）、漢娜．皮特金（Hannah Pitkin）、朱蒂絲．史克勒（Judith Shklar）和舍頓．沃林（Sheldon Wolin）等人；雖然他們也曾在理論和實踐上跟鄂蘭爭辯，卻是出於尊重而沒有對立態度。在德國，鄂蘭最具影響力的仰慕者是法蘭克福學派的尤爾根．哈伯馬斯（Jürgen Habermas），他一九六八年曾在社會研究新學院跟鄂蘭見面，此外也多次承認受益於鄂蘭（最近一次是一九八〇年在社會研究新學院畢業典禮上）。雖然不常引錄她的話，法國新哲學家（*nouveaux philosophes*）的很多年輕哲學家都閱讀鄂蘭的著作；《精神》（*Esprit*）雜誌其中一期就專門推廣她的著作。

對哲學家來說，英倫海峽的分隔比大西洋要來得顯著。傾向歐洲大陸哲學傳統的人，較諸受英國或英美哲學訓練的人，更能尊重鄂蘭的著作，尤其是《心智生命》一書。牛津大學的斯圖亞特．漢普夏（Stuart Hampshire）曾聲稱，不明白為什麼美國人認真地把鄂蘭看作「政治理論家和公共哲學家」。他說：「在我看來她在論辯上有欠精確，她經常旁徵博引，卻沒有對原文作詳細考究。」對漢普夏來說，《心智生命》是「形上學迷霧」的集合。[57]在歷史學家之間，對鄂蘭的反應也有分歧，可能是出於不同政治路線，又或比較難辨認的觀點差異——譬如抽象理論家與經驗主義者之間——又或兩者其中一方是為了現在或未來而探索過去的人，另一方是純粹為了記錄過去的人。

對鄂蘭最激烈的意見分歧，來自《艾希曼耶路撒冷大審紀實》。猶太社群對猶太名人在傳統上的承認，很少出現在鄂蘭身上。一九七八年，研讀鄂蘭著作的一個年輕猶太學生羅恩．菲爾德曼（Ron Feldman）把對猶太問題的論著編集成《猶太人做為被遺棄者》（*The Jews as Pariah*）一書，包含了來自艾希曼爭議的兩個片段，既有的爭論又死灰復燃。書中的信念就是，艾希曼爭議長久以來「模糊了〔鄂蘭〕對於了解現代猶太人經驗所作貢獻的真正深度」。他認為鄂蘭彷彿「被猶太社群採取現代驅逐出教行動」，[58]希望能把她挽救過來。一九七九年華特．拉克在《邂逅》雜誌為菲爾德曼這本書所寫的書評，重複了他一九六五年所下的評語：「漢娜．鄂蘭受到攻擊，更多是因為她的說話方式而不是她所說的話。」但這個評語有更深層的根據：

猶太人大屠殺這個話題，應該以謙卑精神面對；儘管鄂蘭女士有很多美德，謙卑卻不是其中之一。〔就像《聖經》所說：〕「你們不要論斷人，免得你們被論斷」——可是漢娜．鄂蘭就是愛論斷，而這方面最有成效的就是做為「人類事務大師」，召喚起道德感情。因此，較具智慧的男男女女害怕踏進的領域，她卻一腳就踏了進去，談到她自己人生中從沒經歷過的極端處境；做為一個知識分子她在性情上總是過猶不及，處理抽象問題最為得心應手，在具體處境處理眞實的人卻是她最弱的一環。[59]

這段文字表述的方程式，透過對猶太人大屠殺歷史採取神聖不可侵犯的保護罩，使得沒經歷過它的極端處境的人（非猶太人更肯定是如此），就會因為所作判斷跟受保護的感情以及倖存者的受保護地位不能切合，因而遭受批評。拉克說鄂蘭「做為一個外界的人，缺乏身分認同」而談到這個問題，很遺憾的，猶太社群裡很多人仍然接納這種判斷。但也有其他人認同菲爾德曼，希望有一天猶太這個傑出民族能給予被遺棄者意見更大的表達空間。

§

從一種基本原則來說，所謂經典，就是在每個新世代都重獲新生的著作。《極權主義的起源》出版至今已經三十年，經歷了兩個世代。在一九六〇年代一個世代的修正主義歷史學家試圖揭示它的侷限，他們也有現今的後繼者；另一個世代是越戰後的讀者，他們在世界新局勢下閱讀它。有意研究極權主義的人，沒有人能忽略這部著作。在一九七五年，美國政治科學協會基於《人的條件》的「不凡特質」和它「自出版以來經過起碼十五年時間洗禮」所顯示的意義，給它頒發李品柯特獎（Lippincott Award）。對政治理論家來說，這是鄂蘭最具啟發意義的書。雖然威廉．德格拉斯（William O. Douglas）法官在一九六二年預測，《論革命》最終會成為「經典論著」，[60] 它仍然有待另一個世代的讀者朝這個方面踏出一步。《艾希曼耶路撒冷大審紀實》自出版以來就挑起論爭並迫使讀者對它作出詮釋，沒有跡象顯示它會失卻帶來刺激的動力。可是，它沒有重新獲得哲學上的考量，除了鄂蘭自己在《心智生命》所作的哲學思考。

《過去與未來之間》、《黑暗時代群像》和《共和國危機》等文集，沒有像整部書的著作那樣具備重量與悠久生命力。鄂蘭的文章個別來說有特殊的讀者，並做為各種文集的一部分持續重印。她自己曾說，《過去與未來之間》是她最好的著作。她對這本書的形式有信心：它的副書名顯示，它所包含的是「政治思考上的練習」，因此不是系統性的。

對系統性的追求，使得《心智生命》變成一本難讀而令人困惑的書。鄂蘭慣於說海德格實際上把西方哲學傳統拆解了，「摧毀了」，而又不能建構一個新的組合。這樣說並沒有貶義，因為她沒有希望一種新的哲學出現，而且她很深切體會到這樣自由地活著所需要的堅毅，在一片廢墟中只會碰上殘破片段，只會看到引路的里程碑。如果書中的「判斷」部分能夠寫成（我們傾向假設鄂蘭有機會把這部分寫成），她就得系統性地說明心智機能怎樣互相關聯，甚至「應該」怎樣關聯。但這個問題跟鄂蘭的精神格格不入。她是古希臘人在原本意義上所說的「批評者」，那是一個能作出區別，把事物分開，賦予它們意義的判斷者或詮釋者。她不是哲學上或政治上的理想建構者。她的著作沒有烏托邦的衝動，雖然她對協議制度的存在，對革命的自然生成動力寄予政治希望。就像歌德舊日所說的：「世界往前邁進，只因有人跟它對抗。」

§

在人生最後的日子裡，鄂蘭的思想遠遠未帶有在世的不朽性，不管那是一些世界的批評者自己爭取得來的，還是那些人的故事在別人一講再講之下贏得的殊榮。相反地，她還在為《心智生命》有關「意志」那一冊的倒數第二章撰寫補遺。在那一章裡她相當帶批判性地討論了海德格的「不行使意志的意志」，顯然不同意海德格所認為的，不斷轉變的「存有」，在行動者的思考中有一種歷史的體現，因而認定「思考和行動是一致的」。鄂蘭認為海德格達成這個結論之前，很可惜地放棄了他在一九四六年所寫的評註〈安納西曼德殘篇〉（Anaximander Fragment）中一個頗不一樣的概念。

她還記得緊隨在第二次世界大戰之後，她的兩位老師雅斯培和海德格都希望一個新時代會來臨。「我們活在此刻就像敲著仍然緊閉的門，」雅斯培在一九四六年眾所矚目的日內瓦國際會議上說：「今天所發生的事，可能終有一天創建並構築起一個世界。」懷抱希望的這一刻很快消逝；新開啟的不是和平與世界秩序彰顯的時代。在那一刻，當雅斯培全身投入面向所有人的哲學，海德格則把人想像為活在一個共同命運中，活在出生與死亡這兩種不存在狀態之間的一段時間，活在歷史開展的一個空間。在這種構想中，「存有」並不是不斷在轉變；它是隱藏著的「永恆」，本身並無歷史。只有當人從歷史的領域，或海德格所說的「誤入歧途的領域」（the realm of errancy）脫身而出，進入思考當中，他們才接觸到隱藏著的「存有」。然後他們就會放棄那種自我保存的意志，那是歷史上所有混亂之源。

海德格在這短暫一刻抓住了歷史的意念——是人類的歷史而非「存有」的歷史，鄂蘭認為這正是他的哲學所欠缺的。她不會把歷史稱為「誤入歧途的領域」；她認為這種說法只是把海德格那個概念標示為「某個變種而已」，而不是他基本信念裡的一種真的衍生概念。但很清楚地吸引著她的是，那兩種不存在狀態之間的短暫棲息，也就是她自己所說的「出生」與「死亡」之間。那些把自己想像為「短暫棲息於世」的人，跟其他人共享同一命運，不會有在此以外的意志，不會把生命視為最高價值而不惜一切去保存它。以政治語言來說，這樣的人就會具備作出良好判斷的勇氣與無私之心。

海德格在談論安納西曼德殘篇的文章裡提出的基本主題，就是鄂蘭表示在完成了屬於「哲學本身」的這部著作之後將轉而探索的問題。西塞羅的《論老年》將是她的典範。在《論老年》中，鄂蘭也找到了人生最後一段日子裡的探索主題。「當我走近死亡，」老卡投說：「我覺得像一個人經歷了漫長旅程之後靠近港口了，就像看到了陸地。」

附錄

附錄一：鄂蘭家譜

瑪莎·柯恩的家族

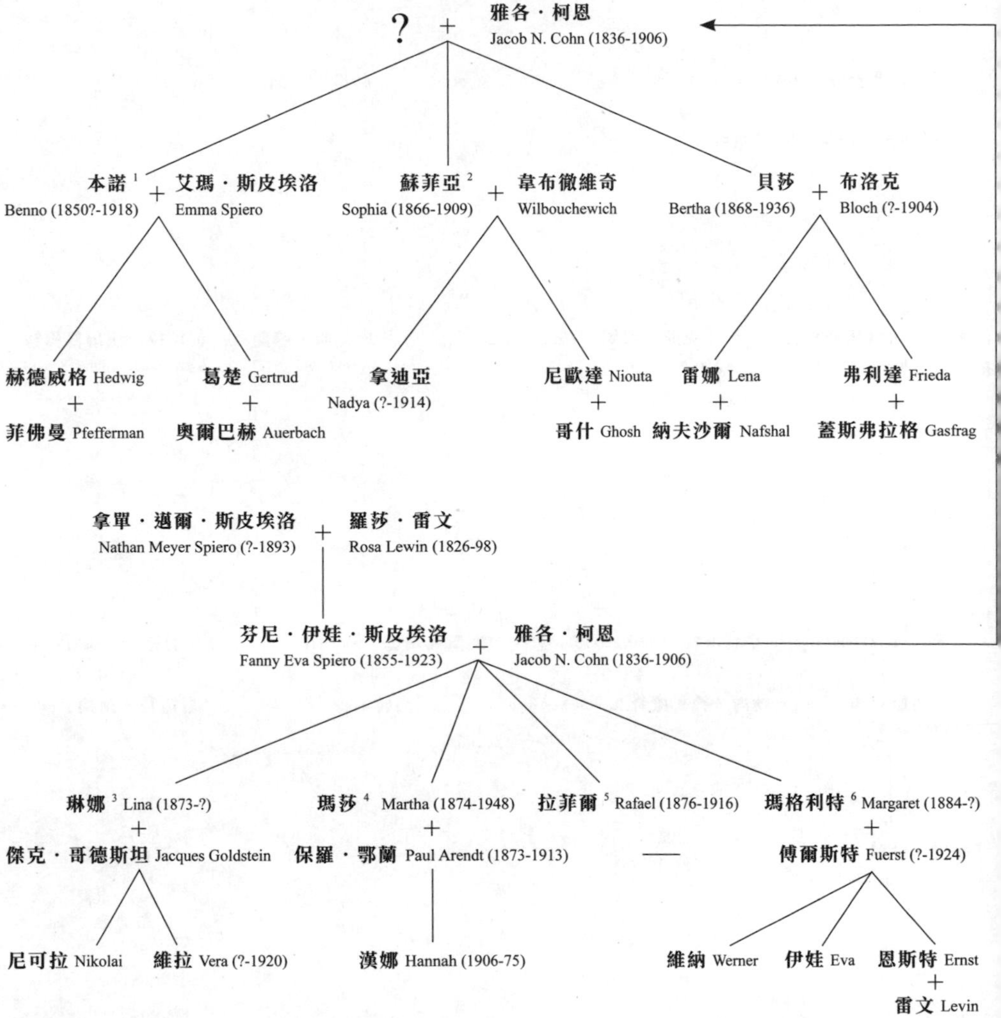

1 本諾與艾瑪·斯皮埃洛結為夫婦，在同一個婚禮上，他的父親雅各娶了第二任妻子芬尼·斯皮埃洛；芬尼和艾瑪是姊妹。

2 蘇菲亞和她的女兒拿迪亞都死於肺結核；尼歐達在巴黎受教育，她父親一家住在當地，後來她跟印度裔藥劑師丈夫移居加爾各答。

3 琳娜和丈夫傑克住在列寧格勒；他們的女兒維拉一九二〇年死於猩紅熱；他們的兒子尼可拉加入了紅軍。

4 瑪莎一九〇二年跟保羅·鄂蘭結婚，保羅一九一三年逝世；然後一九二〇年她改嫁馬丁·比爾華德（當時她四十六歲，馬丁五十一歲）。瑪莎的妹妹瑪格利特、她父親與前妻所生的女兒貝莎、她的母親芬尼和保羅·鄂蘭的繼母柯拉拉，都是多年守寡的寡婦。

5 拉菲爾一九一六年在東面戰線死於痢疾，身後獲頒鐵十字勳章。

6 瑪格利特一九二四年成為寡婦，在柏林把三個孩子養育成人。她在納粹集中營被處死。

附錄一：鄂蘭家譜（續）

保羅·鄂蘭的家族

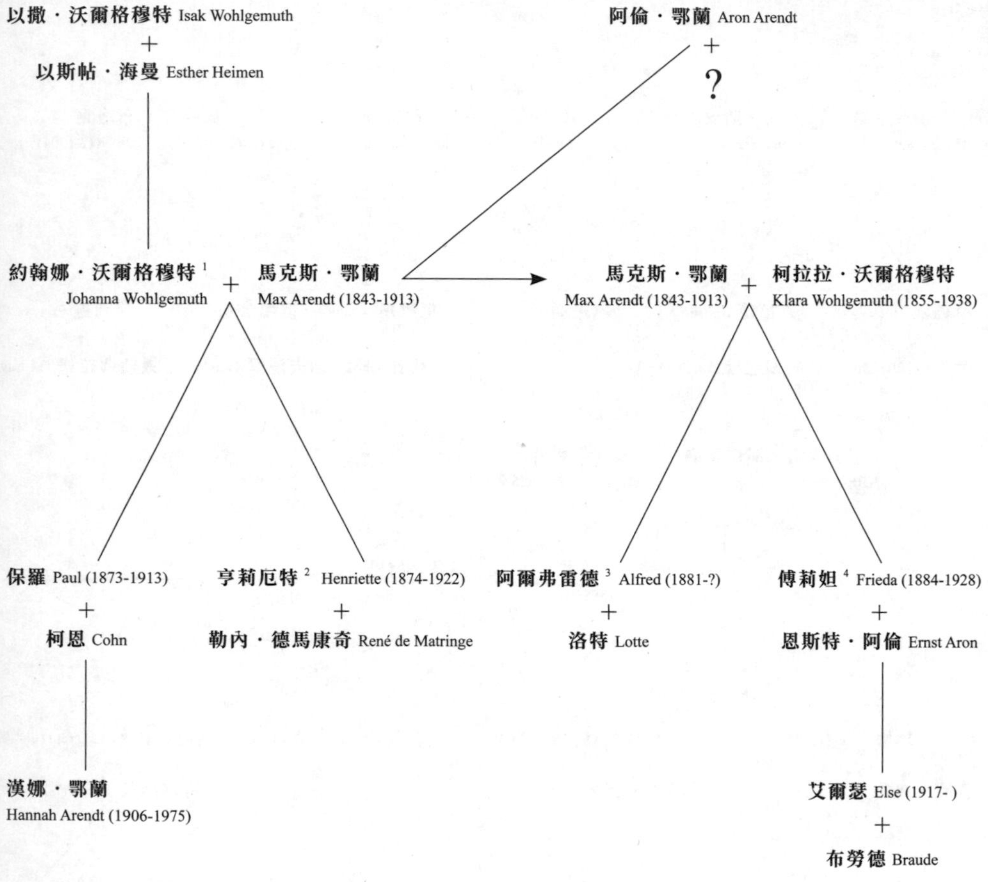

1 保羅·鄂蘭的母親（約一八八〇年逝世）跟馬克斯·鄂蘭的第二任妻子柯拉拉是姊妹。她們兩姊妹是以撒·沃爾格穆特（出生時是俄國人）和以斯帖·海曼的女兒。漢娜·鄂蘭跟祖母一樣取名「漢娜」。

2 在柏林期間，亨莉厄特先是任職護士（一八九五～一九〇三年），然後任職警察助理社工（一九〇三～一九〇九年），專門負責照顧無家可歸的小孩。她在一九一五年跟法國人勒內·德馬康奇結婚。亨莉厄特有關社工經驗的著作，由雷納特·豪爾（Renate Heuer）博士編成書目，納入法蘭克福的猶太人書目檔案館。

3 阿爾弗雷德·鄂蘭是商人，他娶了信奉基督教的寡婦洛特；在瑪莎一九三九年離開第二任丈夫比爾華德前往巴黎之後，洛特在柯尼斯堡繼續照顧比爾華德。

4 傅雷妲是漢娜·鄂蘭最喜歡的姑姑，她嫁給恩斯特·阿倫；阿倫是律師，祖先曾是普魯士公國君主的御用珠寶匠。他後來遭納粹殺害。（他的弟弟卡爾是漢娜·鄂蘭繼妹伊娃的親密朋友，也遭納粹殺害。）

附錄二：鄂蘭德文詩作

（本附錄只包含本書引錄或提到的詩作。）

〈民謠風〉（Im Volksliedton）：一九二三／二四年冬天

當我們重遇
白色丁香將盛放。
我要用枕頭把你裹住，
你將別無所求。

當我們重展歡顏，
那輕盈無甜味的葡萄酒
和那芳香的椴樹
見證我們同在一起。

當樹葉落下
我們就要分開。
流浪是什麼意思？
我們得承受它的苦楚。

無題：一九二三／二四年冬天

沒有語言劃破黑暗——
沒有上帝舉起他的手——
不管我望向哪裡
大地都在上升。
沒有形體在解散，
沒有陰影在浮動。
而我仍能聽見它：
太遲了，太遲了。

〈安慰〉（Trost）：一九二三／二四年冬天

那一刻會來到，
當久已遺忘的
舊日創傷，
挾著傷害而來。

那一天會來到，
當生命或哀愁
都談不上
什麼平衡。

那些時刻過去，
那些日子逝去。
留下的成就，只有——
不過是活著罷了。

〈夢〉（Traum）：一九二三／二四年冬天

我的雙腳漂浮在莊嚴的光榮上。
而我，我也在
跳著舞。
掙脫了包袱——
進入黑暗，進入虛無。
滿載昔日時光的房間，
跨越過的空間
還有失卻的孤獨，
開始跳舞，在跳舞。

而我，我也在
跳著舞。
那種帶著反諷的魯莽
我並未遺忘。

我知道那是空寂，
我知道那是包袱。
但在帶著反諷意味的光榮中
我還是跳著舞，跳著舞。

〈困倦〉（Müdigkeit）：一九二三／二四年冬天

夜幕低垂——
從鳥鳴聲中
我召來了
一抹哀愁。

灰色的牆
頹然倒下。
我的雙手
再次找到自己。

我曾愛過的
我握不住。
在我身邊的
我離不開。

當黑暗上升
一切下沉。
沒有什麼能壓倒我——
這是人生必經之路。

〈地下鐵路〉（Die Untergrundbahn）：一九二三／二四年冬天

從黑暗而來，
蜷曲著進入光明，
迅速而魯莽，
狹窄而支配在

人的力量之下，
專注地交織出
命中註定的路徑；
漠然地漂浮著
超脫於匆促。
快速，狹窄，支配在
人力之下
卻又不曾理會這種力量，
而流入黑暗。
懂得一山還有一山高，
飛呀，它扭動軀體——
一頭黃色動物。

〈告別〉（Abschied）：一九二三／二四年冬天

此刻讓我，啊，漂浮的日子，給你遞上我的手。

你無法從我逃脫，你不能逃進
虛空或無時間可言的世界。

可是那灼熱的風標誌著更怪誕的事
圍著我靠攏過來：我不想
遁入虛空，進入無人經歷過的光陰。

啊，你知道我給自己掛上笑容，
你知道有多少事我悄悄隱藏著
就為了躺在青草地上，讓自己屬於你。

可是此刻那從未被消聲的血，
把我召喚到我從未掌舵過的船。
啊，我知道，我知道生命包含著死亡。
因此讓我，漂浮的日子，給你遞上我的手。
你不會失去我。我留下這印記

給你——這頁文字和火焰。

〈迷失於自我沉思〉（In sich versunken）：一九二三／二四年冬天

當我認定我的手——
在我身邊卻陌不相識——
於是我立足一無所有之地，
無所依附：無一物，
無此處此刻。

於是我覺得我該鄙視這個世界。
時間要是流逝，就隨它去，
只是不要再留下記號。

我眼中的手，
我的手，怪怪的，那麼近

卻依然是他者。
它是否超乎我的存在，
是否有更高一層意義？

〈夏日之歌〉（Sommerlied）：一九二五年夏天

儘管夏天一切成熟而繁茂
我會前去，讓我的手滑動，
讓我痛苦的四肢伸張，往下
迎向那黑暗沉重的土地。

田野彎腰耳語，
深處林中的小徑，
寂然無聲：
就讓我們相戀，儘管飽受煎熬；

讓我們的付出與收穫
縱或不令祭司縮手；
在清晰而高貴的靜默中
喜悅不會捨我們逝去。

夏日川流滿溢，
困倦威嚇著要毀了我們。
我們就捨掉生命，
只要我們相愛，只要我們活著。

無題：一九二五年夏天

你為什麼向我伸出你的手，
那麼羞怯，彷彿這是秘密？
你是否來自遙遠的國度，
對我們的酒一無所知？

不知道我們最美的火光，
（你那麼孤獨過活嗎？）
有血有肉
是別一種的存在嗎？

難道你不知道此刻的歡樂，
你跟所愛的人在一起；
難道你不知道夜來就要分手
一片哀愁各走各路？

跟我來愛著我
忘掉你的恐懼，
你不能信任我麼？
來吧，付出同時接受。

穿過莊稼熟了的田野

（罌粟和野苜蓿）
然後在廣闊的天地裡
我們都受了傷，

當我們感覺到，在風中
揚起了強烈記憶
震顫中如夢似幻
我們的心靈在飛揚。

〈暮夏〉（Spätsommer）：一九二五年夏天

黃昏向我圍攏過來
柔軟得像絲絨，沉重得像哀傷。
我不再知道愛的感覺如何
不再知道田野散發著熱力，
一切都要漂走——

就為了給我平靜。

我想起了他想起了愛——
彷彿那在遙遠的地方；
而「前來與付出」不屬於這裡：
我幾乎不曉得約束我的界限在哪裡。

黃昏向我圍攏過來
柔軟得像絲絨，沉重得像哀傷。
面向新的喜悅和哀愁
沒有什麼起而造反。

而向我召喚的那一段距離，
所有的往日如此清晰而深刻，
對我再也不能誘騙。
我知道有一條又大又怪異的河，

還有一朵沒有人命名的花。
如今還有什麼能摧毀我呢？

黃昏向我圍攏過來，
柔軟得像絲絨，沉重得像哀傷。

〈給朋友們〉（An die Freunde）：一九二五／二六年冬天

不要為那輕柔的哀傷哭泣，
當那無家者的模樣
依然羞怯地向你示愛。
體會到那最純粹的故事
仍然隱藏著一切。

感受那最輕柔的動作
來自感激和忠貞。

那你就會知道：一如既往，
愛將重生，付予戀人。

〈暗夜〉（An die Nacht）**：一九二五／二六年冬天**

那撫慰人心的，輕倚我心上。
你這靜默的，給我解除苦痛。
把你的影子，蓋在任何太亮的東西上——
就讓我精疲力竭，請把眩光蔽住。

給我留下你的寂靜，你那令人冷靜的鬆弛，
讓我用你的黑暗裹住一切邪惡。
當在光明中呈現的新視野帶來痛苦
給我力量讓我繼續前行。

〈W．B．〉〔華特．班雅明〕：一九四二年

黃昏將再臨。
黑夜將從繁星降下。
我們會把伸出的手臂擱在
近處，遠方。

黑暗中輕輕響起
短小的古老曲調。聽著，
讓我們彼此斷絕，
讓我們最終潰散。

聲音在遠方，愁緒在身旁。
就是那些聲音和這些死人
我們遣作信差
在我們前頭，哄我們入睡。

無題：一九四三年

從過去那潭靜水中冒起——
這許多的記憶。
迷霧中的身影牽引那束縛著我的渴望之環
那圍繞著、誘惑著我的，走向他們的目標。

死人，你想要什麼？你在冥府沒有家，沒有棲身之所嗎？
這是最後深沉境界中的和平？
地水火風是你的僕人，彷彿一個神祇，
有力地，支配著你。而召喚著

叫你從靜水、沼澤、荒野、池塘起來，
把你集合起來，整合了起來。
微光中你在發亮，以霧遮蓋了活人的天地，
嘲笑那正在轉暗的「不再」。

我們去玩，擁抱著，笑著，握著
往日的夢。
我們也對街道、對城市生厭了，還有那迅速
變動著的孤獨。

那些划著的小船，載著相愛的愛侶，像珠寶
在林地中的池塘上，
我們可以悄悄混進去，隱藏、被包覆在
那迷霧般的雲，它將不久

披在大地上，在河岸、在灌木叢、在樹上，
等待正來臨的風暴。
等待著——從霧中，從雲中樓閣，從傻念頭與夢——
那旋轉著、升起來的風暴。

〈哈德遜河畔公園〉（Park am Hudson）：一九四三年

漁夫靜靜在河裡捕魚，
網羅整個世界。
駛人盲目在路上駕駛，
闖遍全世界。

小孩在跑，母親在呼喚，
光照一個世界。
一對愛侶走過，
曾走遍了世界。

漁夫靜靜在河裡捕魚
直到夜幕低垂。
駕駛人盲目在路上駕駛，
像在趕赴黃泉。
小孩沐浴在陽光裡

永恆不息玩樂。
這時一對愛侶走過，
時代跟在身旁。

漁夫靜靜在河裡捕魚。
一根樹枝孤獨高掛。
駕駛人盲目在路上駕駛，
不安地，要去安靜下來。
小孩在玩耍，母親在呼喚。
永恆近在咫尺。
一對愛侶走過
背負著時代的重擔。

無題：一九四六年

悲傷像心裡閃現的微光，

黑暗是夜間展開搜索的亮光。
我們只要點燃小小的、哀傷的火焰
就能找尋回家的路，像影子，穿越那又長又寬的夜。
那樹林、那城市、那街道、那樹木都發亮。
有家的他是幸運的；他在夢裡仍看到它。

無題：一九五一年

（一）

不可估量，廣大無邊，只是，
當我們試著量一量，
方知內心叫我們求取什麼。

不可思議，深不可測，只是，
當我們試著探一下，
掉下去就以為接觸到道理。

不可企及，高不可攀，只是，
當我們張眼望呀望，
滿以為火焰高高越過天邊。

不可逃脫，必死無疑，只是，
當我們貪戀著未來，
此刻純粹的存在不復可得。

（二）

來吧，活在
我心裡那怪異黑暗的房間，
牆壁緊緊圍攏著這空間。

來吧，掉進
睡夢中層層夢境色彩大同，

害怕世界如懸崖般虛空。

來吧，飛進
我內心渴望的那長長曲線，
光芒在火焰最高的一邊。

站著，留下
等待那無可避免的事到來，
頃刻之間，指日可待。

無題：一九五一年

這些思想來到我身邊，
我在它們面前不再是陌生人。
我在它們當中成長，
像在犁過了的田裡。

〈H.B.〉〔賀曼・布羅赫〕：一九五一年

可是你怎麼跟死人過活？請你說，
那聲音在哪為你的作為輕輕細說？
一如那個姿勢，像在訴說事實，
渴望著，我們那失落了的親密。

有誰知，什麼哀傷把我們抹掉，
在空洞的目光前，把面紗拿掉？
它讓我們在堡壘停留，
翻弄著存活者的感受。

〈驅車橫越法蘭西〉（Fahrt durch Frankreich）：一九五二年

大地抒發詩情，瀰漫田野
樹木成行成列，讓我們

圍繞著犁過的田
織出通往世界的路徑。

花朵迎風歡笑，
綠草伸展成為輕軟的床。
天空轉藍，溫和地招呼著
太陽用光線織出的柔軟鏈子。

大夥兒聚在一起，沒有人不知所蹤——
大地、天空、陽光和森林——
在全能造物主這齣戲中演出。

附錄三：鄂蘭博士論文概要

鄂蘭的博士論文《聖奧思定的愛的概念》用德文哥德體字母印刷，充塞著未經翻譯的拉丁文和希臘文引文，並用海德格風格的散文寫成，是不容易閱讀的一部著作。艾許頓（E.B. Ashton）在一九六〇年代初曾把它翻譯成英文版初稿，可是鄂蘭不願意將譯文修改後出版。她打算補充新的材料，並將原有內容弄得更清晰。在一九六五年她放棄了這個計畫，因為工作量太大，令她氣餒，她要專注於其他任務。

這裡我提供鄂蘭博士論文的概要，是為了以下三個目的：揭示它的基本結構和意圖；指出鄂蘭從海德格和雅斯培兩位老師領受的思考方法怎樣在論文中顯示出來；指出論文怎樣跟她日後關切的哲學和政治問題連繫起來。我不會批評或評價鄂蘭對聖奧思定研究的貢獻。

雅斯培和他的學生總是透過空間思維來探索現象或概念。他們會提出這樣的問題：一個現象或概念在科學可探知的世界中發生於或存在於什麼地方；一個現象或概念所界定或被界定的存在條件是怎麼樣的；怎樣能夠接觸到緊靠在一個現象或概念邊緣的那些不可知的、超越的、終極的神祕範疇。

海德格和他的學生總是透過時間思維來探索現象或概念。他們不僅追問歷史的發展、現象和概念的歷史，更根本的，他們追問處於現象或概念源頭的時間經驗或時間中的經驗。過去、現在和未來不是「時態」，而是經驗，這種時間觀成為了鄂蘭所有著作的基本架構，直到《心智生命》仍是這樣；在這部最後的著作中，基本框架就是指向未來的意志、指向過去的判斷，以及做為「現在」經驗的思考。

鄂蘭對聖奧思定愛的概念的研究，把雅斯培的空間系統和海德格的時間框架縱橫交錯起來，形成複雜的結構，可是一開始的論點卻相當簡單。論文首先提出，愛的其中一種形式是渴望（*Appetitus*），它跟一個特定對象有關，那是已知的事物，它因為本身的緣故成為渴望對象。因為我們渴望的就在這事物本身，不是透過它的關係或以它為手段渴望其他東西，因此這種渴望是「善」（*bonum*）的一種。一旦渴望滿足了，它就終止，除非它面對威脅、可能喪失、或是因為某種「惡」（*malum*）的存在而產生恐懼。所謂「善」，就是令人快樂的事，而追求快樂的意志會引導人到「善」的一面，並遠離「惡」。不同的人對善惡有不同看法，但所有人都同意要追求快樂。生命因而對所有人來說都是向善的；所有人也因此必然害怕失去生命。如果人不會喪失生命，他們也就會快樂；如果人不受死亡威脅，就可以在沒有恐懼之下活著。沒有恐懼而活著，是體現為渴望的愛的最終目標。

論文分析聖奧思定的思想到了這裡，就出現了第一個有待化解的難題，包含在一系列密集的論點當中：首先，沒有死亡的生命是不可能的；從內心來說，目前預見的未來不可能不包含恐懼。更普遍地說，一個活在世上的人渴望任何事物，希望穩固地擁有任何事物，必然會遇上挫敗，因為這個人本身和世間事物都是必朽的。反過來說，沒有未來威脅的現在也就是永恆，能達致這種狀況就是「至善」（*summum bonum*）。因此，體現為渴望的愛必須避開塵世和所有可變的事物——這一切只能引向相對的善。鄂蘭辯稱，在聖奧思定的概念中體現為渴望的愛，迫使他面對一項矛盾——他只能把永恆視作未來的渴求對象；可是聖奧思定心念一轉，把永恆設想為「現在」，也就是新柏拉圖主義者所說的「佇立著的現在」（*nunc stans*），過去和未來在此中相遇而消失，這就成為了超脫時間的現在。

從另一方面來說，對永生的渴求，是渴求的正當對象，聖奧思定稱之為「慈愛」（*caritas*），而對必朽事物的渴求則稱為「貪戀」（*cupiditas*）。但慈愛這個概念卻是有問題的，因為它使得世界和世間事物對人類來說成為了荒野；人類必須犧牲「安然活在世上」的念頭，才能獲得正當的渴求對象，才能獲得自由。聖奧思定像斯多噶學派一樣，認為自由是自足的，超脫於必朽的事物。這裡貫穿著聖奧思定思想的也是古希臘的觀念，但這次是斯多噶學派學說而不是柏拉圖主義：鄂蘭辯稱，聖奧思定清晰地否定了新柏拉圖主義者普羅丁所主張的將自由視為欲望的遏止；按照這種主張，也就只有心智才自由的了（因為心智沒有任何外在關連，只有心智本身的內在關連）。

不過，聖奧思定劃分「慈愛」和「貪戀」，並把慈愛和它帶來的自由提升到崇高地位，也迫使他得面對另一個難題，那就是自由或自足性在世間無法獲致。而且，當一個人從世界隱退到自我之內，他也在一關鍵點上欠缺了自足性；他必須問自己一個問題：「我是什麼？」這個問題的答案就只能是「上帝的創造物」。

自我質疑和自愛使人向上帝走近，讓人知道他不是什麼，他做為一個必朽的人所欠缺的是什麼——就是永恆的本質。正當的自愛，也就是體現為慈愛的自愛，目標不是現在那個可變的我，而是永遠活下去的自我。如果一個人要保護真正的自我讓它指向一個絕對的未來，就必須否定時間上的自我。

當一個人把現在的生命注滿對未來的渴求，他就會預見一個超脫時間的現在，一種永恆的延續性。聖奧思定採取了羅馬人的時間觀念，把未來設想為「來到了」現在，又「往後」進入過去；這種時間動向，跟「前進」一詞所代表的移動路線相反。當未來被設想為「湧進來」，現在那個自我就被否定了，世界就被遺忘了。鄂蘭聲稱，對聖奧思定來說，「時間性」和「存在」是對立的：人類若要「存在」，就必須克服「時間性」。這兩者之間的張力，在聖奧思定思想中是根本的，在海德格思想中也是根本的。

聖奧思定嘗試把人設想為自由的、自足的，但這樣做且同時仍把愛視作渴望，就不得不接受有待克服的這種思想上的張力，不得不接受自我必須經過轉化，時間性的自我要被遺忘。換句話說，當人類憑藉世界而嘗試透過慈愛得享超脫時間之樂，他就跟事物斷絕了關係，也就是人類跟上帝的創造物斷絕了關係。這方面的關係斷絕了之後，我們轉而看另一種形式的愛——對世人的愛——但要透過非常複雜的步驟才能說明清楚。

先回頭再看一下體現為渴望的愛，它在定義上可以劃分兩個概念範疇：「利用」（*uti*）和「享用」（*frui*），簡單地說，這就相當於手段和目的。世界被用來達致享樂，最終享受回歸上帝之樂。跟這種享樂相關的又有另外兩個概念範疇：首先，我們所愛的是至善，這是「在我們之上的」（*supra nos*）；其次，與此對立的有兩者——「在我們身旁的」（*iuxta nos*；即我們和他人），以及「在我們之下的」（*infra nos*；即我們的身體）。體現於我們自己、他人和身體的愛，最終都是為了追求至善。但這麼一來，體現在他人身上的愛，所愛的不是他人本身；也就是說，在正當的渴望之下，他人只是被「利用」（不是享用）。當愛體現為渴望，它的對象在於未來要達到的目的，這就使得「愛人如己」的道德律令變得毫無意義。

鄂蘭博士論文的第一部分就在這個僵局之下結束。把愛視為渴望的概念垮掉了，因為當所渴望的「快樂人生」投射到絕對的未來時，現在的自我就只能被視為達到這種投射結果的手段，是要克服的障礙。因此，鄂蘭重新開始她的探索，繞個圈回到開頭。認定每一種渴望都連繫到一個特定對象的論點，要接受重新檢視。首先，如果快樂的人生就是渴望的對象，這個目標必須在我們的認知當中，那麼認知就必須出現在渴望之前，認知必須把渴望對象呈現出來。過去的認知因此是投射到未來的基礎。渴望能夠超越現在而指向未來，就在於記憶在守護過去的同時也超越了現在。進一步來說，「快樂人生」的認知，並不像可感知事物的認知——對這些事物我們有「具體的形象」——那是一種世間經驗，而非形體的記憶，跟可感知事物的記憶也是不一樣的。聖奧思定為探索一種超越具象世界的記憶的可能性，為了尋找它的基礎，對記憶的一般運作進行了分析。

比方說，當我們感到悲傷，就會懷著希望記憶歡樂的時光；反之，當我們感到快樂，就會懷著恐懼記憶起悲傷。過去做為現在的一部分，帶著某種啟發作用，在記憶中被喚起。當過去被納入現在，它就轉化為未來的可能性；曾發生的事可能再發生。快樂人生的渴求，也就會回到這樣一個問題：「神聖的靈魂最初出於什麼原因感到快樂？」而最終引出的問題就是：「誰創造了我？」就像聖奧思定所說，「在記憶的寬廣天地裡」，被造物找到了創造者；他在自身之內找到了創造者，做為他存在於世的決定性因素，也就是他存在的原因。

鄂蘭的詮釋到了這個轉折點，其間發現的一種對比成為她日後著作的基本概念，它為《人的條件》提供了其中一個最有力的概念架構。憑著多年來思考上的磨練，多年來的思考再思考，鄂蘭在一九六三年為修訂博士論文所寫的筆記中，這樣說明了那種對比：「確定一個人成為一個有意識並有記憶的存在者，決定性事實在於出生，也就是我們透過出生進入世界；而確定一個人成為有欲望的存在者，決定性事實在於死亡，也就是我們在死亡中離開世界的事實。對死亡的恐懼，以及人生本質上的不足，就是欲望的泉源；而在相反的一面，對人生畢竟有所感恩，即使是苦難中的人生，畢竟有值得珍愛的一面……這就是記憶的泉源。最終令死亡的恐懼靜止下來的，不是希望或欲望，而是記憶和感恩：『你但願成為現在這樣的一個人，慶幸沒成為非你所願的人，你為此感恩。因為你但願如此，而不願碰上苦難。』」[1]

在鄂蘭後來的政治思想裡，出生和死亡成了行動的動力泉源，包括啟動新事物的行動，以及尋求不朽言行的行動。行動使人生重獲新生命力，也能給必朽的人帶來不朽的一面——在人類記憶中活下去。她把這些決定性因素的著重點，從論聖奧思定的論文裡的神學觀念，轉移到政治方面。換句話說，她認為政治生命是我們應該感恩的事。

鄂蘭博士論文談論的愛，先是體現為渴望，再轉而體現為「人乃神所創造」這種基本的記憶，這種轉移在鄂蘭日後的著作中也可以找到迴響。在《人的條件》中，令很多讀者感到混淆的是，她辯稱行動無關手段和目的，只有工作才與此有關。這個論點看來隱含一種想法：行動並不涉及計畫或政策制訂。我相信鄂蘭要說的是，把行動僅僅設想為計畫是不充分的，就像把愛僅僅設想為渴望一樣不充分。手段和目的這種概念範疇，跟「利用」和「享用」的概念範疇一樣，由於目標在於未來，會令我們忽略目前與他人並存的景況，忽略對他人的愛。因過去或行動的源頭或愛而起的回憶，抑或出生或生而為創造物的回憶，讓人在人生方向上有一種原則，而不是目的。我們投入行動，讓行動成為可能，這表示自由是行動的原則。計畫並沒有被排除在外，但行動即使不能達到目的，也仍然是有意義的，仍然可以是「偉大」的（根據鄂蘭在《人的條件》裡的「偉大」標準）。另一方面，只為了一種目的而投入的行動，可能不擇手段或利用他人做為手段，會令人際關係誤入歧途（人被利用來達致回歸上帝之樂）。

在《人的條件》裡，鄂蘭在人的本性問題上把聖奧思定或神學觀點擱在一旁，但她承認，一旦提到了人的本性或本質，神學構想便無可避免會出現，因為只有從人「以外」的觀點，才能考慮到人的本性；她因而把她的注意力轉移到人的存在條件，也就是生命本身、出生與死亡、生存於世、與人共存等條件。但她也給予神學取向應有地位，承認這些人的存在條件始終不能「……『解釋』我們是什麼或回答我們是什麼的問題，原因很簡單，因為它們不是絕對的規範條件。」[2] 鄂蘭並沒有假設人類具備一種他本身可知的本性，她也並未假定人或人性可以還原為大體上決定人性的條件，又或可從這些條件獲得科學解釋。哲學走一條中間路線，它對人作出思考，而不是尋求從一個外在於人的觀點，抑或透過對人類存在背景的探索，而尋求對人的認知。這種對思考和認知的區別，或哲學和科學的區別，是海德格和雅斯培都認定的。

鄂蘭對出生條件的關切，不下於對死亡條件的關切，甚至猶有過之；這種態度在聖奧思定的研究中開始出現，後來因為她的政治經驗而被迫切地放置到她思想的中心。行動做為某些事物的啟動力量，是給政治處境帶來一絲希望的人類可能性，否則處境很容易墮入完全地絕望。「奇蹟地把世界或人類從正常、『自然』的衰敗中拯救過來的，最終就在於出生的事實，行動的機能從存有學來說根植於此一事實。換句話說，出生是新的人和新開端的誕生，還有隨出生而來的行動能力。只有這種能力的完整經驗可以帶給人類信心和希望；古希臘完全忽略了人類存在的這兩種基本特質，認為信心是普通且不大重要的美德，希望則被貶為一發不可收拾的幻象所造成的毒害。正是因為對世界的信心和希望，《聖經》福音書在報『佳音』時，寥寥數語說出了最光輝最扼要的話：『有一嬰孩為我們而生。』」[3]對鄂蘭來說，時間性非但不是生而為人要克服的事，而是人類行動可能性的源頭，而透過行動，人的存在就得以強化。她就像在聖奧思定（和海德格）面前引述古希臘詩人品達（Pindar）其中一句她最愛的話：「忠於你的此生」——滿懷感激地認定出生的事實所帶來的一切。

鄂蘭在後期著作中，把哲學上被忽視的「出生」條件，重新在概念上彰顯出來。在這一點上她跟海德格分道揚鑣：對海德格來說，死亡而非出生才是關鍵的存在條件。海德格對行動不表關切，抑或一般來說對政治領域不表關切。鄂蘭深受《存有與時間》裡對日常生活描述的影響，但她認為這些描述還沒有充分發揮。海德格呈現了人類如何被「拋向」死亡，人類一頭栽進迎面而來的未來當中，可是海德格沒有把過去的力量呈現出來，那就是起始一刻在當下發揮的作用。

當鄂蘭在博士論文中從體現為渴望的愛轉而考慮到愛做為與上帝的關係，出生與死亡的對比便隨之顯現。「在記憶的寬廣天地裡」，被造物找到了創造者，找到了「誰創造了我？」的答案。對聖奧思定來說，創造者是人類最終的本源，也是最終的歸宿。上帝就是在這兩種意義下「外在」於人；可是人類可以把這「外在」的一面，透過記憶過去和預見未來而納入自身之內，從而消滅時間，終止自己對時間的屈從。「慈愛」就是這種超乎世界的正確欲望。可是慈愛若要實現，需要神的恩典——人要脫掉個體性或本身的過去。對一個處於屈辱的人，徒具意志卻缺乏力量克服與自我和世界的聯繫，為了幫助他，上帝的愛就會降臨他身上。上帝重新創造他，使他成為新的被造物。接受了上帝的愛，此一被造物就會像上帝一樣的去愛，把愛施加於別人身上，不是把對方看作個別的人，而是看作神的創造物。他愛他人，不是因為這個人本身或他自己本身，他在超脫狀況下付出愛，否定了自己本身和他人自身；人類所愛的，是他自己和別人身上的永恆一面，因此所有人平等被愛，愛由此獲得平等施展的可能性。

在這種想法之下，一個問題顯然隨之出現：為什麼施諸他人的愛——如果它只是一種超乎世界的關係——在聖奧思定的思想中擔當那麼重要的角色？是什麼構成這種人際關係，又是什麼具體因素把被愛者和那個平等付出愛的人連繫起來？面對聖奧思定思想的這另一難題，鄂蘭又引入了另一種思路。聖奧思定認為，所有人都有血緣關係，因為都來自同一祖先亞當；而對所有人來說，某些社會關係是由「基督的律令」指定的，基督無異乎新的共同祖先。人類的歷史本源在於人類始祖亞當，而透過一個一個的世代與過去連繫起來。當人類與過去連繫而不是跟創造者本身連繫，他體會到愛要施加於所有人身上，因為所有人都跟自己有血緣關係，因為所有人都具備共同本性和共同罪性。進一步來說，基督這位新的亞當在世界上出現，向所有人提供救贖，救贖施行於所有同樣沾上了罪的人，而不是因著個別的人的優點而施予。共同祖先和共同救贖把所有人連成一體。基督徒的在世人生包含了他與過去的恆久連繫，也因此包含了原本血緣連繫；另一方面，共有的原罪則解釋了死亡（也就是說，死亡並非簡單地無可避免，而是由於罪的代價使它成為必然）。可是若能透過「慈愛」超脫於世界，就可以達致一種新的一體性，一個不同於而超越於原有血緣社會的新社會——「上帝之城」（City of God）。在這個社會裡，人類面對的共有危險就是死亡，他們基於對這種危險的體認而彼此相愛。但即使在這種由愛維繫的一體裡，還是有一種距離或間接性：每個個體獨自面對死亡，沒有其他人能拯救他。在這種對世人的愛中，人彼此相愛，是因為這樣做的話就是愛基督——他們的救世主；這種人與人之間的愛是超脫世界的超越之愛，它發生在世界中，卻不是以世界為對象。

鄂蘭博士論文結尾的總結，對與他人共存的世間存在狀況，跟否定自我和否定世界的超脫世界態度，勾勒出一種雙重關係。在第一種關係之下，鄂蘭辯稱，我們把其他人看待為人類的共同成員，可是只有我們在孤獨中與神建立個別關係時，才能成為與他人相愛的人。當個人從與他人並存的理所當然的倚賴中被抽離出來，他跟他人的連繫就有賴與眾人的原本血緣關係顯然構成的責任。在第二種關係之下，鄂蘭辯稱，孤獨的可能性也在人類歷史中成為事實。孤獨本身成為歷史事件，儘管正是孤獨讓我們可以把自己從人類歷史以及從世代的延續中解脫開來。只有透過這種雙重關係，我們才能了解他人做為愛的對象的相關性。在個人孤獨狀態下，我們體會到他人做為人類一員其實是我們的鄰人。而在這種簡單的共同存在之上，更由於信奉同樣的神而產生了共同信仰，產生了所有信仰者的交流；這時我們就體會到，我們在人類中的本源，還因為我們在神的愛裡的本源，而獲得補足；換句話說，我們的出生，也因為重新的救贖而獲得補足。

鄂蘭後來對博士論文的修改，只進行到第二部分的開頭，這部分所談的是指向過去的被造物與創造者的關係。處理對世人之愛的第三部分，也就是內容最密集艱深的部分，可能需要極大幅度的重新闡述，這從以上概述的緊密思辯可見一斑。第三部分所關切的問題，經歷了一段時間之後，在《人的條件》中以遠遠沒那麼緊密且清晰得多的文字重新表述了出來。稍看一下這後來的表述，就可在另一種方式下一窺鄂蘭最終達致的批判態度：「尋找人與人之間一種穩固的連結關係來取代眼前的世界，是早期基督教哲學的主要政治任務，正是聖奧思定提出把基督徒的『兄弟關係』以至全人類的關係建立在慈愛之上。……慈愛形成的連結，儘管不能建立一個公共領域，對於超脫世界的主要基督教原則卻相當充分，也非常適用於帶領基本上非世俗的一群人經歷這個世界，……但唯一前提是世界必然滅亡，每項行動的附帶條件都是『世界仍然延續』。」[4]她在博士論文中所關切的只在於，基督教的非世俗原則如何具備充分能力帶領一群基本上非世俗的人經歷這個世界，以及非世俗的慈愛經驗如何把人連成一體。她後來關切的是怎樣建立一個公共領域，它的根源就不在基督教哲學，而在希臘和羅馬思想。「基督教所理解的共同之善，在於個人救贖是人皆關切的，與此不同，共同世界是我們出生時進入而死亡時離開的世界。……但這個世界要能世代永存，在於它多大程度上出現在一個公共領域。公共領域的公共性，讓人類能把時間洪流中要挽救的必朽之物吸收過來，讓它歷久不衰。」[5]人與人之間的共同世界，只有在人類對它表示關切而能夠挽救它的情況下，才能延續下去。比方說，人類的功業只有當有人用故事把它述說出來，才能延續下去。功業透過創製開啟新事物而反映人類的生成，並克服人類的必朽性，功業在創立者死後仍可透過人類記憶延續下去。鄂蘭對公同世界徹底非基督教式的理解，給了她一種度量標準，由此判定公共領域在現代的淪喪：「也許沒有什麼比『對真正的不朽幾乎毫不在乎』更清晰證明了公共領域在現代的淪喪。」[6]尋求真正的不朽，也就是在世的不朽或名聲，被視為虛榮的表現，一種個人之惡。她對現代「黑暗時代」形成的理解，就在於公共領域的萎縮；公共性不但沒有彰顯人類的功業，而是令它們看來無關重要，就像海德格所說，「公共的亮光模糊了一切。」

鄂蘭的批判態度和她獲得的結論，在博士論文中都並非顯而易見。她實踐了引言中的承諾，所做的探索「貫徹始終是分析性的」。她把她的取向描述為「純粹哲學性的」，不會考慮聖奧思定對《聖經》和教會權威「在教條上的屈從」。她處理聖奧思定改信基督教一事，只是連繫到他對愛的概念的轉移：從愛體現為渴望轉移到愛做為被造者與創造者的關係此一神學概念。不光是聖奧思定思想中的教條式元素，就是聖奧思定的生平事蹟，博士論文中都沒有觸及；整篇論文是徹底抽象性的，一如它是徹底非政治性與非神學性的。

鄂蘭後來修改博士論文，肯定覺得這種抽象性是一個弱點，因為她加插了聖奧思定生平的敘述，把它從註釋移到正文。她引錄了聖奧思定《懺悔錄》一些片段，談到他痛失一個親密朋友，還有他對死亡的恐懼，正是這種恐懼「把他從肉體享樂召喚回來」，為他改信基督教鋪平了路，修訂稿也談到他怎樣仰賴聖保祿的著作（「隨著聖奧思定在他漫長的一生日漸成長，他於是變成保祿的追隨者」）。鄂蘭也把原收錄在註釋的很多聖奧思定著作的引文以及原來列入附錄的材料，都移放到第一章，使得內容更豐富而不再那麼疏略，也不再那麼抽象。所有這些修改反映出同樣的根本洞見：她的「純哲學」取向可以避免教條式思維而揭示存在經驗，也就是存在於時間中的經驗，而哲學思想也是在這種經驗中生成；但她也只能在一般論述上做到這點，也就是非歷史性、非個人化的論述。鄂蘭在尋找一種普遍原則、人與人之間的一種普遍連結關係、一個存有學基礎、對活在世上但不是為這世界而活的人提供指引的超越性原則。她繼續尋找這種普遍的、超越的原則，並捍衛哲學的自主性；可是經驗最終讓她領會到，哲學或純粹的哲學可能對歷史、對政治領域有危險的盲目傾向，她與錫安主義的連繫也最終讓她體會到，應該從政治理念對「對世人的愛」的基礎提出質疑。

在海德格身上，鄂蘭曾獲得一種「非比尋常，有如魔幻」的經驗，促使她把時間劃分為「當年」和「今日」，那是恐懼和遭受挫折的經驗。她成功地透過聖奧思定，後來又透過詩人里爾克，找到超越這種劃分的願景，得以把原來的愛轉化為超越的愛。可是令鄂蘭投入政治行動的歷史事件所引出的問題，卻不能憑「純哲學」獲得解答。

註釋

藏有文獻的圖書館，簡稱如下：

圖書館簡稱	文獻／圖書館
Library of Congress	Arendt Papers / Library of Congress, Washington, D.C.
Marbach	Arendt Papers / Deutsches Literaturarchiv, Marbach, Federal Republic of Germany
Bard College	Bard College Library, Annandale-on-Hudson, New York

引號內的引文，若不加註釋，即表示來自本書作者的訪問。對訪問內容有參照或補充作用的文字紀錄，均在註釋註明出處。訪問內容經綜合整理，不會出現受訪者語言和記憶上的差異，故未有一一註明受訪者。訪問材料的處理辦法〈前言〉內有說明，受訪者名字可參見〈致謝〉。

註釋中引錄的書籍和文章，詳細資料參見〈鄂蘭著作年表〉。

第二版前言

1 讓我覺得沒有需要修訂這部傳記的另一個原因就是，起碼據我所知，書中沒有任何顯著事實錯誤，只有一個例外，那引起了可怕後果，我深感抱歉。在頁四五六，我提到鄂蘭在一九六七和一九七三年曾捐款給猶太保衛同盟（Jewish Defense League, JDL）。這個錯誤（現已改正）的出現，是因為當時我編列一長串鄂蘭曾經捐款及拒絕捐款的組織，在校對期間沒察覺到這個錯誤。事實上，鄂蘭曾捐款給猶太聯合捐募協會（United Jewish Appeal, UJA），卻拒絕了JDL。因為在她和她社交圈子大部分猶太朋友看來，後者是法西斯組織。她絕對不會捐款給它。傑出的巴勒斯坦裔文學評論家、活動家和政治評論家愛德華．薩伊德（Edward Said）根據我這項錯誤資料在《批評探索》（*Critical Inquiry*）學術期刊（一九八五年秋季號，頁四十七）辯稱，鄂蘭冷漠對待巴勒斯坦人的苦難。我向薩伊德寫信解釋這項錯誤何以出現，並為此負責。但他那篇論文〈差異的意識形態〉（Ideology of Difference）已經重印，錯誤的資訊已經散播。

2 我撰寫這篇前言，參考了我自己的論文〈漢娜鄂蘭堪作楷模的獨立性〉（The Exemplary Independence of Hannah Arendt），收錄於我的《面對傳記的制約》（*Subject to Biography*）一書（麻省劍橋：哈佛大學出版社，1998年），以及《紐約書評》（*New York Review of Books*）的一篇書評。

3 *Hannah Arendt/Karl Jaspers Correspondence: 1926-1969*, ed. Lotte Kohler & Hans Saner (New York: Harcourt Brace Jovanovich, 1992). 很不幸的，雅斯培在美國仍然只有很少人認識，很少人閱讀他的著作，儘管他的*The Great Philosophers*（偉大哲學家）一書已有英文版（Harcourt出版）。關於雅斯培有一本不錯的入門書：*Karl Jaspers: Basic Philosophical Writings*, ed. Edith Ehrlich, Leonard Ehrlich & George Pepper (Atlantic Highlands, N.J.: Humanities Press, 1994).

4 *Within Four Walls: The Correspondence between Hannah Arendt and Heinrich Blücher, 1936-1968*, ed. Lotte Kohler (New York: Harcourt, 1996).

5 *Between Friends: The Correspondence of Hannah Arendt and Mary McCarthy, 1949-1975*, ed. Carol Brightman (New York:

Harcourt, 1995); Hannah Arendt & Hermann Broch, Briefwechsel 1946 bis 1951, ed. Paul Michale Lutzler (Frankfurt am Main: Judischer Verlag/Suhrkamp, 1996); Hannah Arendt & Kurt Blumenfeld, "*…in keinem Besitz verwuzelt*": Die Korrespodenz, ed. Ingeborg Nordmann & Iris Pilling (Hamburg: Rotbuch, 1995). 鄂蘭與田立克和烏韋・約翰森（Uwe Johnson）的簡短通信已刊行德文版。

6 Hannah Arendt & Martin Heidegger, *Letters, 1925-1975*, ed. Ursula Ludz (New York: Harcourt, 2004). 這些信件的翻譯還算可用，但有些令人費解的地方和錯誤。

7 Elzbieta Ettinger, *Hannah Arendt/Martin Heidegger* (New Haven: Yale University Press, 1995).

8 這是愛婷爵對鄂蘭的動機的最終評估：「她為海德格洗脫罪嫌，不是出於忠誠、憐憫或正義感，而是因為需要挽救自己的自尊心和尊嚴。」（頁七十九）這是說，她要讓海德格成為一個她能尊重的人，這樣她才能尊重自己。

9 書信集裡的翻譯，比不上《紐約書評》（一九七一年十月號）中艾伯特・霍夫史塔特（Albert Hofstadter）的出色譯文。

10 雅斯培與海德格關係的回顧，可見以下一書第十一篇論文：*Heidegger and Jaspers*, ed. Alan Olson (Philadelphia: Temple University Press, 1994).

11 在《極權主義的起源》二〇〇四年版的一篇引言中，哈佛大學卡爾人權政策研究中心（Carr Center for Human Rights Policy）主任薩曼莎・朴華斯（Samantha Powers）指出鄂蘭著作與人權運動和發展中審理集體屠殺的國際法庭之間的關係。

12 在《艾希曼耶路撒冷大審紀實》之後，鄂蘭使用「邪惡的平庸」（the banality of evil）此一名言描述極權主義施行者那種不加思考的弊病，而非心理病態，但她對於由此造成的惡果沒有改變看法，認為那是泯滅人性。

13 *Hannah Arendt/Karl Jaspers Correspondence: 1926-1969*, ed. L. Kohler & H. Saner (New York: Harcourt Brace Jovanovich, 1992), 頁一六三（一九五一年一月七日）；她的回信，頁一六七（一九五一年三月四日）；雅斯培續談，頁二〇五（一九

五二年十二月二十九日）；鄂蘭認同，頁二一六（一九五三年五月十三日）。參考布呂歇寫給雅斯培的信，頁一八六（一九五二年七月二十一日）：「他利用自己的洞見和睿智來滿足自己追求公義的意志，這種意志在起點上就是一種權力意志及對復仇的渴望。馬克思並不是把他的愛與恨用作認知的工具，然後把它們擱置一旁棄而不顧，或讓種種愛恨互相抗衡，從而透過自我批判掌握最多的真理。他卻是被自己的仇恨駕馭，被它牽著鼻子走，在公義之名下，走進了糟透的願景。……在我看來，馬克思仍然是無可訾議的一個人，跟一眾文人學者比較起來是一個「可敬的公民」，鄂蘭對他也不否認她的崇高敬意和人道精神的包容，但這種包容如果要在我身上實現，只有當我在扮演精神病學家的角色時。」（來自這部書信集的引文，在括弧內註明頁碼。）

雅斯培在學術上接受神經精神病學的訓練，向來是佛洛伊德的批評者（參見他的《普通精神病理學》（*General Psychopathology*），鄂蘭和布呂歇深受他這方面的評價影響，對佛洛伊德都不感興趣。鄂蘭畢生的著述都跟政治心理學或應用精神分析學沒有交集，這種不幸的割裂延續下來，儘管我在《偏見的剖析》（*The Anatomy of Prejudices*）談及反猶主義時嘗試為這個問題尋求出路。

14 Arendt, "Civil Disobedience," in *Crises of the Republic* (New York: Penguin, 1975), p.64.

15 Jane Corbin, *Al-Qaeda: In Search of the Terror Network That Threatens the World* (New York: Thunder's Month Press/Nation Books, 2003), p.23.

16 雅斯培寫給布呂歇的信，一九五二年七月二十一日：「在我看來，鄂蘭近年經歷了一些轉變。她的盛怒幾乎都消失了。她變得更公正，更包容對待那些對她來說最為格格不入的事。她對德國更能抱持超然態度。我沒有進展到這個程度，因此有時候我和她之間存在著一種不無可取的緊張關係。」

17 Arendt, "Civil Disobedience," p.56.

18 同前引書，頁79。

19 *Responsibility and Judgment*, ed. Jerome Kohn (New York: Shocken, 2003), p.52. 來自本書的引文，以下在括弧內註明頁碼。

20 鄂蘭談到「歷代以來道德哲學近乎一致的假設」（頁102），就是以「自我的標準」做為最終標準，儘管她也明確表示，包括康德等的哲學家都覺得需要有客觀標準、法則和規律。

21 Arendt, *Essays in Understanding* (New York: Harcourt, 1994), P.215.

22 這些論文刊於*Social Research* 69/2 (Summer 2002).

23 Jerome Kohn & Elizabeth Young-Bruehl, "Hannah Arendt on Action and Violence"；網上版見mtholyoke.edu (the Weismann Center for Leadership, Mount Holyoke College).

前言

1 Hannah Arendt, "Preface", *Men in Dark* Times (New York: Harcourt, Brace & World, 1968), p. ix.（本書以下稱*Men in Dark Times*）

2 Arendt to Jaspers, 14 May 1951, Marbach.

3 鄂蘭未出版的森寧獎（Sonning Prize）領獎演說（1975, Library of Congress）。

4 Blumenfeld to Arendt, 18 March 1951, Marbach.

5 Arendt to Alex Morin, University of Chicago Press, 18 April 1958, Library of Congress.

6 Arendt to Blumenfeld, 17 July 1946, Marbach.

7 鄂蘭的無題詩（1924, Marbach）：「你是否來自遙遠的國度，對我們的酒一無所知？」

8 Arendt, "Walter Benjamin: 1892-1940", *Men in Dark Times*, p. 172.

9 Arendt to Jaspers, 29 January 1946, Marbach.

10 鄂蘭一九六四年接受君特．高斯（Günther Gaus）訪問：〈還剩下什麼？剩下的就是母語〉，收錄於Gaus, *Zur Person*

(Munich: Feder, 1964)（本文以下稱「高斯訪問」）

11 鄂蘭未出版的森寧獎領獎演說（1975, Library of Congress）。

12 同前引文。

13 Arendt to Blumenfeld, 1 February 1959, Marbach.

14 Hannah Arendt, "Remembering Wystan H. Auden", New Yorker, 20 January 1975, p. 39.

15 鄂蘭未出版的蘭德學院（Rand School）演說（1948, Library of Congress）。

16 Jaspers to Arendt, 5 March 1960, Marbach.

17 Jaspers to Arendt, 11 October 1966, Marbach.

18 Arendt to Jaspers, 3 November 1966, Marbach.

19 Arendt, "Rosa Luxemberg: 1871-1919", *Men in Dark Times*, p. 33.

20 Arendt, "Isak Dinesen: 1885-1963", *Men in Dark Times*, p. 98.

21 Arendt to Blumenfeld, 19 July 1947, Marbach.

22 鄂蘭母親瑪莎的日記：《我們的孩子》（*Unser Kind*, Library of Congress）。

23 Hans Jonas, "Acting, Knowing, Thinking", *Social Research*, Spring 1977, p. 26.

第一部：一九〇六～一九三三

1 高斯訪問。

2 鄂蘭的詩作收藏於馬爾巴赫德國文獻資料館（Deutsches Literaturarchiv, Marbach）。英文譯文均由本書作者翻譯。感謝賀伯特・阿諾德（Herbert Arnold）博士的幫忙。引錄的詩作並未個別註明出處，詩作全文參見附錄二：〈鄂蘭德文詩作〉。

3 高斯訪問。

4 Jaspers to Arendt, 18 September 1946, Marbach

第一章　我們的孩子

1 Hannah Arendt, *The Origins of Totalitarianism* (New York: Harcourt Brace Jovanovich, 1973), p. 58, n. 12.（一律引錄自一九七三年重印的一九六六年新版本，特別註明者除外；本書以下稱*Origins*。）

2 Kurt Blumenfeld, *Erlebte Judenfrage* (Stuttgart: Deutsche Verlags-Anstalt, 1962), p. 45.（本書以下稱*Erlebte Judenfrage*）

3 同前引書，頁93。

4 高斯訪問。

5 瑪莎的日記《我們的孩子》收藏於美國國會圖書館（Library of Congress）的鄂蘭文獻（Arendt Papers）。所有譯文出自本書作者。作者謹對同事賀伯特・阿諾德博士的幫忙致謝。來自日記的引文不個別註明出處。

6 Mary MaCarthy, "Saying Good-bye to Hannah", *New York Review of Books*, 22 January 1976, p. 8.

7 Arendt to Richard Wandschneider, 16 July 1964, Library of Congress.

8 鄂蘭的〈陰影〉收藏於美國國會圖書館的鄂蘭文獻。另見第二章註12。

9 瑪莎的政論圈子也可能跟獨立社會主義者（Independent Socialists）有聯繫——這是後來加入德國共產黨斯巴達克主義者陣營的其中一個團體，一九一七年被逐離柏林之後把總部遷至柯尼斯堡。柯尼斯堡的工人曾對戰爭及戰爭在一九一七年帶來沉重負擔發動抗議，並曾遭德國軍隊開槍射擊。參見：David Morgan, *The Socialist Left and the German Revolution* (Ithaca: Cornell University Press, 1975), pp. 332-33.

10 齊克果的引文來自：Karl Jaspers, *Reason and Existenz,* trans. William Earle (New York: Noonday Press, 1955), p. 43.

第二章 陰影

1 Fritz K. Ringer, *The German Inflation of 1923* (Oxford: Oxford University Press, 1962), pp.104…

2 Karl Jaspers, "Philosophical Memoir", *The Philosophy of Karl Jaspers,* ed. P.A. Schlipp (La Salle, Ill.: Open Court, 1957), p. 50.（本文以下稱 "Philosophical Memoir"。）

3 Hannah Arendt, "Martin Heidegger at Eighty", *New York Review of Books,* 21 October 1971, p. 51.（本文以下稱 "Martin Heidegger at Eighty"。）

4 Jaspers, "Philosophical Memoir", p. 33.

5 有關威瑪共和期間德國大學的主要思潮，參見：Fritz K. Ringer, *The Decline of the German Mandarins* (Cambridge: Harvard University Press, 1969)。

6 Hannah Arendt, "What is Existenz Philosophy?" *Partisan Review* 13 (Winter 1946):34.（本文以下稱 "What is Existenz Philosophy?"。）

7 Arendt to Fr. Pierre Riches, 21 August 1974, Library of Congress.

8 Arendt, "Martin Heidegger at Eighty", p. 51.

9 引錄於：Walter Biemel, Martin Heidegger, *An Illustrated Study*, trans. J.L. Mehta (New York: Harcourt Brace Jovanovich, 1976), p. 15。海德格的自傳式文章 "My Way to Phenomenology" 經翻譯後收錄於：Joan Stambaugh, ed., *On Time and Being*（Harper & Row, 1972）。

10 鄂蘭和海德格的通信收藏於馬爾巴赫的德國文獻資料館：鄂蘭安排在她過世後把書信送往資料館。海德格承認鄂蘭對他的影響，可見於鄂蘭一九五〇年二月八日給布呂歇的信：「這現在在他看來曾是他人生的激情所在。」（美國國會圖書館鄂蘭文獻）。有關一九四九年鄂蘭和海德格的重聚，見第六章。

11 Hannah Arendt, *Rahel Varnhagen: The Life of a Jewish Woman*, rev. ed. (New York: Harcourt Brace Jovanovich, 1974), p.21.（本書以下稱*Varnhagen*。）

12 〈陰影〉一文收藏於美國國會圖書館鄂蘭文獻。引文不個別註明出處。英文為本書作者所譯，感謝安瑪莉・阿諾德（Anne-Marie Arnold）的幫忙。

13 Arendt to Blücher, 7 July 1936, Library of Congress. 鄂蘭在朋友面前重複這種說法，包括幫助整理《蕾兒・范哈根：一位猶太女人的一生》一書出版的洛特・柯勒博士。

14 Arendt, *Origins*, p. 59.

15 Arendt, *Varnhagen*, p. 53.

16 同前引書，頁21。

17 同前引書，頁10。

18 同前引書，頁114。

19 同前引書，頁80。

20 同前引書，頁114。

21 Hans Jonas, "Hannah Arendt: 1906-1975", *Social Research*, Winter 1976, pp. 3-5.

22 這個和以下的自傳式評語（不分別加註），見於：Jaspers, "Philosophical Memoir"。

23 高斯訪問。

24 這個和以下有關海德格的評語，原是雅斯培為〈哲學回憶錄〉其中一章而寫，但最終沒收錄進去。在〈哲學回憶錄〉重印時才收了進去，參見：*Philosophische Autobiographie* (Munich: Piper Verlag, 1977), pp. 92-111（英譯見：*Graduate Faculty Journal*, Spring 1978, pp. 107-28）。

25 Arendt to Blumenfeld, 10 October 1954, Marbach. 雅斯培對他妻子家庭的反思，參見他的〈哲學回憶錄〉；另見：Hans Saner, ed., Karl Jaspers in *Selbstzeugnissen und Bilddokumenten* (Hamburg: Rowohlt, 1970)。

26 鄂蘭與羅文森的通信收藏於馬爾巴赫的德國文獻資料館。另外幾封由希伯來大學的卡爾．法蘭肯斯坦教授交予本書作書的信將轉交資料館收藏。

27 Peter Gay, *Weimar Culture: The Outsider as Insider* (New York: Harper & Row, 1968), p. 48.

28 Hans Saner, ed., Karl Jaspers in *Selbstzeugnissen und Bilddokumenten* (Hamburg: Rowohlt, 1970), p. 118.

29 Martin Greene, *The Von Richthofen Sisters* (New York: Basic Books, 1974), pp. 29…

30 本諾．馮．威塞正在撰寫他的回憶錄，其中會談到他和鄂蘭的關係。

31 Arendt, "What is Existenz Philosophy?" p. 46.

32 Martin Heidegger, *Introduction to Metaphysics*, trans. R. Mannheim (New Haven: Yale University Press, 1959), p. 199. 鄂蘭一九六七年三月二十五日寫給葛倫．格雷的信討論了海德格這種說法（美國國會圖書館鄂蘭文獻）：「他讓句子留下來，也許就是要透過一種不光彩的手段來說明，他認為國家社會主義只不過是全球化技術變革與現代人相遇而產生的結果。這種想法，像我所說，是古怪的，但他不是唯一這樣想的人，我在〔華特．〕班雅明身上找到非常近似的看法。這些文人雅士的問題在於，而且毫無疑問素來是這樣：他們不能閱讀像〔希特勒的〕《我的奮鬥》（*Mein Kampf*）一類的書，因為太枯燥了，他們寧可閱讀有點瘋狂然而十分有趣的義大利未來主義者的著作，而這類作者後來就成為了法西斯主義者。」

33 Arendt to Blumenfeld, 1 April 1951, Marbach.

34 這個和以下有關韋伯的評語，見於雅斯培的〈哲學回憶錄〉。

35 Jaspers to Arendt, 3 January 1933, Marbach.

36 Arendt to Blumenfeld, 29 March 1953, Marbach.

37 鄂蘭對哥德斯坦文章的討論，參見：Arendt, "Walter Benjamin: 1892-1940", *Men in Dark Times*, pp. 183…。對布魯曼

菲德的生涯和著作的簡評，參見：Shaul Esh, "Kurt Blumenfeld on the Modern Jew and Zionism", *Jewish Journal of Sociology*, December 1964, pp. 232-42.

38 以下的故事參見：Blumenfeld, *Erlebte Judenfrage*。

39 Arendt, Origins, p. 79, n. 61.

40 鄂蘭的森寧獎領獎演說（1975, Library of Congress）。

41 鄂蘭博士論文的概要，見本書附錄三。

42 這個和以下的引文，參見：Karl Jaspers, *Plato and Augustine* (New York: Harcourt, Brace & World, 1962), p. 111.

43 Arendt to Jaspers, 13 July 1955, Marbach. 談到了布特曼、神學的本質，以及大部分神學家無法從政治角度思考，鄂蘭說：「聖奧思定不是一個神學家。」

44 有關鄂蘭博士論文的評價，參見以下博士論文：Robert Meyerson, "Hannah Arendt, Romantic in a Totalitarian Age, 1928-1963" (University of Minnesota, 1972)。

45 Martin Heidegger, *Being and Time,* trans. Robinson and MacQuarrie (New York: Harper & Row, 1962), p. 443. 當然，海德格對「關愛」（*Sorge*）有一般性和人際關係上的概念，那是他闡釋「在世存有」（being-in-the-world）的根本概念。

46 Karl Jaspers, *Notizen zu Heidegger,* ed. Hans Saner (Munich: Piper Verlag, 1978), p. 34, n. 9.

47 Arendt, "What is Existenz Philosophy?" p. 50.

48 艾許頓（E.B. Ashton）曾把鄂蘭的博士論文翻譯成英文版初稿（收藏於美國國會圖書館鄂蘭文獻）。但英文版的出版始終未能成事；鄂蘭要把論文重新修訂，並在一九六四年展開工作，可是最終沒有完成。她所作的修訂和為此而寫的筆記，把她的批判立場帶到遠離原來的出發點，與原來的意圖已無法切合。若要觀點前後一致，她可能要重頭寫過。

第三章 一位猶太女人的一生

1 Jaspers to Arendt, 4 August 1929, Marbach.

2 以下引文（並未個別註明出處），見於：Hannah Arendt, "Augustin und Protestantismus", *Frankfurter Zeitung*, no. 902, 12 April 1930。

3 Rainer Maria Rilke, *Duino Elegies*, trans. J.B. Leishman and Stephen Spender (New York: Norton & Co., 1963), p. 23.

4 Hannah Arendt, "Walter Benjamin: 1892-1940", *Men in Dark Times*, p. 202.

5 Sybille Bedford, "Emancipation and Destiny", *The Reconstructionist*, 12 December 1958, pp. 22-26. 貝德福德的《文化遺產》（*A Legacy*）是對范哈根時代的最佳描寫之一。

6 Arendt, *Varnhagen*, p. 3.

7 同前引書，頁9。

8 同前引書，頁21。

9 Arendt to McCarthy, 7 October 1967.（信件由麥卡錫私人收藏）

10 Arendt, *Varnhagen*, p. 58.

11 同前引書，頁88。

12 同前引書，頁104。

13 同前引書，頁127。

14 同前引書，頁143。

15 同前引書，頁227（引文來自歌德）。

16 Arendt to Jaspers, 7 September 1952, Marbach.

17 Arendt, *Varnhagen*, p. 224.

18 同前引書，頁183。

19 以下引文（並未個別註明出處），見於鄂蘭的訪問：*Archiv für Sozialwissenschaft und Sozialpolitik* 66(1931):200-05。有關鄂蘭後來對赫德和「教育原則」的反思，參見：Origins, pp. 57-58。

20 Hannah Arendt, "The Crisis in Culture", *Between Past and Future*, 2nd Ed. (New York: Harcourt Brace Jovanovich, 1968), p. 226.（本書以下稱*Between Past and Future*。）

21 鄂蘭一九五九年接受漢堡市的萊辛獎時發表了這項演說：收錄於Arendt, *Men in Dark Times*。

22 Arendt to Blumenfeld, 21 July 1960, Marbach.

23 Jaspers to Arendt, 16 January 1931, Marbach.

24 以下引文見於鄂蘭的訪問：*Die Gesellschaft* 10 (1932):177-79。

25 Hannah Arendt, "Zionism Reconsidered", *Menorah Journal* 33 (August 1945), p. 169.

26 「邊疆總督」是查理大帝（Charlemagne）時代就創設的職位。納粹一九三〇年在柯尼斯堡地方政府贏得多數席次。

27 Arendt, *Varnhagen*, p. 147.

28 同前引書，頁156-57。

29 高斯訪問。

30 Arendt to Jaspers, 1 January 1933, Marbach.

31 高斯訪問。

32 Jaspers to Arendt, 3 January 1933, Marbach.

33 Arendt to Jaspers, 1 January 1933, Marbach.

34 Arendt to Jaspers, 6 January 1933, Marbach.

35 Jaspers to Arendt, 10 January 1933, Marbach.

36 鄂蘭和舒勒姆互通的書信先是刊載於幾份德文期刊，然後英譯刊登於：*Encounter* 22(January 1964): 51-56，後又重印於：*The Jew as Pariah*, ed. R. Feldman (New York: Grove Press, 1978)。

37 鄂蘭在高斯訪問中談到此事，本書補充了作者訪問其他人獲得的細節。

38 第十八屆錫安主義大會的決議案，一九三四年由錫安主義組織中央辦公室（Central Office of the Zionist Organization）在倫敦發表（文本收藏於大英博物館）。決議案所表現的對當時情勢的理解，是鄂蘭認為已經過時的：「透過國家權力壓制猶太人的權利，在二十世紀來說，是規模絕無僅有且不可思議的。它代表了錫安主義偉大倡議者西奧多・赫茨爾（Theodor Herzl）所勾勒的、猶太問題自始至今一個世紀以來最新最可怖的狀況，致力解決這個問題正是錫安主義的目標和內容。」（頁9）。

39 雅斯培一九六六年三月九日寫給鄂蘭的信（馬爾巴赫德國文獻資料館）描述了海德格一九三三年的所作所為。雅斯培聲稱，「本身從來不是反猶主義者」的海德格，在最後一次來訪時之所以感到困擾，不是因為他妻子葛楚的猶太身分，而是因為葛楚很坦白地公開表達了對納粹的意見。雅斯培總結說：「我永遠不會忘記他在那個處境下對葛楚那種完全沒有風度的行為。」海德格一九六六年接受《明鏡周刊》（*Der Spiegel*）訪問（在他過世後於一九七六年發表），對於他在一九三三年的個人立場沒有提供多少資訊，參見："An Interview with Heidegger", *Graduate Faculty Philosophy Journal* (Winter 1977), pp. 5-27。

40 Hannah Arendt, "An Adam Mueller Renaissance?" *Kolnische Zeitung*, no. 501, 13 September 1932, and no. 510, 17 September 1932.

41 Arendt to Jaspers, 4 July 1966, Marbach.

42 這個和以下的引文見高斯訪問。

第四章　無國之民

1 Arendt, “Walter Benjamin: 1892-1940”, *Men in Dark Times*, p. 173

2 Arendt to William O'Grady, 1 May 1969, Library of Congress.

3 Arendt to Blumenfeld, 28 November 1933, Marbach.

4 Arendt, “We Refugees”, *Menorah Journal* 31 (January 1943): 74.（本文以下稱“We Refugees”）

5 同前引文，頁75。

6 有關傑曼・德・羅斯齊爾德的慈善工作，參見：Ernst Papanek, *Out of the Fire* (New York: William Morrow and Co., 1975)。

7 David Weinberg, *Les Juifs à Paris de 1933 à 1939* (Paris: Calmann-Lévy, 1974).

8 Arendt, “We Refugees”, p. 73.

9 Arendt, “Introduction” to *Job's Dungheap*, by Bernard Lazare (New York: Schocken Books, 1948).

10 Arendt to Jaspers, 18 November 1945, Marbach.

11 除了訪問，有幾份文件對布呂歇年輕時的經歷能提供日期和相關事實，包括：他的復職申請書以及結婚和離婚文件（均納入美國國會圖書館鄂蘭文獻）；題為〈記平凡的一生〉（Beschreibung Eines Durchschnittlichen Lebens）的一篇自傳式概述和多篇訃告（均收藏於巴德學院）；以及鄂蘭一九七一年一月十二日給威頓斯基（P. Witonski）的一封信（美國國會圖書館）。

12 以下德國共產黨的敘述主要根據：Peter Nettl, *Rosa Luxemburg* (Oxford University Press, 1966); Ossip K. Flechtheim, *Die KPD in Der Weimaren Republik* (Frankfurt: Europaische Verlagsanstalt, 1971).

13 Hannah Arendt, “Rosa Luxemburg: 1871-1919”, *Men in Dark Times*, p. 36.

14 同前引書，頁55。

15 一九七一年的畫展目錄前言由多人合撰，署名「漢娜・鄂蘭」。文件現藏於紐約市麥迪遜大道（Madison Avenue）六五五號精選藝廊（Selected Artists Galleries）。

16 Hannah Arendt, "The Streets of Berlin", *Nation,* 23 March 1946, p. 350；下文所引詩句和評語見於鄂蘭為基爾伯特以下一書所寫跋文：Robert Gilbert, *Mich hat kein Esel im Galopp verloren* (Munich: Piper, 1972)。

17 布呂歇戰後沒有嘗試聯絡他的母親，但他一封一九四六年四月的長信給退了回來，附帶的訊息說他的母親已於一九四三年逝世。他一九六三年首次重返德國時曾往訪華里茲，並寫了一篇短文描述這個小鎮（長信和短文現均藏於美國國會圖書館）。鄂蘭擔心布呂歇對母親過世的罪疚感會令他陷入憂鬱，寫信費力地開解他：「如果你做的跟現在不一樣，那麼你早就要在十五歲時決定……做個好兒子。那卻是錯誤而不人道的，因為隨著孩子成長，父母與孩子間的糾葛就自動形成。……我知道我像是「大斧一揮」，但我擔心你在此事的陰霾下再次墮進憂鬱。」

18 Arendt, "Rosa Luxemburg", *Men in Dark Times,* pp. 45-46.

19 Colie to Arendt, 21 May 1965, Library of Congress.

20 Arendt, *Origins,* p. 268.

21 貝斯帕洛夫的《論伊利亞德》（*On the Iliad*）由瑪麗・麥卡錫譯為英文，由博靈根基金會（Bollingen Foundation）在一九四七年出版；鄂蘭的朋友賀曼・布羅赫撰寫引言。

22 蕾查・傅萊爾在《讓孩子前來》（*Let the Children Come;* London: Weidenfeld and Nicolson, 1961）講述了青年遷徙組織的故事。有關她和鄂蘭的通信見本書第八章。

23 Arendt to Mary McCarthy, 7 October 1967（信件由麥卡錫私人收藏）

24 Heinz Pol, *Suicide of Democracy* (New York: Reynal & Hitchcock, 1940). 樸爾、攝影師里卡達・史威林（Ricarda Schwerin；現居耶路撒冷）和其他幾個柏林左翼分子一九三三年在布拉格與布呂歇結為夥伴。樸爾和同為布呂歇朋友的他的首任妻子夏洛特・貝拉特後來都移居紐約。

25 這段和以下對法國政治局勢的描述，參見：Arendt, *Origins,* pp. 263…；進一步背景資料參見：Louis Bodin and Jean

Touchard, *Front Populaire*: 1936 (Paris: Armand Colin, 1972)。

26 Arendt, "The Ex-Communists", *Commonweal* 57 (20 March 1953):596.

27 Arendt, *Origins*, p. 264.

28 簡短報導見：*La Terre Retrouvée*, 15 January 1937, 1 February 1937；一九三七年三月一日的報導說：「斯坦夫人有關德國反猶主義起因的法文討論已經結束。」

29 *Samedi*, March 1937；本書作者英譯。

30 法蘭克福特事件的敘述見：David Weinberg, *Les Juifs à Paris de 1933 à 1939*。另見：*La Terre Retrouvée* (15 December 1936; by Emil Ludwig)；E. Ludwig, *The Davos Murder* (New York: Viking Press, 1936)；Pierre Bloch and Didier Meran, *L'Affaire Frankfurter* (Paris: Deno l, 1937)——本書書評見*Samedi*, 19 June 1937。法蘭克福特自己也寫了自傳。

31 鄂蘭對「回到猶太小社區」論調的未經發表評語，可見於美國國會圖書館鄂蘭文獻。

32 鄂蘭的德文筆記見於美國國會圖書館鄂蘭文獻。她有關「回歸蠻荒」的說法在她一九五九年的萊辛獎領獎演說中十分清晰，她首先描述了被遺棄民族的手足之情和他們的沉重負擔：「他們根本地喪失了自己的世界。同時他們害怕反應機能相繼全面萎縮：首先是共同世界中引導個人面對自己和他人的共同意識，繼而是欣賞世界的美感和品味。在極端情況下被遺棄狀況延續多個世紀，陷入沒有世界觀的狀態，也就是一種蠻荒狀態。」（*Men in Dark Times*, p. 13）。

33 引自阿多諾和班雅明通信的英譯，見：*New Left Review* 81（1973）：46-80。

34 Arendt, "Bertolt Brecht: 1898-1956", *Men in Dark Times*, p. 245.

35 鄂蘭《極權主義的起源》談到了「大眾社會」，布呂歇對這個概念所提供的看法，就可能來自泰海默這位前布蘭德勒集團的盟友，如見於泰海默一九三〇年撰寫的〈論法西斯主義與資本主義〉（*Über den Fascismus und Kapitalismus*; Frankfurt: Europaeische Verlagsanstalt, 1967），該文辯稱，馬克思主義把義大利法西斯主義視為資本主義的陰謀，這種正統解釋並不充分，那其實是一種自發的、群眾動員的運動。

36 告示的官方版本可見於：Barbara Vormeier, "Appendices" to *Menschen in Gurs*, by Hannah Schramm (Worms: Verlag Feorg Heinz, 1977), pp. 159-385。

37 Arendt, "We Refugees", p. 70.

38 希爾許的描述可見於：Schramm, *Menschen in Gurs*, pp. 332-34.

39 居爾營的描述和照片，參見：Joseph Weill, *Contribution à l'histoire des camps d'internement dans l'Anti-France* (Paris: Editions du Centre, 1946).

40 Arendt to Blumenfeld, 6 August 1952, Marbach.

41 Arendt, "We Refugees", p. 72.

42 Arendt, "Letter to the Editor", *Midstream*, Summer 1962, p. 87；這是對布魯諾・貝特海姆（Bruno Bettelheim）的文章的回應。

43 這段和以下的引文見於：Arthur Koestler, *Scum of the Earth* (New York: Macmillan Co. 1941), p. 275.

44 Arendt, "Walter Benjamin", in *Men in Dark Times*, p. 153.

45 Arendt, "Rosa Luxemburg", in *Men in Dark Times*, p. 171.

46 進一步資料見：Henry Feingold, *The Politics of Rescue: The Roosevelt Administration and the Holocaust, 1938-1945* (New Brunswick, N.J.: Rutgers University Press, 1970).

47 Arendt, "Walter Benjamin", *Men in Dark Times*, p. 53, n. 9.

48 班雅明對布萊希特的評論有英譯本：Walter Benjamin, *Understanding Brecht* (London: New Left Books, 1973)；以下引文來自這個譯本。

49 Hannah Arendt, "Jewish History, Revised", *Jewish Frontier*, March 1948, p. 38.

50 Walter Benjamin, "Theses on the Philosophy of History", *Illuminations*, ed. Hannah Arendt (New York: Harcourt, Brace & World, 1968), pp. 255-66.

第五章 忠誠是真實的象徵

1 Arendt to Blücher, 18 July 1941, Library of Congress.

2 Arendt to Blücher, July 1941(?), Library of Congress.

3 Arendt to Blücher, July 1941(?), Library of Congress.

4 Arendt to Jaspers, 29 January 1946, Marbach.

5 Arendt to Blücher, July 1941(?), Library of Congress.

6 Arendt to Blücher, July 1941(?), Library of Congress.

7 Arendt to Blücher, July 1941(?), Library of Congress.

8 Arendt, "Walter Benjamin: 1892-1940", *Men in Dark Times*, p. 167, n. 5.

9 Gershom Scholem to Arendt, 6 February 1942, Library of Congress.

10 美國國會圖書館鄂蘭文獻收納了班雅明寫給鄂蘭的筆記，還有〈歷史哲學散論〉的手稿，手稿以纖細的筆跡寫在包裹報紙的不同顏色紙張上。

11 Arendt to Gaster, 5 October 1941, Marbach.

12 以下對德國流亡人士的政治立場區分，根據鄂蘭未出版、未註明日期的手稿〈德國流亡族〉（German Émigrés），收藏於美國國會圖書館。

13 羅曼的投書一九四一年七月二日刊載於《建構》（頁5-6）；鄂蘭的回應題為〈猶太族群的感恩？給朱勒．羅曼的公開信〉，刊登於同年十月二十五日的《建構》。

14 布呂歇的其中一本筆記現藏於巴德學院。

15 Arendt to Klenbort, 18 August 1942.（信件由柯倫博特私人收藏）

16 同前引文。

17 Hannah Arendt, "Papier und Wirklichkeit", *Aufbau*, 10 April 1942.

18 Hannah Arendt, "Moses oder Washington", *Aufbau*, 27 March 1942.

19 Hannah Arendt, "Mit dem Rucken an der Wand", *Aufbau*, 2 July 1942.

20 Arendt, *Origins*, p. 56. 美國錫安主義協會多次在《紐約時報》提出建立猶太軍隊的號召，包括：一九四二年二月十六日（頁13），一九四二年三月十一日（頁7），一九四二年三月十三日（頁9）；由一千五百二十一人聯署的一份號召聲明一九四二年十一月十七日刊於該報。

21 引錄於《猶太人邊界》（Jewish Frontier）雜誌的社論（一九四二年三月），社論內容是討論錫安事務美國緊急委員會的宣言。

22 青年猶太組織宣布成立和宣示立場的文件收錄於美國國會圖書館鄂蘭文獻。

23 來自巴爾特莫會議報告的這段和以下引文，見於：Melvin Urofsky, *American Zionism: From Herzl to the Holocaust* (New York: Doubleday Anchor, 1976), p. 399.

24 這段和以下有關美國錫安主義的評語，來自：Hannah Arendt, "Can the Jewish-Arab Question be Solved?" *Aufbau*, 17 December 1943（原文為英文）。

25 布魯克林學院講課筆記（原文為英文）收藏於美國國會圖書館鄂蘭文獻。

26 哈大沙會議演說稿（原文為英文，鄂蘭親筆註明日期）收藏於美國國會圖書館鄂蘭文獻。

27 Hannah Arendt, "Can the Jewish-Arab Question be Solved?" *Aufbau*, 17 December 1943.

28 同前引文。

29 高斯訪問。

30 Arendt, *Origins*, p. 402.

31 Arendt to Blumenfeld, 2 August 1945, Marbach.

32 Arendt to Michael di Capua, 25 October 1967, Library of Congress. 這封信談的是賈雷爾翻譯的海涅德文詩，邵肯出版社

拒絕接納出版。

33 Jaspers to Arendt, 19 September 1948, Marbach.

34 Arendt, "Christianity and Revolution", *Nation*, 22 September 1945, p. 288.

35 這段和以下的引文（不個別加註）來自賈雷爾寫給鄂蘭的信（美國國會圖書館）。這些信全都沒有日期，不過鄂蘭一九六五年準備撰寫《黑暗時代群像》的〈賈雷爾〉一文時在信上加註了大約的日期。

36 Arendt to Blumenfeld, 17 July 1946, Marbach.

37 這段和以下的引文來自：Hannah Arendt, "Portrait of a Period", *Menorah Journal* 31 (Fall 1943):308.

38 Hannah Arendt, "No Longer and Not Yet", *Nation*, 14 September 1946, p. 300.

39 Hannah Arendt, "Hermann Broch:1886-1951", *Men in Dark Times*, P. 114.

40 Arendt to Blumenfeld, 19 July 1947, Marbach.

41 Arendt to Blumenfeld, 31 July 1956, Marbach.

42 "Magazine Digest", *Contemporary Jewish Record*, April 1947, p. 205.

43 Arendt to Blumenfeld, 19 July 1947, Marbach.

44 Doris Grumbach, *The Company She Kept* (New York: Coward-McCann, 1967), p. 130.

45 Arendt to Henry Allen Moe, Guggenheim Foundation, 22 February 1959.（信件副本由麥卡錫私人收藏）

46 Hannah Arendt, "Waldemar Gurian: 1903-1954", *Men in Dark Times*, pp. 258-59

47 這段引文和賈雷爾的詩句引錄自：Hannah Arendt, "Randall Jarrell: 1914-1965", *Men in Dark Times*, p. 266。

48 Mary McCarthy, "Saying Good-bye to Hannah", *New York Review of Books*, 22 January 1976, pp. 8, 10.

49 這句格言可見於：Arendt, "Karl Jaspers zum fünfundachtzigsten Geburtstag", *Erinnerugen an Karl Jaspers* (Munich: Piper Verlag, 1974), p. 314.

50 Arendt to Underwood, Houghton Miffin, 24 September 1946. 除非另行註明，以下有關《極權主義的起源》的討論，都

依據這封信和一些未註明日期的該書內容大綱（現存美國國會圖書館鄂蘭文獻）。

51 Hannah Arendt, "Totalitarianism", *Meridian* 2/2 (Fall 1958):1；刊載這篇文章的《子午線》雜誌，是子午線出版社（Meridian Books）的通訊刊物。

52 Hannah Arendt, "The Nature of Totalitarianism", 1954（沒有出版的講課稿，現存美國國會圖書館）。

53 Arendt to Jaspers, 4 September 1947, Marbach.

54 引述自鄂蘭一九四八年十二月十日所寫的草案「集中營研究備忘錄」，有她親筆所寫的補遺（現存美國國會圖書館）；另外，鄂蘭一九四八年十月三十一日寫給雅斯培的信（現存德國文獻資料館），提到薩爾曼．邵肯構思中有關集中營的出版計畫。

55 鄂蘭一九四八年寫給柯恩的信，附有一份上述「集中營研究備忘錄」草案。

56 Arendt, *Origins*, pp. 458-59.

57 同前引書，頁459。

58 這段和以下的引文，引錄自上述「集中營研究備忘錄」草案的引言，見註54。

59 Arendt to Jaspers, 11 March 1949, Marbach.

60 Arendt, *Origins*, 1st ed. (1951), p. 440.

61 同前引書。

62 這段和以下的引文來自鄂蘭沒有出版的演說稿，文件上鄂蘭親筆寫著「蘭德學院，一九四八」（現存美國國會圖書館）。

63 麥卡錫在兩篇文章中闡述了這個立場："America the Beautiful: The Humanist in the Bathtub"；"Mlle. Gulliver en Amérique"，*Humanist in the Bathtub* (New York: Farrar, Straus & Co., 1951).

64 構思中有關「極權主義的馬克思元素」一書，詳見本書第六章。

65 Hannah Arendt, "The Concentration Camps", *Partisan Review*, July 1948, p. 63.

66 Karl Jaspers, *The European Spirit*, trans. Ronald G. Smith (London: SCM Press, 1948), p. 30.

第六章　公眾生活中的私人面孔

1 賴斯基一九四五年七月三十一日寫給麥克唐納的信，轉給了鄂蘭（現存美國國會圖書館鄂蘭文獻）。
2 Jaspers to Arendt, 10 October 1945, Marbach.
3 Arendt to Jaspers, 18 November 1945, Marbach.
4 Jaspers to Arendt, 12 March 1946, Marbach.
5 賴斯基一九四五年七月三十一日寫給麥克唐納的信，轉給了鄂蘭（現存美國國會圖書館鄂蘭文獻）。
6 Arendt, "Kart Jaspers: A Laudatio", *Men in Dark Times*, pp. 76-77.（本文以下稱"Laudatio"）
7 Karl Jaspers, *The Question of German Guilt* (New York: Dial Press, 1947), p. 16.
8 Arendt, "Laudatio", p. 77.
9 Arendt to Blumenfeld, 14 January 1946, Marbach.
10 Arendt to Jaspers, 18 November 1945, Marbach.
11 Jaspers to Arendt, 2 December 1945, Marbach.
12 Arendt to Gertrud Jaspers, 30 January 1946, Marbach.
13 Arendt to Blumenfeld, 6 August 1952, Marbach.
14 Jaspers to Arendt, 18 September 1946, Marbach.
15 Blücher to Arendt, July 1946(?), Library of Congress.
16 Arendt to Jaspers, 11 November 1946, Marbach.

17 Arendt, “What is Existenz Philosophy?” *Partisan Review* 13 (Winter 1946); Arendt, “French Existentialism”, *Nation,* 23 February 1946.

18 Jaspers to Arendt, 18 & 22 November 1946, Marbach.

19 Arendt to Jaspers, 29 January 1946, Marbach.

20 私下來說，鄂蘭對海德格的看法更苛刻。鄂蘭一九四六年七月九日寫給雅斯培的信提到在巴黎時沙特給她講了一個有關海德格的故事，她回應說海德格有「廣為人知的病態緊張情緒」。

21 Randall Jarrell, *Pictures from an Institution* (New York: Alfred A. Knopf, 1954), p. 169. 有關這部小說對布呂歇的描繪，見本書第七章。

22 對鄂蘭《極權主義的起源》的詳細闡釋，見：Margaret Canovan, *The Political Thought of Arendt* (New York: Harcourt Brace Jovanovich, 1974); Stephen J. Whitefield, *Into the Dark: Hannah Arendt and Totalitarianism* (Philadelphia: Temple University Press, 1980).

23 Arendt, *Origins*, p. 334.

24 同前引書，頁338。

25 同前引書，頁352。

26 同前引書，頁441。鄂蘭在《艾希曼耶路撒冷大審紀實》裡的假設就是，納粹的作為在心理上是可以理解的，見本書第八章。

27 同前引書，頁457。

28 鄂蘭《艾希曼耶路撒冷大審紀實》一份沒出版的演講稿的影印本（現存美國國會圖書館鄂蘭文獻）。

29 這首一九五二年的短詩是鄂蘭在法國時寫的（見本書第七章），其中表達的思路看來最終引向了《人的條件》。

30 Arendt to Blumenfeld, 1 April 1951, Marbach.（有關這封信的背景見本書第七章）

31 Greenberg to Arendt, 28 February 1944, Library of Congress.

32 這段話和以下的引文來自：“Zionism Reconsidered”, *Menorah Journal* 33 (August 1945):137-53.

33 這段和以下的引文來自鄂蘭一九四三年在哈大沙會議上的演講稿「錫安主義的危機」（The Crisis of Zionism），頁7、10（沒有出版，現存美國國會圖書館鄂蘭文獻）。

34 這段和以下的引文來自：Arendt, “To Save the Jewish Homeland: There is Still Time”, *Commentary*, May 1948, pp. 398-406.

35 Arendt to Magnes, 3 August 1948, Library of Congress.

36 Ben Halpern, “The Partisan in Israel”, *Jewish Frontier*, August 1948, pp. 6-9.

37 鄂蘭對哈爾潘的回應刊於一九四八年十月的《猶太人邊界》（頁55-56），後收錄於：Ronald Feldman, ed., *The Jew as Pariah* (New York: Grove Press, 1978), pp. 237-39.

38 Arendt to Magnes, 1 September 1948, Library of Congress. 艾班的文章刊登於一九四八年九月的《社評》雜誌，馬格內斯的回應（部分由鄂蘭起草）刊登於該雜誌一九四八年十月號。

39 Arendt to Magnes, 22 October 1948, Library of Congress.

40 Arendt to Magnes, 17 September 1948, Library of Congress.

41 Magnes to Arendt, 7 October 1948, Library of Congress.

42 Arendt to Kohn, 12 November 1948, Library of Congress.

43 愛因斯坦等人所寫的「給編輯的信」刊於一九四八年十二月四日的《紐約時報》頁12。這封信可能是鄂蘭草擬的，因為其中一位聯署者瑟利格．哈里斯（Zellig Harris）為這封信向鄂蘭表示感謝（感謝函未註明日期，現存美國國會圖書館）。

44 Arendt to Cohen, 24 November 1948, Library of Congress. 鄂蘭認為只有透過猶太教教會的呼籲，才能有效對抗修正主義者的恐怖行動：「你知道在有組織宗教的意義上我不是有宗教信仰的人；但我相當肯定，〔除了有組織的宗教，〕根本無法動員任何其他力量去遏制迷信和野蠻的氾濫，去對抗絕對愚昧和絕對邪惡的共同衝擊。」但她也提議，可以把一些「懂得用暴民的語言來說話」的「硬漢型」演說者組成團隊，經訓練後派到全國各地進行遊說。

45 Arendt to Magnes, 3 October 1948, Library of Congress.

46 Jaspers to Arendt, 22 May 1948, Library of Congress.

47 伊娃的電報和其他來信都收藏於美國國會圖書館鄂蘭文獻。

48 Arendt to Jaspers, 31 October 1948, Marbach.

49 Jaspers to Arendt, 6 November 1948, Marbach.

50 這段和以下的引文來自：Arendt to Jaspers, 23 March 1947, Marbach.

51 Arendt to Blücher, 27 July 1948, Library of Congress.

52 同前引文。最後的句子由布萊希特的詩句演化而來。

53 這段和以下的引文來自：Blücher to Arendt, 29 July 1948, Library of Congress.

54 在《美國學者》（*American Scholar*）編輯委員會一九七二年一個討論婦女解放組織的會議中，鄂蘭在遞給希藍・海頓（Hiram Haydn）的便條寫道：「真正要問的問題是：如果我們贏了將失去什麼？」她在一九七二年寫給海頓的信中說，這是「經過深思熟慮的俏皮話」。（信件現存美國國會圖書館）。

55 Arendt, "Rosa Luxemburg", *Men in Dark Times*, p. 45.

56 Arendt, "Bertolt Brecht", *Men in Dark Times*, p. 231.

57 海涅的詩引錄於鄂蘭為以下一書寫的跋文：Robert Gilbert, *Mich hat kein Esel im Galopp verloren* (Munich: Piper, 1972).

58 Arendt to Fränkel, 8 January 1950, Library of Congress. 這些信不尋常地親密，是鄂蘭在法蘭柯處於垂死狀態時寫的，當時她極需要鄂蘭的愛顧。

59 鄂蘭的信刊於一九四二年八月三十一日的《建構》（頁6）：Arendt, "Organized Guilt", *Jewish Frontier*, January 1945, pp. 19-23.

60 Arendt, *Varnhagen*, p. 206.

61 Arendt to Blücher, 26 July 1950, Library of Congress：信中提到法蘭柯過世後的那個夏天。田立克的妻子就沒有漢娜那麼抑制，可見於她的回憶錄：Hannah Tillich, *From Time to Time* (New York: Stein and Day, 1973)。另一方面，田立克的傳記作者沒有很直接的談到他的情史，見：Wilhelm Pauck, *Tillich* (New York: Harper & Row, 1976)。

62 Arendt to Hella Jaensch, 12 June 1965, Library of Congress.

63 鄂蘭在註62提到的那封信裡用另一種方式談到這個問題：「愛與情慾之神是一個強有力的神，以很多不同形式顯現；在任何對抗中他總是勝利者，就像索福克里斯（Sophocles）所說而我也贊同的。在奧林匹斯山諸神中他並不是偉大的；代表愛情並司管人間一切情誼的女神才是。」

64 Fränkel to Arendt, 1 January 1950(?), Library of Congress.

65 Fränkel to Arendt, 14 February 1950, Library of Congress.

66 Fränkel to Arendt, 23 January 1950, Library of Congress.

67 Arendt to Fränkel, 4 February 1950, Library of Congress.

68 Arendt to Fränkel, 27 December 1949, Library of Congress.

69 Fränkel to Arendt, 7 December 1949, Library of Congress.

70 Arendt to Fränkel, 20 December 1949, Library of Congress.

71 Arendt to Fränkel, 4 February 1950, Library of Congress.

72 Arendt, "The Aftermath of Nazi Rule, Report from Germany", *Commentary* 10 (October 1950):353.

73 Arendt to Fränkel, 3 December 1949, Library of Congress.

74 Arendt to Fränkel, 18 January 1950, Library of Congress. 鄂蘭跟艾利克的關係始終不佳，安妮對她這個令人困擾的丈夫保持著的那種耐性，令鄂蘭感到不安；當安妮在布魯塞爾找到一個歐洲共同市場的職位，她才稍感放心，因為安妮大部分時間就不用跟丈夫在一起。

75 Arendt to Fränkel, 8 January 1950, Library of Congress.

76 Arendt to Fränkel, 20 December 1949, Library of Congress.
77 Arendt to Blücher, 18 December 1949, Library of Congress.
78 Arendt to Blücher, 26 December 1949, Library of Congress.
79 Arendt to Fränkel, 2 March 1950, Library of Congress.
80 Arendt to Fränkel, 10 February 1950, Library of Congress.
81 同前引文。
82 Arendt to Blücher, 8 February 1950, Library of Congress.
83 同前引文；Arendt to Fränkel, 10 February 1950, Library of Congress.
84 Arendt to Fränkel, 2 March 1950, Library of Congress.
85 Arendt to Blücher, 8 February 1950, Library of Congress.
86 Arendt to Fränkel, 10 February 1950, Library of Congress.
87 Arendt to Fränkel, 2 March 1950, Library of Congress.
88 Arendt, "Isak Dineesen", *Men in Dark Times*, p. 109.
89 「人民權利聯盟」倡議書的一份打字稿現藏於巴德學院的布呂歇文獻檔案。文件沒有日期，但賀曼・布羅赫一九四七年六月九日給鄂蘭的一封信似是提到了它，見：H. Broch, *Briefe*, ed. Robert Pick (Zurich: Rhein-Verlag, 1957), p. 352.
90 有關第八街俱樂部的背景資料，參見：Irving Sandler, *The Triumph of American Painting* (New York: Harper & Row, 1970), pp. 212…。
91 Blücher to Arendt, 22 February 1950, Library of Congress. 這次的成功讓布呂歇重獲投入工作的活力；同樣對他有重大鼓舞作用的，就是他因鄂蘭所建議的「大哲學家」系列叢書而跟雅斯培展開的通信。
92 這些課程概述取自社會研究新學院一九五一至五二年度的目錄。《星期六文學評論》的文章刊於一九五一年四月十七日。

93 Arendt to Blumenfeld, 1 April 1951, Marbach.

94 同前引文。

95 Jarrell to Arendt, 1951(?), Library of Congress.

96 Arendt to Jaspers, 11 July 1950, Marbach.

97 Arendt to Jaspers, 25 June 1950, Marbach.

98 Arendt to Jaspers, 25 December 1950, Marbach.

99 Riesman to Arendt, 7 June 1949 & 8 June 1949, Library of Congress；黎士曼對《極權主義的起源》的書評刊於：Commentary, April 1951, pp. 392-97.

100 Blumenfeld to Arendt, 12 May 1953, Marbach.

101 Arendt, "Ideology and Terror", *Review of Politics*, July 1953, pp. 303-27；這篇文章用作《極權主義的起源》一九五八年版的後記。

102 沃格林的書評和鄂蘭的回應刊於：*Review of Politics*, January 1953, pp. 68-85。

103 Hannah Arendt, *The Human Condition* (Chicago: University of Chicago Press, 1970), p. 10.（本書以下稱 *The Human Condition*）

104 鄂蘭一九四九年六月八日有關黎士曼的筆記（美國國會圖書館）。

105 這段和以下的引文來自：Arendt to Jaspers, 4 March 1951, Marbach。

106 Riesman to Arendt, 26 August 1949, Library of Congress.

107 Philip Reiff, "The Ideology of Politics", *Journal of Religion* 32(1952):119. 對鄂蘭大眾社會概念的批評，概括論述可見：Daniel Bell, *The End of Ideology* (New York: Free Press, 1960), Chapter 1。

108 黎士曼的演講稿和這次會議的概述，參見：David Riesman, *Individualism Reconsidered* (Glencoe, Ill.: Free Press, 1954), pp. 409…。

109 Riesman to Arendt, 26 August 1949, Library of Congress.（信件含鄂蘭的補充語）

110 這段和以下的引文來自：Arendt, "The Rights of Man: What are They?" *Modern Review* 3/1(Summer 1949):24-37，這篇文章納入《極權主義的起源》初版的結語。

111 Arendt to Fränkel, 3 December 1948, Library of Congress.（這封信的內容由法蘭柯轉達布呂歇）

第三部：一九五一～一九六五

1 Arendt, "On Humanity in Dark Times: Thoughts about Lessing", *Men in Dark Times*, p. 12.

2 同前引書，頁15。

第七章　安然活在世上

1 Arendt to Blücher, 11 April 1952, Library of Congress.

2 Arendt to Blücher, 17 April 1952, Library of Congress.

3 Blücher to Arendt, 10 May 1952 & Arendt to Blücher, 1 May 1952, Library of Congress.（詩作見於後一封信）

4 Blücher to Arendt, 7 June 1952 & Arendt to Blücher, 13 June 1952.（兩封信和布呂歇的詩都藏於美國國會圖書館鄂蘭文獻）

5 賈雷爾的信件（不個別註明）並無日期，現存美國國會圖書館鄂蘭文獻。

6 Arendt, "Randall Jarrell:1914-1965", *Men in Dark Times*, p. 265.

7 這段和以下的引文來自：Randall Jarrell, *Pictures from an Institution* (New York: Alfred A. Knopf, 1954).

8 Alfred Kazin, *New York Jew* (New York: Alfred A, Knopf, 1978), p. 198.

9 Arendt, *The Human Condition*, p. 242.

10 來自布呂歇的講課筆記，一九五二年在社會研究新學院講授的該項課程題為「我們為何和如何研讀哲學？」；筆記本現藏巴德學院圖書館。

11 布呂歇一九四六年四月寫給母親柯拉拉的信；現存美國國會圖書館鄂蘭文獻。

12 來自布呂歇在巴德學院講授有關耶穌和亞伯拉罕的課程的講課紀錄；文件現存巴德學院圖書館。

13 有關布呂歇獲巴德學院邀請講學和他的面談，參見：Blücher to Arendt, 26 July 1952 & 2 August 1952, Library of Congress；布呂歇通識課程導論和講課的紀錄，現存巴德學院圖書館。

14 Arendt, *The Human Condition*, p. 8.

15 參見馬丁・瑟爾夫（Martin Self）一九七〇年十二月十四日寫給巴德學院校長里默・克萊因（Reamer Kline）的信；現存美國國會圖書館鄂蘭文獻。

16 Arendt to Blücher, 7 August 1953, Library of Congress.

17 Arendt to Blumenfeld, 16 November 1953, Marbach.

18 Arendt, *Origins*, p. 64.

19 引錄自鄂蘭的訃告，一九七五年十二月五日刊於《紐約時報》。

20 Blücher to Arendt, 10 May 1952, Library of Congress. 布呂歇在這封信裡談到紐約小型雜誌的社內論爭，對菲利普・拉夫表示讚許（拉夫力主在《黨派評論》中對克里斯托的文章作出回應）。美國國會圖書館鄂蘭文獻中並無鄂蘭的抗議投書，《黨派評論》也沒有刊登她的投書。

21 Hannah Arendt, "The Ex-Communists", *Commonweal*, 20 March 1953, p. 599.

22 相關敘述見：I.F. Stone's Weekly Reader （New York: Vintage Press, 1974）, pp. 34⋯。

23 Blücher to Arendt, 5 July 1952, Library of Congress.

24 Blücher to Arendt, 17 May 1952 & Arendt to Blücher, 24 May 1952, Library of Congress.

25 Arendt to Robert Hutchins, 27 January 1957, Library of Congress.

26 鄂蘭一九五二年冬天寫給古根漢基金會的研究建議書（現存美國國會圖書館），題為「馬克思主義中的極權主義元素」（Totalitarian Elements of Marxism）；以下敘述根據這份文件。

27 這段和以下的引文來自：Arendt to Henry Allen Moe (Guggenheim Foundation), 19 January 1953, Library of Congress.

28 鄂蘭一直寫下出，寫出來跟原計畫相似的，四章之中就只有〈意識形態與恐怖手段〉存留下來，後來刊載於《政治評論》雜誌一九五三年七月號，另一個版本以德文寫成，刊載於雅斯培的紀念專集《開放地平線》（*Offener Horizont*）。最終的版本成為《極權主義的起源》一九五八年第二版的倒數第二章。其餘三章後來修改成為適合獨立發表的文章，脫離了原構想中有關馬克思主義那本書的框架。第一章成為〈理解與政治〉（Understanding and Politics）一九五三年刊於《黨派評論》。第二章成為〈傳統與現代〉（Tradition and the Modern Age）一九五四年刊於《黨派評論》。有關法律和權力的第三章，焦點有頗大轉移，標題重新擬訂為〈權力是什麼？〉（What was Authority?），收錄進以下一書：*Nomos I: Authority*, ed. Carl J. Friedrich (American Society of Political and Legal Philosophy) (New York: Bobbs-Merrill, 1958).

29 Arendt to Blumenfeld, 16 November 1953, Marbach.

30 "America and Europe" (I-III), *Commonweal* 60/23, 24, 25 (September 1954).

31 Arendt to Blücher, 24 April 1952 & 1 May 1952, Library of Congress.

32 Arendt, "Concern with Politics in Recent European Philosophy Thought", 1954.（沒有出版的手稿，現藏美國國會圖書館鄂蘭文獻）

33 Arendt to Blücher, 1 May 1952, Library of Congress.

34 Arendt to Blücher, 18 May 1952, Library of Congress.

35 同前引文。

36 Arendt to Blücher, 20 June 1952, Library of Congress.

37 Arendt to Blücher, 18 July 1952, Library of Congress.

38 Arendt to Blücher, 1 August 1952, Library of Congress.

39 Arendt to Blücher, 13 June 1952, Library of Congress.

40 Arendt to Blücher, 6 June 1952, Library of Congress.

41 Arendt to Blücher, 30 May 1952 & 13 June 1952, Library of Congress.

42 Hannah Arendt, "The Negatives of Positive Thinking: A Measured Look at the Personality, Politics and Influence of Konrad Adenauer", *Book Week, Washington Post,* 5 June 1966, p.1.

43 同前引文，頁2（著重號是鄂蘭所加）。

44 Hannah Arendt, "Religion and Politics", *Confluence,* September 1953, p. 105. Arendt to Henry Kissinger, 14 August 1953, Library of Congress.

45 Arendt to Jaspers, 13 July 1953, Marbach.

46 Hannah Arendt et al., "Religion and the Intellectuals, A Symposium", *Partisan Review,* February 1950, p. 113.

47 Arendt to Blumenfeld, 2 February 1953, Marbach.

48 Arendt to Jaspers, 13 May 1953, Marbach.

49 Jaspers to Arendt, 22 May 1953, Marbach.

50 Arendt to Jaspers, 13 July 1953, Marbach.

51 Arendt to Jaspers, 21 December 1953, Marbach.

52 來自喬治・肯南對以下一文的討論：George Kennan, "Totalitarianism in the Modern World", Totalitarianism, ed. C.J. Friedrich (New York: Universal Library, 1954), p. 34.

53 William Zukerman, *Voice of Dissent: Jewish Problems, 1948-1961* (New York: Bookman Associates, 1964).（本書為《猶太通訊》的文章選集）

54 Hannah Arendt, "The Conscience of the Jewish People", *Jewish Newsletter* 14/8 (21 April 1958):2.（寫於一九五八年的這篇文章，是為了紀念馬格內斯逝世十周年，似是根據鄂蘭一九四八年的悼詞寫成，但悼詞沒存留下來）

55 Arendt to Zukerman, 1 November 1953, Library of Congress.

56 Blumenfeld to Arendt, 26 October 1953, Marbach.

57 國會工作促進委員會的概述，參見：Robert Griffith, *The Politics of Fear* (Rochelle Park, N.J.: Hayden Books, 1970). 有關鄂蘭，見前引書，頁226。

58 Stephen J. Whitefield, *Into the Dark; Hannah Arendt and Totalitarianism* (Philadelphia: Temple University Press, 1980), pp. 110⋯

59 Peter Nettl, *Rosa Luxemburg* (London: Oxford University Press, 1966), p. 167.

60 Arendt to Blumenfeld, 31 July 1956, Marbach.

61 Arendt to Blücher, 21 February 1955, Library of Congress.

62 Arendt to Jaspers, 6 February 1955, Marbach.

63 Arendt to Blücher, 12 February 1955, Library of Congress.

64 Arendt to Blücher, 19 February 1955, Library of Congress.

65 Arendt to Jaspers, 5 February 1965, Marbach.

66 Arendt to Blücher, 12 February & 19 February 1955, Library of Congress.

67 Arendt to Blücher, 21 February & 4 April 1955, Library of Congress.

68 鄂蘭的兩個全職職位是在芝加哥大學（一九六三至六七年）和社會研究新學院（一九六七至七五年），但她通常每年只教一個學期。

69 Arendt to Blücher, 8 March & 14 April 1955, Library of Congress.

70 這段和以下的引文來自：Blücher to Arendt, May 1955(?), Library of Congress.

71 Arendt to Blücher, 24 October 1956, Library of Congress.

72 Arendt to Blücher, 31 October 1956, Library of Congress.

73 Arendt to Blücher, 5 November 1956, Library of Congress.

74 同前引文，含十一月六日的補記。

75 Hannah Arendt, "Reflections on the Hungarian Revolution", *The Origins of Totalitarianism* (New York: Meridian Books, 1958), p. 482.

76 Karl Jaspers, *The Future of Mankind* (Chicago: University of Chicago Press, 1961), p. vii.

77 Karl Jaspers, "Philosophical Memoir", p. 66.

78 這段和以下的引文來自：Arendt to Blücher, 25 May 1958, Library of Congress.

79 Blücher to Arendt, 1 June 1958, Library of Congress.

80 鄂蘭使用「存在的功能」這種說法，可見於以下著作對海德格的討論："What is Existenz Philosophy?" Partisan Review 13 (Winter 1946); *The Life of the Mind* (New York: Harcourt Brace Jovanovich, 1978), 2:172-94.

81 見於美國國會圖書館鄂蘭文獻所藏以下未出版手稿："Concern with Politics in Recent European Philosophical Thought"。

82 一九五一年耶魯大學「海德格與雅斯培研討班」的講課筆記，現存美國國會圖書館鄂蘭文獻。

83 Arendt to Blumenfeld, 16 December 1957, Marbach.

84 Arendt to Blücher, 25 July 1952, Library of Congress; Arendt to Dolf Sternberger, 28 November 1953, Library of Congress; Arendt to Hugo Friedrich, 7 July 1953, Library of Congress.（後兩封信闡釋了海德格的思想，並切盼對方能夠了解。）

85 Arendt to Blücher, 20 June 1952, Library of Congress.

86 Arendt to Blücher, 1 August 1952, Library of Congress.

87 同前引文。

88 Arendt to Blücher, 6 June & 13 June 1952, Library of Congress.

89 Arendt to Blücher, 13 June 1952, Library of Congress.

90 Blücher to Arendt, 30 June 1952, Library of Congress.

91 布魯曼菲德從史特勞斯的妻子那裡聽聞了她這次跟鄂蘭的會面，在以下的信裡跟鄂蘭討論其事：Blumenfeld to Arendt, 21 May 1958, Marbach.

92 Arendt to Jaspers, 1 November 1961, Marbach.

93 Jaspers to Arendt, 11 November 1961, Marbach.

94 Ralph Ellison, *Shadow and Act* (New York: Random House, 1964), p. 108.

95 Hannah Arendt, "Preliminary Remarks" to "Reflections on Little Rock", *Dissent,* Winter 1959, p. 46.

96 Hannah Arendt, "A Reply to Critics", *Dissent,* Spring 1957, p. 179.

97 這段和以下的引文（特別註明者除外）來自："Reflections on Little Rock".

98 Arendt, "A Reply to Critics", p. 179.

99 鄂蘭一九五九年三月三十日寫給馬太・李普曼（Matthew Lipman）的信，清晰表明了她對猶太人和黑人的比較（信件並未出版，現存美國國會圖書館鄂蘭文獻）：「你甚至可以把它表述為一條規律：在政治平等之下總是會顯現出社會的區隔，而社會上的承認則總是要付出政治不平等的代價。在一切相關行動認真展開之前，普魯士王國的猶太人早就知道情況會是這樣。他們當中傾向與主流同化的人，覺得自己不能再活在非猶太人以外的社會，於是情急拚命地遏阻法律和政治上的解放。……社會區隔不會迫使我同意什麼；如果我願意，我可以過著被遺棄者的生活，在所有時代都有很多人寧可過這樣的生活。可是法律規定就會迫使我不得不循從，因此它是政治問題。」

100 鄂蘭一九五八年二月一日給《社評》雜誌編輯的信，現存美國國會圖書館。

101 Norman Podhoretz, *Making It* (New York: Random House, 1967), p. 233.

102 《異議》的編輯決定刊出鄂蘭的文章，因為他們「信奉言論自由，即使完全錯誤的觀點也不例外」（見編者按）。
103 賀克的投書刊於：Dissent 6/2 (Spring 1959):203。
104 Arendt, "A Reply to Critics", p. 179.
105 Arendt to Jaspers, 3 January 1960, Marbach.
106 Ralph Ellison, Shadow and Act (New York: Random House, 1964), p. 108.
107 這段引文和以下的摘錄來自：Robert Penn Warren, ed., *Who Speaks for the Negro?* (New York: Random House, 1965), 342-44.
108 Arendt to Ellison, 29 July 1965, Library of Congress.
109 Hannah Arendt, "The Crisis in Education", *Between Past and Future*, rev. ed. (New York: Viking Press, 1968), pp. 192-93.
110 Arendt to Sara Johnston (Student Mobilization Committee to End the War in Vietnam), 2 February 1970, Library of Congress.
111 Arendt, "Crisis in Education", p. 177.
112 Arendt, *The Human Condition*, pp. 8-9.
113 同前引書，頁17。
114 同前引書，頁298，註62。
115 鄂蘭在一九五四年的演說稿（並未出版）說：「由於哲學家似乎拒絕承認恐怖的經驗並認真看待它，以致他們秉承一貫傳統，拒絕讓『驚奇之心』在人類事務領域發揮作用，正是這種探索事物本質的驚奇心，在柏拉圖和亞里斯多德看來，是所有哲學的開端，但即使是他們也拒絕接納它作為政治哲學的初步條件。因為人類可能做出而世界可能面臨的恐怖事件，在很多方面跟哲學問題之所以興起的那種不可言狀的驚奇之心和感激之情，其實是相關的。」，見："Concern with Politics in Recent European Philosophical Thought", Library of Congress.
116 Daniel Bell, *The End of Ideology* (New York: Free Press, 1962).
117 來自以下的訪問：Alfred Alvarez, *Writers Under Pressure* (London: Penguin Books, 1965), p. 115。
118 這段和以下的引文來自：Arendt to Thompson (Rockefeller Foundation), 7 April 1956, Library of Congress. 鄂蘭用德文提到

這本「政治學導論」時，有時稱之為*Einleitung in die Politik*，有時稱之為*Einführung in die Politik*：後者可能是刻意表明它跟海德格的《形上學導論》（*Einführung in die Metaphysik*）是對立的。

119 Arendt to Richard Bernstein, 31 October 1972, Library of Congress.

120 高斯訪問。

121 鄂蘭在以下的信裡提到「愛這個世界」可能用作書名：Jaspers to Arendt, 13 August 1955, Marbach。

第八章 遲來的治療：《艾希曼耶路撒冷大審紀實》

1 Arendt to Blumenfeld, 23 October 1960, Marbach.

2 Arendt to Thompson (Rockefeller Foundation), 20 December 1960, Library of Congress.

3 Arendt to Vassar College, 2 January 1961, Library of Congress.

4 Arendt to Blücher, 15 April 1961, Library of Congress.

5 Blumenfeld to Arendt, 6 September 1954, Marbach.

6 摘錄自：Arendt to Jaspers, 23 December 1960 & Jaspers to Arendt, 12, 26, 31 December 1960, Marbach。雅斯培透過與鄂蘭的通信，重新思考對艾希曼大審的立場，由此而得的立場見以下訪問：François Bondy, "Karl Jaspers Zum Eichmann-Prozess", *Der Monat* 12 (May 1961):15-19

7 雅斯培讀了報紙上有關艾希曼在匈牙利的活動之後，懷疑鄂蘭對這個人的印象是否正確（Jaspers to Arendt, 8 June 1961, Marbach）：「你這個時候回到以色列了〔往訪巴塞爾之後〕。在此期間，艾希曼顯示了他的另一面，表現出個人的暴虐。最終來說，這個官方謀殺計畫的執行官員，個人能否沒有違犯人性的特質……？你要對這個人形成一種充分看法恐怕不易。」

8 Arendt to Blücher, 20 April 1961, Library of Congress.

9 Arendt to Jaspers, 29 December 1963, Marbach.

10 同前引文。

11 鄂蘭一九七三年接受羅傑・艾哈海（Roger Ererra）訪問時引述了布萊希特這段評語，訪問摘錄見：*New York Review of Books*, 26 October 1978, p. 18；以下一文也引述了這段評語：Arendt, "Bertolt Brecht", *Men in Dark Times*, p. 247.

12 Arendt to Blücher, 20 April 1961, Library of Congress.

13 Arendt to Blücher, 25 April 1961, Library of Congress.

14 Arendt to Blücher, 15 April 1961, Library of Congress.

15 Arendt to Blücher, 25 April 1961, Library of Congress.

16 Arendt to Blücher, 20 April 1961, Library of Congress.

17 Arendt to Blücher, 26 April 1961, Library of Congress.

18 舒勒姆和鄂蘭互通的書信見：*MB*, Tel Aviv, 16 August 1963:3-4；*Neue Züricher Zeitung*, 19 October 1963；*Aufbau*, 20 December 1963；*Encounter*, January 1964:51-56。他們之間的德文交流曾經由學者以賽亞・伯林（Isaiah Berlin）提供予《邂逅》雜誌編輯參閱（John Mander to Arendt, 5 September 1963, Library of Congress）。有關邁爾自認為「社會主義者」，參見：Gershom Scholem to Arendt, 6 August 1963, Library of Congress.

19 Arendt to Jaspers, 6 August 1961, Marbach.

20 Jaspers to Blücher, 31 July 1961, Library of Congress.

21 Arendt to Jaspers, 6 August 1961, Marbach.

22 Arendt to Oxford University, Lady Margaret Hall, 19 February 1967, Library of Congress.

23 Arendt to Jack Paton (Wesleyan University), 30 November 1961, Library of Congress. 鄂蘭安排一九六一年秋季學期和一九六二年秋季學期任教於衛斯理大學，是為了能碰上在此期間擔任駐校學者的西格蒙德・諾伊曼（Sigmund

Neumann），但久病的諾伊曼在一九六二年秋天辭世。

24 Arendt to Jaspers, 1 November 1961, Marbach.

25 Jaspers to Arendt, 5 January 1962, Marbach.

26 傑克・艾倫・卡普蘭（Jack Allen Kapland）醫生一九六三年七月十七日的報告，用以申請保險理賠（文件現存美國國會圖書館鄂蘭文獻）。

27 Arendt to McCarthy, 4 April 1962.（信件由麥卡錫私人收藏）

28 Arendt to Jaspers, 31 March 1962, Marbach.

29 Hannah Arendt, "The Christian Pope", *New York Review of Books,* 4/10 (17 June 1965):5-7.（本文收錄進*Men in Dark Times*。）

30 Gray to Arendt, 12 June 1965, Library of Congress.

31 Arendt to McCarthy, 4 April 1962; Nicola Chiaramonte to Arendt, 10 April 1962.（前一封信由麥卡錫私人收藏；後者現藏美國國會圖書館）

32 Jaspers to Arendt, 5 April 1962, Marbach.

33 Sewell to Arendt, 20 October 1965, Library of Congress. 信中夾附塞維爾獻給鄂蘭的〈宇宙與王國〉（Cosmos and Kingdom）一詩的結尾詩節。鄂蘭後來回信談到自己的情況：「一個人絕不值得碰上如此遭遇，但它總是意想不到時來臨。」（Arendt to Sewell, 14 November 1965, Library of Congress.）

34 Arendt to Blumenfeld, 16 August 1961, Marbach. 雅斯培也認為耶路撒冷法庭的判決只是帶來刺激的舉動（Jaspers to Arendt, 1 May 1962, Marbach）：「因此，審訊徒然引起轟動，不是什麼真正事件。」

35 Arendt to McCarthy, 20 May 1962（信件由麥卡錫私人收藏）；鄂蘭一九六二年六月（無日期）寫給雅斯培的信說：「我很希望在工作上有一次徹底休息，可是，無可否認，艾希曼的故事令我很興奮。」（信件藏德國文獻資料館）。

36 Arendt to McCarthy, 23 June 1964.（信件由麥卡錫私人收藏）

37 Walter Laqueur, “Letter to the Editor”, *New York Review of Books*, 3 February 1966, p. 24; Laqueur, “Re-reading Hannah Arendt”, *Encounter* 3, no. 3 (March 1979):73-79.

38 Arendt to Jaspers, 29 December 1963, Marbach.

39 一九六二年一月十一日衛斯理大學演說筆記，這是在撰寫《艾希曼耶路撒冷大審紀實》之前（文件藏於美國國會圖書館）。

40 由爭議激發而寫的猶太人抵抗行動著作：Reuben Ainsztein, *Jewish Resistance in Nazi-Occupied Eastern Europe* (New York: Harper & Row, 1975)——書中談到鄂蘭和布魯諾・貝特海姆（Bruno Bettelheim）說：「他們描述納粹肆虐下猶太人的行動，與其說是歷史學家的著作，倒不如說是心理學家和精神分析師的論述。」；Yuri Suhl, ed. *They Fought Back* (New York: Schocken Books, 1975)；Verena Wahlen, “Select Bibliography on Judenräte under Nazi Rule”, *Yad Vashem Studies* 10 (1974):277-88。

41 本章沒有討論德國人對《艾希曼耶路撒冷大審紀實》的反應。有關這個問題，可參考哥羅・曼（Golo Mann）對該書的書評，刊於*Die Neue Rundschau* 4（Frankfurt am Main, 1963）。鄂蘭在以下的通信談到這篇書評：Arendt to Emil Henk, March-April 1964, Library of Congress; Jaspers to Arendt, 25 July & 12 August 1963, Marbach。雅斯培在信中說：「你談到『對政權的抵抗態度，並沒有把它當作一種原則處理』，我是說，這是一種不正確的概括。」雖然雅斯培認為鄂蘭對抵抗行動的概括有誤，但對於他的朋友哥羅・曼的書評卻很憤怒（Jaspers to Arendt, 13 December 1963），指稱它「冷嘲熱諷、冷酷無情、一知半解」。（依從雅斯培的建議，鄂蘭在《艾希曼耶路撒冷大審紀實》一九六五年的修訂中增補了猶太人在德國的抵抗行動。）該書德文版出版後引起很多公開討論，就像雅斯培在一九六四年七月二十七日寫給鄂蘭的一封信所說（信件現藏德國文獻資料館），引起了極大的鼓譟不安，柏林的希伯來大學之友會（Friends of Hebrew University）為鄂蘭這部著作贊助舉行了一個研討會（相關報導見“Schatten der Vergangenheit”, *Tagsspiegel* 14 November 1964）。鄂蘭前往德國，一九六四年十月二十八日接受君特・高斯訪問，參見：Günther Gaus, *Zur Person: Porträts in Frage und Antwort* (Munich: Feder Verlag, 1964)。較早前，一九六四年一月二十四日鄂蘭在紐約接受了斯洛·柯克（Thilo Koch）的簡短訪問。

42 對極端處境下行為的研究，很多都會提及《艾希曼耶路撒冷大審紀實》一書，特別值得一看的有：Stanley Milgram, *Obedience to Authority* (New York: Harper & Row, 1974)。這位心理學家提到：「在我們自己的實驗裡，目睹數以百計的普通人向權威屈服，我必須作出結論說，鄂蘭的『邪惡的平庸』概念，比我們想像的更接近真相。……這也許就是我們這項研究的根本教訓：平凡的人，只是在執行任務，本身沒有任何特殊敵意，卻可能成為可怖毀滅過程的執行者。」把艾希曼看作精神病患者的通俗看法可見：Michael Selzer, "The Murderous Mind", *New York Times Magazine*, 27 November 1977, pp. 35…。

43 以下一書網羅有關《艾希曼耶路撒冷大審紀實》的論文和書評（僅以一九六九年以前的英文評論來說，也並未包羅齊備）：Randolph L. Braham, *The Eichmann Case: A Source Book* (New York: World Federation of Hungarian Jews, 1969), pp. 144-74。德國的《爭議》論文選集：*Die Kontroverse* (Munich: Nymphenburger, 1964)。

44 Hannah Arendt, *Eichmann in Jerusalem* (New York: Viking Press, 1965), p. 6。（以下的引述均以這個修訂版為準，簡稱 *Eichmann in Jerusalem*，特別註明者除外）

45 "The Eichmann Case as Seen by Ben-Gurion", *New York Times Magazine*, 8 December 1960; Gideon Hausner, "Eichmann and his Trial", *Saturday Evening Post*, 2, 10 & 17 November 1962（後者是本案檢察官所寫）。

46 Arendt, *Eichmann*, p. 12.

47 Arendt to Samuel Merlin, 8 May 1965, Library of Congress; Arendt to Jaspers, 14 March 1965, Marbach.

48 以色列和德國交涉的背景資料：*Der Spiegel*, 24 February 1965：有關德國軍備運往以色列：*New York Times*, 21 January 1965 & 3 May 1966：葛羅波克受庇護的傳聞一再遭到否定，參見：I. Deutschkron, *Bonn and Jerusalem* (Philadelphia: Chilton Books, 1970), pp. 139-40。

49 「艾希曼：納粹謀殺機器的策劃者」（Eichmann: Master-Mind of the Nazi Murder-Machine）這篇一九六一年所寫的文

章，副本現藏於耶路撒冷的猶太屠殺紀念館（Yad Vashem）圖書館。

50 Arendt, Eichmann, p. 26.

51 同前引書，頁11。

52 同前引書，頁117-18。

53 鄂蘭給舒勒姆的公開信刊於《邂逅》雜誌（詳見註18）。

54 J. Glenn Gray, *The Warriors* (New York: Harcourt Brace Jovanovich, 1967), p. 6.

55 Arendt, *Origins*, p. 452.

56 Hannah Arendt to Judah Goldin (Judaic Studies, Yale University), 18 July 1963, Library of Congress. 在寫作《艾希曼耶路撒冷大審紀實》之前，鄂蘭在文字著作中只討論過猶太居民委員會一次，見於她為里昂・波里亞可夫（Léon Poliakov）《仇恨概略》（*Bréviaire de la Haine*）一書所寫的書評（刊於一九五二年三月的《社評》雜誌），她說：「波里亞可夫先生的正直與客觀，最清晰可見於他對猶太人聚居小社區和猶太居民委員會的敘述。他沒有作出任何指控，也沒有提出任何辯解，而是全面而忠實地把原始資料告訴他的事實報告出來：包括受害人變得愈來愈冷酷無情，以及偶爾表現出來的英雄氣概，還有猶太居民委員會面對可怕的兩難處境，他們的絕望與困惑，他們的複雜心情以及有時可悲而可笑的企圖心。至於德國猶太人那個有名而影響力甚大的德意志猶太人全國代表機構〔應為德意志猶太人協會〕，一直運行無礙，直到最後一個猶太人被驅逐出境，他把它視作波蘭猶太人社區的猶太居民委員會的先驅。他清楚表明，在這方面德國猶太人也被用作納粹的實驗動物，由此研究如何利用某些人協助執行他們本身的死刑，這是極權主義計畫達致全面統治的過程中把螺釘最後收緊。」

57 Arthur Donat, "An Empiric Examination", *Judaism* 12, no. 4 (Fall 1963).（這是充滿論爭的評論，但資料頗具參考價值）

58 這是鄂蘭聽審時就有的印象，不是後來回想的印象。她一九六一年四月十三日在耶路撒冷寫給雅斯培的信提到了她的最初印象（信件收藏於德國文獻資料館）：「這次審訊會拖沓進行好幾個月，這是由於檢察官的處理方式，而在這一切背後，整個卑汙齷齪事件的某些真正基本面貌就會在蔽障下無法曝光；比如猶太人的合作、〔最終解決方案〕的整體組織以及其他類似事實。

59 Arendt, *Eichmann*, pp. 125-26.

60 Moses to Arendt, 24 March 1963.（寄自耶路撒冷）

61 Norman Podhoretz, "Hannah Arendt on Eichmann", *Commentary*, September 1963, pp. 201-08.

62 Moses to Arendt, 7 March 1963; Arendt to Moses, 12 March 1963.（前一封信寄自耶路撒冷，後者是鄂蘭的回覆；兩封信均藏於美國國會圖書館鄂蘭文獻。）

63 德國猶太人委員會的聲明刊於一九六三年三月十二日的《建構》，進一步的文章可見於一九六三年三月二十九日的《建構》，另可見於在台拉維夫出版的《艾希曼審訊之後》（*Nach dem Eichmann Prozess*）一書。聖約之子會反誹謗聯盟期刊（*ADL Bulletin*）三月十一日和三月二十七日的兩期，美國國會圖書館鄂蘭文獻有收藏；《建構》的很多相關文章收錄於德文論文選集《爭議》（*Die Kontroverse,* Munich: Nymphenburger, 1964）。

64 Schwarchild to Arendt, 6 March 1963, Library of Congress.

65 "A Report on the Evil of Banality: The Arendt Book", *Facts* 15, no. 1 (July-August 1963).（本文亦收錄於德文論文選集《爭議》，見註63。）

66 Morgenthau to Arendt, 31 March 1963, Library of Congress.（蒙以下人士准予引錄：Susanna & Matthew Morgenthau）

67 Shawn to Arendt, 8 March 1963, Library of Congress.（這是電報）

68 霍斯納來訪的報導：*New York Daily News,* 20 May 1963 & *New York Times,* 20 May 1963.

69 Michael Musmanno, "Man With an Unspotted Conscience", *New York Times Book Review,* 19 May 1963, pp. 40-41；另見該雜誌給編輯的信：23 July 1963, pp. 4-5, 22; 14 July 1963, pp. 28-30。

70 Jaspers to Arendt, 16 May 1963, Marbach.

71 Arendt to Felix Bing, 18 July 1963, Library of Congress.

72 Gerschon Weiler to Arendt, 1 July 1963, Library of Congress.

73 Arendt to Robert Weltsch, 29 August 1963, Library of Congress; Weltsch, "Wenn Grauen zur Statistik wird…", Aufbau, 7 February 1964.

74 Hannah Arendt, "The Crisis in Culture", Between Past and Future, pp. 224-25.

75 Rosen to Arendt, July 1964(?), Library of Congress.

76 Arendt to Rosen, 27 June 1964, Library of Congress. 這封信談到了當時的對話。不過，在鄂蘭的表親傅爾斯特印象中，鄂蘭一九六三年五月沒有在醫院見到布魯曼菲德，因為布魯曼菲德本人拒絕了她來訪。

77 Arendt to Rosen, 30 August 1964, Library of Congress.

78 同前引文。

79 Rosen to Arendt, July 1964(?), Library of Congress.

80 Arendt to Jaspers, 20 July 1963, Marbach.

81 Jaspers to Arendt, 25 July 1963, Marbach.

82 Arendt to McCarthy, 16 September 1963.（信件由麥卡錫私人收藏）

83 Arendt to Jaspers, 14 May 1964, Marbach.

84 Arendt to McCarthy, 16 September 1963.（信件由麥卡錫私人收藏）

85 Arendt to Jaspers, 20 October 1963, Marbach.

86 同前引文。

87 Arendt to Jaspers, 20 October 1963, Marbach; Ernst Simon, "Hannah Arendt—An Analysis", *Judaism* 12 (1963):387-415; Arendt to Shereshewsky, 8 July 1965; Arendt to Schwarzchild, 6 September 1963（鄂蘭一九六三年九月六日的信是寫給《猶太教》〔*Judaism*〕雜誌的編輯，談到恩斯特．西蒙的文章；信件藏美國國會圖書館）。雅斯培跟西蒙曾有一次對話（Japsers to Arendt, 16 November 1963, Marbach），但對方自始至終充耳不聞。

88 Arendt to Jaspers, 1 December 1963, Marbach.

89 Lionel Abel, “The Aesthetics of Evil”, *Partisan Review,* Summer 1963, p. 219.（羅賓森的兩份初稿藏於耶路撒冷的猶太大屠殺紀念館圖書館；阿貝在一封信中提到羅賓森的初稿，見*Partisan Review*, Spring 1964, p. 275）

90 尼希米．羅賓森為世界猶太人大會所寫的報告，參見註103所引述的第一篇文章。其他文章見：Marie Syrkin, “Hannah Arendt: The Clothes of the Empress”, *Dissent*, Autumn 1963, pp. 344-52; Norman Podhoretz, “Hannah Arendt on Eichmann”, *Commentary,* September 1963, pp. 201-08; Gertrud Ezorsky, “Hannah Arendt Against the Facts”, *New Politics,* Fall 1963, pp. 53-73（另見該雜誌下一期的回應：Robert Olsen, *New Politics*, Spring 1964）; Morris Schappes, “The Strange World of Hannah Arendt”, *Jewish Currents* 17, nos. 7, 8, 9 (Fall 1963); Louis Harap, *Science and Society,* Spring 1964, pp. 223-27（這篇文章沒有標題）。

91 Irving Howe, “The New Yorker and Hannah Arendt”, *Commentary,* October 1963, pp. 318-19

92 Konrad Kellen, “Reflections on *Eichmann in Jerusalem”, Midstream,* September 1963, pp. 25-35.

93 羅賓森一九六三年的初稿藏於猶太大屠殺紀念館圖書館（詳見註89）；此處的引文來自該份稿件頁245和247。

94 Walter Laqueur, “The Shortcomings of Hannah Arendt”, *Jewish Chronicle* (London), 11 October 1963, p. 7.

95 羅賓森無標題的二次稿，頁ix。

96 Jacob Robinson, *The Crooked Shall Be Made Straight* (New York: Macmillan Co., 1965), p. viii. 羅賓森的書有很多書名，但肯定最不尋常的是法文版的書名：《從耶路撒冷大審的透視下看納粹黨徽之下的猶太人悲劇——漢娜．鄂蘭的故事和事實的真相》（*La Tragédie juive sous la croix gammée à la lumière du procès de Jérusalem: Le récit de Hannah Arendt et la réalité des faits*）。

97 Léon Poliakov, “The Eichmann Trial”, *Commentary* (January 1967).

98 Barbara Tuchman, “The Final Solution”, *New York Times Book Review,* 29 May 1966, pp. 3, 12.

99 Arendt to Moholy-Nagy, 5 July 1966, Library of Congress.

100 Macdonald to Phillips, 16 July 1963（鄂蘭的副本藏於美國國會圖書館）；阿貝對鄂蘭《過去與未來之間》的書評見：Abel, "Pseudo Profundity", *New Politics* 1/1 (Fall 1961):124-31。

101 Mary McCarthy, "The Hue and Cry", *Partisan Review*, Winter 1964, p. 82. 在麥卡錫和鄂蘭認識的那些圈子裡，麥卡錫這種判斷也許是正確的。鄂蘭一九六三年十一月二十四日寫給雅斯培的信說（信件現藏德國文獻資料館）：「這是個嚴肅的問題：現在幾乎所有非猶太人都站在我這一邊，卻沒有一個猶太人公開這樣做，即使完全同意我的看法。」但鄂蘭在同一封信也指出，她的猶太學生對她的觀點是理解的。

102 哈里斯・迪恩斯特弗雷（Harris Dienstfrey）把他一九六四年三月二十五日所寫的一篇沒出版的文章寄給鄂蘭（現存美國國會圖書館鄂蘭文獻）。在艾文・豪刊於《黨派評論》（一九六四年春季號）的描述裡，《異議》雜誌的這個論壇顯得比較禮貌得體。

103 Norman Fruchter, "Arendt's Eichman and Jewish Identity", *Studies on the Left* 5 (1965)（回應見該雜誌一九六五年秋季號）；James Weinstein, "Nach Goldwasser Uns?" *Studies on the Left* 4 (1964):59-64; Carl Oglesby, et als, *The New Radicals*, ed. Paul Jacobs & Saul Landau (New York: Random House, 1966), pp. 257…; Sol Stern, "My Jewish Problem—and Ours", *Ramparts* 10/12 (August 1971): 30-40.

104 美國支持猶太教協會的艾默・伯傑（Elmer Berger）一九六三年六月四日和十三日寫信給鄂蘭，鄂蘭六月十一日覆了第一封信；她在七月十九日對第二封信起草了回信，卻沒有寄出，草稿說：「在一個有組織的運動還在進行期間，我不會做任何事。……我已拿定主意，我要是踏進這事件當中，既不明智也不恰當。」（信件均藏美國國會圖書館）

105 Marie Syrkin, "Miss Arendt Surveys the Holocaust", *Jewish Frontier*, May 1963, pp. 7-14; Arendt to Herman Pomrenze, 27 January 1964, Library of Congress.（鄂蘭在信裡表達了對賽爾金這篇文章的意見）

106 Colie to Arendt, Library of Congress.（信件寄自愛荷華，沒有日期）

107 Gunther Lawrence to Arendt, 24 July 1963, Library of Congress. 這位通信者也提出為鄂蘭擔任巡迴演說的組織者，鄂蘭一

九六三年九月八日回信說：「我不會巡迴演說，我不做這種事，我也不想因為我名聲而賺錢，我認為名聲是令人不愉快的副產品。」（信件藏於美國國會圖書館）

108 希爾伯格對貝克的批評見：*The Destruction of the European Jews* (New York: New Viewpoints, 1973), pp. 122-25, 297；有關貝克的「重大決定」，參見：Leonard Baker, *Days of Sorrow and Pain: Leo Baeck and Berlin Jews* (New York: Macmillan Co., 1978), p. 311.

109 這段和以下的引文來自：Arendt, *Eichmann*, p. 119。

110 Hilberg, *The Destruction of the European Jews*, p. 292.

111 Freier to Arendt, 20 March 1963, Library of Congress. 鄂蘭眼中的以色列審查也許有所誇大，但一直以來她有懷疑的理由。她一九六三年十月二十三日寫給雅斯培的信說（現藏德國文獻資料館）：「寄給我或我寄出的信都不能通過以色列的審查。……只有寄給被認為可靠的人的信，像寄給希伯來大學等等，還有寄給親人的信才能過關。」希伯來大學的以色列・沙哈克（Israel Shahak）一九六七年三月三日寫信告訴她，在耶路撒冷找不到《艾希曼耶路撒冷大審紀實》的平裝本，甚至希伯來大學圖書館也沒有（信件現藏美國國會圖書館）。

112 Dr. Adolf Leschnitzer, *Aufbau*, 29 March 1963; Jacob Robinson, *The Crooked Shall B Made Straight*, p. 206

113 田立克被傅里德蘭德引用於〈特雷辛的教師〉的說法，可見引錄於：Baker, *Days of Sorrow and Pain*。

114 Hilberg, *The Destruction of the European Jews*, p. 283.

115 Albert Friedlander, "The Arendt Report on Eichmann and the Jewish Community", *Central Conference of American Rabbis Journal* 11/2 (October 1963):55.

116 Arendt to Blumenfeld, 14 January 1946, Marbach. 布魯曼菲德對貝克的看法是這樣的（見於：Arendt to Pinhas Rosen, 27 June 1964, Library of Congress）：「貝克是一個徹頭徹尾虛偽的人，可是他有勇氣。」

117 Baker, *Days of Sorrow and Pain*, p. 263.

118 Arendt to Auraam-Makis Koen, 3 July 1972, Library of Congress.（收信人是芝加哥大學學生）

119 這是喬治・麥肯納（George McKenna）的筆記，由鄂蘭加上註解。

120 鄂蘭為《展望》（*Look*）雜誌的訪問所做的筆記；訪問的邀請見：Samuel Grafton to Arendt, 19 September 1963（筆記和信件均藏美國國會圖書館）。鄂蘭最初答應接受訪問，但當雜誌決定指派的訪問者是猶太人是不是非猶太人，她就拒絕了，詳見：Arendt to Jaspers, 20 October 1963, Marbach.

121 Hertzberg to Arendt, 31 March 1966, Library of Congress.

122 Arendt to Hertzberg, 8 April 1966, Library of Congress.

123 Arendt to Mary McCarthy, 20 September 1963.（信件由麥卡錫私人收藏）

124 Arendt, *Eichmann,* p. 93

125 這段和以下的引文來自鄂蘭為以下一書所寫的引言：Bernd Naumann, *Auschwitz* (New York: Frederick A. Praeger, 1966)。

126 有關「深思熟慮」之下的邪惡，參見鄂蘭一九六四年三月十六日為衛斯理學院（Wellesley College）的演講所做的筆記；另見：Arendt, *The Life of the Mind* (New York: Harcourt brace Jovanovich, 1978), 1:3-5。

127 見舒勒姆和鄂蘭互通的書信（註18）。

128 Gray to Arendt, 23 March 1963 & 18 April 1964, Library of Congress.

129 Jaspers to Arendt, 10 October & 13 December 1963, Marbach.

130 Hannah Arendt, *On Violence* (New York: Harcourt Brace & World, 1970), p. 63. 當然，佛洛伊德在《文明與缺憾》（*Civilization and Its Discontents*）辯稱有一種根本的本能——死亡本能（death instinct），虐待狂和受虐狂中表現出來的攻擊行為，就是出自這種本能。

131 對於法律上的兩難處境，有兩種很清晰的表述，見：Ernst von den Haag, "Crimes Against Humanity", *National Review,* 27 August 1963, pp. 154-57; Ronald Berman, "Hostis Humani Generis", *Kenyon Review,* Summer 1963。鄂蘭對後者的讚賞（Arendt to Berman, 20 September 1963, Library of Congress）：「如果你容許我這麼說，這是迄今最具洞察力、最具睿智的書評。」

132 W.H. Auden, "Thinking What We Are Doing", *Encounter*, June 1959, pp. 72-76.

133 Arendt to McCarthy, 11 November 1959.（信件由麥卡錫私人收藏）

134 Arendt to Auden, 14 February 1960, Library of Congress.（鄂蘭檔案裡沒有包含這裡回覆的那封信）

135 Arendt, *Eichmann*, p. 279.

136 Arendt to Herr von Kuhnelt-Leddihn, 18 July 1963, Library of Congress.

137 Arendt, *The Human Condition*, p. 241 & Arendt to Auden, 14 February 1960, Library of Congress.

138 Arendt to McCarthy, 7 June 1962.（信件由麥卡錫私人收藏）

139 Arendt, *On Violence*, p. 56.

140 Hannah Arendt, "A Christian on St. Peter's Chair", *Men in Dark Times*, pp. 64-65.

141 鄂蘭為《展望》雜誌的訪問所做的筆記（詳見註120）。所指的「知名錫安主義者」，見：Robert Weltsch to Arendt, 16 August 1963 & Arendt to Weltsch, 29 August 1963, Library of Congress. 另見：Arendt to Samuel Merlin, 12 December 1963, Library of Congress（鄂蘭在這封信中討論了那位知名錫安主義者的信）。

142 Arendt to Herr Meier-Cronemeyer, 18 July 1963, Library of Congress.

143 Arendt, "The Formidable Dr. Robinson", *The Jew as Pariah*, ed. Ron H. Feldman (New York: Random House, 1979), p. 159. 鄂蘭質疑，很多領袖在執行行政任務時，偏袒他們認為最值得活下去的人。她在一九六四年三月二十六日紐約市立學院希列會堂（Hillel House）的演講中說：「……至於那些負起了殘忍任務把名字放進死亡名單的人，也有人為他們說話，說他們起碼堅持下去。卡斯特納辯稱肩負這種可怕的任務比面對死亡要有更大勇氣。他把自己和貝克等人比作一艘沉沒的船上的船長。但這種比喻是錯誤的，因為「婦女和兒童優先逃生」是一項任意訂立的規則，只得遵守不能作出選擇。但卡斯特納等人自行作出了選擇，決定知名的猶太人以及他們的朋友，比起那些寂寂無名的人更值得活下去。這種抉擇最好還是留給上帝來做。」（來自喬治．麥肯納的筆記，另見以下信件：Arendt to Gideon Czapski, 1963(?)；筆記和信件均藏美國國會圖書館。）

144 〈獨裁統治下的個人責任〉演說一九六四年三月十五日在波士頓發表，並由太平洋電台廣播；英國廣播公司的廣播一九六四年八月六日在《聆聽者》（*Listener*）雜誌發表，頁185-87，205。在英國，對《艾希曼耶路撒冷大審紀實》的反應也很強烈。世界猶太人大會英國分會一九六三年十月舉行了一個名叫「回答鄂蘭」的會議，會中四個流亡人士發表有關猶太居民委員會的證詞，否定鄂蘭的觀點；英國的猶太難民協會（ＡＪＲ）在該會的《ＡＪＲ資訊》（*AJR Information*）期刊發表了很多報告和評論。

145 Arendt, "Bertolt Brecht", Men in Dark Times, p. 248.

146 Arendt to O'Grady, 16 July 1975, Library of Congress.

147 Arendt, "Isak Dinesen", Men in Dark Times, p. 104.

148 Hannah Arendt, "Truth and Politics", *Between Past and Future*, p. 263.

149 鄂蘭的奧登悼念演說一九七五年一月二十日刊於《紐約客》，並收錄於以下一書：Stephen Spender, *W.H. Auden: A Tribute* (New York: Macmillan Co., 1975)。

150 W.H. Auden, "In Memory of W.B. Yeats", *Collected Shorter Poems, 1927-1957* (New York: Random House, 1966).

第四部：一九六五～一九七五

1 Philip Nobile, "A Review of the New York Review of Books", *Esquire*, April 1972, p.121.

2 Arendt to Jaspers, 1 December 1963, Marbach.

第九章　美國黑暗期

1 Arendt to McCarthy, 2 April & 28 April 1965.（信件由麥卡錫私人收藏）布呂歇對美國早期在越戰中的參與並不完全反對，他在一九六五年之前一直拒絕在反戰請願中簽名。

2 Arendt to Jaspers, April 1965(?) ; Jaspers to Arendt, 28 May 1965, Marbach.

3 Arendt to Woolf & Bagguley, 14 September 1966, Library of Congress.

4 Augstein, "Die Moral des Schreckens" (editorial), *Der Spiegel,* 12 September 1966, p. 18; Arendt, "Letter to the Editor", *Der Spiegel,* 17 October 1966, p. 12-13.

5 Hannah Arendt, "Home to Roost", *New York Review of Books,* 26 June 1975, p. 5.

6 Arendt to Jaspers, 29 December 1963, Marbach.

7 Karl Jaspers, *The Future of Germany,* trans. E.B. Ashton (Chicago: University of Chicago Press, 1967), p. 144.

8 Hannah Arendt, *New York Review of Books,* 26 December 1963, p. 10.（本文沒有標題）

9 Arendt to Jaspers, 24 November 1963, Marbach.

10 Arendt to Jaspers, 5 February 1961, Marbach.

11 這段和以下有關總統候選人提名大會的評論一九六〇年九月二十八日在加州柏克萊的KPFA電台播出（含增補內容），轉錄的文字稿現藏美國國會圖書館鄂蘭文獻：Arendt, "Reflections on the National Conventions, 1960"；Arendt to Loewald, 28 September 1960, Library of Congress（這封信對廣播內容加以闡釋）。

12 Arendt to Jaspers, 22 August 1960, Marbach.（談到她認為洛克菲勒給人最佳印象，但會投票給甘迺迪）

13 Hannah Arendt, *On Revolution*, rev. 2nd ed. (New York: Viking Press, 1965), p. 8.（本書以下稱*On Revolution*，概以此版本為準）

14 Arendt, *On Revolution*, p. 219.

15 Hannah Arendt, “The Cold War and the West”, *Partisan Review,* Winter 1962, p. 19.

16 Arendt to Jaspers, 29 October 1962, Marbach.

17 Macdonald to Arendt, 22 October 1960, Library of Congress.

18 *Facts on File,* 10-16 February 1966, p. 55; *Facts on File,* 30 December 1965-5 January 1966.

19 Arendt to Valerio (Radio Liberty Committee), 14 October 1975, Library of Congress.

20 有關希臘圈子："Talk of the Town", *New Yorker,* 22 December 1975, p. 27

21 Arendt to Johann (General Secretary, Germany Academy), 6 July 1967, Library of Congress.

22 Hannah Arendt, “On Humanity in Dark Times: Thought about Lessing”, *Men in Dark Times,* p. 3

23 Arendt to Berman, *Kenyon Review,* 15 October 1964, Library of Congress. 鄂蘭拒絕接受訪問是她其中一項付諸實踐的原則，她曾幾次破例，但都感到後悔。在一次讓步之後，她發覺她的話在一篇文章中被錯誤引述（Phillip Nobile, “A Review of the New York Review of Books”, *Esquire,* April 1972），她在一封信中談到（Arendt to Denis Wrong, 5 April 1972, Library of Congress）：「事實就是，如果你是公眾人物，你就被剝奪了法律的保護……你可以在任何方式下被造謠中傷或誤解歪曲。……如果那個人早告訴我他是為《時尚先生》（*Esquire*）雜誌撰稿，我絕不會讓他進入我的公寓。」

24 Jaspers to Arendt, 25 October 1963, Marbach.

25 鄂蘭在《紐約先鋒論壇報》的文章收錄於：Eric Bentley, ed., *The Storm Over “The Deputy”* (New York: Grove Press, 1964), pp. 85-94.

26 斯貝爾曼的聲明可見於：Bentley, *The Storm Over “The Deputy”,* p. 37.

27 Arendt to J. Maguire, 30 October 1964, Library of Congress.（收信人是科羅拉多大學學生）

28 Arendt to Renate Rubinstein, 24 January 1966, Library of Congress.（收信人是《艾希曼耶路撒冷大審紀實》荷蘭文版譯者）

29 鄂蘭的文章可見於：Bentley, *The Storm Over "The Deputy"*, p. 94.

30 雅斯培的文章（*"On The Deputy"*）亦可見於：Bentley, *The Storm Over "The Deputy"*, p. 100.

31 Arendt to Jaspers, 7 January 1963, Marbach.

32 Arendt to Shawn, 14 April 1965, Library of Congress. 鄂蘭這篇文章稍有誇大，大部分取材於她談布萊希特的一篇文章，刊於：*Kenyon Review*, Spring 1948, pp. 304-12。以下的引文來自：Arendt, "Bertolt Brecht", *Men in Dark Times.*

33 Erich Heller, "Hannah Arendt as a Critic of Literature", *Social Research*, Spring 1977, pp. 147-59.

34 鄂蘭和賀克之間的筆戰，見：*Merkur*, 23/259 (1969):1082-84; *Encounter*, March 1978, p. 93.

35 John Willett, "The Story of Brecht's Odes to Stalin", *Times Literary Supplement*, 26 March 1970.

36 《紐約時報》有兩篇報導：*New York Times*, 28 March 1970, p. 25：鄂蘭寫了一封信給其中一位記者，提出了進一步的修正和論點：Arendt to Henry Raymont, 30 March 1970, Library of Congress.

37 Heller, "Arendt as a Critic", p. 154.

38 Arendt to Jaspers, 26 March 1966, Marbach.

39 *New York Times*, 7 February 1965, p. 20.《新觀察家》雜誌刊出了《艾希曼耶路撒冷大審紀實》的摘錄（5 & 12 October 1966）以及給編輯的投書（26 October 1966）。

40 Arendt to Robert Silvers, 14 December 1969, Library of Congress.

41 以上引文均來自鄂蘭在她那一冊盧森堡傳記上隨手所寫評語（現藏巴德學院圖書館）：Peter Nettl, *Rosa Luxemburg* (Oxford: Oxford University Press, 1966)。

42 Arendt to Silvers, August 1966(?), Library of Congress.

43 這段和以下的引文來自：Arendt, "Rosa Luxemburg", *Men in Dark Times*, pp. 33-56.

44 Hannah Arendt, "Lying in Politics: Reflections on the Pentagon Papers", *Crises of the Republic* (New York: Harcourt Brace Jovanovich, 1972), p. 41.（本書以下稱 *Crises of the Republic*。）

45 Hannah Arendt, "Thoughts on Politics and Revolution", *Crises of the Republic*, p. 173

46 Arendt, *On Revolution*, p. 40.

47 Hans Kohn, "The Search for Freedom Is Not Enough", *New York Times Book Review*, 14 April 1963.

48 Arendt to Jacobson, 13 November 1964, Library of Congress.

49 E.J. Hobsbawm, *History and Theory*, 4/2 (1965):252-58.（這篇評論沒有標題）

50 George Steiner, "Lafayette, Where Are We?" *Reporter*, 9 May 1963, pp. 42-43.

51 Bernard Crick, "Revolution vs. Freedom", *London Observer*, 23 February 1964.

52 Merle Fainsod, "For Spaces of Freedom", *American Scholar*, Spring 1963, pp. 316-17; Arendt, *On Revolution*, p. 37.

53 Jaspers to Arendt, 5 May 1963, Marbach.

54 Blücher to Arendt, 3 April 1963, Library of Congress.

55 Harrington, *Voice Books*, 9 May 1963, p. 11.（這篇評論沒有標題）

56 Arendt, *On Violence*, p. 43.

57 Chalmers Johnson, *Revolutionary Change* (Boston: Little, Brown, 1966); C. Wright Mills. *The Power Elite* (New York: Oxford University Press, 1956).

58 Arendt to Marc Cogan, 13 March 1970, Library of Congress. 鄂蘭一九六八年二月十九日給這同一個學生所寫的信說：「〔你接納了〕激情和理性的對立這種陳腔濫調。但因此而指責你是不公平的，因為這種看法深植於盎格魯撒克遜（Anglo-Saxon）傳統，不管在什麼地方傳授的就是這種觀點。」

59 Herbert Spiro, "Totalitarianism", *International Encyclopedia of the Social Sciences*, vol. 16 (New York: Macmillan Co., 1968).

60 H. Stuart Hughes, "Historical Sources of Totalitarianism", *Nation*, 24 March 1951, p. 281.

61 Hannah Arendt, "Totalitarian Terror", *Review of Politics*, January 1949, p. 112.

62 H. Stuart Hughes, *The Sea Change: The Migration of Social Thought, 1930-1965* (New York: McGraw-Hill Paperbacks, 1977), p.

123.

63 Arendt, *Origins*, p. xxxi.

64 Hughes, *Sea Change*, p. 120

65 Robert Burrowes, “Totalitarianism: The Revised Standard Version”, *World Politics*, January 1969, p. 276.

66 Les K. Adler & Thomas G. Paterson: “Red Fascism: The Merger of Nazi Germany and Soviet Russia in the American Image of Totalitarianism, 1930s-1950s” *American Historical Review*, April 1970, p. 1049.

67 以下引文來自：Carl J. Friedrich, Michael Curtius & Benjamin Barber, *Totalitarianism in Perspective: Three Views* (New York: Praeger Publishers, 1969).

68 對戰後極權主義研究的批判，可參考本書作者準備發表的綜覽：Elisabeth Young-Bruehl, “The Use and Abuse of Totalitarianism”.

69 Arendt to Jaspers, 13 April 1967, Marbach.

70 Hannah Arendt, “Comments”, *Revolutionary Russia*, ed. Richard Pipes (Cambridge: Harvard University Press, 1968), p. 345.

71 Arendt, *On Revolution*, p. 51.

72 哥倫比亞大學史達林研討會的會議紀錄打字稿（紐約市哥倫比亞大學，一九七二年四月；現藏美國國會圖書館）。

73 Arendt to Cohn-Bendit, 27 June 1968, Library of Congress.

74 Arendt, *On Violence*, pp. 49-50.

75 紐約知識分子公共論壇的文字紀錄見：Alexander Klein, ed., *Dissent, Power, and Confrontation* (New York: McGraw-Hill, 1971)；此段引文見頁99。

76 同前引書，頁123；另見《紐約時報》一九六七年十二月十七日的報導，頁16。

77 這段和以下的引文：同前引書，頁131。（海頓被稱為「觀眾裡的一個人」，但從《紐約時報》的報導可以辨認他的身分。）

78 Hannah Arendt, *On Violence* (New York: Harcourt Brace & World, 1970), p. 79.（這是從一九六九年的〈暴力的反思〉擴充而來的論述）

79 Arendt, *Eichmann*, p. 132.

80 Arendt, *On Violence*, p. 23.

81 Arendt, "Truth and Politics", *Between Past and Future*, p. 261.

82 Arendt, "Thoughts on Politics and Revolution", *Crises of the Republic*, p. 170. 當社會研究新學院的研究院在一九七〇年被學生占領，鄂蘭堅決反對容許警察進入校園。一個同為流亡人士的同事贊同警察介入，鄂蘭對他說：「你忘了，他們不是罪犯，而是我們的孩子。」

83 Arendt, *On Violence*, pp. 18-19.

84 同前引書，頁96。

85 Arendt to McCarthy, 21 December 1968. (信件由麥卡錫私人收藏)

86 Hiram Haydn, *Words and Faces* (New York: Harcourt Brace Jovanovich, 1974), p. 19.

87 Arendt to Shirley Broughton, 10 July 1969, Library of Congress.（收信人為紐約知識分子公共論壇的組織者）

88 Arendt to McCarthy, 9 February 1968.（信件由麥卡錫私人收藏）

89 Klein, *Dissent, Power, and Confrontation*, pp. 33ff; *New York Times*, 9 October 1968.

90 Arendt to McCarthy, 21 December 1968.（信件由麥卡錫私人收藏）

91 Arendt to McCarthy, 9 February 1968.（信件由麥卡錫私人收藏）

92 J. Glenn Gray to Arendt, 7 October 1975, Library of Congress.

93 Arendt to McCarthy, 9 February 1968.（信件由麥卡錫私人收藏）

94 《紐約時報》一九六九年五月二十五日。

95 Arendt to McCarthy, 17 October 1969.（信件由麥卡錫私人收藏）

96 Hans Saner, *Karl Jaspers in Selbstzeugnissen und Bilddokumenten* (Hamburg: Rowolt, 1970), p. 67.

97 *Gedenkfeier für Karl jaspers,* Basler Universitätsreden, vol. 60 (Basel: Helbing & Lichtenhahn, 1969), p. 4.

98 同前引書，頁20。

99 Arendt to McCarthy, 20 October 1965.（信件由麥卡錫私人收藏）

100 Jaspers to Arendt, 11 October 1966 & 17 June 1968, Marbach.

101 Karl Jaspers, *Wohin treibt die Bundesrepublik?* (Munich: Piper, 1966); *Antwort. Zur Kritik meiner Schrift "Wohin treibt die Bundesrepublik?"* (Munich: Piper, 1967).（英文版《德國的未來》包含這兩部論著的材料）

102 Jaspers to Arendt, 11 October 1968, Marbach.

103 有關〈暴力的反思〉的讀者投書：*New York Review of Books,* 19 June 1969, p. 38.

104 Morgenthau to Arendt, 5 June 1969, Library of Congress.

105 Arendt to Levi, 2 May 1966, Library of Congress.

106 Arendt to McCarthy, 4 February 1970.（信件由麥卡錫私人收藏）

107 這段和以下的引文來自：Klein, *Dissent, Power, and Confrontation,* pp. 17-20.

108 Arendt, "Civil Disobedience", New Yorker, 12 September 1970：後收錄於：*Crises of the Republic*（以下引文來自後者，頁43-82）。

109 《紐約時報》一九七〇年五月一日，頁37。

110 Arendt to McCarthy, 30 June 1970.（信件由麥卡錫私人收藏）

111 Hannah Arendt, "Thinking and Moral Considerations", *Social Research,* Fall 1971, p. 440; Arendt, "Civil Disobedience", *Crises of the Republic,* p. 51.

112 Arendt to McCarthy, 2 November 1970.（信件由麥卡錫私人收藏）

113 Macdonald to Arendt, 18 November 1970.（影印本由麥卡錫收藏）

114 布呂歇這段和以下的引文來自他的講課筆記（現藏巴德學院）。
115 Colie to Arendt, November 1970(?), Library of Congress.
116 Martin Self to Reamer Kline (Bard College), 14 December 1970（副本藏美國國會圖書館鄂蘭文獻）。
117 Arendt to Johannes Zilkens, 23 October 1971, Library of Congress.
118 Arendt to McCarthy, 22 November 1970.（信件由麥卡錫私人收藏）
119 同前引文。

第十章　已然與未然：《心智生命》

1 這段和以下的引文來自：Arendt to McCarthy, 28 May 1971.（信件由麥卡錫私人收藏）所引錄的賀德林詩作是〈水果熟了，在烈火中烤炙〉（Reif sind, in Feuer getaucht），見本書第六章的卷首題詞。
2 Arendt to McCarthy, 15 May 1972.（信件由麥卡錫私人收藏）
3 來自鄂蘭在一個討論她著作的會議上對問題的回應，刊於：*Hannah Arendt: The Discovery of the Public World*, ed. Melvyn Hill (New York: St Martin's Press, 1979), p. 303.
4 Arendt to McCarthy, 23 December 1973.（信件由麥卡錫私人收藏）
5 鄂蘭一九六一年在衛斯理大學期間相當寫意。音樂家約翰・凱吉（John Cage）當時也住在他稱為「西格汽車旅館」（Sig's Motel）的訪客住宿中心（由西格蒙德・洛伊曼經營），他負責住客的休閒活動，其中包括捉迷藏遊戲。鄂蘭躲在掃帚貯藏櫃的那天就玩得十分成功。
6 Hannah Arendt, "Introduction", *The Warriors: Reflections on Men in Battle* by J. Glenn Gray (New York: Harper & Row, 1966), p. xiii.

7 Gray to Arendt, 7 October 1975, Library of Congress.

8 Gray to Arendt, 8 February 1966, Library of Congress.

9 鄂蘭不大願意在美國發表海德格紀念文集裡的文章，幾乎兩年之後才終於把它發表了（*New York Review of Books,* 21 October 1971）。她知道她原諒海德格曾一度加入納粹黨的這種態度，會帶來不良反應。很多人都曾論及海德格的政治觀點：以下一文很恰當地提出問題，處理也十分平衡：Georg Romoser, "Heidegger and Political Philosophy", *Review of Politics,* April 1967, pp. 261-68；以下一文則在精神上跟鄂蘭的觀點接近：William Barrett, "Homeless in the World", *Commentary,* March 1976, pp. 34-43。鄂蘭對以下一書評價不高：Jean-Michel Palmer, *Les Ecrits politiques de Heidegger* (Paris: Editions de L'Herne, 1968)；她在寫給一個學生的一封信裡說（Arendt to Joel Beck, 28 June 1971）：「相當差勁的一本書，而且絕不準確。」

10 Arendt to Gray, 25 March 1967, Library of Congress. 鄂蘭不知道海德格在德國出版商慫恿下，建議英譯把這個句子拿掉。耶魯大學出版社決定把句子保留下來。

11 同前引文。

12 Gray to Arendt, 1 March 1967, Library of Congress.

13 Gray to Arendt, 19 February 1975, Library of Congress.

14 Gray to Arendt, 25 January 1967, Library of Congress.

15 Gray to Arendt, 2 April 1967, Library of Congress.

16 Gray to Arendt, 25 January 1967, Library of Congress.

17 Arendt to McCarthy, 25 February 1974.（信件由麥卡錫私人收藏）鄂蘭的判斷可能受以下一書影響：Reiner Schürmann, *Meister Eckhart: Mystic and Philosopher* (Bloomington: Indiana University Press, 1978)——原法文版一九七二年出版。

18 Gray to Arendt, 28 July 1974, Library of Congress.

19 Gray to Arendt, 21 January 1975, Library of Congress.

20 鄂蘭對海德格的討論是在《心智生命》第二冊（New York: Harcourt Brace Jovanovich, 1978），頁172-93。鄂蘭談到她對海德格的批評時說「恐怕我是對的」，引錄於：Gray to Arendt, 9 March 1975, Library of Congress.

21 Arendt to Jovanovich, 18 July 1973, Library of Congress.

22 Hannah Arendt, "Lying in Politics", *Crises of the Republic*, pp. 9-42; "Thoughts on Politics and Revolution", Crises of the Republic, pp. 164-92.

23 Arendt to McCarthy, 8 December 1971.（信件由麥卡錫私人收藏）

24 Arendt to McCarthy, 22 January 1972.（信件由麥卡錫私人收藏）

25 Wright to Arendt, June 1972(?) & Arendt to Wright, 20 June 1972, Library of Congress.

26 《紐約時報》一九七五年四月一日，頁31。

27 Hannah Arendt, "Nathalie Sarraute", *New York Review of Books*, 5 March 1964, p. 5.

28 Hardwick to McCarthy, 9 April 1972.（信件由麥卡錫私人收藏）

29 這段和以下的引文來自：Hill, *Hannah Arendt*, pp. 333-34。

30 Anthony Lewis, "Introduction", *None of Your Business: Government Secrecy in America*, ed. Norman Dorsen & Stephen Gillers (New York: Viking Press, 1974), p. 4

31 鄂蘭一九七三年一月二十一日在美國基督教倫理協會於維吉尼亞州里士滿市舉行的會議上的發言（文字紀錄現存美國國會圖書館鄂蘭文獻）。

32 Hill, *Hannah Arendt*, p. 314。

33 Arendt to McCarthy, 17 August 1973.（信件由麥卡錫私人收藏）

34 同前引文。

35 同前引文。

36 鄂蘭在以下的信裡談到布呂歇：Arendt to Blumenfeld, 1 April 1951, Marbach。漢斯・約納斯談到鄂蘭的「女性善感能力」時，正好說明了她對摩根索的態度：「有時當我質疑她往往很快很斬釘截鐵地對一個人、一項行動或一個處境作出判斷，表示我需要證據，她通常就會跟我的妻子交換心領神會的眼神，帶著惱怒和激動，也許還夾雜著溫婉之情，對我說：『啊，漢斯！』最近我終於禁不住問她：『漢娜，請告訴我，你是不是覺得我很笨？』她彷彿帶著驚恐眼光回答：『可不是！』再補充說：『我只是想到你是一個男人。』」（Hans Jonas, “Acting, Knowing, Thinking”, *Social Research*, Spring 1977, p. 26.）

37 Arendt to McCarthy, 30 September 1973.（信件由麥卡錫私人收藏）

38 鄂蘭為奧登寫的悼詞刊於一九七五年一月二十日的《紐約時報》，頁39-40。

39 Arendt to McCarthy, 21 December 1968.（信件由麥卡錫私人收藏）

40 鄂蘭接受艾哈海的訪問，摘錄刊於：*New York Review of Books*, 26 October 1978, p. 18；完整文字紀錄收藏於法國電視台。

41 Arendt to McCarthy, 16 October 1973.（信件由麥卡錫私人收藏）

42 Hannah Arendt, “Public Rights and Private Interests”, *Small Comfort for Hard Times: Humanists on Public Policy*, ed. Mooney & Stuber (New York: Columbia University Press, 1977).

43 這段和以下的引文來自鄂蘭的森寧獎領獎演說打字稿（現藏美國國會圖書館）。

44 Arendt to McCarthy, 10 March 1975.（信件由麥卡錫私人收藏）《紐約時報》有關森寧獎的消息刊於一九七五年三月六日，頁42。

45 Arendt to Lowenfeld.（信件由收信人收藏）

46 Arendt to John Silber, 2 October 1975, Library of Congress.（收信人為波士頓大學校長）

47 Hannah Arendt, “Home to Roost”, *New York Review of Books*, 26 June 1975, pp. 3-6; Tom Wicker, “Editorial”, *New York Times*, 25 1975; “Abstract of the Year”, *New York Times*, 26 December 1975, p. 3.

48 Arendt to McCarthy, 22 August 1975.（信件由麥卡錫私人收藏）

49 Arendt to Greve, 20 July 1975.（信件由收信人收藏）

50 「判斷」稿件的打字只打了兩段警語。第一段是「勝利之路令諸神高興，失敗之途卻是卡投所樂」。鄂蘭總是把這句話跟德國政治家弗里德里希・贊茲連繫起來。第二段來自歌德的《浮士德》（*Faust*）第二部第五幕；本書根據以下英譯：George Madison Priest, trans. (New York: Alfred A. Knopf, 1941)：

> 我能否把前路上的幻術移走，
> 能否把一切魔咒拋諸腦後，
> 讓我面對大自然，一睹它的大計，
> 方才不枉辛苦活了一世。

51 Hans Jonas, "Hannah Arendt: 1906-1975", *Social Research,* Winter, 1976, pp. 3-5.

52 Mary McCarthy. "Saying Good-bye to Arendt", *New York Review of Books*, 22 January 1976, p. 8.

53 柯恩和朱萬諾維奇的發言引錄自《紐約時報》，一九七五年十二月九日，頁32。

54 論文集：Social Research, Spring 1977; Melvyn Hill, ed. *Hannah Arendt: The Recovery of the Public World* (New York: St. Martin's Press, 1979); *Response*, Summer 1980 & *Esprit*, June 1980。專著：Margaret Canovan, *The Political Thought of Hannah Arendt* (New York: Harcourt Brace Jovanovich, 1974); Stephen J. Whitefield, *Into the Dark: Hannah Arendt and Totalitarianism* (Philadelphia: Temple University Press, 1980)。後一本專著的註釋和書目羅列了大部分有關鄂蘭的英文著作。

55 Mary McCarthy, "Postface", *The Life of the Mind* by Hannah Arendt.（兩冊均包含此「後序」）

56 Nathan Glazer, "Hannah Arendt's America", *Commentary,* September 1975, pp. 61-67; H. Stuart Hughes, *The Sea Change: The Migration of Social Thought: 1930-1965* (New York: McGraw-Hill Paperbacks, 1977).

57 Stuart Hampshire, "Metaphysical Mists", *London Observer,* 30 July 1978, p. 26.

58 Ronald Feldman, “Introduction”, *The Jew as Pariah* by Hannah Arendt (New York: Grove Press, 1978), p. 48.

59 Walter Laqueur, “Re-reading Hannah Arendt”, *Encounter,* March 1979, p. 77.

60 William O. Douglas, *San Francisco Chronicle,* 21 January 1962.

附錄三：鄂蘭博士論文概要

1 這段和以下的引文來自鄂蘭在艾許頓的譯稿上所寫的筆記（現存美國國會圖書館）。

2 Arendt, *The Human Condition,* p. 11.

3 同前引書，頁247。

4 同前引書，頁53。

5 同前引書，頁55。

6 同前引書，頁55。

中外文名詞對照表

A

Abel, Lionel 利昂內爾・阿貝

Abelson, Raziel 拉斯爾・阿貝森

Absolute, the 絕對者

absolute evil 絕對邪惡-

Absonderlichkeit 怪異性情

abstract expressionist 抽象表現主義者

Academy of Arts and Sciences 美國人文與科學院

Accumulation of Capital, The 《資本的積累》

A Child of the Century 《世紀之子》

action 行動

Action Française 法國行動黨

Adams, John 約翰・亞當斯

Address to the German Nation 《告德意志國民書》

Adenauer, Konrad 康拉德・艾德諾

Adler, Alfred 阿爾弗雷德・阿德勒

Adler, Hans Günther 漢斯・君特・艾德勒

Adler, Renata 雷納塔・艾德勒

Adorno, Theodor 狄奧多・阿多諾

Adventure in Grace 《恩典中的歷程》

Aegina 愛琴娜島

L'Affaire Frankfurter 《法蘭克福特事件》

Agnew, Spiro 斯皮羅・阿格紐

Agree, George 喬治・阿格瑞

Agriculture et Artisanat 農業暨工藝組織

Albert I 阿爾伯特一世

Albertina 阿爾伯堤納

Alcopley 阿爾柯普雷

al ētheia 真理

Alexander II 亞歷山大二世

Alfred Knopf 阿爾弗雷德・克諾夫出版社

Aliyah Hadasha 「新移民」政黨

Allenstein 阿倫斯坦

Alliance israélite universelle 以色列世界聯合會

Al Qaeda 蓋達組織

Alyosha 阿遼沙

American Academy of Arts and Sciences 美國文理科學院

American Committee for Cultural Freedom 美國文化自由委員會

American Committee for the protection of the Foreign Born 保護外國出生者全國委員會

American Council for Judaism 美國支持猶太教協會

American History Association 美國歷史協會

American Jewish Joint Distribution Committee 美國猶太聯合救濟委員會

American Joint Distribution Committee 美國聯合分配委員會

American League for a Free Palestine 美國自由巴勒斯坦聯盟

American Political Science Association 美國政治科學協會

American Scholar 《美國學者》雜誌

American Society for Christian Ethics 美國基督教倫理協會

American Student for a Demonratic Society 美國學生支持民主社會組織

Amnesty International 國際特赦組織

amor mundi 愛這個世界、對世界的愛

Amsterdam Avenue 阿姆斯特丹道

analytic philosophy 分析哲學

An American Dilemma: The Negro Problem and Modern Democracy 《美國的困境：黑人問題與現代民主》

Anaximander Fragment 〈安納西曼德殘篇〉

Anders, Günther 君特・安德斯

angst 憂懼

Angst vor dem Dasein überhaupt 對整個此有的憂懼

animal laborans 勞動動物

Annandale-on-Hudson 安能戴爾鎮

Annapolis 安納波利斯

Anthropology Treated Pragmatically 《實用人類學》

Anti-Bolshevism 反布爾什維克主義

Anti-Defamation League 反誹謗聯盟

Anton Reiser 《安東・萊瑟》

Apology 《申辯篇》

Appelbaum, Anne 安妮・艾普包姆

Appelbaum, Kurt 柯特・艾普包姆

appetitus 渴望

Aquinas, Saint Thomas 聖多瑪士

Aragon, Louis 路易・阿拉貢

Archiv für Sozialwissenschaft und Sozialpolitik 《社會科學暨社會政策檔案》

Arcopolis 雅典衛城

Arendt, Charlotte 夏洛特・鄂蘭

Arendt, Else 艾爾瑟・鄂蘭

Arendt, Hannah 漢娜鄂蘭

Arendt, Henriette 亨莉厄特・鄂蘭

Arendt, Johanna 約翰娜・鄂蘭

Arendt, Klara 柯拉拉・鄂蘭

Arendt, Martha Cohn 瑪莎・柯恩・鄂蘭

Arendt, Max 馬克斯・鄂蘭

Arico, Mary Jane 瑪麗・珍・艾里柯

Aristotle 亞里斯多德

Aron, Ernst 恩斯特・阿倫

Aron, Frieda 傅莉妲・阿倫

Aron, Karl 卡爾・阿倫

Aron, Raymond 雷蒙・阿宏

Aryan 雅利安人種

Ashton, E.B. 艾許頓

Atom Bomb and the Future of Mankind, The 《原子彈與人類未來》

Atomized 原子化

Auden, Wystan Hugh (W.H.) 威斯坦・休・奧登

Aufbau 《建構》雜誌

Augstein, Rudolf 魯多夫・奧格斯坦

Augustine and the Pauline Problem of Freedom 《聖奧思定與使徒保羅（聖徒保祿）的自由問題》

Augustine, Saint 聖奧思定

Auschwitz 奧斯威辛集中營

Axial Age, the 軸心時代

Axis Grand Strategy, The 《軸心大戰略》

Ayalti 阿雅堤

B

Baden 巴登

Bagguley, John 約翰・巴格利

Balfour Declaration 貝爾福宣言

Balzac, Honoré de 巴爾札克

banality of evil, the 邪惡的平庸

Barber, Benjamin 班傑明・巴伯

Bergson, Henri 亨利・柏格森

Bergson, Peter 彼得・貝爾格森

Berlin Academy of Fine Arts 柏林美術學院

Berlin Alexanderplatz 《柏林亞歷山大廣場》

Berliner Börsen-Courier 《柏林交易所郵報》

Berlin-Halensee 柏林—哈倫湖

Bernadotte, Folke 福克・伯納多特

Bernanos, Georges 喬治・貝那諾斯

Bernhardt, Sarah 薩哈・貝納

Bernstein, Eduard 愛德華・伯恩斯坦

Bernstein, Richard 理查・伯恩斯坦

Bespaloff, Rachel 拉徹爾・貝斯帕洛夫

Bettelheim, Bruno 布魯諾・貝特海姆

Between Friends 《朋友之間》

Between Past and Future 《過去與未來之間》

Biblion 比布里昂

Biltmore Hotel 比爾特莫飯店

bin Laden, Osama 賓拉登

Birstein, Anne 安妮・貝爾斯坦

Black Panthers 黑豹黨

Black Record 《黑色紀錄》

Black Reichswehr 黑色國家防衛軍

Blau Weiss 藍白運動

Bloch, Joseph約瑟・布洛克

Bloom, Sol 索爾・布盧姆

Blücher, August Charles Heinrich 奧古斯特・查爾斯・海因里希・布呂歇

Blücher, Gebhard Leberecht von 葛布哈德・勒貝雷希特・馮・布呂歇

Blücher, Heinrich 海因里希・布呂歇

Blücher, Heinrich Friedrich Ernest 海因里希・弗里德里希・恩尼斯特・布呂歇

Bard College 巴德學院

Baron, Jeanette 珍妮特・巴倫

Baron, Salo 薩羅・巴倫

Barth, Karl 卡爾・巴特

Barth, Renée 勒內・巴特

Barth, Walter 華特・巴特

Bassai 巴賽

Baudelaire, Charles 波特萊爾

Bauhaus 包浩斯

Bäumer, Gertrud 葛楚・柏伊莫

Bay of Pigs 豬玀灣

B'ayyoth Hayom 《今日問題》月刊

Baziotes, William 威廉・巴斯歐堤斯

BBC 英國廣播公司

Beauvoir, Simone de 西蒙・波娃

Bedford, Sybille 西比勒・貝德福德

Beerwald, Clara 克拉拉・比爾華德

Beerwald, Eva 伊娃・比爾華德

Beerwald, Martin 馬丁・比爾華德

Begin, Menachem 梅納罕・比金

Behemoth 《巨獸》

Bell, Daniel 丹尼爾・貝爾

Belling, Rudolf 魯多夫・貝靈

Bellow, Saul 索爾・貝婁

Benelux 荷比盧聯盟

Ben-Gurion, David 大衛・本古里安

Benjamin, Walter 華特・班雅明

Bentley, Eric 艾利克・本特利

Beradt, Charlotte (Lotte) 夏洛特（洛特）・貝拉特

Berdyaev, Nicola 尼可拉・貝德耶夫

Bergen-Belsen Survivors Association 伯根貝爾森集中營倖存者協會

Blumenfeld, Kurt 柯特・布魯曼菲德
Blum, Léon 萊昂・布魯姆
B'nai B'rith 聖約之子會
body politics 政治群體
Boethius 波修武
Bohr, Niels 尼爾斯・玻爾
Bolshevism 布爾什維克主義
bonum 善
Borowski, Tadeusz 塔杜施・博羅夫斯基
Boston Hall Forum 波士頓會堂論壇
Botstein, Leon 里安・博特斯坦
bourgeois individualism 中產階級個人主義
Brandeis, Irma 伊瑪・布蘭得斯
Brandler, Heinrich 海因里希・布蘭德勒
Braude, Manfred 曼弗雷德・布勞德
Braun, Lily 莉莉・布勞恩
Braun, Otto 歐圖・布勞恩
Braun-Vogelstein, Julie 茱莉・布朗佛格斯坦
Brecht, Bertolt 布萊希特
Breitscheid, Rudolf 魯多夫・布萊特帥德
Brentano, Franz 法蘭茲・布倫塔諾
Bréviaire de la Haine 《仇恨概略》
Brit Shalom 和平盟約
Britten, Benjamin 班傑明・布瑞頓
Broadwater, Bowden 鮑登・布洛德華特
Broadway 百老匯大道
Broch, Hermann 賀曼・布羅赫
Brod, Max 馬克斯・布洛德
Bronx 紐約布朗克斯區
Brooklyn College 布魯克林學院
Brothers Karamazov, The 《卡拉馬助夫兄弟們》
Brownell, Herbert 赫伯特・布倫內爾
Bryn Mawr College 布林莫爾學院
Brzezinski Zbigniew K. 斯比格紐・布策辛斯基
Buber, Martin 馬丁・布伯
Bukharin, Nikolai 尼可拉・布哈林
Bulganin, Nikolai 尼可拉・布爾加寧
Bultmann, Rudolf 魯多夫・布特曼
Burden of Our Time, The 《我們時代的重擔》
Bureau International du Travail 國際勞工組織
Burke, Edmund 埃德蒙・伯克
Burrows, Robert 羅伯特・貝羅斯
Busoldtstrasse 布索德路

C

Cale, Walter 華特・凱勒
Calmann-Lévy 卡爾曼李維出版社
Calypso 女神卡呂普索
Camaraden 卡馬拉登猶太青年運動
Cambridge Companion to Hannah Arendt, The 《劍橋漢娜鄂蘭指南》
Camp Ritchie 李特奇營
Camus, Albert 阿爾貝・卡繆
Candide 《憨第德》
Cape Cod 鱈魚角
caritas 慈愛
Carleton College 卡爾頓學院
Casa Barbatè 巴爾巴提旅館
Case, James 詹姆斯・凱斯
Cassirer, Ernst 恩斯特・卡西勒
Castelnau 卡斯泰爾諾
Castine 卡斯汀鎮

Clausewitz, Carl Von 卡爾・馮・克勞塞維茨

Clemenceau, Georges 喬治・克里蒙梭

Cohen, Elliot 艾里歐・柯恩

Cohen, Morris Raphael 莫理斯・拉菲爾・柯恩

Cohn-Bendit, Erich 艾里希・柯恩本迪特

Cohn-Bendit, Gabriel 加百利・柯恩本迪特

Cohn, Jacob 雅各・柯恩

Cohn, Rafael 拉斐爾・柯恩

Cohn, Roy 羅伊・柯恩

Cold Friday 《冰冷的星期五》

Colie, Rosalie 羅莎莉・柯里

Colorado College 科羅拉多學院

Columbia Presbyterian Hospital 哥倫比亞長老會醫院

Columbia University 哥倫比亞大學

Coming of Age, The 《老之將至》

Commentary 《社評》雜誌

Commission on European Jewish Cultural Reconstruction 歐洲猶太文化重建委員會

Comité des Délégations Juives 猶太代表團委員會

Comité National de Secours aux Juifs Allemands 德國猶太人救濟國家委員會

Committee for a Jewish Army of Stateless and Palestinian Jews 支持無國籍及巴勒斯坦猶太人建軍委員會

Committee for National Morale 國民士氣委員會

Committee for Public Justice 公民公義委員會

Committee on Expenditures 公共開支委員會

Committee on Social Thought 社會思想委員會

Commonwealth 《公益》雜誌

Commonwealth Club 大學公益聯誼會

Company She Keeps, The 《與她為伴的人》

confederation 國民共同聯盟

Conference on Jewish Relations 猶太關係諮議會

categorical imperatives 定言令式

Cathedral Church of Saint John the Divine, The 聖約翰神明座堂

Catholic Welfare Organization 天主教福利會

Cato, Marcus Porcius 老卡投

Catskills 卡茲奇山

Central Zionist Archive 錫安主義中央檔案館

Centre de Documentation et de Propagande 文獻暨宣傳中心

Centre de documentation juive contemporaine, Le 當代猶太文獻中心

Cercle Pro-Palestinien Kadimah 支持巴勒斯坦學生組織

Cézanne, Paul 保羅・塞尚

Chamberlain, Neville 張伯倫

Chambers, Whittaker 懷塔克・錢伯斯

Champs-Élysées 香榭麗舍大道

Charlottenburg 夏洛特堡

Chartres 沙特爾

Chesterton, G. K. 切斯特頓

Chiaramonte, Miriam 米利暗・奇亞拉蒙特

Chiaramonte, Nicolò 尼可洛・奇亞拉蒙特

Chomsky, Noam 諾姆・喬姆斯基

Christie, Agatha 阿嘉莎・克莉絲蒂

Church, Frank 弗蘭克・丘奇

Churchill, Winston 溫斯頓・邱吉爾

Cicero, Marcus Tullius 西塞羅

City College of New York 紐約市立學院

City of God 上帝之城

City University of New York 紐約市立大學

civil disobedience 公民不服從

Clapp, Fredrick M. 弗雷德力克・柯勒普

Clark, Ramsey 拉姆齊・克拉克

D

語言文學院

Deutsche Literaturzeitung《德國文學評論報》

Deutscher Almanach für Das Jahr 1932《一九三二德意志年鑑》

Dewey, John 約翰・杜威

dialectical 辯證的

Dial Press 戴爾出版社

Dibelius, Martin 馬丁・狄貝流斯

Dickinson, Emily 愛蜜莉・狄瑾蓀

Dilthey, Wilhelm 威廉・狄爾泰

Dinesen, Isak 伊薩・迪內森

Dionysus 狄奧尼西奧斯

Discovery of the Unconscious, The《潛意識的發現》

Discus《七彩神仙魚》雜誌

Dissent《異議》雜誌

Döblin, Alfred 阿爾弗雷德・德布林

Doriot, Jacques 沙克・多希歐

Douglas, William O. 威廉・德格拉斯

Dreyfus Affair 德雷福斯事件

drôle de guerre 滑稽的戰爭

Duino Elegies《杜英諾悲歌》

Dulles, John 約翰・杜勒斯

d'Urquijo, Don Raphael 唐・拉菲爾・杜爾吉訶

Düsseldorf 杜塞道夫

Dutschke, Rudi 魯迪・杜徹克

Dworkin, Ronald 羅納德・德沃金

E

East Michigan University 東密西根大學

East Village 紐約東村

Eban, Aubrey 奧布雷・艾班

Ebert, Friedrich 弗里德里希・艾伯特總統

École des Hautes Études en Sciences Sociales 社會科學高等學院

École Normale Supérieure 巴黎高等師範學校

Editions du Seuil 門檻出版社

egoism 自我中心主義

Ehrenburg, Ilya 伊利亞・愛倫堡

Ehrlichman, John D. 約翰・艾利希曼

Ehrlich, Paul 保羅・埃爾利希

Eichmann, Adolf 阿道夫・艾希曼

Eichmann in Jerusalem《艾希曼耶路撒冷大審紀實》

Eighteenth Brumaire of Louis Bonaparte, The《路易・波拿巴的霧月十八日》

Eighth Street Club 第八街俱樂部

Einsatzgruppe Reichsführer 黨衛隊特遣部隊

Einstein, Albert 愛因斯坦

Eisenhower, Dwight 艾森豪總統

Eliot, T.S. 艾略特

Ellison, Ralph 拉夫・艾利森

Ellsberg, Daniel 丹尼爾・埃爾斯伯格

Emergency Committee for Zionist Affairs 錫安主義事務緊急委員會

Emerson-Thoreau Medal 愛默生暨梭羅文學獎

Emory University 艾莫里大學

empiricism 經驗主義

Encounter《邂逅》雜誌

Encyclopedia of the Social Sciences《社會科學百科全書》

enfant terrible complex 恐怖壞孩子情結

Engels, Friedrich 恩格斯

Enlightenment 啟蒙運動

enragés 激進派

Erasmus of Rotterdam 鹿特丹的伊拉斯謨斯

Erfurt 愛爾福特

F

Frank, Jospeh 約瑟・弗蘭克

Frank, Walter 華特・弗蘭克

Frauenproblem der Gegenwart, Das 《當代婦女問題》

Freiburg University 弗萊堡大學

Freier, Recha 蕾查・傅萊爾

Freikorps 自由軍團

Fremdheit 疏離／異化

Frénay, Henri 亨利・弗里

Freud, Sigmund 佛洛伊德

Freund, Paul 保羅・弗倫德

Friedlander, Albert 艾伯特・傅里德蘭德

Friedlander, Alfred 阿爾弗雷德・傅里德蘭德

Friedlander, David 大衛・傅里德蘭德

Friedman, Phillip 菲利普・弗里德曼

Friedrich, Carl J. 卡爾・弗里德里希

Friedrich, Hugo 雨果・弗里德里希

Fromm, Erich 艾里希・弗洛姆

Front Populaire 人民陣線

Fruchter, Norman 諾曼・傅勒克特

Fuerst, Ernst 恩斯特・傅爾斯特

Fuerst, Kaethe 凱瑟・傅爾斯特

Fuerst, Margarethe 瑪格麗特・傅爾斯特

Fulbright J. William 威廉・傅爾布萊特

fundamentalist 基要主義派

Fund for the Republic 共和國基金會

Furtwängler, Leopold 李歐樸德・福特萬格勒

G

Gallimard 伽利瑪出版社

Gallup Poll 蓋洛普民意調查

Gandhi, Indira 英迪拉・甘地總理

Gaster, Theodor Herzl 狄奧多・赫茲爾・蓋斯特

Gauchisme: remède à la maladie sénile du communisme, Le 《左翼主義：共產主義老年病的治療》

Gaulle, Charles de 戴高樂總統

Gaus, Günter 君特・高斯

Gauss, Christian 克里斯純・高斯

Gavel, Ilse von 伊爾瑟・馮・葛佛

Gefühl 感覺

Geiger, Abraham 亞伯拉罕・蓋格

Geist 精神

Gentz, Friedrich 弗里德里希・贊茲

George, Manfred 曼弗雷德・喬治

George, Stefan 史提芬・喬治

German Democratic Party 德國民主黨

German Jewish Club 德國人猶太人俱樂部

German Zionist Organization 德國錫安主義組織

Géronce 傑隆斯

Gesamtmensch 全人

Geschichtlichkeit 歷史事實性

Gesellschaft, Die 《社會學刊》

Ghosh, Niouta 尼歐塔・戈許

Giduz, Mrs. 吉杜斯太太

Gifford Lectures 吉福特講座

Gilbert, Elke 艾爾克・基爾伯特

Gilbert, Robert 羅勃・基爾伯特

Gilson, Étienne 艾蒂安・吉爾森

Giroux, Robert 羅勃・吉胡

Glazer, Nathan 內森・葛拉塞

global New Dealism 全球化羅斯福新政主義

Globke, Hans 漢斯・葛羅波克

Gnomon 《古典評論》雜誌

H

Howe, Irving 厄文・豪

Huber, Martin 馬丁・胡伯

Huber, Minka 敏克・胡伯

Huber, Peter 彼得・胡伯

Hudson River 哈德遜河

Hufen 胡芬地區

Hugenberg, Alfred 阿爾弗雷德・胡根貝格

Hughes, Stuart 斯圖亞特・休斯

Hull, Cordell 柯德爾・赫爾

Human Condition, The《人的條件》

Humboldt, Alexander von 亞歷山大・馮・洪堡德

Humphrey, Hubert 休伯特・漢弗萊

Husserl, Edmund 埃德蒙德・胡塞爾

Hutchins, Robert 羅伯特・赫金斯

I

ideal types 理念型

Identity and Difference《同一與差異》

Ideology and Utopia《意識形態與烏托邦》

Ikhud 團結黨

Iliad《伊利亞德》

Illuminations《啟迪》

Indispensable Enemy《不可或缺的敵人》

indulgents 寬容派

Institute for Advanced Study, Princeton University 普林斯頓高等研究院

Institute for Defense Analysis 國防分析中心

Institute for Policy Studies 政策研究中心

Institute of Jewish Affairs 猶太事務研究中心

Institut Français 法國文化中心

Institut für Sozialforschung 法蘭克福社會研究中心

Institut pour l'Etude du Fascisme 法西斯主義研究中心

Institut zur Erforschung der Judenfrage 猶太問題研究中心

International Brigade 國際縱隊

International Sakharov Hearing 國際薩哈羅夫聽證會

Introduction à la lecture de Hegel《黑格爾導論》

Introduction to Metaphysics《形上學導論》

Irgun Zvai Leumi 國家軍事組織

Israel Emergency Fund 以色列緊急基金

J

Jabotinsky, Vladimir 弗拉基米爾・雅博丁斯基

Jackson, Jesse 傑西・傑克遜

Jacobi, Paul 保羅・雅各比

Jacobson, Norman 諾曼・雅各森

Jaecke 傑可（德國猶太人）

Jaeger, Werner 維納・雅格

Jaensch, Fritz 弗里茲・詹希

Jaensch, Hella 海拉・詹希

Jaffe, Edgar 艾德格・賈佛

James, William 威廉・詹姆士

Jardin du Luxembourg 巴黎盧森堡公園

Jarrell, Randall 藍道・賈雷爾

Jaspers, Gertrud 葛楚・雅斯培

Jaspers, Karl 卡爾・雅斯培

Jefferson, Thomas 湯瑪斯・傑佛遜

Jefroikyn, Israel 以色列・耶弗瑞金

Jefroikyn, Natasha 娜塔莎・耶弗瑞金

jungjüdische Gruppe, Die 青年猶太組織

Justice in Jerusalem 《公義彰顯於耶路撒冷》

K

Kaddish 卡迪什

Kafka, Franz 法蘭茲・卡夫卡

Kaliningrad 加里寧格勒

Kallen, Horace 賀雷斯・凱倫

Kant, Immanuel 康德

Kantstudien 《康德研究》

Karlsbad 卡爾斯巴德

Karp, Walter 華特・卡爾普

Kastner, Rudolf 魯多夫・卡斯特納

Kateb, George 喬治・卡特布

Kazin, Alfred 阿爾弗雷德・卡辛

Kehre 轉向

Kellen, Konrad 康拉德・凱倫

Keller, Gottfried 葛特弗里德・凱勒

Kemner, Heinz 海恩斯・柯姆納

Kemner, Paivi 派維・柯姆納

Kennan, George 喬治・肯南

Kennedy, John甘迺迪總統

Kent 肯特郡

Kenyon Review 《凱尼恩評論》

Khrushchev, Nikita 赫魯雪夫

Kibbutzim 基布茲集體社區

Kierkegaard, Søren 索倫・齊克果

Kim, Chrysostom 克萊索斯坦・基姆

King David Hotel 大衛王飯店

King, Martin Luther 馬丁路德金恩

Je Suis Partout 《我無處不在》

Jetztzeit 此刻

Jewish Agency for Israel 以色列猶太建國會

Jewish Chronicle 《猶太人紀事報》

Jewish Cultural Reconstruction Inc. 猶太文化重建組織

Jewish Currents 《猶太時事》雜誌

Jewish Floridian 《猶太裔佛羅里達人報》

Jewish Frontier 《猶太人邊界》雜誌

Jewish Newsletter 《猶太通訊》

Jewish Publication Society 猶太出版協會

Jewish Social Studies 《猶太社會研究》

Jhering, Herbert 賀伯特・耶靈

Job's Dungheap 《約伯的糞堆》

Jogiches, Leo 李奧・攸格歇斯

Johnson, Chalmers 查默斯・約翰森

Johnson, Gertrude 葛楚・約翰森

Johnson, Lyndon 詹森總統

Jonas, Eleonore 艾莉歐諾蕾・約納斯

Jonas, Hans 漢斯・約納斯

Journal of Religion 《宗教學刊》

Jours de notre mort, Le 《我們死亡的日子》

Jouy-en Josas 儒伊昂若塞斯鎮

Jovanovich, William 威廉・朱萬諾維奇

Jude, Der《猶太人》學刊

Judenräte 歐洲猶太居民委員會

Judenstaat 《猶太國》

Jüdische Rundschau 《猶太圓桌論壇》

Juditten 猶迪頓

Julius Caesar 凱撒大帝

Jung, Carl 榮格

Jünger, Ernst 恩斯特・雲格

L

Lucinde《盧琴德》

Ludendorff, Erich 艾里希・魯登道夫

Ludwig, Emil 艾彌爾・路德維希

Ludz, Ursula 烏蘇拉・魯茲

Lumpenproletariat 流氓無產階級

Luther, Martin 馬丁路德

Luxemberg, Rosa 羅莎・盧森堡

M

Macdonald, Dwight 德懷特・麥克唐納

Macdonald, Nancy 南西・麥克唐納

MacGrogan, Maureen 莫琳・麥葛洛根

Machiavelli, Niccolò 馬基維利

Mackinnon, Anne 安妮・麥金農

Macmillan 麥克米倫出版社

Madison Square Garden 麥迪廣場花園

Magnes, Judah 猶大・馬格內斯

Maier, Alice 愛麗絲・邁爾

Maier, Joseph 約瑟・邁爾

Maison Française 法國協會

Major Trends of Jewish Mysticism《猶太神祕主義的主要趨勢》

Making It《有志竟成》

Malenkov, Georgy 格奧爾基・馬林科夫

Malraux, André安德烈・馬爾羅

malum 惡（相對於「善」）

Mampe 曼帕酒廠

Mandelstam, Nadezhda 娜傑日達・曼德爾施塔姆

Manichaeism 摩尼教

Man in a Glass Booth《玻璃亭裡的人》

Levi, Paul 保羅・李維

Lewis, Anthony 安東尼・路易士

Liebesbegriff bei Augustin, Der《聖奧思定的愛的概念》

Liebknecht, Karl 卡爾・李卜克內西

Life《生活》雜誌

Life of the Mind, The《心智生命》

Ligue Internationale contre l'Antisémitisme 國際對抗反猶主義聯盟

Liliencron, Detlev von 德特勒夫・馮・李利恩克龍

limit-situations 臨界處境

Linden 林登

Lindley, Denver 丹佛・林德利

Lippincott Award 李品柯特獎

Lippmann, Walter 華特・利普曼

Little Rock Central High School 小岩城中央中學

Lives of the Noble Greeks and Romans《希臘羅馬英豪列傳》

Locarno 洛迦諾

Locke, John 約翰・洛克

Loewenson, Erwin 爾溫・羅文森

Logical Investigations《邏輯研究》

Logik《邏輯》（雅斯培著作）

Lonely Crowd, The《寂寞的群眾》

Longview Foundation 遠見基金會

Look《展望》雜誌

Lourdes 露德

Lowe, Adolfe 阿多夫・羅

Lowell, Robert 羅伯特・洛威爾

Lowenfeld, Henry 亨利・羅文菲德

Lowenfeld, Yela 耶拉・羅文菲德

Lowenthal, Helene 海倫・羅文泰

Löwith, Karl 卡爾・洛維特

National Translation Center 全國翻譯中心

Natorp, Paul 保羅・納托爾普

naturalism 自然主義

Naumann, Bernd 貝恩德・諾曼

Navarrenx 納華朗

NBC 美國國家廣播公司

Nef, John 約翰・內夫

Negev 內蓋夫地區

Neighborhood Government 《鄰里政府》

Nettl, Peter 彼得・內特爾

Neu Beginnen 新開端

Neukuhren 諾庫倫市

Neumann, Erich 艾里希・諾伊曼

Neumann, Franz 法蘭茲・諾伊曼

Neumann, Franze 法蘭瑟・諾伊曼

Neumann, Sigmund 西格蒙德・諾伊曼

Newark 紐華克市

New England 新英格蘭

New Frontier 新疆界政策

New Haven 新港市

New Leader 《新領袖》雜誌

Newman, Barnett 巴尼特・紐曼

New Politics 《新政治》雜誌

New School for Social Research 社會研究新學院

Newsweek 《新聞周刊》

New World Club 「新世界俱樂部」

New York Daily News 《紐約日報》

New Yorker 《紐約客》雜誌

New York Herald Tribune 《紐約先鋒論壇報》

New York Jew 《紐約猶太人》

New York Review of Books 《紐約書評》雜誌

Morgenthau, Susanna 蘇珊納・摩根索

Moritz, Karl Philipp 卡爾・莫里茲

Morningside Drive 晨興道

Moro-Giafferi 莫羅賈菲利

Moscow Trials 莫斯科審判

Moses, Siegfried 西格弗里德・摩西

Motherwell, Robert 羅伯特・默瑟威爾

Mount Sinai Hospital 西乃山醫院

Mouvement Anti-Juif Continental 大陸反猶運動

Mr. Sammler's Planet 《薩姆勒先生的行星》

Mueller, Adam 亞當・繆勒

Müller, Max 馬克斯・繆勒

Mumford, Lewis 路易斯・蒙福德

Mundt, Martha 瑪莎・蒙特

Museum of Modern Art 現代藝術博物館

Musmanno, Michael 麥可・穆斯曼諾

Myrdal, Gunnar 貢納爾・默達爾

N

NAACP 全國有色人種協進會

Nasser, Gamal Abdel 納瑟總統

natality 出生

Nation, The 《國家》雜誌

National Book Awards 國家圖書獎

National Committee for an Effective Congress 國會工作促進委員會

National Endowment for the Humanities 國家人文基金會

National Institute for Arts and Letters 美國國家文學藝術院

National Public Radio 全國公共廣播電台

Olivier, Laurence 勞倫斯・奧利佛

On Revolution 《論革命》

On the Crossroad 《在交叉路上》

On the Origin of Species 《物種起源》

ontology 存有學

On Violence 《論暴力》

On War 《戰爭論》

Opitzstrasse 歐匹茲路

Ordinarien 正教授

Origin of Russian Communism, The 《俄國共產主義的起源》

Origins of the Family, Private Property and the State, The 《家庭、私有制和國家的起源》

Origins of the German Educational Principle, The 《德國教育原則的起源》

Origins of Totalitarianism, The 《極權主義的起源》

Orléans 奧爾良

Ostjuden 東方猶太人

Ostwald, Lieselotte 李瑟洛特・歐斯特華德

Othello 奧賽羅

Out of Africa 《遠離非洲》

Out of the Fire 《脫離火海》

P

Pacifica Radio 太平洋電台

pacta sunt servanda 信守誓約

Paechter, Henry 亨利・派徹特

Paestum 帕埃斯圖姆

Palenville 派倫威爾村

Pallas Athene 智慧女神

Pan-Germanism 泛德意志民族主義

Pan-Slavism 泛斯拉夫民族主義

New York Times 《紐約時報》

Nicholas I 尼古拉一世

Nicolaevsky, Boris 波里斯・尼柯拉耶夫斯基

Nietzsche, Friedrich 尼采

nihilism 虛無主義

Nixon, Richard 尼克森總統

noblesse de robe 穿袍貴族

Norde, Emile 艾米爾・諾德

Norman, Dorothy 多洛斯・諾曼

Northampton 北安普敦市

Northwestern University 西北大學

Notgemeinschaft der deutschen Wissenschaft 德國緊急助學協會

nouveaux philosophes 法國新哲學家

Nouvel Observateur, Le 《新觀察家》

Nowawes 諾華威斯

Nuremberg Laws 紐倫堡法案

Nuremberg Trials 紐倫堡大審

O

Oasis, The 《綠洲》

objective 客觀

O'Brien, Conor Cruise 康諾・歐布萊恩

Odessa 敖德薩

Odysseus 奧德修斯

Odyssey 《奧德賽》

Offenbarung 啟示

Offertory Anthem 〈奉獻頌〉

Oglesby, Carl 卡爾・歐格勒斯比

Olin Library 歐林圖書館

的》

Philosophy of Karl Jaspers, The《雅斯培的哲學》

Piaget, Jean 皮亞傑

Picasso, Pablo 畢卡索

Pick, Priscilla 普莉西拉・皮克

Pick, Robert 羅勃・皮克

Pictures from an Institution《來自一項習俗的圖畫》

Pietism 敬虔主義

Pindar 品達

Piscator, Erwin 艾爾文・皮斯卡托

Plant, Richard 理查・普蘭特

Plato 柏拉圖

Plöck 普洛克街

Plon 普隆出版社

Plutarch 蒲魯塔克

Podhoretz, Norman 諾曼・波德賀雷茲

Pol, Heinz 海因斯・樸爾

Poliakov, Léon 里昂・波里亞可夫

polis 公民群體

Politics《政治學》（亞里斯多德著作）

Politics《政治》雜誌

Politics of Fear, The《恐懼政治學》

Pollak, Stephan J. 史蒂芬・波勒克

Pope Pius XII 教宗庇護十二世

Port-Bou 蒲港

positivism 實證主義

postassimilatory 後同化

Postelmann, Adolf 阿多夫・樸斯泰曼

Pantheon Books 萬神殿圖書公司

Papenak, Ernst 恩斯特・帕裴納克

Parker Avenue 派克大道

Parkman House 派克曼會堂

Parisian Commune 巴黎公社

Partisan Review《黨派評論》雜誌

Parti Social Français 法國社會黨

Passionless Existence in America《美國的零激情存在》

Patras 帕特雷

Paulskirche 聖保羅教堂

Pavia, Philip 菲利普・帕弗亞

Pax Americana 大美帝國統制下的和平政策

Peace News《和平新聞》

Péguy, Charles 夏爾・貝璣

Peloponnese 伯羅奔尼撒

PEN 國際筆會

Perse, St.-John 聖約翰・裴爾斯

Pétain, Philippe 貝當

Petra 佩特拉

Petyura, Simon 西蒙・彼得留拉

philia 兄弟之愛

Phillips, William 威廉・菲利普斯

Pinay, Antoine 安托萬・比內總理

Pitkin, Hannah 漢娜・皮特金

Pittsburgh 匹茲堡

phenomenology 現象學

philosopher-king 哲君

Philosopher's Way 哲學家大道

Philosophisches Jahrbuch《哲學年鑑》

Philosophy《哲學》（雅斯培著作）

Philosophy is for Everyman《哲學是屬於每一個人

R

Rothschild, Robert de 羅勃・德・羅斯齊爾德

Rotko, Marks 馬克・羅斯科

Rousseau, Jean-Jacques 尚沙克・盧梭

Rousset, David 大衛・盧瑟

Routledge 羅德里奇出版社

Rovere, Richard 理查・羅威爾

Royal Fusiliers 英國皇家燧發槍兵團

Royce, Josiah 約西亞・羅益世

Rue de la Convention 國民公會路

Rue Dombasle 當巴勒路

Rue Durance 杜漢斯路

Rue Sainte-Jacques 聖沙克路

Rue Servandoni 塞萬多尼路

Ruestow, Alexander 亞歷山大・魯厄斯托

Rue Sufflot 蘇弗洛路

Rühle-Gerstel, Alice 愛麗絲・呂勒葛斯泰

Ruhr 魯爾地區

Russell, Bertrand 伯特蘭・羅素

Russian Revolution, The《俄羅斯革命》

Russo, Anthony 安東尼・羅素

Rustin, Bayard 貝雅德・勒斯丁

S

Saarland 薩爾蘭

Saarpfalz 薩爾法茲

Saint-Cyr 聖西爾軍校

Saint John's Abbey 聖若望修道院

Salamis 薩拉米斯島

Salomon, Albert 艾伯特・薩羅門

Samedi《星期六》周刊

Review of Politics《政治評論》雜誌

Revolutionary Change《革命變革》

Rheinverlag 萊茵出版社

Richard III 理查三世

Richthofen, Else von 艾爾瑟・馮・利奇托芬

Rickert, Heinrich 海因里希・李克特

Ricoeur, Paul 保羅・呂格爾

Riesman, David 大衛・黎士曼

River Main 美茵河

Riverside Drive 河濱道

Riverside Memorial Chapel 河濱紀念教堂

Riverside Park 河濱公園

Robespierre, Maximilien 羅伯斯比

Robinson, Jacob 雅各・羅賓森

Robinson, Nehemiah 尼希米・羅賓森

Rockefeller Foundation 洛克菲勒基金會

Rockefeller, Nelson 尼爾森・洛克菲勒

Rocque, Colonel de la 拉・羅克上校

Röhm, Ernst 恩斯特・羅姆

Romaine, Jules 朱勒・羅曼

Roosevelt, Franklin 羅斯福總統

Roosevelt Hospital 羅斯福醫院

Rose, Billy 比利・羅斯

Rosenberg, Alfred 阿爾弗雷德・羅森堡

Rosenberg, Harold 哈洛德・羅森堡

Rosenblatt, Maurice 莫里斯・羅森布拉特

Rosenblüth, Martin 馬丁・羅森布呂特

Rosen, Pinhas 品赫斯・羅森

Rostow, Eugene V. 尤金・羅斯托

Rothschild, Edmond de 艾德蒙・德・羅斯齊爾德

Rothschild, Germaine de 傑曼・德・羅斯齊爾德

Science and Society 《科學與社會》雜誌
Scotus, Duns 鄧斯・司各脫
Scum of the Earth, The《渣滓》
SDS 學生支持民主社會運動
Sea Change 《巨變》
Sechs Essays 《論文六篇》
Seeberg, Reinhold 賴因荷德・西伯格
Segall, Gregor 葛里格・塞高爾
Seine 塞納河
Sein und Zeit 《存有與時間》
Self-Help for Refugees 難民互助會
Selma 塞爾瑪
Sempell, Lotte 洛特・辛沛爾
Servatius, Robert 羅勃・塞萬提斯
Sewell, Elizabeth 伊麗莎白・塞維爾
Shapiro, Meyer 邁爾・沙皮洛
Shawn, William 威廉・尚恩
Shaw, Robert 羅伯特・蕭
Shertok, Moshe 莫舒・舍托克
Shestov, Lev 列夫・舍斯托夫
Shklar, Judith 朱蒂絲・史克勒
Shocken Books 邵肯出版社
Sigmund Freud Preis 佛洛伊德獎
Silones, Ignazio 伊格納肖・西洛內斯
Silver, Rabbi Eliezer 西爾佛祭司
Silvers, Robert 羅伯特・塞佛斯
Simenon, Georges 喬治・西默農
Simmel, Georg 喬治・齊美爾
Simon, Ernst 恩斯特・西蒙
Simon, Joan 瓊安・賽門
Sinyavsky, Andrei 安德烈・西尼亞夫斯基
Samuels, Gertrude 葛楚・撒母耳
SANE 穩健核政策全國委員會
Saner, Hans 漢斯・薩納
Sarraute, Natalie 娜塔麗・薩侯特
Sartre, Jean-Paul 尚保羅・沙特
Saturday Review of Literature 《星期六文學評論》
Schappes, Morris 莫理斯・沙普斯
Schatten, Die〈陰影〉
Scheib, Ingrid 英格理德・帥布
Schelling, Friedrich弗里德里希・謝林
Schell, Jonathan 喬納森・蕭爾
Schiller, Friedrich 弗里德里希・席勒
Schillerhof 席勒紀念公園
Schine, David 大衛・沙因
Schlechter, Ilse 伊爾瑟・史勒徹特
Schlegel, Friedrich 弗里德里希・席列格
Schlesinger, Arthur, Jr. 亞瑟・史勒辛格
Schmidt, Carl 卡爾・斯密特
Schmidt, Karl 卡爾・史密特
Schmidt, Konrad 康拉德・史密特
Schnabel, Artur 阿圖爾・史納貝爾
Schocken, Salman 薩爾曼・邵肯
Scholem, Gershom 哥舒姆・舒勒姆
Schopenhauer, Arthur 叔本華
Schuldfrage, Die 《德國的罪責問題》
Schutzstaffel 親衛隊
Schwarzbard, Shalom 沙洛姆・施華茲巴德
Schwarzchild, Henry 亨利・施華茲齊德
Schwarzchild, Leopold 李歐樸德・施華茲齊德
Schweitzer, Albert 阿爾伯特・史懷哲
Schwerin, Ricarda 里卡達・史威林

Stalin, Joseph 史達林

Stambaugh, Joan 瓊安・斯坦鮑格

Stambler, Elizabeth 伊莉莎白・斯坦布勒

Starr, Joshua 約書亞・斯塔爾

Statesman 《政治家篇》

Stavisky 史塔維斯基

Steiner, George 喬治・斯坦納

Sternberger, Dolf 多爾夫・斯坦伯格

Stern, Clara 柯拉拉・斯坦

Stern groups 斯特恩幫

Stern, Günther 君特・斯坦

Stern, Juliette 茱麗葉・斯坦

Stern, William 威廉・斯坦

Stevenson, Adlai 艾德萊・斯蒂芬森

St. John's College 聖約翰學院

St. Moritz 聖莫里茲

Stocker, Walter 華特・斯托克

Stoic 斯多噶學派

Stolp 斯托爾普

Strasbourg 史特拉斯堡

Strasser, Gregor 格里哥・斯特拉瑟

Strauss, Hannah 漢娜・史特勞斯

Strauss, Leo 李歐・史特勞斯

Strauss, Max 馬克斯・史特勞斯

Stresemann, Gustav 古斯塔夫・施特雷澤曼

Strindberg, August 奧古斯特・斯特林堡

Student Mobilization Committee to End the War in Vietnam 終結越戰學生動員委員會

Studies on the Left 《左翼研究》雜誌

Sturmabteilung 衝鋒隊

subjective 主觀

summum bonum 至善

Sitzkrieg 坐著的戰爭

Sleepwalkers, The 《夢遊者》

Smith College 史密斯學院

Smolensk under Soviet Rule 《蘇聯統治下的斯摩棱斯克》

Socialist Students League 德國社會主義學生聯盟

Social Research 《社會研究》學刊

Socrates 蘇格拉底

Solzhenitsyn, Aleksandr 索忍尼辛

Sombart, Werner 維納・桑巴特

Sonning Prize 森寧獎

Sontag, Susan 蘇珊・桑塔格

Sophist, The 《辯士篇》

Sorbonne 索邦學院

Sorel, Georges 喬治・索雷爾

Souillac 蘇亞克

Soul of the Child 《兒童的心靈》

sovereign democracy 至高無上的民主

soviet 蘇維埃

Sozialistische Monatshefte 《社會主義者月刊》

Sparta 斯巴達

Spartacist 斯巴達克主義者

Spellman, Francis 弗蘭西斯・斯貝爾曼

Spender, Stephen 斯蒂芬・史本德

Spiegel, Der 《明鏡周刊》

Spiero, Fanny 芬妮・斯皮埃洛

Spiro, Herbert J. 賀伯特・斯皮洛

Spranger, Eduard 愛德華・斯普蘭格

Springer 斯普林格出版社

S.S. Mouzinho 摩辛約號輪船

SS-Staat, Der 《親衛隊國家》

Stadion Buffalo 水牛體育場

things themselves 物自身

Thinker as Poet, The《詩人思者》

Tiergarten 動物園

Tiergartenstrasse 動物園路

Tillich, Paul 保羅・田立克

Times Literary Supplement《泰晤士報文學增刊》

Titania 提泰妮婭

Tito, Josip Broz 狄托

Tocqueville, Alexis de 托克維爾

Todtnauberg 托德瑙堡

Tolstoy, Leo 托爾斯泰

Toronto Society for the Study of Social and Political Thought 多倫多社會暨政治思想研究協會

Torrès, Henri 亨利・托瑞

Totalitarian Dictatorship and Autocracy《極權獨裁與專制統治》

Totalitarianism in Perspective: Three Views《透視極權主義：三種觀點》

transcendental 先驗的

Transcendent, the 超越者

Trans-Jordan 外約旦

Treaty of Locarno《羅加諾公約》

tribal nationalism 部族民族主義

Troeltsch, Ernst 恩斯特・特洛徹

Trotsky, Leon 托洛斯基

True Believer, The《真信者》

Truman, Harry 杜魯門總統

Tübingen 杜賓根

Tuchman, Barbara 芭芭拉・特奇曼

Tumin, Melvin 梅爾溫・屠敏

superfluous 多餘

supersense 超常意義

Sur l'antisémitisme《論反猶主義》

Sus 敘鎮

Susmiou 敘斯米烏

Symington, James 詹姆斯・賽明頓

Synagogenstrasse 猶太會堂街

Syracuse 敘拉古

Syrkin, Marie 瑪麗・賽爾金

système totalitaire, Le《極權主義系統》

Szittnick School 茲特尼克學校

Szold, Henrietta 亨莉厄妲・索德

T

Taft, Robert 羅伯特・塔夫脫

Talmudic《塔木德》

Tannenberg 坦能堡

Taoteking《道德經》

Tcherikower, Elias 艾利亞・徹利考爾

Technische Hochschule 技術學院

Tegna 泰尼亞

Télévision Française 法國電視台

Tempo《時代》日報

Terre Retrouvée, La《尋得樂土》

Thalheimer, August 奧古斯特・泰海默

thaumadzein 驚奇

Thaw, The《解凍》

Theatre for Ideas 知識分子公共論壇

Theresienstadt 特雷辛集中營

Theses on the Philosophy of History〈歷史哲學散論〉

Vélodrome d'Hiver 冬季賽車場

Vendredi《星期五》周刊

Verstehen 理性

Versucher, Der《誘惑者》

Vichy-France 維琪法國

Viking Press 維京出版社

Village Voice《鄉村之聲》

Villa Serbelloni 塞貝洛尼別墅

Villemalard 維馬拉

vita active 行動的生活

vita contemplative 沉思的生活

Voegelin, Eric 艾利克・沃格林

Vogelstein-Braun, Julie 茱莉・沃格斯坦布勞恩

Vogelstein, Hermann 赫曼・沃格斯坦

Voice of America 美國之音

Vollrath, Ernst 恩斯特・沃爾拉斯

Vorwärts《前進報》

W

Wahhabist 瓦哈比派

Wahl, Jean 尚・華爾

Walgreen Foundation Lectures 華爾格林基金會講座

Wallace, George 喬治・華萊士

Wallitz 華里茲

Wandlung, Die《轉化》期刊

War and Peace《戰爭與和平》

Warren, Earl 艾爾・華倫

Warren, Robert Penn 羅伯特・潘・華倫

Warriors, The《戰士》

U

Uhland, Ludwig 路德維希・烏蘭德

UJA 猶太聯合捐募協會

Ulam, Adam 亞當・烏藍

Ullstein 烏爾斯坦

Umgreifende das 存在的統攝者

Underwood, Mary 瑪麗・恩德伍德

Une interprétation de l'a posteriori〈後驗的一種詮釋〉

UNESCO 聯合國教育、科學與文化組織

Union Patriotique des Français Israélites 以色列人愛國聯盟

Union Theological Seminary 聯合神學院

unitotalitarianism 泛極權主義

Université Paris Nanterre 巴黎南泰爾大學

University of Aberdeen 阿伯丁大學

University of California, Berkeley 加州大學柏克萊分校

University of Heidelberg 海德堡大學

University of London 倫敦大學

University of Notre Dame 聖母大學

Universum Film A.G. 全球電影股份公司（簡稱UFA）

Unser Kind《我們的孩子》

Un-verborgenheit 去除蔽障

V

Vassar College 凡薩學院

Van Gogh, Vincent 梵谷

Vansittart, Robert 羅勃・溫斯塔特

Varnhagen, August 奧古斯特・范哈根

Wiesel, Pauline 保琳・韋瑟

Wiesengrund 威森格倫德

Wilke, Klara Emilie 柯拉拉・艾蜜莉・維爾克

Wilamowitz, von 馮・威拉莫維茲

Willet, John 約翰・威勒特

Winchester 溫徹斯特

Winterfeld, Jean 尚・溫特菲德

Winterfeld, Robert 羅勃・溫特菲德

Wise, Stephen 史蒂芬・韋斯

Wisliceny, Dieter 迪特・威斯利策尼

Within Four Walls 《四壁之內》

WIZO 婦女國際錫安主義組織

Wofford, Harris 哈里斯・沃福德

Wolff, Helene 海倫・吳爾夫

Wolff, Kurt 柯特・吳爾夫

Wolff, Robert Paul 羅伯特・保羅・吳爾夫

Wolin, Sheldon 舍頓・沃林

Woolf, Cecil 塞西爾・吳爾夫

Words and Faces 《言辭與臉孔》

work 工作

world alienation 與世界的疏離

World Center for the Struggle against Jewry 對抗猶太人世界中心

World Islamic Front 世界伊斯蘭陣線

World Jewish Congress 世界猶太人大會

World of Yesterday, The 《昨日世界》

World Zionist Organization 世界錫安主義組織

Wright, Edward 愛德華・賴特

Y

Yad Vashem 猶太大屠殺紀念館

Washington Post 《華盛頓郵報》

Washington Square 華盛頓廣場

Watergate affair 水門事件

Weber, Alfred 阿爾弗雷德・韋伯

Weber, Marianne 瑪麗安娜・韋伯

Weber, Max 馬克斯・韋伯

Weidenfeld and Nicolson 韋登菲德與尼可爾森出版社

Weil, Anne Mendelsohn 安妮・孟德爾頌・韋伊

Weil, Eric 艾利克・韋伊

Weil, Hans 漢斯・韋伊

Weill, Kurt 柯特・懷爾

Weimar Republic 威瑪共和

Weinstein, James 詹姆斯・維因斯坦

Weiss, Ted 泰德・韋斯

Weizacker, Viktor von 維克多・馮・韋札克

Weizmann, Chaim 柴姆・韋茲曼

Wellmer, Albrecht 艾布雷希特・威爾默

Weltgeist 世界精神

Weltsch, Robert 羅勃・韋特希

Wertheimer, Max 馬克斯・韋特海默

Wesleyan University 衛斯理大學

West, James 詹姆斯・威斯特

Westphalia 西發利亞

Whitehead, Alfred 阿爾弗雷德・懷海德

White, Kevin 凱文・懷特

Whitman, Walt 華特・惠特曼

Who Speaks for the Negro?《誰為黑人說話？》

Wieruszowsky, Helene 海倫・維魯佐夫斯基

Wiesbaden 威斯巴登

Wiese, Benno von 本諾・馮・威塞

Wiese, Leopold von 李歐樸德・馮・威塞

Yale Law Review《耶魯法律評論》

Yale University 耶魯大學

Yeats, W. B. 葉慈

Yiddish 意第緒文

Yom Kippur 贖罪日

Young, Ron 羅安・楊格

Youth Aliyah 青年遷徙組織

Z

Zarathushtra 瑣羅亞斯德

Zeitschrift für Sozialforschung《社會研究學刊》

Zeitung《新聞報》

Zetkin, Clara 柯拉拉・澤特金

Zevi, Sabbatai 薩巴泰・澤維

Zhukov, Georgy 格奧爾基・朱可夫

Zimmer, Heinrich 海因里希・齊默

Zinoviev, Grigory 格里戈里・季諾維也夫

Zionism 錫安主義

Zionist Congress 錫安主義大會

Zionistischen Vereinigung für Deutschland 德意志錫安主義者協會

Zionist Organization of America 美國錫安主義協會

Zolki, Hans 漢斯・佐爾基

Zuckmayer, Carl 卡爾・朱克邁爾

Zukerman, William 威廉・朱克曼

Zum Ewigen Frieden《永久和平》

Zweig, Arnold 阿諾・茨威格

Zweig, Stefan 史蒂芬・茨威格

鄂蘭著作年表

這個書目分三部分羅列鄂蘭的著作：第一部分列出美國版和德文版的書籍（含小冊子）；第二部分是文章和書評；第三部分是一九四一至四五年間她在紐約德文雜誌《建構》所寫的專欄。一九四二到一九五三年間她在紐約《猶太社會研究》發表的九篇無標題簡短書訊並未收錄。所列出的德文文章都是只有德文版的，若英文和德文兼備則只列英文版。第二次世界大戰前的德文文章可能並不齊備。簡單的附註指出哪些文章重刊為書的一部分，但並未表明重刊版本修改幅度多大。羅倫斯・梅伊幫忙整理這份書目，謹此致謝。

書籍

1929

Der Liebesbegriff bei Augustin. Berlin: J. Springer, 1929.

1948

Edition of Bernard Lazare, *Job's Dungheap*. New York: Schocken Books, 1948.

Sechs Essays. Heidelberg: L. Schneider, 1948. (Reprinted in *Die Verborgene Tradition*, 1976, see below.)

1951

The Origins of Totalitarianism. New York: Harcourt, Brace & Co., 1951. Second enlarged edition: New York: World Publishing Co., Meridian Books, 1958. Third edition, with new prefaces: New York: Harcourt, Brace & World, 1966, 1968, 1973. German editions: *Elemente und Ursprünge totaler*

Herrschaft. Frankfurt: Europäische Verlagsanstalt, 1955, 1958, 1961, 1962. (British title: *The Burden of Our Time*. London: Secker and Warburg, 1951.)

1955

Edition of Hermann Broch, *Dichten und Erkennen*, *Essays*, two volumes of Broch's *Gesammelte Werke*. Zurich: Rheinverlag, 1955 (now Frankfurt: Suhrkamp). (Arendt's introduction, translated by Richard and Clara Winston, appeared in *Men in Dark Times*.)

1957

Fragwürdige Traditionsbestände im Politischen Denken der Gegenwart. Frankfurt: Europäische Verlagsanstalt, 1957. (Four essays, all included in *Between Past and Future*.)

1958

The Human Condition. Chicago: University of Chicago Press, 1958; (Doubleday Anchor, 1959). German edition: *Vita activa oder von tätigen Leben*, Stuttgart: Kohlhammer, 1960; Munich: Piper, 1967.

Karl Jaspers: Reden Zur Verleihung des Friedenpreises des Deutschen Buchhandels. Munich: Piper, 1958. (Reprinted in *Men in Dark Times*.)

Rahel Varnhagen: The Life of a Jewess. London: East and West Library, 1958. American edition: *Rahel Varnhagen: The Life of a Jewish Woman*. New York: Harcourt Brace Jovanovich, 1974. German edition: *Rahel Varnhagen: Lebensgeschichte einer deutschen Jüdin aus der Romantik*. Munich: Piper, 1959 (Ullstein Verlag, 1975).

Die Ungarische Revolution und der totalitäre Imperialismus. Munich: Piper, 1958. (Included in 1958 American edition of *The Origins of Totalitarianism*.)

1960

Von der Menschlichkeit in Finsteren Zeiten: Gedanken Zu Lessing. Hamburg: Hauswedell, 1960. Munich: Piper, 1960. (Later the first essay in *Men in Dark Times*.)

1961

Between Past and Future: Six Exercises in Political Thought. New York: Viking Press, 1961. Revised edition, including two additional essays, 1968. (Four essays in *Fragwürdige Traditionsbestände im Politischen Denken der Gegenwart*, 1957, see above.)

1962

Edition of Karl Jaspers, *The Great Philosophers*. New York: Harcourt, Brace & Co., 1962 and 1966 (volumes 1 and 2).

1963

Eichmann in Jerusalem: A Report on the Banality of Evil. New York: Viking Press, 1963. Revised and enlarged edition, 1965. German edition: *Eichmann in Jerusalem: Ein Bericht von der Banalität des Bösen*. Munich: Piper, 1964.

1965

On Revolution. New York: Viking Press, 1963. Revised second edition, 1965. German edition: *Über die Revolution*. Munich: Piper, 1963.

1968

Men in Dark Times. New York: Harcourt, Brace & World, 1968.

Edition of Walter Benjamin, *Illuminations*. Translated by Harry Zohn. New York: Harcourt, Brace & World, 1968. (Introduction to this volume collected in *Men in Dark Times*.) German edition: Frankfurt: Suhrkamp, 1965.

1970

On Violence. New York: Harcourt, Brace & World, 1970. (An expanded version of "Reflections on Violence." 1969.) German edition: *Macht und Gewalt*. Munich: Piper, 1975.

1971

Walter Benjamin—Bertolt Brecht: Zwei Essays. Munich: Piper, 1971. (Both essays included in *Men in Dark Times*.)

1972

Crises of the Republic. New York: Harcourt Brace Jovanovich, 1972.

Wahrheit und Lüge in der Politik: Zwei Essays. Munich: Piper, 1972. (The two essays, "Lying in Politics" [1971] and "Truth and Politics" [1967], first appeared in English, see below.)

1976

Die Verborgene Tradition: Acht Essays. Frankfurt: Suhrkamp, 1976. (Six of these essays appeared in 1948 as *Sechs Essays*, the other two are "Zionism Reconsidered" [1945] and "Aufklärung und Judenfrage" [1932]).

1978

The Jew as Pariah: Jewish Identity and Politics in the Modern Age. Edited and with an Introduction by Ron H. Feldman. New York: Grove Press, 1978. (A collection of articles on Jewish issues written between 1942 and 1966.)

The Life of the Mind. New York: Harcourt Brace Jovanovich, 1978. (Two volumes of an uncompleted work, posthumously published, edited by Mary McCarthy.)

文章

1930

"Augustin und Protestantismus." *Frankfurter Zeitung*, no. 902 (12 April 1930).

"Philosophie und Soziologie. Anlässlich Karl Mannheim, 'Ideologie und Utopie.'" *Die Gesellschaft* (Berlin) 7 (1930): 163–76. (Reprinted in *Ideologie und Wissenssoziologie*. Darmstadt: Wissenschaftliche Buchgesellschaft, 1974).

"Rilkes Duineșer Elegien," with G. Stern. *Neue Schweizer Rundschau* (Zurich) 23 (1930): 855–71.

1931

A review of Hans Weil, *Die Entstehung des deutschen Bildungsprinzips* in *Archiv für Sozialwissenschaft und Sozialpolitik* (Tübingen) 66 (1931): 200–205.

1932

"Adam Müller-Renaissance?" *Kölnische Zeitung*, no. 501 (13 September 1932) and no. 510 (17 September 1932).

"Aufklärung und Judenfrage," *Zeitschrift für die Geschichte der Juden in Deutschland* (Berlin) 4/2–3 (1932). (Reprinted in *Die Verborgene Tradition*.)

"Berliner Salon" and "Brief Rahels an Pauline Wiesel." *Deutscher Almanach für das Jahr 1932* (Leipzig), pp. 175–84 and 185–90.

"Friedrich von Gentz. Zu seinem 100. Todestag am 9 Juni." *Kölnische Zeitung*, no. 308, 8 June 1932.

"Sören Kierkegaard." *Frankfurter Zeitung*, nos. 75–76, 29 January 1932.

1933

A review of Dr. Alice Rühle-Gerstel, *Das Frauenproblem der Gegenwart* in *Die Gesellschaft* (Berlin) 10 (1932): 177–79.

"Rahel Varnhagen. Zum 100. Todestag." *Kölnische Zeitung*, no. 131, 7 March 1933. (Reprinted in *Judische Rundschau*, no. 28/29, 7 April 1933.)

1942

"A Believer in European Unity." *Review of Politics* 4/2 (April 1942): 245–47. (A review of P. R. Sweet, *Friedrich von Gentz: Defender of the Old Order*.)

"From the Dreyfus Affair to France Today," *Jewish Social Studies* 4 (July 1942): 195–240. (Reprinted in *Essays on Anti-Semitism*, Conference on Jewish Relations, 1946 and used in *The Origins of Totalitarianism*, Part 1.)

1943

"Portrait of a Period," *Menorah Journal* 31 (Fall 1943): 307–14. (A review of Stefan Zweig, *The World of Yesterday: An Autobiography*.)

"We Refugees," *Menorah Journal* 31 (January 1943): 69–77.

"Why the Crémieux Decree Was Abrogated." *Contemporary Jewish Record* 6/2 (April 1943): 115–23.

1944

"Concerning Minorities." *Contemporary Jewish Record* 7/4 (August 1944): 353–68. (Used in *The Origins of Totalitarianism*, Part 2.)

"Franz Kafka: A Re-evaluation." *Partisan Review* 11/4 (Fall 1944): 412–22. (Reprinted in *Sechs Essays* and *Die Verborgene Tradition* in German.)

"The Jew as Pariah: A Hidden Tradition." *Jewish Social Studies* 6/2 (February 1944): 99–122.

"Our Foreign Language Groups." *Chicago Jewish Forum* 3/1 (Fall 1944): 23–34.

"Race-Thinking before Racism." *Review of Politics* 6/1 (January 1944): 36–73. (Used in *The Origins of Totalitarianism*, Part 2.)

1945

"Approaches to the 'German Problem'." *Partisan Review* 12/1 (Winter 1945): 93–106.

"The Assets of Personality." *Contemporary Jewish Record* 8/2 (April 1945): 214–16. (A review of Meyer W. Weisgal, ed., *Chaim Weismann*.)

"Christianity and Revolution." *Nation*, 22 September 1945, pp. 288–89.

"Dilthey as Philosopher and Historian." *Partisan Review* 12/3 (Summer 1945): 404–06. (A review of H. A. Hodges, *Wilhelm Dilthey: An Introduction*.)
"Imperialism, Nationalism, Chauvinism." *Review of Politics* 7/4 (October 1945): 441–63. (Used in *The Origins of Totalitarianism*, Part 2.)
"Nightmare and Flight." *Partisan Review* 12/2 (Spring 1945): 259–60. (A review of Denis de Rougemont, *The Devil's Share*.)
"Organized Guilt and Universal Responsibility." *Jewish Frontier*, January 1945, pp. 19–23. (Reprinted in Roger Smith, ed. *Guilt: Man and Society*. New York: Doubleday Anchor, 1971.)
"Parties, Movements and Classes." *Partisan Review* 12/4 (Fall 1945): 504–12. (Used in *The Origins of Totalitarianism*, Part 2.)
"Power Politics Triumphs." *Commentary* 1 (December 1945): 92–93. (A review of Feliks Gross, *Crossroads of Two Continents*.)
"The Seeds of a Fascist International." *Jewish Frontier*, June 1945, pp. 12–16.
"The Stateless People." *Contemporary Jewish Record* 8/2 (April 1945): 137–53. (Used in *The Origins of Totalitarianism*, Part 2.)
"Zionism Reconsidered." *Menorah Journal* 33 (August 1945): 162–96. (Translated into German for *Die Verborgene Tradition* and reprinted in M. Selzer, ed. *Zionism Reconsidered*. New York: Macmillan Co., 1970, pp. 213–49.)

1946

"Expansion and the Philosophy of Power." *Sewanee Review* 54 (October 1946): 601–16. (Used in *The Origins of Totalitarianism*, Part 2.)
"French Existentialism." *Nation*, 23 February 1946, pp. 226–28. (Anthologized in *One Hundred Years of the Nation*.)
"The Image of Hell." *Commentary* 2/3 (September 1946): 291–95. (A review of *The Black Book: The Nazi Crime Against the Jewish People* compiled by the World Jewish Congress et al. and Max Weinreich. *Hitler's Professors*.)
"Imperialism: Road to Suicide." *Commentary* 1 (February 1946): 27–35.
"The Ivory Tower of Common Sense." *Nation*, 19 October 1946, pp. 447–49. (A review of John Dewey, *Problems of Men*.)
"The Jewish State: 50 Years After, Where Have Herzl's Politics Led?" *Commentary* 1 (May 1946): 1–8.
"The Nation," *Review of Politics* 8/1 (January 1946): 138–41. (A review of J. T. Delos, *La Nation*. Montreal: Editions de l'Arbre.)
"No Longer and Not Yet." *Nation*, 14 September 1946, pp. 300–302. (A review of Hermann Broch, *The Death of Virgil*. Translated by J. S. Untermeyer.)
"Privileged Jews." *Jewish Social Studies* 8/1 (January 1946): 3–30. (Reprinted in Duker and Ben-Horin, *Emancipation and Counteremancipation*. New York: Ktav Publishing House, 1947).
"Proof Positive." *Nation*, 5 January 1946, p. 22. (A brief review of Victor Lange, *Modern German Literature*.)
"The Streets of Berlin." *Nation*, 23 March 1946, pp. 350–51. (A review of Robert Gilbert, *Meine Reime Deine Reime*.)
"Tentative List of Jewish Cultural Treasures in Axis-Occupied Countries." *Supplement to Jewish Social Studies* 8/1 (1946). (This was prepared by the Re-

search Staff of the Commission on European Jewish Cultural Reconstruction headed by Arendt.)
"Tentative List of Jewish Educational Institutions in Axis-Occupied Countries." *Supplement to Jewish Social Studies* 8/3 (1946). (This was also prepared by the Research Staff of the Commission on European Jewish Cultural Reconstruction headed by Arendt.)
"The Too Ambitious Reporter." *Commentary* 2 (January 1946): 94–95. (A review of Arthur Koestler, *Twilight Bar* and *The Yogi and the Commissar.*)
"What is Existenz Philosophy?" *Partisan Review* 8/1 (Winter 1946): 34–56.

1947
"Creating a Cultural Atmosphere." *Commentary* 4 (November 1947): 424–26.
"The Hole of Oblivion." *Jewish Frontier*, July 1947, pp. 23–26. (A review of *The Dark Side of the Moon.*)

1948
"About Collaboration" (a letter). *Jewish Frontier* 15 (October 1948): 55–56.
"Beyond Personal Frustration: The Poetry of Bertolt Brecht." *Kenyon Review* 10/2 (Spring 1948): 304–12. (A review of Bertolt Brecht, *Selected Poems.* Translated by H. R. Hays; an article based on this review, printed in *Die Neue Rundschau* 61 (1950): 53–67 was translated for P. Demetz, ed. *Brecht*. Englewood Cliffs, N.J.: Prentice-Hall, 1962, pp. 43–50.)
"The Concentration Camps." *Partisan Review* 15/7 (July 1948): 743–63. (Anthologized in *Partisan Reader,* 1945–1953 and used in *The Origins of Totalitarianism*, Part 2.)
"Jewish History, Revised." *Jewish Frontier*, March 1948, pp. 34–38. (A review of Gershom Scholem, *Major Trends in Jewish Mysticism.*)
"The Mission of Bernadotte." *New Leader* 31 (23 October 1948): 808, 819.
"To Save the Jewish Homeland: There Is Still Time." *Commentary* 5 (May 1948): 398–406.

1949
"The Achievement of Hermann Broch." *Kenyon Review* 11/3 (Summer 1949): 476–83.
"'The Rights of Man': What Are They?" *Modern Review* 3/1 (Summer 1949): 24–37. (Used in *The Origins of Totalitarianism*, Part 2.)
"Single Track to Zion." *Saturday Review of Literature* 32 (5 February 1949): 22–23. (A review of Chaim Weizmann, *Trial and Error: The Autobiography of Chaim Weizmann.*)
"Totalitarian Terror." *Review of Politics* 11/1 (January 1949): 112–15. (A review of David J. Dallin and Boris I. Nicolaevsky, *Forced Labor in Soviet Russia.*)

1950
"The Aftermath of Nazi Rule, Report from Germany." *Commentary* 10 (October 1950): 342–53. (Anthologized in *The Commentary Reader.*)
"Mob and the Elite." *Partisan Review* 17 (November 1950): 808–19. (Used in *The Origins of Totalitarianism*, Part 3.)

"Peace or Armistice in the Near East?" *Review of Politics* 12/1 (January 1950): 56–82.
"Religion and the Intellectuals, A Symposium." *Partisan Review* 17 (February 1950): 113–16. (Reprinted as a part of *Partisan Review*, Series 3, 1950, pp. 15–18.)
"Social Science Techniques and the Study of Concentration Camps." *Jewish Social Studies* 12/1 (1950): 49–64.

1951
"Bei Hitler Zu Tisch." *Der Monat* 4 (October 1951): 85–90.
"The Imperialist Character." *Review of Politics* 12/3 (July 1950): 303–20. (Used in *The Origins of Totalitarianism*, Part 2.)
"The Road to the Dreyfus Affair." *Commentary* 11 (February 1951): 201–03. (A review of Robert F. Byrnes, *Anti-Semitism in Modern France.*)
"Totalitarian Movement." *Twentieth Century* 149 (May 1951): 368–89. (Used in *The Origins of Totalitarianism*, Part 3.)

1952
"The History of the Great Crime." *Commentary* 13 (March 1952): 300–04. (A review of Léon Poliakov, *Bréviaire de la Haine: Le IIIê Reich et les Juifs.*)
"Magnes, The Conscience of the Jewish People." *Jewish Newsletter* 8/25 (24 November 1952): 2.

1953
"The Ex-Communists." *Commonweal* 57/24 (20 March 1953): 595–99. (Reprinted in *Washington Post*, 31 July 1953.)
"Ideology and Terror: A Novel Form of Government." *Review of Politics* 15/3 (July 1953): 303–27. (Included in the 1958 edition of *The Origins of Totalitarianism*. A German version appeared in *Offener Horizont: Festschrift für Karl Jaspers*. Munich: Piper, 1953.)
"Rejoinder to Eric Voegelin's Review of *The Origins of Totalitarianism.*" *Review of Politics* 15 (January 1953): 76–85.
"Religion and Politics." *Confluence* 2/3 (September 1953): 105–26. (Cf. Arendt's reply to criticism of this article in *Confluence*, pp. 118–20.)
"Understanding and Politics." *Partisan Review* 20/4 (July-August 1953): 377–92.
"Understanding Communism." *Partisan Review* 20/5 (September-October 1953): 580–83. (A review of Waldemar Gurian, *Bolshevism.*)

1954
"Europe and America: Dream and Nightmare." *Commonweal* 60/23 (24 September 1954): 551–54.
"Europe and America: The Threat of Conformism." *Commonweal* 60/25 (24 September 1954): 607–10.
"Europe and The Atom Bomb." *Commonweal* 60/24 (17 September 1954): 578–80.
"Tradition and the Modern Age." *Partisan Review* 22 (January 1954): 53–75. (Drawn from a series of lectures delivered at Princeton as the Christian Gauss Seminars in Criticism, 1953, and used in *Between Past and Future.*)

1955

"The Personality of Waldemar Gurian," *Review of Politics* 17/1 (January 1955): 33–42. (Reprinted in *Men in Dark Times.*)

1956

"Authority in the Twentieth Century." *Review of Politics* 18/4 (October 1956): 403–17.

1957

"History and Immortality." *Partisan Review* 24/1 (Winter 1957): 11–53.

"Jaspers as Citizen of the World." In *The Philosophy of Karl Jaspers*, edited by P. A. Schilpp. La Salle, Ill.: Open Court Publishing Co., 1957, pp. 539–50. (Reprinted in *Men in Dark Times.*)

1958

"The Crisis in Education." *Partisan Review* 25/4 (Fall 1958): 493–513. (Reprinted in *Between Past and Future.*)

"The Modern Concept of History." *Review of Politics* 20/4 (October 1958): 570–90. (Reprinted in *Between Past and Future.*)

"Totalitarian Imperialism: Reflections on the Hungarian Revolution." *Journal of Politics* 20/1 (February 1958): 5–43. (Reprinted in *Cross Currents* 8/2 [Spring 1958]: 102–28, and added to the 1958 edition of *The Origins of Totalitarianism.*)

"Totalitarianism." *Meridian* 2/2 (Fall 1958): 1. (Arendt's reflections on *The Origins of Totalitarianism* at the time of its second edition.)

"What Was Authority?" In *Authority*, edited by C. Friedrich. Cambridge: Harvard University Press, 1959. (Reprinted in *Between Past and Future.*)

1959

"Reflections on Little Rock." *Dissent* 6/1 (Winter 1959): 45–56. (Included in the same issue are criticisms by David Spitz and Melvin Tumin. In *Dissent* 6/2 [Spring 1959]: 179–81, Arendt replied to her critics. The article was reprinted in *Public Life: A Journal of Politics* 4/3–4 [May-June 1973]: 92–97.)

1960

"Freedom and Politics: A Lecture." *Chicago Review* 14/1 (Spring 1960): 28–46. (Revised for *Between Past and Future.*)

"Revolution and Public Happiness." *Commentary* 30 (November 1960): 413–22. (Used in *On Revolution.*)

"Society and Culture." *Daedalus* 82/2 (Spring 1960): 278–87. (Reprinted in *Between Past and Future.*)

1962

"Action and 'The Pursuit of Happiness'." In *Politische Ordnung und Menschliche Existenz: Festgabe Für Eric Voeglin*. Munich: Beck, 1962. (Used in *On Revolution.*)

"The Cold War and The West." *Partisan Review* 29/1 (Winter 1962): 10–20.

"Revolution and Freedom: A Lecture." In *In Zwei Welten: Siegfried Moses Zum Fünfundsiebzigsten Geburtstag*. Tel Aviv: Bitaon, 1962. (Used in *On Revolution.*)

1963
"A Reporter at Large: Eichmann in Jerusalem." *New Yorker*, 16 February 1963, pp. 40–113; 23 February 1963, pp. 40–111; 2 March 1963, pp. 40–91; 9 March 1963, pp. 48–131; 16 March 1963, pp. 58–134. (This five-part article, revised, was published as *Eichmann in Jerusalem: A Report on the Banality of Evil.*)
"Kennedy and After." *New York Review of Books* 1/9 (26 December 1963): 10.
"Man's Conquest of Space." *American Scholar* 32 (Autumn 1963): 527–40.
"Reply to Judge Musmanno." *New York Times Book Review* 8/4 (23 June 1963). (Arendt's exchange with Musmanno was reprinted in Freedman and Davis, eds. *Contemporary Controversy*. New York: Macmillan Co., 1966, pp. 312–17.)

1964
"*The Deputy*: Guilt by Silence." *New York Herald Tribune Magazine*, 23 February 1964, pp. 6–9. (Reprinted in *Storm over "The Deputy,"* edited by Eric Bentley.)
"Eichmann in Jerusalem." *Encounter*, January 1964, pp. 51–56. (An exchange of letters between Arendt and Gershom Scholem.)
"Nathalie Sarraute." *New York Review of Books* 2/2 (5 March 1964): 5–6. (A review of Nathalie Sarraute, *The Golden Fruits*. Translated by Maria Jolas.)
"Personal Responsibility under Dictatorship." *Listener*, 6 August 1964, pp. 185–87, 205.

1965
"The Christian Pope," *New York Review of Books* 4/10 (17 June 1965): 5–7. (A review of Pope John XXIII, *Journal of a Soul*. Translated by D. White; included in *Men in Dark Times.*)
"Hannah Arendt—Hans Magnus Ernzenberger: Politik und Verbrechen: Ein Briefwechsel." *Merkur*, April 1965, pp. 380–85.

1966
"The Formidable Dr. Robinson: A Reply to the Jewish Establishment." *New York Review of Books* 5/12 (20 January 1966): 26–30. (Arendt's response to letters about this article appeared in the 17 March 1966 issue.)
"A Heroine of the Revolution." *New York Review of Books* 7/5 (6 October 1966): 21–27. (A review of J. P. Nettl, *Rosa Luxemburg*; included in *Men in Dark Times.*)
Introduction to *Auschwitz*, by Bernd Naumann. New York: Frederick A. Praeger, 1966. (Reprinted in Falk, Kolko, and Lifton, eds., *Crimes of War*. New York: Random House, 1971.)
Introduction to *The Warriors* by J. Glenn Gray. New York: Harper & Row, 1966.
"The Negatives of Positive Thinking: A Measured Look at the Personality, Politics and Influence of Konrad Adenauer." *Book Week, Washington Post*, 5 June 1966, pp. 1–2. (A review of Konrad Adenauer, *Memoirs 1945–1953*. Translated by Beate Ruhm von Oppen.)

"On the Human Condition." In *The Evolving Society*, edited by Mary Alice Hinton. New York: Institute of Cybernetical Research, 1966, pp. 213–19.
"Remarks on 'The Crisis Character of Modern Society'." *Christianity and Crisis* 26/9 (30 May 1966): 112–14.
"What Is Permitted to Jove." *New Yorker*, 5 November 1966, pp. 68–122. (A study of Bertolt Brecht, reprinted in *Men in Dark Times*.)

1967

Preface to *The Future of Germany* by Karl Jaspers. Chicago: University of Chicago Press, 1967.
"Randall Jarrell: 1914–1965." In *Randall Jarrell, 1914–1965*. New York: Farrar, Straus & Giroux, 1967. (Reprinted in *Men in Dark Times*.)
"Truth and Politics." *New Yorker*, 25 February 1967, pp. 49–88. (Reprinted in *Between Past and Future*, 2d edition, and in David Spitz, ed., *Political Theory and Social Change*. New York: Atherton Press, 1967, pp. 3–37.)

1968

"Comment by Hannah Arendt on 'The Uses of Revolution' by Adam Ulam." In *Revolutionary Russia*, edited by Richard Pipes. Cambridge: Harvard University Press, 1968.
"He's All Dwight: Dwight Macdonald's *Politics*." *New York Review of Books* 11/2 (1 August 1968): 31–33.
"Is America by Nature a Violent Society? Lawlessness Is Inherent in the Uprooted." *New York Times Magazine*, 28 April 1968, p. 24.
"Isak Dinesen: 1885–1962." *New Yorker*, 9 November 1968, pp. 223–36. (Reprinted in *Men in Dark Times*.)
"Walter Benjamin." *New Yorker*, 19 October 1968, pp. 65–156. Translated by Harry Zohn. (Reprinted in *Men in Dark Times*.)

1969

"The Archimedean Point." *Ingenor*, College of Engineering, University of Michigan, Spring 1969, pp. 4–9, 24–26.
"Reflections on Violence." *Journal of International Affairs*, Winter 1969, pp. 1–35. (Reprinted in *New York Review of Books* 12/4 [27 February 1969]: 19–31. Expanded as *On Violence* and reprinted in *Crises of the Republic*.)

1970

"Civil Disobedience." *New Yorker*, 12 September 1970, pp. 70–105. (Reprinted in *Crises of the Republic* and in E. V. Rostow, ed., *Is Law Dead?* New York: Simon and Schuster, 1971, pp. 213–43.)
Letter in reply to a review by J. M. Cameron, *New York Review of Books* 13 (1 January 1970): 36.

1971

"Lying and Politics: Reflections on the Pentagon Papers." *New York Review of Books* 17/8 (18 November 1971): 30–39. (Reprinted in *Crises of the Republic*.)
"Martin Heidegger at 80." *New York Review of Books* 17/6 (21 October 1971): 50–54. (Originally in German, *Merkur* 10 [1969]: 893–902. Translated by

Albert Hofstadter. Reprinted in English in Michael Murray, ed., *Heidegger and Modern Philosophy*. New Haven: Yale University Press, 1978.)

"Thinking and Moral Considerations: A Lecture." *Social Research* 38/3 (Fall 1971): 417–46.

"Thoughts on Politics and Revolution." *New York Review of Books* 16/7 (22 April 1971): 8–20. (An interview conducted by Adelbert Reif in the summer of 1970, translated by Denver Lindley; reprinted in *Crises of the Republic*.)

1972

Nachwort for *Mich Hat Kein Esel im Galopp Verloren* by Robert Gilbert. Munich: Piper, 1972.

"Washington's 'Problem-Solvers'—Where They Went Wrong." *New York Times*, 5 April 1972, Op-Ed page.

1974

"Karl Jaspers zum fünfundachtzigsten Geburtstage." In *Erinnerungen an Karl Jaspers*, edited by H. Saner. Munich: Piper, 1974, pp. 311–15.

1975

"Home to Roost." *New York Review of Books*, 26 June 1975, pp. 3–6. (Reprinted in S. B. Warner, *The American Experiment*. Boston: Houghton Mifflin Co., 1976, pp. 61–77, with Arendt's comments.)

"Remembering Wystan H. Auden." *New Yorker*, 20 January 1975, pp. 39–40. (Reprinted in *Harvard Advocate* 108/2–3, pp. 42–45; and in *W. H. Auden: A Tribute*. London: Weidenfeld & Nicolson, 1974/5, pp. 181–87.)

1977

"Public Rights and Private Interests." In *Small Comforts for Hard Times: Humanists on Public Policy*, edited by Mooney and Stuber. New York: Columbia University Press, 1977. (Response to a paper by Charles Frankel in the same volume.)

"Thinking." *New Yorker*, 21 November 1977, pp. 65–140; 28 November 1977, pp. 135–216; 5 December 1977, pp. 135–216. This three-part article comprises the first volume of *The Life of the Mind*, 1978.

1978

"From an Interview," with Roger Errera, *New York Review of Books* 25/16 (26 October 1978): 18.

《建構》專欄

25 Oct. 1941	"Der Dank vom Hause Juda" (an open letter to Jules Romain), p. 7.
14 Nov. 1941	"Die jüdische Armee—der Beginn einer jüdische Politik?" pp. 1, 2.
28 Nov. 1941	"Aktive Geduld, " p. 2.
24 Dec. 1941	"Ceterum Censeo . . . ," p. 2.

10 Jan. 1942	"Ein erster Schritt," pp. 15, 16.
6 Mar. 1942	"Wer ist das 'Committee for a Jewish Army,'" p. 6.
27 Mar. 1942	"Moses oder Washington," p. 16.
3 Apr. 1942	"The Case Against the Saturday Evening Post: Cui Bono?" p. 3.
10 Apr. 1942	"Papier und Wirklichkeit," pp. 15, 16.
24 Apr. 1942	"Ganz Israel bürgt füreinander," p. 18.
8 May 1942	"Des Tuefels Redekunst," p. 20.
22 May 1942	"Die 'sogenannte jüdische Armee,'" p. 20.
5 June 1942	"Ein christliches Wort zur Judenfrage," p. 19.
19 June 1942	"Keinen Kaddisch wird man sagen," p. 19.
2 July 1942	"Mit dem Rücken an der Wand," p. 19.
12 July 1942	"Wenn man dem kleineren Übel nicht widersteht," p. 20.
31 July 1942	Eintreten *für* Paul Tillich (in a debate with Emil Ludwig), p. 6.
14 Aug. 1942	"Konfusion," p. 17.
28 Aug. 1942	"Die Rückkehr des russischen Judentums, 1," p. 18.
11 Sept. 1942	"Die Rückkehr das russischen Judentums, 2," p. 18.
25 Sept. 1942	"Was geht in Frankreich vor?" p. 18.
23 Oct. 1942	"Die Krise des Zionismus, 1," p. 18.
6 Nov. 1942	"Die Krise des Zionismus, 2," p. 17.
20 Nov. 1942	"Die Krise des Zionismus, 3," p. 17.
26 Feb. 1943	"Französische politische Literatur im Exil, 1," pp. 7, 8.
26 Mar. 1943	"Französische politische Literatur im Exil, 2," p. 8.
3 Sept. 1943	"Die wahren Grunde für Theresienstadt," p. 21.
17 Dec. 1943	"Can the Jewish-Arab Question Be Solved?, 1," p. 1.
31 Dec. 1943	"Can the Jewish-Arab Question Be Solved?, 2," p. 1.
21 Apr. 1944	"Für Ehre und Ruhm des jüdischen Volkes," pp. 1, 2.
19 May 1944	"Balfour Deklaration und Palistina Mandat," p. 16.
2 June 1944	"Das Ende Eines Gerüchts," pp. 1, 16.
16 June 1944	"Sprengstoff-Spiesser," p. 19.
30 June 1944	"Gäste aus dem Niemandsland," pp. 15, 16.
14 July 1944	"Das neue Gesicht eines alten Volkes," pp. 1, 2.
28 July 1944	"Die Tage der Wandlung," p. 16.
11 Aug. 1944	"Eine Lehre in seche Schüssen," p. 15.
25 Aug. 1944	"Neue Vorschläge für jüdische-arabischen Verständigung," pp. 13, 14.
8 Sept. 1944	"Die jüdischen Partisanen im europäischen Aufstand," p. 15.
22 Sept. 1944	"Vom 'Salz der Erde': Waldo Frank's jüdische Deutung," pp. 13, 14.
6 Oct. 1944	"Von der Armee zur Brigade," pp. 15, 16.
3 Nov. 1944	"Frei und Demokratisch," pp. 15, 16.
15 Dec. 1944	"Die Entrechten und Entwürdigten," pp. 13, 16.
16 Mar. 1945	"Völkerverständigung im Nahen Osten: Eine Basis jüdischer Politik," pp. 1, 2.

20 Apr. 1945	"Die jüdischen Chancen," pp. 7, 8.
31 July 1953	"Gestern waren Sie noch Kommunisten . . . ," p. 19.
7 Aug. 1953	"Gestern waren Sie noch Kommunisten . . . ," pp. 13, 16.
20 Dec. 1963	"Sie haben mich misverstanden" (answer to critics of *Eichmann in Jerusalem*), pp. 17, 18.

國家圖書館出版品預行編目資料

愛這個世界 : 漢娜鄂蘭傳 / 伊莉莎白.揚.布魯爾(Elisabeth Young-Bruehl)著 ;
江先聲譯. -- 初版. -- 臺北市 : 商周出版 : 家庭傳媒城邦分公司發行, 2018.07
面 ; 公分
譯自 : Hannah Arendt : for love of the world
ISBN 978-986-477-478-4(平裝)

1. 鄂蘭(Arendt, Hannah, 1906-1975) 2. 傳記 3. 政治思想

785.28 107008821

愛這個世界：漢娜鄂蘭傳

原著書名／HANNAH ARENDT: For Love of the World, 2nd Edition
作　　者／伊莉莎白・揚・布魯爾（Elisabeth Young-Bruehl）
譯　　者／江先聲
責任編輯／洪偉傑、林宏濤

版　　權／林心紅
行銷業務／張媖茜、李衍逸、黃崇華
總 編 輯／楊如玉
總 經 理／彭之琬
發 行 人／何飛鵬
法律顧問／元禾法律事務所　王子文律師
出　　版／商周出版
臺北市中山區民生東路二段 141 號 9 樓
電話：(02) 25007008　傳真：(02)25007759
E-mail：bwp.service@cite.com.tw
發　　行／英屬蓋曼群島商家庭傳媒股份有限公司城邦分公司
臺北市中山區民生東路二段 141 號 2 樓
書虫客服服務專線：(02)25007718；(02)25007719
服務時間：週一至週五上午 09:30-12:00；下午 13:30-17:00
24 小時傳真專線：(02)25001990；(02)25001991
劃撥帳號：19863813；戶名：書虫股份有限公司
讀者服務信箱：service@readingclub.com.tw
城邦讀書花園　網址：www.cite.com.tw
香港發行所／城邦（香港）出版集團有限公司
香港灣仔駱克道 193 號東超商業中心 1 樓
電話：(852) 25086231　傳真：(852) 25789337　E-mail：hkcite@biznetvigator.com
馬新發行所／城邦（馬新）出版集團　Cite (M) Sdn. Bhd.
41, Jalan Radin Anum, Bandar Baru Sri Petaling, 57000 Kuala Lumpur, Malaysia.
電話：(603) 90578822　傳真：(603) 90576622　E-mail：cite@cite.com.my

封面設計／許晉維
內文排版／郭姵妤
印　　刷／韋懋實業有限公司
經 銷 商／聯合發行股份有限公司
電話：(02)2917-8022　傳真：(02)2911-0053
地址：新北市 231 新店區寶橋路 235 巷 6 弄 6 號 2 樓

2018 年 7 月 5 日初版
2022 年 4 月 7 日初版2.5刷
定價 1200 元

Printed in Taiwan

城邦讀書花園
www.cite.com.tw

 ISBN 978-986-477-478-4

請於此處用膠水黏貼

商周出版

讀者回函卡

感謝您購買我們出版的書籍！請費心填寫此回函卡，我們將不定期寄上城邦集團最新的出版訊息。

不定期好禮相贈！
立即加入：商周出版
Facebook 粉絲團

姓名：______________________ 性別：□男 □女

生日：西元__________年__________月__________日

地址：______________________

聯絡電話：______________ 傳真：______________

E-mail ：

學歷：□ 1. 小學 □ 2. 國中 □ 3. 高中 □ 4. 大學 □ 5. 研究所以上

職業：□ 1. 學生 □ 2. 軍公教 □ 3. 服務 □ 4. 金融 □ 5. 製造 □ 6. 資訊

□ 7. 傳播 □ 8. 自由業 □ 9. 農漁牧 □ 10. 家管 □ 11. 退休

□ 12. 其他______________________

您從何種方式得知本書消息？

□ 1. 書店 □ 2. 網路 □ 3. 報紙 □ 4. 雜誌 □ 5. 廣播 □ 6. 電視

□ 7. 親友推薦 □ 8. 其他______________________

您通常以何種方式購書？

□ 1. 書店 □ 2. 網路 □ 3. 傳真訂購 □ 4. 郵局劃撥 □ 5. 其他______

您喜歡閱讀那些類別的書籍？

□ 1. 財經商業 □ 2. 自然科學 □ 3. 歷史 □ 4. 法律 □ 5. 文學

□ 6. 休閒旅遊 □ 7. 小說 □ 8. 人物傳記 □ 9. 生活、勵志 □ 10. 其他

對我們的建議：______________________

____

____

【為提供訂購、行銷、客戶管理或其他合於營業登記項目或章程所定業務之目的，城邦出版人集團（即英屬蓋曼群島商家庭傳媒（股）公司城邦分公司、城邦文化事業（股）公司），於本集團之營運期間及地區內，將以電郵、傳真、電話、簡訊、郵寄或其他公告方式利用您提供之資料（資料類別：C001、C002、C003、C011 等）。利用對象除本集團外，亦可能包括相關服務的協力機構。如您有依個資法第三條或其他需服務之處，得致電本公司客服中心電話 02-25007718 請求協助。相關資料如為非必要項目，不提供亦不影響您的權益。】

1.C001 辨識個人者：如消費者之姓名、地址、電話、電子郵件等資訊。
2.C002 辨識財務者：如信用卡或轉帳帳戶資訊。
3.C003 政府資料中之辨識者：如身分證字號或護照號碼（外國人）。
4.C011 個人描述：如性別、國籍、出生年月日。

請於此處用膠水黏貼